Vietta

Europäische Kulturgeschichte

Silvio Vietta

Europäische Kulturgeschichte

Eine Einführung

Wilhelm Fink Verlag

Umschlagabbildung:
Der Raub der Europa, Detail, Wandfresko aus Pompeji, 50 n.Chr.
Original im Museo Archeologico Nazionale in Neapel, Foto: Herbert Kraft
© bpk Berlin 2005

Bibliografische Information Der Deutschen Bibliothek

Die Deutsche Bibliothek verzeichnet diese Publikation in der Deutschen National-
bibliografie; detaillierte bibliografische Daten sind im Internet über
http://dnb.ddb.de abrufbar.

ISBN 3-7705-4060-3
© 2005 Wilhelm Fink Verlag, München
Einbandgestaltung: Evelyn Ziegler, München
Herstellung: Ferdinand Schöningh GmbH, Paderborn

Inhaltsverzeichnis

Vorwort 9

1: Einleitung: Begriffe und Methodik
einer europäischen Kulturwissenschaft

Autofahrt 13 – Nationale Kodierung der Kulturwissenschaften 14 – Nationalisierung der Literaturwissenschaften 17 – Gleismodell der Literaturwissenschaften 21 – Europäistik – eine neue Perspektive und ein Plädoyer 23 – Der Begriff der Kultur 24 – Kultur und Sprache 27 – Engerer Kulturbegriff 28 – Kulturwissenschaft 29 – Materialität des zu Verstehenden, Schrift, Bild, Erinnerung 33 – Kultur, Natur, Genderforschung 36 – Systemforschung in der Kulturwissenschaft 39 – Epochenumbruch als Metapherntransfer 41 – Leitkodierungen kultureller Systeme und Epochen der Kulturgeschichte 45 – Literatur- und Kulturwissenschaft 47 – Mentalitätsforschung 53 – Psychologie und Kulturwissenschaft 57 – Europa – Herkunft und Zukunft 60

2: Die griechische Logos-Kodierung

2.1 Die Abstraktion der Schrift 65

Phoné und Graphé 66 – Schrift und Auge 70 – Abstraktion der Bezeichnung, Abstraktheit der Begriffe 71

2.2 Die Logos-Kodierung der Philosophie-Wissenschaft 74

Denkansatz der Vorsokratiker 77 – Materiale Prinzipien des Seins: Die Philosophie fällt in den Brunnen 80 – Mythoskritik 84 – Pythagoras' kosmische Harmonie 86 – Parmenides' Seinsphilosophie 89 – Vernunftweg zur Wahrheit 90 – Sein ohne Zeit 93 – Platons metaphysischer Stromkreis 95 – Das Gastmahl 97 – Erweiterung des Ideenhimmels, Polarität von Körper und Seele 101 – Erkenntniszweifel 104 – Timaios: Der konstruktive Logos des Kosmos 106 – Kulturgeschichtliche Folgen der griechischen Logos-Kodierung 110 – Metaphysischer Stromkreis und abendländischer Geschichtsprozess 111

2.3 Griechisches Drama 117

Die männliche Polis 117 – Demokratie 118 – Rolle der Frau, Sklaven 121 – Doppelkodierung der Literatursprache 123 – Der Logos des griechischen Dramas und Theaters 123 – Aischylos' „Orestie": Urbanisierung des Mythos 126 – Handlung und Mythenkonflikt in Aischylos' Drama „Agamemnon" 127 – Rachemotiv in den „Grabesspenderinnen" 130 – Rationale Lösung des Konflikts: Die „Eume-

niden" 132 – Entmachtung des Mutterrechts 133 – Freispruch des Orestes 134 – Sophokles' „Antigone": Männliche Polisordnung gegen weibliches Recht 135 – Sophokles' Kulturkritik 138 – Euripides' Kulturkritik: „Medea" 141 – Zur Rezeptionsgeschichte des griechischen Dramas 147 – Die Rezeptionslinie der Medea-Kritik: Ovid, Seneca, Corneille, Anouilh 147 – Umpolung der antiken Heroinen in der Moderne 151 – Die Medea der Moderne und die Moderne als Medea 154

3: DIE CHRISTLICHE PISTIS-KODIERUNG

3.1 Frühchristliche Kodierung 161

Pistis und religiöses System – kulturwissenschaftliches Verstehen 161 – Christliche Pistis: Zentrale Gehalte 163 – Universalisierung des christlichen Glaubens und christliche Bildimagination 165 – Paulinische Pistiskodierung 168 – Soziale Attraktion des Christentums 172 – Christlicher Offenbarungsanspruch 176 – Zungenreden und Verbalinspiration 179 – Schriftliche Quellen 182 – Textformen christlicher Pistis 186 – Synkretistischer Charakter des frühen Christentums – Einflüsse der Gnosis 189 – Christliche Pistis und Macht – 191

3.2 Spätantikes Christentum 193

Ausbreitung, Hellenisierung und Allegorisierung des Christentums 193 – Dogmatische Definition der Doppelnatur Jesu Christi 199 – Christliche Verinnerlichung, die Form der Autobiographie 200 – Die Extirpation der sinnlichen Welt 203 – Weltinnenraum im Ich 206 – Verinnerlichte Lektüre 208 – Augustinus' Theologie: Synthese von Logos und Pistis 211 – Das Erbe der Leibfeindschaft des Augustinus 212 – Christliche Sexualität und kirchliche Macht 215 – Christliche Sexualität und bürgerliche Moral 216 – Ende der Antike, Anfang des Mittelalters 219

3.3 Christliches Mittelalter 221

Germanisierung und Feudalisierung des Christentums 221 – Mönche 223 – Klöster 226 – Kloster als Lese- und Schreibschule 229 – Missionierung 230 – Krieger und Ritter 233 – Klosterbewegungen im Hochmittelalter 235 – Zisterzienser Lebensstil 238 – Christliches Jenseits und die Emotionalisierung des Volksglaubens 240 – Die gotische Kathedrale 244 – Scholastische Kritik und ihre Widersacher: Abaelard und Bernhard 251 – Durchdringung von Pistis und Logos im Hochmittelalter und die Systemstruktur der Scholastik 256 – Universität 261 – Die Sprache der Erkenntnistheorie 263 – Mittelalterliche Mystik 266 – Bernhard von Clairvaux als Mystiker 266 – Deutsche Mystik, Frauenklöster, Beginenhäuser 271 – Protestantismus, christliche Leidensgeschichte und Erlösungsvisionen als Subtext der Neuzeit 275

4: NEUZEIT: ÄSTHETIK, SZIENTO-TECHNOLOGIE, SUBJEKTIVITÄT UND POLITISCHES BEWUSSTSEIN 279

4.1 Ästhetisierung und Säkularisierung der christlichen Pistis in der frühen Neuzeit: Dante, Petrarca, Boccaccio 279

Schrift und Bild – Umbruch zur Neuzeit 279 – Dante 282 – Topographie der

„Divina Commedia" 284 – Säkularisierung der Religion 287 – Imperiale Einbildungskraft Dantes, Neuzeitliche Mythopoetik 291 – Petrarcas ambivalente Kodierung des Weiblichen 295 – Der Canzoniere 296 – Petrarkische Ambivalenzen in der europäischen Literatur 300 – Boccaccios Feier der sinnlichen Liebe 303 – Boccaccios Erben 310

4.2 Der konstruktivistische Logos der Neuzeit   311

Neuzeit 311 – Mathematisierung der Theologie: Nikolaus von Kues 320 – Geometrisierung des Sehens: Zentralperspektive 322 – Paradigmawechsel der Naturwissenschaft: Kopernikus 326 – Bruch mit christlicher Pistis und kirchlicher Macht 328 – Bruch mit der sinnlichen Wahrnehmung 329 – Giordano Brunos unendliches Universum 331 – Johannes Keplers Korrektur 335 – Galilei: Konflikt zwischen Pistis und Logos 338 – Ergebnisse und Perspektiven. Die Formelsprache der neuzeitlichen Wissenschaft 343

4.3 Philosophische Subjektivität und Erkenntnistheorie   348

Geburt der Subjektivität aus der Kreuzung von Pistis und Logos 348 – Präskriptive Funktion der neuzeitlichen Rationalität 353 – Systemstruktur 357 – Apriorismus und Geschichtlichkeit – Cartesianische Ästhetik 358 – Leibmaschinen und Automaten 360 – Subjektivität als Leitkodierung der Neuzeit 362 – Physiologische Theorien der Subjektivität 365

4.4 Literarische Subjektivität   369

Programmatik der Selbsterforschung 369 – Neuzeitliche Ästhetik als Kompensationsprogramm 373 – Hamlet, Don Quijote, Josef K. – drei paradigmatische Helden der Neuzeit 374 – Das literarische Subjekt der Moderne 381 – Formästhetik der Subjektivität 383 –Texttypologie der Moderne 385

4.5 Politische Neuzeit   388

Neuzeitliche Glaubenskrise und Begründung der Würde des Menschen 388 – Und die Zerstörung der Humanität 391 – Die Neukodierung der Macht: Machiavelli 395 – Der Machtdiskurs der Aufklärung 397 – Kodes der Utopie und der Ideologie 404 – Nationalisierung, Totalisierung der Macht und das Europa der Union 411

4.6 Sziento-Technologie als Telos der europäischen Logos-Kodierung   413

Ende der Geschichte? Die Sziento-Technologie als Telos der europäischen Logos-Kodierung 413 – Zwei-Stufen-Modell der Sziento-Technologie und kulturkritische Reaktionen 416 –Technische Kodierung mentaler Prozesse 420 – Das Jenseits der Technik 423 – Cyborg-Ontologie 426 – Zum guten Ende 428

BIBLIOGRAPHIE   431

REGISTER   465

Vorwort

Seit Europa in den Prozess der politischen Einigung eingetreten ist, wird es verfolgt auch von der Frage nach der *kulturellen Identität* dieses Kontinents. Die Einigungsbestrebungen setzen schon ein europäisches Identitätsgefühl voraus, das aber eher vage und diffus war und ist. Der Aufbruchseuphorie in die EU folgte das „Non", bzw. „Nee" zur europäischen Verfassung in Frankreich und in den Niederlanden, also ein Wechselbad der Europa-Gefühle. War die europäische Idee vielleicht doch nur eine lockere merkantile Leistungsgemeinschaft um europäisches Geld und Marktchancen? Mancher Europäer, der das so sah und heute weniger Geld in der Tasche hat als vor der Einführung des Euro, wendet sich enttäuscht von Europa ab.

Wahrscheinlich aber führt für Europa kein Weg an Europa vorbei. Dabei muss der Prozess der europäischen Einigung wohl subtiler und *kulturbewusster* betrieben werden, als es die europäischen Politikertreffen mit Fototerminen und die Quasi-Automatik der EU-Erweiterungen bisher zu erkennen gaben. Wir plädieren hier für eine sorgfältige und differenzierte Auseinandersetzung mit der *europäischen Kulturgeschichte* als eine der wichtigsten Voraussetzungen für ein wirklich integriertes Europa. Diesem Anliegen und Ziel dient das vorliegende Buch.

Zwei Hauptströmungen haben die abendländische Kultur geprägt: Zum einen die so genannte *Logos-Kodierung*, die mit der griechischen Philosophie-Wissenschaft begann und sich heute in einer globalen Sziento-Technologie fortsetzt. Zum anderen die christliche *Pistis (Glaubens)-Kodierung*, die sich vielfach schon in der Antike mit dem Logos verbunden hat und eine eigene, vom Logos durchdrungene Form *europäischer Religiosität* hervorbrachte. Das Wechselspiel und die *Durchdringung* von *Religion* und *Vernunft* prägt somit die europäische Religiosität.

Mit der Philosophie Platons beginnt auch eine neue Form der *dialogischen* Auseinandersetzung um die Wahrheit, die eine Kultur der *Offenheit* und *Wahrheitssuche* aus sich entließ. Diese Nichtfestgestelltheit der Wahrheit generiert allererst Kultur als einen *Prozess*. Dieser Kulturprozess ist in seiner Offenheit ein Stück europäischer Identität.

Eine europäische Perspektive kann den Kulturwissenschaften Impulse geben. Die heute immer noch vorherrschenden nationalen Kulturgeschichten haben ja die *europäische* Vernetzungen der nationalen Kulturen eher beschnitten als sie herauszustellen. Alle großen Kulturepochen Europas sind aber europäischen Zuschnitts. Insofern plädiere ich hier für eine *europäische* Kulturwissenschaft, für eine *Europäistik*.

Eine solche Wissenschaft könnte sich ebenso auf *Langzeitzusammenhänge* wie auch auf *regionale* und *temporale Mikroforschung* konzentrieren. Die Durchdringung der christlichen Pistis durch den Logos von der Antike bis in die Neuzeit wirft ebenso interessante Aspekte ab wie die Prozesse der Ästhetisierung und Säkularisierung der christlichen Pistis schon im Mittelalter und in der Neuzeit, um zwei wichtige Forschungsfelder der europäischen Kultur zu benennen. Dazu gehört auch die Frage, wann und wie europäische Innovationsschübe in den einzelnen europäischen Ländern aufgenommen und umgesetzt wurden und werden. Eine Forschung also auch im Sinne der zeitlichen und räumlichen Differenzierung von europäischen Entwicklungstendenzen gehört in das Aufgabenfeld einer europäischen Kulturwissenschaft und wird als solche ja auch vielfach schon erfolgreich betrieben.

Ich möchte zu Eingang dieses Buches, das sich dem Ziel der Überblicksdarstellung der europäischen Kulturgeschichte verschrieben hat, den Leser um Nachsicht bitten für Vereinfachungen und Vergröberungen, die sich in einer solchen Darstellungsform notwendig einstellen. Möge der Leser jener von Novalis so genannte „erweiterte Autor" sein, der seinerseits Brücken schlägt und auch Differenzen einbringt, wo sie der vorliegenden Darstellung noch mangelt.

Die vorliegende Studie ist an der Universität Hildesheim im Rahmen des Studienganges „Kulturwissenschaft und ästhetische Praxis" erarbeitet worden und dies zum Teil auch in Vorlesungsform. Ich danke den Hörern dieser dialogischen Vorlesung für Geduld und kritische Einwendungen, die bereits in den Gedankengang eingearbeitet wurden. Ich danke jenen Kollegen in Hildesheim und an anderen universitären Standorten, die Teile der Arbeit gelesen haben, für Hilfe und sachdienlichen Rat. Ich danke den studentischen Hilfskräften: Theda Bader, die mit ungewöhnlicher Sorgfalt und Eigenständigkeit große Passagen der Texte lektoriert hat. Ich danke Kirsten Nockert für findige und eigenständige Recherchen und danke ihr wie auch anderen Hilfskräften für die kritische Durchsicht einzelner Kapitel. Dr. Maria Angela Magnani hat dankenswerterweise die italienischen Textteile redigiert. Ich danke Caroline Kuhtz für die sorgfältige Texterfassung und Textverarbeitung, sowie Diana Steinbrede für Hilfe bei der Erstellung der Grafiken. Diese sind aus pädagogischen Motiven hervorgegangen. Sie sollen Sachverhalte veranschaulichen. Auch das bedeutet immer eine Vergröberung.

Schließlich meinen Dank auch an den Fink-Verlag und hier insbesondere an Prof. Dr. Raimar Zons, der ein sachkundiger Ratgeber war und darüber hinaus viel Geduld bei der Einwerbung des Manuskripts bewiesen hat.

Das Buch ist in erster Linie für Studierende der Kulturwissenschaften und auch für interessierte Laien geschrieben. Es bemüht sich um einen darstellenden Stil auch für Nicht-Fachleute. Zitiert wird zumeist nach deutschen Übersetzungen, wie überhaupt ein *europäischer* Kulturdialog nur mit Hilfe von Übersetzungen zu leisten ist. Wer kann schon alle europäischen Sprachen lesen und sprechen? Zentrale Passagen der zitierten Texte werden auch in der originalen Sprache in Klammern beigefügt.

„Herkunft ist Zukunft", lautet ein Wort des Philosophen Martin Heidegger. In diesem Sinne möchte ich das Buch mit dem Wunsch auf den Weg geben, dass Europa sich stärker seiner eigenen kulturellen Herkunft inne werden möge, um in kritischer Auseinandersetzung damit auch seine Zukunft gestalten und im Rahmen der Weltgemeinschaft ein kluger Partner sein zu können.

1. Einleitung: Begriffe und Methodik einer europäischen Kulturwissenschaft

Autofahrt

Ich fahre mit meinem Auto auf einer nächtlichen Landstraße in Niedersachsen. Ich komme aus der Universität. Dort habe ich ein Gespräch mit einem japanischen Doktoranden geführt, der an einer Dissertation über Germanistik und interkulturelle Kommunikation arbeitet.

Die Scheinwerfer des Autos leuchten einen begrenzten Raum aus. Sie fokussieren die Landstraße, entlang deren weißen Mittelstreifen das Auto seinen Lichtkegel in die Dunkelheit schiebt. Links und rechts flankieren Leitpfosten die Straße, markiert mit rechteckigen Reflektoren rechts, runden Reflektoren am linken Straßenrand. Kurz angeleuchtet huschen dahinter Bäume vorbei. Hin und wieder Schilder: Vorsicht Kurve, Vorsicht Wildwechsel. Einzelne Autos begegnen mir. Von Ferne tasten sich die Lichter ab, schieben sich ineinander, schießen dann rasch aneinander vorbei. Ich reduziere das Tempo, beschleunige, steuere den Wagen in die Kurven, begradige, alle Steuerungsprozesse völlig automatisiert. Mit halbem Ohr höre ich Chopinetüden vom Band. Dabei denke ich an das Gespräch mit dem japanischen Doktoranden. Kann es eigentlich ein Verstehen zwischen den Kulturen geben? Auf welchen Bedeutungsebenen kann man sich treffen? Der Japaner spricht Deutsch, aber ich kann nicht Japanisch. Er hat sich unser Kultur ‚angepasst‘, ich mich nicht der seinen. Vor welchem Hintergrund liest dieser japanische Germanist Goethe, Hölderlin, Lessing, für die er sich besonders interessiert? Sein Ziel ist, solche Texte stärker auch vor dem japanischen Hintergrund und mit Hinblick auf das japanische Kulturinteresse zu lesen, das eigene kulturelle Paradigma bei der Lektüre der europäischen Literatur jedenfalls nicht beiseite zu schieben. Die kulturelle Prägung am Beispiel der japanischen Lektüre deutscher Literatur ist sein Thema.

Alles, was ich höre, denke, halb oder ganz bewusst, tue, ist *kulturell kodiert:* die Steuerungs- und Lenkungsprozesse des Autos, das Einschalten und Hören der Musik. Die Gedanken zum Thema interkultureller Kommunikation, die mein Bewusstsein am nachhaltigsten beschäftigen, all dies verläuft in kulturell kodierten Bahnen.

Gibt es überhaupt ein Denken, Fühlen, Handeln, Sprechen am Rande oder gar außerhalb kultureller Kodierung? Gedanken, Gefühle, Handlungen, die aus jeder Kultursystematik herausfallen? Ich kann es mir nicht vorstellen. Kultur scheint eine Art zweite Haut zu sein, die uns mit unserer Menschwerdung umhüllt und aus der wir nicht mehr herauskommen. Können wir in andere Häute schlüpfen? Oder ist die kulturelle Haut so weit, dass sie für andere Erfahrungen anderer Menschen Platz bietet? Können wir uns kulturell häuten?

Vielleicht markiert die kulturelle Kodierung unseres menschlichen Denkens, Fühlens, Handelns keine absolute Grenze. Die Muttersprache, die uns die Erfahrungen unserer Welt eröffnet, schließt uns ja nicht ausweglos in diese Sprache und die Kultur, die sie eröffnet, ein. Wir können Sprachen lernen. Und damit auch in andere Sprachwelten übertreten. Aber habe ich wirklich etwas von dem, was der japanische Doktorand über die japanische Kultur der Haiku gesagt hat, verstanden?

Abbremsen, schalten, *Stopp*: Ich verlasse die Landstraße, fädele das Auto in die Bundesstraße 6 ein. Ich fahre zu einer Gutsschenke, die in einer Talsenke gegenüber einer Klosteranlage liegt. In den Stallungen haben schon Mönche Schnaps gebrannt. In der alten Gutsschenke, ein Jahrhunderte altes niedersächsisches Bauernhaus, das einmal Poststation war, will ich Station machen. Die Küche ist bekannt für gute Wildgerichte. Der Wirt schenkt einen guten, aber leider sehr teuren Rotwein aus. Gleichwohl ist ein solches Essen eine der angenehmsten Formen kulturellen Handelns überhaupt.

Nationale Kodierung der Kulturwissenschaften

Die Literatur- und Kulturwissenschaften haben sich im Europa der Moderne als *nationale* Literatur- und Kulturwissenschaften begründet und formiert. Nach der Aufklärung, die am Begriff der übernationalen Vernunft orientiert war, ist die *nationale Kodierung* des Kulturbegriffs, wie sie sich im 19. Jahrhundert vollzieht, bemerkenswert. Dabei entspringt die Nationalisierung der Literatur- und Kulturgeschichte nicht primär den kulturellen Systemen der Literatur, Philosophie, Malerei, Musik u.a. selbst. Vielmehr hat die Nationalisierung der Kultur ihren Ursprung: in der *politischen Geschichte*. Die politische Geschichte im 19. und in der ersten Hälfte des 20. Jahrhunderts steht ganz unter dem Zeichen des *Nationalismus* und bei den großen Staaten Europas immer mehr: des *Nationalimperialismus*.

Umso erstaunlicher ist, dass die wichtigen Phasen der ästhetischen Moderne in Europa – trotz des nationalen Zuschnitts der Politik – *gesamteuropäischen* Charakter aufweisen. Ich erwähne im Rahmen der Literaturgeschichte die Epochen Romantik, Biedermeier, Realismus, Naturalismus, Symbolismus, die Avantgarde-Bewegung des frühen 20. Jahrhunderts, den Surrealismus u.a. In der Geschichte der Malerei ist der Trend zu einer modernen, entgegenständlichten, abstrakten Malerei ebenfalls sehr deutlich als ein gesamteuropäisches, ja globales Programm der Malerei zu erkennen. Erst die politischen Totalitarismen des 20. Jahrhunderts haben diese gesamteuropäische Entwicklung der Ästhetik durch ihre eigenen ideologischen Ästhetikprogramme ausgesetzt. Die Entwicklungen der Literatur und der Künste aber folgen – bei allen nationalen Abweichungen und Besonderheiten – einer gesamteuropäischen, nicht primär national kodierten Entwicklungslinie.

Paradoxerweise gilt dies sogar auch für die zumeist vom ästhetischen Niveau her eher schwachen nationalistischen Strömungen der verschiedenen Literaturen und Künste, die in enger Anlehnung an die Nationalideologien auch in allen Nationen auftauchen. Diese Nationalisierung der Ästhetik ist gerade nicht Produkt der Einzelnation, sondern ein gesamteuropäisches Phänomen.

Wer oder was aber ist eigentlich der Auslöser für diese aggressive Nationalisierung der europäischen Politik und Kultur der Moderne gewesen, warum wurde diese so begeistert aufgenommen von den einzelnen Nationen? Konzentrieren wir uns im Folgenden zunächst auf die deutschen Lande. Hier ändert sich das politische und geistige Thema abrupt im Jahre 1806. Am 6.8.1806 legt Kaiser Franz II. förmlich die römisch-deutsche Kaiserwürde nieder: Ende des Heiligen Römischen Reiches Deutscher Nation. Wenige Wochen später rückt Napoleon, der sich selbst 1804 zum französischen Kaiser gekrönt hatte, in Preußen ein und schlägt die Preußen vernichtend am 14.10.1806 bei Jena und Auerstedt. König Friedrich Wilhelm von Preußen muss bis an die polnische Grenze fliehen. Napoleon besetzt Berlin, nicht ohne demütigende Gesten wie die Demontage der Quadriga vom Brandenburger Tor als Kriegsbeute. Demütigend für Preußen ist dann auch der Frieden von Tilsit im Juli 1807, der die preußische Großmachtstellung vernichten sollte.

Diese Ereignisse lösen einen starken *Mentalitätswandel* bei vielen Deutschen aus. Der Philosoph Johann Gottlieb Fichte, der noch 1805/06 in „Die Grundzüge des gegenwärtigen Zeitalters" den „Zweck des Erdenlebens der Menschheit" darin sah, „dass sie in demselben alle ihre Verhältnisse mit Freiheit nach der Vernunft einrichte", befördert 1807/08 in den „Reden an die deutsche Nation" den Begriff der *Nation* zum uneingeschränkten Leitbegriff seiner kulturpolitischen Überlegung (Fichte: Die Grundzüge des gegenwärtigen Zeitalters, S. 11 und ders.: Reden an die deutsche Nation). Ein fundamentaler Wandel also vom Konzept der *freien, vernünftigen Subjektivität* zur *Nationalität*, deren Identitätsfindung sich bei Fichte nun auch in scharfer Abgrenzung gegen andere Nationen vollzieht.

Emotional noch sehr viel aufgeladener und aggressiver vertreten Ernst Moritz Arndt, der Napoleon vormals noch hymnisch gefeiert hatte, und auch Heinrich von Kleist eine Position, in der sich ein regelrechter Hass auf Napoleon und auf Frankreich entlädt. Napoleon ist für Arndt „der Gründer des glänzendsten Elends eines neuen Zeitalters" (Arndt: Ueber das Verhältniß Englands und Frankreichs zu Europa, S. 66). Auch Heinrich von Kleist nennt in seinem „Katechismus des Deutschen" von 1809 die Franzosen den „Erbfeind", den zu hassen ein Vater seinem Sohn in diesem politischen Katechismus eintrichtert: „Frage: Wer sind deine Feinde, mein Sohn?/ Antwort: Napoleon, und solange er ihr Kaiser ist, die Franzosen./ Frage: Ist sonst niemand, den du hassest?/ Antwort: Niemand auf der ganzen Welt." (Kleist: Sämtliche Werke, Bd. 2, S. 352)

In Teilen der deutschen Romantik vollzieht sich nun auch ein scharfer Ruck nach rechts. So grenzt man sich in der „christlich-deutschen Tischgesellschaft", in der Achim von Arnim, Clemens Brentano, Kleist, Fichte verkehren, nun nicht nur gegen die Franzosen ab, sondern scharf auch gegen die Juden (Lea: The Christlich-Deutsche Tischgesellschaft).

Mit der napoleonischen Invasion und der mentalitätsgeschichtlichen Reaktion darauf beginnt ein neueres Kapitel der Geschichte jener fatalen „Erbfeindschaft" zwischen Deutschland und Frankreich, die zur Gründungslegende des Deutschen Reiches von 1870/71 wurde und praktisch bis 1945 jenen imperialen Revanche-Nationalismus gefördert hat, der das Klima zwischen den beiden Zentralstaaten Europas vollkommen vergiftete und der mit beitrug zur Katastrophe der beiden Weltkriege. Es war der italienische Dichter Ugo Foscolo, der die Gefahr eines sich selbst verschlingenden Nationalismus in Europa schon früh erkannte. Sein an Goethes „Werther" angelehnter Roman „Die letzten Briefe de Jacopo Ortis" von 1802 rief auf zum Kampf gegen den „Tyrannen" Napoleon. Dabei hatte Foscolo eine schreckliche Zukunftsperspektive Europas und der Welt: „Die Nationen verschlingen einander, weil die eine nicht ohne die Leichen der anderen bestehen könnte. [...] Die Erde ist ein Wald voll wilder Tiere." (Foscolo: Letzte Briefe, S. 134 f. Siehe dazu Vietta: Nationalisierung und Europäisierung der Literatur und Literaturwissenschaft in Deutschland und Italien, 2005, S. 1 ff)

Der Invasor Napoleon löste in den Ländern, in die er eindrang: Italien, Deutschland, Spanien, Polen – der Einmarsch nach Russland leitete seine eigene Niederlage ein – auch einen *Erkenntnisschock* aus. Die eroberten Länder mussten erkennen, dass sie einem modernen Nationalstaat, wie ihn Frankreich darstellte, mit der Mobilisierung der Volksmassen, der effizienten Organisation des Heeres, der Bildung, Verwaltung und Justiz, nicht gewachsen waren. Insbesondere in Preußen setzte diese Erkenntnis eine Welle von Reformen in Gang, die Preußen modernisieren und mit Frankreich konkurrenzfähig machen sollten, die so genannten Stein-Hardenbergschen Reformen: Aufhebung der Erbuntertänigkeit, Neuordnung des Städtewesens, Einführung der Gewerbefreiheit, Einführung der religiösen Toleranz, vor allem auch die Reform des Heerwesens, wie sie von den Offizieren Scharnhorst und Gneisenau durchgeführt wurde. Der Historiker Hans-Ulrich Wehler hat denn diese Reformen auch zu Recht „Defensive Modernisierung" genannt (Wehler: Deutsche Gesellschaftsgeschichte, Bd. 1, S. 347 ff). In der Tat begann mit diesen Reformen von Heer, Handel, Gewerbe, Ständeordnung ein Modernisierungsprozess in Preußen, der den industriellen take off der Großmacht Deutschlands im 19. Jahrhundert begründete.

Zur fatalen Entwicklung Europas und speziell Deutschlands im 19. und in der ersten Hälfte des 20. Jahrhunderts gehört aber, dass jene Leitideen der *Freiheit*, *Gleichheit* und *Brüderlichkeit*, welche die Französische Revolution proklamiert hatte, in der nationalen und hegemonialen Umkodierung der Politik durch Napoleon und dann im Anschluss an die napoleonischen Freiheitskriege durch die so genannte „Heilige Allianz" der erstarkten konservativen Mächte Österreich, Preußen, Russland zu eben jener Politik führten, die das Konzept der Nationalisierung in großen Teilen Europas als *Ersatz* für Freiheit und Selbstbestimmung durchsetzte. Die „Rückkehr der Freiheit und Unabhängigkeit" (Proklamation von Kalisch, 25.3.1813; in: Dann: Nation und Nationalismus in Deutschland, S.73) war den Völkern Europas in den Freiheitskriegen gegen Napoleon versprochen, nach dessen Niederlage aber einfach sang- und klanglos kassiert worden. Die Idee des Nationalstaates wird so im 19. Jahrhundert insbesondere in den Staaten, die noch nicht zur Form des geeinten Staates gefunden hatten – Italien und Deutschland, aber auch Polen – zur politischen Leitidee des Jahrhunderts. Nach Napoleon aber war diese Idee zumindest für die Großmächte mit dem Anspruch der Hegemonie verknüpft worden. Das unterscheidet auch den Nationalismus des 19. Jahrhunderts von jener Idee der Nation, wie sie Herder und andere Bildungspatrioten der Aufklärung gedacht und verfolgt hatten (Dann: Nation und Nationalismus, S. 50ff).

Literatur: Siehe folgendes Kapitel.

Nationalisierung der Literaturwissenschaften

Welche Folgelasten hatte diese hier nur anskizzierte politische Entwicklung für die europäische Kultur und speziell für die Entwicklung der *Literatur- und Kulturwissenschaften*? Man kann verkürzt sagen: Jene Nationalisierung der Mentalität im Kontext der politischen Ereignisse griff tief auch in die Produktion der Werke der Literatur und Kultur ein und programmierte insbesondere die Literaturwissenschaften in den Ländern Europas als ein *nationales* Projekt.

Auf dem Felde der *Literaturproduktion* sind es nun Texte wie Ernst Moritz Arndts „Was ist des Deutschen Vaterland?" vom Februar 1813 und auch Theodor Körners Lyrikband „Leyer und Schwerdt" von 1814, die sich dem geistigen Klima der Zeit anpassen und es auch ihrerseits mit großen Auflagenzahlen prägen (Jeismann: ‚Feind' und ‚Vaterland' in der frühen deutschen Nationalbewegung 1806–1815, S. 279ff). Der Text der von Hoffmann von Fallersleben gedichteten deutschen Nationalhymne, deren erste Strophe ja beginnt: „Deutschland, Deutschland, über alles [...]", verdankt ihr Entstehen dieser Welle, wobei bekanntlich der Text nach dem Zweiten Weltkrieg auf die dritte Strophe begrenzt wurde (Neuhaus: Literatur und nationale Einheit, S. 151ff).

Vom Niveau her stellen diese deutsch-nationalen Texte mit ihrer imperativen Sprachform und ihrer verharmlosenden Metaphorik des Krieges einen vereinfachten und vergröberten Stand der Literatursprache dar (Neuhaus: Literatur und nationale Einheit, S. 136ff). Dieser fällt hinter den Stand der Literaturästhetik zurück, wie er mit der Frühromantik erreicht war. Denn diese hatte in ihren besten Texten zur Poetik und Ästhetik eine *reflexive Brechung* und auch *Autonomisierung* des literarischen Textes gefordert (Vietta: Ästhetik der Moderne, S. 179 ff), dem die propagandistische Intention der deutsch-nationalen Literatur nicht entsprechen konnte und wollte. Die deutsch-nationale Literatur will wie ein Propagandafanal direkt wirken, dies aber um den Preis einer Vergröberung ihrer Metaphern und Sprechformen, so in den Bildern der Eichel und des Schwerts in der Lyrik Körners.

In diesem Kontext nun ist auch über das Projekt einer *Geschichtsschreibung* der Nationalliteratur zu sprechen, wie sie in Deutschland vor allem Georg Gottfried Gervinus mit seiner großen „Geschichte der poetischen National-Literatur der Deutschen" in fünf Bänden vorgelegt hat (Leipzig 1835–42, Neuausgabe: Geschichte der Deutschen Dichtung. 5 Bde. Leipzig 1853). Wie bereits angedeutet, vollzog sich der Umschlag zur nationalen Kodierung der Literaturgeschichte schon früher: im Verlauf der Romantik. Während Friedrich Schlegel noch 1798 gefordert hatte, dass die „Willkür des Dichters kein Gesetz über sich leide" (Schlegel: KA, Bd. 2, S. 183), rückt in seiner 1812 in Wien gehaltenen Vorlesung „Geschichte der alten und neuen Literatur" der Begriff der *Nation* an oberste Stelle. Es sei, so Friedrich Schlegel, der Zeitpunkt nicht so fern, „wo es weniger auf die einzelnen Schriftsteller ankommen wird, als auf die Entwicklung der ganzen Nation selbst, [...] wo nicht sowohl die Schriftsteller sich ein Publikum bilden dürfen, wie bisher, sondern vielmehr die Nation nach ihrem geistigen Bedürfnis und innern Streben, sich selbst ihre Schriftsteller zuziehen und ausbilden soll" (Schlegel: KA Bd. 6, S. 407). Wie bei Fichte also ein Umschwung um 180 Grad vom selbstbestimmten Subjekt zur Nation als Erziehungsanstalt und Pflanzschule des geistigen Lebens, der sich nun auch der Schriftsteller einzufügen und zu unterwerfen habe.

Der Begriff der Nation ist, wie Jürgen Fohrman schreibt, „die literarhistorische Zauberformel des 19. Jahrhunderts" (Fohrman: Das Projekt der deutschen Literaturgeschichte, S. 115) und erst recht des frühen 20. Jahrhunderts. Es wird ja doch in der so genannten „Deutschkundebewegung" die Romantik als die ‚faustische', ‚irrationale' Epoche der deutschen Literatur zum Modell von Deutschheit schlechthin und damit die Romantikforschung zu einem Zentrum der deutsch-nationalen Ideologisierung.

Was lief falsch oder zumindest einseitig in der nationalen Literaturgeschichtsschreibung, wie sie sich im 19. Jahrhundert herausbildete und Anfang des 20. Jahrhunderts noch als eine Ideologie des Deutschtums verfestigte? Es sind zumindest *zwei* Defizite anzumerken. Das Modell der nationalen Literaturgeschichtsschreibung tendiert *erstens* dazu, die eigene Literatur- und Kulturentwicklung von der europäischen Literatur- und Kulturentwicklung *abzukoppeln*, ihr eine möglichst immanent *eigene, innere Zielgerichtetheit* zu unterstellen. Bei Gervinus, der noch ein liberaler Mann war, dazu umfassend humanistisch gebildet, führt das zu grotesken Fehlurteilen, wenn er beispielsweise glaubt, die deutsche Minnelyrik des Mittelalters habe das „Innere des Menschen zu ihrem hauptsächlichsten Gegenstande" gemacht und dies in Abhebungen und Abgrenzung von der lateinisch-römischen Kultur (Gervinus: Geschichte der deutschen Dichtung, Bd. I, S. 285), als sei solche Verinnerlichung von Literatur ein germanisches Erbe und nicht jenem christliche Einfluss geschuldet, von dem es Gervinus abheben will. Diesen aber nimmt Gervinus eher als Überfremdung der altdeutschen Volkskultur wahr.

Auch der europäische Internationalismus der Aufklärung wird bei Gervinus auf ein deutsch-nationales Schema gebracht, wenn er betont, „unser Leibniz" stünde gegen England und Frankreich bei der Durchsetzung seiner Philosophie (Gervinus: Geschichte der deutschen Dichtung, Bd. IV, S. 25). Ohne diese aber wäre „unser Leibniz" gar nicht zu denken, denn er knüpft seinerseits an Descartes an und findet sein Profil in der Tat mit den englischen Physikern und Mathematikern Clarke und Newton. Seine eigene Position aber entwickelt dieser Aufklärer in kritischer Auseinandersetzung mit anderen europäischen Aufklärern, dies jedoch nicht primär aus nationalen, sondern aus forschungslogischen Motiven. Für den universalen Denkhorizont der Aufklärung hat daher Gervinus und die nationale Kulturgeschichte des 19. und 20. Jahrhunderts wenig Verständnis.

Überall wird so, wo nun nationale Kulturgeschichte geschrieben wird, diese möglichst zum Nachweis der *Autarkie* der *eigenen* Kulturgeschichte. Der Tendenz nach rekonstruiert die nationale Literatur- und Kulturgeschichtsschreibung des 19. Jahrhunderts die *eigene, innere Teleologie* der eigenen Nationalkultur. Damit aber wird tendenziell die Literatur und Kulturgeschichte der *anderen* Nation zum *Fremden, Feindlichen*, gegen das sich das ‚Eigene' glaubt abgrenzen zu müssen.

Dieser Befund gilt nicht nur für die deutsche, sondern auch für die Literaturgeschichtsschreibung der anderen europäischen Länder, die ebenfalls nach diesem Modell verfahren. Ich erwähne die italienische Literaturgeschichte von Francesco de Sanctis: Storia della letteratura italiana, entstanden 1866–1872, also genau in jenen Jahren, in denen Italien die nationale Einigung mit der Hauptstadt Rom vollendet. Die patriotische Großtat dieser Literaturgeschichte im Zusammenspiel von „Form und Inhalt" („forma" und „contenuto") inszeniert de Sanctis wie ein dreiaktiges Drama. Vom erhabenen Ursprung bei Dante, in dessen Werk auf grandiose Weise Form und Inhalt zusammenspielen, über die lange Zwischenphase der Verselbstständigung der Form auf Kosten des Gehalts, zu einer neuen Synthese mit den Leitgedanken der Nation und der Freiheit in der italienischen Literatur seiner Gegenwart (Baasner: Literaturgeschichtsschreibung in Italien und Deutschland; Giovanni: Storia delle storie letterarie; Guido: Le origini della scuola storica; Pazzaglia (Hg.): Letteratura e storia della letteratura).

Und Ähnliches wie für die deutsche und italienische Philologie gilt für die französische, spanische, englische u.a. Literaturgeschichtsschreibung. Sie alle folgen dem Paradigma der Nationalphilologie.

Literatur:

Arndt, Ernst Moritz: Ueber das Verhältniß Englands und Frankreichs zu Europa. Leipzig o.J.

Baasner, Frank: Literaturgeschichtsschreibung in Italien und Deutschland. Traditionen und aktuelle Probleme. Reihe der Villa Vigoni. Tübingen 1989.

Fichte, Johann Gottlieb: Die Grundzüge des gegenwärtigen Zeitalters. Vorlesungen gehalten zu Berlin, im Jahr 1804/05. Mit einer Einleitung hg. von Alwin Diemer. Hamburg 1978.

Fichte, Johann Gottlieb: Reden an die deutsche Nation. Mit einer Einleitung hg. von Reinhard Lauth. Hamburg 1978.

Fohrman, Jürgen: Das Projekt der deutschen Literaturgeschichte. Entstehung und Scheitern einer nationalen Poesiegeschichtsschreibung zwischen Humanismus und Deutschem Kaiserreich. Stuttgart 1989.

Foscolo, Ugo: Letzte Briefe des Jacopo Ortis. Übersetzung von Heinrich Luden. Leipzig 1984. – Italienisches Original: Ultime lettere di Jacopo Ortis. Poesie e carmi. A cura di Mario Puppo. Milano 1987.

Dann, Otto: Nation und Nationalismus in Deutschland. 1770–1990. München 1996.

Gervinus, Georg Gottfried: Geschichte der Deutschen Dichtung. Fünf Bände. Leipzig 1853.

Giovanni, Getto: Storia delle storie letterarie. Firenze 1981.

Guido, Lucchino: Le origini della scuola storica. Storia letteraria e filologia in Italia (1866–1883). Bologna 1990.

Imbriani, Vittorio: Studi letterari. A cura die B. Croce. Bari 1907. Es handelt sich hier um Vorlesungen, die Imbriani 1866 an der Universität Neapel gehalten hat.

Jeismann, Michael: ‚Feind‘ und ‚Vaterland‘ in der frühen deutschen Nationalbewegung 1806–1815. In: Ulrich Herrmann (Hg.): Volk – Nation – Vaterland. Hamburg 1996, S. 279 ff.

Lea, Charlene A.: The Christlich-Deutsche Tischgesellschaft. Napoleonic Hegemony engenders Political Antisemitism. In: Schulte, Hans (Hg.): Crisis and Culture in Post-Enlightenment Germany. Essays in Honour of Peter Heller. Lanham, Md. 1993.

Neuhaus, Stefan: Literatur und nationale Einheit in Deutschland. Tübingen/Basel 2002.

Pazzaglia, Mario (Hg.): Letteratura e storia della letteratura. Bologna 1978.

Schlegel, Friedrich: Charakteristiken und Kritiken I (1796–1801) in: Kritische Friedrich-Schlegel-Ausgabe. Bd. 2. Hg. und eingeleitet von Hans Eichner. München u.a. 1967.

Ders.: Geschichte der alten und neuen Literatur. Hg. und eingel. von Hans Eichner. München u.a. 1961.

Vietta, Silvio: Ästhetik der Moderne. Literatur und Bild. München 2001.

Ders.: Nationalisierung und Europäisierung der Literatur und Literaturwissenschaft in Deutschland und Italien. In: Silvio Vietta, Dirk Kemper und Eugenio Spedicato (Hg.): Europaprojekt der Romantik und die Moderne. Ansätze zu einer deutsch-italienischen Mentalitätsgeschichte. Tübingen 2005, S. 1 ff.

von Kleist, Heinrich: Sämtliche Werke und Briefe. Hg. von Helmut Sembdner. 2 Bde. München 1977.

Wehler, Ulrich: Deutsche Gesellschaftsgeschichte. 4 Bde. München 1987 ff.

Gleismodell der Literaturwissenschaften

Wie auf *parallelen Schienen* fahren so die europäischen Literaturgeschichten nebeneinander her. Die Höhepunkte der je eigenen Nationalliteratur werden phasenverschoben erreicht: So beginnt die italienische Literatur mit dem Dreigestirn Dante, Petrarca, Boccaccio sogleich auf dem Höhepunkt ihrer Entwicklung, die englische erreicht diese in der Shakespeare-Zeit, die spanische im Siglo d'Oro, die französische in der tragédie classique, die deutsche – auch hier eine verspätete Nation – ihren Höhepunkt mit der deutschen Klassik und Romantik.

Aus der Verspätung der deutschen Literatur- und Kulturgeschichte leitet die deutsche Literaturgeschichtsschreibung ein gefährliches Argument ab: das des *Primats* der deutschen Kultur vor den übrigen, einen *Hegemonialanspruch* also. Die deutsche Nation mit ihrer Verspätung auf ihrem kulturellen Gleis trage nun die gesammelte Fracht des europäischen Erbes und sei somit zur idealen Synthese aller europäischen Kulturen prädestiniert. Die angebliche deutsche

Gleismodell der nationalphilologisch kodierten Literaturwissenschaften		
Italienische Literaturgeschichte	*Antike Literatur* Vergil (70–19 v. Chr.) Horaz (65–8 v. Chr.)	Dante (1265–1321) ⇒ Petrarca (1304–1374) Boccaccio (1313–1375)
Englische Literaturgeschichte	*Altenglische Literatur*	Elisabethanisches Zeitalter Shakespeare (1564?–1616) ⇒ Milton (1608–1674) Donne (1572–1631)
Spanische Literaturgeschichte	*Altspanische Literatur*	Siglo d'oro (Goldenes Zeitalter) Cervantes (1547–1616) ⇒ Calderon (1600–1681) Lope de Vega (1562–1635)
Französische Literaturgeschichte	*Altfranzösische/ Normannische Literatur*	Tragédie Classique Racine (1639–1699) ⇒ Corneille (1606–1684) Molière (1622–1673)
Deutsche Literaturgeschichte	*Altgermanische Mittelhochdeutsche Literatur*	Klassik/Romantik Goethe (1749–1832) Schiller (1759–1805) ⇒ Kleist (1777–1811) Hölderlin (1770–1843) Tieck (1773–1853) F. Schlegel (1772–1829) Novalis (1772–1801)
Russische Literaturgeschichte		Turgenev (1818–1883) Dostojevskij (1821–1881) Tolstoj (1828–1910)

Universalität wird so zum Argument einer neuen geistigen Machtpolitik, die kein geringerer als Jacob Grimm in seiner „Vorlesung über Litteraturgeschichte" von 1834 beschwört: „Seit je war unsere Litteratur bildsam, innig und andächtig. Je länger der Sieg verschoben wurde, desto dauernder wird der Erfolg sein, und das Ausland erkennt jetzt unsere Machtfülle an, und es scheint unserem Volk vorbehalten zu sein, groß und einzig in der Litteratur dazustehen." (Grimm: Vorlesung über deutsche Litteraturgeschichte, S. 516) Es nützt nichts, dass kritische Geister wie Heinrich Heine die deutsch-nationale Denkweise und ihre Aus- und Abgrenzungsstrategien lächerlich machen. Der Zug der deutschen Geschichte und Kulturgeschichte fährt auf einem Gleis, dessen dramatische Beschleunigung einer inneren Logik der Selbstverherrlichung und Selbstüberschätzung folgt. Auch hier gibt es Parallelen in den Nachbarkulturen. So versucht Francesco Lomonaco in seinem Band „Vite degli eccellenti italiani" von 1802 einen „Primato italiano" zu begründen. Auf diesen Begriff griff der italienische Politiker Vincenzo Gioberti zurück, den er in seinem „Il Primato civile e morale degli Italiani" von 1843 formuliert hat. Spätestens mit D'Annunzio wird auch die italienische Kulturmacht mit einem *imperial-hegemonialen* Anspruch ausgestattet. In England ist es der Dichter Rudyard Kipling, der – aus den indischen Kolonien Englands kommend – einen imperialen englischen Kolonialismus vertrat.

Zweifellos ist das Modell einer Hegemonialisierung der eigenen Literatur und Kultur nach dem Zweiten Weltkrieg verabschiedet worden. Im Modell der gegeneinander sich abgrenzenden Nationalliteraturen aber bewegen wir uns noch heute. Freilich hat die *Komparatistik* viele Querstreben zwischen den Nationalliteraturen und -kulturen eingezogen. Aber die Fixierung auf die Nationalliteratur und -kultur währt fort. Dabei geschieht dies in Deutschland mit einer *Negativfixierung* der Literatur- und Kulturwissenschaft nach der Katastrophe des „Dritten Reiches" auf Deutschland und das Deutsche, wie dies Heinz Schlaffer kritisch angemerkt hat (Schlaffer: Kurze Geschichte der deutschen Literatur, S. 7 ff).

Das Projekt der Nationalliteraturen hat dennoch große Leistungen vollbracht. Es fungierte in jenen Ländern, die sich im 19. Jahrhundert zu Nationalstaaten formierten, selbst als *identitätsbildender* Faktor. Auch hat die Idee der Nationalliteratur erst viele Schätze der je eigenen Nationalliteraturen gehoben, philologisch ediert und zugänglich gemacht. Sie hat zu Nationalbibliographien und Biographien geführt und somit ein Arsenal von wissenschaftlichem Handwerkszeug bereitgestellt, ohne das Literaturwissenschaft heute gar nicht möglich wäre.

Literatur:

Grimm, Jacob: Vorlesung über deutsche Litteraturgeschichte (1834), mitgeteilt von Gustav Roethe, in: Nachrichten von der köngl. Gesellschaft der Wissenschaften zu Göttingen. Philologisch-historische Klasse, Göttingen 1899, Reprint 1967.
Schlaffer, Heinz: Kurze Geschichte der deutschen Literatur. München 2002.

Europäistik – eine neue Perspektive und ein Plädoyer

Gleichwohl scheint es sinnvoll, in *Ergänzung* zu dem Konzept der Nationalliteratur und -kultur für ein Projekt der *Europäisierung* der Literatur- und Kulturwissenschaft zu plädieren, für eine *Europäistik* im Sinne der nicht mehr primär national kodierten, sondern *europäisch* definierten Literatur- und Kulturwissenschaften.

Was würde sich durch einen solchen Perspektivensprung ändern? Er würde die europäische Literatur- und Kulturgeschichte als eine *gesamteuropäische* Entwicklung in den Blick nehmen, die natürlich ihre eigenen nationalen Literatur- und Kulturformen entwickelt hat. Diese aber werden ja doch aus *gemeinsamen* europäischen Wurzeln generiert und dies im *Miteinander* der europäischen Nationen. Die Literaturen der europäischen Moderne, die ein Zeitalter des Nationalismus war, folgen viel stärker, als es das Modell der Nationalphilologie erahnen lässt, einem *gemeinsamen* Entwicklungsgang der europäischen Kultur. Das hängt wesentlich damit zusammen, dass die *Epochenkodierungen* dem Begriff der Nation selbst *übergeordnet* sind. Zumindest alle Nationen Mitteleuropas durchlaufen – früher oder später, stärker oder schwächer – die Epochen der Renaissance, des Barock, der Aufklärung. Zum Teil war diese Internationalität dieser älteren Kulturepochen noch einer gesamteuropäischen Struktur des Feudaladels geschuldet. Aber auch die nationalstaatliche Modernisierung ist ein gesamteuropäisches Phänomen und somit gerade nicht nur auf eine Nation beschränkt. Freilich war es fatal für Europa, dass sich solche Modernisierung von Anfang an als ein hegemonialer Konkurrenzkrieg zwischen den Nationen vollzog. Gleichwohl: die *Zeit* dominiert den Raum, die *Epochenstruktur* die nationalen und regionalen Besonderheiten.

Wenn diese Form der Nationalisierung selbst heute zu hinterfragen ist, so geschieht dies bereits aus der Perspektive eines *europäischen* Blicks auf diese politische wie kulturelle Entwicklung. Die Perspektive der Europäistik *umgreift* bereits das Phänomen der Nationalisierung und der nationalen Literaturen und Kulturen. Ob sich der Begriff der Europäistik als Leitbegriff der Kulturwissenschaft durchzusetzen vermag, wird der Verlauf der Debatte zeigen. Auf den Begriff kommt es auch nicht an, wohl aber auf den Perspektivensprung des Blicks, den er anzeigt und der sich mit ihm vollziehen kann.

Dabei wäre es sicher falsch, die einzelnen Nationalphilologien in einer europäischen Kulturwissenschaft einfach aufgehen lassen zu wollen. Gerade die Literaturwissenschaft ist an die Eigenheit der nationalen Sprachen gebunden und jeder Germanist, der einmal im Ausland unterrichtet hat, weiß um die Schwierigkeiten der Sprachvermittlung als Voraussetzung der Lektüre. Ein Goethe-Gedicht im Original zu lesen, setzt eben jene Sprachkenntnisse voraus, die den deutschen Text allererst verstehbar machen. Europäische Sprachen zu lehren und die großen Texte dieser Sprachen im Original zu verstehen, ist und bleibt eine Aufgabe der nationalen Philologien in einem auch als kulturelle Einheit sich verstehenden Europa.

Gleichwohl ist es sinnvoll, die Texte der Nationalliteraturen im *europäischen* Kontext zu lesen und zu verorten und damit allererst als ein Dokument eben nicht nur der einzelnen Nation, sondern der europäischen Kultur als ganzer.

An dieser Stelle möchte ich für die *Übersetzung* eine Lanze brechen. Wir werden im Abschnitt über das Thema *Kulturwissenschaft* die Problematik des Verstehens von Texten ansprechen. Verstehen von Text ist immer ein Über-setzen in die eigene Sprache des Rezipienten, der dem Text und dem, was er zu sagen hat, mehr oder weniger nahe oder fern sein kann. Die fremde Sprache stellt hier sicher noch einmal eine eigene, große Barriere für das Verstehen dar. Auf der anderen Seite können die großen Kultursprachen Europas auch auf ein großes Reservoir von Übersetzungen zumindest der großen europäischen Texte zurückgreifen. Erst im Kontext solcher Übersetzungen und durch sie ist ein approximativer europäischer kultureller Diskurs möglich. Kein Mensch kann alle europäischen Sprachen. Und auch nur wenige europäische Intellektuelle werden so gut Altgriechisch können, dass sie Homer wirklich flüssig im Original lesen können. Dennoch wäre es unsinnig, diese originalsprachliche Könnerschaft als Bedingung für die Lektüre des Homer oder anderer Texte festzuschreiben. Im Gegenteil: Homer, Vergil, Dante, Shakespeare, Cervantes, Goethe, Joyce, Proust, Kafka sollten neben den anderen großen europäischen Autoren auf *allen* europäischen Schulen gelesen werden und nicht nur die großen Autoren der jeweils eigenen Nationalliteratur. Ich plädiere hier also für einen *europäischen Lektürekanon* vor dem nationalen, wie ich für einen *europäischen Kulturbegriff* plädiere, der dem nationalen übergeordnet ist. Dass eine solche Orientierung am europäischen Kanon auch für den *Spracherwerb* förderlich sein wird, kann man zumindest vermuten. Damit aber können wir zunächst das Thema der nationalen wie europäischen Kodierung der Literatur- und Kulturwissenschaft verlassen und zu einer Grundfrage *jeder* Kulturwissenschaft vordringen, der Definition des Kulturbegriffs selbst.

Der Begriff der Kultur

Eine grundlegende Frage jeder Kulturwissenschaft richtet sich auf den *Kulturbegriff* selbst. Denn natürlich hängt, was Kulturwissenschaft verstehen und erschließen kann, von dem zu Grunde gelegten Kulturbegriff ab. Kultur hat Heinz Dieter Kittsteiner jüngst definiert als „die Art und Weise, in der eine Gesellschaft ein Bewusstsein ihrer selbst entwickelt, das sowohl deskriptiv wie normativ ist" (Kittsteiner: Was sind Kulturwissenschaften?, S. 20). Legt man diese Definition zu Grunde, so wäre Kultur ein nachträgliches *reflexives* Bewusstsein der Gesellschaft von sich selbst. Das ist Kulturwissenschaft sicher *auch*. Es scheint aber, dass Kultur etwas *Fundamentaleres* ist als die Selbstreflexion einer Gesellschaft. Das bringt auch der ältere, von lateinisch „colere" (pflegen, bauen, ausbilden, verehren) abgeleitete Kulturbegriff zur Geltung. Kultur meint in diesem Sinne sowohl die Praxis der Lebensbewältigung im

Umgang mit der Natur wie auch die tätige Verehrung transzendenter Mächte. Zur Bedeutung des Begriffs seit Cicero gehört auch die philosophische Selbstkultivierung des Menschen („cultura [...] animi"). Absolut gesetzt wird dann der Begriff „cultura" in der Naturrechtslehre von Samuel Pufendorf (1632–1694). Im 18. Jahrhundert wird er eng mit der *Fortschrittskonzeption* der Aufklärung wie mit der *Selbstbildung* des Menschen in Zusammenhang gebracht und gerät damit im 19. Jahrhundert in Gegensatz zum Begriff der *Zivilisation* als der bloß äußerlichen, technisch-ökonomischen Entwicklung der Geschichte (Historisches Wörterbuch der Philosophie, Bd. IV, Spalte 1309 und Nünning und Nünning (Hg.): Konzepte der Kulturwissenschaften, S. 19 ff).

Vor allem mit Rousseau aber war bereits Mitte des 18. Jahrhunderts eine Form von *Kultur-* und *Zivilisationskritik* in Mode gekommen, die „den eisernen Ketten", mit denen die „zivilisierte[n] Völker" gefesselt seien – „Zufriedene Sklaven" – die *wahre Kultur* der Freiheit im *Naturzustand* des Menschen entgegensetzte (Rousseau: Preisschriften, S. 27). Spätestens seit Rousseau folgt so die abendländische Kultur einem Doppelkode: Kultur als ein Prozess der Verwissenschaftlichung, Ökonomisierung, Vergesellschaftung *und* des kritischen Bewusstseins dieser Prozesse. Im 20. Jahrhundert wird der Begriff wissenssoziologisch überhöht und umfasst nun das Ganze des Wissens, der Überzeugungen, Künste, Gesetze, der Moral und Tradition einer Gesellschaft (Kroeber/Gluckhohn: Culture. S. 81 und Knobloch u.a. (Hg.): Kultur und Zivilisation, S. 288 ff).

Im Kontext unserer vorgeschalteten Fragestellung nach dem Kulturbegriff und seiner Definition sind zwei Einsichten der Kulturwissenschaften selbst fundamental:

Erstens die Einsicht, dass der Mensch, wann und wo immer er in der Geschichte auftritt und wie immer er darin handeln mag, dies in *kulturellen Kontexten* tut, dass mithin der Mensch selbst als ein *kulturelles Wesen* definiert ist, ein *animal culturale.* Kultur ist dem Menschen nichts Äußerliches, nur nachträglich Zugegebenes, sondern definiert ihn selbst und sein Verhältnis zur Welt in seinem *anthropologischen Kern.* Es gibt kein menschliches Sprechen, Denken, Handeln außerhalb von kulturellen Kontexten. Immer ist menschliches Sprechen, Denken, Handeln bewusst wie vorbewusst kulturell geprägt. Das sind selbstredend in der Kulturgeschichte der Menschheit ganz unterschiedliche Kulturen, die sich auch überlagern mögen, aber immer ist es eine Form von Kultur, die menschliches Bewusstsein und menschliche Praxis kodiert. In diesem Sinne sind Kultur *und* Menschsein *gleichursprünglich* in der Geschichte des Menschen.

Andersherum formuliert: Wann immer und wo der Mensch in der Geschichte auftaucht, erscheint er nicht absolut, sondern in Kontexten *bestimmter kultureller Prägungen.* Kultur ist somit auch nicht ein Gut oder Besitz des Menschen, sondern definiert sein existentielles Sein.

Zweitens: Nicht erst seit dem *linguistic turn*, sondern seit den *Sprachphilosophien* Vicos, Herders, Humboldts und im 20. Jahrhundert Heideggers, Cassirers und Gadamers wissen wir, dass die Welterschließung des Menschen wesentlich *in der* Sprache und *durch die* Sprache erfolgt. Es ist die Sprache, die eine differenzierte Erfahrung zur Wirklichkeit ermöglicht und damit auch die Bearbeitung von Wirklichkeit für und durch den Menschen allererst freigibt. In diesem Sinne ist die Sprache nicht ein Produkt des Menschen, sondern ebenso sehr der Mensch ein Geschöpf der Sprache, wie Martin Heidegger dies in seiner grundlegenden Analyse des menschlichen Daseins erkannt hat. Menschsein und Sprache sind nach Heidegger *gleichursprünglich* (Heidegger: Sein und Zeit, § 34). Es gibt kein Menschsein außerhalb der Sprache und wiederum Sprache in unserem welterschließenden, welteröffnenden Sinne nur im Bereich der Humangeschichte.

Freilich darf man hier keinen zu engen Sprachbegriff zu Grunde legen. Gemeint ist nicht nur die begriffliche oder auch gesprochene Sprache, sondern die Sprache als *Bedingung der Möglichkeit* einer *differenzierten inneren wie äußeren Wahrnehmung* von Welt: Sprache als die Möglichkeit der Erkenntnis von etwas *als* etwas.

Auch das unklar Erkannte, diffus Gefühlte, wahnhaft Gesehene gehört in den Bereich der Sprache, denn auch unklare Erkenntnisse, diffuse Gefühle, wahnhafte Einbildungen sind ja Wahrnehmungen, die eine bestimmte Bedeutungsstruktur aufweisen, die wir natürlich korrigieren können, die aber als solche bereits in den Bereich der Sprache und ihrer Bedeutungssetzungen gehören. Die Sprache eröffnet Bedeutungsfelder nach Innen wie Außen, aber tut dies auch mit eben jenen Unbestimmtheitsstellen und Täuschungsquellen, die für die menschliche Wahrnehmung typisch sind. Das unterscheidet im Übrigen die natürlichen Sprachen von den technisch-logischen Kalkülen, auf die wir am Ende des Buches im Kap 4.5 zu sprechen kommen.

Literatur:

Kultur, Kulturgeschichte. In: Historisches Wörterbuch der Philosophie. Hg. von Joachim Ritter u.a. Bd. IV. Basel und Stuttgart 1976, Spalte 1309ff.

Kittsteiner, Heinz Dieter: Was sind Kulturwissenschaften? Dreizehn Antworten. München 2004.

Knobloch, J. u.a. (Hg.): Kultur und Zivilisation. München 1967.

Kroeber, A. L. und Gluckhohn, C.: Culture. A critical review of concepts and definitions. New York 1967.

Nünning, Ansgar/Nünning, Vera (Hg.): Konzepte der Kulturwissenschaften. Theoretische Grundlagen – Ansätze – Perspektiven. Stuttgart und Weimar 2003.

Rorty, Richard M.: The Linguistic Turn. Essays in Philosophical Method. Chicago 1992 (1967).

Rousseau, Jean Jacques: Preisschriften und Erziehungsplan. Hg. von Hermann Röhrs. Bad Heilbrunn 1967.

Kultur und Sprache

Damit rücken die Begriffe *Kultur* und *Sprache* eng zusammen. Wenn es richtig ist, dass der Mensch in seinem anthropologischen Kern ein Kulturwesen ist, so ist es eben die *Sprache*, die seine Enkulturation, seinen kulturell differenzierten Umgang mit der Welt allererst ermöglicht. Insofern sind eben auch alle möglichen kulturellen *Symbolisierungen* ihrerseits vermittelt durch die Sprache als Bedingung der Möglichkeit von Symbolisierung überhaupt. Ernst Cassirer, der sich hier an Herders Sprachphilosophie anlehnt, hat diese fundamentale Einsicht in der Formulierung gefasst: „Weil die Sprache eine Voraussetzung und Bedingung der Reflexion ist, weil erst in ihr und durch sie die philosophische ‚Besonnenheit' erwacht, – darum findet auch die erste Besinnung des Geistes sie immer schon als eine gegebene Realität, als eine ‚Wirklichkeit' […] vor. Die Welt der Sprache umfängt den Menschen […]." (Cassirer: Philosophie der symbolischen Formen, Erster Teil: Die Sprache, S. 55) Heidegger spricht in ähnlichem Zusammenhang von der Sprache als dem „Haus des Seins": „Darum ist die Sprache zumal das Haus des Seins und die Behausung des Menschenwesens." (Heidegger: Platons Lehre von der Wahrheit, S. 115. Siehe auch: Heidegger: Unterwegs zur Sprache, S. 90)

Die natürlichen Sprachen aber sind immer *bestimmte* Sprachen. Wilhelm von Humboldt hat diese Eigentümlichkeit, dass der Mensch *die* Sprache immer nur in der Form *bestimmter* Einzelsprachen hat, die die Welt und ihre Erfahrung in der menschlichen „Geistestätigkeit" nach ihrer „inneren Form" strukturieren, in seiner grundlegenden sprachphilosophischen Studie in den Vordergrund gerückt (Humboldt: Über die Verschiedenheit des menschlichen Sprachbaues, § 8 ff). Die bestimmten Sprachen aber geben immer nur einen *perspektivischen* Blick auf die Welt frei, eine bestimmte „Weltansicht", die gleichwohl – auch dies ist eine Einsicht Humboldts – als Ganze den Menschen angeht und in ihrer perspektivischen Wahrnehmung durch die Sprache auch erweitert und verändert werden kann. Einen absoluten Blick auf die Welt aber hat nur ein Gott, nicht der endliche, in immer bestimmte Sprach- und Kultursysteme eingebundene Mensch. Auf Grund dieser Überlegungen können wir hier eine erste, versuchsweise Definition von Kultur wagen. Wir definieren:

> *Kultur als jene sprachlich ermöglichte und vermittelte Form von Welterfahrung und Welterschließung, in deren Kontext sich das konkrete Denken, Sprechen und Handeln von Menschen vollzieht. Dieses Denken, Sprechen und Handeln bildet selbst kulturelle Subsysteme, die ihrerseits das Gesamtsystem einer Kultur definieren.*

Der Begriff der Kultur in diesem fundamentalen Sinn umfasst *alle* Kulturleistungen des Menschen: seine ökonomische Praxis ebenso wie seine Vorstellung von Religion, seine Arbeitswelt wie sein Freizeitverhalten, sein Denken wie sein Fühlen wie sein Sprechen, seine Wissenschaft wie die Künste, die politische Organisation seines Zusammenlebens wie die private Form seiner Existenzgestaltung.

Wenn so der Mensch als ein *kulturelles Wesen* definiert ist, der alles, was er

anfängt, in kulturellen Kontexten behandeln muss, so verändert wiederum diese Praxis die kulturellen Kontexte. Kultur ist in diesem *dynamischen* Sinne nichts
Statisches, sondern ein permanenter *Prozess* der Kodierung und Umkodierung
von Bedeutungszusammenhängen. Durch diesen dynamischen Prozess der Bildung und Umbildung von Kultur entsteht Geschichte als *Kulturgeschichte*.

Literatur:

Cassirer, Ernst: Philosophie der symbolischen Formen, Erster Teil: Die Sprache. Darm-
    stadt 1964 (1923).
Heidegger, Martin: Platons Lehre von der Wahrheit. Mit einem Brief über den ‚Huma-
    nismus'. Bern 1947.
Ders.: Sein und Zeit. Bd. 2 der Gesamtausgabe. Frankfurt/M. 1977 (1927).
Ders.: Unterwegs zur Sprache. Pfullingen 1959.
Humboldt, Wilhelm v.: Über die Verschiedenheit des menschlichen Sprachbaues und
    ihren Einfluss auf die geistige Entwicklung des Menschengeschlechts. Berlin 1836.
    Neuausgabe 2003.

Engerer Kulturbegriff

Nun spricht einiges auch gegen diesen generalisierenden Kulturbegriff. Sprechen wir nicht davon, dass ein Mensch ‚keine' Kultur habe? Sondern wir nicht
ausdrücklich den Kultursektor von der sonstigen Lebenswelt ab? Jede Stadt-
verwaltung, jedes Land hat heute ihren eigenen Haushalt für Kultur, den sie
somit als Sonderposten von anderen Haushaltsposten abhebt. Ist nicht Kultur
nur ein *Teilsystem* der Gesamtgesellschaft?

In der Tat hat sich in dem Maße, wie sich die abendländische Kultur in der
Moderne technisch-ökonomisch entwickelt hat, ein davon abgesonderter Kulturbegriff herausgebildet, der unter Kultur im engeren Sinne vor allem die
Pflege der Künste meint. Diese Eingrenzung hängt mit der oben genannten
Opposition von Kultur und Zivilisation zusammen. Kultur definiert sich in der
technisch-ökonomischen Zivilisation zunehmend als ein Sonderposten in der-
selben. *Kulturpolitik* definiert sich dementsprechend in der Bundesrepublik
Deutschland „als Pflichtaufgabe oder als freiwillige Leistung zur Gestaltung
der kulturellen Versorgung durch den Bund, die Länder und die kommunalen
Gebietskörperschaften" (Schneider: Kulturpolitik). Die Kulturhaushalte einer
Kommune oder des Landes und Bundes dienen dieser Sonderfunktion. Die
Abspaltung eines Teilsystems – der *engere* Kulturbegriff – ist aber selbst ein
Kulturprodukt im Rahmen einer Gesamtkultur. Die Aufspaltung und Autono-
misierung der so genannten „schönen Künste" um 1800 und damit auch das
Programm ihrer Pflege setzen daher den umfassenden Kulturbegriff zu ihrem
Verständnis voraus. Auf der Basis eines solchen Kulturbegriffs sind dann sehr
wohl kulturelle *Teil-* und *Subsysteme* zu unterscheiden, wie die Forschungen zur
populären Kultur und zur *Kultursoziologie* herausgearbeitet haben. So gehören zu

den Konzepten der populären Kultur die Alltagskultur, Erlebniskultur, Freizeitkultur, Jugendkultur, Kulturindustrie, Massenkultur, „The People", Soziokultur, Subkultur, Unterhaltung, Volkskultur (Hügel: Handbuch Populäre Kultur, S. 23ff; Winter: Kultursoziologie. In: Nünning und Nünning, S. 205ff). Vielfach bleibt allerdings der Zusammenhang zwischen dem Begriff *der* Kultur und den Subkulturen unklar. Wenn die Mediatisierung zu einem Hauptmerkmal der heutigen Alltagskultur geworden ist (Hügel: Populäre Kultur, S. 28), so gründet jene *Mediatisierung* selbst in einer Technisierung der Gesellschaft, die ihrerseits in der Kulturgeschichte der neuzeitlichen Naturwissenschaften begründet ist. Die Hochkultur der Wissenschaft und ihre Abstraktionsleistungen greifen gerade in der technisch-ökonomischen Gesellschaft zunehmend in die Systeme der Alltags- und Subkulturen ein und prägen diese gänzlich. Diese Durchdringung der Subkulturen durch die sziento-technologische Leitkultur der westlichen Gesellschaft gehört noch zu den Desideraten der Forschung.

Literatur:

Hügel, Hans-Otto (Hg.): Handbuch Populäre Kultur. Begriffe, Theorien und Diskussionen. Stuttgart und Weimar 2003.
Schneider, Wolfgang: Kulturpolitik. Eine Definition. In: Metzler Lexikon Kultur der Gegenwart. Hg. von Ralf Schnell. Stuttgart 2000.
Winter, Rainer: Kultursoziologie. In: Nünning und Nünning (Hg.): Konzepte der Kulturwissenschaften, S. 205ff.

Kulturwissenschaft

Was nun heißt in diesem Zusammenhang und auf der Grundlage unseres allgemeinen Kulturbegriffs *Kulturwissenschaft*? Was kann sie leisten? Wenn Kultur ein immer auch sprachlich vermitteltes, symbolisches System des Denkens und Handelns von Menschen ist, dann ist Kulturwissenschaft selbst auf die methodisch kontrollierte, artikulierte und differenzierte Deutung dieser Systeme verwiesen. Dabei werden zumeist verschiedene *Kulturwissenschaften* in Interaktion treten. Gerade die produktive *Grenzüberschreitung, Interdisziplinarisierung* und *Internationalisierung* wird zu Recht als ein Gewinn der neueren Kulturwissenschaft angesehen. In diesem Sinne ist *die* Kulturwissenschaft zumeist ein Interaktionsfeld verschiedener Wissenschaften in einer *polyphonen* und *multiperspektivischen* Form. Im weiteren Sinne definiert dann Kulturwissenschaft den *fächerübergreifenden Bezugsrahmen*, das Spektrum einer solchen Forschungsrichtung (Nünning und Nünning, S. 2ff), während im engeren Sinne Kulturwissenschaft eine Orientierung eines Faches auf übergreifende kulturwissenschaftliche Problemzusammenhänge meint (Böhme u.a.: Orientierung Kulturwissenschaft, S. 9f). Teilbereiche einer Wissenschaft wie die klassische Landeskunde in den verschiedenen Philologien, bzw. die „Cultural Studies" können hier als Vorläufer einer solchen kulturwissenschaftlichen Forschung gelten (Lutter/Reisenleitner: Cultural Studies).

Die methodisch angeleiteten Vollzüge des Verstehens von Kultur aber sind, wie die *Hermeneutik* unabweisbar herausgearbeitet hat, selbst immer *sprachlich* und *historisch* vermittelte Prozesse des *Verstehens* der in Frage stehenden symbolischen Ausdrucksformen von Kultur (Gadamer: Wahrheit und Methode, S. 361 ff). Kulturwissenschaft ist eine *deutende* Wissenschaft. Sie kann niemals absolute Strukturen zu Tage fördern, sondern immer nur *Interpretationen* kultureller Erscheinungsformen. Diese Interpretationen können komplexer oder weniger komplex sein, sie können auf unterschiedlichen Materialien fußen, können unterschiedliche Methoden der Materialerhebung und Auswertung zu Grunde legen. Das alles kann nach Gegenstandsbereich und Schule sehr unterschiedlich sein. Aber immer vollzieht sich dabei kulturwissenschaftliche Analyse als ein *Verstehensprozess*, der seinerseits den Gesetzen der Hermeneutik unterliegt: Er setzt ein *Vorwissen* über die in Frage stehende Materie voraus – Gadamer spricht in diesem Zusammenhang von dem „Vor-urteil" und rehabilitiert solches Vorwissen gegenüber der Illusion eines absoluten Neuanfangs von Wissenschaft (Gadamer: Wahrheit und Methode, S. 250 ff). Und kulturwissenschaftliche Analyse setzt voraus, dass, was immer in ihren Forschungsblick gerät, selbst sprachlich-historisch verstanden, interpretiert, gedeutet werden *muss*.

Dieses *principium interpretationis* aller Kulturwissenschaft mag in den so genannten Geisteswissenschaften noch vertraut erscheinen, für die Naturwissenschaften hingegen vielleicht befremdlich. Fördern nicht die Naturwissenschaften absolute Messergebnisse zu Tage? Stehen die Deutungen und Fakten, die sie zu Tage fördern, nicht über jeder interpretatorischen Relativierung? Die DNS besteht aus vier elementaren biologischen Bausteinen. Was gibt es da noch zu interpretieren oder zu deuten? Zum einen muss man aber hier auf den historischen Prozess der Deutungsgeschichte der Biologie hinweisen, der ja seinerseits im Kontext der neuzeitlichen Rationalität sich vollzieht und einen spezifischen, durch methodische Messung, Berechnung und Hypothesenbildung geprägten Verstehensbegriff voraussetzt. Zum anderen zeigt nun gerade dieses Beispiel, dass die komplexen Funktionszusammenhänge, die mit den Elementen gegeben sein mögen, selbst hochkomplexe Verstehenshypothesen provozieren, die sich ihrerseits ergänzen, überlagern, auch verdrängen mögen, nie aber ein absolutes Wissen über diese grundlegenden biologischen Prozesse freigeben werden. Immer sind naturwissenschaftliche Einsichten *auch* Deutungsprozesse der Natur, und sie gelten nur auf Zeit und solange, wie sie nicht durch andere Hypothesen ergänzt oder auch widerlegt werden. Auch als Naturwissenschaftler bleibt der Mensch ein endliches Wesen, das die es umgebende Natur zu messen, zu interpretieren, zu deuten versucht, aber nie ein gottgleiches Wissen aller Naturprozesse haben wird.

Einer der großen Kulturwissenschaftler der frühen Neuzeit, Gianbattista Vico (1668–1744), hat in Bezug auf das Kulturwissen des Menschen eine bemerkenswerte Formel aufgestellt. Bereits Vico hält fest, dass die Natur adäquat nur der erkennen könne, der sie gemacht habe: Gott. In seinem geschichtsphilosophischen Hauptwerk, den „Prinzipien einer neuen Wissenschaft über die gemeinschaftliche Natur der Völker" von 1725 stellt Vico das Prinzip auf, dass ein hervorragender Gegenstand für die Erkenntnis des Menschen die *geschichtliche* Welt sei, eben weil sie vom Menschen gemacht wird.

Dieses auf den Philosophen Protagoras zurückgehende *homo-mensura-Prinzip* definiert auch die Kulturwissenschaften im Ganzen: Der Mensch kann seine eigene Kulturgeschichte verstehen, weil er selbst ein kulturelles Wesen ist und die Kulturgeschichte macht. Der Status eines solchen kulturwissenschaftlichen Verstehens ist daher in der kulturell definierten Anthropologie des Menschen selbst begründet. Aber dieses ist und bleibt immer ein endliches, weil in einem bestimmten Sprach- und Kulturkontext eingebundenes Wissen.

Freilich spielt bei kulturwissenschaftlichen Verstehensprozessen eine große Rolle, wie *fern* oder wie *nah* ein zu verstehendes Kulturphänomen oder eine historische Kulturstufe dem eigenen kulturellen Verständnishorizont steht. Bereits Heidegger hat im Gespräch mit einem Japaner aus dem Jahre 1953 darauf hingewiesen, dass, wenn „der Mensch durch seine Sprache im Anspruch des Seins wohnt, dann wohnen wir Europäer vermutlich in einem ganz anderen Haus als der ostasiatische Mensch." (Heidegger: Unterwegs zur Sprache, S. 90) Die Kulturwissenschaft hat dieses Thema in den letzten Jahren eingehend unter dem Begriff des Fremden und des Eigenen diskutiert, neuerdings unter dem Begriff „Kulturwissenschaftliche Xenologie" (Krusche/Wierlacher: Hermeneutik der Fremde; Wierlacher: Kulturwissenschaftliche Xenologie. In: Nünning und Nünning, S. 280 ff). Als Faustformel mag gelten: Je ferner die zu verstehende Kultur dem eigenen interpretierenden Kultursystem, desto approximativer wird das Verstehen solcher Fremdkultur sein.

In der Ethnographie wird diese Problematik in den letzten Jahren intensiv diskutiert. Insbesondere der von James Clifford und George E. Marcus herausgegebene Band „Writing Culture. The Poetics and Politics of Ethnography" (1986) hat die wissenschaftliche Annäherung, Methode und Repräsentation der Analyse von Fremdkulturen zu einem eigenen, gewichtigen Forschungsgegenstand der Ethnographie gemacht, also eine Art *Selbstreflexion* der Wissenschaft in Bezug auf das Problem der Beschreibung einer Fremdkultur in Gang gesetzt. Bereits der berühmte Beitrag von Clifford Geertz „Dichte Beschreibung. Beiträge zum Verstehen kultureller Systeme" (1983, englisches Original: 1973) hatte das Thema der „Interpretation of Cultures" – so lautete der ursprüngliche Titel im Englischen – in den Blickpunkt der Kulturwissenschaft genommen. Solche selbstkritische Einstellung zeigte dann vielfach auf, dass es typisch abendländische, narratologische Strukturen des Verstehens sind, mit denen die abendländischen Forscher die Fremdkulturen angehen und überziehen bzw. diesen jene „einschreiben" (Wolff: Clifford Geertz, S. 91). Bei der kritischen Sicht auf die Beschreibungsinstrumentarien spielt nun auch die bewusste Perspektive eines *Postkolonialismus* eine wichtige Rolle, die eben das Fremde nicht erneut dem Eigenen der abendländischen Kultur unterwerfen will. Letztendlich aber führt diese selbstkritische Perspektive auch – und dies inmitten der Globalisierung – an die *Grenzen* des Verstehens der fremden Kulturen heran. Auf die Faszination dieses Paradigmas des Verstehens von Fremdkulturen als Text kommen wir zurück.

Was für das Verstehen von Fremdkultur und deren Schwierigkeiten gilt, gilt auch für die Verstehensschwierigkeiten *innerhalb* einer Kultur, wenn diese selbst in die Historie entrückt ist. Gerade die westliche Kultur bewegt sich mit einem atemberaubenden Tempo von ihren eigenen Wurzeln und historischen Entwicklungsphasen weg. Kann man als heutiger Kulturwissenschaftler überhaupt noch die eigenen mythischen Wurzeln auch der europäischen Kultur verstehen? Im Grunde radikalisiert sich hier im Kontext der Kulturwissenschaft nur ein Problem, das *jedem* Verstehensakt zu Grunde liegt: Die *Differenz* zwischen dem Verstehen und dem zu Verstehenden. Jeder Verstehensakt ist und bleibt eine *Übersetzung* des zu Verstehenden in den eigenen Verständnishorizont. Die Hermeneutik Gadamers hat dies „Applikation" genannt (Gadamer: Wahrheit und Methode, S. 92 ff). Es ist ein hochkomplexer Vorgang des sich *Einlassens* des Verstehenden auf das zu Verstehende, wie umgekehrt der *Übertragung* des zu Verstehenden in den Verstehenshorizont des Interpreten.

Bei dem Verstehen von Texten spielt die *Philologie* eine wichtige, steuernde Rolle. Sie ermöglicht es ja, Differenzen im Sprachgebrauch oder gar im Erlernen einer Fremdsprache zumindest soweit zu kontrollieren, dass nicht einseitige und falsche Projektionen von Seiten des Interpreten an den zu verstehenden Text herangetragen werden. Insofern ist das genaue Lesen, das genaue Sehen, in der Musik: das verständige und genaue Hinhören eine entscheidende Voraussetzung jeder akkuraten Kulturwissenschaft, wenn sie nicht in unkontrollierte Assoziation übergehen soll.

Gleichwohl bleibt das Problem der *kulturwissenschaftlichen Verstehensdifferenz*. Gerade die europäische Moderne hat mit ihrer Tendenz zur *Subjektivierung* und *Individualisierung* diese noch einmal dadurch verschärft, dass sie die Subjektivität und Individualität der Verstehensprozesse selbst stark hervorhebt. Das Ehepaar Danton und Julie in Büchners „Dantons Tod" offenbart in dem Eingangsmonolog dieses Dramas, dass das Verstehen von Mensch zu Mensch fast undurchdringliche Schranken zu überwinden hat. Auf Julies Frage: „Glaubst du an mich?", antwortet Danton: „Wir wissen wenig voneinander. Wir sind Dickhäuter. Wir strecken die Hände nacheinander aus aber es ist vergebliche Mühe, wir reiben nur das grobe Leder aneinander ab, – wir sind sehr einsam." (Georg Büchner: Dantons Tod, Akt I, I) Erneut Julie: „Du kennst mich, Danton", worauf Danton repliziert: „Einander kennen? Wir müssten uns die Schädeldecken aufbrechen und die Gedanken einander aus den Hirnfasern zerren."

Literatur:

Böhme, Hartmut/ Matussek, Peter/ Müller, Lothar: Orientierung Kulturwissenschaft. Was sie kann, was sie will. Reinbek 2002.

Ders./ Scherpe, Klaus R. (Hg.): Literatur und Kulturwissenschaften. Positionen, Theorien, Modelle. Reinbek 1996.

Ders.: Vom Cultus zur Kultur(wissenschaft). Zur historischen Semantik des Kulturbegriffs. In: Renate Glaser und Matthias Luserke (Hg.): Literaturwissenschaft – Kulturwissenschaft. Positionen, Themen, Perspektiven. Opladen 1996, S. 48 ff.

Büchner, Georg: Dantons Tod. In: Sämtliche Werke und Briefe. Herausgegeben von Werner F. Lehmann. Bd. 1. Hamburg 1967.

Clifford, James/ Marcus, George E. (Hg.): Writing Culture. The Poetics and Politics of Ethnography. Berkeley u.a. 1986.

Gadamer, Hans-Georg: Wahrheit und Methode. Grundzüge einer philosophischen Hermeneutik. Vierte Auflage. Tübingen 1975.

Geertz, Clifford: Dichte Beschreibung. Beiträge zum Verstehen kultureller Systeme. Frankfurt a. M. 1983. (Original: The Interpretation of Cultures. Selected Essays. London 1973).

Kittler, Friedrich: Eine Kulturgeschichte der Kulturwissenschaft. München 2000.

Konersmann, Ralph (Hg.): Kulturphilosophie. Leipzig 1996.

Lutter, Christina/ Reisenleitner, Markus: Cultural Studies. Eine Einführung. Wien 2002.

Steiner, Uwe C.: „Können die Kulturwissenschaften eine moralische Funktion beanspruchen?". Eine Bestandsaufnahme. In: DVjS 1997, S. 5 ff.

Wierlacher, Alois: Kulturwissenschaftliche Xenologie. In: Nünning und Nünning (Hg.) 2003, S. 280 ff.

Wolff, Stephan: Die Anatomie der Dichten Beschreibung. Clifford Geertz als Autor. In: Zwischen den Kulturen? Die Sozialwissenschaften vor dem Problem des Kulturvergleichs. Hg. von Joachim Matthes. Göttingen 1992, S. 339 ff.

Ders.: Clifford Geertz. In: Qualitative Forschung. Ein Handbuch. Hg. von Uwe Flick u.a. Reinbek 2000. S. 84 ff.

Materialität des zu Verstehenden, Schrift, Bild, Erinnerung

Im Verstehensprozess spielt die *Materialität* der zu verstehenden Phänomene eine gewichtige Rolle. Im Verlauf der Kulturgeschichte hat es sich gezeigt, dass jene Kulturen sich dem kulturwissenschaftlichen Verstehen öffnen, die *schriftliche* Zeugnisse hinterlassen haben, vorausgesetzt dass die verstehende Kulturwissenschaft die Schrift dieser Kulturen zu lesen vermag. Kulturen ohne Schrift, wie sie zum Beispiel die ozeanischen Kulturen darstellen, bleiben auch für die scharfsinnigste Anthropologie immer rätselhaft und selbst jene mediterrane Kultur der Etrusker, die eine dem griechischen Alphabet verwandte Schrift benutzte, erschließt sich dem heutigen Verstehen nur sehr spröde. Noch in der römischen Antike gab es ein umfassendes etruskisches Schrifttum, das Gelehrte damals auch lesen konnten. Der längste, heute erhaltene etruskische Text ist eine Mumienbinde. Weder dieser Text über einen heiligen Wasserritus, noch das heutige Sprachwissen genügen für eine vertiefte Kenntnis der in Frage stehenden Kultur (Hamblin: Die Etrusker, S. 40; Pfiffig: Die etruskische Sprache).

Grundsätzlich aber gilt: Die Annäherungsmöglichkeit an eine Kultur *mit* Schrift und ausreichenden Dokumenten in dieser Schrift eröffnet ein sehr viel tieferes Verstehen dieser Kultur als eine Fremdkultur *ohne* Schrift oder ohne ausreichende schriftliche Dokumentenbasis. Die europäische Kultur ist seit dem 8. Jahrhundert v.Chr. bis in die Gegenwart eine Kultur der *Schrift*. Und eine besondere, auf der Grundlage der phonetischen Umschrift der Laute gebildete, *abstrakte* Schriftkultur. Das prägt, wie wir sehen werden, den Charakter der abendländischen Kultur von Grund auf. Sie ist in ihrem wissenschaftlichen wie religiösen Kernbereich eine Kultur der *Abstraktion*. In Bezug auf die mediale Leitfunktion der Schrift aber kann man sagen: Eine europäische Kulturwissenschaft – Europäistik – kann sich entlang dieses wichtigsten Leitmediums eines kulturwissenschaftlichen Verstehens entwickeln.

Dabei kann die europäische Kulturwissenschaft auf eine breite Forschung zum Thema *Schrift* und *Erinnerung* zurückgreifen. Im deutschen Sprachraum haben die Forschungen von Aleida und Jan Assmann im Rückgriff auf Maurice Halbwachs' Begriff der „Mémoire collective" den Begriff der „Kulturellen Erinnerung" (Assmann/Harth: Mnemosyne. Formen und Funktionen der kulturellen Erinnerung), bzw. des „kulturellen Gedächtnisses" (Assmann: Erinnerungsräume. Formen und Wandlungen des kulturellen Gedächtnisses) einflussreich zur Geltung gebracht. Diese Forschungen umfassen sowohl die älteren Traditionen der Mnemotechnik, die Metaphern der Erinnerung einer Traditionskultur – Raum, Ruhmestempel, Buch, Palimpsest, Bibliothek (Assmann/Harth: Mnemosyne, S. 13ff) – wie auch Typologien von Erinnerungen wie die stärker durch Alltagsinteraktion geprägte Erinnerung in Abhebung von den hochgradig gestifteten und zeremonialisierten Erinnerungsfunktionen einer Kultur (dazu: Erll: Kollektives Gedächtnis und Erinnerungskulturen, in: Nünning und Nünning, S. 156ff).

Wenn man sich unter kulturwissenschaftlichen Aspekten fragt, worauf vor allem sich die Erinnerungsarbeit der Kulturwissenschaft richten könnte und sollte, so scheinen mir insbesondere *Epochenumbrüche* von besonderem kulturwissenschaftlichem Interesse zu sein. Das sind Phasen der Kulturgeschichte, in denen sich eine *neue Epochenkodierung* formiert bzw. eine ältere degeneriert. Solche Epochenumbrüche sind zweifellos die Zeiten der frühgriechisch-ionischen Philosophie, also der Epochenumbruch vom Mythos zum Logos, die Epoche des frühen Christentums, der frühen Neuzeit, der Zeit um 1800 als dem Anbruch der Moderne. Und natürlich gibt es auch innerhalb dieser Großepochen eine Vielzahl von kleinen Epochenumbrüchen, in denen ältere Kodierungen von jüngeren überlagert, zum Teil verdrängt oder umkodiert werden. Die Studien in diesem Band konzentrieren sich auf solche Epochenumbrüche.

Neben der Schrift haben auch andere Medien eine fundamentale Bedeutung für das kollektive Gedächtnis einer Kultur. „Medien des kollektiven Gedächtnisses – wie Mündlichkeit, Schrift, Bild, oder eben Computer – ermöglichen die Kontinuierung von Kultur." (Erll: Kollektives Gedächtnis, S. 157) In jüngerer Zeit hat eine von Forschern wie Kittler, Bredekamp, Hartmann und Krämer getragene breite Forschung zur Medialität eingesetzt. Diese Forschung greift vielfach zurück auf die Arbeiten von Marshall McLuhan und Harold Innes. Solche Studien betonen zu Recht die *kulturprägende* Funktion der Medien. Für die Erfindung der Schrift bedeutet dies, dass sie eine neue Ordnung des Denkens setzt, die ihrerseits für die abendländische Kulturentwicklung prägend geworden ist (Krämer: ,Schriftbildlichkeit', S. 157 ff).

Die europäische Kultur ist wesentlich dadurch geprägt, dass sie sich seit dem 8. Jahrhundert n. Chr. auch als eine Kultur des *Bildes* konstituiert hat. Im 8. Jahrhundert nach Christus entbrannte, wie dies Hans Belting in seiner materialreichen Studie schildert (Belting: Bild und Kult, 1990) ein heiliger Krieg, in dessen Verlauf sich die Westkirche dafür entschied, dass die Darstellung des Göttlichen – wenn auch nach streng kanonischen Richtlinien – möglich und erlaubt sein soll. Dieser Kanon wurde im Verlauf des Mittelalters und vor allem in der Frührenaissance zunehmend aufgelöst. Die Renaissance selbst war dann vor allem ein Zeitalter der *Bildkultur*. Mithin ist die *Ikonographie*, die Deutung der Bilder, eine zentrale Funktion der europäischen Kulturwissenschaft, zumal auch im Zeitalter der ikonischen Medien und ihrer Bilderflut. In unserem Kontext aber konzentrieren wir uns auf jenes ausdrucksstarke Medium der Schrift, welche die Sprache, das Denken und Handeln von Menschen relativ differenziert wiederzugeben vermag und damit auch die Mentalität von Epochen der europäischen Kulturgeschichte.

In jüngster Zeit greifen die *technischen Medien* in die Form der Vermittlung und damit auch des Verstehens von Kultur mit Macht ein. Unserer Deutung nach ist die Technik selbst ein Kulturprodukt der abendländischen Logoskodierung, das aber heute nicht nur die Kultur Europas sondern auch der Erde nachhaltig verändert und bestimmt. Darauf kommen wir im Kap. 4.6 zurück.

Literatur:

Assmann, Aleida: Erinnerungsräume. Formen und Wandlungen des kulturellen Gedächtnisses. München 1999.

Assmann, Aleida/ Harth, Dietrich (Hg.): Mnemosyne. Formen und Funktionen der kulturellen Erinnerung. Frankfurt a. M. 1991.

Assmann, Jan: Das kulturelle Gedächtnis. Schrift, Erinnerung und politische Identität in frühen Hochkulturen. München 1992.

Belting, Hans: Bild und Kult. Eine Geschichte des Bildes vor dem Zeitalter der Kunst. München 1990.

Erll, Astrid: Kollektives Gedächtnis und Erinnerungskulturen. In: Nünning und Nünning (Hg.) 2003, S. 156 ff.

Halbwachs, Maurice: Das kollektive Gedächtnis. Frankfurt a. M. 1991 (franz. Original 1950)

Hamblin, Dora Jane: Die Etrusker. 1976.

Hartmann, Frank: Medienphilosophie. Wien 2000.

Kittler, Friedrich A.: Aufschreibsysteme 1800/1900. München 1985.

Krämer, Sybille/ Bredekamp, Horst (Hg.): Bild, Schrift, Zahl. München 2003.

Krämer, Sybille: ‚Schriftbildlichkeit' oder: Über eine (fast) vergessene Dimension der Schrift. In: Bild, Schrift, Zahl. Hg. von Sybille Krämer und Horst Bredekamp. München 2003, S. 157ff.

Pfiffig, Ambros Josef: Die etruskische Sprache. Schrift, Alphabet, Formenlehre, Syntax, Übungen. Wiesbaden 1998 (1969).

Kultur, Natur, Genderforschung

Der ältere Kulturbegriff ging aus von einem hegenden, pflegenden Umgang des Menschen mit der Natur. Zwar gab es schon in der römischen Antike den ökologischen Raubbau. Vor allem durch Abholzen für den Bau von Schiffen, für die Beheizung von Bädern wurden ganze Regionen ökologisch aus dem Gleichgewicht gebracht, wie die verkarsteten Zonen des ehemaligen Jugoslawien heute noch bezeugen. Begriffsgeschichtlich aber meint „colere" ursprünglich die Kultivierung von Ackerbau, Viehzucht, mithin einen pfleglichen Umgang der Kultur mit der Natur. Die Kultur bearbeitete die Natur und diese schenkte dafür ihre Früchte.

Die europäische Logos-Kodierung hat dieses Verhältnis von Kultur zu Natur massiv verändert. Die neuzeitliche Rationalität hat die Natur selbst zu einer Art Objekt der Vermessung und Ausbeutung gemacht, die ihrerseits kapitalistische Erträge abwarf, das integrierte Verhältnis von Kultur und Natur aber zerstörte, bzw. veränderte in ein Herrschaftsverhältnis der Kultur über die Natur. Die ältere Frauenforschung hat diesen Prozess der europäischen Kulturgeschichte kritisch gesehen und in den Studien der Überwindung des Mythos durch den Logos, bzw. des Matriarchats durch das Patriarchat aus einer kulturkritischen Perspektive beschrieben. Dazu gehören auch Forschungen zum Matriarchat in heute noch existierenden Gesellschaften (Göttner-Abendroth: Matriarchat). Darauf kommen wir im Kapitel 2.3 eingehend zurück.

Zur europäischen Kulturgeschichte gehören auch die Studien zu den neuzeitlichen Naturwissenschaften, wie sie Carolyn Merchant vorgelegt hat. Sie schreibt in ihrer Studie: „Die Welt, die wir verloren haben, war organisch." (Merchant: Der Tod der Natur, S. 17) Die Kategorie der mütterlichen, nahrungsspendenden Erde wird zurückgedrängt und schließlich vernichtet durch eine mechanistische Perspektive, die in der Form (früh)kapitalistischer Industrien, aber eben auch in der Form des szientifisch-technischen Blicks auf die Natur diese selbst zum Verschwinden bringt. „Der Dualismus von Natur und Kultur ist ein entscheidendes Moment beim Aufschwung der westlichen Zivilisation auf Kosten der Natur. In dem Maße, in dem die einigenden Bande der älteren hierarchischen Kosmosvorstellung zerschnitten wurden, setzte sich die europäische Kultur zunehmend von allem ab und über alles hinweg, was mit Natur zu tun hatte". (Merchant: Der Tod der Natur, S. 160)

Das geht einher auch mit der Abwertung der Frau, mit der Verfolgung von Frauen, die über ‚magisches‘ Naturwissen verfügten, mit einer Metaphorik auch der Vergewaltigungen der Natur zur Preisgabe ihrer Geheimnisse in den neuzeitlichen Wissenschaften (Merchant: Der Tod der Natur, S. 177 ff).

Diese Perspektive hat sich, soweit ich erkennen kann, in der neueren Frauenforschung gewandelt. Gender wird in dieser Forschung weitgehend von Sex getrennt und als einer Art Konstrukt, das gesellschaftlich formiert und stereotypisiert wird, begriffen. Dieser Wandel vollzog sich Anfang der 90er Jahre in der feministischen Debatte, wurde ausgelöst insbesondere durch Arbeiten von Henrietta Moore, Judith Butler u.a. Diese Frauen vertraten im Wesentlichen die Positionen, dass die Kategorien wie „Mann" und „Frau" keine naturgegebenen ontologischen Tatsachen abbilden, sondern diskursive Ausdrücke für gesellschaftliche Machtkonstellationen und Rollenstereotypien seien. Der Denkansatz war nicht ganz neu, denn bereits Michel Foucault hatte den Begriff „Sex" als eine weitgehend fiktive Einheit machtpolitisch zusammengefasster Komponenten kritisiert. Diesen Ansatz, Geschlecht weitgehend als eine *soziale Konstruktion* zu begreifen, hat die Frauenforschung gerne aufgenommen, weil er einen direkten Eingriff in die gesellschaftlichen Rollenstereotypen ermöglichte. Diese Position artikuliert sich explizit auch als die „naturwissenschaftliche Konstruktion von Geschlecht" (Pasero/Gottburgsen: Wie natürlich ist Geschlecht? S. 19 ff; Schröter: Einleitung zu „Körper und Identitäten", S. 1 ff).

Die jeweilige Kultur bestimmt entscheidend die Wahrnehmung und den Zugang zum eigenen Körper. Die europäische Kulturgeschichte ist hier durch einen unglückseligen Dualismus geprägt, der Seele und Körper nicht nur auseinanderreißt, sondern im Letzteren zeitweilig den „Kerker der Seele" erkennt und das „Geschäft der Philosophen" darin sieht, die Seele von dem Leibe zu befreien und abzusondern (Platon: Phaidon, 67 d). Das gnostisch überkodierte Christentum gar sah in dem Körper die *schmutzige, böse* Hülle für einen reinen, zurück zu Gott strebenden Geist. Die Trennung von Geist und Körper hatte ja kulturgeschichtlich den Vorteil, dass sie die Phantasie eines Lebens nach dem Tode eben des vom Körper gereinigten Teiles des Menschen vorstellbar machte.

Ist aber damit gesagt, dass die Erfahrung des Körpers ein *absolutes Konstrukt* der Kultur sei oder sind nicht auch die kulturellen Geschlechterrollen durch den von der Natur dem Menschen mitgegebenen Körper vermittelt? Der Konstruktionsbegriff, der in der neuen und neusten Frauenforschung umgeht, suggeriert die *gänzliche Verfügbarkeit* des gesellschaftlichen Zugriffs über die Natur des Körpers. Der Konstruktbegriff aber, der selbst einen *Herrschaftsanspruch* des Logos über die Natur umsetzt, ist ein Produkt der europäischen Neuzeit. Insofern gehören diese Fragen und Zielsetzungen der Frauenforschung in den Kontext einer Kulturgeschichte des europäischen Denkens und somit in den Geltungsbereich der Kulturwissenschaft.

Sicher gilt: Unsere Erfahrungen von Geburt, Geschlecht, Wachstum, Paarung, Alter, Tod sind *durchweg* und *immer* kulturell kodiert. *Aber:* Diese elementaren Erfahrungen sind ihrerseits keine absoluten Erfindungen der Kultur, sondern dieser durch die Natur des Menschen *vorgegeben*. Menschen werden geboren in männlichen oder weiblichen Körpern, wobei die auch naturwüchsige Zwitterform ja doch die seltene Ausnahme darstellt. Unser Körper unterliegt natürlichen Formen des Wachstums, Alterns, Sterbens, und damit einem durch die Natur des Menschen vorprogrammiertem *biologischem* Programm. Die Kultur deutet, kodiert und verändert auch diese Prozesse. Wahrlich haben sich kulturelle Phantasien aller Art an diesen biologischen Prozessen des Menschen entzündet. Am *Leib-a-priori* des Menschen aber kann keine Kultur vorbei. Sie kann die elementaren biologischen Vorgaben der Natur nur in jeweils kulturelle Deutungsraster fügen, auch überformen, nie aber gänzlich zum Verschwinden bringen. In diesem Sinne werden auch chirurgische und biotechnische Eingriffe in die körperliche Natur diese zwar modifizieren, aber nie grundsätzlich aufheben können. Auch in der sziento-technologischen Konstruktion von Gesellschaft bleibt die Natur – bei aller Entfremdung der Kultur von jener – die Grundlage und die Basis des menschlichen Lebens auf der Erde, bleibt der Körper jenes Instrument, in dem menschliches Denken und Fühlen sich vollzieht, bleibt Sex auch die Basis von Gender.

Ich würde diese kulturkritische Grenzziehung dem Konzept einer Cyborg-Ontologie entgegenhalten, wie sie – sicher nicht ohne Ironie – eine Frauenforscherin wie Donna Haraway vertritt. Cyborg meint ein Konzept, in dem Mensch, Maschine und Tierkörper zu einer Neukonstruktion zusammenschmelzen, die sicher nicht nur die Grenzen der Natur, sondern auch der uns bekannten Kultur sprengen würde. Darauf kommen wir am Schluss dieses Buches in Kap. 4.6 zurück.

Literatur:

Akashe-Böhme, Farideh: Von der Auffälligkeit des Leibes. Frankfurt a. M. 1995.

Butler, Judith: Das Unbehagen der Geschlechter. Frankfurt a. M. 1991 (englisches Original: Gender Trouble 1990).

Dies.: Körper von Gewicht. Die diskursiven Grenzen des Geschlechts. Berlin 1995 (englisches Original 1993).

Dies.: Psyche der Macht. Das Subjekt der Unterwerfung. Frankfurt a. M. 2001 (englisches Original 1997).

Fox Keller, Evelyn: Geschlecht und Wissenschaft: Eine Standortbestimmung. In: Orland, Barbara/ Scheich, Elvira: Das Geschlecht der Natur. Frankfurt a. M. 1995. S. 64 ff.

Göttner-Abendroth, Heide: Matriarchat: Forschung und Zukunftsvision. In: Becker, Ruth/ Kortendiek, Beate (Hg.): Handbuch Frauen- und Geschlechterforschung. Theorie, Methoden, Empirie. Wiesbaden 2004, S. 21 ff.

Haraway, Donna : Die Neuerfindung der Natur. Primaten, Cyborgs und Frauen Frankfurt a. M. 1995.

Merchant, Carolyn: Der Tod der Natur. Ökologie, Frauen und neuzeitliche Naturwissenschaft. Aus dem Amerikanischen von Holger Fliessbach. München 1987 (englisches Original 1980).

Moore, Henrietta: "Divided we stand". In: Sex, Gender and Sexual Difference. In: Feminist Review 47, S. 78 ff.

Pasero, Ursula/ Braun, Friederike (Hg.): Wahrnehmung und Herstellung von Geschlecht. Perceiving and Performing Gender. Resultat des 4. Symposions zur Geschlechterforschung in Kiel 1998. Opladen u. a. 1999.

Pasero, Ursula/ Gottburgsen, Anja (Hg.): Wie natürlich ist Geschlecht? Gender und die Konstruktion von Natur und Technik. Resultat des 5. Symposions zur Geschlechterforschung in Kiel 2000. Wiesbaden 2002.

Peiffer, Jeanne: Nature – elle – ment. Einige Ansätze feministischer Kritik der Naturwissenschaften in Frankreich. In: Orland, Barbara/Scheich, Elvira: Das Geschlecht der Natur. Frankfurt a. M. 1995, S. 92 ff.

Schröter, Susanne (Hg.): Körper und Identität. Ethnologische Ansätze zur Konstruktion von Geschlecht. Hamburg 1998.

Systemforschung in der Kulturwissenschaft

Kulturwissenschaft ist Deutung, ist Interpretation von kulturellen Phänomenen. Aber diese bilden eine unendliche Vielfalt. Wie diese Vielfalt gliedern und strukturieren? Eine der hilfreichen Forschungsmethoden für die Differenzierung und Gliederung der bunten Fülle der Kulturgeschichte bietet die *Systemtheorie* an, wie sie Niklas Luhmann in einer Reihe von Studien zu kulturellen und sozialen Systemen selbst vorgestellt und erprobt hat. Luhmann hat seinen Systembegriff der Neurophysiologie abgeguckt. Sein Systembegriff orientiert sich an jener Beschreibung von Wahrnehmungsprozessen, welche die Neurophysiologie – sein Gewährsmann ist Humberto Maturana – als gehirnimmanente Konstruktionsprozesse beschreibt. Systeme, auch soziale, sind nach Luhmann durch „operative Schließung" nach außen definierte, „autopoietische" „selbstreferentielle" Einheiten, die somit eine Art geschlossenen Kommunikationsablauf bilden. Diesen Systembegriff hat Luhmann an viele kulturelle und soziale Erscheinungsformen herangetragen. „Soziale Systeme sind zweifelsfrei selbstreferentielle Objekte. Man kann sie als Systeme nur beobachten und beschreiben, wenn man dem Umstande Rechnung trägt, dass sie mit jeder Operation sich auch auf sich selbst beziehen." (Luhmann: Soziale Systeme, S. 593) Solche Selbstreferenzialität der sozialen und kulturellen Systeme spiegele die Selbstreferenzialität des Bewusstseins, denn solche Selbstreferenzialität ist eine „Eigentümlichkeit des Bewusstseins" (Luhmann: Soziale Systeme, S. 648).

Nun unterscheidet Luhmann die selbstreferenziellen sozialen Systeme nach ihren *internen* Funktionsabläufen auf Grund ihrer *internen* Wert- und Leitnormen, so das System der Politik durch das Streben nach Macht, Wissenschaft durch ihren Wahrheitsanspruch, Ökonomie durch die Leitwährung Geld, Moral durch die Opposition von Gut und Böse, Recht durch die Opposition von erlaubt und verboten, Kunst durch die Kategorie der Form (Luhmann: Soziale

Systeme, S. 625 ff). Luhmann hat zu vielen dieser Systeme umfängliche Studien vorgelegt, so „Die Wirtschaft der Gesellschaft" (1988), „Die Wissenschaft der Gesellschaft" (1990), „Das Recht der Gesellschaft" (1997), „Die Kunst der Gesellschaft" (1995). Dabei kann er sich neben der Neurobiologie auch auf die *Geschichte* der kulturellen Systeme stützen. Er beschreibt nämlich die Geschichte der Modernisierung in der Neuzeit selbst als einen Prozess der „Ausdifferenzierung" von kulturellen Systemen gegeneinander. Moderne definiert sich nach Luhmann nicht mehr durch „Bewahrung von Herkunft [...] Es geht vielmehr um ein ständiges Erzeugen von Anderssein" (Luhmann: Beobachtungen der Moderne, S. 15). Dass solche Tendenz zur Exklusivität selbst wieder kollektiven Mustern folgt, gehört zu den Pointen der Luhmannschen Theorie (Luhmann: Gesellschaftsstruktur und Semantik, Bd. 3, S. 218).

Die große Leistung der Systemtheorie sehe ich darin, dass sie erlaubt, kulturelle Systeme gegeneinander abzugrenzen und in ihrer Eigenkodierung zu beschreiben. Es ist ja richtig, dass z.B. das System der Kunst in der Neuzeit sich gegen andere Systeme abgrenzt und so zu einer eigenen neuen Form von Autonomie strebt, die dann die Kunsttheorie der Romantik im ausgehenden 18. Jahrhundert explizit formuliert.

Auf der anderen Seite steckt in der Systemtheorie selbst ein unaufgelöster *Widerspruch.* Wenn die kulturellen Systeme so „autopoietisch", „selbstreferentiell" gegeneinander abgeschlossen wären, wie Luhmann sie beschreibt, gäbe es gar kein kulturelles Verstehen dieser Systeme. Jedes System wäre gegen das andere abgeschlossen wie eine Monade. In Wahrheit aber *umgreift* der allgemeine Kulturbegriff die Ausdifferenzierung von Kultur in die kulturellen Subsysteme. Wenn sich eine Kultur – wie die der Neuzeit – in verschiedene Teilsysteme aufsplittert, ist dies gerade Indiz *einer bestimmten* Kulturform in ihren Differenzierungen. Die allgemeine Kulturwissenschaft umgreift somit deren Teilsysteme, und das ist auch der Grund dafür, warum der Kulturwissenschaftler Luhmann so viele Kultursysteme untersuchen und beschreiben konnte.

Literatur:

Luhmann, Niklas: Beobachtungen der Moderne. Obladen 1952.
Ders.: Gesellschaftsstruktur und Semantik. Studien zur Wissenssoziologie der modernen Gesellschaft. Drei Bände. Frankfurt a. M. 1989.
Ders.: Die Wirtschaft der Gesellschaft. Frankfurt a. M. 1988.
Ders.: Die Wissenschaft der Gesellschaft. Frankfurt a. M. 1990.
Ders.: Das Recht der Gesellschaft. Frankfurt a. M. 1997.
Ders.: Die Kunst der Gesellschaft. Frankfurt a. M. 1995.
Ders.: Soziale Systeme. Grundriss einer allgemeinen Theorie. Frankfurt a. M. 1984.
Plumpe, Gerhard: Literatur als System. In: Literaturwissenschaft. Hg. von Jürgen Fohrmann und Harro Müller. München 1995, S. 103ff.

Epochenumbruch als Metapherntransfer

Zudem stellt sich die Frage, wie sich kulturelle Systeme bilden und gegeneinander ausdifferenzieren. Betrachten wir dies am Beispiel der Kunst, der Luhmann ja auch eine eigene Studie gewidmet hat. Diese Autonomisierung der Kunst vollzieht sich gerade nicht ‚autopoietisch‘, nicht ‚selbstreferenziell‘, wie Luhmann behauptet, sondern in der Form der *Übernahme* von Leitbegriffen aus Nachbarsystemen. Man kann dies gut am Umbruch der traditionellen zur modernen Ästhetik in der Frühromantik um 1800 verdeutlichen: Ein Autor wie Novalis ist ein Vielleser und Querdenker. Er studiert gründlich die Texte der Philosophie von Kant und Fichte – da findet er den Gedanken des Wissens und der Wissenschaft als einer Form des *Produzierens* von Wissen. Er liest Texte der Naturwissenschaften, da findet er den Gedanken des *Experiments*. Er liest Texte zur Mathematik. Da findet er den Gedanken der *Konstruktion*. Und er nimmt Teil an der Entwicklung der Politik in seiner Zeit. Dort findet er – und auch schon in der Ästhetik Schillers – den Gedanken der *Freiheit* und der Ästhetik als einer Befreiung des Menschen.

Novalis nimmt diese Begriffe und transferiert sie in den Bereich der Ästhetik. Auf diese Weise konstruiert er ein neues Konzept von ästhetischer Praxis als einer *freien, experimentellen Produktion* ästhetischer Strukturen. Dieses produktionsästhetische Konzept lässt die alte Nachahmungsästhetik hinter sich: „Auch nicht der leiseste Verdacht von Nachahmung" kann – so Novalis am Beispiel des Dichters, Musikers, Malers – den Künstler treffen (Novalis: Schriften, Bd. 2, S. 573). Die neue romantische – *moderne* – Ästhetik hat die Vorstellung von der Nachahmung der Natur verabschiedet zugunsten der Schöpfung und Produktion ästhetischer Strukturen durch den „Geist" des Künstlers und in ihm (Dazu: Vietta: Ästhetik der Moderne, S. 117 ff).

Damit stellt sich ein ganz anderes Problem, als das von Luhmann auf Grund der Geschlossenheit seines Systembegriffs beschriebene. Es ist das Problem des Eindringens der Systeme ineinander und damit gerade die *Auflösung* der Autonomie der Systeme. Paradox formuliert: Die Autonomisierung der Künste ist gerade keine ‚selbstreferentielle‘ Idee der Ästhetik, sondern dem Einfluss der kulturellen Nachbarsysteme auf sie geschuldet. Das gilt auch für die Begründung der Ästhetik als Wissenschaft im 18. Jahrhundert in ihrer Anlehnung an die Subjektphilosophie und gleichzeitiger Opposition gegenüber deren rationalistischer Form (Kap. 4.4).

Noch in den 50er Jahren sprach der Kulturwissenschaftler C. P. Snow von den „zwei Kulturen" (Snow: Die zwei Kulturen, 1959). Die Erfahrung unserer Gegenwart aber zeigt einen Prozess der Durchdringung aller Systeme durch dominante Leitsysteme an, so durch die Systeme der Mathematik, der Ökonomie, der Technik. Damit stellt sich die Frage nach den *Leitsystemen*, welche die verschiedenen kulturellen Systeme einer Epoche definieren und in ihren internen Ausrichtungen prägen. Vor allem geht es dabei um die *kulturellen Leitkodierungen* der Epochen, die allererst die Ausdifferenzierungen der kulturellen Sys-

teme steuern und formatieren. Diese Ausdifferenzierung der kulturellen Systeme, die sich schon in der griechischen Antike und verstärkt in der Neuzeit
vollzieht, bildet nicht einfach eine additive Anhäufung, sondern vollzieht sich
als ein Prozess der Ausdifferenzierung in Folge und unter der Schirmherrschaft von Leitkodierungen, die diese Prozesse in Gang setzen und steuern.

Was heißt *Leitkodierung?* *Kodierung* in einem kulturellen System ist eine Art
Schlüsselwort (Code). Kodierungen sind Ideen, welche inhaltlich wie methodisch ein System strukturieren. *Leitkodierungen* bezeichnen solche Leitideen,
welche nicht nur ein System, sondern eine ganze Vielfalt von Systemen inhaltlich wie methodisch steuern. Dies geschieht in der Neuzeit vielfach in der
Form metaphorischer Transformationen von dem einen in das andere System.
Ich will dies an einem weiteren Beispiel erläutern: Wenn in der Neuzeit sich
das System der Naturwissenschaften – unter der Ägide der Astronomie und
Physik – von den Normvorgaben der Theologie löst, liefert es damit zugleich
das Grundmodell von *Revolution* für die europäische Kultur der Neuzeit. Der
Begriff der „Revolution" im Sinne von Epochenumbruch ist ja metaphorisch
von dem Begriff der „Revolution" im Sinn der Umlaufbahnen der Gestirne
abgeleitete. Kopernikus' neue Theorie dieser ‚Revolutionen' war eben auch
wissenschaftsgeschichtlich eine ‚Revolution'. Durch ihn wird das Modell der
Neukonzeption der Astronomie zum Modell revolutionärer Modernisierung
von Wissenschaft und setzt somit eine *Kettenreaktion* von Modernisierungspro-
zessen in den verschiedenen Wissenschaften in Gang (Vietta: Ästhetik der
Moderne, S. 49 ff).

Wie gesagt: Zunächst vollziehen die *Naturwissenschaften* den Bruch mit dem
mittelalterlichen Weltbild, indem sie einen neuen mathematisch-konstruktiven
Erkenntnisbegriff und dessen Ergebnis: die Ersetzung des geozentrischen
durch das heliozentrische Weltbild gegen den erbitterten politischen Widerstand der Kirche durchsetzen. Dieser an der Mathematik orientierte konstruktive Erkenntnisbegriff wird nun gerade auf Grund seines Erkenntniserfolges
zum Leitmodell der *Philosophie* der Aufklärung. Im Systemkontext ihrer Er-
kenntnisreflexion entwickelt diese einen *produktiv-transzendentalen* Begriff von
Wissen, der seinerseits die ältere Vorstellung von Erkenntnis als Annäherung
des Intellektes an die Sache verdrängt. Die Philosophie der Aufklärung beschreibt nun Erkenntnisprozesse als Prozesse der Erkenntnis*produktion im* Bewusstsein, nach Maßgabe der *Rationalität* und *ihrer* Definition objektiver Erkenntnis.

Im Einflussbereich der Naturwissenschaften revolutioniert sich auch das
System der *Ökonomie* im letzten Drittel des 18. Jahrhunderts. Auch diese Revolution vollzieht sich als *Rationalisierung* von Produktion, Vertrieb, Kommunikation. Für Adam Smith ist die *produktive Arbeit* – und *nur* sie in ihrer rationell-
arbeitsteiligen Form – die Quelle des Wohlstandes der Nationen. Nicht die Bo-
denschätze bedingen deren Reichtum oder Armut. Seine „Untersuchung über
Natur und Ursachen des Wohlstandes der Völker" (An Inquiry into the Nature
and Causes of the Wealth of Nations) von 1776 transferiert somit den Begriff

der rationellen Produktion aus der Philosophie in die Ökonomie. Mit dieser Theorie der produktiven Arbeit, mit der Erfindung der Dampftechnik beginnt so auch die *industrielle* Revolution in Europa.

Die *politische Revolution* von 1789 wendet ihrerseits den wissenschaftlich-philosophischen Grundsatz von der *Gleichheit* der Vernunft in allen Menschen und der *Freiheit* des Denkens auf die Politik an: Forderung nach *politischer* Freiheit und Gleichheit. Zumindest formal bedeutet dieses Prinzip das Ende einer ontologisch begründeten Feudalordnung, das den Gedanken der Herrschaft theologisch im Gottesgnadentum verankert sah. Die Doppelrevolution von Ökonomie und Politik hat der Engländer Eric John Hobsbawm in einer klassischen Studie beschrieben (Hobsbawm: Europäische Revolutionen: 1789 bis 1848). Freilich gehört zu der eingangs erwähnten Tragik der europäischen Politik nach Napoleon, dass sie die Forderung nach Freiheit und Gleichheit in der Politik der Restauration und der Nationalisierung der Politik gerade nicht durchgesetzt hat. Schließlich gehört in die Kettenreaktion der Revolutionen der Neuzeit auch die *ästhetische* Revolution in der Frühromantik um 1800 mit ihrer Forderung nach einer freien, experimentellen Produktivität der ästhetischen Einbildungskraft, zugleich Selbstbegründung der modernen *Produktionsästhetik* und der *Autonomie* des Ästhetischen.

Überall vollzieht sich so im Einflussbereich der ersten ‚Mutterrevolution‘ der Naturwissenschaften in den europäischen Kultursystemen ein *Systembruch* mit der *Tradition*. Die kulturellen Systeme werden im Sinne der angedeuteten Kettenreaktion von Revolutionen neu kodiert und somit neu organisiert. In den genannten europäischen Kultursystemen wird damit der neue Begriff von *Produktivität* zum epochalen Leitbegriff. Die kopernikanische Wende der Neuzeit ist die Umstellung der traditionell ontologischen Ordnungen des Verstehens in neue der Produktivität und Aktivität des Subjekts (Kap. 4). Freilich bedeutet Produktivität im Systemzusammenhang der Wissenschaft, der Ökonomie, der Politik und Ästhetik je etwas anderes: eben Produktion von Wissen in der Wissenstheorie der Philosophie, effiziente Produktion von Waren in der Ökonomie, Selbstbestimmung in der Politik und freie ästhetische Gestaltung im Systemzusammenhang der Ästhetik. Ein solches Kettenmodell der Revolutionierung von Kultursystemen durch neue Leitkodierungen könnte man graphisch wie unten darstellen.

Eine wichtige Aufgabe der Kulturwissenschaft ist nicht nur die Beschreibung der verschiedenen kulturellen Systeme und ihrer Kodierungen, sondern die Beschreibung der *Interdependenzen* der *kulturellen Systeme* und des *Transfers* von Leitbegriffen aus einem kulturellen System in ein anderes, bzw. der *Umkodierung* der kulturellen Systeme durch die aus anderen Systemen *importierten Leitkodierungen*. Solche Analysen aber sind gerade nicht mehr systemimmanent zu leisten, sondern nur im *transdisziplinären* Systemvergleich, wie ihn seit langem Jürgen Mittelstraß für die Kulturwissenschaft fordert (Mittelstraß: Wissenschaftsreform als Universitätsreform. In: Vietta/ Kemper: Germanistik der 70er Jahre, S. 140 ff).

Neuzeitliche Kettenreaktion der Revolutionen

Naturwissenschaftliche Revolution (Kopernikus, Kepler, Galilei, Newton u. a.)
KOPERNIKANISCHE WENDE
Leitwissenschaften: Astronomie, Physik, Optik
Leitkodierung: Mathematisch-konstruktivistische Rationalität

**Philosophische Revolution der Aufklärung
(Descartes u. a.)**
KOPERNIKANISCHE WENDE ZUR
TRANSZENDENTALPHILOSOPHIE
(ab ca. 1730–Ende 18. Jh.)
Reflexive Selbstbegründung der Rationalität als
einzig wahre Erkenntnismethode. Subjektivität =
Produktion von Wissen

Ökonomische Revolution (Adam Smith u. a.)
WENDE ZUR RATIONELL-ARBEITSTEILIGEN
PRODUKTIONSFORM
(ab letztes Drittel 18. Jh.)
Rationelle Organisation der Warenproduktion, Kommuni-
kation, Volkswirtschaft

Politische Revolution
WENDE ZUR POLITISCHEN
SELBSTBESTIMMUNG
(1789)
Anwendung des Grundsatzes der Gleichheit der
Vernunft auf die Politik. Forderung nach politischer
Freiheit und Gleichheit

Ästhetische Revolution (um 1800)
WENDE VON DER NACHAHMUNGS- ZUR PRODUKTIONSÄSTHETIK
Freie Selbstbestimmung der ästhetischen Einbildungskraft

Literatur:

Hobsbawm, Eric J.: Europäische Revolutionen: 1789 bis 1848. Köln 2004.
Mittelstraß, Jürgen: Wissenschaftsreform als Universitätsreform. In: Vietta/ Kemper
    (Hg.): Germanistik der 70er Jahre. Zwischen Innovation und Ideologie. München
    2000, S. 129 ff.
Novalis: Schriften, Bd. 2. Das philosophische Werk I. Hg. von Richard Samuel in Zu-
    sammenarbeit mit Hans-Joachim Mähl und Gerhard Schulz. Darmstadt 1965.
Snow, Charles Percy: Die zwei Kulturen. Literarische und naturwissenschaftliche Intel-
    ligenz. Stuttgart 1967 (englisches Original 1959).
Vietta, Silvio: Ästhetik der Moderne. München 2001.

Leitkodierungen kultureller Systeme und Epochen der Kulturgeschichte

Auf der Grundlage eines solchen auf *Leitkodierungen* hin ausgerichteten kultur-wissenschaftlichen Ansatzes können zumindest als Grobraster *Kulturepochen* be-schrieben und gegeneinander abgegrenzt und auch ganze *Kulturen* miteinander in Vergleich gesetzt werden.

Zunächst zu den wichtigsten *Kulturepochen* der europäischen Kulturgeschich-te. Ich schlage hier die Differenzierung und Abgrenzung der Epochen durch fünf Leitkodierungen vor dargestellt durch jeweils eine durch ihre Leitkodie-rung definierte Kultur-Pyramide:

Makroepochen der europäischen Kultur nach ihren Leitkodierungen

Erste Epoche: mythisch-urgeschichtliche Zeit (bis ca. 6. Jh. v. Chr.)

Leitkodierung
Mythos

Im Mythos begründete aristokratische Kultur. Einheit von Politik, Literatur (Epos, Lyrik, Drama), bildender Kunst, Lebenspraxis.

Zweite Epoche: griechische Antike (ab ca. 6. Jh. v. Chr.–ca. 4. Jh. v. Chr.)

Leitkodierung
Logos
(als überzeitliche Vernunft- und Seinsordnung)

Ausdifferenzierung der kulturellen Systeme der Politik (Demokratie) und Politikwis-senschaft, Philosophie, Geschichtsschreibung, Literatur (vor allem Drama, Lyrik), ideal proportionierte Plastik und Baukunst, Städteordnung u. a.

Dritte Epoche: Römische Antike (ca. 3. Jh. v. Chr. – 476 n. Chr.)

Leitkodierung
Imperiale Macht Roms

Kulturelle Subsysteme: Heeresorganisation, Politische Ordnung des Staatswesens (Republik bis 30 v. Chr., danach Prinzipats- und Kaiserzeit), Römisches Recht, Rhe-torik, imperiale Repräsentationsarchitektur und -plastik, Staatsdichtung, Unterhal-tungskünste, Technik des Straßen- und Städtebaus.

Vierte Epoche: Christliches Mittelalter (ab ca. 5. Jh.n.Chr. – ca. 1500)

Leitkodierung
Christliche Offenbarungsreligion

Nach Phasen der Formierung der katholischen Kirche im römischen Reich und deren Aufstieg zur Staatsreligion (381 n. Chr.) Entwicklung einer geistlich-christlich dominierten Macht- und Expansionspolitik, Herausbildung genuin christlich-asketischer Lebensformen (Mönchswesen), einer christlichen Theologie, einer christlichen Baukunst, Plastik, Malerei und Literatur. Seit dem Hochmittelalter Gründung des Universitätswesens und Entwicklung frühneuzeitlicher Städte.

Fünfte Epoche: Neuzeit (ab ca. 1500)

Leitkodierung
Logos
als Methode mathe-
matisch-rationalistischer Berechnung,
Beherrschung und Konstruktion von Wirklichkeit.
Reflexive Subjektivität *und* reflexiv kritische Vernunft

Geometrisierung des Raumes (Zentralperspektive). Neuzeitliche Naturwissenschaften (Astronomie, Physik, Chemie, Optik, Biologie u.a.), (früh)kapitalistische Handelssysteme, Geldwirtschaft, wissenschaftlich-technische Anwendungssysteme in Industrie, Kommunikations- und Kriegstechnologie. Reflexive Subjektivitäts- und Erkenntnistheorie. Literarische Subjektivität. Selbstbegründung politischen Handelns.
Entwicklung der abendländischen Logos-Kodierung zu einer sziento-technologischen Globalgesellschaft.

Die Graphik macht deutlich, dass mit der Durchsetzung der *Logos*-Kodierung in der *griechischen Antike* gegenüber den älteren im *Mythos* begründeten Kulturen eine Leitkodierung sich durchsetzt, die das abendländische Kultursystem seitdem beherrscht. Allerdings mit großen Unterbrechungen und in bemerkenswerten Uminterpretationen dieser Leitkodierung.

Bereits die *römische Antike* reduziert den Anspruch der Logos-Kodierung auf die *imperiale Machtpolitik* Roms, die effiziente Organisation von Heerwesen und Verwaltung sowie die Rechtsorganisation des Imperium Romanum. Die kulturellen Systeme der Philosophie, der Wissenschaften, Teilsysteme der Literatur wie die Tragödie spielen in dieser römisch-imperialen Kodierung der *Macht* Roms und der *Rechte* der römischen Bürger keine nennenswerte Rolle mehr.

Die dritte große Epoche der abendländischen Kulturgeschichte war *religiös* kodiert: das *christliche Mittelalter*. Deren Wurzeln reichen zurück in die römische Antike, wie ihrerseits die römische und griechische Antike das christliche Mittelalter durchdringen. Die Ablösung einer Epoche durch eine andere vollzieht sich ohnehin nie als totaler Schnitt, sondern als ein komplexes Gemenge von *Überlagerungs-* und auch *Verdrängungsprozessen.* In diesem Sinne wird mit der Christianisierung des römischen Reiches im 4. Jahrhundert n. Chr. das Christentum selbst zur Weltmacht. In einem fast 800 Jahre währenden Prozess erobert das Christentum Europa, um bereits innerhalb des christlichen Mittelalters von Europa aus zur Eroberung des Morgenlandes aufzubrechen: in den so genannten „Kreuzzügen". Als diese Eroberungspolitik scheitert, setzt – nun auf der Schwelle zur Neuzeit – jener Prozess der Eroberung und Kolonisierung Amerikas und anderer Kontinente ein, der die europäische Politik praktisch bis Mitte des 20. Jahrhunderts entscheidend bestimmt. Diese ‚christliche' Eroberungspolitik vollzieht sich im christlichen Mittelalter und noch lange auch in der Neuzeit unter der Ägide einer religiösen Leitkodierung, welche allerdings durch eben jene Machtpolitik ausgehöhlt und zu einer Machtideologie entwertet worden ist.

Bereits in der römischen Antike und verstärkt im Hochmittelalter setzt ein weiterer Prozess ein: die erwähnte *Durchdringung* und *Infiltrierung* des christlich-religiösen Denkens durch die antike Logos-Philosophie. Sie versucht das religiöse Denken des Christentums auf *Vernunftbegriffe* zu bringen. Letztendlich führt dieses zur *Abtrennung* der *Philosophie* und auch der *Naturwissenschaften* von der *Theologie.* Diese Separation der Wissenschaften von der Theologie und der Bruch mit ihr markieren dann einen der wichtigen Ausgangspunkte der Epoche der Neuzeit.

Literatur- und Kulturwissenschaft

Im Rahmen des Gesamtsystems der europäischen Kultur definiert die *Literatur* ein Teilsystem, das sich abgrenzt vom Gesamtsystem *erstens* durch seine *Materialität* – orale Sprache, schriftliche Texte – und *zweitens* deren *Funktionszusammenhänge.* Der Begriff „Literatur" leitet sich ab von lateinisch „litteratura", die zunächst alles in Buchstaben Geschriebene bezeichnet. Im Rahmen der römischen Antike sind dies vor allem Werke der politischen und juristischen Rhetorik, Geschichtsschreibung und auch der Dichtung gewesen. Somit hängt der Terminus ‚Literatur' eng mit der Erfindung der Schrift zusammen. Der Begriff Literatur gehört in eine europäische Kultur der Schrift. Aber natürlich umfasst der Begriff auch die noch nicht aufgeschriebene, *oral* tradierte Literatur, die uns allerdings heute nur noch gegenwärtig ist, insofern sie später eben doch durch die europäische Schriftkultur aufgehoben wurde.

Die Literaturwissenschaft, wie sie sich zunächst im Humanismus der Renaissance als Philologie der alten Texte begründet, im 18. Jahrhundert als eine allgemeine „Litterärhistorie" und dann im 19. Jahrhundert als Nationalphilologie sich etabliert, konzentriert sich zumeist auf jene Texttypen, die in Anlehnung an das französische „belles-lettres" mit dem – im Zeitalter der nicht mehr ‚schönen Künste' – problematischen Begriff der „schönen Literatur" bezeichnet wurde. Die gegenwärtige Ausrichtung der Literaturwissenschaft geht denn auch dahin, den Begriff der „Literatur" und stärker noch des „Textes" zu neutralisieren und zu erweitern. *Alle* Kulturphänomene können als „Texte" gelesen werden (Bachmann-Medick: Kultur als Text, S. 9ff). Der Begriff ‚Text' meint dann nicht mehr nur geschriebene Texte, sondern *Symbolisationsformen*, in denen kulturelle Praktiken aller Art sich vollziehen, bzw. an denen sie teilhaben.

Im Sinne der *Abgrenzung* der Literatur von der Kultur und damit der Literaturwissenschaft von der Kulturwissenschaft ist es sinnvoll, auf die Art der *Sprachverwendung* in literarischen Texten im engeren Sinne zu achten. Im Gegensatz zur Alltags-, Geschäfts- und auch Wissenschaftssprache macht der literarische Text einen eigenen Gebrauch von Sprache. Dieser *ästhetische* Gebrauch von Sprache unterscheidet sich vor allem dadurch von anderen Sprachverwendungen, dass er *keine* direkte Referenzbeziehung hat. Der alltagssprachliche Satz „Draußen scheint die Sonne" würde in einem alltagssprachlichen Kontext bedeuten, dass der Satz, wenn er nicht ironisch gemeint ist, tatsächlich auf schönes Wetter „draußen" verweist. Eine Romanlektüre auch bei regnerischem Wetter aber würde sich an dem Satz nicht stören. In der literarischen oder – um einen anderen Begriff zu gebrauchen – *fiktiven* Verwendung von Sprache ist eine *direkte* Referenz auf die Wirklichkeit nicht intendiert. Schon der *Formalismus*, *Strukturalismus* und auch die amerikanische Literaturtheorie von Welleck und Warren hat aus dieser unterschiedlichen Verwendung von Sprache den Schluss gezogen, dass im poetischen Sprachgebrauch das Augenmerk nicht mehr auf den unmittelbaren Sachbezug des Satzes gerichtet wird, sondern auf den literarischen Kontext, in dem er steht. „Das Wesen der Literatur wird jedoch am klarsten unter dem Gesichtspunkt ihres Bezuges zur Wirklichkeit [...] die Aussagen im Roman, im Gedicht oder im Drama sind nicht wörtlich wahr; [...] Zeit und Raum sind im Roman etwas anderes als im wirklichen Leben." (Welleck/Warren: Theorie der Literatur, S. 19f)

Welleck/Warren verarbeiten hier schon Einsichten der Formalisten – Victor Sklovskij, Jan Mukařovský, Roman Jakobson –, die die poetische Funktion der Sprache in einer Technik der „Verfremdung" sahen, in welcher die Referenzfunktion der Sprache zugunsten der *reflexiven Selbstreferenz* auf die Eigengestalt der literarischen Form ersetzt wird. Die so hergestellte *ästhetische* Funktion der Sprache liegt ihrer Meinung nach in der Konzentration auf die ästhetische Anordnung der Sprachzeichen selbst, ihrer Klangqualität, ihrer Syntax und Semantik (Sklovskij: Theorie der Prosa; Mukařovský: Kapitel aus der Poetik; Jakobson: Poetik).

Zur Theorie der russischen Formalisten und Strukturalisten gehörte es dann auch, die Literatur in eine „literarische Reihe" zu stellen und sie in diesem binnenliterarischen Kontext zu analysieren (Tynjanov: Das literarische Faktum). Die jüngere Literaturwissenschaft hat diese innerliterarische Referenzfunktion der Literatur im Begriff der „Intertextualität" gefasst. Literarische Texte werden damit als Referenzsysteme definiert, die in erster Linie *auf sich selbst* bezogen sind, in zweiter Linie aber auch durch ihre intertextuellen Bezüge zu anderen Texten.

Damit aber wird die Literatur auch ein Stück weit von der Welt abgekoppelt. Allenfalls als „summarische Benennung" (Mukařovský) sollte der literarische Text auf sie verweisen dürfen. Auch die nach dem Zweiten Weltkrieg so populäre *werkimmanente* Literaturbetrachtung vollzog sich vor allem als eine auf das Werk selbst konzentrierte Lektüre, an die sich eine Poetik der „Bauformen" von literarischen Texten – Drama wie Lyrik wie Roman – anschloss. In der jüngeren Debatte um das Thema „Literaturwissenschaft als Kulturwissenschaft" hat Walter Haug die Innensicht und Autonomie des literarischen Textes noch einmal stark zu machen versucht (Haug: Literaturwissenschaft als Kulturwissenschaft?, S. 69ff). In einer Antwort auf diese Stellungnahme hat allerdings Gerhart von Graevenitz den Rückzug der Literaturwissenschaft auf die Werkindividualität auch scharf gegeißelt (Graevenitz: Literaturwissenschaft und Kulturwissenschaften. Eine Erwiderung, S. 94ff).

Sicher ist ein Rückzug auf eine rein werkimmanente Literaturwissenschaft in Zeiten, da den Kulturwissenschaften generell der kalte Wind des technisch-ökonomischen Zeitalters ins Gesicht bläst, nicht angeraten. Gleichwohl ist die genaue Textlektüre, die zunächst *nur* in der Konzentration auf Einzeltexte zu leisten ist, eine der wichtigsten Voraussetzungen auch für eine in eine Kulturwissenschaft eingebettete Literaturwissenschaft. Die *Textkompetenz* ist das höchste Gut, das die Literaturwissenschaft in die Kulturwissenschaft einzubringen hat.

Im Rahmen eines europäischen Kodierungsmodells der Geschichte nimmt die Literatur eine *Sonderstellung* ein. Einerseits gehört jede literarische Produktion in den Zusammenhang ihrer Epoche und untersteht damit deren Kodierung. Diese Epochenkodierung definiert sogar den Bedeutungshorizont der Literatur und damit das, was in dieser Epoche gedacht, gefühlt, geschrieben werden kann. Daher verweisen die literarischen Texte mit ihren intern verschlüsselten Bedeutungsgefügen als Ganze eben auf jene externe Epochenkodierung, unter deren Ägide sie entstanden sind. Sie sind Formen der „kulturellen Selbstwahrnehmung" einer Gesellschaft (Voßkamp: Literaturwissenschaft als Kulturwissenschaft, S. 77ff) und formen selbst das „kollektive Gedächtnis" einer Gesellschaft. Auf der anderen Seite aber steckt in der großen Literatur seit der Antike immer auch ein Protestpotential *gegen* die Leitkodierung der Epoche. *Mimesis* und *Protest* definieren so die grundlegenden Funktionsweisen von Literatur im Rahmen ihrer jeweiligen Kulturepoche.

Beiden Funktionen von Literatur eignet eine Kultur *klärende* Funktion. In dem Maße, in dem Literatur latente Mentalitätsstrukturen zur *Sprache* bringt, macht sie diese auch einer *expliziten* Auseinandersetzung zugänglich. Zumal das Protestpotential einer Zeit wird oftmals nur dumpf gefühlt, bis ein Text es an die Oberfläche des Bewusstseins hebt und damit eine neue explizitere Form der Auseinandersetzung möglich macht.

Die Texte der klassischen griechischen Antike sind geprägt von der Logos-

Kodierung ihrer Zeit – die großen griechischen Dramen des Aischylos, Sophokles, Euripides sind Paradebeispiele dafür. In Aischylos' „Orestie" nimmt am Ende Athene selbst das Geschehen in die Hand, um den Krieg der Geschlechter wie auch der alten gegen die neuen Götter zu einem vernünftigen Ende zu führen. Auf der anderen Seite sind diese Dramen *mehrstimmige* Texte. Die literarische Form des Dramas erlaubt es nicht nur, sondern verlangt geradezu danach, zu einer Position auch eine Gegenposition zur Sprache zu bringen. Das sind in diesem Falle die Mörderin des Agamemnon, Klytaimnestra, sowie die alten Rachegötter, die Erinyen. Im Rahmen der sich im Drama durchsetzenden Logos-Ordnung erhalten diese Stimmen im Verlauf des Dramas doch so viel Gewicht, dass ihre Argumente – die mythische Schuld des Muttermordes von Orest an Klytaimnestra – ein hohes Gewicht erhält und der Mord selbst – die Abschlachtung der Mutter durch den Sohn – eine grauenvolle Präsenz im Drama erhält. Für das Publikum dieses Dramas aber wird allererst durch diese Darstellung der Konflikt selbst, den es beschreibt, als ein offener Konflikt bewusst und damit diskutierbar.

Und was für Aischylos gilt, gilt mit Akzentverschiebungen auch für Sophokles und Euripides (Kap. 2.3). Generell kann gelten: Das große europäische Drama und auch der große europäische Roman bilden *komplexe*, in sich *antithetische* Bedeutungsfelder aus, die ihrerseits nicht glatt und bruchlos in die jeweilige Epochenkodierung eingepasst sind, sondern diese gerade problematisieren und kritisieren. *Mimesis* der Epochenkodierung und *Opposition* dagegen kennzeichnen die literarische Sprache. Je nach Gewichtsverlagerung gehen in Zeiten totalitärer Systeme Literaten und Künstler in Anpassungshaltung wie auch in Opposition gegenüber dem politischen System.

Die Literatur hat, wie es einer der großen Lyriker der Moderne, Charles Baudelaire, formuliert hat, ihre *eigene* Gesetzlichkeit. Diese geht in der politischen und moralischen Gesetzlichkeit der Zeit nicht auf. 1857 wurde dem Autor der Lyrikanthologie „Die Blumen des Bösen" (Les Fleurs du Mal) der Prozess gemacht wegen Gotteslästerung und Beleidigung der öffentlichen Moral. An seinen Rechtsanwalt nun schrieb Baudelaire: „Es gibt mehrere Arten von Moral. Es gibt den praktischen Moralkodex, dem jedermann gehorchen muss. Doch gibt es auch die Moral der Künste. Diese ist gänzlich anders und seit Anbeginn der Welt haben die Künste das deutlich bewiesen." (Baudelaire: Blumen des Bösen, S. 383 und S. 385)

Baudelaire verweist im Rahmen dieser Argumentation auch auf das Prinzip der *Ganzheit* des Textes: „Das Buch muss *als Ganzes* beurteilt werden und dann kommt eine erschreckliche Moralität (une terrible moralité) zum Vorschein." (Baudelaire: Blumen des Bösen, S. 383) Denn auch eine solche Lyriksammlung wic diese große Gedichtsammlung der literarischen Moderne inszeniert ihre eigene Vielstimmigkeit: „Ich wiederhole, dass ein Buch als Ganzes beurteilt werden muss (un livre droit être jugé dans son ensemble). Einer Lästerung werde ich Aufschwünge zum Himmel, einer Obszönität platonische Blumen gegenüberstellen." (Baudelaire: Blumen des Bösen, S. 384f)

Literarische Texte entwerfen in ihrer inneren Gefügtheit und Komplexität vielschichtige und komplexe Bedeutungsfelder, und das gilt – wenn man die innere Vielstimmigkeit des Ich auch in der Lyrik in Rechnung stellt – für alle drei Gattungen. Diese innere Komplexität und Vielstimmigkeit der Literatur ruft ihrerseits vielstimmige Interpretationen und auch eine Vielzahl von literarischen Schulen auf den Plan. Denn für die Literatur gilt verstärkt jenes Grundprinzip, dass kulturgeschichtliches Verstehen nur in der Form von Deutungen und Interpretationen zu haben ist.

Dabei spielen gerade in der Literaturwissenschaft die theoretischen Deutungskontexte, in deren Rahmen Literatur verstanden wird, eine bestimmende Rolle. Eine auf die Biographie des Autors und sein Werk gerichtete *biographische* Interpretationsmethode wird andere Bedeutungszusammenhänge ins Zentrum stellen als eine vor allem auf die Texte selbst gerichtete *strukturalistische* bzw. *formalistische* Interpretationsschule, die wiederum von der auf die Rezeption der Werke konzentrierten *Rezeptionsästhetik* zu unterscheiden ist. Ein anderer Zugriff aufs literarische Werk erfolgt in der *psychoanalytischen* Literaturtheorie, wiederum ein anderer in der auf die politischen und soziologischen Parameter gerichteten *Literatursoziologie*. Neuere Trends der Literaturwissenschaften stellen das literarische Werk in den Kontext von *Anthropologie* und *Ethnographie*. Es gibt heute eine Fülle von Methodenbänden, die in diese Theoriediskurse der Literaturwissenschaft einführen. Ich füge einige wichtige davon in der Bibliographie im Anschluss an dieses Kapitel an, ebenso eine Reihe von Einführungen in die Literaturwissenschaft, die die drei Gattungen und ihre Bauformen vorstellen sowie die entsprechenden Kategorien ihrer Analyse und Interpretation und vielfach auch die Methodendiskussion in der Literaturwissenschaft.

Ich komme im Kontext unserer Fragestellung noch einmal auf den Bezug von Literatur zur europäischen Kultur zurück, und möchte nach dem Beitrag einer europäische Literaturwissenschaft für die Europäistik fragen. Wenn man die Grundthese einer Einbindung der literarischen Produktion in die epochale Leitkodierung akzeptiert, so gehört es eben zu jener inneren Vielstimmigkeit der Literatur, dass sie immer auch eine kritische *Gegenstimme* gegen diese zum Ausdruck bringt, wie gerade am griechischen Drama angedeutet. Ende des Mittelalters und schon am Beginn der Neuzeit ist es ein Dichter wie Boccaccio, der die dominant christlich-spirituelle Kodierung der Liebe geradezu auf den Kopf stellt, wie das ganze hohe Mittelalter hindurch die Vagantenlyrik das hohe Lied der ‚niederen Liebe', singt.

Und was hier für die Literatur im Umbruch von Mittelalter zu Neuzeit gilt, gilt für die Neuzeit insgesamt. Die europäische Neuzeit ist sicher dominant rationalistisch kodiert, sie definiert den Menschen in Philosophie und Wissenschaft als ein Vernunftwesen. Aber die Literatur schon der Empfindsamkeit und erst recht die Literatur der Moderne seit der Romantik thematisieren neben dem Vernunft-Ich auch die ‚andere' Subjektivität: die Welt der Empfindungen, der Gefühle, der Assoziationen, Erinnerungen, der Reflexionen des Ich und dies oft genug in Opposition zur Vernunft und einer auf ihr gegründeten gesellschaftlichen Wirklichkeit. Die Literatur erschließt im Kontext der Leitkodierungen der Epoche auch die Gegenstimmen zu diesen Leitkodierungen. Neben der sprachlichen Schönheit großer literarischer Texte macht diese Dialektik von *Mimesis* und *Protest* auch ihre kulturgeschichtliche Bedeutung aus.

Für solche inneren Konflikte und Dialogiken der Literatur mit der Kultur gilt allerdings, dass sie nie nur eine diffuse Kollage von Texten und Bedeutungsfeldern darstellen, wie dies die neue Kulturtheorie des amerikanischen *New Historicism* nahe legt. Der Begriff der Kollage oder Montage von Texten mag eine gute heuristische Metapher sein, um sehr unterschiedliche Texte aus den kulturellen Subsystemen der Literatur, der Wissenschaften, der Kleiderordnungen, Sozial- und Sexualvorstellungen einer Zeit zusammen zu lesen. Die so entstehende diffuse Gemengelage bildet aber ihrerseits immer auch innere Zusammenhänge einer Epoche ab (siehe die Einleitung Baßlers: New Historicism, S. 7ff). Die europäische Kultur bildet aber innere, vielfach antithetische Zusammenhänge aus, die es im Kontext der kulturellen Subsysteme zu entschlüsseln und zu dekodieren gilt, wenn Kultur selbst als ein innerer Zusammenhang begriffen werden und nicht nur als ein Zufallsensemble von Texten und Phänomenen erscheinen soll. In diesem Sinne ist die Literaturwissenschaft immer auch ein starker *Individualitätsfaktor* und *Kritikindikator* einer Kultur, deren dominante Logos-Kodierung die abendländische Kultur nachhaltig geprägt hat, in der Literatur aber immer auch eine starke *Gegenstimme* zu Wort und zu Gehör brachte.

Literatur:

Appelsmeyer, Heide und Elfriede Billmann-Mahecha (Hg.): Kulturwissenschaft. Felder einer prozessorientierten wissenschaftlichen Praxis. Weilerswist 2001.

Arnold, Heinz Ludwig/ Detering, Heinrich: Grundzüge der Literaturwissenschaft. 5. Aufl. München 2002.

Bachmann-Medick, Doris: Kultur als Text. Die anthropologische Wende in der Literaturwissenschaft. Frankfurt a. M. 1996.

Baßler, Moritz: New Historicism. Literaturgeschichte als Poetik der Kultur. Frankfurt a. M. 1995.

Baudelaire, Charles: Les Fleurs du Mal/ Die Blumen des Bösen. Französisch/ Deutsch. Übersetzung von Monika Fahrenbach-Wachendorff. Anmerkungen von Horst Hina. Stuttgart 1980.

Benthien, Claudia/ Velten, Hans Rudolf (Hg.): Germanistik als Kulturwissenschaft. Eine Einführung in neue Theoriekonzepte. Reinbek 2002.

Burdorf, Dieter: Poetik der Form. Eine Begriffs- und Problemgeschichte. Stuttgart und Weimar 2001.

Culler, Jonathan: Literaturtheorie. Eine kurze Einführung. Aus dem Englischen übersetzt von Andreas Mahler. Stuttgart 2002 (englisches Original 1997).

Eicher, Thomas/ Wiemann, Volker (Hg.): Arbeitsbuch Literaturwissenschaft. Paderborn u.a. 1996.

Fricke, Harald/ Zymner, Rüdiger: Einübung in die Literaturwissenschaft. Parodieren geht über Studieren. 4. Aufl. Paderborn 2000.

Graevenitz, Gerhart von: Literaturwissenschaft und Kulturwissenschaften. Eine Erwiderung. In: Deutsche Vierteljahresschrift für Literaturwissenschaft und Geistesgeschichte. Hg. von Gerhart von Graevenitz und David E. Wellbery. Stuttgart und Weimar. 73. Jahrgang 1999, S. 94 ff.

Gutzen, Dieter/ Oellers, Norbert/ Petersen, Jürgen H.: Einführung in die neuere deutsche Literaturwissenschaft. Ein Arbeitsbuch. 6. neugefasste Ausgabe. Berlin 1989.

Haug, Walter: Literaturwissenschaft als Kulturwissenschaft? In: Deutsche Vierteljahresschrift für Literaturwissenschaft und Geistesgeschichte. Hg. von Gerhart von Graevenitz und David E. Wellbery. Stuttgart und Weimar. 73. Jahrgang 1999, S. 69 ff.

Jakobson, Roman: Poetik. Ausgewählte Aufsätze 1921–1971. Hg. von Elmar Holenstein und Tarcisius Schelbert. 2. Auflage Frankfurt a. M. 1989.

Krusche, Dietrich/ Wirlacher, Alois: Hermeneutik der Fremde. München 1990.

Lämmert, Eberhard: Bauformen des Erzählens. 7. Aufl. Stuttgart 1980.

Logde, David: Die Kunst des Erzählens. Übersetzt von Daniel Ammann. Zürich 1993 (englisches Original 1992).

Ludwig, Hans-Werner (Hg.): Arbeitsbuch Romananalyse. 6. Auflage. Tübingen 1998.

Mukařovský, Jan: Kapitel aus der Poetik. Frankfurt/M. 1967 (1948).

Pfister, Manfred: Das Drama. 9. Auflage. München 1997.

Tynjanov, Jurij: Das literarische Faktum. In: Striedter, Jurij (Hg.): Texte der Russischen Formalisten. München 1969, S. 399 ff.

Schnell, Ralf: Orientierung Germanistik. Was sie kann, was sie will. Reinbek 2000.

Sklovskij, Viktor: Theorie der Prosa. Frankfurt a. M. 1966 (russische Originalausgabe 1925).

Stanzel, Franz K. : Theorie des Erzählens. Göttingen 1979.

Striedter, Jurij (Hg.): Russischer Formalismus. Texte zur allgemeinen Literaturtheorie und zur Theorie der Prosa. München 1969.

Vietta, Silvio: Ästhetik der Moderne. Literatur und Bild. München 2001.

Vogt, Jochen: Einladung zur Literaturwissenschaft. München 1999.

Voßkamp, Wilhelm: Literaturwissenschaft als Kulturwissenschaft. In: Nünning und Nünning (Hg.) 2003, S. 73 ff.

Weigel, Sigrid: Literatur als Voraussetzung der Kulturgeschichte. Schauplätze von Shakespeare bis Benjamin. München 2004.

Welleck, René/ Warren, Austin: Theorie der Literatur. Aus dem Englischen übertragen von Edgar und Marlene Lohner. Berlin 1963 (englisches Original 1942).

Mentalitätsforschung

Methodisch ist für eine europäische Kulturwissenschaft auch die *Mentalitätsforschung* hilfreich. Diese bietet gegenüber der reinen Ereignisgeschichte den Vorzug, auf epochale *Makrostrukturen* ausgerichtet zu sein und dabei auch die Geschichte der *Wahrnehmungsformen* und *Emotionen* einzuschließen. Mentalitätsgeschichte ist keine reine Faktengeschichte, sondern Geschichte des Bewusstseins, seiner Kognitionen *und* Emotionen. Eine mentalitätsgeschichtlich verstandene, systemtheoretisch differenzierte Historie eignet sich in diesem Sinne gut als ein Bezugsrahmen auch für die Kultur- und Literaturwissenschaft.

Wissenschaftsgeschichtlich hat sich die Mentalitätsgeschichte aus der in Frankreich entwickelten, historischen Schule um die von Fernand Braudel herausgegebene Zeitschrift „Annales" entwickelt, die ihr Augenmerk auf Strukturen der Makroepochen (longue durée) legte, mithin auf längerfristige Bewusstseinslagen von Epochen. Der französische Begriff „mentalité" leitet sich nicht unmittelbar von „mental" ab, sondern auf dem Umweg über das englische „mentality" (Le Goff: Eine mehrdeutige Geschichte. In: Raulff: Mentalitäten-Geschichte, S. 23 f). Die Mentalitätsgeschichte wendet sich ausdrücklich auch den kulturellen Systemen des Alltäglichen und Trivialen zu, wie sie sich in der Vielfalt der sprachlichen und auch nichtverbalen Dokumente präsentieren. Die Mentalitätsforschung hat schon früh programmatische Texte zur Geschichte der Sensibilität vorgelegt, so den Aufsatz Lucien Febvres „La sensibilité et l'histoire" in den Annales von 1941 (H 3, S. 5 ff), und auch jüngere bedeutende Studien zur Geschichte der Sensibilität, so die Beitäge von Alain Corbin zu einer Geschichte der Sensibilität „ohne Namen" (Corbin: „Le vertige des foisonnement". Esquisse panoramique d'une histoire sans nom, 1992) und seine große Studie „Wunde Sinne. Über die Begierde, den Schrecken und die Ordnung der Zeit im 19. Jahrhundert" (1993).

Gemäß dem Ansatz der Mentalitätsgeschichte hat sich die französische Mediävistik besonders gerne solchen Themen zugewandt, an denen der *emotionale* Anteil evident ist, so die Studien von Jacques Le Goff zur Erfindung des Fegefeuers im Mittelalter, zur Verbindung von frühem Kapitalismus und Höllenangst, aber auch zum Gottesbegriff im Mittelalter und zur Intellektualität des Mittelalters (Le Goff: Die Geburt des Fegefeuers 1984; Wucherzins und Höllenqualen 1988; Le Dieu de Moyen Age 2003; Die Intellektuellen des Mittelalters 1986 u.a.). In diesen Kontext gehört auch die große Studie von Jean Delumeau: Angst im Mittelalter (1985), wie auf der anderen Seite die Studien von Georges Duby zu jenem Mittelalter der Kathedralen, in denen eine Metaphysik des Lichts und der Liebe den Raum zu durchstrahlen schien (Duby: Die Zeit der Kathedralen). Zur Religiosität der frühen Neuzeit hat Michel Vovelle eine große Studie vorgelegt: „Piété baroque et déchristianisation: Les attitudes devant la mort en Provence au XVIIIe siècle" (1973) wie auch zum Komplex: „Idéologie et Mentalité" (1992).

Einen Einblick in den Forschungsansatz und in die Problematik der Mentalitätsgeschichte gibt Annette Riecks: Französische Mentalitätsgeschichte. Bereits 1985 hatte Volker Sellin einen Aufsatz zu dieser Schule veröffentlicht: Mentalität und Mentalitätsgeschichte. (In: Historische Zeitschrift 241, S. 555 ff). Informativ ist auch der von Ulrich Raulff herausgegebene Band: Mentalitäten-Geschichte. Zur historischen Rekonstruktion geistiger Prozesse. Dieser Band enthält programmatische Beiträge von Jacques Le Goff, André Burguière, Ulrich Raulff, Roger Chartier, Rolf Sprandel, Michel Vovelle, Peter Burke, Patrick H. Hutten zur Herkunft, zum Programm und auch zu den methodischen Schwierigkeiten der Mentalitätsgeschichte. Raulffs Eindeutschung des Begriffs „Mentalitätengeschichte" hat sich allerdings nicht durchgesetzt. Im deutschen Sprachraum hat Peter Dinzelbacher eine „Europäische Mentalitätsgeschichte" (1993) herausgegeben, die nach Hauptthemen in Einzeldarstellungen unterteilt ist. Auch dort findet man eine Einführung in Begriff und Methodik der Mentalitätsgeschichte (S. XV ff). Eine neuere Mentalitätsgeschichte ist die von Francesco Pitocco herausgegebene „Storia della mentalità" (2000).

Dabei ist, wie erwähnt, der *emotionale* Anteil von Mentalität wichtig: Für eine Epoche wie das christliche Mittelalter mit ihrer Vorstellung von Himmel, Fegefeuer und Hölle ist dies ohnehin einsichtig. Aber auch für eine scheinbar auf Vernunft, Rationalisierung und Fortschritt ausgerichtete Epoche wie die Neuzeit gilt dies. Auch diese Makroepoche wird von Irrationalitäten, Hoffnungen, Ängsten, Emotionen aller Art umgetrieben. Gerade die politische Nichtbewältigung der Moderne in Europa ist ein Produkt irrationaler Mentalitäten und hat solche Mentalitäten freigesetzt. Moderne Kulturgeschichte *auch* als eine Geschichte der Sensibilitäten und Emotionen begreifen zu können, ist eine der großen Leistungen der Mentalitätsgeschichte.

Bemerkenswert dabei ist die von Edgar Morin so genannte *„Dialogik"* der europäischen Kultur. Sie wird nicht erst seit der Neuzeit durch eine *Dialogik* der Gegensätze geprägt und gekennzeichnet, der eine komplexe und vielfach antithetische Geschichte der Mentalitäten entspricht. So korrespondiert dem neuzeitlichen *Fortschrittsglauben* eine bereits mit der Renaissance sich meldende *Rückkehrsehnsucht* in die Früh- und Vorgeschichte, so entspricht der *Zukunftsbezogenheit* der Moderne ihr *Historismus*, der *Säkularisation* eine Tendenz zur *Resakralisierung*, dem *Desillusionismus* der Aufklärung und Moderne ein *Neoillusionismus*, der generellen Option für *Modernisierung* eine grundlegende Tendenz zur *Kritik* der Moderne, der *Industrialisierung* und *Urbanisierung* eine genuin moderne *Natursehnsucht*, so entspricht aber auch der modernen Tendenz zur *Rationalisierung* und *Kollektivierung* ein forcierter *Individualismus*, und so fort. Vielfach sind es unterschiedliche *soziale Schichten* und *Klassen*, die der einen oder anderen Richtung oder auch divergenten Mentalitäten gleichzeitig anhängen. Eine solche soziale Aufschlüsselung von Mentalitäten erfordert freilich einen differenzierten soziologischen Ansatz. Methodisch könnte er zurückgreifen auf Lucien Goldmanns „Soziologie des modernen Romans" und seinen Begriff des „zugerechneten Bewusstseins", der die Zuordnung von Texten zu einem Kollektivbewusstsein bestimmter sozialer Schichten und Klassen als eine ausdrückliche Konstruktion kenntlich macht (Goldmann: Soziologie des modernen Romans, S. 30).

In jedem Falle erlaubt es der kulturwissenschaftliche Systemansatz der Epochenanalyse unter der Dominanz von Leitkodierungen, die *Antagonismen* einer Epoche als innerlich *zusammengehörig* und *epochentypisch* zu begreifen. Er erlaubt es darüber hinaus unter mentalitätsgeschichtlichen Aspekten, solche Leitkodierungen als kognitive wie emotionale Bewusstseinslagen und Einstellungen zu begreifen, die ihre eigenen kognitiven wie emotionalen Dispositionen haben. Ihre innere Antithetik zu begreifen heißt, die *innere Genese* epochaler Mentalitäten systematisch orten und aufeinander beziehen zu können. Eine solche, auf die Mentalitätsstrukturen von Epochen gerichtete Forschung erfordert allerdings eine Vielzahl von Detailanalysen gerade dann, wenn ihre inneren

Gegenläufigkeiten, kognitiv *wie* emotional, einbezogen werden sollen. Denn jene *Polyperspektivität*, die wir im Abschnitt über Literaturwissenschaft der besonderen Sprechform der Literatur zugebilligt haben, gilt für die Kulturgeschichte als ganze. Sie hat gerade auch da, wo sie unter dominanten Leitkodierungen steht, immer auch eine *polysystematische* Struktur.

Literatur:

Ariès, Philippe: L'histoire des mentalités. In: La nouvelle histoire. Paris 1978, S. 402 ff.

Bastl, Beatrix: Europas Aufbruch in die Neuzeit 1450–1650. Darmstadt 2002.

Bloch, Marc: Die Feudalgesellschaft. Aus dem Französischen von Eberhard Bohm. Stuttgart 1999 (Französisches Original 1939, neuere Ausgabe 1994).

Corbin, Alain: „la vertige des foisonnement" Esquisse panoramique d'une histoire sans nom. In: Revue d'histoire moderne et contemporaine. 1992, S. 103 ff.

Corbin, Alain: „Le vertige des foisonnement". Esquisse panoramique d'une histoire sans nom. In : Revue d'histoire moderne et contemporaine 39, H 1, S. 103 ff, 1992.

Ders.: Wunde Sinne. Über die Begierde, den Schrecken und die Ordnung der Zeit im 19. Jahrhundert. Stuttgart 1993. (französisches Original 1991).

Dinzelbacher, Peter: Europäische Mentalitätsgeschichte. Stuttgart 1993.

Delumeau, Jean: Angst im Abendland. Die Geschichte der kollektiven Ängste im Europa des 14. bis 18. Jahrhunderts. Hamburg 1985 (französisches Original 1978).

Duby, Georges: Die Zeit der Kathedralen. Kunst und Gesellschaft 980–1420. Frankfurt/M. 1999.

Febvre, Lucien: La sensibilité et l'histoire. Comment reconstituer la vie affective d'autrefois. In: Annales d'histoire sociale 3, 1941, S. 5 ff.

Ders. : Das Gewissen des Historikers. Berlin 1988 (franz. Original 1953).

Goldmann, Lucien: Soziologie des modernen Romans. Neuwied u. Berlin 1970. (französisches Original 1964).

Le Goff, Jacques: Die Geburt Europas im Mittelalter. München 2004 (französ. Original: 2003).

Ders.: Die Geburt des Fegefeuers. Darmstadt 1984 (französisches Original 1981).

Ders. / Truong, Nicolas: Une histoire du corps au Moyen Âge. Paris 2003.

Ders.: Wucherzins und Höllenqualen. Ökonomie und Religion im Mittelalter. Stuttgart 1988 (französisches Original 1986).

Ders.: Le Dieu de Moyen Age. Paris 2003.

Ders.: Die Intellektuellen des Mittelalters. Stuttgart 1986. (französisches Original 1990).

Morin, Edgar: Europa denken. Erw. Neuausgabe. Frankfurt 1991 (franz. Original 1987).

Riecks, Annette: Französische Mentalitätsgeschichte. Ein Forschungsbericht. Altenberge 1989.

Pitocco, Francesco (Hg.): Storia della mentalità. Roma 2000.

Sellin, Volker: Mentalität und Mentalitätsgeschichte. In: Historische Zeitschrift 241, S. 555 ff.

Raulff, Ulrich: Mentalitäten-Geschichte. Zur historischen Rekonstruktion geistiger Prozesse. Berlin 1987.

Vovelle, Michel: Piété baroque et déchristianisation: Les attitudes devant la mort en Provence au XVIIIe siècle. Paris 1973.

Ders.: Idéologie et Mentalités. Paris 1992.

Ders.: Die französische Revolution: soziale Bewegung und Umbruch der Mentaltität. Frankfurt a. M. 1997. (franz. Original 2000).

Psychologie und Kulturwissenschaft

Bereits mit der Nähe der Kultur- und Literaturwissenschaft zur Mentalitätsforschung wird deutlich, dass eine der wichtigsten Bezugswissenschaften für die Kultur- und Literaturwissenschaft die *Psychologie* ist. Nicht nur Individuen weisen psychologische Strukturen auf, sondern ganze Epochenstrukturen sind in der einen oder anderen Weise psychologisch kodiert. Wie die Studie von Delumeau zur „Angst im Abendland" gezeigt hat, verdüstert sich – gegenüber der Zeit der Kathedralen – die Stimmung im westlichen Europa des Mittelalters ab dem 14. Jahrhundert. In dieser Phase nimmt auch der Teufelswahn und die Dämonenangst zu. Die Renaissance wiederum ist über weite Strecken eine optimistische Epoche gewesen, das darauf folgende Barock der Religionskriege eher eine von Weltangst umgetriebene Epoche, die Aufklärung dagegen wieder eine stärker optimistisch eingestellte Epoche, die mit der Romantik einsetzende Moderne war eine gespaltene Epoche zwischen Fortschrittsoptimismus und Kulturpessimismus. In diesem Sinne hat die Kulturpsychologie ein Forschungsfeld nicht nur an der Psyche von Individuen, sondern an der psychologischen Disposition ganzer Epochen.

Man kann vielleicht sogar die These wagen, dass Individualpsychologien immer auch durch *kollektive* Epochenkodierungen mit bestimmt werden. So entsprechen der religiösen Diesseits-Jenseits-Kodierung des Mittelalters psychologische Dispositionen: Hoffnung auf Auferstehung einerseits, Angst vor der ewigen Verdammnis andererseits.

Die europäische Neuzeit ist vor allem eine Phase der *Säkularisierung* gewesen, in welcher die *Subjektivität* und ihre psychologischen Dispositionen in differenzierter Weise erfahren, erforscht und beschrieben werden. Sie ist, lange vor der Erfindung der Psychologie als Wissenschaft, ein *psychologisches Zeitalter* gewesen, in welchem die Philosophie, die Literatur, die Autobiographie jene psychologischen Dimensionen des Subjekts philosophisch und literarisch erkundet haben, welche später die Psychologie als Wissenschaft des 20. Jahrhunderts in ihrer Begriffssprache zum Thema gemacht hat. In der so genannten „Erfahrungsseelenkunde" des ausgehenden 18. Jahrhunderts formieren sich bereits erste Ansätze zu einer *empirischen* Psychologie. Und schon ein Autor wie Montaigne (1533–1592) kann mit seinen „Essais" als ein Pionier der Selbsterforschung des Ich gelten, deren „dunkle unausdrückliche Sprache" (obscure implicit language) zu erforschen Shaftesbury (1671–1713) zum Programm erhebt mit dem Ziel „mich zur Kenntnis der menschlichen Natur und meiner selbst zu führen" (Shaftesbury: Selbstgespräch, in: Characteristicks, S. 63 und S. 219). Dieses neue Interesse an der Selbsterforschung auch der verdeckten inneren Triebmotive der Subjektivität weist geradezu auf jene „Grammatik des Unbewussten", die zu erforschen im 20. Jahrhundert die Psychoanalyse zum Programm erhob.

Im 18. Jahrhundert sind es die großen autobiographischen Romane, so Karl Philipp Moritz' „Anton Reiser", die diese unter anderem auch durch Descartes angestoßene Linie der Selbsterforschung des Ich weiter verfolgen. Moritz' Roman trägt bezeichnenderweise den Untertitel: „Ein psychologischer Roman" (erschienen 1785–90). Die europäische Kulturgeschichte verfolgt also bereits eine psychologische Entdeckungslinie längst vor dem Auftauchen der Psychologie als Wissenschaft. Dazu gehört auch die Auflösung jenes substantiellen Ichs, das noch das 18. Jahrhundert vorausgesetzt hatte, in der *physiologischen* Dekonstruktion der Subjektivität, wie sie mit den französischen Materialisten, Herder, der Romantik, Nietzsche u. a. in Gang kommt und vorangetrieben wird. Aus diesen Quellen – Philosophie wie Literatur – hat ja auch die große Gründerfigur der Psychologie und Psychoanalyse des 20. Jahrhunderts, Sigmund Freud (1856–1939), bei seiner Unterminierung des Ichbegriffs geschöpft.

Umgekehrt kann man allerdings auch sagen: Ohne Begriffe der Psychologie sind viele kulturwissenschaftliche Prozesse in ihrer mentalitätsgeschichtlichen Struktur nicht wirklich aufzuhellen. Aus der Gewalt des Krieges zwischen Mythos und Logos, alten und neuen Göttern bei Aischylos kann man zumindest erahnen, welch eine auch psychologische Erschütterung mit diesem Epochenumbruch verbunden gewesen sein muss. Durch die Negativkodierung der Materie, des Körpers, des Weiblichen in der abendländischen Kulturgeschichte werden auch kollektive neurotische Dispositionen kulturgeschichtlich erzeugt, gegen die noch um 1900 Autoren wie Artur Schnitzler und Freud anschreiben. Sicherlich wäre es falsch, Kulturgeschichte in Psychologie aufzulösen. Aber eine der wichtigsten Bezugswissenschaften der Kulturwissenschaft ist die Psychologie allemal.

Freilich wird man als Kulturwissenschaftler vorsichtig sein müssen, moderne psychologische Begriffe auf die Geschichte zurückzuprojizieren. Auf diese Problematik verweist Lucien Febvre im Kapitel über „Geschichte und Psychologie" in „Das Gewissen des Historikers". „Tatsächlich hat weder die Psychologie unserer zeitgenössischen Psychologen einen möglichen Zugang zur Vergangenheit, noch lässt sich die Psychologie unserer Vorfahren im großen und ganzen auf die Menschen von heute anwenden." (Febvre: Das Gewissen des Historikers, S. 8) Allerdings sieht auch Febvre hier keine absolute Grenze. Wohl aber bedeute es „eine enorme Aufgabe für die Historiker, wenn sie den Psychologen das Material liefern wollen, das sie benötigen, um eine historisch brauchbare Psychologie zu entwickeln." (Febvre: Das Gewissen des Historikers, S. 89). Freilich muss man hier auch sehen, dass sich die Psychologie in den letzten Jahrzehnten immer stärker zu einer mathematisch-empirischen Wissenschaft ausgebaut hat, die ihrerseits Fragen der psychologischen Dispositionen von Kulturgeschichte beiseite geschoben hat.

Gleichwohl: Die Begrifflichkeit der Kulturwissenschaften wird zumindest dort, wo sie direkt mit psychologischen Dispositionen einer Kulturepoche konfrontiert ist, auf psychologische Begriffe zurückgreifen müssen. Man findet solche psychologischen Beschreibungen und Begriffe bereits in den Materialien der Kulturgeschichte vor, man denke an die eben genannte Entwicklungslinie der Selbsterforschung der Subjektivität in der Literatur und Philosophie seit der Aufklärung.

Darüber hinaus stößt alle Kulturwissenschaft in ihrer *kultur-anthropologischen Fundierung* auch und gerade auf die *psychologische* Disposition jenes Wesens Mensch, das sich in seiner Grundausstattung in den Jahrhunderten auch nicht radikal verändert hat, das zeitlich, endlich, verletzlich, gebrechlich ist, das über die Fähigkeit des Denkens verfügt, aber eben auch von Ängsten und Hoffnungen, von Schuldgefühlen und Erlösungssehnsüchten erschüttert wird. Das Kulturwesen Mensch entwirft nicht einfach aus *eigener* Machtbefugnis Kultur. Vielmehr bestimmt seine *existenzielle* Disposition den psychologischen Spielraum jenes Horizontes, in dem sich menschliche Kultur vollzieht. Somit ist alle Kultur des Menschen *auch* ein Spiegel der existenziell-psychologischen Ausstattung der menschlichen Anthropologie, mithin die Anthropologie auch der kritische Horizont für die Kulturwissenschaften.

Literatur:

Anz, Thomas in Zusammenarbeit mit Christine Kanz (Hg.): Psychoanalyse in der modernen Literatur. Hg. von Thomas Anz in Zusammenarbeit mit Christine Kanz. Tübingen 1999.

Ders.: Die Seele als Kriegsschauplatz. Psychoanalytische und literarische Beschreibungen eines Kampfes. In: Psychoanalyse in der modernen Literatur, S. 97 ff.

Bourdieu, Pierre: Die feinen Unterschiede: Kritik der gesellschaftlichen Urteilskraft. Frankfurt a. M. 1982 (französisches Original 1996).

Engler, Steffani/ Krais, Beate (Hg.): Das kulturelle Kapital und die Macht der Klassenstrukturen: Sozialstrukturelle Verschiebungen und Wandlungsprozesse des Habitus. Weinheim 2004.

Febvre, Lucien: Das Gewissen des Historikers. Berlin 1988 (französiches Orig. 1953).

Foucault, Michel: Wahnsinn und Gesellschaft. Eine Geschichte des Wahns im Zeitalter der Vernunft. Frankfurt a. M. 1973 (französisches Original 1961).

Helfrich, Hede: Methodologie kulturvergleichender Forschung. In: Thomas, Alexander (Hg.): Kulturvergleichende Psychologie. Eine Einführung. 2. Aufl. Göttingen 2003.

König, Hans-Dieter: Tiefenhermeneutik als Methode psychoanalytischer Kulturforschung. In Heide Appelsmeyer und Elfriede Billmann-Mahecha: Kulturwissenschaft. Weilerswist 2001, S. 168 ff.

Miller, Alice: Das Drama des begabten Kindes und die Suche nach dem wahren Selbst. Frankfurt 1979.

Shaftesbury, Anthony Ashley Cooper, Third Earl of: Characteristicks of Men, Manners, Opinions, Times, etc. Sämtliche Werke [...] In englischer Sprache mit paralleler deutscher Übersetzung [...] hg. und übersetzt von Gerd Hemmerich und Wolfram Benda. Bd. 1.1. Stuttgart 1981.

Straub, Jürgen: Psychologie und Kultur, Psychologie als Kulturwissenschaft. In: Appelsmeyer, Heide/ Billmann-Mahecha, Elfriede: Kulturwissenschaft. Weilerswist 2001, S. 125 ff.

Thomas, Alexander (Hg.): Kulturvergleichende Psychologie. Eine Einführung. 2. Auflage. Göttingen 2003.

Vietta, Silvio: Literarische Phantasie: Theorie und Geschichte. Barock und Aufklärung. Stuttgart 1986.

Europa – Herkunft und Zukunft

Es dauerte lange, bis die Kulturwissenschaften in Europa realisiert haben, dass die Vereinigung Europas auch für die Kulturwissenschaften eine Herausforderung darstellt und auch für diese Wissenschaften eine neue Basis bereitstellt. Als ich im Jahre 1996 zusammen mit Dirk Kemper einen Kongress zur „Ästhetik der Moderne in Europa" in Hildesheim organisierte, gab es noch nicht so viele Publikationen zu diesem Thema, in unserer Gegenwart aber schießen Publikationen zum Thema Europa und europäische Kultur geradezu aus dem Boden.

Ein bemerkenswertes Ereignis in diesem Zusammenhang war natürlich die Verabschiedung der europäischen Verfassung einschließlich ihrer Präambel im Jahre 2004. Bekanntlich enthält diese Präambel ein Bekenntnis zur griechischen Antike, aber nicht zur christlichen Tradition. Aus der Perspektive der Europäistik ist das zumindest problematisch, denn die europäische Kultur ist – bis heute – sowohl vom griechischen Logos wie auch durch die christliche Pistis tief geprägt, dies heute vielfach in der Form von Säkularisaten. Es scheint daher ein vernünftiger Vorschlag, wie ihn Kurt Hübner in der FAZ vom 19. 5. 2004 entwickelte, die Präambel zur Europäischen Verfassung zu erweitern um den Hinweis auf jenen „Humanismus des Christentums", der den neuzeitlichen Begriff der Subjektivität mit auf den Weg gebracht hat.

Aus der Perspektive der Europäistik plädiere ich für ein Kulturbewusstsein, das *beide* Hauptstränge der abendländischen Kultur umfasst – und dies in ihren positiven wie auch schlimmen Folgelasten. Kulturbewusstsein umfasst auch die problematischen Seiten einer Kultur. Sie kann diese nicht einfach verdrängen wollen.

Auch die sich in unserer Gegenwart vollziehende kritische Auseinandersetzung der Kulturen, die kein „Kampf der Kulturen" (Huntington) sein muss, ist im übrigen nicht vernünftig zu führen, wenn sich nicht auch Europa seiner eigenen kulturellen Quellen – und dazu gehört nun einmal die Religion – inne wird.

Kulturgeschichtliches Bewusstsein ist auch einzufordern in Bezug auf die Tradition der abendländischen Logos-Kodierung. Sie ist – in der Form der neuzeitlichen Naturwissenschaften und ihrer technologischen Anwendung – zur eigentlichen Schubkraft der Neuzeit geworden und heute – weit über Europa hinaus – in der Form einer Weltzivilisation. Diese technisch-ökonomische Weltzivilisation weist allerdings, wie Huntington gezeigt hat, eigene „indigene" Qualitäten auf, die sich gerade nicht mehr von Europa aus steuern lassen. Gleichwohl: sehe ich in der modernen Sziento-Technologie das Telos der Europäischen Logos-Kodierung. Insofern läuft auch unsere Darstellung aus in die globale Perspektive der modernen Sziento-Technologie.

Die *Gegenwart* Europas aber bietet in politischer Hinsicht eine *ambivalente* Perspektive: Einerseits ein Europa, mit alten Burgen, Schlössern, Stadtansichten und einer überalterten Bevölkerung (Schirrmacher: Das Methusalem-Komplott). Auf der anderen Seite bietet Europa heute eine so *positive* Perspektive, wie seit Jahrhunderten nicht. Gerade wenn man auf den Gesamtzusammenhang der europäischen Geschichte blickt, wird deutlich, wie radikal der Einschnitt nach dem Zweiten Weltkrieg war. Die damals begründete Friedensordnung Westeuropas und Amerikas hat schließlich auch den Kalten Krieg überwunden und zumindest in Europa zu einer friedlichen Koexistenz der Völker geführt, wie es das in Europa vorher noch nie gegeben hatte.

Was ist Europa? Die Frage wird heute in vielen Publikationen gestellt. Geographisch ist Europa ein kleiner Annex an den großen asiatischen Kontinent, der sich aber schon in der griechischen Antike als ein sehr selbstbewusster Mentalitätsraum formierte, mit deutlichem Superioritätsbewusstsein gegenüber den Nachbarvölkern. Erstmals genannt wird Europa auf der Wende vom 8. zum 7. Jahrhundert v. Chr. im 357. Vers der „Theogonie" des Hesiod. Bereits Hesiod erzählt die Entführung der phönizischen Prinzessin Europa durch den als Stier getarnten Gott Zeus, die seinerseits Ovid (43. v. Chr.–18. n. Chr.) in seinen „Metamorphosen" genüsslich ausmalt (Ovid: Metamorphosen 2,845 ff). Auf der Geburtsinsel des Zeus, Kreta, zeugte Zeus mit Europa Kinder. Wahrscheinlich wichtiger als dieser Lustgewinn und seine Folgen war wahrscheinlich jenes Schriftalphabet von 22 Konsonanten, welche die Griechen von den Phöniziern übernahmen. Dies hat die Erfindung des griechischen Vollalphabets angestoßen und damit die europäische Kultur als eine Kultur der Schrift auf den Weg gebracht.

Das kulturelle Europa hat in seiner Geschichte vor allen Dingen zwei große Kulturzweige ausgebildet: die antike Logos-Kodierung und die christliche Pistis-Kodierung, die sich in vielen Motiven treffen, insbesondere in der kritischen Abwendung von der Welt des Diesseits und der körperlichen Dinge zugunsten einer Metaphysik des Jenseits, bzw. der Abstraktion.

Zur politischen Tragödie Europas gehört, dass nach dem Zerfall des römischen Reiches ein ähnlich stabiles Großreich Europa sich nicht mehr hat bilden können. Ansätze dazu im fränkischen Reich zerfielen bald wieder. Die gesamte Neuzeit bis zum Ende des Zweiten Weltkrieges war geprägt und zerrissen von nationalen Kriegen um die hegemoniale Vorherrschaft in Europa. Insofern ist die Idee „Europa" Jahrhunderte lang ein Projekt gewesen, das politisch nicht realisiert werden konnte.

Europa hat durch viele z. T. selbst verschuldete Katastrophen klüger werden müssen. Vielleicht gehört mit zum besten Erbe Europas jene *Offenheit* der Wahrheitsfrage, die sich scharf und deutlich erstmalig in der abendländischen Philosophie bei Platon zeigt. Wir *haben nicht* die Wahrheit, sondern müssen beständig um sie *ringen*. Und was für die Erkenntnis der Wahrheit gilt, gilt auch für die Ethik und die Politik, die bereits Platon zu einer integrierten Dreiheit verbunden hatte. Der Appell an die Offenheit der Wahrheitsfrage hat eine Kultur des *Suchens* in Gang gesetzt, die genuin europäisch ist und aus der wir bisher nicht entlassen sind. Gerade in Zeiten, da die abendländische Kultur – auch im Ausgang von ihr selbst – mit Fundamentalismen aller Art konfrontiert ist, mag dieser Hinweis auf die Offenheit und den Suchcharakter der menschlichen Kultur, wie sie im Abendland entdeckt worden ist, dienlich sein.

Im Bereich der kulturgeschichtlichen Studien ist auffällig, dass es nach dem zweiten Weltkrieg eine breite Literatur zum Thema Europa in den 50er und 60er Jahren gab, so Bücher von Beloff, Chabod, Dannenbauer, Foerster, Gollwitzer, Rougemont, Egon Vietta. Erst in den 90er Jahren und zu Anfang des 21. Jahrhunderts schnellt dann wieder der Publikationspegel hoch. Nun auch mit großen Tagungen, wie „A Soul for Europe", „Auf dem Weg zu einer europäischen Wissensgesellschaft", „Staatsbürgerschaft und Governanz in Europa", letztere organisiert im deutsch-italienischen Zentrum in der Villa Vigoni am Comer See als einem Zentrum auch der Europa-Forschung.

Neuere Beiträge schlagen vor, Europa neu zu erfinden (Mittelstraß). Dieser Vorschlag mahnt zurecht die Bedeutung der *Neugestaltung* Europas an. Gleichwohl muss die Kulturwissenschaft darauf hinweisen, wie stark der Gestaltungsspielraum auch durch die Kulturgeschichte vorgeprägt ist. Insbesondere die europäische Sziento-Technologie hat eine eigene Teleologie entwickelt, die heute weit über Europa hinaus die Weltzivilisation bestimmt und mit der heute auch Europa konkurrieren muss. Gleichwohl bleiben große Gestaltungsspielräume für die europäische Kultur. Diese werden umso bewusster genutzt werden, je genauer das Wissen um die Kulturgeschichte Europas ist.

Dazu will auch der vorliegende Band einen Beitrag leisten. Der Autor kann gestehen, dass der große Bogen dieser Darstellung ihm selbst oft Kopfzerbrechen bereitet hat. Wäre es nicht besser und einfacher gewesen, eine Spezialstudie zu einem Spezialthema zu schreiben wie die vielen tausend anderen Spezialstudien zu Spezialthemen? Eine kleine Aufmunterung spendet Blaise Pascal, wenn er in seinen „Pensées" schreibt: „Denn es ist viel besser, etwas von allem zu wissen, als alles von einem zu wissen; diese umfassendste Bildung ist die schönste." (Pascal: Pensée Nr. 37) Pascal fügt allerdings gleich hinzu: „Könnte man sie beide haben, noch besser." Man kann nicht. Also muss man sich entscheiden. Der Verfasser des vorliegenden Bandes hat sich für eine Überblicksdarstellung entschieden.

Denn gegenüber den vielen Spezialdarstellungen gibt es in unserer globalisierten Kultur auch ein großes Bedürfnis nach Überblick und nach dem Erkennen von Zusammenhängen, nach Selbstdefinition und klarer Abgrenzung. Im Grund geht das eine nicht ohne das andere. Die Überblicke sind nur auf der Basis vielfältiger Spezialuntersuchungen möglich und diese generieren auch wieder neue Perspektiven für Spezialuntersuchungen. Möge der Leser Wissensbrücken in diesem Buch finden und mit eigener Kraft neue und eigene Wissensbrücken bauen gemäß dem schönen Fragment des Romantikers Novalis:

Der wahre Leser muss der erweiterte Autor sein. (Novalis: Werke, Bd. 2, S. 470)

Literatur:

Auf dem Weg zu einer europäischen Wissensgesellschaft. Verso una società europea della conoscenza. Villa Vigoni. Mitteilungen. Como 2004.

Welches Europa? Quale Europa? Eine Diskussion mit Johannes Rau und Carlo Azeglio Ciampi. Villa Vigoni. Mitteilungen. Como 2002.

Beloff, Max: Europa und die Europäer. Eine internationale Diskussion. Mit einer Einführung von Denis de Rougement. Köln 1959.

Cerutti, Furio und Rudolph, Enno (Hg.): A Soul For Europe. 2 Bde. Sterling Virginia 2001.

Chabord, Federico: Der Europagedanke von Alexander dem Großen bis Zar Alexander I. Kohlhammer 1963.

Ders.: Storia dell' Idea d'Europa. 4. Aufl. Rom 2001.

Cittadinanza e Governance in Europa. Staatsbürgerschaft und Governance in Europa. Villa Vigoni 2004.

Dannenbauer, Heinrich: Die Entstehung Europas. Von der Spätantike zum Mittelalter. Zweiter Band. Die Anfänge der abendländischen Welt. Stuttgart 1962.

De Rougemont, Denis: Europa. Vom Mythos zur Wirklichkeit. München 1962.

Foerster, Rolf Hellmut: Die Idee Europa 1300–1946. Quellen zur Geschichte der politischen Einigung. München 1963.

Ders.: Europa. Geschichte einer politischen Idee. München 1967.

Giovine, Umberto und Venturelli, Aldo: Cittadinanza e Governance in Europa. Staatsbürgerschaft und Governance in Europa. Villa Vigoni. Mitteilungen. Como 2004.

Gollwitzer, Heinz: Europabild und Europagedanke. Beiträge zur deutschen Geistesgeschichte des 18. und 19. Jahrhunderts. München 1964.

Halecki, Oskar: Europa. Grenzen und Gliederung seiner Geschichte. Darmstadt 1957.

Hübner, Kurt: Der Unterschied des Abendlandes. Was die Präambel der Europäischen Verfassung verschweigt. In: FAZ 19. Mai 2005.

Huntington, Samuel P.: Kampf der Kulturen. Die Neugestaltung der Weltpolitik im 21. Jahrhundert. 3. Aufl. München 2002.

Koslowski, Peter und Brague, Rémi: Vaterland Europa. Europäische und nationale Identität im Konflikt. Wien 1997.

Le Goff, Jacques: Das alte Europa und die Welt der Moderne. München 1996.

Ders.: Die Geschichte Europas. Weinheim u. Basel 2000 (französisches Orig. 1996).

Lützeler, Paul Michael: Die Schriftsteller und Europa. Von der Romantik bis zur Gegenwart. Baden-Baden 1998.

Mittelstraß, Jürgen: Europa erfinden. Über die europäische Idee, die europäische Kultur und die Geisteswissenschaften. In: Merkur. Deutsche Zeitschrift für europäisches Denken. Heft 1, 59. Jg. Stuttgart Januar 2005, S. 28 ff.

Reale, Giovanni: Radici culturali e spirituali dell'Europa. Per una rinascita dell' „uomo europeo". Mailand 2003.

Romano, Sergio: Europa. Storia di un'idea. Dall' Impero all'Unione. Mailand 2004.

Schirrmacher, Frank: Das Methusalem-Komplott. 32. Aufl. München 2004.

Schwank, Nicolas: Der Kampf der Kulturen – das Erklärungsmuster für Konflikte im 21. Jahrhundert? In: Pfetsch, Frank R. (Hg.): Konflikt. Heidelberg 2005, S. 31 ff.

Vietta, Egon: Europa ist in Asien gebettet. Darmstadt 1955.

Kapitel 2: Die griechische Logos-Kodierung

2.1 Die Abstraktion der Schrift

Für die Kenntnis von Kulturen gibt es kein sprechenderes Medium als die *Schrift*. Sie hält fest, wie Menschen in früheren Zeiten gedacht und gefühlt haben, in welchen Vorstellungen von Welt und Menschsein sie sich bewegten und handelten. Insofern ist es ein Glücksfall, dass die europäische Kultur vom 8. Jahrhundert v.Chr. bis ins beginnende 21. Jahrhundert sich als eine *Kultur der Schrift* artikuliert und darstellt. Auch für das Verstehen von Bildern ist die Schrift eine wesentliche Voraussetzung, indem sie die Bedeutungsfelder abgrenzt, in denen sich die Deutung der Bilder und anderer kultureller Zeichensysteme vollzieht. Die Schrift ist bis ins letzte Drittel des 20. Jahrhunderts das wichtigste Ausdrucksmedium der europäischen Kultur und ihrer Mentalitätsgeschichte. Denn die Schrift ist nicht nur Dokument der Kultur, sondern selbst ein kulturformierender Faktor ersten Ranges.

Dabei ist die Schrift selbst keine europäische Erfindung. In dem Europa-nahen Raum des Zweistromlandes wie auch im alten Ägypten wurden schon zu Beginn des 3. Jahrtausends v.Chr. piktographische Schriften erfunden. Die Technik, Wörter in Laute zu zerlegen – und zwar zunächst nur in Konsonanten – und diese dann durch Schriftzeichen zu repräsentieren, hat sich um die Mitte des 2. Jahrtausends v.Chr. in Syrien und Palästina entwickelt. Dies war damals ein Handelsraum zwischen den Hochkulturen *Ägyptens* und *Mesopotamiens*, die bereits *eigene Schriftsysteme* entwickelt hatten. Bereits im 13. Jahrhundert schrieb man in *Nordsyrien* eine Keilschrift mit 30 Konsonantenzeichen. Es waren dann phönizische Städte, die eine formale Festlegung der Buchstabenschrift als Konsonantenschrift vornahmen und im Mittelmeerraum verbreiteten. Diese Normierung der Schrift fiel ins 9. Jahrhundert v.Chr. Die Übernahme der Lautschrift durch die Griechen und ihre Erweiterung zur *Vollschrift* erfolgte im 8. Jahrhundert v.Chr., also im Zeitalter Homers. Neu war auch ihre Festlegung der Schriftrichtung: Gegenüber der Linksläufigkeit der phönizischen Schrift entwickelte sich die griechische nach anfänglichem Schwanken zwischen einer „wie der Ochse pflügenden" wechselnden Links- und Rechtsläufigkeit zur rechtsläufigen Schrift (Röllig: Das phönizische Alphabet und die frühen europäischen Schriften, S. 87ff).

Die Orientierung der Schrift am Lautbild ist – gegenüber der Orientierung an der Dingwelt – sehr viel *abstrakter* als die auch bereits abstrahierende Hieroglyphenschrift. Über die Bezeichnung der Konsonanten hinaus führten die Griechen in ihrer Schriftsprache auch Zeichen für die Vokale ein. Die griechische Schrift ist somit die erste *Vollrepräsentation* der Lautsprache in der Weltkultur. Mit diesem enormen Vorteil – das Beutegut Phöniziens symbolisch geschultert als phönizische Prinzessin Europa auf dem Rücken des griechischen Gottes Zeus – beginnt auch die große Kulturgeschichte Griechenlands als genuin europäische Kultur.

Phoné und Graphé

Die Erfindung der Schrift setzt die gesprochene Sprache voraus. Diese ist in dem Sinne keine Erfindung des Menschen, weil erst mit der Sprache und durch sie der Mensch als Kulturwesen sich konstituiert. Die Sprache zeigt eine Welt als Erscheinung, die Schrift macht einen geschriebenen Text daraus. Die Sprache erlaubt, die Dinge der Erscheinungswelt zu identifizieren, die Schrift aber speichert solche erkannten Lebenswelten und eröffnet damit eine zweite Ebene der Bearbeitung der Welt.

Die Schrift als fixierter Text setzt andere Operationen im Gehirn in Gang als die orale Kommunikation. Das Gehirn muss für die Schriftzeichen ein eigenes Archiv anlegen, mit dem und in dem es dann operieren kann. Es entsteht ein neuer Raum *mentaler Objekte*, die über Schriftzeichen fixiert, mitgeteilt, ausgetauscht werden können. Erst mit der Schriftkultur als eigene Form der Kommunikation und des Verstehens der Welt, beginnt so eine neue, vor allem über die abstrakten Schriftzeichen generierte und vermittelte *Kultur der Schrift*. Diese Kultur der Schrift eröffnet nun aus sich heraus einen neuen Reichtum mentaler Objekte, sie regt geistige Prozesse an, wird so selbst zur Grundlage einer neuen *geistigen Kultur* oder *Kultur des Geistes*.

Neuere Reflexionen zur Kultur der Schrift betonen daher zu Recht, dass die Schrift – und erst sie – eine neue Ordnung des Denkens setzt. Erst im Schriftbild treten die grammatischen Strukturen klar zu Tage, die ihrerseits eine klare Zuordnung von Subjekt und Prädikat ermöglichen. Erst die Schrift erlaubt auch neue Kulturtechniken der Bildung von und des Umgangs mit abstrakten Begriffen (Krämer: Über eine (fast) vergessene Dimension der Schrift, S. 160 ff), mit so genannten „Wissensdingen", wie dies Hans-Jörg Rheinberger im Rückgriff auf Gaston Bachelard genannt hat (Rheinberger: Experiment, Differenz, Schrift). Diese Welt der medial erzeugten „Wissensdinge" vergrößert und verfestigt sich im Verlauf der Kulturgeschichte.

Aber dies um einen hohen Preis: Die Welt der Schrift und anderer Medien *entfremdet* zugleich den Menschen seiner ersten Welt der Wahrnehmung. In der Schrift und durch sie ist bereits jene Spaltung in *zwei Welten* angelegt, die zu einem Grundthema der abendländischen Philosophie-Wissenschaft werden wird: Spaltung zwischen der primären Wahrnehmung der Dinge und einer zweiten Welt der abstrakten Bedeutungen der Schrift. Dabei zeigt letztere die Tendenz, die erstere herabzusetzen und zu verdrängen. Die Kultur der Schrift setzt neue *Hierarchien* in der Weltwahrnehmung. Sie macht das Zweite zum Ersten und das Erste zum Zweiten.

Über die Erfindung der Schrift lesen wir schon bei Platon Kritisches. Am Ende seines späten Dialogs „Phaidros", in dem es um die Liebe und die Unsterblichkeit der Seele geht, erzählt Sokrates eine Legende aus Ägypten. Demnach habe der Gott Theut die Ägypter viele Künste gelehrt: die Zahl, das Rechnen und auch das Schreiben. Bevor er diese Künste den Ägyptern brachte, stellte er sie aber dem Gott Ammon vor. Theut wirbt um die Gunst des anderen Gottes:

> Diese Kunst, o König, wird die Ägypter weiser machen und gedächtnisreicher, denn als ein Mittel für Erinnerung und Weisheit ist sie erfunden. (Platon: Phaidros 274 e)

Die Erwiderung des Ammon aber teilt Sokrates auch mit:

> So hast auch du jetzt, als Vater der Buchstaben, aus Liebe das Gegenteil dessen gesagt, was sie bewirken. Denn diese Erfindung wird den Seelen der Lernenden vielmehr Vergessenheit einflößen aus Vernachlässigung der Erinnerung, weil sie im Vertrauen auf die Schrift sich nur von außen vermittels fremder Zeichen, nicht aber innerlich sich selbst und unmittelbar erinnern werden. [...] Denn indem sie nun vieles gehört haben ohne Unterricht, werden sie sich auch vielwissend zu sein dünken, obwohl sie größtenteils unwissend sind, und schwer zu behandeln, nachdem sie dünkelweise geworden statt weise. (Phaidros 275 a)

Die Entlastung der Erinnerung durch die Schrift bedeutet somit zugleich auch eine „Vernachlässigung der Erinnerung", einen Erinnerungsschwund. Platons Sokrates nimmt diese Kritik auf und spitzt sie noch einmal zu:

> Denn dieses Schlimme hat doch die Schrift, Phaidros, und ist darin ganz eigentlich der Malerei ähnlich; denn auch diese stellt ihre Ausgeburten hin als lebend, wenn man sie aber etwas fragt, so schweigen sie gar ehrwürdig still. Ebenso auch die Schriften: Du könntest glauben, sie sprächen, als verständen sie etwas, fragst du sie aber lernbegierig über das Gesagte, so bezeichnen sie doch nur stets ein und dasselbe. (Phaidros 275 d)

Platons Sokrates betrachtet Schrift und Malerei wie Automaten, die Leben simulieren („als lebend"), ohne selbst zu leben. Die Schrift tut so, als ob sie das Wissen sei. Die Schrift als Entlastungssystem des Wissens untergräbt so selbst jenes Wissen, das zu sein sie beansprucht. Demgegenüber bleibt nach Platon die wahre Wissensvermittlung auf das dialogische Gespräch angewiesen, wenn es denn der wahren Philosophie darum geht, ein lebendiges Wissen zu erzeugen. Die schriftkritische Stelle in Platons „Phaidros" weist hier nicht nur auf die Vorbehalte dieses großen Philosophen gegenüber der Schrift, sondern auch auf eine abgründige Dialektik der abendländischen Kultur hin: Je mehr Entlastungssysteme des Wissens eine Kultur konstruiert – die Schrift ist ja nur der Anfang einer Erfindungskette mechanischer Erinnerungsspeicher –, desto mehr drängt diese Kultur damit auch die Lebendigkeit der zwischenmenschlichen Kommunikation zurück.

Bereits für die griechische Kultur gilt, dass die Erfindung der Schrift zugleich auch die ältere Kultur des oralen Austausches und der Tradierung des Wissens durch Rezitation und Hören zurückgedrängt hat. Dafür aber eröffnet die Schrift neue Zeiträume der Wissensübermittlung.

Bis zur Erfindung der Schrift musste, was kulturell tradiert werden sollte, von Generation zu Generation oral weiter gegeben werden. Dazu gehörten auch rituelle Praktiken, die ihrerseits auf mündlichen Absprachen beruhten. Alles, was eine Generation an eine folgende weitergeben wollte und konnte, musste sie selbst memorieren und dieser folgenden Generation mündlich oder durch eine auf mündlicher Absprache beruhenden rituellen Praxis mitteilen. Die neue Schriftkultur dagegen erlaubt lange Latenzphasen der Wissensvermittlung. Sie eröffnet auch eine ungeheure Erweiterung der Speicherungsmenge des Wissens. Aufgeschriebene Texte können auch erst Jahrhunderte später eine Wirkung entfalten, *wenn* ihre Sprache noch verstanden wird. So erging es vielen Texten der antiken Philosophie-Wissenschaft, die zum großen Teil erst nach langem Vergessen wieder über die Rezeptionsbrücke der islamischen Philosophie im Hochmittelalter neu entdeckt und neu gelesen wurden. Eine Schrift, wenn sie denn noch gelesen und verstanden wird, kann Jahrtausende überdauern. Die schriftliche Kodierung ist so auch ein Schutz gegen das Vergessen und es war sicher eine große Tragödie der Weltkultur, als die gewaltige antike Bibliothek von Alexandria in Flammen aufging.

Aber Schrift speichert nicht nur, sie eröffnet ungeahnte neue Erfahrungsräume. Der Reichtum der europäischen Kultur, ihrer philosophischen, wissenschaftlichen, literarischen, juristischen u. a. Texte wäre ohne das Medium der Schrift und ihre Mentalitätskultur nicht denkbar. Erst die Schrift hat diese neuen Dimensionen der Welt- und Selbsterfahrung ermöglicht.

Eine interessante Umkehrung der Relation von Wort und Schrift, phoné und graphé, hat der französische Philosoph Jacques Derrida vorgenommen. Nach Derrida ist es die Schrift, die jene Urdifferenz („différance") zwischen Bezeichnung und Bezeichnetem eröffnet, die Martin Heidegger mit der Sprache als dem „Haus des Seins" und der Eröffnung des „Unter-Schiedes" als der „Dimension für Welt und Ding" – unabhängig von der Differenzierung in Laut und Schrift – gegeben sah (Heidegger: Platons Lehre von der Wahrheit, S. 111 ff und: Unterwegs zur Sprache; S. 24 ff). Für Derrida bedeutet das abendländische Primat der Stimme („Phonozentrismus") vor der Schrift sogar die Grundlage für jene Metaphysik des Logozentrismus, den er von Platon bis Hegel und darüber hinaus als die bestimmende Struktur der abendländischen Seinsgeschichte erkennt. Nach Derrida gilt:

> [...] dass es kein sprachliches Zeichen gibt, das der Schrift vorherginge. Ohne diese Exteriorität bricht selbst die Idee des Zeichens zusammen. (Derrida: Grammatologie, S. 29)

Derrida macht also die Exteriorität der Schrift zur Bedingung der Möglichkeit jeglicher sprachlichen Zeichenhaftigkeit, was zumindest historisch die Verhältnisse umkehrt. Man kann sich auch fragen, ob die Verbindung der phoné mit einer reflexiven Logos-Philosophie eine Umkehrung der historischen Verhältnisse darstellt. Wahrscheinlich ist es ja doch die Schrift gewesen, die jene Fixierung metaphysischer Seinsbegriffe zuallererst erlaubte, die mit der vorsokratischen Philosophie in der Tat einsetzt.

Kulturvermittlung im Generationenmodell

Orale Kultur

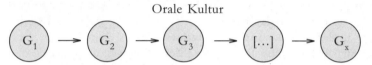

Vermittlung: mündlich
Dominanter Sinn: Ohr

Der gesamte Kulturbestand muss jeweils von einer Generation an die folgende weitergegeben werden.

Schriftkultur

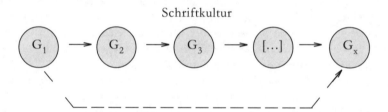

Vermittlung: schriftlich und mündlich
Dominanter Sinn: Auge

Der Kulturbestand kann mündlich und schriftlich weitergegeben werden. Die schriftliche Tradierung kann Generationen überspringen.

Literatur:

Derrida, Jacques: Grammatologie. Frankfurt a. M. 1974. (franz. Original 1967).
Heidegger, Martin: Platons Lehre von der Wahrheit. Mit einem Brief über den ‚Humanismus‘. Bern 1947.
Ders.: Unterwegs zur Sprache. Pfullingen 1959 (Gesamtausgabe Bd. 12. Frankfurt a. M. 1985).
Klein, Wolfgang: Gesprochene Sprache – Geschriebene Sprache. In: Zeitschrift für Literaturwissenschaft und Linguistik 1959, S. 9–35.
Krämer, Sybille: ‚Schriftbildlichkeit‘ oder: Über eine (fast) vergessene Dimension der Schrift. In: Bild, Schrift, Zahl. Hg. von Sybille Krämer und Horst Bredekamp. München 2003, S. 157ff.
Rheinberger, Hans-Jörg: Experiment, Differenz, Schrift. Marburg 1992.

Schrift und Auge

Und noch etwas anderes ist dabei von Bedeutung: Die ältere oral-auditive (mündliche/gehörte) Kultur war eine des *Ohrs*. Dabei waren der Umfang und die Form einer oral-auditiven Kultur relativ begrenzt und auch stabil, weil das Wissen allein über die Erinnerung gesichert war.

Die Kultur der Schrift dagegen hat nicht nur die *Quantität* des Kulturgutes erhöht – und dies noch einmal exponential durch die Erfindung der Reproduktionstechniken des Druckes –, sie hat auch einen *anderen Wahrnehmungssinn* in den Vordergrund gerückt: das *Auge*. Die Kultur der Schrift ist eine Kultur des *Auges*, des *Sehens*. Mit der Erfindung der Schrift beginnt die Dominanz des Sehsinns in der abendländischen Kultur. Allerdings eine, die über die *Abstraktion* der Schrift läuft. Das heißt: Von ihren Anfängen an konstituiert sich die abendländische Kultur als eine dominant *kognitive* Kultur. Denn sowohl die Verschlüsselung der Schrift beim Schreiben als auch die Entschlüsselung der Schrift beim Lesen ist ein über den Augensinn vermittelter kognitiver Prozess.

Neuere Forschungen zur Medialität gehen geradezu davon aus, dass der abendländische Begriff des Bewusstseins wesentlich durch diese Dominanz des Auges in unserer europäischen Kultur geprägt ist. „Das, was wir in der westlichen Welt Bewusstsein nennen, verzichtet auf die Erfahrung all der anderen Sinne." (Hartmann: Vom Auge zum Ohr, S. 256) Die abendländische Kultur ist auf *Überblick*, auf den *panoramatischen* Blick und – entlang der Abstraktheit der Schrift – auf die *Abstraktion* von der sinnlichen Gegebenheit hin ausgerichtet und nicht primär auf das Einzelne und Konkrete.

Dabei hat die Entwicklung der abendländischen Kulturgeschichte in der jüngsten Zeit noch einmal einen gewaltigen Schub in Richtung Visualität gemacht. Die Dominanz und auch die Aggressivität der Bilder in der jüngsten westlichen Mediengesellschaft kompensieren die Abstraktheit und Künstlichkeit jener Zeichenwelten, die unsere Zivilisation generiert.

Literatur:

Bolz, Norbert: Theorie der neuen Medien. München 1990.
De Kerckhove, Derrick: Schriftgeburten. Vom Alphabet zum Computer. Aus dem Französischen von Martina Leeker. München 1995.
Faulstich, Werner: Das Medium als Kult. Von den Anfängen bis zur Spätantike. Göttingen 1997.
Flusser, Vilém: Kommunikologie. Mannheim 1996.
Hartmann, Frank: Vom Auge zum Ohr. Innis, McLuhan und die technischen Dispositive der Kommunikation. In: Hartmann. Medienphilosophie. Wien 2000, S. 238 ff.
Hörisch, Jochen: Der Sinn und die Sinne. Eine Geschichte der Medien. Frankfurt am Main 2001.

Abstraktion der Bezeichnung, Abstraktheit der Begriffe

Was bedeutet die Umstellung der Schrift von der *ikonischen* (bildlichen) auf die *phonetische* (lautliche) Repräsentation? Wenn wir uns das Sprachzeichen mit dem Sprachforscher Ferdinand de Saussure (1857–1913) vereinfacht als eine zweistellige Relation vorstellen, so haben wir im ersteren Falle eine Form der Repräsentation, in der die Bedeutung (Saussures „signifié") durch ein Bildzeichen („signifiant") evoziert wird. Die Repräsentation der Bedeutung beruht also auf einer bildlichen Ähnlichkeit zwischen dem darstellenden Zeichenträger und der durch ihn heraufgerufenen Zeichenbedeutung (Saussure: Cours de linguistique générale. Bd. 1, S. 147 ff). So verweist die altägyptische Hieroglyphe eines Krokodils bildlich auf den Gegenstand: Krokodil. Die Hieroglyphe bedeutet allerdings darüber hinaus auch Qualitäten, die die Ägypter mit diesem Tier assoziierten: Gier und Aggressivität. Insofern kann dieses Bildzeichen in der ägyptischen Schrift auch auf menschliche Eigenschaften hinweisen. Es wird dann bereits in metaphorischer Übertragung gebraucht (Assmann: Stein und Zeit, S. 90 ff).

Natürlich sind auch die ägyptischen Bildzeichen abstrahierende und in ihrer Größe normierte Zeichen. Auch können die Zeichen Lautfolgen – die Folge der Konsonanten ohne Vokale – darstellen, etwa die Hieroglyphe für ‚Haus‘ nicht nur den Gegenstand ‚Haus‘, sondern auch die konsonantische Lautfolge dieses Wortes im Ägyptischen.

Entscheidend aber ist, dass die ägyptische Hieroglyphenschrift in ihrer wie auch immer abstrahierten Form der bildlichen Repräsentation eben auf die sinnlich wahrnehmbare Welt verwiesen bleibt. „Worauf es ankommt, ist die virtuelle Kongruenz zwischen dem Corpus der *Zeichen* und dem Corpus der *Dinge*. Dadurch wird die Welt als ein Corpus von Zeichen und die Schrift als ein Corpus von Dingen deutbar. Die Schrift nimmt kosmische, der Kosmos schrifthafte Züge an. Beide sind Kodifizierungen von Zeichen: die Welt als die ‚Hieroglyphenschrift der Götter‘, die Schrift als eine Art enzyklopädisches Bildlexikon. (Assmann, S. 91)

Die Welt in ihrer sinnlichen oder phantasmagorischen Erscheinung ist so in der ägyptischen Hieroglyphenschrift auf magische Weise im Schriftzeichen *anwesend*. Insofern kann bei der Lektüre solcher Bildzeichen gar nicht von der erscheinenden Welt abstrahiert werden. Die Welt selbst erscheint als eine Form des Bildzeichens und die Schrift übersetzt diese anwesende Welt in *ihre* Bildzeichen. Es ist bezeichnend, dass die ägyptische Sprache keinen Begriff und somit auch kein Schriftzeichen für „Materie" kennt (Assmann, S. 88). Denn dieser Begriff setzt selbst eine Abstraktion von der Welt der sinnlichen Erscheinungen voraus. Genau zu dieser Abstraktionsleistung aber war das ägyptische Sprach- und Denksystem offensichtlich nicht imstande und daran wohl auch nicht interessiert. Die Welt, die es evoziert, war die schöne und fruchtbare Erscheinungswelt des Nils inmitten einer Wüstenlandschaft. Ziel dieser Kultur und ihrer Schrift in ihrer monumentalen, in Stein gemeißelten

Form schien es nicht, von dieser Welt zu abstrahieren, vielmehr dieser Erscheinungswelt und ihrer Schönheit *ewige Dauer* zu geben.

Anders hingegen die *Lautschrift*. Sie repräsentiert ihre Bedeutung auf eine sehr viel *abstraktere* Weise als die Hieroglyphenschrift: Die Bedeutung des Wortes wird vergegenwärtigt durch die zeichenhafte Repräsentation des Lautkörpers. Und dieser ist – das war schon die kulturelle Erfahrung der alten Welt – in verschiedenen Sprachen ganz verschieden. Die Griechen führten ja das Vollalphabet darum ein, weil sie bestimmte vokalische Laute der phönizischen Sprache in ihrer Sprache nicht hatten. Der Sprachforscher Saussure nannte dies die „Willkür des Sprachzeichens" („l'arbitraire du signe"; Saussure: Cours de linguistique générale, S. 152): Das phonetische Sprachzeichen steht in einem willkürlichen, nicht magisch-wesenhaften Bezug zur Bedeutung. Das Bildzeichen für Haus steht in *innerer Repräsentation* für den Gegenstand, aber der phonetische Lautbestand (‚pr' im Ägyptischen, ‚oikia' oder ‚oikos' im Griechischen, ‚casa' im Lateinischen, ‚Haus' im Deutschen) hat *keinerlei* innerlichen Zusammenhang mit der Sache.

Die Lautsprache hat sich von der magischen Wesensbezeichnung der Dinge verabschiedet. Sie hat sich, indem sie sich an der Folge der menschlichen Laute orientiert, aus der Welt der Dinge ein Stück weit zurückgezogen zugunsten einer *abstrakteren* Form der Repräsentation. Diese ermöglicht aber eine *abstraktere* und auch *komplexere* Form des Umgangs mit der Welt. Der Mensch kann mit einer solchen Schrift *abstrakte* Begriffe für die Welt bilden, Begriffe wie ‚Materie', ‚das Sein', ‚Atom', ‚Idee', und zu Leitbegriffen der Welterkenntnis machen. Auf diese Begriffe kann das Denken dann rekurrieren wie auf Dinge.

Mit der griechischen Kultur beginnt – ermöglicht durch die Abstraktion der Schrift – eine neue, genuin abendländische *Metaphysik* als *abstrakte Begriffslehre* von der Welt. Die griechische Schrift-Philosophie erfindet Begriffe als Leitkodierungen einer neuen, genuin europäischen Schriftkultur. Diese abstrakten Schriftbegriffe durchziehen und formieren die gesamte abendländische Kultur in den verschiedensten Kombinationen und Überkodierungen. Die Schriftsprache setzt sich auf höherer Ebene fort in den abstrakten Zahlzeichen und in der Formelsprache der Naturwissenschaften. Die europäische Schriftkultur ist im Kern eine auf abstrakt-metaphysischer Begrifflichkeit fundierte und von ihr geprägte Kultur.

Auf der anderen Seite ist diese neue abstrakte Begrifflichkeit der griechischen Philosophie *keine* automatische Folge der Abstraktion der Schrift. Die Phönizier als die Erfinder der abstrakten Lautschrift haben unserer Kenntnis nach *keine* Philosophie-Wissenschaft hinterlassen, die der griechischen vergleichbar wäre. Die griechische Philosophie-Wissenschaft ist somit nicht bruchlos aus der Medialität der abstrakten Schrift abzuleiten.

Gleichwohl: Der Erfindung der Lautschrift entspricht in der griechischen Kultur auch ein abstrakter *Denktypus*. Man kann ergänzen, dass diesem neuen philosophisch-wissenschaftlichen Denktypus auch eine neue Form der Kommunikation entspricht: der offene *dialogische Diskurs*. Sokrates, Platon, Aristoteles behandelten ihr Wissen nicht als geheimes Priesterwissen, sondern teilten es mit und wollten es diskutiert wissen. Je flexibler und weiter verbreitet die schriftliche Mitteilung, desto demokratischer kann der Diskurs organisiert sein. Die erste Aufklärung in der griechischen Kultur und auch die zweite Aufklärung in der Neuzeit hegten die Hoffnung auf die Selbstbestimmung des Menschen im vernünftigen Diskurs. Warum sich diese Hoffnung in der westlichen Zivilisation lange Zeit nicht erfüllt hat und heute wieder durch die Entwicklung der Medien selbst gefährdet scheint, hängt mit der Dominanz anderer Kodierungen über diese Idee der Selbstbestimmung zusammen. Darauf werden wir zurückkommen. Zunächst aber geht es um eine neue zentrale Kodierung der Schrift und die durch sie ermöglichte *Logos-Kodierung* der abendländischen Kultur.

Literatur:

Assmann, Jan: Stein und Zeit. Mensch und Gesellschaft im alten Ägypten, S. 90 ff. München 1995.

Röllig, Wolfgang: Das phönizische Alphabet und die frühen europäischen Schriften. In: Die Phönizier im Zeitalter Homers. Mainz 1990.

Saussure, Ferdinand de: Cours de linguistique générale. Édition Critique par Rudolf Engler. Reproduction de l'édition originale. Bd. 1. Wiesbaden 1989.

2.2 Die Logos-Kodierung der Philosophie-Wissenschaft

Die Kulturform des Mythos umfasste wesentlich *eine* Welt. Sie umgriff Natur, Menschen und Götter so, dass Götter und göttliche Kräfte alle Bereiche des Seins durchdringen konnten. Bäume, Quellen, Flüsse, Berge, Meere erschienen in dieser Kulturform als belebte Orte der Götter, Nymphen, Dryaden. Mithin strukturierte der Mythos die Welt als einen Wohnraum belebter Wesen, die allerdings oft genug den Menschen auch bedrohlich erschienen. Es war Georg Lukács, der in seiner frühen, noch undogmatischen „Theorie des Romans" von 1916 die Welt des Mythos und des ihr entsprechenden Epos so charakterisierte:

> Selig sind die Zeiten, für die der Sternenhimmel die Landkarte der gangbaren und zu gehenden Wege ist und deren Wege das Licht der Sterne erhellt. Alles ist neu für sie und dennoch vertraut, abenteuerlich und dennoch Besitz. Die Welt ist weit und doch wie das eigene Haus, denn das Feuer, das in der Seele brennt, ist von derselben Wesensart wie die Sterne; sie scheiden sich scharf, die Welt und das Licht, das Licht und das Feuer, und werden doch niemals einander für immer fremd; (Lukács: Theorie des Romans, S. 22)

Mit der griechischen *Philosophie-Wissenschaft* tritt eine Denkform in die Welt, die das mythische Weltbild als einen *falschen Schein* erkennt. Ich spreche von Philosophie-Wissenschaft, weil in dieser neuen Form des Denkens die *Trennung* der Philosophie von der Wissenschaft noch nicht durchgeführt war. Vielfach ist die griechische Philosophie-Wissenschaft selbst auch noch *mythisch-religiös* kodiert. Gleichwohl formiert sich in ihr ein Denken, das zur Entmythisierung und zu einer Trennung der Denkformen führen wird.

Der Logos ist ein Denken, das die Welt *zweiteilt*. Die kritische Unterscheidung zwischen *wahrem* Sein und *falschem* Schein ist geradezu konstitutiv für den griechischen Logos. Die griechische Philosophie-Wissenschaft reißt damit einen Graben auf zwischen wahrer *Erkenntnis* und bloßem *Augenschein*, zwischen dem *Dauerhaften* und dem *Wandelbaren*, zwischen *Geist* und *Materie*.

Diese Zweiteilung der Welt setzt die Erfindung der *Schrift* voraus, denn erst sie erlaubt die systematische Setzung einer Welt mentaler Objekte außerhalb und jenseits der sinnlich wahrnehmbaren Welt. Die Besiegung des Mythos ist auch die Voraussetzung der Ersetzung des Matriarchats durch patriarchalische Strukturen. Denn der Logos begriff und inthronisierte sich als *männlich*. Die griechische Tragödie schildert diesen Krieg zwischen Mythos und Logos auch als einen Krieg zwischen großen mythischen Frauenfiguren und männlichen Vertretern der neuen Polis-Ordnung, sie schildert ihn als einen Krieg zwischen alten und neuen Göttern (Kap. 2.3).

Aber was heißt *Logos*, was heißt *Mythos*? Beide Wörter bedeuten im Griechischen ursprünglich ‚Wort'. Dabei hat sowohl die Logos- wie die Mythosforschung ein Bewusstsein für den Tatbestand entwickelt, dass eine verbindliche Definition der Begriffe schwer ist, wenn nicht unmöglich. Der Logos ist eher das begründende, Rechenschaft gebende Wort. *Logos* meint in diesem Sinne

Erklärung, Beweisführung und benennt zugleich jene Instanz, die solche Begründungen durchführt, den *Verstand*, die *Vernunft* (Historisches Wörterbuch der Philosophie, Bd. 5, Spalte 491 ff). *Mythos* wird häufig von seiner narrativen Struktur her definiert als eine Form der „Erzählung", der „heiligen Geschichte", die in einer vor-logischen Welt entstanden ist, aber ihre eigene Ordnung und Struktur aufweist (Cassirer: Das mythische Denken; Kerényi: Was ist Mythologie? und: Wesen und Gegenwärtigkeit des Mythos; Eliade: Das Heilige und das Profane; Blumenberg: Arbeit am Mythos; Marquard: Lob des Polytheismus, u.a.).

Die ältere Mythenforschung zog eine klare Grenze zwischen Mythos und Logos mit der Tendenz der Ersetzung des einen durch das andere im Sinne eines Weges „aus der Unmündigkeit zur Mündigkeit des Geistes" (Nestle: Vom Mythos zum Logos, S. 6). Dagegen weist die jüngere Forschung darauf hin, dass bereits der Mythos eine Form des Logos sei im Sinne der Bewältigung des Schreckens der Wirklichkeit: „Der Mythos selbst ist ein Stück hochkarätiger Arbeit des Logos." (Blumenberg: Arbeit am Mythos, S. 18) Zudem greift auch der Logos gerne auf den Mythos zurück. Gerade bei einem dialogischen Philosophen wie Platon kann man eine Vielzahl von Mythen finden (Janka/Schäfer (Hg.): Platon als Mythologe). Allerdings beweist genau diese Forschung auch, dass die Rückkehr des Mythos in der Logos-Philosophie „gar nicht die Wiederkehr eines Gleichen ist. Es sind aufgeklärte, d.h. vor dem Forum des Logos verantwortete Mythen, die erzählt werden für die Phantasie." (Kobusch: Die Wiederkehr des Mythos. In: Janka/Schäfer (Hg.): Platon als Mythologe, S. 50)

Denn – darin ist sich die Mythenforschung weitgehend einig – bereits mit der griechischen Logos-Kodierung beginnt ein Prozess der *Entmythisierung*, der irreversibel ist. Die Kraft des Logos zur Entmythisierung hat später auch die christliche Theologie erfasst und durchdrungen und letztlich jenen Prozess der Säkularisierung bewirkt, der für die europäische Kultur vor allem seit der zweiten Aufklärung und der atemberaubenden Entwicklung der neuzeitlichen Naturwissenschaften kennzeichnend ist.

Bereits im Verlauf der griechischen Kulturgeschichte wird der Mythos zunehmend abwertend zitiert. Auf die Mythenkritik der Vorsokratiker als eine Form der Anthropomorphisierung der Götter kommen wir im nächsten Abschnitt zu sprechen. Aber auch der Geschichtenerzähler Herodot nennt den Mythos eine Geschichte, der es an Nachprüfbarkeit mangelt (Herodot: Historien II, Kap. 45). Mythen nehmen so den Geruch an, ‚unwahre Geschichten' zu sein. Noch relativ milde urteilt Aristoteles in seiner „Metaphysik", wenn er im Buch XII schreibt:

> Von den Alten und den Vätern aus uralter Zeit ist in mythischer Form [en mýthou schémati] den Späteren überliefert, dass die Gestirne Götter sind und das Göttliche die ganze Natur umfasst. Das Übrige ist dann in sagenhafter Weise [mythikôs] hinzugefügt zur Überredung der Menge und zur Anwendung für die Gesetze und das allgemeine Beste. (Aristoteles: Metaphysik, Buch XII, Kap. 8, 1074 b 1–5)

Der Mythos-Begriff ist hier erstmals eine *literarische Kategorie* geworden, deren *rhetorische* Funktion Aristoteles ja durchaus für eine Frühphase der Menschheit gelten lässt. Eine pragmatisch-poetologische Definition des Mythos finden wir auch in Aristoteles' „Poetik":

> Nachahmung der Handlung ist nun der Mythos [éstin dè tēs mèn práxeos ho mŷthos he mímesis]. Ich verstehe hier unter Mythos die Zusammensetzung der Handlungen [sýnthesin tōn pragmáton] [...]. (Aristoteles: Poetik 1450 a 4 f)

Den Mythos als eine wie immer rhetorisch gerechtfertigte Darstellung von Handlungen der Menschen darzustellen, lässt ihm immer noch ein wenn auch reduziertes Lebensrecht. Sehr viel schärfer (um 200 n.Chr.) kritisiert Sextus Empiricus diese Form der Erzählungen als *unwirklich, unmöglich* und *erlogen* (Sextus Empiricus: Adversos mathematicos, Kap. 263 f). Mythen sind, das ist also schon das Ergebnis der antiken Reflexion über den Mythos, erlogene, unwahre Geschichten. Bereits die Antike hat so alle zentralen Argumente *gegen* den Mythos ausgebildet: eine Form der Narration, im Kern unwahr, bestenfalls aber als eine frühe Form der Weltdeutung der Menschheit zu tolerieren.

Gleichwohl: Gerade die Weiterentwicklung des Logos in den modernen Naturwissenschaften *wie auch* der Entwicklung der modernen Literatur hat gezeigt, dass der Mythos nicht einfach zu den abzuhakenden Mentalitätsformen der Menschheit gehört. Erstere haben durch die Expansion des Wissens in die unvorstellbaren Räume des Makro- wie Mikrokosmos immer neue Dimensionen des Nichtgewussten, aber auch nie gänzlich Wissbaren frei gelegt, so dass die These von Gloy nicht von der Hand zu weisen ist, dass letztlich auch alles „theoretische Wissen mythisch" bleibe (Gloy: Studien zur Platonischen Naturphilosophie, S. 43). Jedenfalls hat die moderne Naturwissenschaft nicht jene Letztbegründungen auffinden können, nach denen der Logos jagt und somit bleibt sie auf unabsehbare Zeit ein offener, nicht abschließbarer Prozess. Auch im Zeitalter der „Entzauberung" der Welt, wie Max Weber den Prozess der Entmythisierung nannte, bleibt die Naturwissenschaft auf dichte Weise mythisch kodiert, das heißt durch Bilder und Narrationen, die die Offenheit und auch Bodenlosigkeit der menschlichen Existenz beschreiben (Vietta/Uerlings/ Venturelli: Einleitung zu: Mythos in der Moderne).

Von ihrer Frühzeit an aber hat die europäische Logos-Kodierung die europäischen und zunehmend auch die globalen Kulturräume neu formiert. Die Logos-Kodierung hat die westliche Kultur begründet und strukturiert als eine *duale Kultur*. Diese ist gekennzeichnet durch *Polarisierungen* und durch die *Entwertungen*: das Sein gegenüber dem Seienden, der Geist gegenüber der Materie, die Seele gegenüber dem Körper. Diese Oppositionen werden später christlich-gnostisch überkodiert durch das Gegensatzpaar von gut und böse (Kap. 3.2). Die Prädikate ‚wahr' und ‚falsch' ordnet bereits die griechische Philosophie den genannten Gegensatzpaaren zu.

Aus dem dualen Ansatz heraus aber konnte die europäische Kultur eine Kultur der *Sinne*, des *Sinnlichen*, des *Körpers* und des Lebens im *Hier* und *Jetzt* nicht, oder nur in Ausnahmefällen, bilden. Diese Tendenz zur Abwendung vom Diesseits und Weltflucht zieht sich hin zu den jüngsten virtuellen Technikvisionen (Kap. 4.6). Aber fragen wir zunächst: Wann, wo und unter welchen Bedingen formiert sich die abendländische Logos-Kodierung und wie strukturiert sie die europäische Kultur?

Literatur:

Aristoteles: Philosophische Schriften. 6 Bde. Bd. 5: Metaphysik. Übersetzt von Hermann Bonitz und bearbeitet von Horst Seidl. Hamburg 1995.

Blumenberg, Hans: Arbeit am Mythos. 4. Aufl. Frankfurt a. M. 1986 (1979).

Borsche, Tilman: Kein Logos ohne Mythos. Zur Geschichte einer verdrängten Herkunft. In: Bullerjahn, Claudia/Löffler, Wolfgang (Hg.): Musikermythen. Alltagstheorien, Legenden und Medieninszenierungen. Hildesheim 2004, S. 14ff.

Cassirer, Ernst: Das mythische Denken. Philosophie der symbolischen Formen, Bd. 2. Berlin Hamburg 2002 (1925).

Eliade, Mircea: Vom Wesen des Religiösen. Frankfurt a. M. 1984.

Gloy, Karen: Studien zur platonischen Naturphilosophie im Timaios. Würzburg 1986.

Herodot: Historien. Griechisch-deutsch. 2 Bde. Hg. von Josef Feix. München 1963.

Hübner, Kurt: Die Wahrheit des Mythos. München 1985.

Janka, Markus/Schäfer, Christian (Hg.): Platon als Mythologe. Neue Interpretationen zu den Mythen in Platons Dialogen. Darmstadt 2002.

Kerényi, Karl (Hg.): Was ist Mythologie. In: Die Eröffnung des Zugangs zum Mythos. Ein Lesebuch. 5. Aufl. Darmstadt 1996 (1967), S. 212ff.

Ders.: Das Wesen des Mythos. In: Die Eröffnung des Zugangs zum Mythos, S. 234ff.

Lukács, Georg: Die Theorie des Romans. Ein geschichtsphilosophischer Versuch über die großen Formen der Epik. 1920. Neuauflage Neuwied 1963.

Marquard, Odo: Lob des Polytheismus. In: O. M.: Abschied vom Prinzipiellen. Philosophische Studien. Stuttgart 2000.

Nestle, Wilhelm: Vom Mythos zum Logos. Die Selbstentfaltung des griechischen Denkens von Homer bis auf die Sophistik und Sokrates. 2. Aufl. Stuttgart 1975 (1940).

Ritter, Joachim/Gründer, Karlfried (Hg.): Logos. In: Historisches Wörterbuch der Philosophie. Völlig neu bearbeitete Ausgabe. Bd. 5. Basel u.a. 1980, Sp. 491ff.

Segal, Robert A.: Theories of Myth. New York/ London 1996.

Vietta, Silvio/ Uerlings, Herbert und Aldo Venturelli (Hg.): Erscheint in: Mythos in der Moderne. Tübingen 2006.

Denkansatz der Vorsokratiker

Die schriftlichen Quellen über die Anfänge des europäischen Logos-Denkens fließen anfänglich nur spärlich. Von dem ersten der großen vorsokratischen Philosophen, Thales von Milet, sind überhaupt keine schriftlichen Zeugnisse überliefert und auch von den anderen Philosophen jener vorsokratischen Epoche, mit der die abendländische Grundkodierung beginnt, nur Fragmente. Somit ist die Erforschung der Anfänge des griechischen Denkens eine Spurensuche, die mit wenigen und nur bruchstückhaft überlieferten schriftlichen Quellen auskommen muss.

Dabei zeigt sich auch in der griechischen Philosophie eine Tendenz zu einer neuen Form von *Öffentlichkeit* im Kontext der antiken Kulturräume der Städte, die auch für das antike Drama konstitutiv ist. Der denkerische Diskurs in Griechenland bewegte sich – von Ausnahmen abgesehen – eben nicht in priesterlichen Geheimzirkeln wie im alten Ägypten, sondern suchte die Form der Veröffentlichung im Diskurs der Polis und eben durch die Schrift. Diese neue Form der Öffentlichkeit ist den Texten der griechischen Philosophie eingeschrieben. Sie wirken auf die öffentliche Meinung (dóxa) ein und wollen sie zur Wahrheit hin umstimmen. Das war, wie der Fall Sokrates zeigt, gefährlich. Sokrates wird wegen Gottlosigkeit und als Verführer der Jugend Athens angeklagt und zum Tode verurteilt. Dabei hätten seine Richter gerne gesehen, dass sich der Philosoph durch Flucht aus dem Gefängnis dem Todesurteil entzieht. Aber der Philosoph verweigerte den billigen Ausweg. Er nahm 399 v. Chr. den gebotenen Schierlingsbecher und starb. Der junge Platon war von diesem Prozess gegen seinen Lehrer erschüttert. Seine Dialoge „Die Verteidigung des Sokrates" (Apología Sokrátus) und der „Phaidon" haben wesentlich zur Begründung einer Ethik der philosophischen Standhaftigkeit beigetragen und auch jene Ausrichtung des Logos auf das Jenseits mitbegründet, an die später das Christentum anknüpfen konnte. Der neue Raum der Öffentlichkeit der Polis aber war, das zeigt der Fall Sokrates, auch einer der Diffamierung und der sophistischen Intrigenwirtschaft bis hin zur mörderischen Anklage, Verurteilung und Hinrichtung des philosophischen Gegners.

Die Anfänge der griechischen Philosophie aber liegen gar nicht in Attika selbst, sondern in den griechischen *Kolonien* Kleinasiens und in Unteritalien. Aller Wahrscheinlichkeit nach hat auch hier der Austausch mit anderen Kulturen wesentlich zur Entwicklung eines eigenen Denkens beigetragen. Der erste in der Reihe der vorsokratischen Philosophen, Thales von Milet, soll gar kein Grieche, sondern phönizischer Abkunft gewesen sein. Er hielt sich wahrscheinlich in Ägypten auf, wo er vermutlich einen entwickelten Stand der Mathematik kennen gelernt hat. Seine Lebenszeit ist u.a. dadurch verbürgt, dass er die Sonnenfinsternis vom 28. Mai 585 vorhergesagt hat. Dieses aber konnte er gar nicht aus eigenen Berechnungen, sondern nur im Rückgriff auf älteres, wahrscheinlich ägyptisches und babylonisches Wissen. Dieses kannte bereits den Zyklus von Mondfinsternissen nach 47 Monaten und nach 23 ½ Monaten auf eine Sonnenfinsternis. „Wie dem auch sei, auf jeden Fall weist die Voraussage von Thales darauf hin, dass er die babylonische Sternkunde kannte." (van der Waerden: Erwachende Wissenschaft, S. 143) Thales' Lebenszeit dürfte in den Zeitraum zwischen 624 und 546 v. Chr. fallen.

Was nun kennzeichnet die griechische Philosophie-Wissenschaft? Ich spreche, wie bereits erwähnt, von *Philosophie-Wissenschaft*, weil diese beiden Wissensformen in der griechischen Welt noch *ungeteilt* waren: die Wissenschaft als Philosophie und die Philosophie als Wissenschaft. Dazu kommen bei einigen dieser Denker, so bei Pythagoras, auch *mythisch-religiöse* Motive. Erst in der frühen Neuzeit wird dieses noch ungeteilte System der griechischen *epistéme* auseinander treten und mehrere Systeme bilden: das System der mathematischen Naturwissenschaften, das nun den Anspruch übernimmt, die möglichst begründeten Aussagen über das Sein zu machen, und das System der Philosophie, die sich zunehmend auf die Rolle der Reflexion der Erkenntnisformen zurückzieht, sowie der religiöse Glauben als ein weiteres kulturelles Teilsystem. Diesen revolutionären *Bruch* zwischen den Systemen der Wissenschaft, Philosophie und Theologie vollzieht aber erst die Neuzeit. Mit ihm beginnt sie geradezu.

Die antike Philosophie-Wissenschaft fragt nach der *ersten Ursache* (arché, lat. principium) und nach dem *Wesen* (usía) *des Seins*. Diese Frage der griechischen epistéme aber führt aus der mythischen Region der letztlich am Wirken von Göttern orientierten Kosmotheologie heraus und eröffnet eine neue Denkdimension *abstrakter Begriffe*. Dieser Schritt ist, wie gesagt, durch die griechische Erfindung der abstrakten Vollschrift selbst vorbereitet worden. Dabei vollzieht sich diese Selbstbegründung eines abstrakten Denkens als ein *Geschichtsprozess*, der sich erst allmählich aus den Fesseln des mythischen Denkens löst.

Die frühen vorsokratischen Philosophen orientieren sich bei ihrer Suche nach den ersten Gründen des Seins noch an *stoffartigen* Prinzipien. Für Thales von Milet ist das *Wasser* das Urprinzip allen Seins. Darüber berichtet Aristoteles, der diesen Geschichtsprozess bereits resümiert, in seiner „Metaphysik":

> Von den ersten Philosophen hielten die meisten nur die stoffartigen für die Prinzipien von allem; denn dasjenige, woraus alles Seiende ist und woraus es als Erstem entsteht und worein es als Letztem untergeht, indem das Wesen [usía] bestehen bleibt und nur die Eigenschaften wechseln, dies, sagen sie, ist Element [stoicheíon] und Prinzip [arché] des Seienden. Darum nehmen sie auch kein Entstehen und kein Vergehen von etwas an, da ja eine derartige Natur stets erhalten bleibe [...]. Thales, der Urheber solcher Philosophie, nennt es Wasser (weshalb er auch erklärt, dass die Erde auf dem Wasser sei) [...]. (Aristoteles: Metaphysik 983 b)

Genau genommen handelt es sich hier um *zwei* Thesen: Erstens die These, dass die Erde auf dem Wasser schwimmt („auf dem Wasser sei") und zweitens die These, dass alles Sein selbst wesentlich aus einem Element gebildet wird: „Thales [...] nennt es Wasser". Wasser, was immer dies auch für Thales repräsentiert haben mag, wäre somit der Gehalt allen Seins. Alle Erscheinungen sind nur Transformationen des einen Elements: Wasser. Dieses aber als Ursache und Prinzip allen Seins ist keinem Wandel unterworfen („kein Entstehen und kein Vergehen"). Das Prinzip selbst, die letzte und erste Ursache allen Seins, ist nach der Lehre des Thales in der Darstellung des Aristoteles wandellos sich immer gleich.

Mit dieser, noch an stofflichen Prinzipien orientierten These *einer Grundmaterie*, aus der alles Sein durch Transformationen gebildet wird, die aber in solchen Transformationen selbst sich gleich bleibt, hat Thales jenen Denkraum eröffnet, der kulturgeschichtlich neu ist: den Denkraum der *Metaphysik*. Dieser ursprünglich rein buchtechnische Titel meinte jene Teile der Philosophie des Aristoteles, die hinter seiner „Physik" (tà metà-tà physiká) standen und die

Prinzipien des Seins betrafen. Die Metaphysik betrifft solche Erkenntnisse, die eben die *Prinzipien* der Erkenntnis der Materie betreffen und gerade nicht durch sinnliche Anschauung der Erscheinungen zu gewinnen sind. Hans-Georg Gadamer charakterisiert daher zu Recht schon die frühe griechische Philosophie mit diesem Begriff, auch wenn er entstehungsgeschichtlich jünger ist: „Sie ist – mit den Worten späterer Zeiten gesagt – ‚Philosophie‘ oder ‚Metaphysik‘." (Gadamer: Gesammelte Werke 6, S. 31)

Literatur:

Aristoteles: Philosophische Schriften. 6 Bde. Hamburg 1995. Bd. 5: Metaphysik. Übersetzt von Hermann Bonitz und bearbeitet von Horst Seidl, Bd. 6: Physik. Übersetzt von Hans Günter Zekl und Über die Seele. Übersetzt von Willy Theiler und bearbeitet von Horst Seidl.
Gadamer, Hans-Georg: Griechische Philosophie II. In: Gesammelte Werke. Bd. 6. Tübingen 1985.
van der Waerden, Bartel Leendert: Erwachende Wissenschaft. Ägyptische, babylonische und griechische Mathematik. Aus dem Holländischen übersetzt von Helga Habicht. 2. Aufl. Basel und Stuttgart 1966.

Materiale Prinzipien des Seins und: Die Philosophie fällt in den Brunnen

In der frühgriechischen Philosophie also wird die Welt der Erscheinungen in ihrer wimmelnden Fülle und Vielfalt auf *ein einziges* Prinzip reduziert, bei Thales: die Materialität des Wassers. Das abendländische Denken der frühen Griechen reißt so eine elementare *Differenz* auf: die *Differenz* zwischen der *sinnlichen Erscheinung* und der *Wesensbestimmung* der Dinge. Oberflächlich gesehen mögen die Dinge so oder so erscheinen, *in Wahrheit* sind sie nur das *Eine*: Wasser.

Dazu wird nun schon aus der antiken Philosophie eine komische Episode berichtet. Der Philosoph Thales soll, den Blick gen Himmel und mit astronomischen Studien beschäftigt, über einen Hof gegangen und dabei in einen Brunnen gefallen sein. Darin muss er eine Weile herumgeplatscht haben, bis ihn eine thrakische Magd fand und auslachte, bevor sie ihn aus dem Brunnentrog befreite. Platons Sokrates erzählt diese Szene bereits im Kontext einer Öffentlichkeitsstruktur, die den wahren Philosophen gerne der Lächerlichkeit preisgab:

> Wie auch den Thales [...] als er, um die Sterne zu beschauen, den Blick nach oben gerichtet, in den Brunnen fiel, eine artige und witzige thrakische Magd soll verspottet haben, dass er, was am Himmel wäre, wohl strebte zu erfahren, was aber vor ihm läge und zu seinen Füßen, ihm unbekannt bliebe. Mit diesem nämlichen Spotte nun reicht man noch immer aus gegen alle, welche in der Philosophie leben. (Platon: Theaitetos 174 a)

Der Szene und ihrer Rezeptionsgeschichte hat Hans Blumenberg ein Buch gewidmet: „Das Lachen der Thrakerin". Blumenberg weist darauf hin, dass diese Szene auf eine Fabel des Äsop zurückgeht, in der aber der Philosoph nicht namentlich genannt wird. Erst Platon habe sie mit Thales verbunden (Blumenberg: Das Lachen der Thrakerin, S. 13 ff; siehe auch: Weischedel: Die Philosophische Hintertreppe, S. 11 ff). Dabei erzählt Platon diese Episode und die darin enthaltene Kritik an der Philosophie bereits in einem Kontext, der mit der Anklage und Verurteilung des Sokrates, die er bei Abfassung der Dialoge ja vor Augen hatte, eine neue tragische Dimension angenommen hatte.

Platon reagiert sensibel auf den Spott all jener, die geschickt in den Geschäften des Alltags sind und sich über die Weltfremdheit der Philosophie lustig machen. Denn in der Tat, ein solcher Philosoph „weiß nichts von seinem Nächsten und Nachbarn", eben weil er seine Zeit auf die Frage nach dem Wesen des Kosmos und des Menschen richtet: „Was aber der Mensch *ist* und was seiner solchen Natur ziemt [...] das untersucht er und lässt es sich Mühe kosten, es zu erforschen." (Platon: Theaitetos 174 b) Bei solcher Wesensschau freilich kann einer auch in den Brunnen fallen.

Freilich könnte man der Geschichte eine Pointe hinzufügen, wenn wir uns eine heutige thrakische Magd vorstellen, die mit ihrem Handy über den Hof schlendert, telefoniert oder eine SMS sendet und dabei über den Brunnen stolpert, in den vor 2700 Jahren der Philosoph stürzte. Sie würde vielleicht selbst über ihre Unachtsamkeit beim Gehen lachen und wahrscheinlich nicht wissen, dass sie nun selbst sich im Netz einer sziento-technologischen Kommunikation verfangen hat, das die abendländische epistéme damals begann auszuwerfen – um den Preis einer Abwendung vom Diesseits des Hier und Jetzt, wie eben die Episode deutlich macht.

Bemerkenswert in diesem Zusammenhang ist auch, dass bereits die griechische Komödie die neue Philosophie als komische Figur darstellt und nun nicht mehr nur die Vorsokratiker, sondern Sokrates selbst. Aristophanes lässt den Sokrates in seinem Stück „Die Wolken" (423 v. Chr.) in einer Hängematte schaukeln und zum Himmel gaffen. Die Schüler kriechen steißaufwärts am Boden, während der Chor der Wolken die Götter der neuen Philosophie vorstellt:

> Die himmlischen Wolken sinds, [...] die Gedanken, Ideen, Begriffe, die uns Dialektik verleihen und Logik [...]. (Aristophanes: Die Wolken, Verse 316 f)

Das neue Denken der vorsokratischen und sokratischen Philosophie zielt nicht auf die Erscheinungsvielfalt dessen, was den Menschen in seiner sinnlich wahrgenommenen Umwelt umgibt, sondern auf die *Prinzipien* des Seins. Dabei ist bemerkenswert, dass wir im griechischen Denken *nicht* die Idee einer ersten Welterzeugung aus dem Nichts haben, wie es die jüdisch-christliche Tradition lehrt. Die Welt ist in ihrer *Grundsubstanz*, das eben lehren die Vorsokratiker und das lehrt auch die spätere platonische und aristotelische Philosophie, *ewig*. Wandelbar sind nur die Erscheinungen, nicht die Grundmaterie des Seins selbst.

Die Vorsokratiker – Der Kampf um das wahre Sein

Der Grundstoff der Natur ist in Wahrheit …

Thales von Milet 625–547 v.Chr.	WASSER *(„hýdor")*
Anaximander 610–546 v.Chr.	das UNBEGRENZTE *(„ápeiron")*
Anaximenes 585–526 v.Chr.	LUFT *(„aéra")*
Heraklit 550–480 v.Chr.	EWIGES GÖTTLICHES FEUER *(„pŷr aeízoon")*
Parmenides 515–450 v.Chr.	das SEIN *(„ón", eīnai")*
Empedokles 485–435 v.Chr.	Mischung aus den vier Elementen: WASSER/ERDE/FEUER/LUFT *(„pŷr", „hýdor", „gaīa", „aéros")*
Demokrit 460– 370 v.Chr.	das UNTEILBARE *(„átomos")*

… ewig, ohne Entstehen und Vergehen, in sich beharrend und mit sich gleich.

Wir hatten gesagt: das altägyptische Denken war in seiner mythisch-kosmo-theologischen Form nicht fähig und vielleicht auch nicht willens, einen solchen Schritt zu einem abstrakten Begriff der Materie zu tun. In der Kosmotheologie der Ägypter sind es immer Götter – der Sonnengott Re, der Erdgott Ptah und viele andere – die dem Sein präsidieren und es repräsentieren. Nicht aber ein abstrakter *Begriff* des Seins, der ja alle diese Götter und die von ihnen verwalteten Seinsbezirke noch einmal auf einer höheren Ebene umfassen müsste.

Schon der nächste der vorsokratischen Philosophen, Anaximander aus Milet (um 610–546), widerspricht Thales, indem er nicht das Wasser, sondern das Unbegrenzte (ápeiron) als den Anfang allen Seins setzt. Diese neue Prinzipiensetzung ist erstaunlich, weil sie den strukturiert erscheinenden Kosmos letztlich in einer ursprunghaften, unstrukturierten Seinsform begründet sieht. Für Anaximenes aus Milet (etwa 585–525 v.Chr.) ist die *Luft* in ihren verschiedenen Verdichtungsformen der Urstoff allen Seins, für Heraklit (um 492–432 v.Chr.) aber das *Feuer*. Von ihm ist das Fragment überliefert:

Diese Weltordnung, dieselbige für alle Wesen, schuf weder einer der Götter noch der Menschen, sondern sie war immerdar und ist und wird sein ewig lebendiges Feuer, erglimmend nach Maßen und erlöschend nach Maßen. (Heraklit: Fragment 30 in: Diels (Hg.): Die Fragmente der Vorsokratiker)

Heraklit nun ist der erste griechische Philosoph, der den Begriff „Logos" für die hier genannte „Weltordnung" (kósmos) einsetzt und dies auch sogleich in einem erkenntniskritischen Zusammenhang. Der aristokratische Denker rügt nämlich „die Menschen", weil sie für jenes ewige Weltgesetz („tū dè lógu tū d' eóntos aeì") kein Verständnis zeigten und dies „weder ehe sie ihn [den lógos] vernommen noch sobald sie ihn vernommen" (Fragment 1). Die Mehrzahl der Menschen eben interessiert solcher Logos der Weltordnung wenig:

> Die Vielen freilich liegen da vollgefressen wie das Vieh. (Fragment 29)

Angesichts dieser 2600 Jahre alten Kritik am Kulturinteresse des Menschen wird man auch die Kritik am heutigen Kulturverfall gelassen lesen können.

Heraklits Logos denkt das Weltgesetz als ein *ungewordenes, unwandelbares,* aber in sich *spannungsvolles* Sein. Daher auch das Wort vom „Krieg" als dem „Vater aller Dinge" (Fragment 53). Dem Logos des Weltgesetzes gemäß aber muss gesagt werden, „dass alles eins ist" (Fragment 50). Diese Einheit des Weltgesetzes, die Heraklit auch stofflich mit dem „Feuer" identifiziert, zu erkennen, ist allerdings schwierig, obwohl „das Denken" (tò phronéein) allen Menschen „gemeinsam" (xynón) sei (Fragment 113). Und das ist so, weil „die Natur es liebt, sich zu verbergen" (Fragment 123). Man muss ihr also ihre Geheimnisse abjagen.

Gegenüber Heraklit nimmt Empedokles (um 495–435 v. Chr.) vier Elemente an, deren Mischung die Welt der Erscheinungen erzeugen. Alles Sein entsteht nur aus der Mischung der vier Grundelemente Wasser, Erde, Feuer, Luft:

> Geburt ist (gibt es) von keinem einzigen unter allen sterblichen Dingen auch nicht ein Ende im verwünschten Tode, sondern nur Mischung und Austausch der gemischten *Stoffe* ist: Geburt wird nur dafür bei den Menschen als üblicher Name gebraucht. (Fragment 8)

Demokrit, im 5. Jahrhundert v. Chr., wird dieser Grundmaterie des Seins dann einen Titel geben, der für die europäische Kulturgeschichte modellhaft geworden ist. Für Demokrit sind diese elementaren Grundstoffe der Natur die *Atome* (á-tomos = unteilbar). Er beschreibt sie als gleichförmige materiale Entitäten, die mechanisch durch Druck und Stoß getrieben sich durch den leeren Raum bewegen: *Ende* des Mythos, *Entgötterung* des Kosmos, *Anfang* der abstrakten Theorie und Theorie des Abstrakten in der griechischen Philosophie-Wissenschaft.

Literatur:

Blumenberg, Hans: Das Lachen der Thrakerin. Eine Urgeschichte der Theorie. Frankfurt a. M. 1987.
Diels, Hermann: Die Fragmente der Vorsokratiker. Griechisch und deutsch. Hg. von Walther Kranz. Zürich, unveränderter Nachruck der 6. Auflage 1972.
Fritz, Kurt von: Grundprobleme der antiken Wissenschaft. Berlin u. a. 1971.

Gadamer, Hans-Georg: Zur Vorgeschichte der Metaphysik. In: Griechische Philosophie
　II. Tübingen 1985.
Ders. (Hg.): Um die Begriffswelt der Vorsokratiker. Darmstadt 1968.
Guthrie, William K. C.: A history of Greek Philosophy. Bd. 1. Cambridge 1999.
Held, Klaus: Heraklit, Parmenides und der Anfang von Philosophie und Wissenschaft.
　Stuttgart u.a. 1980.
Kirk, Geoffrey, John E. Raven, Malcolm Schofield: Die vorsokratischen Philosophen.
　Stuttgart u.a. 1994.
Rapp, Christof: Vorsokratiker. München 1997.
Röd, Wolfgang: Der Weg der Philosophie. Von den Anfängen bis ins 20. Jahrhundert.
　Bd. I: Altertum, Mittelalter, Renaissance. München 2000.
Weischedel, Wilhelm: Die philosophische Hintertreppe. 34 große Philosophen in Alltag
　und Denken. München 1981.

Mythoskritik

Mit der vorsokratischen Philosophie tritt ein neues Denken auf, das in *Opposition* tritt zur öffentlichen Meinung, die wesentlich noch durch das mythische Denken geprägt war und wahrscheinlich auch durch Gleichgültigkeit gegenüber solchen Fragen. Das mythische Denken zu bekämpfen und zu beseitigen ist das Ziel der neuen Philosophie-Wissenschaft. So wettert Heraklit gegen die „Nachtschwärmer, Magier, Bakchen, Mänaden und Mysten" (Fragment 24), er schilt die Dichter als Volksverführer. Homer sollte seiner Meinung nach „aus den Preiswettkämpfen herausgeworfen und mit Ruten gestrichen" werden (Fragment 42, auch Fragment 104). In dieser Kampffront gegen Mythos und Dichtung tritt ein Denker in die vordere Kampflinie gegen den Mythos: der gegenüber Heraklit jüngere Xenophanes (um 580–488 v.Chr.), den aber Heraklit bereits erwähnt (Fragment 40). Xenophanes kämpft mit anderen rhetorischen Mitteln. Er poltert nicht gegen die Mythen, sondern macht die anthropomorphe Göttervorstellung des Mythos *lächerlich*. Er kämpft mit der leichteren Waffe der *Satire*. Auch bei ihm findet sich in diesem Zusammenhange die Dichterschelte:

> Alles haben den Göttern Homer und Hesiod angehängt, was nur bei Menschen Schimpf und Tadel ist: Stehlen und Ehebrechen und einander Betrügen. (Xenophanes: Fragment 11, in: Diels: Fragmente der Vorsokratiker)

Die Kritik aber geht weiter und zielt aufs Grundsätzliche: Im Prinzip sind alle Göttervorstellungen Menschenwerk und als solche spiegeln sie die Vorstellungswelt ihrer Macher. In diesem Sinne behaupteten die Äthiopier, die Götter „seien schwarz und stumpfnasig, die Thraker, sie seien blauäugig und rothaarig" (Xenophanes, Fragment 16). Noch zugespitzter wird diese Theologiekritik am Mythos durch satirische Transposition ins Tierreich:

> Doch wenn die Ochsen *und Rosse* und Löwen Hände hätten oder malen könnten mit ihren Händen und Werke bilden wie die Menschen, so würden die Rosse rossähnli-

che, die Ochsen ochsenähnliche Göttergestalten malen und solche Körper bilden, wie *jede Art* gerade selbst ihre Form hätte. (Fragment 15)

Xenophanes selbst scheint bereits einer monotheistischen Gottesidee anzuhängen, von der er jedoch anthropomorphe Vorstellungen fernhält:

> Ein einziger Gott, unter Göttern und Menschen am größten, weder an Gestalt den Sterblichen ähnlich noch an Gedanken. (Fragment 23)

Die *erste Aufklärung* der frühgriechischen Philosophie durchschaut bereits den Götterhimmel der Mythologie als eine *menschliche Projektion*. Sie erklärt den Mythos zu einer *Fiktion*, deren Bedeutung die Menschen nicht erkennen, indem sie ihre Wahnbilder für das wahre Sein halten. Und so ist auch für Xenophanes letztlich alles aus einer Materie: *Erde*.

Wir können ergänzen: Diese Kritik antizipiert bereits die Religionskritik der *zweiten Aufklärung* des 18. und 19. Jahrhunderts, wie wir sie bei David Hume, bei Kant, bei Hegel, bei Feuerbach, Marx und Nietzsche finden. Im Grunde ist es auch hier immer das eine Argument der Anthropomorphisierung, mit der die Religion als eine menschliche Projektion erkannt und kritisiert wird, zunächst – bei Hume – als Kritik des Polytheismus, dann auch als Kritik jeglicher Religion. Nach Hegel ist die Religion eine sich selbst nicht durchsichtige Form des „Selbstbewusstseins" des Menschen (Hegel: Phänomenologie des Geistes, S. 473 ff). Wenn er Gott anbetet, betet der Mensch in Wahrheit seine eigenen in den Himmel hinaufprojizierten Vorstellungen an. Die philosophische Erkenntnis dieser Selbstprojektion des Bewusstseins bedingt zugleich „das schmerzliche Gefühl […], dass Gott selbst gestorben ist" (Hegel: Phänomenologie des Geistes, S. 564). Die Religionskritik der ersten und zweiten Aufklärung des europäischen Denkens impliziert somit eine nihilistische Tendenz, die dann Nietzsche auf den Begriff und das Wort bringen sollte: „Gott ist tot!" (Nietzsche: Fröhliche Wissenschaften, 125. Stück, KA Bd. 3, S. 481).

Literatur:

Diels, Hermann: Die Fragmente der Vorsokratiker. Griechisch und deutsch. Hg. von Walther Kranz. Zürich, unveränderter Nachruck der 6. Auflage 1972.

Hegel, Georg Wilhelm Friedrich: Phänomenologie des Geistes. Hg. von Johannes Hoffmeister. Hamburg 1952.

Heitsch, Ernst: Xenophanes und die Anfänge kritischen Denkens. Stuttgart 1994.

Hume, David: Die Naturgeschichte der Religion. Über Aberglaube und Schwärmerei. Übersetzt von Lothar Kreimendahl. Hamburg 1984.

Lesher, James H.: Xenophanes of Colophon. Toronto u.a. 1992.

Nietzsche, Friedrich: Die fröhliche Wissenschaft. In: Kritische Studienausgabe. Hg. von Giorgio Colli und Mazzino Montinari. Bd. 3. München 1980.

Schäfer, Christian: Xenophanes von Kolophon. Ein Vorsokratiker zwischen Mythos und Philosophie. Stuttgart 1996.

Pythagoras' kosmische Harmonie

Unter den vorsokratischen Denkern hat insbesondere einer der abendländischen Philosophie-Wissenschaft den Weg gewiesen: Pythagoras (ungefähr 575–500 v.Chr.). Der pythagoräisch-platonische Logos definiert geradezu vorweg die Erfolgsgeschichte einer Denkform, deren Leitvorstellung die Mathematisierung und Geometrisierung des Kosmos ist, bzw. die Erkenntnis, dass der Kosmos auf abstrakte Zahlen und mathematische Proportionen hin untersucht und analysiert werden kann. Dieser von Pythagoras und Platon in die Welt gesetzte Logos hat eine ungeahnte Erfolgsgeschichte begründet, die sich – als eine höchst komplexe Entwicklungsgeschichte natürlich – bis heute und global fortsetzt.

Will man Xenophanes Glauben schenken, so war der etwa gleichaltrige Pythagoras ein seltsamer Zeitgenosse. Als dieser einmal sah, dass jemand auf der Straße einen kleinen Hund schlug, soll er gesagt haben:

> Hör auf mit deinem Schlagen. Denn es ist ja die Seele eines Freundes, die ich erkannte, wie ich ihre Stimme hörte. (Xenophanes: Fragment 7)

Der Mann glaubte offensichtlich an Seelenwanderung. Pythagoras war also – wie sein Schüler Platon – auch ein religiöser Denker. Im Gegensatz zu Platon aber wissen wir von Pythagoras nur aus Quellen Dritter, weil er selbst keine schriftlichen Zeugnisse hinterlassen hat. Die Schriften eines seiner Schüler mit Namen Philolaos aus der Polis Kroton in Süditalien, wo Pythagoras gelehrt und gewirkt hat, aus der er aber später vertrieben wurde, sind daher eine der Hauptquellen des Wissens über diesen Philosophen, um den sich schon in der Antike viele Legenden rankten.

In Pythagoras vereinigen sich noch *Mysterium*, *Wissenschaft* und *Philosophie*. Auch er schöpfte dabei aus babylonischen und ägyptischen Quellen, die er auf Reisen kennen lernte. Sein Geheimbund in Kroton erinnert eher an ägyptische Priesterschaft denn an den öffentlichen Wissenschaftsdiskurs eines Sokrates.

Offensichtlich war es eine der Grundeinsichten des Pythagoras, dass die Musik *mathematischen* Gesetzen folgt und dass der Kosmos selbst nach solchen *mathematischen* Gesetzen geordnet ist. Seine Beobachtungen an der Harmonik einer Saite oder Flöte bieten Einsicht in solche elementaren Gesetze: Denn der Klang eines solchen Instruments erhöht sich ja um eine Oktave, wenn die Flöte oder Saite um die Hälfte gekürzt wird, während die Verkürzungsverhältnisse 3:2 und 4:3 die Intervalle Quinte und Quarte erzeugen. Die wichtigsten symphonischen Intervalle können so durch die Zahlen 1, 2, 3, 4 erzeugt werden (Philolaos: Fragment 6). Addiert man sie, erhält man die Zahl 10 (Fragment 11). Diese hielt Pythagoras auch für eine heilige Zahl. Zu den fundamentalen Einsichten der Pythagoreer gehörte dann der Satz:

> Und in der Tat hat ja alles was man erkennen kann Zahl. Denn es ist nicht möglich, irgend etwas mit dem Gedanken zu erfassen oder zu erkennen ohne diese. (Fragment 4)

Somit ist die Zahl nicht nur die *Ordnungsmacht* des Universums. Sie ist auch der *Erkenntnisschlüssel* zu dieser Ordnung.

> Denn erkenntnisspendend ist die Natur der Zahl [...]. (Fragment 11)

Ganz offensichtlich bilden die Pythagoreer einen Brückenkopf zwischen der babylonisch-ägyptischen Zahlenmystik und jener Tradition der naturwissenschaftlichen Zahlenlehre, die Platon mit seinem Dialog „Timaios" aufnimmt und an das europäische Mittelalter und die frühe Neuzeit weiterreicht: Der ganze Kosmos, *alles* was ist, ist nach *Zahlen* geordnet und kann daher *gezählt*, *vermessen*, als *mathematisch-geometrische* Struktur erkannt und beschrieben werden. Im Kreis der Pythagoreer findet sich auch schon jene Metapher, die Platons Dialog wohl ebenfalls aus diesem Kreis aufgenommen hat, die Metapher des Körpers als Kerker:

> Gott hält alles wie in einem Gefängnis umschlossen [...]. (Fragment 15)

Daher die Sehnsucht der Seele, aus diesem Gefängnis zu entfliehen und die Sehnsucht und Suche nach solchen Jenseitslehren, die ihr Weiterleben jenseits des Kerkers ermöglichen, wie sie später dann das Christentum anbieten wird.

Bei den Pythagoreern spielt auch die Zahl 12 eine besondere Rolle. Teilt man eine Saite in 12 Teile, so erhält man die oben genannten Proportionen auf den Längen 6 (1:2). Legt man 6 als den tiefsten Ton fest, 12 als den oberen, so kann man zwischen diesen äußeren Termen die Quarte und Quinte bei den Termen 8 (3:2) und 9 (4:3) wiederfinden, wodurch die Terme 8 und 9 als die arithmetischen und harmonischen Mittel zwischen den Oktavintervallen 12 und 6 erscheinen. „Das wichtigste war, dass die richtigen Verhältnisse der harmonischen Intervalle, zum Beispiel 12:9 = 8:6 für die Quarte und 12:8 = 9:6 für die Quinte, zum Vorschein kamen, wie der Meister sie gelehrt hatte." (van der Waerden: Erwachende Wissenschaft, S. 158. Siehe auch Kittler: Zahl und Ziffer, S. 196ff)

Wenn sich Zahlen aus der Summe ihrer echten Teiler ergeben wie 6 aus $1+2+3$, so sind dies „vollkommene Zahlen". „Befreundet" nannten die Pythagoreer Paare natürlicher Zahlen, bei denen jede die Summe der echten Teiler der anderen ist wie die Paare 220 und 284 (Summe von 220 = $1+2+4+5+10+11+20+22+44+55+110=284$; Summe von 284 = $1+2+4+71+142=220$). „Figurierende Zahlen" sind solche, die sich als Gitterpunkte einer regelmäßigen Figur darstellen lassen wie die Dreieckszahlen 3 und 6 oder die Quadratzahlen 4, 9, 16 als entsprechende Muster aus Gitterpunkten. Für die Pythagoreer entsprachen diese besonderen Zahlenbeziehungen kosmischen Proportionen.

Und auch in der *Geometrie* haben Pythagoras und sein Kreis Besonderheiten entdeckt oder nach Europa eingeführt, wie die Konstruktion des Sternenfünfecks (Pentagramm), in der jede der fünf Linien jede andere nach dem goldenen Schnitt zerlegt. Ausgerechnet der so genannte „Satz des Pythagoras", das berühmte Theorem über das Quadrat auf der Hypotenuse und die Quadrate über den Katheten in einem rechtwinkligen Dreieck, ist nicht eindeutig belegt (van der Waerden: Erwachende Wissenschaft, S. 164). Die Pythagoreer kannten wahrscheinlich die genau fünf regulären Polyeder, nämlich Tetraeder (begrenzt von vier gleichseitigen Dreiecken), Hexaeder oder Würfel (begrenzt von sechs kongruenten Quadraten), Oktaeder (begrenzt von acht gleichseitigen Dreiecken), Dodekaeder (aus zwölf kongruenten Fünfecken), Ikosaeder (aus zwanzig kongruenten gleichseitigen Dreiecken). Wir werden sehen, dass in Platons „Timaios" diese regulären Polyeder eine wichtige Rolle für den Aufbau der Welt spielen.

Die Pythagoreer gingen bereits von einer kugelförmigen Erde als Mittelpunkt des Kosmos aus, um die Sonne, Mond und Planeten in entgegengesetzter Richtung zu den Fixsternen rotierten. Kurz: die Pythagoreer lieferten bereits ein ganzes Arsenal mathematisch-geometrischer Wissensbausteine für eine Kosmologie, die über Platons „Timaios", der ja mit diesem Dialog einen Pythagoreer ins Zentrum stellt, an das Mittelalter und die frühe Neuzeit kam. Aristoteles führt denn auch Platon als Pythagoreer ein (Aristoteles: Metaphysik A 6). Noch Kopernikus und Kepler glaubten, die Kosmologie nach idealen mathematischen bzw. geometrischen Proportionen konstruieren zu können, wie sie die Pythagoreer und Platon entworfen hatten, Kopernikus in der Annahme kreisrunder Umlaufbahnen der Gestirne in seinem epochemachenden Buch über die Umlaufbahnen der Gestirne von 1543, Kepler in seinem Buch über das „Mysterium Cosmographicum" von 1596. Erst die genaueren Messungen Keplers haben dann die elliptischen Umlaufbahnen der Planeten ergeben. Hier korrigiert dann die genauere Messempirie der Neuzeit die alte pythagoreisch-platonische Kosmologie der idealen Formen und Proportionen (Kap. 4.2).

Literatur:

Alten, Heinz-Wilhelm u.a.: 4000 Jahre Algebra. Geschichte, Kulturen, Menschen. Berlin u.a. 2000.

Ders u.a.: 5000 Jahre Geometrie. Geschichte, Kulturen, Menschen. 2. Auflage Berlin 2005.

Burkert, Walter: Weisheit und Wissenschaft. Studien zu Pythagoras, Philolaos und Platon. Nürnberg 1962.

Diels, Hermann: Die Fragmente der Vorsokratiker. Griechisch und deutsch. Hg. von Walther Kranz. Zürich, unveränderter Nachruck der 6. Auflage 1972.

Kittler, Friedrich: Zahl und Ziffer. In: Sybille Krämer und Horst Bredekamp (Hg.): Bild, Schrift, Zahl. München 2003, S. 196 ff.

van der Waerden, Bartel Leendert: Die Pythagoreer: religiöse Bruderschaft und Schule der Wissenschaft. Zürich und München 1979.

Ders.: Erwachende Wissenschaft. Ägyptische, babylonische und griechische Mathematik. Aus dem Holländischen übersetzt von Helga Habicht. 2. Aufl. Basel und Stuttgart 1966.

Parmenides' Seinsphilosophie

Unter den vorsokratischen Philosophen ist Parmenides aus Elea, einer griechischen Stadt in Unteritalien nahe Paestum, von besonderer Bedeutung. Er wurde um 540 v.Chr. geboren und soll sehr alt geworden sein. Von großer Bedeutung ist seine Lehre, weil sie das Stoffartige der frühen Seinsphilosophie verlässt und in seinem Zentralbegriff – dem des *Seins* – eben die Abstraktheit der griechischen Seinsphilosophie selbst begrifflich zum Ausdruck bringt. Auch ist der große Einfluss dieses Philosophen auf Platon bezeugt, der Parmenides auch einen gleichnamigen Dialog gewidmet hat. In diesem Dialog spricht der Platonische Sokrates selbst voll Ehrfurcht von Parmenides als dem Haupt der eleatischen Philosophieschule Unteritaliens, dessen persönliche Ausstrahlung ihn auch als junger Mann tief beeindruckt habe.

Von Parmenides sind nun auch längere Passagen seines Lehrgedichts vor allem durch den Aristoteles-Kommentator Simplikios überliefert. Dabei ist die Form dieses Lehrgedichts bemerkenswert. Es ist nämlich wie die Dichtungen Homers und Hesiods in Hexametern geschrieben und hat noch die Form einer säkularisiert-theologischen Offenbarung, zugleich aber schon die Form einer rein logischen Argumentation. Somit ist Parmenides' Lehrgedicht wie viele Dialogpartien Platons ein Beispiel für eine neue, nämlich *rationale* Verwendung des Mythos als narratives und bildliches Gewand einer philosophischen Lehre. Auch Platon macht in seinen großen Gleichnissen auf solche Weise vom Mythos Gebrauch.

Zweifellos will auch Parmenides die öffentliche Meinung beeinflussen und ihr den richtigen Weg des Denkens mit seinem Lehrgedicht weisen, das er wohl auch öffentlich vorgetragen hat. Andererseits haftet seinem Lehrgedicht und auch anderen Zeugnissen der vorsokratischen Philosophie noch die Aura des religiösen Geheimwissens an, aus der es sich gerade befreit.

Das Ganze beginnt mit dem poetischen Bild einer von Sonnenmädchen („Heliaden") geleiteten Auffahrt:

> Die Rosse, die mich dahintragen, zogen mich fürder, soweit nur die Lust mich ankam, als mich auf den Weg, den vielberühmten, die Dämonen (die Göttinnen) führend gebracht, der über alle Wohnstätten hin trägt den wissenden Mann. (Diels (Hg.): Fragmente der Vorsokratiker. Parmenides: Fragment 1)

Den Weg des Philosophen („wissenden Mann") „über alle Wohnstätten hin" leitet die Göttin des Rechts selbst, Dike. Wohin geht diese Erkenntnisauffahrt? Aus der Dunkelheit zum Licht („die Fahrt zum Lichte") und hinauf zu einem Haus, das sich dem weisen Mann öffnet. In ihm verkündigt Dike dem Philosophen selbst die Wahrheit des Seins.

> Und es nahm mich die Göttin huldreich auf, ergriff meine rechte Hand mit der ihren und so sprach sie das Wort und redete mich an: „Jüngling, der du unsterblichen Wagenlenkern gesellt mit den Rossen, die dich dahintragen, zu unserm Hause gelangst, Freude dir! [...] Nun sollst du alles erfahren, sowohl der wohlgerundeten Wahrheit unerschütterlich Herz wie auch der Sterblichen Schein-Meinungen, denen nicht innewohnt wahre Gewissheit. (Fragment 1)

Die geoffenbarte Rede nimmt offenbar eine strikte Trennung vor zwischen verkündeter Wahrheit und dem, was die öffentliche Meinung der „Sterblichen" an Wahngedanken und Schein-Meinungen (dóxa) über das Sein verbreitet. Die Göttin mahnt den Erkenntnis suchenden Jüngling auf seinem Erkenntnisweg ausdrücklich an, sich von diesen falschen Wegen fernzuhalten und dem richtigen Weg der Wahrheitserkenntnis zu folgen.

Damit ist dieser Philosophie aber eine Form der *kritischen Auseinandersetzung* eingeschrieben, die das ganze Lehrgedicht durchzieht: die *Abgrenzung* der *wahren* Lehrmeinung von der gemeinhin verbreiteten *falschen*, die Unterscheidung der *Wahrheit* des Philosophen vom *Scheinwissen* der meisten Menschen. Zugleich ist dies eine scharfe Grenzziehung zwischen *logisch* erkannter *Wahrheit* und *sinnlicher Wahrnehmung*. Denn dies ist eines der Grundmotive der antiken Philosophie-Wissenschaft: Die Menschen aus der Verirrung der sinnlichen Wahrnehmung herauszuführen. Wohin? Eben zur Wahrheit, zum Licht, zu einer rein noetischen Form von Erkenntnis.

Vernunftweg zur Wahrheit

Die neue Argumentationslinie ist die des *Logos*. Parmenides macht klar, dass wir, um die Wahrheit zu finden, „mit dem *Verstande* prüfen müssen" („krînai dé lógoi", Fragment 1). Mithin ist der richtige Weg der Erkenntnis nur mit dem richtigen Gebrauch des *Logos*, bzw. der *Vernunft* (nūs) zu finden. Aber das eben heißt nun gerade nicht, dass die Wahrheit nur ein Produkt der Vernunft sei. Sie wohnt vielmehr in der Welt. Aber: man muss sie auffinden. Dies wiederum geht nur mit dem richtigen Gebrauch des Nus, der Vernunft.

Was aber nun ist die Wahrheit und was nicht? Die Kernsätze der Parmenideischen Philosophie sind nicht so leicht zu deuten:

Aber nur noch Eine Weg-Kunde bleibt dann, dass IST *ist*. (Parmenides: Fragment 8)

Der Übersetzer dieser Passage über die wahre „Weg-Kunde" (mŷthos hodoîo) hat „IST" eingefügt. Im Griechischen steht nur: „hos éstin": „dass (es) ist". Über diese Subjektlosigkeit des Satzes haben sich viele Interpreten gebeugt und sie zu deuten versucht. Panagiotis Thanassas, der die Stelle im Rückgang auf die Forschung prüft, schließt wie die meisten Interpreten eine Deutung des „estin" nur als Kopula, zu der dann ein Subjekt wie „das Seiende" zu ergänzen wäre, eher aus. Auch eine existentielle Deutung im Sinne von „Alles, was existiert, ist", macht im Rahmen der strengen Wahrheitsfindung wenig Sinn. Relativ plausibel dagegen ist eine Deutung, die das „ist" bereits als Vorgriff auf die eigene Seinslehre des Parmenides liest, als eine in der Sprache „implizit sich meldenden [...] Ontologie" (Thanassas: Die erste „zweite Fahrt", S. 63). Es ist eben die Seinslehre des Parmenides selbst, die in dem emphatischen „ist" steckt. Das Sein ist, und in Wahrheit *nur* das Sein. Was heißt das?

Bevor wir dies erläutern, noch ein Wort zu einer klassischen Untersuchung zu Parmenides' Lehrgedicht. Karl Reinhardt hat sie geliefert (Reinhardt: Parmenides und die Geschichte der griechischen Philosophie). In dieser Arbeit hat Reinhardt die These entwickelt, dass das Lehrgedicht des Parmenides trotz der scharfen Trennung zwischen der „Wahrheit" (alétheia) und der „Meinung" (dóxa) über das Sein eine wesentliche Einheit darstellt. „Folglich ist es falsch zu sagen, das Gedicht fiele in zwei Teile auseinander; die Doxa hängt aufs engste mit der Aletheia zusammen, sie wird beständig mit ihr kontrastiert." (Reinhard, S. 69). Dazu gehört auch die These, dass Parmenides seine Lehre von der Unwandelbarkeit des Seins gegen die im Schein befangene „Gesamtheit aller Menschen" (Reinhardt, S. 69) formuliert habe. Implizit widerspricht diese These dann auch einer jüngeren, in Parmenides' Sprache der Identität von Erkennen und Sein spiele weder das „erkennende Subjekt", noch das abgewiesene Falsche eine Rolle (Engelhard: Die Sicherung der Erkenntnis bei Parmenides, S. 162 ff). Abgesehen davon, dass die Rede vom „Subjekt der Erkenntnis" mehr als zweitausend Jahre vor der Subjektphilosophie problematisch ist, wird die Bedeutung des Logos der Erkenntnis bei Parmenides explizit angesprochen. Auch ist die Folie des Wahren – der falsche Weg als möglicher, aber zu vermeidender Irrweg in der Argumentation –, stets mit präsent.

Bei Parmenides geht es um die wahre und einzig richtige Definition dessen, was Sein ist. Und was sie nach der Lehre der Göttin Dike und Einsicht des Logos ist, sagt uns das Lehrgedicht des Parmenides deutlich. Die wahren Qualitäten des Seins werden signalisiert über Wegzeichen (sémata), deren Weg zu begehen und die Wahrheit zu erkennen der Wissensreisende aufgefordert ist. Was aber lehrt der wahre Weg über das Sein?

> […] weil ungeboren, ist es auch unvergänglich, denn es ist ganz in seinem Bau und unerschütterlich sowie ohne Ziel und es war nie und wird nie sein, weil es im Jetzt zusammen vorhanden ist als Ganzes, Eines, Zusammenhängendes. Denn was für einen Ursprung willst du für dieses ausfindig machen? Wie, woher sein Heranwachsen? Auch nicht *sein Heranwachsen* aus dem Nichtseienden werde ich dir gestatten auszusprechen und zu denken. Denn unaussprechbar und unausdenkbar ist, dass NICHT IST *ist*. Welche Verpflichtung hätte es denn auch antreiben sollen, später oder früher mit dem Nichts beginnend zu entstehen? So muss es also entweder ganz oder gar sein oder überhaupt nicht. (Fragment 8)

Offenbar wird hier die wahre Seinserkenntnis auch an das, was richtig *gedacht* und *gesagt*, bzw. was *nicht* sinnvoll gesagt und gedacht (u gàr phatòn udè noëtón) werden kann, rückgebunden. Daher das „muss" in der Argumentationskette. Wenn richtig bedacht, „muss" das Sein so bestimmt werden, wie es hier geschieht. Aber das eben ist nicht nur ein logischer Denkzwang, sondern eben auch dem Offenbarungscharakter dieses Textes geschuldet. Das wahre Sein muss so bestimmt werden, wie es die Göttin Dike lehrt, nämlich als eines, das *ganzheitlich, einheitlich, zusammenhängend* ist, *keinen* geschichtlichen *Anfang* hat und auch *kein Ende*, sondern die präsentische Form *ewiger Existenz*.

Wir haben also drei Argumentationslinien im Text: *Erstens* die mythische Auffahrt zur Göttin Dike. Sie gibt dem Text den Charakter einer mythischen

Verkündigung. Die Göttin ‚verkündet‘ das wahre Sein in direkter Anrede: „Wohlan, so will ich denn sagen […]“ (Fragment 2). Diese Argumentationslinie gehört nicht einfach in jenes mythische Denken, das die neue Philosophie ablösen wird, sondern stellt selbst eine neue Form des *philosophischen Mythos* dar. Dieser philosophische Mythos führt – wie später auch die platonische Philosophie – in den Himmel als den Ort der Wahrheit und vollzieht sich in der Form einer *Wahrheitsauffahrt*. Von diesem Geschichtspunkt an wird in der europäischen Kulturgeschichte die Lehre von der Wahrheit *topographisch* kodiert als ein Erkenntnisweg nach oben über die Köpfe der gemeinen Sterblichen hinaus. Denn die Wahrheit wohnt gemäß der neuen Erkenntnislehre ‚oben‘. Um sie zu erreichen, muss man die ‚Niederungen‘ des Seienden ‚unten‘ verlassen. Der abendländische Erkenntnisweg der Wahrheit führt von nun an über das Seiende hinaus in ein Jenseits zur sinnlichen Welt der Erscheinungen hier und jetzt.

Neben der Verkündigungslinie läuft aber nun eine *zweite* Linie: die Linie der *logischen* Argumentation. Sie ist mit der ersten so verknüpft, dass die Logik der Argumentation selbst zum Lehrgehalt der Dike gehört. Gleichwohl ist das eine eigene Linie. Sie appelliert an das *Denken* und *Erkennen* und auch *Aussprechen* des richtigen Weges: „Schaue jedoch mit dem Geiste (nóōi), wie durch den Geist das Abwesende anwesend ist […].“ (Fragment 4) Diese Argumentation verkündet nicht nur, sondern *argumentiert*, dass der Weg des Seins allein „denkbar“ sei (Fragment 2). Diese Linie führt also neben der mythischen Autorität noch eine zweite ins Feld: den kritischen Weg der *Logik*. Der Weg der wahren Seinserkenntnis ist demnach der Weg, der allein in der Richtung des *vernünftigen Denkens* liegt. Daher kann der Text in Fragment 5 auch sagen:

Denn [das Seiende] denken und sein ist dasselbe. (Fragment 5)

Das Fragment spricht eben auf der Linie der zweiten Argumentation eine innige *Zusammengehörigkeit* von Denken und Sein aus. Das wahre Sein kann nur im wahren Denken erkannt werden und dieses wahre Denken bleibt somit auf das wahre Sein verwiesen. Historisch gesehen wird diese Linie in die aristotelische Logik und in die neuzeitliche Erkenntnistheorie führen. Es ist die Linie der *kritischen* Selbstabschätzung der *Vernunft* und ihrer Leitfrage, was denn vernünftig erkannt und gesagt werden kann und was nicht.

Die *dritte* Argumentationslinie aber ist die der *Seinsaussage*, welche die mythische wie logische Autorität als wahr und allein denkbar behauptet. Diese Argumentationslinie führt eben zu jenen Seinsaussagen, die wir bereits oben zitiert haben und deren Kerngehalt die durch die mythische Offenbarung wie Logik besiegelte Behauptung der Einheit und wandellosen Ewigkeit des Seins ist.

Literatur:

Buchheim, Thomas: Die Vorsokratiker. Ein philosophisches Porträt. München 1994.
Diels, Hermann (Hg. und Übersetzer): Die Fragmente der Vorsokratiker. Griechisch und Deutsch. Berlin 1912. 6. verbesserte Auflage. 3 Bde. 1952.
Engelhard, Hans Peter: Die Sicherung der Erkenntnis bei Parmenides. Stuttgart 1996.
Gadamer, Hans-Georg: Das Lehrgedicht des Parmenides. In: Griechische Philosophie II. Tübingen 1985, S. 30 ff.
Heidegger, Martin: Einführung in die Metaphysik. Gesammelte Werke Bd. 40. Frankfurt a. M. 1983.
Ders.: Der Europäische Nihilismus. Gesammelte Werke Bd. 48. Frankfurt a. M. 1986.
Ders.: Vorträge und Aufsätze. Gesammelte Werke Bd. 7. Frankfurt a. M. 2000.
Hunger, Herbert: Lexikon der griechischen und römischen Mythologie. Mit Hinweisen auf das Fortwirken antiker Stoffe und Motive in der bildenden Kunst, Literatur und Musik des Abendlandes bis zur Gegenwart. Reinbek 1976.
Rapp, Christof: Vorsokratiker. München 1997; insbes. S. 105 ff.
Reinhardt, Max: Parmenides und die Geschichte der griechischen Philosophie. 4. Auflage. Frankfurt a. M. 1985.
Riezler, Kurt: Das Lehrgedicht das Parmenides. In: Gesammelte Werke 6. Tübingen 1985.
Röd, Wolfgang: Der Weg der Philosophie. Von den Anfängen bis ins 20. Jahrhundert. Bd. I: Altertum, Mittelalter, Renaissance. München 2000.
Thanassas, Panagiotis: Die erste „zweite Fahrt". Sein des Seienden und Erscheinen bei Parmenides. München 1997.

Sein ohne Zeit

Die Parmenideische Philosophie definiert das Sein mythisch, aber in radikalem Unterschied zu den Seinsbestimmungen des *vorkritischen* Mythos. Der neue Seinsbegriff hat die *Zeit* aus dem Sein eliminiert. Die ältere mythische und durch die sinnliche Wahrnehmung gegebene Seinserfahrung erfährt das Sein doch als *zeitlich*. Zu den Grunderfahrungen des mythischen Seins gehört, dass Seiendes geboren wird, dass es entsteht, dass es dem Vergehen und dem Tod unterworfen ist.

Man könnte diese Seinsaussage der vorsokratischen Philosophie mit dem ersten Hauptsatz der *Thermodynamik* vergleichen, demgemäß jedes physikalische System eine Zustandsgröße innerer Energie aufweist, die, wenn nicht durch Energieaustausch mit einem anderen System verändert, im Prinzip konstant ist. Demnach müssten wir den vorsokratischen Seinsbegriff als ein solches abgeschlossenes und konstantes System betrachten, das freilich in der Formulierung des Parmenides auch jede Form interner Veränderung ausschließt. Parmenides beschreibt es denn auch als eine einer „wohlgerundeten Kugel" vergleichbare überall gleichgewichtige Seinsmasse (Fragment 8): Das wahre Sein als geometrisches Ideal. Darüber hinaus weist Parmenides' Seinslehre mit ihrer Suche nach einem ewigen, invarianten Seinskern auf die Tendenz der neuzeitlichen Naturwissenschaften, das Sein auf eine Art *Weltformel* zu

Parmenides' Seinslehre

WAHRES SEIN

Formal: – erkannt in der Erkenntnisauffahrt
nach ‚oben'
ins „Licht"
– von der Gerechtigkeit („Dike") enthüllt
– das allein logisch-vernünftig denkbare und
sagbare Sein und daher eng mit dem logischen
Denken und Sprechen zusammengehörig

Inhaltlich: – das allein existente Sein
– ganzheitlich, einheitlich
– ewig, wandellos, ungeboren, ohne Ende
– sich selbst immer gleich

FALSCHE SEINSBEHAUPTUNGEN
Mythos – Meinung (doxa)

Formal: – bloße „Wahngedanken"
– vom „leeren Schall" der „nichts wissenden" Menschen
„in ihrer Sprache" behauptet
– bloß dem Augenschein folgend, nicht dem Denken

Inhaltlich: – falsche Behauptung, es gäbe das Sein wie das Nichtsein
– das Sein sei wandelbar, vergänglich, wechsele Ort
und Ansehen
– das Sein habe keine sich gleichbleibende Identität

bringen, die freilich in den neuzeitlichen Wissenschaften nicht mehr mit dem Parmenideischen Wahrheitsanspruch auftritt, wohl aber das Sein selbst als invariante Formel definiert.

Dabei reißt Parmenides, wie die ganze antike Philosophie-Wissenschaft, eine abgründige *Differenz* auf: die Differenz zwischen den Erscheinungen der *sinnlichen Wahrnehmung* in ihrer Wandelbarkeit, ihren Bildern von der Veränderlichkeit der Dinge, von Vergehen und Tod einerseits und der *Wahrheit des Seins* andererseits. Im Kontext der neuen Seinsphilosophie erweist sich das Zeithafte als *falscher* Schein. In Wahrheit gibt es im Sein selbst nicht solches, was die Menschen zu sehen vermeinen. Das heißt: Die normale Weltwahrnehmung lebt in einem Kaleidoskop falschen Augenscheins und in der Betörung durch den „leeren Schall" der falschen Aussagen der meisten Menschen (Fragment 8). Diese „Wahngedanken" sind für die neue antike Philosophie-Wissenschaft nur mehr noch die abzustoßende Folie für die Erkenntnis des wahren Seins. Der Kampf um das wahre Sein ist dabei sogleich auch ein Kampf um die *richtige Denk- und Sprechform*. Das wahre Denken und Sprechen, wie im Lehrgedicht schriftlich fixiert, lehrt eine Metaphysik der *Ewigkeit* und somit auch der *Unwandelbarkeit* des Seins.

Man kann diese Ergebnisse formelhaft in einer Graphik festhalten. Dabei zeigt die Graphik, dass wir es nicht eigentlich mit einer Zwei-Welten-Lehre zu tun haben, sondern mit der Wahrheitsbehauptung *einer einzigen wahren* Welt, die der Welt des falschen Scheins, der „Wahngedanken" und leeren Worte der „nichts wissenden" meisten Menschen gegenübergestellt wird.

Platons metaphysischer Stromkreis

Mit Platon (427–347 v.Chr.) beginnt in der europäischen Kulturgeschichte ein Prozess, den man den *metaphysischen Stromkreis* nennen kann. Platon beerbt die eleatische Philosophie des Parmenides, indem er ein wahres und ewig sich gleich bleibendes Sein jenseits und oberhalb der Welt der Erscheinungen ansetzt: die *Ideen*. Wer dieses wahre Sein erkennen will, muss die Welt der Erscheinungen verlassen und sich nach Parmenideischem Muster zu einer *Erkenntnisauffahrt* bequemen, die ‚nach oben' führt, himmel-, lichtwärts in den Bereich des reinen Seins der Ideen. Ein ganz und gar noëtisches Reich! Andererseits koppelt Platon den ‚unteren' Seinsbereich der Dinge und Erscheinungen nicht radikal ab vom reinen Sein, sondern begreift das Seiende, die Erscheinungen in ihrem zeitlichen Wechsel und Wandel als *Abbilder* eben jener Ideen, die dem Seienden Dauer im Wechsel verleihen.

Dadurch kommt jener metaphysische Stromkreis in Gang: Das Erkennen des wahren Seins führt ‚nach oben' eben in die Bereiche der eigentlichen Seinsmächtigkeit der Urbilder, die ihrerseits mit ihrer Prägekraft hinunterwirken in die Welt der Erscheinungen und Dinge und diese allererst nach ihrem Bilde formen. Dem Aufstieg der Erkenntnis entspricht eine Zunahme an Seinsmächtigkeit, dem seinerseits eine Gegenwirkung der Ideen auf den Bereich der Sinne und Körper korrespondiert.

Das ist aber nur die erste Stufe dieses metaphysischen Stromkreises. Wir werden sehen, dass er nicht nur als Erkenntnismodell, sondern auch als *Geschichtsmodell* wirkt. In dem Maße, wie die pythagoreisch-platonische Metaphysik zur beherrschenden Figur des abendländischen Denkens wird, in dem Maße prägt diese Metaphysik auch die *Geschichte* als Prozess. Die Realität der Geschichte wird nach dem Modell einer noëtischen, wissenschaftlich-rationalen Wirklichkeit geformt und transformiert bis hin zum Verschwinden der ersten, gewachsenen Weltwirklichkeit der Natur hinter der zweiten sziento-technologischen. Aber damit haben wir schon weit bis in die Neuzeit vorgegriffen. Kehren wir zunächst zurück zu Platons Philosophie und ihrer Selbstkonstitution.

Wie die Vorsokratiker ist auch Platon auf der Suche nach dem *ewigen, invarianten* Sein. Aber sehr viel *dialogischer* als jene bestimmt er dieses nicht apodiktisch, sondern lässt, was das wahre Sein sei, in vielen Dialoganläufen seines geliebten Lehrers Sokrates mit verschiedenen Gesprächspartnern herausfinden.

Dabei muss für den aus vornehmem Geschlecht stammenden Platon die Verurteilung und Hinrichtung seines Lehrers im Jahre 399 v.Chr. eine tiefgehende Erschütterung bedeutet haben. So irrational, so hinterhältig, wie sich hier Staat und Gesellschaft gezeigt hatten, so chaotisch, wie Athens Politik im Peloponnesischen Krieg, sollte und durfte das gesellschaftliche Leben nicht sein. Alle Philosophie Platons ist daher auch der Versuch, jener Gesellschaft, in der er lebte, eine Form vernünftiger Logik beizubringen, die solche Tyrannis, Verbrechen und Kriegswirren, wie Platon sie allenthalben erleben musste, verunmöglichen sollte. Dabei hat Platon nach dem Tode des Sokrates auch Ägypten kennen gelernt und von dort möglicherweise wichtige Impulse für sein Denken mitgenommen. Um 390 v.Chr. hält er sich in Großgriechenland und Sizilien auf, wo er die Lehre der Pythagoreer kennen lernte. Auch am Hof von Sizilien hielt er sich wiederholte Male auf und versuchte Einfluss auf die Politik des Tyrannen Dionys zu nehmen. Das ist bereits ein von Platon selbst initiiertes Modell des metaphysischen Stromkreises: der Staat soll nach jener Leitidee des Guten regiert und geführt werden, welche die Philosophie als wahres Seinsgesetz erkannt hat und in die politische Wirklichkeit überführen will. Dieses kann nach Platon möglich sein, wenn „entweder die Philosophen Könige werden in den Staaten oder die jetzt so genannten Könige und Gewalthaber wahrhaft und gründlich philosophieren und also beides zusammenfällt, die Staatsgewalt und die Philosophie" (Platon: Politeia 473 c–d). In der Realität seines sizilianischen Abenteuers musste Platon allerdings am Ende froh sein, mit Hilfe von Freunden vor den Intrigen am Hof des Tyrannen mit heiler Haut aus Sizilien fliehen zu können. Als direkte Umsetzung der politischen Utopie hatte der metaphysische Stromkreis versagt. Mit Platon beginnt so auch die lange europäische Geschichte des Scheiterns der politischen Utopien, die er mit seiner „Politeia" als literar-philosophische Gattung begründete. Als Wissenschaftsmodell aber sollte der pythagoreisch-platonische Logos zum leitenden Erkenntnismodell der Neuzeit werden. Kopernikus, Kepler, Galilei knüpfen daran an. Und als solches hat der über die Abstraktion der noëtischen Erkenntnisformen und ideelle Hypothesen laufende Stromkreis gewirkt und die Realität der Geschichte fundamental und global verwandelt.

Das Gastmahl

Worin und in welchen Gedankengängen aber geht Platon über die vorsokratische Philosophie hinaus? Einen interessanten Einstieg in das platonische Denken vermittelt der um 380 v.Chr. entstandene Dialog „Symposion" (Das Gastmahl), weil er einem Thema gewidmet ist, das zunächst einmal der abstrakten und auf Ewigkeit ausgerichteten griechischen Philosophie entgegen zu stehen scheint: *Liebe* und *Schönheit*. Die platonische Philosophie erprobt sich hier an den sinnlichsten Gegenständen. Dabei ist der Dialog selbst kunstvoll literarisch gegliedert: Bei einem Freundschaftstreffen in Athen rekonstruieren die Teilnehmer ein berühmtes, lange zurückliegendes Gastmahl aus dem Jahre 416 v.Chr., an dem die Dichter Agathon nach seinem ersten Tragödiensieg und Aristophanes und auch Sokrates teilgenommen hatten. Die rekapitulierte Geschichte wird durch Teilnehmer an dem damaligen Gelage beglaubigt, und so präsentiert sich der Dialog als eine quasi authentische Rekonstruktion eines historisch großen Festgelages in Athen.

Das Thema der Festreden sei der Eros gewesen, der Gott der Liebe. Und so schildert Platons Dialog eben jene Festreden, in welchen der „himmlische Eros" und sein Wirken unter Göttern und Menschen gepriesen wurde. Phaidros preist die Macht des Eros, der zu den „ältesten" Göttern gehöre (Platon: Symposion 178 b), Pausanias bricht diese Vorstellung auf und unterscheidet zwischen „himmlischem" und dem „gemeinen, leiblichen Eros" (Platon: Symposion 180 c–181 a). Dieser doppelte Eros, führt ein weiterer Gesprächspartner aus, wirke in allen Lebensbereichen. Aristophanes erzählt dann den Mythos einer ursprünglichen männlich-weiblichen Einheitsnatur des Menschen, dessen Hybris aber Zeus damit strafte, dass er dieses Wesen in zwei Hälften hackte, die sich nun fortan suchen müssen (Platon: Symposion 189 c–191 d). Nach einer weiteren Lobrede auf den Eros durch Agathon habe dann aber Sokrates das Wort ergriffen. Sokrates habe aber keine eigene Lehre vertreten, sondern die Philosophie einer weisen Frau zu Gehör gebracht, der Seherin Diotima aus Mantineia. Von ihr habe Sokrates die Lehre vom wahren Eros erlernt. Nicht sei Eros ein Gott der Fülle, sondern ein Sohn der Armut (penía), der das gerade nicht an sich habe, was er suche: Schönheit. Und weil er selbst Mangel an Schönheit leide – er wird als „rau", „unansehnlich" geschildert (Symposion 203, c) – müsse Eros diese suchen.

Daran nun schließt sich jene typisch platonische *Erkenntnislehre* an: der Aufstieg über das Diesseits und aus ihm heraus zur *Idee* der Schönheit. Dabei sind

für Platon die körperlichen Erfahrungen in diesem Dialog durchaus noch integriert in den Stufenweg der Erkenntnis nach oben und hinauf ins Licht der
rein geistigen Schau der Idee des Schönen, wenn auch nur als *Durchgangsstufen*.

Wer nämlich dieses Ziel verfolge, so Diotima in der Erinnerung des Sokrates, der müsse schon in der Jugend damit anfangen, schönen Menschen nachzugehen und dabei vor allem solche lieben, die bereits auf Erden geistige
Schönheit an sich haben. Schon dabei kann der die wahre Schönheit Suchende
innewerden, dass die Schönheit nicht an irgendeinem bestimmten Leibe klebt,
sondern etwas Abstrakteres ist, etwas, das wir in allen Leibern, die wir als
schön erkennen, finden. Nächstens, so Sokrates mit dem Wissen der Diotima,
muss er die Schönheit in den *Seelen* für weit herrlicher halten als die in den Leibern, also Schönheit in der vergeistigten Form als die höhere Schönheit.
Sodann ist der Suchende gehalten,

> [...] das Schöne in den Bestrebungen und in den Sitten anzuschauen, um auch von
> diesem zu sehen, dass es sich überall verwandt ist, und so die Schönheit des Leibes
> für etwas Geringeres zu halten. Von den Bestrebungen aber muss er weiter zu den
> Erkenntnissen gehen, damit er auch die Schönheit der Erkenntnisse schaue und,
> vielfältiges Schöne schon im Auge habend, nicht mehr dem bei einem einzelnen, in-
> dem er knechtischerweise die Schönheit eines Knäbleins oder irgendeines Mannes
> oder einzelner Bestrebung liebt, dienend sich schlecht und kleingeistig zeige, son-
> dern auf die hohe See des Schönen sich begebend und dort umschauend, viel schöne
> und herrliche Reden und Gedanken erzeuge in ungemessenem Streben nach Weis-
> heit, bis er, hierdurch gestärkt und vervollkommnet, eine einzige solche Erkenntnis
> erblicke, welche auf ein Schönes folgender Art geht. Hier aber, sprach sie, bemühe
> dich nur, aufzumerken, so sehr du kannst. (Symposion 210 c–e)

Der Erkenntnisweg beginnt also mit der Liebe zu *einem* Körper als der untersten Stufe, wobei im Kontext der griechischen Kultur die Knabenliebe das Beispiel abgibt. Über den einzelnen Fall hinaus *verallgemeinert* sich dann die Liebe
zur „Schönheit in allen Leibern", *vergeistigt* sich von der Verehrung der Körper-
schönheit zur Verehrung der „Schönheit in den Seelen", Schönheit in den „Sitten", immer höheren Stufen der Vergeistigung und Versittlichung also, von
denen her nun die „Schönheit des Leibes für etwas Geringeres" gehalten, ja sogar als eine Form der ‚Knechtschaft' abgetan wird. Ziel des Erkenntnisweges
ist es, sich von dort „auf die hohe See des Schönen" zu begeben. Das aber ist
die *geistige* Welt des Schönen, wie sie sich in der Weisheit der *Philosophie* zeigt.

Der platonische Text erschließt so – vorbereitet durch die Vorgängerreden
und auf den Begriff gebracht in der von Sokrates vorgetragenen Weisheitslehre
der Diotima – eine neue Form der Schönheitserfahrung. Er kodiert das Sein
neu nach *körperlicher* und *geistiger* Schönheit, ihrer einzelnen und allgemeinen
Erscheinung, *abgeleiteter* und *wahrer*, nämlich rein noëtischer Schönheit. Dabei
hat die Einsicht in das *eigentliche* Wesen des Schönen in der Rede der Diotima
durch den Mund des Sokrates letztlich *Offenbarungscharakter*. Das Schöne in seiner entkörperlichten reinen und lichten Gestalt offenbart sich nämlich dem
Suchenden „plötzlich" wie eine Vision:

Wer nämlich bis hierher in der Liebe erzogen ist, das mancherlei Schöne in solcher Ordnung und richtig schauend, der wird, indem er nun der Vollendung in der Liebeskunst entgegengeht, plötzlich ein von Natur wunderbar Schönes erblicken, nämlich jenes selbst, o Sokrates, um deswillen er alle bisherigen Anstrengungen gemacht hat, welches zuerst immer ist und weder entsteht noch vergeht, weder wächst noch schwindet, ferner auch nicht etwa nur insofern schön, insofern aber hässlich ist, noch auch jetzt schön und dann nicht, noch in Vergleich hiermit schön, damit aber hässlich, noch auch hier schön, dort aber hässlich, als ob es nur für einige schön, für andere aber hässlich wäre. (Symposion 210 e–211 a)

Dieses letzte und absolute Schöne soll nicht mehr mit irgendwelchen irdischen Schlacken behaftet sein. Es wird gesehen und definiert als das *reine, für sich selbst seiende, gestalt- und wandellose Schöne,* das in seiner Abgehobenheit von der Welt gleichwohl allen schönen Erscheinungsformen dieser Welt zu Grunde liegt und deren Erscheinungen Schönheit allererst übermittelt. Das reine Schöne aber soll unabhängig von den Konkretionen „selbst ewig überall dasselbe" sein, also in reiner Identität verharren jenseits der Welt der wechselhaften Erscheinungen:

Noch auch wird ihm dieses Schöne unter einer Gestalt erscheinen, wie ein Gesicht oder Hände oder sonst etwas, was der Leib an sich hat, noch wie eine Rede oder eine Erkenntnis, noch irgendwo an einem andern seiend, weder an einem einzelnen Lebenden, noch an der Erde, noch am Himmel; sondern an und für und in sich selbst ewig überall dasselbe seiend, alles andere Schöne aber an jenem auf irgendeine solche Weise Anteil habend, dass, wenn auch das andere entsteht und vergeht, jenes doch nie irgendeinen Gewinn oder Schaden davon hat, noch ihm sonst etwas begegnet. (Symposion 211 a–b)

Wie Parmenides' Sein ruht dieses Sein des absolut Schönen ganz in sich und ist ganz von den Schlacken des Irdischen befreit. Es ist zeit- und wandellos („in sich selbst ewig"). Es ist immer und überall mit sich selbst identisch („ewig und überall dasselbe seiend"). Es ist ganz abgehoben von der irdischen Form der Schönheit, die ja wesentlich der Zeitlichkeit unterworfen ist und immer eine besondere Form aufweist. Die platonische Ideenlehre projiziert über der irdischen Welt des Seienden ein *Jenseits der Idee,* die das konkrete Schön-Seiende ideell speist, selbst aber davon unberührt bleibt.

Man kann diese höchste Form des Schönen und den Aufstieg dahin in einer Graphik veranschaulichen. Dabei zeigt sich, dass dem Erkenntnisaufstieg zur reinen Idee ein Abstieg des Abbildungsverhältnisses entspricht. Alles schön Seiende hat seine Schönheit von Gnaden der Idee des Schönen als dem *Urbild* aller Abbilder von Schönheit in der Welt. Mit anderen Worten: Alles Schöne in der Welt hat seine Schönheit durch abbildhafte *Teilhabe* an einem *Urschönen,* das selbst in einem Jenseits zur Welt residiert, selbst *farblos, gestaltlos, ewig* ist, in dieser Seinsweise aber zugleich allen schönen Erscheinungen der Welt ihre Schönheit einspeist. Der metaphysische Stromkreis verläuft im Sinne eines *Erkenntnisaufstieges* zur reinen Idee, die aber ihrerseits *realitätsspendend* von oben nach unten wirkt:

Platonische Erkenntnisleiter zur Idee der Schönheit

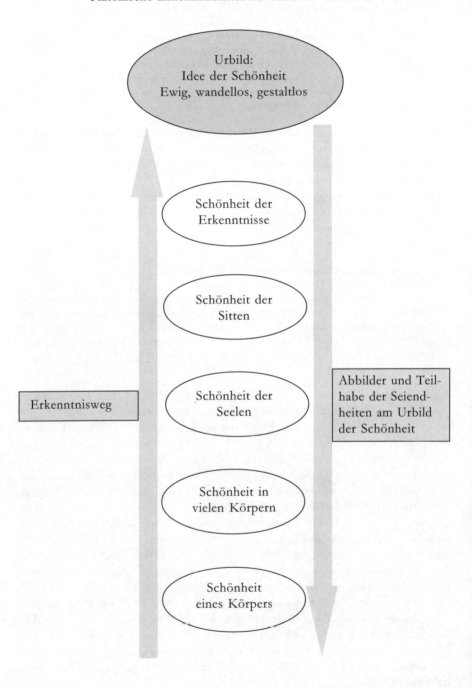

Literatur:

Platon: Sämtliche Werke. In der Übersetzung von Friedrich Schleiermacher mit der Stephanus-Nummerierung, 6 Bde., hg. von Walter F. Otto, Ernesto Grassi, Gert Plamböck. Hamburg 1957, Bd. 2.
Platonis Opera. Bd. II. Ed. Ioannes Burnet. Oxford 1950.
Platons Symposion. Eingeleitet und kommentiert von Hans Reynen. Aschendorfs Sammlung lateinischer und griechischer Klassiker. 6. Aufl. 1994.
Kutschera, Franz von: Platons Philosophie. Bd. II. Die mittleren Dialoge. Paderborn 2002.
Mitchell, Robert Lloyd: The Hymn to Eros. A Reading of Plato's Symposium. Lanham 1993.
Picht, Georg: Platons Dialoge „Nomoi" und „Symposion" Stuttgart 1990.

Erweiterung des Ideenhimmels, Polarität von Körper und Seele

Für die reine Seinssphäre gebraucht Platon im „Symposion" den Begriff der Idee (ep eídei kalòn). Er redet auch vom „Schönen an sich" (autó de kalòn). Dabei führen Brücken aus der sinnlichen Welt zur reinen Idee des ewig und absolut Schönen. Und der Erkenntnisweg führt – zumindest auf den ersten Stufen – auch durch das körperlich Schöne hinauf zur geistigen Schau des Schönen.

Im Dialog „Phaidon" aber bricht der *Dualismus* zwischen Körper und Seele, Sinnen und Geist in voller Schärfe auf. Zugleich ist dies der Dialog Platons, der die philosophischen Fragen mit der größten existentiellen Schärfe stellt: Denn es ist die Todesstunde des Sokrates, in der hier im Gefängnis philosophiert wird. Der Dialog rückt dieses Ereignis durch seine narrative Struktur nahe an den Leser heran, indem Phaidon, der bei dem Tode zugegen ist, dem Pythagoreer Echekrates bald danach von diesem letzten Tag des Sokrates berichtet. Auch die Hauptgesprächspartner in diesem Dialog – Simmias und Kebes – sind Pythagoreer. Alle Fragen – Was ist der Körper? Endet mit ihm alles Leben? Gibt es ein Leben nach dem Tode? – werden hier und in diesem Kreis, der sich um den sterbenden Sokrates im Gefängnis versammelt hat, im Angesicht des Todes selbst durchgesprochen.

Dabei greift Platon direkt auf pythagoreisches Gedankengut zurück: insbesondere auf die Lehre vom Leib als Gefängnis der Seele und der Seelenwanderung nach dem Tode. Diese Lehre aber nimmt bei Platon nun eine andere Gestalt an, indem sie der Intention nach *rein argumentativ, dia-logisch* erörtert wird, nicht also als Glaubenswahrheit verkündet, sondern als *Vernunfteinsicht* begründet werden soll. In diesem reinen Logos-Anspruch seiner Philosophie geht Platon ausdrücklich über allen Materialismus der Vorsokratiker – Anaxagoras wird explizit genannt – hinaus (Phaidon 97 c–98 d). Die Ideenlehre, die Platon verfolgt, gründet ein rein *noëtisches*, von aller Empirie abgelöstes Reich geistiger Existenz. Das sollte Platon später sowohl für das Christentum als auch für die Hypothesenbegrifflichkeit der Naturwissenschaften interessant machen.

Bereits die Eingangspassagen des Dialogs zielen auf das Zentrum der Problematik. Wahres Philosophieren ist eigentlich immer eine Sehnsucht nach dem Tode, auch wenn man den Freitod meiden soll. Warum aber ist der Tod wünschenswert? Weil er uns vom Leib befreit. Ist denn der Tod, fragt Sokrates, etwas anderes „als die Trennung der Seele vom Leibe?" (Phaidon 64 b). Warum ersehnt der philosophische Mensch schon zu Lebzeiten die Trennung der Seele vom Leib? Weil allein die Seele zum Ort der Wahrheit führt. Denn

> […] sie denkt offenbar am Besten, wenn nichts von diesem sie trübt, weder Gehör noch Gesicht, noch Schmerz noch Lust, sondern sie am meisten ganz für sich ist […]. (Phaidon 65 c)

Gesucht wird also hier eine Erkenntnisform, die sich radikal von der Empirie des Körpers und seiner Sinne gelöst hat, die rein noëtisch in sich und aus sich ihre Wahrheit findet. Wahre Erkenntnis führt über die *Negation* des Körpers und der Körperlichkeit:

> Sondern es ist uns wirklich ganz klar, dass, wenn wir je etwas rein erkennen wollen, wir uns von ihm [dem Leib und seinen Begierden] losmachen und mit der Seele selbst die Dinge selbst schauen müssen. (Phaidon 66 d)

Bei Platon und erst hier begründet sich jenes Reich rein *mentaler* Objekte, das für die europäische Kulturgeschichte ebenso wegweisend geworden ist wie jener *Dualismus*, in dem es sich konstituiert und den es voraussetzt: der Dualismus von *Körper* und *Seele*. Die Metaphorik Platons in diesem Zusammenhang ist denn auch konsequent die einer ‚Entfesselung‘ der Seele „vom Leibe wie von Banden" (Phaidon 67 d). Die Seele, im Diesseits an den Körper gefesselt, sehnt sich aus dem „Gefängnis" des Körpers heraus.

Daher ist dieser Dialog geradezu ein Wegweiser jener *Jenseitssehnsucht*, die zu einem Grundzug der abendländischen Kultur werden sollte, und dies zunächst bei Platon aus erkenntnistheoretischen Gründen:

> Und offenbar dann erst werden wir haben, was wir begehren, und wessen Liebhaber wir zu sein behaupten, die Weisheit, wenn wir tot sein werden, wie die Rede uns andeutet, solange wir leben aber nicht. Denn wenn es nicht möglich ist, mit dem Leibe irgendetwas rein zu erkennen: so können wir nur eines von beiden, entweder niemals zum Wissen zu gelangen oder nach dem Tode. Denn alsdann wird die Seele für sich allein sein, abgesondert vom Leibe, vorher aber nicht. (Phaidon 66 e)

Somit überlagern sich in diesem Dialog „Phaidon" zwei Motive in der Argumentation des Sokrates: Zum einen das *erkenntnistheoretische*: Allein der Geist, nicht der Körper und seine trüben Sinne führen zur wahren Erkenntnis. Zum anderen und damit verbunden ein *religiöses* Motiv: Die Wahrheit der Seele ist selbst ihre Zeitlosigkeit und Ewigkeit, zu der sie sich hinsehnt. Die Freisetzung der Seele vom Körper bedeutet also zugleich ihre Befreiung von der trügerischen und falschen Sinneswelt *und* ihre ‚Entschmutzung‘ von der Niedrigkeit, Zeitlichkeit, Verweslichkeit des Körpers.

Der Dialog hat seine Stärke wesentlich darin, dass er in immer erneuten argumentativen Anläufen um das ringt, was er beweisen will: die Unsterblichkeit der Seele. Dieses „diamythologein", das heißt: das genaue Durchsprechen und Prüfen der Gründe pro und contra, macht die Stärke des Dialogs aus. Die genauen Argumentationslinien können hier nicht weiter verfolgt werden, sie finden sich differenziert dargestellt in den Arbeiten von Bostock, Heitsch, Kutschera u. a. Zweifellos ist das Hauptargument des Sokrates für eine Präexistenz der Seele die *Ideenlehre*, die er mit der Lehre von der *Anamnesis* (Wiedererinnern) koppelt. Unsere Seele, so lautet das Argument, verfügt über Operationen des Geistes, die sie hier gar nicht auf Erden gelernt haben kann. Sie kann vielmehr hier auf Erden überhaupt nur bestimmte Gegenstände als solche erkennen, weil sie die gedankliche Form der Gleichheit oder Verschiedenheit in sich hat. Dieses Erkennen von Gleichheit muss man voraussetzen, wenn überhaupt etwas *als* etwas erkannt werden soll. Platon rekurriert hier also auf das, was die spätere Kantische Philosophie die a priorisch gegebenen, logischen Formen unseres Bewusstseins genannt hat. Für Platon aber sind solche Erkenntnisse in den Ideen – so der Idee der Gleichheit – begründet. Und da der Mensch dieser auf Erden gar nicht rein ansichtig werden kann, muss er ein Wissen von diesen Ideen aus der Präexistenz seiner Seele mitbringen. Und das wiederum garantiere ja doch ein Leben nicht nur *vor* der Geburt, sondern auch *nach* dem Tode, da eben die Seele ihre Existenzform jenseits des Körpers schon bewiesen habe (Phaidon 72 e–78 b).

Damit aber ist eine weitere Annahme verbunden: nämlich die, dass Ideen eine *reale* Existenz haben. Und in der Tat gehört dies zu Platons – man muss sagen – Credo. Er glaubte an die Existenz der ewigen Ideen in einem himmlischen oder sogar überhimmlischen Bereich. In seinem späten Dialog „Phaidros", der sich noch einmal dem Thema der Liebe und Schönheit widmet, beschreibt ein ganz ungewöhnlich begeisterter Sokrates, was es bedeutet, wenn die Seele auf ihrem befiederten Erkenntnisflug sich noch über das Himmelsgewölbe hinaus erhebt, um dort, am „überhimmlischen Ort" (hyperuránion tópon), den „noch nie einer von den Dichtern" besungen habe, das „farblose, gestaltlose, wahrhaft seiende Wesen" der Idee, das allein unter der Leitung der *Vernunft* erkennbar sei, auch wirklich geistig anzuschauen (Phaidros 247 a–e).

Im „Phaidon" aber ist die Lehre vom Wiedererinnern der wichtigste Unsterblichkeitsbeweis, weil er ein Schon-Gesehen-Haben dieser Ideen voraussetzt und damit auch die Hoffnung auf ein Wiedersehen mit jenen in himmlischen Gefilden. Dabei hat der „Phaidon" zugleich auch die Ideenlehre Platons erheblich erweitert: Sind es doch jetzt nicht mehr nur die Ideen des Guten, Wahren, Schönen, die er hier ins Felde führt, sondern eben auch logische Ideen, wie die der Gleichheit, damit auch der Differenz des Größer- oder Kleiner-Seins, also *relationale Ideen*, die sein Argument stützen, dass solche Ideen nichts mit den Sinnen zu tun haben, sondern abstrakte Entitäten sind.

Eine weitere Ergänzung der Ideenlehre ist, dass die Ideen das konkrete Sein der Dinge durch die *„Teilhabe"* (Metexis) dieser an den Ideen mit Realitätsgehalt füllen. Die transempirische Welt der Ideen speist die konkrete Welt der Dinge und ihrer Relationen mit eben diesem ihrem konkreten Sein in seinen

Relationen. Andersherum formuliert: Nur durch die Teilhabe an der Idee des Schönen ist ein schöner Gegenstand das, was er ist: *schön*. Die Erkenntnis des *Wesens* (usía) der Dinge aber – in diesem Falle: die Schönheit eines Gegenstandes – ist nur rein gedanklich-logisch möglich, nicht durch das Anstarren des Gegenstandes (Phaidon 100 a–e). Die Ideen also sind die *kausalen Ursachen* des konkreten Soseins der Dinge, deren Wesenserkenntnis aber nicht empirisch, sondern nur *mental* zu erreichen ist.

Literatur:

Bostock, David: Plato's Phaedo. Oxford 1986.
Gadamer, Hans-Georg: Der Unsterblichkeitsbeweis in Platos ‚Phaidon‘. In: Griechische Philosophie II. Tübingen 1985, S. 187 ff.
Heitsch, Ernst: Beweishäufung in Platons Phaidon. Nachrichten der Akad. der Wissenschaften zu Göttingen. Jg. 2000, Nr. 9.
Kutschera, Franz von: Platons Philosophie. Bd. II. Die mittleren Dialoge. Paderborn 2002.
Platon: Sämtliche Werke. In der Übersetzung von Friedrich Schleiermacher mit der Stephanus-Nummerierung, 6 Bde., hg. von Walter F. Otto, Ernesto Grassi, Gert Plamböck. Hamburg 1957, Bd. 3.
Platonis Opera. Bd. II. Ed. Ioannes Burnet. Oxford 1950 (1910).
Wieland, Wolfgang: Platon und die Formen des Wissens. 2. Aufl. Göttingen 1999.

Erkenntniszweifel

Schon der Sokrates an der Schwelle des Todes äußert Zweifel an seiner Beweisführung: Ist es nicht so, dass er an der Schwelle des Todes ein *Interesse* an dem Unsterblichkeitsbeweis haben muss? Sicher ist das *auch* so. Sicher aber sind Sokrates und mit ihm seine Gesprächspartner am Ende des Dialoges in der Todeszelle der Überzeugung, das stärkste und beste Argument auf ihrer Seite zu haben. Das Argument, das sich am Besten bewährt hat und somit den Logos auf seiner Seite hat. In diesem Sinne plädiert Sokrates im „Phaidon" am Ende noch einmal emphatisch für den *argumentativen Logos* (Phaidon 89 c–d), den dieser Dialog im Angesicht des Todes in der Tat selbst darstellt. Gleichwohl hat Platon in späteren Dialogen eine Fülle von Einwänden gegen seine Ideenlehre durchdacht und hat diese kritischen Einwände bis in die Aporie des Denkens vorangetrieben. Er spielt in jenem Dialog, der dem Vorsokratiker Parmenides gewidmet ist, Argumente über das Eine und die Vielheit durch, die letztlich eher einen Abgrund, „Chorismos", zwischen Ideenwelt und Empirie aufreißen, als ihn zu überbrücken. Der Dialog endet in der Aporie. Auch der „Theaitetos" ist ein erkenntnistheoretisch komplizierter Dialog, der die Differenz zwischen Wahrnehmung und Logos-Wissen thematisiert.

Die Leitfrage lautet: Was ist Wissen? (Theaitetos 145 e). Wahrnehmung kann es nicht sein, weil nämlich im Fluss und in der Bewegung der Wahrnehmung viel zu instabil (Theaitos 156 c). Mit bloßer Meinung kann Wissen auch nicht identifiziert werden. Auch die These, „Erkenntnis" sei „richtige Vorstellung verbunden mit Erkenntnis" (Theaitetos 210 a), wird am Ende von Sokrates als „einfältig" (eúēthes) abgetan. Sie ist im übrigen auch tautologisch.

> Weder also die Wahrnehmung, o Theaitetos, noch die richtige Vorstellung, noch die mit der richtigen Vorstellung verbundene Erklärung [lógos prosgignómenos] kann Erkenntnis sein. (Theaitetos 210 a–b)

So endet dieser Dialog in der Aporie.

Man kann sagen: Im Werk Platons öffnet sich die europäische Kultur in ganzer Schärfe der *Problematik* und *Offenheit* der menschlichen *Wahrheitsfrage*. Gegen den bloßen Relativismus, der im „Theaitetos" durch den Satz des Protagoras vertreten ist: Der Mensch sei das Maß aller Dinge und damit jeder einzelne in seinen Vorstellungswelten – auch gegen den Schaukampf mit Worten, wie ihn die Sophisten führen, ringt Platon um den Wahrheitswert des Logos. Denn es geht ihm dabei immer *auch* um Ethik: Es geht ihm um das wahrheitsgemäße Leben im Sinne der Idee des Wahren *und* Guten. Und letztendlich sind es die *Ideen*, die in seinen Dialogen das Wahrheitskriterium ausmachen. Nur über die wandellosen Ideen kann ausgemacht werden, was etwas in Wahrheit ist (Borsche: Was etwas ist, S. 73 ff). Dieses *Wesenswissen*, das der wahre Dialektiker zu erfassen sucht (Politeia, Buch VII 534 b), muss sich aber gegen die Wandelbarkeit und Scheinanfälligkeit des argumentativen Logos behaupten. Und so folgt daraus, „dass ‚Dingwissen' nur mit Hilfe von ‚Ideenwissen' möglich ist". (Borsche: Die Notwendigkeit der Ideen. Politeia, S. 107) Den Dingen selbst fehlt die Einheit des Begriffs. Sie sind in ständigem Fluss begriffen, zeigen sich einmal so und ein anderes Mal anders. Jeder Mensch hat seine eigene Sicht der Dinge. Woher also den Maßstab für richtiges Erkennen nehmen? Eben aus der Unwandelbarkeit der Idee, die sich nach Platon letztlich im Nus, in der Vernunft, offenbart.

Dazu kommt noch ein anderes Problem. Der wahre Logos der Dinge ist nach Platon nur bedingt aussagbar im geschriebenen Logos. Der Dialog „Phaidros" äußert am Ende jene grundlegende *Sprachkritik*, die wir bereits im Kapitel 2.1 über die Schrift zitiert haben. Im Siebten Brief Platons, gerichtet an die Freunde in Syrakus, der zugleich seinen biographischen Abriss enthält und in dem Platon noch einmal seinen Glauben an die Unsterblichkeit der Seele äußert (Siebter Brief 335 a), findet sich auch eine grundlegende *Sprachskepsis* gegenüber der Sagbarkeit und Darstellbarkeit seiner Philosophie (Siebter Brief 341 c–d). Diese Kritik hat in der Forschung zu vielen Spekulationen über eine eventuelle Geheimlehre Platons Anlass gegeben. Erkenntnistheoretisch aber verbindet sich diese Schriftkritik mit einem Primat des *Gesprächs* gegenüber der Schrift, des *gesprochenen* Logos über den geschriebenen.

Kulturgeschichtlich ist aber noch ein anderer Dialog Platons von außerordentlicher Bedeutung: der „Timaios". Dieser Dialog bildet geradezu einen Brückenkopf zwischen der Kosmologie der Pythagoreer und dem Konstruktivismus des Spätmittelalters sowie der frühen Neuzeit. Der „Timaios" offenbart das Modell einer konstruierten Welt aus der Hand eines göttlichen Demiurgen. Noch in der Renaissance, in Raffaels „Schule von Athen", erscheint – und das zeigt die Bedeutung des Dialogs für die Rezeptionsgeschichte – Platon mit dem „Timaios" in der Hand.

Literatur:

Borsche, Tilman: Die Notwendigkeit der Idee: Politeia. In: Platon. Seine Dialoge in der Sicht neuerer Forschungen. Hg. von Theo Kobusch und Burkhard Mojsisch. Darmstadt 1996, S. 96 ff.

Ders.: Was etwas ist. Fragen nach der Bedeutung bei Platon, Augustin, Nikolaus von Kues und Nietzsche. München 1990.

Gadamer, Hans-Georg: Griechische Philosophie 1–3. Gesammelte Werke 5–7. Tübingen 1985–1991.

Graeser, Andreas: Platons Auffassung von Wissen und Meinung in Politeia V. In: Philosophisches Jahrbuch 98, 1991, S. 365 ff.

Ders.: Philosophische Erkenntnis und begriffliche Darstellung. Bemerkungen zum erkenntnistheoretischen Exkurs des VII. Briefes. Stuttgart 1989.

Heitsch, Ernst: Wege zu Platon. Beiträge zum Verständnis seines Argumentierens. Göttingen 1992.

Kobusch, Theo und Burkhard Mojsisch (Hg.): Platon. Seine Dialoge in der Sicht neuerer Forschung. Darmstadt 1996 (mit ausführlicher Bibliographie).

Szlezák, Thomas Alexander: Platon und die Schriftlichkeit der Philosophie. Interpretationen zu den frühen und mittleren Dialogen. Berlin und New York 1985.

Timaios: Der konstruktive Logos des Kosmos

Auch in diesem Dialog wird ein kurz zurückliegendes Gespräch rekapituliert und damit die Präsenz dieses Gesprächs unterstrichen, die zunächst Fragen der Staatstheorie behandelt, die an die „Politeia" anknüpfen, dann aber im Hauptteil die naturphilosophischen Fragen der Kosmologie. Die Abkünftigkeit der Kosmologie des „Timaios" von pythagoreischem Denken zeigt sich darin, dass der Protagonist des Dialoges selbst Pythagoreer ist – er stammt aus Lokri in Unteritalien – und anders als in den meisten Dialogen Platons hier Sokrates nicht der Gesprächsführer, sondern eher der Zuhörer dessen, was jener Pythagoreer über den Kosmos, sein Entstehen und seinen Aufbau zu berichten hat. Dieser späte Dialog Platons mit seinen langen undialogischen Erklärungspassagen ist wirkungsgeschichtlich einer der wichtigsten. Abschriften davon waren im mittelalterlichen Chartres vorhanden und verbanden sich dort mit der jüdisch-christlichen Kosmologie. Darüber hinaus ist der „Timaios" auch wegweisend für die beginnende Neuzeit und ihre Annahme ideal-proportionierter Planetenbahnen, wie wir sie bei Kopernikus und Kepler finden. Der Text ist ein Modellbeispiel und ein Wegbereiter jenes Konstruktivismus, der zur bestimmenden Denkfigur des abendländischen Denkens in der Neuzeit geworden ist.

Es geht um die Frage des *Werdens* der Welt, wie das „All [...] entstanden oder vielleicht auch nicht entstanden sei" (gégomen è kai agenés estin, Timaios 27 c). Dabei stellt sich auch in diesem Dialog, der das Ganze des Kosmos in seinem Werden und in seinem Aufbau zum Gegenstand hat, die Erkenntnis der strengen Richterschaft des Logos. Da nun das empirische Sein in seinem Werden und Vergehen nach Platons Auffassung nie ganz angemessen erkannt werden kann, muss es aus seinen logisch erkennbaren ersten Ursachen deduziert werden. Denn wahre und gut begründete Aussagen gibt es nur vom ewigen, nicht vom gewordenen Sein.

Dieses aber soll erklärt werden. Logos-gemäß kann dies nur so geschehen, dass jene ersten Ursachen erforscht werden, aus denen das Seiende entstanden ist. Also muss das Gewordene, muss die Kategorie des Werdens aus den ihnen zugrunde liegenden ewigen Ursachen erklärt werden. Denn auch hier ist die Philosophie eleatisch-platonisch auf der Suche nach dem „stets Seienden, das Entstehen nicht an sich hat" und das nur „durch Vernunft mit Denken zu erfassen sei" (noései metà lógu, Timaios 27 d–28 a), als solches aber dem Gewordenen zu Grunde liegt, das wir wiederum nur mit „vernunftloser Sinneswahrnehmung" (aisthéseos alógu Timaios 28 a) wahrnehmen können. Wahre kosmologische Erkenntnis muss also auf die ersten Ursachen des Kosmos gehen, um aus ihnen die Welt des Werdens und Gewordenen erklären zu können.

Soweit der erkenntnistheoretische Aufriss im Rahmen der griechischen Logos-Kodierung. Dieses Programm aber kann der Pythagoreer Timaios offensichtlich nicht erfüllen, jedenfalls nicht im ersten Angang. Daher greift er zurück auf einen *Mythos*. Er *erzählt* die Geschichte der Weltentstehung und Weltbildung. Die Welt sei durch einen gewaltigen Demiurgen-Gott geschaffen worden, einen Erzeuger (poietés) und Vater (patér) des Kosmos. Die Frage nach der Ursache der Welt führt zu einem *Verursacher*, einer Art universalem Werkmeister, der die sichtbare Welt nicht aus Nichts wie der jüdische Gott, sondern aus Elementarstoffen geschaffen habe. Platon greift hier auf einen Mythos zurück, um die Brücke zwischen ungewordenem Ursein und der gewordenen Welt des sichtbaren Kosmos zu überwinden. Aber dieser Mythos ist selbst nicht mehr der Typus der archaischen Kosmologie, wie sie Hesiods Theogonie und andere Mythen von der Weltentstehung erzählen, sondern ist selbst ein *rationaler Mythos*, eine Art Konstruktionsplan, nach dem der Demiurg aus mathematisch-geometrischen Elementen das Universum geformt haben soll. Denn dieser universale Poietes plant und gestaltet die beste und schönste aller Welten. Somit weist diese Welt eine *Ordnung* auf, die wir zwar nicht mit unserer Wahrnehmung durchschauen, die wir aber auf Grund ihres *Bauprinzips* logisch erkennen können, nämlich eine Ordnung des *mathematisch-geometrischen Logos*.

Der Konstruktionsweg des Demiurgen ist allerdings skurril. Aus den Baustoffen Feuer, Erde, Wasser, Luft backt er eine Art Seinskugel, wie sich Parmenides das Sein vorgestellt hatte. Dieser pflanzt er dann die Seele „als Beherrscherin und Gebieterin des ihr unterworfenen Körpers" ein. Die Seele ist nach

Platon zwar entstehungsgeschichtlich früher und älter als die Materie (Timaios 31 b–35 a), wird ihr aber erst später eingepflanzt.

Dann wird die *Zeit* als Abbild des Ewigen erzeugt. Sie entsteht „mit dem Himmel" und den Planetenbahnen. Das ist wahrscheinlich kulturgeschichtlich ein Hinweis auf die Entstehung der Zeitrechnung an Hand der Berechnung der Umlaufbahnen der Gestirne. Im „Timaios" ist die Finalität umgekehrt: Der Demiurg erzeugt, „damit die Zeit entstehe, Sonne und Mond und fünf andere Sterne" (Timaios 38 c). Die Zeit erscheint hier im „Timaios" als zahlenmäßiges Regulativ der kosmischen Bewegungen, „der die Unvergänglichkeit nachbildenden und nach Zahlenverhältnissen Kreisläufe beschreibenden Zeit" (Timaios 38 a). Noch Kopernikus und Kepler waren, wie erwähnt, zunächst überzeugt davon, dass die Umlaufbahnen der Planeten um die Sonne „Kreisläufe" beschreiben.

Nach der Erschaffung der Zeit schafft der Obergott andere Götter. Es sind die bekannten griechischen mythologischen Götter Gaia und Uranos und deren Kinder. Denen gibt er den Auftrag, die körperliche Menschenmasse zu formen, der dann der Demiurg selbst die Seele einpflanzt und so Mann und Frau erzeugt (Timaios 40 d–42 e). Der Leib-Seele-Dualismus wird hier also noch einmal verstärkt durch die Zweiheit der Schöpfungsakte und die Hierarchie zwischen den Göttern, die jeweils Körper und Seele schaffen. Der Körper ist selbst Geschöpf eines – wenn auch göttlichen – Geschöpfes.

Dann der *Raum*. Er ist das „Worin" der beseelten und zeithaft gewordenen kosmischen Materie, gleichzeitig aber auch der Ort, der selbst einen unvergänglichen Rahmen für die entstehenden und vergehenden Erscheinungen abgibt. Erstaunlicherweise wird der Raum erst nach der Menschenschöpfung mit Haupt und Körper, Seele und Sinnen eingeführt. Der Raum ist das „Worin" des Werdens (tò d' hóthen Timaios 48 e). Zugleich sind es die platonischen Ausführungen zum Raum, die am weitesten in die Neuzeit und ihr mathematisch-geometrisches Weltbild vorgreifen. Denn der Raum konstituiert sich in der platonischen Kosmologie als ein *geometrischer Idealraum*, die Weltobjekte als *geometrische Konstrukte*.

Timaios rollt nämlich an dieser Stelle noch einmal seine Welterklärung vom Anfang der Welt auf und geht dabei entschieden über die Vorsokratiker und ihre Erklärung der Welt aus materialen Prinzipien hinaus. Er fragt: Was sind eigentlich jene Elemente, aus denen die Welt entstanden ist, was sind Feuer, Wasser, Erde, Luft, wenn ich sie in ihre *Bestandteile* zerlege?

Damit kommt eine neue und tiefergreifende Fragedimension ins Spiel. Bis an diese Stelle schien klar: Es gibt diese Grundelemente als ewigen und dauerhaften Grundstock des Seins, aus denen und durch die in einer Reihe von Transformationen die abbildhafte Welt entstand. Nun aber fragt Timaios, was denn „Seiendes, Raum und Werden waren, bevor noch der Himmel entstand" (Timaios 52 d). Er fragt mithin nach dem *ewigen, zeitlosen* Wesen auch des Werdens und der gewordenen Dinge. Er fragt nach den *ewigen Bausteinen* der *Grundmaterie*. Und das führt ihn auf die *Geometrie*. Da die zu entstehende Welt die beste und schönste sein soll, muss der Demiurg sie aus solchen Bausteinen erzeugen, die selbst ideale Formen aufweisen. Was aber sind die elementarsten schönsten Formen? Nach Platons „Timaios" Dreiecke, nämlich das rechtwinklig gleichschenklige und ein rechtwinkliges mit ungleichen Seiten, bei dem aber das Quadrat der größeren Seite das dreifache der kleineren ist (Timaios 54 b). Das war offenbar pythagoreische Idealgeometrie. Und aus ihr nun erzeugt der rein mathematische Logos weitere geometrische Figuren: ideale gleichseitige Dreiecke, den Kreis, die Kugel, die fünf Polyeder: Tetraeder, Würfel, Oktaeder, Dodekaeder, Ikosaeder, wie wir dies im Abschnitt über Pythagoras bereits dargelegt haben. (Siehe auch: Böhme: Platons theoretische Philosophie, S. 61). Die These ist, dass aus solchen idealen geometrischen Bausteinen das Universum, bzw. seine Grundbestandteile Erde, Feuer, Wasser, Luft zusammengesetzt seien: die Elemente der Erde aus Würfelgestalt, pyramidale Formen mit scharfer Spitze bilden das Feuer und ähnliche geometrische Bausteine, so das Ikosaeder das Wasser und das Oktaeder die Luft. Das der Kugel nahe kommende Dodekaeder ordnet Timaios dem Weltall zu. Das alles ist für heutiges Wissen natürlich skurril, aber bedeutet doch einen großen Erkenntnisfortschritt: Denn mit seinen wie immer spekulativen idealgeometrischen Überlegungen ist es Platon in seinem „Timaios" gelungen, die Bausteine des Werdens selbst auf *abstrakte, ewige, rein intellektuell* deduzierbare *ideale* Formen zu bringen. Die Suche nach den ersten Ursachen des Universums und ihren notwendigen Elementen hat in diesem Dialog Ordnungsstrukturen der ersten Materie zutage gefördert, die *rein rational* zu konstruieren sind und selbst in ihrer geometrischen Grundstruktur allem Wandel des Seins trotzen. Das Sein auch der Erscheinungswelt – das wäre das Ergebnis der späten Philosophie Platons – ist im Kern *noetisch, geistig, ideell, mathematisch-geometrisch*. Es sind ewige geometrische Grundformen, die als die Grundbausteine der Welt anzusehen sind. Nicht mehr als zwei Typen von Dreiecken bilden die atomaren Körper, die den Grundbestand des gesamten sichtbaren Universums bilden. Im Prinzip hat damit der Platonische Pythagoreer Timaios eine *atomare Weltformel* gefunden. Sie enthält genug phantastische Elemente und ist in einen Mythos eingebettet. Aber sie hat – mehr als 1500 Jahre nach Platon – den Naturwissenschaften der Neuzeit den Weg gewiesen, wonach zu suchen und wie der Kosmos wissenschaftlich zu konstruieren sei.

Literatur:

Böhme, Gernot: Platons theoretische Philosophie. Stuttgart und Weimar 2004.

Gadamer, Hans-Georg: Idee und Zahl: Studien zur platonischen Philosophie. Heidelberg 1968.

Ders.: Griechische Philosophie III. Plato im Dialog. Tübingen 1991.

Ders.: Idee und Wirklichkeit in Platos ‚Timaios'. In: Griechische Philosophie II. Tübingen 1985, S. 242.

Gloy, Karen: Studien zur platonischen Naturphilosophie im Timaios. Würzburg 1986.

Graeser, Andreas: Platons Ideenlehre. Sprache, Logik und Metaphysik. Eine Einführung. Bern/Stuttgart 1975.

Kristeller, Paul Oskar: Die Ideen als Gedanken der menschlichen und göttlichen Vernunft. Heidelberg 1989.

Kutschera, Franz von: Platons Philosophie. Bd. III. Die späten Dialoge. Paderborn 2002, S. 39 ff.

Platon: Sämtliche Werke. In der Übersetzung von Friedrich Schleiermacher mit der Stephanus-Nummerierung, 6 Bde., hg. von Walter F. Otto, Ernesto Grassi, Gert Plamböck. Hamburg 1957; Bd. 5.

Taylor, Alfred Edward: A Commentary on Plato's Timaeus. Oxford 1928.

Kulturgeschichtliche Folgen der griechischen Logos-Kodierung

Wenn wir im Folgenden sehr abrisshaft nach den kulturgeschichtlichen Folgen der griechischen Logos-Kodierung fragen, so wollen wir zuvor kurz begründen, warum wir Platon eine so viel gewichtigere Rolle als Aristoteles zuschreiben. Bereits dieser Schüler Platons – seine Lebenszeit fällt in die Jahre 384–324 v.Chr. – unterzieht die Lehre des Meisters, die er zwanzig Jahre lang an der Akademie studiert hatte, einer grundlegenden Kritik und wendet sich sehr viel nachdrücklicher als Platon der Empirie der sinnlichen Erscheinungen zu. Dabei übernimmt Aristoteles aber die typisch griechische Primärsetzung des *Allgemeinen* vor dem Besonderen in der Logik wie in der Seinslehre, auch wenn er seinerseits den Bruch zwischen beiden Welten überbrücken will. Dabei lässt Aristoteles keinen Zweifel daran, dass er nach den *bleibenden* Bestimmungen des Seins fragt und diese im Sinne der Platonischen Philosophie als jenes *„Eidos"* (lateinisch: forma) bestimmt, das der geist- und seelenlosen *„Materie"* (hýle) allererst ihre Gestalt gibt. Das heißt: Aristoteles zieht zwar die Ideen von jenem Himmel herunter, über dem sie Platon fixiert hatte, aber in seiner Naturtheorie setzt sich die *Dualität* von *Sein* und *Materie* fort, bzw. ist dieser tief eingeschrieben. Sein Denken wird also – trotz größerer Empirienähe – entscheidend von Platon bestimmt.

Die Materie (hýle) ist die Menge aller möglichen Formgebungen und somit Voraussetzung der konkreten Erscheinungen des Daseins. Es ist, wie Aristoteles im siebten und achten Buch seiner „Metaphysik" ausführt, das *Substrat* (hypokeímenon), das allen Erscheinungen zu Grunde liegt. Aus der *Möglichkeit* (dýnamis) zur *Wirklichkeit* (enérgeia) wird das Sein dank einer innewohnenden Logik des Seins (entelécheia) überführt gemäß den vier Ursachen des Stoffes, der Form, des Antriebes und des Zweckes (causae materialis, formalis, effizienz, finalis). Somit beschreitet auch Aristoteles den Weg, den der späte Platon mit seinem „Timaios" gewiesen hatte: Er nimmt das *Werden* in die Seinsphilosophie und Physik auf, unterwirft es dabei aber letztlich auch einem statischen Schema von Formen, nach denen es sich bildet und umbildet, eben den Platonischen Formideen *im* Sein.

Diese Seinslehre ist für das christliche Mittelalter von großer Bedeutung gewesen, seitdem die islamische Philosophie diesem die Texte des Aristoteles im 11. und 12. Jahrhundert wieder zugänglich gemacht hatte.

Die für die Neuzeit letztlich wichtigere Strömung aber war der Platonismus und dies auf Grund seines stärker *abstrakt-noëtischen* Charakters. Die Platonische Weltformel des „Timaios" ist den neuzeitlichen Naturwissenschaften und ihrem Hypothesenbegriff näher als die stärker an der sinnlichen Wahrnehmung orientierte aristotelische Naturphilosophie. Das zeigt sich im Kampf der neuzeitlichen Wissenschaft mit dem scholastischen Aristotelismus, wie ihn z.B. Galilei in seiner Schrift von den „Zwei Weltsystemen" vorführt (Kap. 4.1). Zwar verband Platon mit seiner Philosophie einen ontologischen Wahrheitsanspruch, den die neuzeitlichen *Naturwissenschaften* sukzessiv aufgegeben haben. Aber sein letztlich abstrakterer mathematischer Zugriff auf den Kosmos hat der Neuzeit und ihrer Entwicklung der Wissenschaften den Weg gewiesen.

Auch für die *Ästhetik* ist Platon letztlich der wichtigere Denker. Das soll die Bedeutung des Aristoteles nicht abwerten, sie aber wirkungsgeschichtlich relativieren. Versuchen wir im Folgenden, die kulturgeschichtlichen Folgen des Platonismus in vier Punkten zu benennen.

Literatur:

Aristoteles: Philosophische Schriften. 6 Bde. Hamburg 1995. Bd. 5: Metaphysik. Übersetzt von Hermann Bonitz und bearbeitet von Horst Seidl, Bd. 6: Physik. Übersetzt von Hans Günter Zekl und Über die Seele. Übersetzt von Willy Theiler und bearbeitet von Horst Seidl.

Metaphysischer Stromkreis und abendländischer Geschichtsprozess

Die Vorsokratiker und Platon haben eine neue Form der Seinskodierung vorgenommen. Sie haben geschieden zwischen dem wahren und dem falschen Sein, dem geistigen und dem körperlichen, dem zeitlosen und dem wandelbaren. Die griechische Philosophie setzt so eine neue Welt noëtischer gedanklicher Strukturen an die Stelle der Primärwahrnehmung der sinnlichen Welt, sie setzt eine neue Ontologie an die Stelle der älteren mythischen. Die noëtische Welt – so die Setzung – ist die wahre, die sinnliche Erfahrungswelt dagegen die von Trug und Schein besetzte falsche.

Wie gesehen, versuchte Platon selbst, diese neue Seinsordnung auch *politisch* umzusetzen. Damit scheiterte er. Sein literarisches Modell eines Idealstaates aber, der von Philosophen nach philosophischen Prinzipien geführt werden sollte, hat noch lange in der Neuzeit nachgewirkt als das Grundmodell einer nach den Gesetzen der Rationalität organisierten Staatsutopie.

In diesem Staat sollte alles vernünftig und auch gerecht geregelt sein, auch die Emotionen ganz und gar von der Vernunft kontrolliert. Das Eigene und das Individuelle hat in diesem Staat keine Rechte. Daher führt schon Platons „Politeia" die Beseitigung von Privatbesitz und die Organisation von Frauen- und Kindergemeinschaften. „Dass diese Weiber alle in diesen Männern ge- meinsam seien, keine aber irgendeinem eigentümlich beiwohne und so auch die Kinder gemeinsam, so dass weder ein Vater sein Kind kenne, noch auch ein Kind seinen Vater" (Platon: Politeia 457 c–d). Die Vernunft regelt alles und alles im Kollektiv, da sie dem einzelnen Menschen und schon gar dessen Emo- tionen immer nur eine zweit- oder drittrangige Bedeutung zusprechen will.

Dieses Modell eines kollektiven Vernunftstaates hat die sozialen Utopien von Thomas Morus bis Karl Marx inspiriert. Ihr Scheitern zeigt auch das Scheitern einer Anthropologie an, die das wahre Sein des Menschen allein von der Vernunft ableitet und nicht *auch* von seiner Sinnlichkeit, seiner Phantasie, seiner Emotionalität. Bekanntlich haben daher auch die Künstler in diesem kollektiven Vernunftstaat Platons nicht viel zu lachen: Sie werden entweder in den Staatsdienst funktional eingefügt, das heißt z.B., dass die Dichter nicht die Schrecken der Unterwelt darstellen dürfen (Politeia 386 a–387 b) oder werden aus dem Staat herauskomplimentiert. Die realisierten totalitären Staatsutopien des 20. Jahrhunderts verfuhren allerdings mit den Künstlern und Abweichlern nicht so glimpflich wie es Platon immerhin noch mit seinem Programm der Ausweisung vorsah. Die Staatsutopie Platons hat also selbst ein Stück politi- scher Geschichte in Gang gesetzt mit geradezu katastrophalen Folgelasten. Denn natürlich waren die Herrscher keine Philosophen, aber auch die Philoso- phie auf dem Herrscherthron hätte nicht jene Unmenschlichkeit kompensieren können, die eben darin liegt, Menschen nur als Vernunftwesen zu verwalten und nicht auch ihre Emotionalität, Eigenheit, Sinnlichkeit zu respektieren.

Darüber hinaus aber hat der noëtische Weltentwurf Platons und des Plato- nismus noch in ganz andere Seinsbereiche hineingewirkt: insbesondere in die *Theologie* und in die *Ästhetik*. Beide semantischen Felder verbinden sich im christlichen Mittelalter in der Form der neuplatonischen Interpretation der Theologie so, dass die höchste Idee des Wahren, Guten, Schönen mit Gott selbst identifiziert wird und dessen Energieabstrahlungen als ästhetische Er- scheinungsformen des Göttlichen interpretiert werden konnten. Der in der Akademie von Florenz unter der Schirmherrschaft der Medici und der Leitung des Gelehrten Marsilius Ficino entwickelte Platonismus der Renaissance ent- warf so einen Schönheitsbegriff, dessen Quelle die göttliche Güte selbst ist und dessen Erscheinungsformen jener Strahlenglanz der Schönheit der Schöp- fung ist, der von ihm ausgeht und in ihn zurückstrebt. Ficino entwickelt im übrigen diese Schönheitsphilosophie der Renaissance in seinem Kommentar über Platons „Gastmahl" (Ficino: Über die Liebe oder Platons Gastmahl, Zweite Rede, Kap. 2–5).

Noch die Romantik interpretiert (neu-)platonisch die „Werke der Kunst" als die „Spur von dem himmlischen Funken, der, von Ihm [Gott] ausgegangen, durch die Brust des Menschen hindurch, in dessen kleine Schöpfungen über- ging, aus denen er dem großen Schöpfer wieder entgegenglimmt" (Wackenroder: Einige Worte über Allgemeinheit, Toleranz und Menschenliebe in der Kunst, S. 87). Die Theologie und Ästhetik gehen schon in der mittelalterlichen Kultur einen Bund ein, der die Ästhetik in der Theologie und Ideenlehre begründet sieht und wiederum die göttliche Lehre in der Ästhetik realisiert. Die Neuzeit verändert dieses platonische Konzept dahingehend, dass die Ästhetik zu einer wesentlichen Offenbarungsquelle neben der Bibel wird (Kap. 4.1). Der metaphysische Stromkreis dieser europäischen Theologie-Ästhetik vom Mittelalter über die Renaissance bis in die Romantik und Folgezeit entwirft und gestaltet dementsprechend eine Form von Kunst, die ihre Schönheit theologisch-idealler Abkunft verdankt und wiederum mit der Schönheit selbst eine Rückkehrsehnsucht in jene Sphäre himmlischer Schönheit verbindet, aus der sie letztlich entspringt.

Es wäre kulturgeschichtlich interessant, auch in der *Model*-Ästhetik des 21. Jahrhunderts die Spuren eines idealtypischen Schönheitsbegriffs zu suchen und zu finden, dessen Quellen freilich nicht mehr im Himmel liegen, sondern in den Chefetagen weltweiter (Medien)-Konzerne.

Die nachhaltigste Wirkung aber hat die griechische Logos-Kodierung, und hier insbesondere der pythagoreisch-platonische Typus, in den *Naturwissenschaften* ausgeübt. Die Wirkung Platons und seines Pythagoreismus geht, wie erwähnt, so weit, dass Kopernikus und auch der frühe Kepler direkt an das harmonisch-geometrische Weltbild des „Timaios" anknüpfen. Kopernikus' Weltmodell der Umlaufbahnen der Planeten um die Sonne von 1543 folgt dem platonischen Ideal von kreisrunden Umlaufbahnen, Keplers „Mysterium Cosmographicum" von 1596 betrachtet das Universum als ein geometrisches Modell von Würfel- und Pyramidenformen, wie es der „Timaios" in den Grundfiguren gelehrt hatte. Erst Keplers „Harmonice Mundi" von 1619, das auch noch von einer pythagoreisch-platonischen Harmonielehre ausgeht, bringt jene entscheidende empirische Korrektur von den elliptischen Umlaufbahnen der Planeten.

Die Platonforschung hat denn auch erwogen, ob man Platons Ideen als naturwissenschaftliche Hypothesen, bzw. als Vorform einer transzendentalen Begrifflichkeit deuten könne. Die Marburger Philosophen Hermann Cohen und Paul Natorp haben dies vorgeschlagen. Insbesondere das Platon-Buch von Paul Natorp von 1903 hat in diesem Sinne behauptet, dass Platon selbst „den transzendenten Sinn der Idee zum transzendentalen einer Denkfunktion" gewandelt habe (Lembeck: Platon in Marburg, S. 204). Freilich war das auch eine gewaltsame Deutung, denn für Platon – gerade für seinen späten „Timaios" gilt dies – ist der *kosmologische* Charakter seiner Ideen- und Weltlehre unhintergehbar. In diesem Sinne ist Platon immer ein religiöser Denker gewesen, dessen Philosophie selbst eine Art Heimkehr in jene ewigen Sphären der Ideen war, auf die hin Sokrates philosophiert. Platons Philosophie hat der europäischen Logos-Kodierung den Weg gewiesen, aber sie steht selbst entschieden *vor* der Schwelle einer neuzeitlichen Subjektphilosophie, die alles Sein aus dem methodischen Vorgriff der Subjektivität heraus definiert. Diesen Denkschritt haben

System der griechischen Logos-Kodierung
Abendländische Dualisierung der Wirklichkeit

Seinssphäre 1

Begriffe: [Naturelemente] Sein (Parmenides) – Atom (Demokrit) – Zahl (Pythagoras) – Idee (Platon) – Form (Aristoteles)

Qualität: geistig – psychisch

Zeit: zeitlos – wandellos – ewig – mit sich immer identisch

Raum: oben – jenseitig – himmlisch

Erkenntnisform: Logos – Nūs – Verstand: allgemeine Seinsaussagen – Erkenntnisleiter

Wahrheitsgehalt: allein wahr und wirklich

Seinsstärke: aktiv – das zeithafte, materielle Seiende prägend, bestimmend – männlich

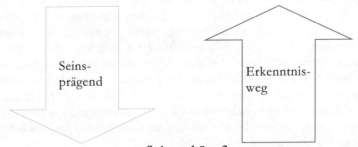

Seins-prägend   Erkenntnis-weg

Seinssphäre 2

Begriffe: [Erscheinungswelt – Kein einheitlicher Begriff]

Qualität: körperlich – materiell

Zeit: zeithaft – wandelbar – wechselnd in Farbe und Gestalt u. a.

Raum: unten – diesseitig – irdisch

Erkenntnisform: sinnliche Wahrnehmung

Wahrheitsgehalt: Doxa (bloße Meinung) – unwahr – scheinhaft – nur geglaubt

Seinsstärke: passiv – Gestalt und Seinsweise empfangend, bzw. Teilhabe am wahren Sein – weiblich – Abbild

in der Tat erst die neuzeitliche Naturwissenschaft und die philosophische Reflexion auf deren Erkenntnisbegriff getan. Als solche aber stehen sie im Bann eben jener Geometrisierung und Mathematisierung des Seins, wie sie die Pythagoreer und Platon vorgedacht haben (Kap. 4.2–3).

Platons Weltmodell weist die primäre Welt der sinnlichen Wahrnehmung aus seinem Reich der Wahrheit aus. In seinem „Höhlengleichnis" aus der „Politeia" beschreibt er die Primärwahrnehmung selbst als ein *Schattenreich*. Gefesselt sitzen die Menschen in einer Höhle. Hinter ihrem Rücken werden, angestrahlt von einer Lichtquelle, die sie nicht sehen, Gegenstände vorbeigetragen, deren Schattenbilder an den Wänden sie für die wahre Realität der Dinge halten. Erst wenn man einem der so Gefesselten die Fesseln löst, und dieser sich umschaut, sieht er: Die wahre Wirklichkeit sind nicht die Schattenbilder, sondern jene Gegenstände, welche die Schatten werfen. Sie stehen für die Ideen gegenüber der schattenhaften Wirklichkeit der Dinge. Und würde man jenen Menschen gewaltsam durch einen Tunnel hinauf ans Licht der Sonne führen – sie symbolisiert die Idee des Guten – so sähe er jene Wirklichkeit, die in Wahrheit alles Sein speist und am Leben hält. Soweit Platons Mythos vom falschen und wahren Sein.

Ende des 20., Anfang des 21. Jahrhunderts leben viele Menschen wie in Platons Höhlengleichnis in *technischen Höhlen*. Sie starren auf Bildschirme und Projektionsflächen aller Art und halten diese künstlichen Zeichen für die eigentliche Wirklichkeit. Wenn man sie ans Tageslicht führte, würden sie sich die Augen reiben wie Platons Höhlenmenschen.

Aber die Szenerie hat sich *umgekehrt*. Nach Platon ist es die sinnliche Wahrnehmung, die ein Schattenreich formiert, Anfang des 21. Jahrhunderts aber sind es die künstlichen, technischen Erzeugnisse, die die sinnliche Wirklichkeit dahinter verblassen lassen. Die noëtisch-technische Welt aber ist auch ein Triumph jener abstrakten Ontologie, die mit der griechischen epistéme begann und sich in ihr vollendet (Kap. 4.5). Zur ironischen Pointe der platonischen Ontologie also würde gehören, dass ihre Abwertung der Sinne in eben jene sziento-technologischen Höhlenwelten führt, in denen die Dinge in der Tat zu Schemen der abstrakten Zeichen geworden sind.

Anfang des 21. Jahrhunderts ist auf jene *Offenheit* der Wahrheitsfrage hinzuweisen, die sich so scharf und deutlich erstmalig in der abendländischen Philosophie bei Platon zeigt. Sokrates lehrt: Wir *haben nicht* die Wahrheit, sondern müssen beständig um sie *ringen*. Das mögen Wegzeichen sein auch für unsere Zeiten, in welchen die abendländische Kultur mit Fundamentalismen aller Art konfrontiert ist.

Literatur:

Assunto, Rosario: Die Theorie des Schönen im Mittelalter. Köln 1982.

Beierwaltes, Werner: Marsilio Ficinos Theorie des Schönen im Kontext des Platonismus. Heidelberg 1980.

Ficino, Marsilio: Über die Liebe oder Platons Gastmahl. Übersetzt von Karl Paul Hasse. Herausgegeben und eingeleitet von Paul Richard Blum. Lateinisch/Deutsch. Hamburg 1984.

Ders.: Traktate zur platonischen Philosophie. Übersetzt und mit Erläuterungen versehen von Elisabeth Blum, Paul Richard Blum und Thomas Leinkauf. Berlin 1983.

Kepler, Johannes: Harmonice Mundi. Hg. von Max Caspar. München 1940.

Ders.: Das Weltgeheimnis. Mysterium Cosmographicum. München und Berlin 1936.

Kobusch, Theo und Burkhard Moijsisch (Hg.): Platon in der abendländischen Geistesgeschichte. Darmstadt 1997.

Kopernikus, Nicolaus: Das neue Weltbild. Drei Texte. Kommentariolus, Brief gegen Werner, De revolutionibus I. Im Anhang eine Auswahl aus der Narratio prima des G. J. Rheticus. Übersetzt, hg. und mit einer Einleitung und Anmerkungen versehen von Hans Günter Zekl. Lateinisch-deutsch. Hamburg 1990.

Kristeller, Paul Oskar: Die Philosophie des Marsilio Ficino. Frankfurt a. M. 1972.

Lembeck, Karl-Heinz: Platon in Marburg. Platon-Rezeption und Philosophiegeschichtsphilosophie bei Cohen und Natorp. Würzburg 1994.

Marenbon, John: Platonismus im 12. Jahrhundert. Alte und neue Zugangsweisen. In: Kobusch, Theo und Burkhard Moijsisch (Hg.): Platon in der abendländischen Geistesgeschichte, S. 101 ff.

Natorp, Paul: Platos Ideenlehre. Eine Einführung in den Idealismus. 4. Aufl. Darmstadt 1975.

Panofsky, Erwin: Idea: ein Beitrag zur Begriffsgeschichte der älteren Kunsttheorie. Berlin 1993.

Vietta, Silvio (Hg.): Romantik und Renaissance. Die Rezeption der italienischen Renaissance in der deutschen Romantik. Stuttgart 1994.

Wackenroder, Wilhelm Heinrich: Einige Worte über Allgemeinheit, Toleranz und Menschenliebe in der Kunst. In: Sämtliche Werke und Briefe. Historisch-kritische Ausgabe. Hg. von Silvio Vietta und Richard Littlejohns. Bd. 1. Heidelberg 1993, S. 96 ff.

2.3 Griechisches Drama

Die männliche Polis

Mit der griechischen Kultur beginnt eine mentalitätsgeschichtlich neue Form der menschlichen Kultur. Diese ist geprägt durch *Entmythisierung, Säkularisation, Anthropozentrierung.* Die *politische* Leitidee dieser neuen Form der Kultur ist die Idee der *demokratischen Selbstverwaltung* und *Selbstgestaltung* der politischen Entscheidungen durch die Bürgerschaft der Polis, der städtischen Gemeinde. Aber diese neue politische Kultur muss sich erst aus der älteren, im Mythos eingebetteten Politik herausarbeiten.

Dabei weist eines der ältesten Zeugnisse der europäischen Literatur, Homers „Ilias" aus dem 8. Jahrhundert, auf weit zurückliegende historische Ereignisse. Die indogermanischen Griechen waren in mehreren Schüben vom 18. bis zum 12. Jahrhundert v. Chr. in den Mittelmeerraum eingedrungen und hatten dort eine in burgähnlichen Anlagen verschanzte Adelskultur errichtet. Mykene, aus dem der Befehlshaber des griechischen Heeres vor Troja, Agamemnon, stammte, war eine solche Zentralburg der griechischen Achaier. Deren Königshäuser leiteten ihre Abkunft von den Göttern ab. Homers Götterwelt spiegelt die Struktur der kriegerischen Adelsgesellschaft jener Zeit wieder. Um 1300 erlebte diese von Kreta befruchtete mykenische Kultur ihre Blüte. Ins 13. oder 12. Jahrhundert fällt die griechische Eroberung des zentralen Handelsplatzes Troja am Bosporus, wenn sie überhaupt in der Form, wie sie in der Sage berichtet wird, stattfand. Eine Stimme aus der kontroversen Diskussion um die Herkunft, Altersstufen und archäologischen Spuren der Stadt: „Der Untergang jenes Trojas der Sage wurde in der Antike häufig ‚berechnet' und meist auf das Datum 1184 festgelegt. Allerdings sind alle derartigen gelehrten Spekulationen ohne jeden historischen Aussagewert [...]" (Hertel: Troia, S. 117). Allerdings kommt solche Kritik an Spekulationen meist selbst nicht ohne Spekulationen aus, so die These Hertels, der die These einer griechischen Eroberung der Stadt eher ausschließen will, die Griechen hätten „keinen Grund [gehabt] Troia auszuschalten, denn der Handel zwischen Mykenern und Troianern war selbst zur Zeit von Troia VI sehr gering und nahm in der Folgezeit noch ab" (ebd., S. 80).

Die Politik und der Krieg, welche Homers „Ilias" schildert, waren im Sinne des griechischen Mythos ein gemeinsames Geschäft von Göttern und Menschen. Oft genug und an den entscheidenden Stellen der Geschichte sind es die Götter, die in das Geschehen eingreifen oder – wie im Achten Gesang, in welchem Zeus den Göttern ausdrücklich ein Eingreifen in die Schlacht verbietet – durch Enthaltsamkeit den Lauf der Dinge bestimmen.

Die *Politik* vollzieht sich in dieser archaischen Zeit somit eingebettet *im Mythos.* Anders gewendet: Der Mythos wird selbst zum Erscheinungsbild einer Welt der Politik, hier: der *Expansion* der griechischen Kultur in den kleinasiatischen Raum hinein, die ihrerseits mit einem Sieg der griechischen Götter über die kleinasiatischen Götter, bzw. der *Integration* und *Umkodierung* jener kleinasiatischen Gottheiten zu *griechischen* Göttern einhergeht. Die ursprünglich kleinasiatischen Götter Apoll, Artemis, Aphrodite werden so in den griechischen Götterhimmel integriert und dabei selbst in ihren Funktionen und ihrem Erscheinungsbild uminterpretiert.

Darüber hinaus sind alle Erscheinungsformen politischer Kräfte auf Erden – die Stärke oder Schwäche eines Helden, die Umweltbedingungen der Natur, freundliche oder aufgewühlte See – selbst Erscheinungsformen mythischer Mächte und weisen auf das direkte Eingreifen der Götter in die Welt. Die Götterwelt selbst wiederum ist ein Spiegel der menschlichen Geschichte, ihrer Kriege oder Friedenszeiten.

Demokratie

Die Entstehung der griechischen *Polis* zu einer sich selbst verwaltenden Bürgergemeinde vollzieht sich später als die Zeit Homers. Dies ist ein soziologischer Prozess, in dessen Verlauf die alte Adelsgesellschaft zurückgedrängt wird durch ein *erstarktes Bürgertum*, das sein Selbstbewusstsein offenbar aus seinen militärischen Aktionen zieht. Zwar gab es bei den achaischen Griechen schon Schlachtreihen, aber die mythischen Helden – Achilleus bei den Griechen, Hektor bei den Trojanern – waren Einzelkämpfer. Seit dem 7. Jahrhundert bildet sich die Kriegsform der *Hoplitenphalanx*: eine wie eine Walze agierende Kriegerfront von schwer bewaffneten Männern. Die Rüstung für diese Hopliten war teuer. Wer sie bezahlen konnte, musste selbst über Besitz verfügen und konnte auf Grund dieses Besitzes und seiner kriegerischen Kampfkraft auch politische Rechte fordern. Wahrscheinlich entwickelte sich aus dieser neuen Hoplitenschicht die neue politische Bürgerschaft, die sich nicht mehr von adligen Herrscherhäusern kommandieren ließ, sondern in Eigenverantwortung das politische Geschehen selbst in die Hand nehmen und betreuen wollte.

Das ist ein Prozess, der sich im Zeitraum zwischen dem 8. und 6. Jahrhundert v.Chr. vollzieht. Er bedeutet einerseits Schwächung der feudal-aristokratischen Macht, führt andererseits zur Bildung einer neuen Bürger- und Selbstverwaltung, der Herausbildung also zu jenem Typus der antiken Polis, die wesentlich durch das Prinzip der *politischen Machtausübung der Vollbürger* und ihrer *Selbstverwaltung* geprägt ist. (Meier: Athen: Ein Neubeginn der Weltgeschichte, S. 182ff.)

Die Hochform der griechischen Polis und ihrer demokratischen Selbstverwaltung finden wir bekanntlich in Athen. Athen bildete um 600 v.Chr. eine topographische Einheit mit einem freien Platz, der *Agora,* wo die Athener Volksversammlungen abhalten konnten. Der Platz wurde zur Zeit des Gesetzgebers Solon auch mit öffentlichen Bauten geschmückt. Solon verfügte 594 v.Chr. die Aufhebung der Leibeigenschaft der Bauern, schränkte die Adelsmacht ein durch eine neue Einteilung des Bürgerstandes in vier Besitzklassen und erließ auch ein neues Gesetz, das jedem Bürger das Recht zur Anklage und zur Verteidigung vor Gericht gab. Bereits um 620 v. Chr. hatte Drakon das Recht schriftlich fixiert, schwere Strafen für Diebstahl verhängt und die Blutrache abgeschafft.

Zur Zeit des Höhepunktes der griechischen Demokratie unter Perikles – die Jahre 443 bis 429 v. Chr. – wurde die *Agora* als das öffentliche Zentrum der Stadt mit Tempeln, Amtshäusern, Gerichtsgebäuden, Münze, Basaren und eben auch der Rednerbühne (Pnýx) prachtvoll ausgebaut.

Das wichtigste und tragende Entscheidungsorgan der griechischen Demokratie (Herrschaft = krátos des Volkes = dému) war die *Ekklesia* (Volksversammlung), in der die athenischen Vollbürger über die entscheidenden Fragen des Stadtstaates – so die Entscheidung über Krieg und Frieden – abstimmen konnten.

Vorbereitet wurden die großen öffentlichen Abstimmungen, bei denen um die fünf- bis sechstausend abstimmungsfähige Bürger anwesend sein konnten (Hansen: Demography and Democracy), durch die sogenannte *Bulé* (Rat der 500). Eine Gruppe von 50 Prytanen (amtsführende Ratsmitglieder aus dem Rat der 500) leitete die eigentlichen Geschäfte, blieb aber – wie auch der Rat der 500 – immer eingebunden in die Entscheidungen der Ekklesia. Nach der Vertreibung des Tyrannen Hippias hatte der Athener Kleisthenes diese Demokratiereform in den Jahren 509 bis 507 v. Chr. durchgesetzt.

Der griechischer Freiheitsbegriff (eleuthería), der sich entscheidend im Kampf gegen Persien gebildet und behauptet hat, legt die politische Willensbildung in die Hände der freien männlichen Bürgerschaft, des *Demos*. Dessen Zusammensetzung vollzog sich nach dem Prinzip der *Isonomie* (Gleichheit). Die Vollbürgerschaft in Athen definierte sich auch nicht mehr durch Besitzstand. Isonomie heißt, dass die Bürgerschaft mit gleichen Rechten und selbstverantwortlich ihre Entscheidungen zu fällen hatte. Isonomie heißt auch, dass alle Bürger prinzipiell gleiche Macht haben. Allein die *Mehrheit* der Stimmen der durch Isonomie zusammengeführten Bürger ist für die politische Entscheidung ausschlaggebend. Selbst in seiner größten Machtfülle war der Athener Perikles Bürger unter Bürgern, der freilich durch seine Funktion als Kriegsführer und durch seine persönliche Autorität bei der Ekklesia richtungsweisende Bedeutung hatte.

Die Komödie des Aristophanes (um 445–385 v. Chr.) mit dem Titel „Die Acharner" (aufgeführt 425 v. Chr.) nimmt allerdings diese politische Arbeit der Athener Bürger auf die Schippe. So wartet gleich eingangs der biedere attische Bürger und Landmann mit Namen Dikaiopolis (‚gerechter Bürger') auf den Beginn einer Ekklesia, bei der er selbst als abstimmungsberechtigter Bürger zugegen sein will. Dabei geht es auch darum, die Diäten abzukassieren. Für die eigentlichen politischen Fragen, so Aristophanes' Darstellung, würden viele Bürger – von denen Dikaiopolis aber ausgenommen ist – nur wenig Interesse aufbringen:

> Die Prytanen selber kommen nicht: und kommen sie
> Zu guter Letzt, da wird's ein Drängen wer weiß wie toll:
> In hellem Haufen rennt man dann nach der ersten Bank,
> Der eine über den andern: doch, dass Friede wird'
> Im Lande, kümmert keinen was! – O Stadt! o Stadt!
>
> (Aristophanes: Die Acharner Verse 23 ff)

So sind die „Acharner" auch die politische Aufforderung des Komödien-
dichters an seine Mitbürger zu einer aktiveren Friedenspolitik.

Derselbe Komödiendichter ironisiert auch die politische Rolle der Frau in
der Polis. In seiner „Lysistrata" aus dem Jahre 411 kämpfen die Frauen mit den
ihnen in der politischen Ordnung gebliebenen Mitteln um den Frieden: Ge-
schlechterenthaltsamkeit bis zum Friedensschluss.

Gleichwohl und trotz dieser Mängel: Die griechische Demokratie ist das *erste* System einer politischen Willensbildung, das nicht von außerhumanen Mächten gesteuert ist, sondern diese letztlich allein in die Hände der Bürger legt.
Damit tritt überhaupt erst das System der Politik als ein *eigenständiges System* aus
dem Verbund von Mythos und Religion. Mentalitätsgeschichtlich vollzieht sich
damit ein Wandel vom *mythischen* zum *anthropozentrischen* Weltbild, der zuallererst zur Herausbildung des *Systems der Politik* als einem eigenständigen System
neben anderen kulturellen Systemen führt.

Literatur:

Aristophanes: Komödien. Übersetzt von Johann Gustav Droysen. Wiesbaden, Berlin.
    o. J.

Burckhardt, Jacob: Griechische Kulturgeschichte. Ausgew. und mit einem Vorw. vers.
    von Ralph-Rainer Wuthenow. Frankfurt am Main [u. a.] 2003.

Burckhardt, Jacob: Die Griechen und ihr Mythus / aus dem Nachlass hrsg. von Leon-
    hard Burckhardt. München 2002.

Dahlheim, Werner: Die griechisch-römische Antike. Bd. I. Herrschaft und Freiheit: Die
    Geschichte der griechischen Stadtstaaten. Paderborn u. a. 1992.

Hansen, Mogens Herman: Demography and Democracy. Kopenhagen 1985.

Hertel, Dieter: Troia. Ärchäologie, Geschichte, Mythos. 2. durchgesehene Auflage.
    München 2002.

Kolb, Franz: Die Stadt im Altertum. München 1984.

Meier, Christian: Athen: Ein Neubeginn der Weltgeschichte. Berlin 1994.

Raaslaub, R. A.: Die Entdeckung der Freiheit. Zur historischen Semantik und Gesell-
    schaftsgeschichte eines politischen Begriffs der Griechen. München 1985.

Welwei, Karl-Wilhelm: Die griechische Polis in archaischer und klassischer Zeit. Stutt-
    gart u. a. 1983.

Ders.: Polis und Arché. Kleine Schriften zu Gesellschafts- und Herrschaftsstrukturen in
    der griechischen Welt. Hg. von Mischa Meier. Stuttgart 2000.

Rolle der Frau, Sklaven

Zum Konzept der griechischen Demokratie ist allerdings anzumerken, dass die *Frau* im demokratischen Athen *keinen* Status als Vollbürgerin besaß. Frauen waren keine juristischen Personen, sondern standen unter der Vormundschaft ihres Vaters, des Ehemannes oder eines männlichen Verwandten und besaßen weder aktives noch passives Wahlrecht. Sie waren auch nicht erbberechtigt, hatten aber Anspruch auf Versorgung und genossen Klageschutz bei schlechter Behandlung (Dahlheim: Die griechisch-römische Antike. Bd. I. Herrschaft und Freiheit, S. 206 f). Man kann übrigens darauf hinweisen, dass Sparta den Frauen mehr Rechte eingeräumt hat.

In Euripides' gleichnamigem Drama klagt die aus Kolchis stammende Fremde Medea, dass der Frau in der griechischen Gesellschaft der Polis keine angemessene Rolle zukommt. Vor dem Frauenvolk der Korintherinnen spricht sie dies offen aus:

> Sind doch wir Frau'n das traurigste Gewächs.
> Erst müssen wir für teures Geld den Gatten
> Uns kaufen, dann verfügt er über uns
> Als Herr; ist das nicht schlimmer noch als schlimm?
> Und davon hängt nun alles für uns ab,
> Ob uns ein schlechter oder guter Mann
> Beschieden. Scheidung schadet ja dem Ruf
> Der Frau. Abweisen kann man nicht den Freier.
> In ungewohnte Sitte gilt's und Art
> Sich einzufühlen. Niemand lehrt uns,
> Wie einen Gatten man behandeln muss.
> Gelingt uns dies und lebt der Gatte friedlich
> Mit uns und trägt der Ehe Joch geduldig –
> Das ist das Glück! Wenn nicht, hilft nur der Tod.
> (Euripides: Medea, Verse 231 ff)

Medea allerdings hat einen anderen Weg gewählt als sich in das Geschick der geduldigen Gattin zu fügen. Sie hat ihre Rivalin vergiftet, ihre Kinder getötet und ihren untreuen Gatten Jason psychisch vernichtet. Auf ihre Geschichte kommen wir zurück.

Anzumerken ist auch, dass die *Athener Demokratie* auf *Sklavenarbeit* beruhte. Die wahlberechtigten Vollbürger konnten sich ihren politischen Aufgaben nur hingeben, weil jemand anderes für sie die ökonomische Arbeit verrichtete. Das waren in der Regel Sklaven. Allerdings ging mit dem Risiko des Krieges auch das Risiko der Versklavung der wehrpflichtigen Athener Bürger selbst einher. Der missglückte Kriegszug gegen Sizilien im Jahre 413 v.Chr. hat viele Athener Bürger zu Sklaven in den Steinbrüchen Siziliens gemacht.

Damit steht außer Frage, dass auch die griechische Politik der Demokratie nach wie vor die Götter für sich durch Opfer und andere Ritualhandlungen zu gewinnen suchte. Dabei fungierten Staatsbeamte in der Funktion von Priestern. „Es gab keine verbindliche Offenbarung in der Gestalt eines heiligen Buches, wie es später die Christen oder die Anhänger des Propheten besitzen sollten. Es gab auch keine Priester (oder Mönche), die christlichen vergleichbar wären. Die Priester der Griechen waren Staatsbeamte, die für den ordnungsgemäßen Vollzug der Kulte verantwortlich waren […]." (Dahlheim: Die griechisch-römische Antike, S. 117 f und S. 207) Nach wie vor holte man sich auch bei großen Kultstätten wie dem Delphischen Orakel politischen Rat ein.

Gleichwohl können wir davon ausgehen, dass durch diese Verselbstständigung des politischen Systems als *autonome* Entscheidungsinstanz der Bürger gegenüber der Religion ein mentalitätsgeschichtlicher *Säkularisationsprozess* in Gang kam, der *alle* kulturellen Systeme erfasste und tiefgreifend umstrukturierte. Auch die Systeme des *Wissens* und der *Künste* definieren sich ja in der griechischen Polis neu im Diskurs einer bürgerlichen Öffentlichkeit, an dem sie teilhaben und in den sie im Sinne einer eigenständigen Verhandlungssache eingreifen.

Umgekehrt wird man sagen können: Der kulturelle Wandel, der sich in der antiken Polis vollzog und der eine neue Dimension der europäischen Kultur eröffnete, ist vermutlich selbst Ausdruck eines tiefgehenden Mentalitätswandels in der griechischen Polis, den er seinerseits institutionell zum Ausdruck bringt. Von der Tendenz her unternimmt die europäische Kultur in der Form der Demokratie einen ersten wesentlichen Schritt zur *Anthropomorphisierung* der Welt in der Form einer selbstbestimmten politischen Entscheidung der Vollbürger des Staates. Sie unternimmt den Schritt in eine *entmythisierte, säkularisierte Kultur* der *politischen Selbstbestimmung* des Menschen. Das meint der Begriff der „Ersten Aufklärung". Diese neue Kultur erkennt prinzipiell über dem Menschen keine höhere Macht mehr an. Somit wird der Mensch selbst für die politischen Verhältnisse des Menschen auf der Erde und in der Geschichte verantwortlich. Kein anderes Medium aber bringt diesen Umbruch in der abendländischen Kulturgeschichte so klar und auch in der Problematik so offen zu Darstellung wie die griechische Tragödie.

Literatur:

Euripides: Tragödien. Übersetzt von Hans von Arnim. Mit einer Einführung und Erläuterung von Bernhard Zimmermann. München 1990.
Finley, Moses I.: Die Sklaverei in der Antike. Geschichte und Probleme. München 1980.
Iwersen, Julia: Die Frau im alten Griechenland. Religion, Kultur, Gesellschaft. Düsseldorf und Zürich 2002.
Winkler, John J.: Der gefesselte Eros. Sexualität und Geschlechterverhältnis im antiken Griechenland. Aus dem Amerikanischen von Sebastian Wohlfeil. München 1997.

Doppelkodierung der Literatursprache

Die griechische Tragödie hat Teil an der großen Entwicklungslinie der antiken Kultur vom *Mythos* zum *Logos* und somit an der ersten Aufklärung und ihrer Entmachtung des Mythos durch sie. Sie treibt selbst diesen Prozess der männlichen Logos-Kodierung der Kultur voran. Auf der anderen Seite aber ist die Literatursprache ein Medium, das in *ambivalenter* Kodierung diesen Prozess auch *kritisch* begleitet, indem sie die Perspektive der unterlegenen weiblichen Welt und ihrer matriarchalischen Mythologie zur Darstellung bringt, mithin von ihren Anfängen an eine Dimension von *Kritik* an der siegreichen männlichen Kultur beinhaltet.

Das griechische Drama zeigt damit zugleich die fundamentale Funktion auf, die Literatursprache in der europäischen Kultur haben kann: Es ist die Funktion der *kritischen Auseinandersetzung* mit den Leitprinzipien der europäischen Kultur selbst. Das griechische Drama spiegelt die Logos-Kodierung und artikuliert zugleich den Widerstand dagegen. Auf diese Weise konnte das griechische Drama selbst zum Modell und Vorbild einer langen europäischen Geschichte des Dramas werden, in der das Drama die Funktion der *Affirmation* der Logos-Kodierung übernahm, wie auch des *Widerstandes* dagegen.

Der Logos des griechischen Dramas und Theaters

Seit 534 v.Chr. fanden in Athen Aufführungen von Tragödien im Rahmen der Großen Dionysien statt. Dies waren Festtage im Frühjahr, die bedeutendsten der Polis Athen, an denen auch Repräsentanten der Bündnispartner Athens zugegen waren und die Stadt sich politisch wie kulturell zur Schau stellte. Am ersten Tag dieses repräsentativen Festes wurden zwanzig Dithyramben (Festgesänge) zu Ehren des Gottes Dionysos aufgeführt. Ihnen folgte am zweiten Tag die Darstellung der Komödien. Die letzten drei Festtage waren den Tragödien gewidmet, wobei jeweils ein Tragiker vier Stücke zur Aufführung brachte: drei Tragödien und ein Satyrspiel. Der Begriff „tragodía" (Bocksgesang) erinnert an diesen kultischen Ursprung. Das Ganze hatte den Charakter eines Wettkampfes (agón). Gewählte Schiedsrichter prämierten das jeweils beste Stück der drei Genres. Dabei wurde nicht der Dichter, sondern der Chor als Sieger ausgerufen. Der Ablauf und die Organisation des Festes war geregelt durch die Polis Athen. Ein Staatsbeamter (Archón epónymos) verlieh jeweils fünf Komödien- und drei Tragödiendichtern einen Chor von je fünfzehn Choreuten und erteilte damit das Aufführungsrecht. Die Finanzierung der Aufführungen übernahmen zuweilen auch reiche athenische Bürger.

Die drei großen Tragödiendichter der griechischen Polis Athen waren Aischylos (525/4–456 v.Chr.), Sophokles (497/6–406 v.Chr.) und Euripides (485–406 v.Chr.). Die Tragödie „Die Perser" von Aischylos, die 472 v.Chr. zur Aufführung kam, ist die älteste erhaltene griechische Tragödie. Zunächst war es Brauch, die großen Tragödien der Schriftsteller nur einmal aufzuführen. Erst nach dem Tode des Aischylos wurden dessen Tragödien erneut auf die Bühne gebracht. Insbesondere im Peloponnesischen Krieg, als Athen bereits im Niedergang war, erinnerten die Tragödien dieses Dichters an die große Phase der athenischen Kulturgeschichte. Nach 386 v.Chr. wurden Tragödien generell zur Wiederaufführung freigegeben. Euripides wurde damit zum beliebtesten Tragödiendichter des 4. Jahrhunderts. Viele Tragödien der griechischen Klassik wie die des Thespis, Choirilos, Phrynichos u.a. sind nicht mehr erhalten.

Der typische Aufbau der attischen Tragödie ergibt sich aus dem Wechselspiel zwischen Chor- und Schauspielerpartien. Ursprünglich wurden Chorpartien gesungen, die Schauspielertexte gesprochen. Euripides lässt auch einzelne Schauspielerpartien zum Teil mit artistischem Stimmeinsatz singen (Monodien und auch Duette). Die Aufführung hat also auch den Charakter eines Singspiels. Aischylos konfrontiert zwei Schauspieler mit dem Chor, Sophokles führt einen dritten ein, Euripides einen weiteren.

In seiner Poetik hat Aristoteles diesen Entwicklungsgang des griechischen Theaters beschrieben:

> Die Zahl der Schauspieler hat zuerst Aischylos von einem auf zwei gebracht; zugleich hat er den Chor zurücktreten lassen und die gesprochene Rede zum Träger der Handlung gemacht. Sophokles hat drei Schauspieler und die Bühnenmalerei eingeführt. (Poetik. De arte poetica liber, 1449 a)

Aristoteles definiert die Tragödie als „Nachahmung einer edlen und abgeschlossenen Handlung von einer bestimmten Größe in gewählter Rede" (Poetik 1449 b), die mit Hilfe von „Mitleid und Furcht", bzw. „Jammer und Schauder", wie das griechische „phóbos kaí éleos" auch übersetzt wurde, eine Reinigung der Affekte bewerkstelligen solle. Nach Aristoteles gilt: „Ursprung und gewissermaßen Seele der Tragödie ist also der Mythos" (arché [...] kaì hoîon psychè ho mŷthos tēs tragodías 1450 a), wobei er Mythos eng als „Nachahmung von Handlung" definiert (1451 b). Der Mythos zielt nach Aristoteles auf die *Handlungseinheit*, die „Zusammensetzung der Handlungen" (sýnthesin tōn pragmátōn, 1451 a), aber gibt diese in gewissem Sinne auch schon vor. Denn Aristoteles gibt den Mythen den Vorrang, die ihre Dialogstränge – griechisch: „epeisódion" – zu einer Einheit bündeln auf der stofflichen Basis älterer Mythen. „Die überlieferten Mythen soll man nicht antasten; ich meine etwa, dass Klytaimestra durch Orestes getötet wird [...]" (1453 b). Wiederum soll die Dichtung nicht einfach schildern, was geschehen ist, sondern „was geschehen könnte" (hoîa an génoito 1451 a). Gleichwohl ist für die antike Dichtungsauffassung – bei aller ordnenden und gestaltenden Eigenleistung des Dichters – noch die Gebundenheit der Tragödie an den Stoff, wichtig, der selbst keine Erfindung des Dichters ist. In der aristotelischen Definition wird die ursprüngliche Fundierung des griechischen Dramas im Mythos in Erinnerung gehalten.

Neue mediengeschichtliche Forschungen betonen daher zu Recht die Funktion der *Entmythisierung* des Mythos durch das griechische Drama und in ihm.

Entmythisierend wirkt bereits deren *Verschriftlichung*. „Als Stoff einer schriftlich entworfenen Tragödie verliert der Mythos seine [...] Macht und wird, einer Analyse unterworfen, zur Fabel, die im Unterschied zur Geschichtsschreibung den Status der Fiktion besitzt." (von Herrmann: Das Theater der Polis, S. 28) Ähnlich sieht dies Hans-Thies Lehmann: „Der Mythos ist der Tragödie inhärent, aber zugleich dreifach fremd: als Stoff aus einer anderen Epoche, als Produkt einer nicht mehr unangefochtenen Denkweise und gegeben in einer Form, der epischen vor allem, gegen die sich der neue Diskurs des tragischen Theaters abhebt." (Lehmann: Theater und Mythos, S. 15) Insofern impliziert der Logos des Dramas – dessen sprachliche Organisation und Fixierung – bereits dessen Entmythisierung.

Man kann hinzufügen: auch die theatralische *Inszenierung* hat eine entmythisierende Funktion. „Medium des Logos" ist „neben der (Vor-) Schrift des Dramas die Theaterarchitektur" (von Herrmann: Das Theater der Polis, S. 29), also die Raumarchitektur des Theaters und jene „Bühnenmalerei" (skenographía), die vor allem seit Sophokles zur Illusionserzeugung eingesetzt wurde. Durch die logische Ordnung der Schrift wie die malerische der Skene wird so der Mythos zur *literarischen Ordnung* des Dramas und dieses im Theater zum *Schauspiel*. „Der Zuschauer sollte [...] den sinnlichen Reichtum der Aufführung auf geistiger Ebene in eine abstrakte Ordnung übertragen. Er sollte seine Sinne gegen den Sinn (Bedeutung) eintauschen [...]." (Kerckhove: Schriftgeburten, S. 86) An die Stelle des mythischen trete somit ein „theoretisches Verhältnis zu den Dingen".

Nun ist es sicher richtig, diese entmythisierende Funktion der Medien zu unterstreichen. Auf der anderen Seite bleibt wichtig, dass im griechischen Drama und Theater immer noch der Mythos und die Auseinandersetzung mit ihm dominant sind. Ähnlich wie in der Logos-Kodierung der Philosophie wird der Mythos auch im Drama und Theater einerseits rationalisiert – als Erkenntnistheorie dort, als geschriebenes und aufgeführtes Stück hier – andererseits aber ist sowohl der philosophische wie auch der dramatisch-theatralische Logos selbst noch so stark im Mythos verankert, dass dieser selbst in der klassisch-griechischen Kultur einen stark mythisch-religiösen Charakter behält. Zwar wertet Platon den Logos der Nachahmung ab, wie ihn seiner Meinung nach die nachahmenden Künste, allen voran die Malerei aber auch die Dichtung, betreiben (Politeia: 10. Buch, 595 a ff). Aber er legt dabei eben auch einen nachrangigen Begriff von Kunst zugrunde, als Nachahmung einer Nachahmung nämlich. Kulturgeschichtlich aber standen Philosophie wie Drama in der griechischen Klassik an einem ähnlichen Punkt der Kulturgeschichte in ihrer Dialektik von *Entmythisierung* und einer neuen *Remythisierung* durch den Logos. Die religiöse Dimension des Mythos war für Platon wie für die Zuschauer des griechischen Theaters noch präsent. Sowohl der platonische wie auch theatralische Logos greifen daher auf mythische Formen zurück, die Platon sicher freier erfindet, als das Drama dies nach Aristoteles darf. In beiden Fällen – im philosophischen wie theatralischen Logos – aber ist die religiös-mythische Dimension selbst noch als Folie präsent für jene Entmythisierung des Logos, wie sie auf je eigene Weise Philosophie und Tragödie betreiben.

Diese Umkodierung und Logifizierung des Mythos aber ist selbst eine zentrale Dimension der Auseinandersetzung im Text. Sie ist nicht einfach nur durch den Text als Form gegeben, sondern bildet dessen *Inhalt* – und dies in durchaus *ambivalenter* Form. Es ist daher nötig, eben auf diese *Inhaltsdimension* des griechischen Dramas genauer einzugehen, um die *kritische* Funktion des griechischen Dramas im Kontext der Logos-Kodierung zu verstehen: eben als *Kritik* am Mythos sowohl wie am Logos.

Literatur:

Aristoteles: De arte poetica liber. Hg. von Rudolf Kassel. Oxford 1975.
Ders.: Poetik. Übersetzt von Olof Gigon. Stuttgart 1961.
Fischer-Lichte, Erika: Geschichte des Dramas. Epochen der Identität auf dem Theater von der Antike bis zur Gegenwart. Band 1: Von der Antike bis zur deutschen Klassik. Tübingen 1990.
Herrmann, Hans-Christian von: Das Theater der Polis. In: Archiv für Mediengeschichte, No. 3: Medien der Antike. Herausgegeben von Lorenz Engell, Bernhard Siegert und Joseph Vogel. Weimar 2003.
Kerckhove, Derrick de: Schriftgeburten. Vom Alphabet zum Computer. Übers. von Marina Leeker. München 1995.
Kindermann, Heinz: Das Theaterpublikum der Antike. Salzburg 1979.
Lehmann, Hans-Thies: Postdramatisches Theater. Essay. Frankfurt a. M. 1999.
Ders.: Theater und Mythos. Die Konstitution des Subjekts im Diskurs der antiken Tragödie. Stuttgart 1991.
Lesky, Albin: Die tragische Dichtung der Hellenen. 3. Aufl. Göttingen 1972.
Lohmann, Johannes: Die Geburt der Tragödie aus dem Geiste der Musik. In: Archiv für Musikwissenschaft 37, 1980, S. 167 ff.
Seeck, Gustav Adolf: Die griechische Tragödie. Stuttgart 2000.

Aischylos' „Orestie": Urbanisierung des Mythos

Die großen griechischen Tragödien behandeln die großen Mythen der griechischen Geschichte und bleiben somit auch in der Zeit der Logos-Kodierung auf die große Vorgeschichte des Mythos bezogen. Aus dem Mythos beziehen die griechischen Dramen ihre Wucht und Dramatik. Dabei offenbart sich in den alten griechischen Mythen und ihrer dramatischen Darstellung selbst ein *religiöser Konflikt*, auf den die Gender-Forschung nachdrücklich aufmerksam macht: der Übergang vom *Matriarchat* ins *Patriarchat*. Es geht also in der griechischen Tragödie um Mythos in einem tieferen, geschichtsphilosophischen Sinne, als ihn Aristoteles im Blick hatte bei seiner Difinition von Mythos als „Nachahmung von Handlung" definiert (Aristoteles: Poetik 1451 b). Der Mythenkonflikt in der „Orestie" des Aischylos erscheint im Drama als der Kampf der alten gegen die neuen Götter. Und er erscheint zugleich als ein Kampf der Frauen gegen die Männer. In diesem Zusammenhang ist es überhaupt bemerkenswert, dass in vielen attischen Tragödien *Frauenfiguren* den wichtigsten Part spielen. Diese Frauen werfen einen zumeist kritischen Blick auf die griechische Männergesellschaft. Vielfach können sie sich gegen jene nur noch im tragischen Untergang behaupten, der nicht nur ihren eigenen Untergang, sondern die Zurückdrängung einer älteren mythischen Kultur bedeutet.

Handlung und Mythenkonflikt in Aischylos Drama „Agamemnon"

Ein herausragendes Beispiel für diesen Mythenkonflikt ist die „Orestie" (Orésteia) des Aischylos als einzige uns erhaltene Trilogie mit ihren drei Tragödien „Agamemnon", „Die Grabesspenderinnen" (Choēphóroi) und den „Eumeniden" (Eumenídes). Der Trilogie folgte ein heute verlorenes Satyrspiel mit Namen „Proteus". Die Orestie kam 458 v. Chr. zur Aufführung.

Das ist bereits eine Zeit der politischen Instabilität. Den Areopag, der seit Solon vornehmlich mit Adligen besetzt war, hatte Perikles 462 v. Chr. entmachtet. Damit wurden zugleich die Volksversammlung und der Rat der 500 aufgewertet. Die Einsetzung des Areopags durch Athene in Aischylos' „Eumeniden" nimmt also eher im Sinne der konservativen Politik Stellung. Die neue friedliche Staatsordnung aber, in deren Vision die „Orestie" einmündet, verwirklichte sich für den Stadtstaat Athen im Perikleischen Zeitalter (Agamemnon, Verse 443–429) zumindest für kurze Zeit.

Das erste Drama der Trilogie handelt von den tragischen Ereignissen im Hause des Agamemnon, des griechischen Heerführers vor Troja. Das Drama beginnt mit der Ausschau des Wächters vom Königspalast in Argos nach jenen Feuerzeichen, die das Ende des Krieges vor Troja und den Sieg der Griechen über die Trojaner melden sollen. Als dieses Feuerzeichen aufleuchtet, scheint eine friedvolle und lichte Phase der Geschichte zu beginnen. Der Feldherr Agamemnon kommt als Sieger zurück nach Hause, seine Gattin Klytaimestra opfert den Göttern, alles scheint auf eine neue glückliche Phase im Hause Argos hinzudeuten.

Im ersten Stásimon – Standgesang – des Chores aber erinnert dieser an die Vorgeschichte der Ausfahrt des griechischen Heeres nach Troja. Agamemnon hatte bei der Ausfahrt von Argos seine Tochter Iphigenie opfern wollen, um von der Göttin Artemis günstige Winde für die Flotte zu erflehen.

> Ihr Bitten nicht, nicht ihr Vaterrufen
> Nicht ihre jungfräulich süße Jugend
> Erbarmte der Feldherrn wilden Mut.
> Der Vater sprach sein Gebet, gebot dann
> Dem Opferknecht, einer Ziege gleich sie
> Zu heben auf den Altar, tuchumfaltet […].
> (Aischylos: Agamemnon, Verse 227 ff)

Agamemnon hatte der Tochter bei der Schlachtung den Mund zugehalten, damit sie nicht schreien und seiner fluchen konnte. Als er sie, „einer Ziege gleich", schlachten will, wird sie – allerdings unsichtbar für die an dem Opferritual Teilnehmenden – von der Göttin selbst gerettet und nach Tauris entführt.

Klytaimestra aber hat die Geschehnisse so wenig vergessen wie der Chor. Und sie hat auch nicht ihre Leidensgeschichte in der zehnjährigen Abwesenheit ihres Mannes vergessen, „wie ich kummervoll/ Hinlebte, während mein Mann vor Troja lag" (Verse 859 f). Darüber hinaus weiß sie, dass ihr Mann eine Geliebte bei sich führt: die Trojanerin Kassandra. Klytaimestra hat sich ihrerseits mit einem Geliebten verbündet: mit Aigisthos. Er ist der Vetter Agamemnons und so auch mit der fluchbeladenen Geschichte des Hauses belastet.

Denn über dem Haus des Agamemnon liegt der Fluch schon seit dem Urvater der Sippe, Tantalus: Dieser, selbst göttlicher Abstammung und ein Freund des Zeus, hatte das Wissen der Götter prüfen wollen, indem er ihnen seinen eigenen Sohn Pelops als Speise vorsetzte. Dafür straften ihn die Götter durch ewige Qualen in der Unterwelt und mit einem Fluch über sein Geschlecht (Ranke-Graves: Griechische Mythologie, Kap. 108). Dieses grausige Schlachtritual setzt sich in der nächsten Generation fort: Atreus, der Vater des Agamemnon, hatte seinen Bruder Thyest, Vater des Aigisthos, vertrieben. Thyest seinerseits setzte dem Bruder zur Rache dessen eigene Kinder geschlachtet zum Mahl vor. Aigisthos aber, der bei der Rückkehr des Agamemnon dessen Bett besetzt hält, sollte auf Anstiftung des Atreus dann den eigenen Vater Thyest erschlagen. Er erkannte diesen aber noch rechtzeitig und tötete seinerseits den Atreus. Nun wird er, vereint mit Klytaimestra, auch Atreus' Sohn Agamemnon bei dessen Rückkehr in sein Haus töten.

Die Handlungsstruktur des Dramas führt so direkt auch auf die Frage nach der *Freiheit* der dramatis personae. Die Figuren des Dramas sind nicht in einem neuzeitlichen Sinne ‚frei' in ihren Handlungen, sondern sind Erfüller von Schicksalskonstellationen, die sie ertragen und austragen müssen. Gegen die Deutung der Verbrechen der Handelnden Personen „als freier Entscheidung […] stehen freilich die zahlreichen Hinweise des Chores und einiger *dramatis personae* im Stück selbst, dass es sich bei den dargestellten Verbrechen um Heimsuchungen der Götter oder des Schicksals oder Auswirkungen eines Fluches handelt" (Käppel: Die Konstruktion der Handlung der ‚Oriestie', S. 12). Freilich verbindet sich diese Handlungskonzeption bei Aischylos auch mit der Zielsetzung einer „Befreiung von diesen Leiden", wie es gleich der Herold im ersten Vers der Tragödie ausspricht. Das *Leiden* der Figuren des Dramas und Mitleiden auch der Zuschauer hat somit jene reinigende Funktion, die ihr schon Aristoteles zuschrieb. Jenes „páthei máthos" – Lernen durch Leid –, das der Chor gleich eingangs als „des Denkens Weg" vorzeigt, ist in der Tat das Programm der klassischen Tragödie gewesen (Zierl: Affekte in der Tragödie, S. 153 ff).

Bevor es zur Mordtat an Agamemnon kommt, schildert das Drama einge-

Stammbaum der Atreiden
(Quelle: Robert von Ranke-Graves)

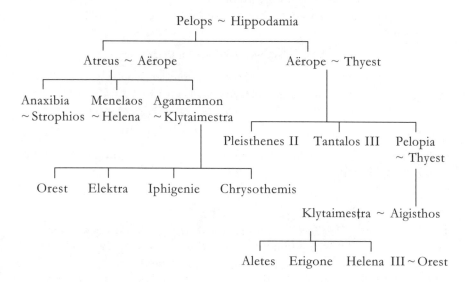

hend die Realitäten des Krieges vor Troja. Dies geschieht durch den Chor und auch einen Herold, aber nicht mehr aus der Sicht des Heldenepos und auch nicht aus der Perspektive des Kriegsführers. Der Herold ist ein einfacher Soldat. Er erinnert sich:

> Gar auf dem Lande kam dazu noch neue Not;
> Denn vor des Feindes Mauern war das Lager doch!
> Vom Himmel Regen und vom Wiesengrund herauf
> Durchnässte Tau uns; nimmer trocken wurde man,
> Und Ungeziefer nistete im wollnen Tuch. (Agamemnon, Verse 559 ff)

Die Soldaten lagen im Dreck, im Sommer herrschte brütende Hitze, Flöhe und Läuse prickten die Soldaten. Ein Heldenleben war das nicht.

Klytaimestra fühlt gegenüber ihrem heimgekehrten Mann Agamemnon nichts anderes mehr als Hass. Sie will ihn umbringen. Und sie setzt dies Mordwerk mit allen Tücken weiblicher List in Szene. Agamemnon wird von ihr königlich und in Purpurtüchern empfangen. Die Purpurfarbe ist zugleich eine Vorausdeutung auf seinen baldigen Tod. Denn im Bad werfen Aigisthos und Klytaimestra ein Fischnetz über den Heerführer und schlachten ihn in der Wanne ab. Aus dem Palast hört man seine Todesschreie (Verse 1343 ff).

Zu den Kunstgriffen des Aischylos gehört, dass das Drama diese Ereignisse aus der Perspektive eines anderen Opfers, der Sklavin Kassandra, erzählt und dies in der Vorausschau. Denn Kassandra ist Seherin. Wie sie den Untergang Trojas voraussah, aber nicht verhindern konnte, sieht sie auch hier das neue

Blutgräuel voraus, ohne es verhindern zu können (Verse 1178 ff). Sie sieht, dass das „Weib des eignen Mannes Mörderin" werden wird (Vers 1231). Der Chor wundert sich über das visionäre Vorauswissen der Kassandra, die spricht, als wäre sie dessen Augenzeuge. Ihre Sehergabe hat sie von Apoll, der um sie gebuhlt habe:

> Mein Buhle war er! Und er hat mich sehr geliebt! (Vers 1206)

Aber der Gott, den sie nicht erhört hat, hat sie mit der Sehergabe zugleich bestraft. Jene Katastrophen, die sie voraussieht, kann sie nicht abwehren. Voraussieht Kassandra so auch ihren eigenen Tod durch Klytaimestra:

> Mich Arme will sie töten [...] zu ihrem Hass [...]! (Vers 1260)

Nach dem erfolgten Doppelmord an Agamemnon und Kassandra feiert Klytaimestra ihren Triumph:

> Da liegt er tot, der mein, des Weibes, Recht zertrat [...]
> Und hier die Sklavin, bei ihm liegt sie [...]! (Verse 1441 ff)

Der Chor resümiert das Schicksal des Hauses Atreus – „In Strömen gleich entsprungnen Bluts/ Quillt fort und fort der schwarze Mord!" (Verse 1509 f) – und sagt damit zugleich das weitere Schicksal des Hauses an.

Denn nun steht die Rache für den Gattenmord an. Diese furchtbare Aufgabe fällt ihrem eigenen Sohn Orest zu, zusammen mit seiner Schwester – Klytaimestras Tochter – Elektra. Aber das ist bereits die Handlung der nächsten Tragödie „Die Grabesspenderinnen". Das Ende des „Agamemnon" zeigt den Sieg der Klytaimestra und des Aigisthos, der zugleich einen Sieg der alten weiblichen Göttermächte, der Erinyen, über Agamemnon und die ihn stützenden Götter darstellt.

Rachemotiv in den „Grabesspenderinnen"

Im Folgedrama, den „Grabesspenderinnen", steht der Rachemord des Orest an Aigisthos und an seiner Mutter im Zentrum des Handlungsgeschehens. Dabei bedient sich Orest, der sich in einer schönen Szene am Grab des Vaters nur der Schwester durch seine Haarlocke zu erkennen gibt, wie seine Mutter der List der Verstellung. Er schleicht sich als Fremdling aus Phokien ins Haus. So eingeschleust vermag er mit seinem Freund Pylades Aigisthos im Innern des Palastes zu erschlagen.

Dann steht er seiner Mutter gegenüber. Für diese Szene wie für die ganze Handlungsmotivation des Orest entscheidend ist, dass er seine Rache an der Mutter auf Befehl des Gottes Apoll ausführt. Apoll hat ihm aufgetragen, den Vatermord an der Mutter zu rächen.

Die Gegenüberstellung mit der Mutter gehört zu den erschütterndsten Szenen des Dramas und der ganzen europäischen Dramengeschichte. Orest will seine Mutter „drachenwild empört" ermorden, wie es der Klytaimestra selbst bereits ein Traum verkündet hat (Vers 549). In dieser Szene aber zeigt Klytaimestra, deren „Liebesgier" und Rachsucht der Chor unverhohlen verdammt hatte, mütterliche Züge. Dem mordbereiten Orest, mit dem noch von Aigisthos blutigen Schwert in der Hand, ruft sie entgegen:

> Halt ein, o Sohn! Und scheue diese Brust, o Kind,
> Die Mutterbrust, an welcher du einschlummernd oft
> Mit deinen Lippen sogst die süße Muttermilch!
> (Aischylos: Die Grabesspenderinnen, Verse 896 ff)

Die „süß ernährende Muttermilch", die sie ihm in dieser Mordsituation noch einmal als seine eigene Nährquelle zeigt, verwirrt Orest in der Tat so stark, dass er nicht weiß, was er tun soll:

> Was tu ich, Pylades? Scheu' ich meiner Mutter Blut? (Vers 899)

Es ist dann Pylades, der ihn zur Tat antreibt, indem er ihn an den Strafauftrag des Gottes Apoll erinnert. Noch einmal bäumt sich die Mutter auf, indem sie die Schuld von sich weg und der Schicksalsgöttin Moira zuschiebt. Klytaimestra beruft sich hier explizit auf die Moira als Ausdruck eines mutterrechtlichen Naturgesetzes. Dieses zeigt sich damit auch als ein blutiges Gesetz. (Bachofen: Das Mutterrecht, S. 163)

> Es ist die Moira, liebes Kind, all dessen schuld! (Vers 910)

Worauf ihr Orest fast schon zynisch entgegenschleudert:

> So hat Moira auch verschuldet diesen Mord! (Vers 911)

Auch Orest weist die Schuld an dem bevorstehenden Mord der Mutter selbst und ihrer eigenen Handlung als Konsequenz zu:

> Klytaimestra: So willst du mich umbringen, deine Mutter, Sohn?
> Orest: Mit nichten ich; nein, du ermordest selbst dich selbst! (Verse 922 f)

Die „traurige Blutschuld", die nun als Konsequenz der vorangegangenen Mordtat der Klytaimestra ihren eigenen Tod fordert, ruft die Muttergottheiten, die Erinyen, auf den Plan. Zwar gab Orest durch den Mord an dem Tyrannen Aigisthos und seiner eigenen Mutter die „Freiheit unsrer ganze[n] Stadt" zurück, wie der Chor kommentiert (Vers 1046). Aber Orest selbst steht am Ende des Dramas mit von Mutterblut triefenden Händen da. Der Wahnsinn ergreift ihn. In diesem Zustand wähnt er die Erinyen zu sehen, schwarzverhüllte Gestalten mit Schlangen in den Haaren. Sie treiben und hetzen ihn. Mit den Worten „Mich jagts von hinnen!" (Vers 1062) flieht er am Ende des Dramas vor den Verfolgerinnen.

Rationale Lösung des Konflikts: Die „Eumeniden"

Die dritte Tragödie, die „Eumeniden" (Die Wohlmeinenden), trägt also das Erbe zweier Familienmorde aus den vorangegangenen Tragödien. Und hier sind es nun die neuen, vernünftigen Götter, die in das Handlungsgeschehen selbst eingreifen und die Blutkette der Mordtaten des Hauses der Atriden zu einem friedlichen Ende führen.

Der Beginn der „Eumeniden" spielt im Apollotempel in Delphi, wohin Orest sich geflüchtet hat, wohin aber auch die Erinyen, „schwarz und völlig ekelhaft zu schauen" (Vers 52), ihm folgen und ihm nachsetzen. Apoll selbst tritt hier auf und versichert Orest seines treuen Schutzes:

> Dich werd ich nicht verraten; treu dir immerdar
> Als Hüter nahe [...]. (Aischylos: Eumeniden, Verse 64 f)

Apoll vertreibt die hässlichen Erinyen, die „grässlichen Jungfern" (Vers 68), aus seinem Tempel und übergibt den ganzen Fall seiner Schwester Athene in Athen zur Verhandlung vor dem Gericht auf dem Areopag. Dahin solle Orest sich begeben, dorthin auch werden die ihn verfolgenden Rachegöttinnen beordert, damit der Fall vor dem hohen Gericht unter Athenes Leitung gerecht und vernünftig beendet werde.

Noch einmal taucht hier die Mutter auf, als Schatten. Sie stachelt die Erinyen auf, Orest zu Tode zu hetzen. Diese nehmen sich auch vor, sich an seinem Blut bei lebendigem Leib vampirhaft „satt" zu „schlürfen" (Verse 264 f, wörtlich: „aus dem lebendigen Leib/ den Opfertrank schlürfend"). Die Erinyen rasen:

> Uns greise Götter überrennst du junger Gott! [...]
> Den Muttermörder stahlst du uns und bist ein Gott! (Verse 149 ff)

Apoll verhöhnt ihre Fratzenhaftigkeit als „verhasst den Göttern":

> [...] Zeigt's doch euer Äußres schon;
> Denn solche Scheusal müssen in des blutleckenden
> Leu'n Höhle hausen [...]! (Verse 192 ff)

Die neuen Götter sind *schöne Götter*. Die alten mutterrechtlichen aber – aus der Perspektive der neuen – fratzenhafte Erscheinungen. Sie müssen auf Befehl Apolls aus seinem Tempel weichen.

Sie sind entmachtet, aber noch nicht machtlos. Die große Aufgabe, die der neuen Göttin Athene im Areopag von Athen zufallen wird, ist, Orest vor den Erinyen zu schützen, andererseits aber auch diese immer noch gefährlichen Rachegeister ruhig zu stellen. Denn über das Land haben sie immer noch Macht. Athene und Apoll, der zur Verteidigung Orests ebenfalls angerückt ist, gelingt dies in einer Meisterleistung der Rhetorik.

Dabei ist ein Triumph der neuen Polis-Ordnung und ihrer rationalen Einrichtung eines Gerichts, dass überhaupt der Mythos und sein Erbe an Bluttaten und Blutschuld vor einem *Athener Gericht* zu Ende gebracht werden soll. Dieses befindet nicht nur über die alten Götter, sondern auch über die neuen. Denn auch Athene und Apoll müssen sich ja den Regeln dieser Gerichtsbarkeit beugen. Wobei allerdings Athene diese Regeln weidlich für sich nutzt und auch noch während des Prozesses zu ihren Gunsten abändert.

Nach den Regeln des Gerichts trägt zunächst die Chorführerin die Schuldanklage der Erinyen auf Muttermord vor. Orest muss gestehen, dass er ihn verübt hat. Dann aber kommt Apoll als Vertreter der Verteidigung zu Wort. Seine Argumentation ist in der Tat eine Meisterleistung der Rhetorik. Apoll argumentiert nämlich nach dem Stand der antiken Medizin so, dass der Muttermord weniger wiege als der Vatermord, weil der Mutterschoß – und dies war der tatsächliche Stand der damaligen Medizin – nur der Naturboden für die Ausbrütung des männlichen Samens sei und somit gegenüber der Zeugung zweitrangig:

> Drauf sag ich also, merke, wie gerecht das Wort:
> Es ist die Mutter dessen, den ihr Kind sie nennt,
> Nicht Zeugerin, nur Pfleg'rin des eingesäten Keims;
> Es zeugt der Vater, aber sie bewahrt den Pfand [...]. (Verse 657 ff)

Als Beweis für die Richtigkeit seiner Argumentation nennt er just sie, die Göttin Athene, die ja ohne weibliche Empfängnis direkt aus dem Haupte des Zeus entsprungen ist:

> Denn Vater kann man ohne Mutter sein; Beweis
> Ist dort die eigne Tochter des Olympiers Zeus,
> Die nimmer eines Mutterschoßes Dunkel barg [...]. (Verse 663 ff)

Entmachtung des Mutterrechts

Nichts geringeres geschieht hier als die *Entmachtung* der archaischen Geburtsrechte der Frau. Ihre Rechte sind durch die geburtlose Geburt der Athene selbst bereits entkräftet. Dazu sagt Bachofen: „In Athene erscheint das stoffliche Muttertum zu mutterloser Geistigkeit durchgeführt. Auch sie ist, wie die dodonische Priesterin, durch das Licht von den Schlacken des Stoffes gereinigt und selbst in das höhere männliche Gottheitsprinzip übergegangen. Gebrochen liegt das alte Erbrecht der Erinyen, die blutigen Erdmütter fügen sich zuletzt willig dem Gesetz, froh, endlich ihres grausen Amtes entledigt zu sein. So auch die dodonischen Priesterinnen. Durch Apoll wird Orest gesühnt, der Makel des Muttermordes durch den männlichen Gott getilgt." (Bachofen: Mutterrecht, S. 141)

In der in diesem Drama dargestellten Überwindung eines auf Geburt gegründeten Mutterrechts zeigt sich somit die Abkehr der griechischen Kultur von dem biologischen Lebenskreislauf, deren Rechte die Erinyen repräsentieren. Wenn in der attischen Philosophie das von Geburt und Tod gereinigte *Sein* zum Ideal erkoren wird (Kap. 2.2), so wird hier in der attischen Tragödie des Aischylos das von der mütterlichen Geburt gereinigte Sein der Athene zur Richtschnur der Rechtssprechung über Orest.

Es mag zur Ironie der Geschichte gehören, dass eben jene naturwissenschaftliche Argumentation, die in der griechischen Antike die Vorherrschaft des männlichen Logos begründete, eben dessen Nachrangigkeit in der Gegenwart aufzuweisen scheint. Neuere und neueste Theorien sehen ja in dem für die männliche Fortpflanzung wichtigen Chromosom y ein spätes, und – wie einige meinen – auch überflüssiges Differenzierungsmerkmal der Erbmaterie.

In jedem Falle aber beginnt mit der griechischen Logos-Kodierung und ihrer selbst neo-mythischen Beschreibung der Athene als einer Kopfgeburt auch ein neues Zeitalter, das zugleich Abschied nimmt vom Mythos der *großen Mutter* als Empfängerin und Geberin allen Lebens.

Freispruch des Orestes

Mit diesem Argument der Verteidigung aber wird nun in den „Eumeniden" abgestimmt. Die Areopagiten erheben sich und werfen ihren Stimmstein in die Schale. Noch während des Stimmverfahrens legt Athene die Stimmmodalitäten fest: Bei gleicher Stimmenzahl soll Orest frei sein. Zusätzlich legt sie ihren Stimmstein in die Waagschale und begründet dabei auch ihre gegen das Mutterrecht gerichtete Stimmabgabe:

> Und für Orestes leg' ich meinen Stein hinzu;
> Denn keine Mutter war es, welche mich gebar;
> Der Männer Art ist, abgesehn von Ehe, mir
> Besonders wert; recht bin ich „meines Vaters Kind";
> Darum des Weibes Los begünstigen werd' ich nie [...].
> (Aischylos: Eumeniden, Verse 735 ff)

Orest erreicht dann in der Tat bei gleicher Stimmenzahl den Freispruch. Athene verkündet ihn:

> Denn gleich in beiden Urnen ist der Steine Zahl. (Vers 753)

Damit hat das Vaterrecht in diesem über Generationen tobenden Geschlechterkampf gesiegt. Gleichzeitig packt Athene die hasserfüllten Erinyen mit Samthandschuhen an, um sie für die neue vaterrechtliche Ordnung zu gewinnen und in diese zu integrieren. Die Erinyen, die Unwetter und Pest über das Land bringen können, mögen doch, so wirbt Athene, dem Land gütig gesinnt sein. Sie sollen „heimisch" werden in der Polis und erhalten dort an bevorzugter Stelle einen Weiheplatz. Das ist kluge Politik. Und die Erinyen nehmen das Angebot auch an in Aischylos' Drama, der damit selbst ein Stück mythopolitischer Zeitgeschichte geschrieben hat:

> Haus und Herd neben Pallas nehm' ich an;
> Nicht verschmähn will ich die Stadt,

Die auch Zeus, der hehre Allbewältiger,
Ares ehrt als Götterburg
Als der Griechen altarschirmend Lieblinggötterhaus [...]! (Verse 916 ff)

So endet das Drama mit einem neuen Mythos: dem *Nationalmythos* der Polis Athen als Führungsmacht Griechenlands, der nun auch die Erinyen „in stetem Blühn des Lebens Wohl, ein reich Gedeihn" (Vers 923) wünschen. Man kann dies eine *Urbanisierung* des Mythos nennen. Nicht nur die neuen, auch die alten Götter wurden für Athen gewonnen, mithin alle kosmischen Mächte für das Gedeihen der Stadt geworben und in dieses eingebunden. So läuft denn die Orestie des Aischylos aus in eine urbanisierte Utopie der befriedeten und mit den Göttern versöhnten Polis Athen.

Literatur:

Aeschyli septem quae supersunt tragoediae. Recensuit Gilbertus Murray. Oxford 1957.
Aischylos: Tragödien. Übers. von Johann Gustav Droysen. In neuer Textrevision von Siegfried Müller. Wiesbaden und Berlin o.J.
Die Orestie des Aischylos. Übersetzt von Peter Stein. Herausgegeben von Bernd Seidensticker. München 1997.
Bachofen, Johann Jakob: Das Mutterrecht: Eine Untersuchung über die Gynaikokratie der alten Welt nach ihrer religiösen und rechtlichen Natur. Eien Auswahl herausgegeben von Hans-Jürgen Heinrichs. Frankfurt 1997.
Käppel, Lutz: Die Konstruktion der Handlung der ‚Orestie' des Aischylos. Die Makrostruktur des ‚Plot' als Sinnträger in der Darstellung des Geschlechterfluchs. München 1998.
Lesky, Albin: Die tragische Dichtung der Hellenen. 3. Auflage. Göttingen 1972.
Ranke-Graves, Robert: Griechische Mythologie. 2 Bde. Reinbek 1960.
Wesel, Uwe: Der Mythos vom Matriarchat. Über Bachofens Mutterrecht und Frauen in frühen Gesellschaften vor der Entstehung staatlicher Herrschaft. Frankfurt 1990.
Zierl, Andreas: Affekte in der Tragödie. Orestie, Oidipus Tyrannos und die Poetik des Aristoteles. Berlin 1994.

Sophokles' „Antigone": Männliche Polisordnung gegen weibliches Recht

Wenn bei Aischylos am Ende die Logos-Kodierung über den Mythos triumphiert, indem die ‚männliche' Athene den Konflikt vor einem Athener Staatsgericht zu Ende bringt und die Vertreterinnen des Mutterrechts in den Staatsverbund integriert werden, so verschiebt sich das Spektrum in Sophokles' „Antigone" weg von der Verteidigung der männlichen Polis-Ordnung hin zur Verstärkung des weiblichen Rechtsanspruchs und hin zu einer grundlegenden Kritik an der männlichen Macht.

Dem Drama liegt ein anderer mythischer Stoff zugrunde, den auch Aischylos schon in einem Drama mit dem Titel „Die Sieben gegen Theben" behandelt hatte: der Labdakidenstoff (Ranke-Graves: Griechische Mythologie,

Kap. 105 ff; Karl Kerényi: Die Heroen der Griechen, Bd. I, S. 100 ff; Hellmuth Flashar: Sophokles. Dichter im demokratischen Athen). Auch hier geht es um einen tragischen Mythos: Laios, Sohn des Labdakos, heiratet die Iokaste, deren Ehe aber kinderlos bleibt. Laios befragt daher Apoll, der ihm rät, keinen Sohn zu zeugen, da ihn der eigene Sohn erschlagen werde, um dann die Mutter zu heiraten und das ganze Geschlecht in ein Blutbad zu ziehen. Von Lust und Trunkenheit verführt, zeugt Laios dennoch einen Sohn, dem er aber – um das Orakel zu umgehen – die Füße durchbohrt (Oidípous = Hinkefuß) und dann in der Wildnis aussetzt. Hirten ziehen Ödipus auf. Erwachsen geworden, macht sich Ödipus auf, um seine Eltern zu finden. An einer Wegkreuzung trifft er auf einen Mann in einem Wagen, der ihm den Weg nicht freigibt und den er im Wortgefecht erschlägt: Es ist sein Vater. In Theben trifft er auf die Witwe eines Königs, die er nach Lösung eines Rätsels der Sphinx heiratet: Es ist seine Mutter. Mit ihr zeugt er in Inzucht vier Kinder: Polyneikes, Eteokles, Antigone und Ismene. Als er die Wahrheit erkennt, blendet sich Ödipus. Damit wird der Thron frei, aber der Kampf um die Thronnachfolge beginnt zwischen seinen Söhnen. Diese arrangieren sich, die Herrschaft zwischen sich rotieren zu lassen. Als Eteokles an der Macht ist, gibt er den Thron aber nicht mehr frei. Der Bruderkrieg ist vorprogrammiert.

Aischylos' Stück „Die Sieben gegen Theben" schildert die Verteidigung der Stadt durch Eteokles gegen den mit Verbündeten anrückenden Polyneikes. Dabei stilisiert Aischylos den Eteokles zum wehrbereiten Vaterstadtverteidiger. Eteokles ordnet die Verteidigung der sieben Tore Thebens an und tritt selbst dem Bruder an einem der Tore im Kampf entgegen. Im Zweikampf erschlagen sich die Brüder gegenseitig. Kreon, der Onkel der Kinder, übernimmt die Macht und ordnet sogleich an, dass nur der Verteidiger Eteokles, nicht aber der Angreifer Polyneikes ordnungsgemäß bestattet werde. Hier nimmt die Tragödie des Sophokles ihren Ausgang.

Sophokles' „Antigone", um 442 v. Chr. uraufgeführt, lässt die Protagonistin zu einer Rebellin werden gegen die von Kreon ausgeübte Staatsgewalt. Dieser hatte ausdrücklich verboten, den vermeintlichen Staatsfeind Polyneikes zu begraben. Gegen den Willen und Befehl des neuen Tyrannen Kreon aber bestattet Antigone auch Polyneikes vor den Toren der Stadt. Der Tyrann wütet und wertet dies als Widerstand gegen die Staatsgewalt. Die Wärter erhalten strenge Anweisung, den Gebotsübertreter zu fassen. Beim erneuten Bestattungsversuch fassen sie den Ungehorsamen: Es ist die junge Frau und Ödipus-Tochter Antigone.

Antigone repräsentiert einen *neuen Frauentypus* im attischen Drama. Nicht eine Frau, die außer sich ist in ihrem Hass wie Klytaimestra oder in ihrer Visionarität wie Kassandra. Sie spricht auch nicht wie jener Chor von Klageweibern in „Die Sieben gegen Theben", die ihrerseits den Eteokles angstvoll vor dem Krieg warnen und deren „Furcht" und weibliche „Angst" Eteokles verachtet:

> O Zeus, wie hast das Weibervolk geschaffen du!
> (Aischylos: Die sieben gegen Theben, Vers 256)

Antigone spricht mit der Festigkeit eines Mannes, hatte auch bei dem verbotenen Begräbnisritual „keine Furcht" gezeigt. Daher tritt in ihrer Gestalt dem Kreon eine Gegenmacht entgegen, die seinen Führungsanspruch in Frage stellt. Es geht somit in diesem Drama wesentlich auch um den Führungsanspruch des Männlichen gegenüber dem Weiblichen in der Polis. Vor allem Kreon sieht das so. Wenn er Antigone nachgäbe, bedeutete dies in seiner Sicht:

> [...] ich wär' nicht der Mann, sie wär' der Mann,
> Wenn ungestraft sie solche Macht sich angemaßt.
> (Sophokles: Antigone, Verse 484 f)

Ein Kampf also um die *Macht* in der Polis – und dies in Auseinandersetzung zwischen dem Machthaber und Tyrann Kreon und der machtlosen, aber durch ein archaisches Recht legitimierten Frau Antigone – grundiert den Kampf um die Frage der Bestattung. Gilt die neue Polis-Ordnung des Kreon oder gilt das alte, von Antigone vertretene Recht, dem gemäß Tote immer zu bestatten sind? Für Kreon ist klar: Wer sich gegen sein Bestattungsverbot auflehnt, lehnt sich auch gegen seine Macht auf. So sieht er es. Er befürchtet, dass „ich zum Fluch mir und zum Umsturz meines Throns" die Töchter des Ödipus, Antigone und Ismene, aufgezogen habe. Die „feste Ordnung" (Vers 675), die er vertritt, ist vor allem beherrscht von der Angst um den Machtverlust. Überall wittert Kreon solchen Angriff auf sich, den neuen Tyrannen.

Als sein mit Antigone verlobter Sohn Haimon ihn warnt, dass die öffentliche Meinung in Theben eher um des Götterfriedens die Bestattung will, sieht er dies nur als drohenden „Ungehorsam" – „Den Ungehorsam strebst du zu verherrlichen" (Vers 730) – und Aufstand der Bürger gegen ihn. (Wörtlich: Tùs akosmūntas = die Verräter).

> Soll mir die Stadt vorschreiben, wie ich herrschen muss? (Vers 734)

Nach dieser rhetorischen Frage bekräftigt Kreon seine Oberhoheit über die Polis:

> Der Staat doch, sagt man, ist des Herrschers Eigentum. (Vers 737)

Das nun genau ist nicht die Staatsauffassung der griechischen Polis Athen in der Demokratie, in deren vergleichbar prosperierender Perikleischer Epoche das Stück ja in Athen zur Aufführung kommt. Kreon repräsentiert vor einem Athener Demokratiepublikum in seiner männlichen Sturheit eher den alten *Tyrannentypus*. Und so ist er denn nicht bereit, von irgendjemand einen guten Rat anzunehmen. Nicht von seinem Sohn, der den Starrsinn und die Lernunwilligkeit seines Vaters rügt. Auch nicht von dem weisen Seher Teiresias, der ihn vor den tragischen Folgen seines Tuns warnt und dem Kreon Geldgier unterstellt (Verse 1033 ff). Vor allem aber auch nicht von einer Frau, von Antigone. Denn für Kreon gilt dies Prinzip:

> Doch weil ich lebe, herrscht hier droben nie ein Weib. (Vers 525)

Damit ist auch die Labdakidentragödie zu einem Kampf zwischen männlichem und weiblichem Rechtsanspruch geworden. Und so sieht Kreon auch seinen Sohn, der ihn ja zum Einlenken bewegen will: als verweichlicht, verweiblicht.

Die Gestaltung des *Weiblichen* aber in der Figur der Antigone durch Sophokles hat nichts von Weichheit und Nachsichtigkeit. Die eigene Schwester Ismene, die Antigone am Anfang des Dramas um Mittäterschaft bei der Beerdigung gebeten hatte, ohne Ismene gewinnen zu können, weil „wir Weiber sind,/ Und nicht geschaffen, Männer zu bestehn im Kampf" (Verse 60f) –, jene ängstliche, aber dann doch mutige Ismene stößt Antigone später von sich, als die Schwester trotz ihrer Angst mit ihr in den Tod gehen will. Zwar vertritt Antigone gegenüber Kreon das Prinzip: „Nicht mitzuhassen, mitzulieben bin ich da." (Vers 523) Gegenüber der liebenden Schwester zeigt Antigone aber wenig Nachsicht, wie denn überhaupt alle Figuren des Dramas in einer seltsam *monologischen Einsamkeit* gefangen sind.

Insbesondere auch Antigone. Sie betrachtet das Projekt der Beerdigung und der darauf zu erwartenden Todesbestrafung allein als ihr eigenes Schicksal. Der französische Dramatiker Jean Anouilh, der den Stoff 1942 erneut bearbeitet, zeigt Antigone dann auch als eine geradezu lebensverachtende, todesbessesene Frau.

Aber auch bei Sophokles nimmt die Tragödie nun ihren Lauf: Kreon, nach dem Gespräch mit dem Seher Teiresias doch von Ängsten befallen, geht hinaus vor die Tore der Stadt, wohin er Antigone in ein Verlies verbannt hatte. Er findet dort Antigone erhängt. Sein Sohn, der den Vater in blindem Hass mit seinem Messer erstechen will, aber im Todesstoß verfehlt, tötet sich darauf selbst. Und die Frau Kreons, Eurydike, gibt sich nach all dem auch selbst den Tod. Die „feste Ordnung" Kreons, die auf tyrannischer Macht, aber nicht auf Liebe, Verstehen und auf die „Besonnenheit" (phrónesis) beruht, zeigt sich am Ende dieses Dramas von Sophokles als eine Katastrophe von Morden und Selbstmorden – das Gegenteil einer politisch stabilen Ordnung.

Sophokles' Kulturkritik

Sophokles' Drama und sein Verlauf erscheinen als eine *Selbstkritik* des starren Männlichkeitsprinzips und seiner Machtversessenheit. Es ist eine Kritik an der *Hybris* eines männlichen Tyrannenwahns, der in der Kritik an seinen Verordnungen nur den latenten Ungehorsam und die Bedrohung seiner Macht sehen kann.

Darüber hinaus enthält die „Antigone" Passagen, die als eine Form der *Kulturkritik* der griechischen Welt und ihres Männlichkeitsideals gelesen werden können und vielfach auch so interpretiert worden sind. Es sind jene Passagen des Chors, die grundsätzlich Aussagen über den Menschen machen und dabei den Eroberungsdrang einer männlichen Weltordnung einbeziehen:

Viel des Gewaltigen gibt es, doch nichts
Ist gewaltiger als der Mensch.
Durch die schäumende Meeresflut,
Ob auch winterlich tobt der Süd,
Zieht er, umbrandet vom Wogenschwall,
Auf feuchter Bahn dahin.
Ja, selbst der höchsten Göttin, der Erde,
Nimmerversagende Fülle erschöpfet er,
Jahr stets um Jahr mit dem rossebespannten Pflug
Sie durchfurchend, sie umackernd. (Verse 332ff)

Den griechischen Text: „pollà tà deinà koudèn an/ thrópu deinóteron pélei"
übersetzt Hölderlin:

Ungeheuer ist viel. Doch nichts
Ungeheuerer, als der Mensch. (Hölderlin: Antigonä, Verse 349f)

Griechisch „deinós" meint in der Tat das Außergewöhnliche, auch Schreckliche (tà deinà: Gefahr, Schrecken, Unglück), aber auch das Erhabene, Gewaltige. Es meint zugleich auch eine Dimension des Gewaltigen im Sinne von „Ge-
waltbrauchen" als einem „Grundzug seines [des Menschen] Tuns" (Martin
Heidegger: Einführung in die Metaphysik, S. 115), also einer Erscheinungsform des gewalttätigen Machtwillens. Sie wird mit dem Menschen, genauer: mit
dem neuen Typus eines weltumsegelnden, welterobernden Menschen identifiziert. Der „vielgewandte Mensch" „erjagt" die Vögel, das Wild, die „Meeres-
brut" umtriebig und listenreich wie Odysseus (Verse 332ff). Er erfindet sich
die Sprache zur Verlautung seiner Gedanken, er trotzt den Wettern, gründet
sich Städte, schützt sich gegen Unbillen. An dieser Stelle warnt der Chor vor
der Übertretung des Gebots in „törichtem Trotz". Das geschieht vor dem erneuten Auftreten der Antigone bei den Wächtern zur erneuten Bestattung ihres Bruders.

Dabei zeigt der Chor wie das Drama als Ganzes eine letzte Teleologie alles
menschlichen Tuns und Seins an: den Tod. Noch einmal der Chor:

[...] unentrinnbar droht
Einzig ihm des Hades Macht. (Verse 357f)

Der, der alles bewegt in seinem Tun, endet selbst am Ende „vor dem Nichts".
Damit erscheint – anders als in der griechischen Philosophie (Kap. 2.2) – bei
Sophokles eine *Ambivalenz* der menschlichen Existenz auf: Universaler Ma-
chergeist *und* Hinfälligkeit prägen die menschliche Existenz – fügen wir hinzu:
im Zeitalter der griechischen Herrschaftsexpansion im Mittelmeerraum. Anders als in matriarchalischen Strukturen ist diese Seinsbestimmung des Menschen seltsam *heimatlos*: „Überall hinausfahrend, unterwegs" – aber zugleich
letztendlich ziellos vor dem „Nichts".

Kein Zweifel also: Der Chor greift weit über das Drama hinaus. Er beschreibt einen neuen, welterobernden Männertypus, der sich den Raum unter-
tan macht und sich die Natur unterwirft. Der Chor bleibt in seiner Rede ambi-

valent. Solches Tun könne „edlen Zwecken" dienen, aber auch unedlen. Das Drama aber, das nun erst anläuft, zeigt die Katastrophe der Hybris auf Seiten Kreons, aber auch, wie bereits Hegel erkannt hat, auf Seiten Antigones (Hegel: Vorlesungen über die Philosophie der Religion. Bd. I, S. 156). Es zeigt einen Kampf um die Macht, in dem keine Seite mehr sich versöhnlich zeigen will und, in der prinzipiellen Verhärtung der Positionen, auch nicht kann. Der mythische Stoff der Antigone wird so zu einem Drama der *Hybris* und der *Macht* und ihrer zerstörerischen Wirkung. Der Schluss des Dramas ruft denn auch die maßhaltende Vernunft („tò phronein") als ethische Losung einer besseren Welt aus (Vers 1352).

Diese *Phronesis* ist der eigentlich ethische Gegenbegriff zu „Hybris" und deren Zerstörungsmacht im Drama. Sie meint die Fähigkeit der abwägenden Klugheit, die sich von klugen Menschen raten lässt und dabei auch den Rat der Jugend (in der Figur des Haimon) nicht verschmäht. Sie ist der tiefere Blick, den der blinde Teiresias hat gegenüber dem nur äußerlich und vordergründig Sehenden. Phronesis ist nicht egozentrisch, sondern dialogisch, ist nicht selbstbezogen, sondern offen für den Blick und Rat des/ der Anderen.

Darüber hinaus aber beschwört der Chor, der mehrfach auch den Labdakidenfluch als das Geschick der Figuren zitiert, andere kosmische Kräfte: Eros und Aphrodite, Bakchos, der einem alten Mythos zufolge aus Theben stammt. Der Chor ruft ihn auf zur Rückkehr, um das ,schmachtende Volk' zu entsühnen und mit seinem „Reigen", mit seinem „Jubel", mit seinen Mänaden jene Lebenslust und Freude wieder zurück in die Stadt zu bringen, die der Labdakidenfluch und der Machtkampf aus ihr vertrieben haben (Vers 1121).

Literatur:

Sophokles: Antigone. Übersetzt und eingeleitet von Karl Reinhardt. Mit griechischem Text. Fünfte Auflage. Göttingen 1971.

Sophokles: Sämtliche Werke. Im Versmaß übersetzt, mit Einleitung und Anmerkungen versehen von Leo Turkheim. Essen 1989.

Sophoclis: Fabulae. Ed. A. C. Pearson. Oxford 1957.

Sophokles: Dramen. Griechisch und deutsch. Hg. und übersetzt von Wilhelm Willige, überarbeitet von Karl Bayer. Mit Anmerkungen und einem Nachwort von Bernhard Zimmermann. Zürich 1985.

Sophokles: Antigone: Herausgegeben von Gisela Greve. Tübingen 2002.

Sophocles: Antigone. Hg. von Mark Griffith. Cambridge 1999.

Diller, Hans (Hg.): Sophokles. Wege der Forschung Bd. 95. Darmstadt 1986.

Heidegger, Martin: Einführung in die Metaphysik. Tübingen 1953.

Jens, Walter: Antigone-Interpretationen. In Diller: Wege der Forschung, S. 296 ff.

Möbius, Thomas: Erläuterungen zu Sophokles, Antigone. Hollfeld 2000.

Pöggeler, Otto: Schicksal und Geschichte. Antigone im Spiegel der Deutungen und Gestaltungen seit Hegel und Hölderlin. München 2004.

Euripides' Kulturkritik: „Medea"

Euripides' um 430 v.Chr. entstandenes Drama „Medea" stellt noch einmal eine große mythische Gestalt ins Zentrum des Dramengeschehens: die Tochter des Helios-Sohnes Aietes, der selbst ein Bruder der Zauberin Circe war. Wie diese verfügt Medea über magisches Zauberwissen. In Griechenland – so in Athen und in Korinth – wurde sie in Zusammenhang mit Initiations- und Fruchtbarkeitsriten gebracht, bevor die klassischen Göttinnen Hera und Aphrodite diese Rollen übernahmen. (Ranke-Graves: Griechische Mythologie, Kap. 152 ff; Graf: Medea; Iles Johnston: Corinthian Medea. In: Medea, S. 21 ff und S. 44 ff) Als mythische Magierin vermochte Medea sogar Tiere und Menschen zu verjüngen. Salbölgefäße aus dem 5. Jahrhundert v.Chr. zeigen sie denn auch an einem Zauberkessel, aus dem ein verjüngter Ziegenbock oder Mensch heraussteigt (Simon: Medea in der antiken Kunst, S. 18).

Für Medea entbrannte kein geringerer als Zeus, der ihre Geisteskraft sehr bewunderte, den sie aber nicht erhört. Dagegen entbrannte sie in Liebe zu Jason, als dieser schöne und kraftvolle Grieche in ihrer Heimatstadt Kolchis am Schwarzen Meer auftauchte. Die Entfesslung ihrer Leidenschaft ist selbst ein Werk der Götter: Hera bewirkt sie mit Hilfe Aphrodites, die ihrerseits den Eros beauftragt, einen Liebespfeil bis zum Schaft in Medeas Herz zu versenken.

Medeas Mythos ist eng mit der Argonauten-Sage verbunden. Und diese lässt sie auch als eine sehr machtbewusste und trickreiche Magierin erscheinen. Pelias, der König von Jolkos, hatte den Griechen Jason auf den Weg geschickt, um das Goldene Vlies zu erobern. Sein Ziel war, den jungen Mann dabei in den Tod zu schicken. Die Eltern des Jason hatte er bereits getötet. Mit der Hilfe der Medea gelingt es Jason, das Goldene Vlies des Aietes, ihres Vaters, zu erbeuten. Auf der Flucht vor Aietes wird das Paar von Medeas Bruder Apsyrtos verfolgt, den sie schließlich zerstückelt. Wieder in Jolkos, überredet Medea die Töchter des Pelias, ihren Vater zu zerstückeln, damit sie ihn kochen und so verjüngen könne. Die Magierin lässt dann auch die Stücke des Pelias im selben Kessel kochen wie die des verjüngten Widders. Pelias aber bleibt in seiner Kochsuppe unerlöst, der Rauch seines Kessels ist zugleich das Zeichen für Jason zur Eroberung der Stadt (Ranke-Graves, Kap. 155).

Erneut müssen Medea und Jason fliehen. Sie finden im griechischen Korinth Unterschlupf. Die Tragödie des Euripides setzt ein zu einem Zeitpunkt, da Medea erfährt, dass Jason sich anders orientiert hat: Er hat sich mit Glauke, der Tochter des Königs verbunden, angeblich, um den königlichen Rang seiner eigenen Kinder zu sichern (Verse 554 ff). In der Darstellung des entfesselten psychischen Zustandes der Medea lotet das Drama des Euripides neue psychische Abgründe der Frau aus. Das Drama beginnt mit einer Beschreibung ihres geradezu versteinerten Zustandes:

> Sie isst nichts, liegt nur wie gelähmt von Schmerzen
> Und unaufhörlich fließen ihre Tränen,

Seit den Verrat des Gatten sie erfuhr
Ihr Aug' erhebt sie nicht, ihr Antlitz haftet
Am Boden. Wie ein Fels, ein Meeresstrudel
Ist sie für jede Freundesmahnung taub.
(Euripides: Medea, Verse 24 ff)

Medeas psychischer Zustand basiert auf einem doppelten *Identitätsverlust*: Zunächst hat sie – in ihrer wahnsinnigen Liebe zu Jason – ihre heimatlichen Zelte hinter sich abgebrochen und ja auch ihren eigenen Bruder dabei vernichtet. Der Verlust von Heimat und Familie ist für einen archaischen Menschen bereits ein schwerer Identitätsverlust. Als sie nun auch Jason, für den sie dies alles auf sich genommen hat, verliert, fällt sie in jenen Zustand der Schmerzerstarrung, mit dem Euripides' Drama einsetzt.

Gegen die Selbstverfluchung der Mutter – „ihr, Kinder entstammt/ Der abscheulichsten Mutter. Darum seid verflucht/ Mitsamt eurem Vater" (Verse 113 ff) – verkündet die Amme eine andere, maßvolle Ethik, die zweifellos auch die Botschaft des Autors enthält:

[...] Ich möchte nicht mächtig und groß,
Nur gesichert dem Alter entgegengehn.
Denn das richtige Maß ist schon als Wort
Des Sieges gewiss und bringt, wo es herrscht
Im Leben, das Heil. Was maßlos ist,
Das taugt für den Menschen nirgend und nie;
Nur größer wird, wenn der Dämon zürnt
Des Hauses vergeltendes Unglück. (Verse 123 ff)

In der Maßlosigkeit ihres Schmerzes bricht in diesem Drama jäh eine neue Form des absoluten Sinnverlustes auf. Medea fragt sich:

Wozu soll ich noch leben? Es hat keinen Sinn. (Vers 145)

Ihre innere Erstarrung, ihre Leblosigkeit – „ich lebe nicht" (Vers 228) – die Totalität ihrer Ich-Hingabe – „er, der mir Alles war" (Vers 230) – wird dann allerdings auf eine furchtbare Weise überwunden: durch die Bündelung und Konzentration all ihrer Kräfte auf das *Rache-* und *Zerstörungswerk*.

Bereits in einer Rede der Medea vor den Korintherinnen holt sie – und damit auch ihr Autor – aus zu einer *Kritik* der griechischen Gesellschaftsordnung und der Rolle der Frau darin. In dieser Rede spricht Medea von der Frau als dem „traurigste[n] Gewächs", deren Rolle eben nur in der Unterwürfigkeit unter ihren „Herren" liegt, in Hilflosigkeit und Ausgeliefertheit aber, wenn sie mit einem unpassenden oder schlechten Mann verheiratet ist. Denn nur diese Rolle der Haus- und Ehefrau spricht die griechische Gesellschaftsordnung der Frau zu:

Wir hangen ganz nur von dem Einen ab. (Vers 247)

Die Darstellung der Identitätsproblematik der Medea wird also verstärkt durch eine *Gesellschaftskritik*, welche die Identitätslosigkeit der griechischen Frau, die

Verweigerung von Öffentlichkeits- und Selbstbestimmungsrechten in dieser Rechtsordnung anprangert. Die Rede der Medea vor den Korintherinnen, die selbst ein Stück politischer Öffentlichkeitsarbeit ist, bricht bereits mit dieser Rollenzuschreibung. Es ist dann auch die Chorführerin, die nach dem Gespräch der Medea mit dem König Kreon das „Jammergeschick" der Medea beklagt und dabei den Zusammenhang zwischen solcher Identitätsverweigerung und der ins Negative, „Böse" umschlagenden Kraft des Weibes Medea erkennt:

[...] Auch bist du Weib.
Wir Weiber sind zum Guten nicht zu brauchen,
In allem Bösen sind wir Meisterinnen. (Verse 406 ff)

Nachdem Medea, die mit Zauberkräften und Kenntnissen reiche Frau aus Kolchis, sich zur Rache entschlossen hat, nimmt das Geschehen in tragischer Mechanik seinen Lauf. Dabei werden alle Kräfte der Medea nun in ihr Zerstörungswerk gebündelt: Kaltblütig verstellt sie sich vor dem König Kreon und bittet um kurzzeitige Verlängerung ihres Aufenthaltes, um ihre Reise ins Exil, zu der Kreon sie verdammt hat, vorzubereiten, was dieser – entgegen seinem eigenen Gefühl der Bedrohung – ihr widerwillig gewährt (Verse 271 ff). Sie verstellt sich auch vor Jason, dessen „Erbärmlichkeit", „unmännliches Wesen", „Schamlosigkeit" sie einerseits anprangert (Verse 467 ff), andererseits ihm letztlich aber auch Verständigungsbereitschaft und Friedfertigkeit signalisiert. Jason, der ihr in diesem Dialog der entfremdeten Eheleute „Liebeseifersucht" vorwirft – bereits der Chor hatte Medeas überspannte „rasende Liebe" thematisiert (Vers 432) – und der ihr in seinem Nationalstolz auch vor Augen hält, dass sie durch ihn das große Glück empfangen habe, aus dem Barbarenland nach Griechenland geführt worden zu sein (Verse 535 ff), glaubt schließlich ihrer verstellten Versöhnungsbereitschaft. Gegenüber der kalt agierenden Frau zeigen die beiden Männer in ihrem letztlich entgegenkommenden Einverständnis eine für sie am Ende tödliche Schwäche. Dabei äußert Jason, der sich mit einer jüngeren Prinzessin verbunden hat, in dem Geschlechterkrieg, den das Drama zeigt, eine allgemeine Kritik der Frau:

So seid ihr Frau'n. Bleibt euer Ehebett
Euch unverkürzt, ist alles schön und gut.
Sobald man diesen Punkt in Frage stellt,
Seht ihr in unsrer besten Absicht nur
Feindseligkeit. O könnten doch die Menschen
Sonstwie sich Kinder schaffen. Gäb' es doch
Kein Weib! Vom Übel wären wir befreit. (Verse 569 ff)

Zur Kaltblütigkeit der Protagonisten gehört, dass sie ihren gesamten Vernichtungsplan differenziert und detailliert vorweg den Chorführerinnen mitteilen kann. Es ist der Plan, die neue Braut des Mannes durch ein vergiftetes Kleid und auch vergifteten Schmuck zu töten. „Die Königstochter Glauke soll – wie sie's verdient, verrecken durch mein Gift" (Vers 806). An diesem Gift wird auch der König Kreon, im Jammer über seine Tochter hingestreckt, sterben. Medea aber bekennt in dieser Vorwegeröffnung ihres Planes:

> Ich bin kein schwächlich Weib, bin nicht in Demut
> Geduldig, sondern von der andren Art:
> Den Feinden furchtbar und den Freunden treu. (Verse 807 ff)

So weit aber ist die Psychologie der Medea noch im Rahmen einer normalen Logik des Rachedenkens nachvollziehbar. Eine darüber hinausgehende Dimension aber erhält diese Gestalt durch das Motiv des *Kindsmords*. Über den Mythos hinaus – der Mythos sprach in Theben ,nur' von der Zerstörung der Glauke und des Kreon, nicht aber von der Tötung ihrer Kinder – wird dieses Motiv erst durch Euripides mit der Gestalt der Medea verbunden. Wahrscheinlich ist es aber genau dieses Motiv, das eine permanente Auseinandersetzung mit dieser Figur herausgefordert hat.

Dabei ist das Motiv dramentechnisch konsequent eingesetzt. Medea will den gehassten Mann von Grund auf vernichten. Wenn dieser argumentiert, dass er durch die Verbindung mit der Königstochter seinen Kindern und damit seinem Geschlecht den königlichen Rang sichern will, dann ist eben die Zerstörung der eigenen Kinder – und damit des Generationenplanes von Jason – der konsequente Schritt zur radikalen Vernichtung seiner Pläne und damit *seiner* Identitätssicherung. Das Motiv der Zerstörung der eigenen Kinder und der darin zum Ausdruck kommende Vernichtungshass aber sollte eben jenes schrecklich-faszinierende Bild einer Frau formen, deren Psychologie und Handlungslogik die Jahrhunderte beschäftigt haben.

Allerdings wurde die dramatische Konzeption des Euripides von altphilologischer Seite heftig angegriffen. Jan-Wilhelm Beck macht geltend, dass das Rachemotiv an Jason gar nicht richtig verfängt, da Jason bereit war, „seine Kinder ohne jeden Widerspruch in die Verbannung" gehen zu lassen (Beck: Dramatisches Vorbild oder misslungene Konzeption, S. 25). Dagegen wird Medea von Beck rein gewaschen von dem Vorwurf der Verstellung: „Man erwartet Intrigen, doch Medea äußert sich völlig offen. Nicht eine verschwiegene Amme ist ihre Vertraute wie üblich. Medea wendet sich an den Chor, die Öffentlichkeit also. Sie plant, klagt nicht insgeheim, sondern vor aller Ohren [...]" (ebd., S. 32).

Man wird Beck folgen können, dass Jasons Argumentation, er wolle seinen Kindern einen Königsplatz sichern, angesichts der Bereitwilligkeit, sie mit Medea ziehen zu lassen, auf schwachen Füßen steht. Die Männer Kreon und Jason agieren insgesamt gegenüber der machtvollen Medea eher schwächlich. Nicht nachvollziehbar aber ist Becks Reinwaschung der Medea. Welche Funktion hat denn die Mitteilung ihres Racheplanes an den Chor und damit an das Publikum? Damit der Zuschauer umso besser die Kaltblütigkeit ihrer Verstellung in den Gesprächsszenen mit Kreon und Jason erkennen kann. Und auch die gnadenlose Konsequenz ihres Handelns, von welcher der Chor sie abbringen will: „tu's nicht! ermorde/ Nicht deine Kinder!" (ebd., Verse 854f). Ihre

nächsten Worte an Jason lauten: „Jason, vergib mir meine bösen Worte."
(ebd., Vers 869).

Die Kaltblütigkeit des Racheplanes und seiner Umsetzung ist das zentrale
Thema der Euripideischen Tragödie und sie wird dem Zuschauer gerade
dadurch bewusst dass *er* die geheimen Motive der Medea kennt und dabei beobachten kann, wie sie damit die Männer Kreon und Jason umgarnt und aus-
spielt. Diese ahnen Unheil, aber sind der Verstellungskunst der Medea nicht
gewachsen. Genau dies erkennen die Zuschauer, nicht aber die männlichen
dramatis personae des Stücks. Wir haben hier also keine Offenheit der Medea,
sondern nur eine offengelegte Darstellung ihrer Verstellung.

Dabei ist für die dramatische Herausarbeitung dieser Figur das Kindsmord-
motiv durchaus zentral, eben weil es in der extremen Zuspitzung der Rachetat
die unheimliche Abgründigkeit der Protagonistin steigert, die auch ein Stück
Selbsthass ausagiert. Auch wenn Jason die Kinder mit Medea ziehen lassen
will, heißt das nicht, dass er nicht von deren Tod furchtbar getroffen ist. Alle
späteren Reinwaschungen der Medea, auf die wir in der Rezeptionsgeschichte
zu sprechen kommen werden, sind erkauft um den Preis einer Verflachung der
Figur, die bei Euripides in der vollen Ambivalenz von hassvoller Emotionalität
und eiskalter Rationalität ihr Vernichtungswerk durchführt.

Und so flieht Medea denn am Ende – die gemordeten Kinder in ihrem Drachenwagen – aus jenem Korinth, das ihr, wie sie so oft beklagt, kein Heim und
kein Halt gegeben hat, zu jenem Aigeus, der ihr in Athen Exil angeboten hat.
Sie lässt dabei einen, wie sie es gewollt hat, gänzlich zerstörten Jason zurück,
der darum fleht, nur einmal noch seine Kinder berühren, „den lieblichen
Mund" küssen zu dürfen. Medeas letzte Worte sind:

Niemals! Dein Bitten verwehet der Wind. (Vers 1405)

Damit endet ein Drama, das den Umschlag einer rasenden Liebe in rasenden,
wenn auch kühl agierenden Hass gezeigt hat und das Zerstörungswerk, das solcher Liebeshass anrichten kann. Es ist ein Drama, das in der Negation solcher Vernichtung auch die Identität der Frau als Problem der griechischen
Gesellschaftsordnung offenlegt. Ein Drama, das sicher Furcht und Schrecken vor den entfesselten Zerstörungskräften der Frau in seinem Publikum bewirkt hat und in der Darstellung solcher Zerstörungskräfte auch
Ausdruck einer in der griechischen Gesellschaft ungelösten Geschlechter-
problematik ist.

In einer Mehrzahl von Dramen des Euripides sind es die *entfesselten Emotionen* insbesondere der Frauenfiguren, die in diesen Dramen gegen eine Gesellschaft aufbegehren, die ihnen Rechte verweigert. Gegen diese Gesellschaft
führen diese Frauen einen Vernichtungskrieg. So auch Hekabe, die einstige
Königin von Troja. Das nach der Protagonistin benannte Drama zeigt Hekabe
nach der Zerstörung der Stadt als Sklavin der Griechen. Zu einer rachegierigen
Mörderin wird diese Heldin, nachdem ihr die letzten der ihr verbliebenen Kinder aus Geldgier geraubt und getötet wurden. Phaidra, eine weitere Protagonis-

tin, wird von der wahnsinnigen und letztlich vernichtenden Liebe zu ihrem Stiefsohn Hippolytos selbst aufgerieben.

Die genannten Euripideischen Frauenfiguren sind also nicht nur Gegenbilder zur griechischen Männerwelt und ihrer Polis-Ordnung. Sie verkörpern in ihren Zerstörungsritualen auch einen Zustand der *Selbstentfremdung*, der in seiner entfesselten Zerstörungsbereitschaft keine neue Ordnung mehr begründen kann, sondern nur die bestehende, in der die Heldinnen selbst keinen Platz finden können, vernichtet.

Literatur:

Beck, Jan-Wilhelm : Euripides' ‚Medea': Dramatisches Vorbild oder misslungene Konzeption? In: Nachrichten der Akademie der Wissenschaften in Göttingen aus dem Jahre 1998. Nr. 1. Göttingen 1998, S. 3 ff.

Euripides: Fabulae Ed. Gilbertus Murray. Bd. 1: Cyclops, Alcestis, Medea, Herclidae, Hippolytus, Andromacha, Hecuba. Oxford 1958.

Euripides: Tragödien. Übersetzt von Hans von Arnim. Zürich und München 1990.

Euripides: Medea. Cambridge 2002.

Lütkehaus, Ludger (Hg.): Mythos Medea. Leipzig 2001.

Simon, Erika: Medea in der antiken Kunst. In: Medea-Wandlungen. Studien zu einem Mythos in Kunst und Wissenschaft. Hg. von Annette Kremmerer, Margret Schuchart, Agnes Speck. Heidelberg 1998.

Flashar, Helmut: Sophokles. Dichter im demokratischen Athen. München 2000.

Glaser: Horst Albert: Medea. Frauenehre – Kindsmord – Emanzipation. Frankfurt a. M. 2001.

Graf, Fritz: Medea, the Enchantress from Afar: Remarks on a Well-known Myth. In: Medea. Essays on Medea. In: Myths, Literature, Philosophy, and Art. Herausgegeben von James J. Claus und Sarah Iles Johnston. Princeton 1997.

Hunger, Herbert: Lexikon der griechischen und römischen Mythologie. Mit Hinweisen auf das Fortwirken antiker Stoffe und Motive in der bildenden Kunst, Literatur und Musik des Abendlandes bis zur Gegenwart. Reinbek 1976.

Iles Johnston, Sarah: Corinthian Medea and the Cult of Hera Akraia. In: Medea. Essays on Medea. In: Myths, Literature, Philosophy, and Art. Herausgegeben von James J. Claus und Sarah Iles Johnston. Princeton 1997.

Medea: Euripides, Seneca, Corneille, Cherubini, Grillparzer, Jahnn, Anouilh, Jeffers, Braun. Hrsg. Von Joachim Schondorff. Mit einem Vorwort von Karl Kerényi. Ulm 1963.

Ortkemper, Hubert: Medea in Athen: die Uraufführung und ihre Zuschauer. Mit einer Neuübersetzung der „Medea" des Euripides. Frankfurt a. M. 2001.

Seeck, Gustav Adolf: Die griechische Tragödie. Stuttgart 2000.

Wesel, Uwe: Der Mythos vom Matriarchat. Über Bachofens Mutterrecht und Frauen in frühen Gesellschaften vor der Entstehung staatlicher Herrschaft. Frankfurt 1990.

Zur Rezeptionsgeschichte des griechischen Dramas

Die Rezeptionsgeschichte des griechischen Dramas und seiner Heroinen stellt selbst ein umfangreiches Thema dar. Man kann aber im Rahmen einer europäischen Kulturwissenschaft durchaus *Hauptlinien* der Rezeptionsgeschichte ausmachen. Vor allem an der Rezeption des Medea-Stoffes zeigt sich, dass die Rezeption in der römischen Antike, im Mittelalter und weit bis in die Neuzeit hinein die Protagonistin *kritisch* sieht als eine Bedrohung des Logos. Insofern affirmiert diese lange Phase der Rezeptionsgeschichte die kritische Perspektive auf die Protagonistin. Die – über große Brüche – fast zweieinhalb Jahrtausende laufende europäische literarische Rezeptionsgeschichte dieser Figur verdeutlicht aber, dass der mythische Stoff, den sie transportiert, für die europäische Kulturgeschichte symptomatische Bedeutung hat. Die Rezeptionsgeschichte des mythischen Medea-Stoffes ist damit zugleich ein Dokument der – bei allen Brüchen – *Kontinuität* der Mentalitätsgeschichte des antiken Mythos bis in die Gegenwart (Medea. Rezeption. In: Hunger (Hg.): Lexikon der griechischen Mythologie). Dabei sind vor allem zwei Rezeptionsstränge, die im Drama des Euripides bereits angelegt sind, zu unterscheiden. Es ist zum einen die Linie der *Kritik* an Medea als einem gefährlichen, irrationalen Zauberweib. Zu diesem Typus gehören die Medea-Bearbeitungen des Ovid, Seneca, Boccaccio sowie der französischen Tragödien „Médée" des Pierre Corneille und Jean Anouilh. Die andere Rezeptionslinie nimmt den Faden der *Gesellschaftskritik* auf, wie er in Euripides Drama ebenfalls angelegt ist, aber erst über 2000 Jahre später in der europäischen Dramengeschichte sich voll entfaltet. Zu diesem Rezeptionstypus gehören vor allem die späteren Rezeptionen des Stoffes in der literarischen Moderne bei Franz Grillparzer, bei Hans Henny Jahnn, Christa Wolf und auch bei Heiner Müller und Peter Stein.

Ähnliches gilt für die Rezeptionslinie der Antigone und der Kassandra: Sie werden in der Moderne neu gesehen und nun mit einer deutlichen Verstärkung ihrer kritischen Perspektive auf eine Gesellschaft, deren Logos zunehmend in der Moderne selbst problematisch geworden ist.

Die Rezeptionslinie der Medea-Kritik: Ovid, Seneca, Corneille, Anouilh

Wenn wir zunächst auf die erste Rezeptionslinie der Medea eingehen, so zeigen schon Ovids (43 v.Chr.–17 n.Chr.) „Metamorphosen", die der Medea große Teile des siebten Buches widmen, die Tendenz, sie als eine wahnsinnige, alle Vernunft abstreifende Frau darzustellen. Im Konflikt zwischen sexueller Begierde (cupido) und Verstand (mens) wird sie ein Opfer des Eros. Ovid schildert die Macht des Eros mit einer gewissen Sympathie – es hat sie der Pfeil der Liebe „ins Herz getroffen" (Metamorphosen, Buch VII, Vers 28). Die in Hexametern geschriebenen Verse werben auch um das Verständnis solcher Liebe.

Grausam ist wahrlich, wen Jasons Jugend, sein Adel, sein Helden-Wesen nicht rühren! (Ovid: Metamorphosen, Buch VII, Verse 26 f)

Die „Metamorphosen" zeichnen dann aber auch akribisch nach, wie die Gewalt des Cupido diese Medea zu einer Töterin macht: Zunächst, noch in Kolchis, tötet sie ihren mit einem Zaubertrank eingelullten Vater (Buch VII, Verse 300 ff), später in Korinth die Bettgenossin des Mannes. Und dann die eigenen Kinder:

Netzt sie das gräuliche Schwert mit dem Blute der Söhne; die Mutter [...]. (Buch VII, Verse 396 f)

Danach entschwebt sie auch bei Ovid, wie schon bei Euripides mit dem Drachenwagen nach Athen. Dort versucht sie Theseus mit Eisenhutgift zu töten, was ihr aber misslingt.

Auch Seneca (4 v. Chr.–65 n. Chr.) ist fasziniert von dieser ins Zerstörerische umgeschlagenen Urmacht der Erotik. Seine Tragödie, entstanden um 60 n. Chr., beschreibt diese Destruktionskraft der Leidenschaft einer „unseligen Liebe" (Seneca: Medea, Vers 136) in einer Kette rhetorischer Bilder. Ihr „furor" wirke, wie Medea selbst bekennt, als Naturgewalt wie ein „reißender Strom", wie das „stürmische Meer", der „Ätna", der Sturm. Was sich ihm entgegenstellt, wird vernichtet:

[...] ich werde alles zu Boden werfen und vernichten (Vers 414)

In einer auch pantomimisch eindrucksvollen Szene zeigt dieses Drama Medea bei der Verzauberung des Brautkleides für die Rivalin als Giftmischerin in Aktion. Der Chor kommentiert und charakterisiert Medea als eine „nach Blut dürstende" Mänade, als eine „von Raserei" getriebene Furie, die auch angesichts des Angebots des Jason zum Selbstopfer die Tötung der Kinder nicht aussetzt. Der im Drachenwagen Entschwebenden ruft der in seiner Verzweiflung zurückgelassene Jason die Worte zu:

[...] und bezeuge, dass, wohin du fährst, keine Götter walten. (Vers 1027)

Im *christlichen Mittelalter* wurde der Stoff durch die Ovidrezeption und auch durch Kompendien mythologischer Stoffe wachgehalten. Konrad von Würzburg gestaltet das Motiv der Liebe und der Flucht des Jason als eines ritterlichen Einzelkämpfers mit seiner adeligen Dame Medea in seiner Bearbeitung des „Trojanerkrieges" (um 1280), die sich ihrerseits anlehnt an den Trojaroman von Benoît de Sainte-More (entstanden um 1165). Hier wird Medea zur höfischen Dame, Jason zum mittelalterlichen Ritter umstilisiert, wobei der Trojaroman von Benoît eine in Gram und Wahn verfallene Medea zurücklässt, Konrad von Würzburg aber den Rachegeist Medeas zum Zuge kommen lässt, der die Geliebte Jasons, Kreusa, wie auch den „rühmenswerten Ritter" vergiftet (Lütkehaus: Mythos Medea, S. 107).

In der *Frührenaissance* greift dann Boccaccio den Medea-Stoff wieder auf in seinen Erzählporträts „Über berühmte Frauen" (De claris mulieribus). Die

Pointe seiner Medea-Rezeption ist auch hier die Herausstellung der Perfidie und der schlimmen Zaubermacht der Medea (Boccaccio: Medea. Königin der Kolcher, S. 57). Auch für ihn ist Medea „das wüsteste Beispiel des Verrats in alten Zeiten" und „eine schöne Frau", aber „höchst bewandert in allen schlimmen Künsten" (S. 56 f) – eine Einschätzung von Seiten Boccaccios, die bemerkenswert ist, denn seine Novellen zeigen großes Verständnis für einen in Liebe entbrannten und für die Liebe alles hingebenden Frauentypus.

Aber auch in der *Aufklärung* saß die Angst vor den weiblichen Emotionen tief. Der junge Pierre Corneille (1606–1684) stellt sie in seiner „Médée" von 1635 als eine extreme Bedrohung dar. Dabei folgt auch Corneilles „Médée" einem Modell der Überbietung noch der Höllenmächte des Bösen durch die von Jason verstoßene Protagonistin:

> Das Kind in Stücke zu zerreißen vor des Vaters Augen,
> Wird als geringste Wirkung meinem Zorne folgen.
> Solch leichte Frevel waren einst mein Probestück. [...]
> Ihr Höllenmächte, fortan seid ihr es nicht, die ich anflehe.
> Eure Flammen sind zu schwach für das, was ich geplant.
> (Corneille: Médée. Dt. Übersetzung zit. nach: Medea, S. 121)

In der Darstellung ihrer Raserei (Vers 1350), ihres Hasses (Vers 1049), ihrer – so sehen es die Männer Kreon und Jason – Barbarei, Inhumanität, ihres Hochmutes, nimmt Corneille allerdings eine bemerkenswerte Umkodierung vor: Es ist eben jener brennende Hass, der aus der Heimat- und Identitätslosen eine neue *Ichstärke* gebiert. Als ihre Dienerin sie fragt, was ihr nach dem Verlust von Vaterland und Gemahl noch bleibe, antwortet sie:

> Ich,
> Ich sage ich, und das genügt. (S. 123)

Auf dieses „Moi [...] et c'est assez", fragt die Dienerin noch einmal nach:

> Wie, Herrin, ihr allein?

Worauf Medea antwortet:

> Ja, gewiss, in mir allein erblicke Stahl und Flamme
> Die Erde und das Meer, die Unterwelt und auch den Himmel (S. 123)

Zu einem Zeitpunkt, da Descartes in seinem „Discours de la méthode" eine neue Philosophie entwirft, die im Ich den absoluten Grund allen Seins zu finden sucht, findet Corneille im Ich seiner Protagonistin die Universalität aller Gefühle, des Guten wie des Bösen. Die Pointe seiner „Médée" ist, dass diese Figur – ihr Ich – selbst zu jener Flamme wird, in deren hassvollem Lodern alles, was sie verletzt hat, verzehrt wird: Die Rivalin in einem Feuergewand, der Mann durch den Tod seiner Kinder, ganz Korinth soll in Flammen aufgehen. Corneilles Medea, die von Jason so genannte „abscheuliche Tigerin", „Horror der Natur" (Vers 1581) badet sich geradezu in ihren Terrorvisionen der Zerstörung, die ihr mehr Lust bereiten, als es die Liebe tat. Vor Jason, den die sterbende Rivalin Kreusa noch mit der Rache an Medea beauftragt hat, entflieht sie auch hier am Ende im Drachenwagen. Der Mann, der sich nicht mehr rächen kann, gibt sich in Corneilles Version am Ende selbst den Tod.

Der Dichter Corneille, der sich in seiner Gestaltung der Figur auf ihre innere Wahrheit der Geschichte (Corneille: Œuvres Complètes, Bd. I, S. 536) gemäß der antiken Quellen des Euripides und Senecas beruft, lässt seinerseits keinen Zweifel, dass er seine Medea für „böse" hält (S. 535 f). Gleichwohl ist er auf eine neuzeitliche Weise fasziniert von der starken „Passion" dieser und der anderen Figuren des Dramas, die er in seinem Stück auch mit einer über die Rezeptionsgeschichte hinausgehenden psychologischen Genauigkeit porträtiert. Corneilles Medea: eine Studie der *destruktiven Emotionen* und der *Lust*, sie bis zur finalen Zerstörung auszuloten.

Dagegen zerstört sich in der Bearbeitung des Medea-Stoffes durch Jean Anouilh gut drei Jahrhunderte nach Corneille (Uraufführung Brüssel 1948) diese Figur am Ende *selbst* in ihrem Hass. Ähnlich wie seine Antigone ist Medea in ihrer Radikalität nicht wirklich lebensfähig. Hier ist es Jason, der nach ihrem Zerstörungswerk von allen Illusionen der Liebe befreit am Ende daran geht, auf den Trümmern der zerstörerischen Leidenschaft eine menschliche Welt wieder aufzubauen.

Literatur:

Glaser, Horst Albert: Medea. Frauenehre – Kindsmord – Emanzipation. Frankfurt a. M. 2001.
Lütkehaus, Ludger (Hg.): Mythos Medea. Leipzig 2001.
Corneille: Médée. In : Œuvres complétes. Band 1. Textes établis, présentés et annotés par Georges Couton. Gallimard 1980.
Boccaccio, Giovanni: Medea. In: De claris mulieribus/ Die Großen Frauen. Lateinisch / Deutsch. Ausgewählt, übersetzt und kommentiert von Irene Erfen und Peter Schmitt. Stuttgart 1995.
Seneca: Medea. In: Sämtliche Tragödien. Lateinisch und Deutsch. Übersetzt und erläutert von Theodor Thomann. Band I. Zürich und München 1978.
Seneca: Medea: Text und Kommentar. Hg. von Erwin Steindl. Münster 1978.
Heine, Theodor Carl Heinrich: Corneille's „Médée" in ihrem Verhältnisse zu den Medea-Tragödien des Euripides und des Seneca: betrachtet mit Berücksichtigung der Medea-Dichtungen Glover's, Klinger's, Grillparzer's und Legouvé's. Altenburg 1881.
Grewe, Stefanie: Die politische Bedeutung der Senecatragödien und Senecas politisches Denken zur Zeit der Abfassung der Medea. Würzburg 2001.
Schondorff, Joachim (Hg.): Medea: Euripides, Seneca, Corneille, Cherubini, Grillparzer, Jahnn, Anouilh, Jeffers, Braun. Mit einem Vorwort von Karl Kerényi. München/Wien 1963.
Scheffel, Michael: Vom Mythos gezeichnet?: Medea zwischen „Sexus" und „Gender" bei Euripides, Franz Grillparzer und Christa Wolf. In: Wirkendes Wort, Bd. 53 (2003).

Umpolung des Mythos und der antiken Heroinen in der Moderne

Mit der Moderne um 1800 beginnt eine neue Epoche der Rezeption des Mythos und der antiken Heroinen. Bereits in der Aufklärung bahnt sich diese
neue Sicht auf den Mythos bei den Autoren Giambattista Vico (1668–1744)
und Johann Gottfried Herder (1744–1803) an. In seinen „Prinzipien einer
neuen Wissenschaft" (1725) lehrte Vico, dass in den frühen mytho-poetischen
Anfängen der Menschheit eine Weisheit steckt, die selbst – sinnlich stark und
phantasievoll – Ausdruck der göttlichen Vorsehung ist. „Auf diese Weise er-
fanden die ersten Dichtertheologen den ersten göttlichen Mythos, großartiger
als alle [...]" (Vico: Neue Wissenschaft, 2. Buch, Abschnitt 379). Eine vergleichbare Sicht auf die mythischen Anfänge der Menschheit übertrug Herder
auf die Bibel als die „Älteste Urkunde des Menschengeschlechts" (1774–76) als
einer bildlich kraftvollen Sprache der Offenbarung. Herder bezeichnet sie mit
dem Begriff der „Hieroglyphe" als die „durch Bilder und Zeichen" sprechende
Sprache des „sinnlichen Menschen" in seinem frühkulturellen Zustand
(Herder: Älteste Urkunde, Kap VI, S. 267 ff). Der Mythos – diese Einsicht
bahnt sich hier an – kann nicht einfach als eine falsche Form der Weltsicht abgetan werden, vielmehr gründet alle Kultur, auch die spätere abstraktere der
Wissenschaft, auf der anfänglich mythisch-poetischen.

Darüber hinaus beginnt mit der Romantik auch eine Epoche der sehnsuchtsvollen Suche nach einer *neuen Mythologie*. Diese kann nicht mehr einfach
aus der Vergangenheit heraufbeschworen werden, sondern wäre ein Produkt
der neuzeitlichen Subjektivität selbst, wie dies das so genannte „Älteste Systemprogramm" des Deutschen Idealismus (1796) und auch Friedrich Schlegels
„Rede über die Mythologie" in seinem „Gespräch über die Poesie" (1800)
deutlich macht. Darin findet sich die Formulierung: „Die neue Mythologie
muss [...] aus der tiefsten Tiefe des Geistes herausgebildet werden; es muss das
künstlichste aller Kunstwerke sein [...]" (Schlegel: Gespräch über die Poesie,
KA Bd. 2, S. 312). Freilich sieht man bereits an dieser Formulierung die Problematik einer solchen Remythisierung: Der Mythos lässt sich nicht wie ein
modernes Kunstwerk produzieren. Gleichwohl arbeiteten die Romantik und
auch Hölderlin an dem Projekt einer Remythisierung in der und durch die Poesie mit der Leitvorstellung einer Synthese von Christentum und Heidentum,
von Christus und Dionysos (Frank: Der kommende Gott, S. 9 ff).

Zugleich wird mit der Epochenwende um 1800 auch eine neue Phase der
Rezeption der antiken Heroinen eingeläutet. Insofern bedeutet die Goethezeit
tatsächlich einen Wendepunkt in der Rezeptionsgeschichte dieses Stoffes (Steiner: Die Antigonen, S. 130). Die Antigone wird geradezu zur Symbolfigur eines *Widerstandes* gegen politische Tyrannei und – so bei Hölderlin – einer
„vaterländische[n] Umkehr" und Revolution „aller Vorstellungsarten und Formen" (Hölderlin: Anmerkungen zur Antigonä, StA Bd. V, S. 271). Sehr rasch
aber im Verlauf der Moderne wird diese poetische Aufbruchstimmung um
1800 vom technisch-industriellen Entwicklungsgang und von der Machtpolitik

dieser Epoche selbst aufgesogen und an die Seite geschoben. Hölderlins literarisches Werk ist so spannungsvoll, weil es sowohl die Hoffnung auf Remythisierung wie auch das Scheitern dieser Hoffnung in sich enthält und austrägt.

Die Figur der Antigone aber und die der Medea werden zu Repräsentationsfiguren eines Widerstandes gegen die Machtpolitik der europäischen Moderne. Dies gilt insbesondere für jene Geschichtsepoche, in der das Scheitern einer vernünftigen europäischen Machtpolitik auf vernichtende Weise deutlich wird: In der Vorphase und Phase des Ersten Weltkrieges. Während des Ersten Weltkrieges wird die Antigone in einem Manifest von Romain Rolland (1866–1944) „A l'Antigone éternelle" zu einer überzeitlichen Widerstandsfigur stilisiert. Im expressionistischen Drama bei Walter Hasenclever (1890–1940) wird sie zu einer Vorkämpferin eines Radikalpazifismus und Herzenssozialismus. Hasenclevers Antigone äußert angesichts der Machtpolitik des Kreon – „Nur der Starke wird die Welt erobern" (Hasenclever: Antigone, S. 165) – die Worte:

> Sie alle, die aus der Welt gestorben,
> Rufen euch Liebe und Liebe ins Herz! (S. 173)

Wenn schon der Erste Weltkrieg eine unvorstellbare Dimension von Massenvernichtung gebracht hat, so steigert sich diese Erfahrung noch einmal im Zweiten Weltkrieg. Sind nicht arrogante Tyrannen wie Kreon die Initiatoren des massenhaft in Szene gesetzten Todestriebes im 20. Jahrhundert?

Jean Anouilh (1910–1987), der den Stoff 1942 bearbeitet (Uraufführung Paris 1944), schreibt in Zeiten, da deutsche Besatzermächte Paris besetzen, ein Drama mit einer *ambivalenten* Botschaft. Einerseits wird hier Kreon mit einer eher pragmatischen Auffassung von Macht und Herrschaftsordnung Anwalt einer Staatsräson, die Antigone zu verstehen sucht und durchaus für das Wohlergehen der Menschen sorgt. Er beruft sich auf die Pflicht zur Steuerung eines Staates:

> Es muss doch einer da sein, der das Schiff steuert. (Anouilh: Antigone, S. 41)

Antigone, die ihm mit einer rigiden Weltverneinung entgegentritt und die den Tod, den Kreon nicht will, wie ein Brautbett herbeisehnt, wird so auf der anderen Seite zur Vertreterin einer Freiheit, die sich in der Absurdität der politischen Situation nur mehr noch im eigenen Tod behaupten kann. Ihre Freiheit zum Tode ist das letzte Recht, das ihr geblieben ist. Insofern konnte dieses Stück sowohl als Sieg der Staatsräson als auch der politischen Résistance gegen diese gelesen werden.

In einer diametral entgegengesetzten Lesart schreibt Bertolt Brecht die Sophokleische Antigone in der Übersetzung Hölderlins um. Sie wurde am 15. 2. 1948 in Chur uraufgeführt mit Helene Weigel in der Titelrolle. Den Zusammenhang mit der Zeitgeschichte stellt in Brechts Bearbeitung sogleich das „Vorspiel" her: Zwei aus dem Luftschutzkeller kommende Schwestern finden dort ihren von der SS wegen Desertierung aufgehängten Bruder. Die Szene spielt in „Berlin. April 1945" (Brecht: Die Antigone des Sophokles, S. 195). Die beiden Schwestern verleugnen „den Volksverräter":

Lieber Herr, mit uns geh nicht ins Gericht
Denn wir kennen den Menschen nicht. (S. 198)

Im Kern der Brechtschen Bearbeitung steht dann der Widerstand der Antigone gegen die in Kreon repräsentierte Staatsgewalt, die Brecht auf das Dritte Reich projiziert. Der Wächter spricht ihn an:

Herr!
Mein Führer [...]. (S. 205)

Dessen ökonomische Misswirtschaft treibt den Staat in den totalen Aggressionskrieg. Das führt zum finalen Untergang Thebens. In den Zusammenbruch des Systems und seinen eigenen Untergang aber will der Tyrann nun alle mit hinein ziehen. Seine Gegenspielerin Antigone wiederum beruft sich bei ihrem Handeln – anders als bei Sophokles – gerade nicht auf das göttliche Gebot, sondern darauf, dass die gesellschaftliche Ordnung, für die sie einsteht, *menschlich* sein soll:

Göttlich mag sie wohl sein, aber ich wollte doch
Lieber sie menschlich, Kreon [...]. (S. 215)

Nach dem Zweiten Weltkrieg und im Kontext der Aufarbeitung des Dritten Reiches als einer neuen Form der Barbarei knüpfte der Rekurs auf das griechische Drama an die schon von diesem Drama selbst eröffnete Dimension der *Kulturkritik* an. Die Aktualisierung des griechischen Dramas erlaubte es, die Entfesselung des Aggressionstriebes im 20. Jahrhundert mentalitätsgeschichtlich in Zusammenhang mit den Wurzeln schon der griechischen Kultur zu bringen. Die Verengung der Problematik auf die deutsche Frage, die spezifisch deutsche Schuld am Krieg und am Holocaust, hat dann allerdings vor allem seit den Sechziger Jahren die Langzeitdimension dieser europäischen Problematik und ihrer Aufarbeitung eher zurückgedrängt.

Ohne sich direkt auf diese Traditionslinie zu stützen, sieht auch die neuere *Frauenforschung*, die sich des Stoffes angenommen hat, in Antigone eine Vorreiterin und Leitfigur einer „Neuformulierung der politischen Opposition" (Butler: Antigones Verlangen, S. 11). Dabei grenzt sie sich ab von der älteren Antigone-Rezeption Hegels und auch Lacans, die in der Protagonistin die Verteidigerin der Verwandtschaftsbeziehungen sah. Judith Butler verweist vielmehr auf deren „Deformation und Verschiebung" in Sophokles' Drama (Butler, S. 48). Darüber hinaus will diese neuere Frauenforschung den Interpretationsrahmen von Verwandtschaft grundsätzlich sprengen: „Die Selbstbegrenzung der Familie, die sie dem Gemeinwesen zuordnet und unterstellt, kann mit dem Vorbild der Antigone, die [...] keine Mutter wird, nicht rechnen." (Butler, S. 152) Antigone also als Vorbild einer neuen Tendenz der Gender-Forschung, die das archaische Rollenbild der Frau als Mutter eher abstreift, als sich – wie die ältere Frauenforschung – auf die Urmutter „Gaia" zu berufen.

Literatur:

Das Älteste Systemprogramm. Studien zur Frühgeschichte des deutschen Idealismus. Hg. von Rüdiger Bubner. Hegel-Studien Beihefte 9. Bonn 1973.

Anouilh, Jean: Antigone. Texte et Documents. Présentation et notes par Ernst Kemmner. Stuttgart 1987.

Anouilh, Jean : Antigone. 10. Auflage. München/Wien 1995.

Butler, Judith: Antigones Verlangen: Verwandtschaft zwischen Leben und Tod. Frankfurt 2001 (engl. Original 2001).

Brecht, Bertolt: Antigone. In: Werke. Große kommentierte Berliner und Frankfurter Ausgabe. Herausgegeben von Werner Hecht, Jan Knopf, Werner Mittenzwei, Klaus-Detlef Müller. Band 8. Berlin und Weimar / Frankfurt a. M. 1992.

Brecht, Bertolt: Antigonemodell 1948. In: Werke. Große kommentierte Berliner und Frankfurter Ausgabe. Herausgegeben von Werner Hecht, Jan Knopf, Werner Mittenzwei, Klaus-Detlef Müller. Band 25: Bertolt Brecht. Schriften 5. Theatermodelle, „Katzengraben"-Notate 1953. Berlin und Weimar / Frankfurt a. M. 1992.

Frank, Manfred: Der kommende Gott. Vorlesungen über Neue Mythologie. 1. Teil. Frankfurt 1982.

Hasenclever, Walter: Antigone. In: Gedichte, Dramen, Prosa. Herausgegeben von Kurt Pinthus. Reinbek 1963.

Herder, Johann Gottfried: Älteste Urkunde des Menschengeschlechts. In: Werke in zehn Bänden. Bd. 5 Schriften zum Alten Testament. Hg. von Rudolf Smend. Frankfurt a. M. 1993.

Hölderlin, Friedrich: Sämtliche Werke. Stuttgarter Hölderlin-Ausgabe. Hg. von Friedrich Beissner. Bd. 5 Übersetzungen. Stuttgart 1952.

Schlegel, Friedrich: Rede über die Mythologie. In: Kritische Friedrich-Schlegel-Ausgabe. Hg. von Ernst Behler. Bd. 2. Charakteristiken und Kritiken I (1796–1801). Hg. von Hans Eichner. München u. a. 1967, S. 284 ff.

Steiner, George: Die Antigonen. Geschichte und Gegenwart eines Mythos. Aus dem Englischen von Martin Pfeiffer. München 1988 (engl. Orig. 1984).

Vico, Giambattista: Die neue Wissenschaft […]. Auswahl, Übersetzung und Einleitung von Ferdinand Fellmann. Frankfurt 1981.

Die Medea der Moderne und die Moderne als Medea

Auch der *Medea-Stoff* wird in der Moderne umkodiert. Dabei zeigt sich eine gänzlich neue Perspektive auf den Stoff und ihre Leitfigur, wie umgekehrt auch die Moderne im Lichte der mythischen Figur neu und radikal kritisch uminterpretiert wird: vom Fortschrittsoptimismus zum Entfremdungs- und Katastrophenszenario.

Die Umpolung der Heldin ist bereits bei Franz Grillparzer (1791–1872) in seiner Trilogie „Das Goldene Vlies" von 1822 im Schlusstrauerspiel „Medea" zu beobachten. Grillparzers „Medea" zeigt diese Heroine als zur Humanität gereifte Figur, die gleich eingangs ihre Zauberkräuter von sich wirft – „Die Zeit der Nacht, der Zauber ist vorbei" (Grillparzer: Medea Vers 5) – nicht einfach in blinder Liebe für Jason entbrannt ist, sondern eher versucht, ihn vom Diebstahl des Goldenen Vlieses abzubringen. In Grillparzers Bearbeitung wird sie vom Tod ihres Bruders Apsyrtos wie auch des Aiëtes freigesprochen. Ersterer tötet sich vielmehr selbst (Vers 1078), den Tod des Vaters Aiëtes scheint eher Jason verschuldet zu haben (Vers 1561). In der fremden Welt Griechenlands bemüht sich Medea um Anpassung, während Jason als ein herrischer und egozentrischer Mann erscheint. Er ist der welterobernde griechische Mann, der sich nimmt, was er will und solches Verhalten auch als sein Recht kodiert – „recht ist, was er will" (Vers 637) –, der aber nun selbst zu den Exilierten gehört. Kreusa wird ihm von Kreon anvermählt, um ihn vor dem Bann, den mittlerweile ein Tempelgericht über beide ausgesprochen hat, zu bewahren.

Die Tragödie der Medea bei Grillparzer ist somit die Tragödie einer *Exilierten*. Permanent wird sie mit dem Klischee der Barbarin konfrontiert. So spricht dies ihre Amme Gora aus: „Ein Greuel ist die Kolcherin dem Volke" (Vers 72). Vor allem Jason, dem sie sich ohne ihre alten Zaubermittel als „ein schutzlos, hilfbedürftig Weib" (Vers 133) anvertrauen will, stößt sie angeekelt von sich: „Heb dich hinweg, zur Wildnis, deiner Wiege,/ Zum blutgen Volk" (Verse 1051 f). Dazwischen hatte die milde und humane Kreusa Medea zu integrieren versucht und auch den Vater auf ihre Menschlichkeit hingewiesen: „Sie ist nicht wild. Sieh, Vater, her, sie weint." (Vers 399)

Der König aber will sie ebenfalls loswerden, um so dem Bann des Tempelrates zu entsprechen und zugleich die alte Jugendbindung zwischen Jason und Kreusa durch Ehe zu festigen. Medea ist sozusagen das Bauernopfer dieser Schachpartie. An den Tiefpunkt ihrer Erniedrigung fällt sie, als auch die Kinder sie zurückstoßen und lieber bei der milden Kreusa bleiben wollen. An diesem Punkte – Anfang von Akt Vier – wirkt Medea so erstarrt wie die Euripideische am Anfang des Dramas. Der Mord an den Kindern, den sie dann begeht – bei Grillparzer ihr erster Mord – ist also in dieser Dramenversion eher von außen induziert. Es ist die Verzweiflungstat einer um Humanität und Integration Ringenden. Das Böse der Mordtat: bei Grillparzer eine Fremdbestimmung.

> Man hat mich bös genannt, ich war es nicht:
> Allein ich fühle, dass mans werden kann. (Medea, Verse 1849 f)

Am Ende finden sich Jason und Medea – beide heimatlos – an einem Niemandsort wieder: „Wilde, einsame Gegend" (Vers 2281 f). Medea trägt das Vlies über dem Rücken. Sie befindet sich auf dem Weg zum Orakel nach Delphi. Und auch hier vertritt sie den überlegenen, christianisierten Humanismus, wenn sie Jason rät: „Trage! [...] Dulde! [...] Büße!" (Verse 2373 ff).

Vor dem Hintergrund der politischen Integrationsproblematik des österreichischen Vielvölkerstaates hebt Grillparzer die Spannung zwischen kolchischer Barbarei und griechischer Zivilisation hervor, wobei der humanisierten Medea eine arrogante einheimische Kultur mit Erniedrigungen und Ausgrenzungen antwortet. Die Schuldfrage an dem Kindsmord verschiebt sich von Medea weg zur griechischen Kultur, eine Motivverschiebung, die Christa Wolf noch verstärken wird. Die scheinbare moralische Überlegenheit der Griechen zeigt sich schon bei Grillparzer als eine fremdenfeindliche Doppelmoral, der Medea schließlich nur mit verzweifelter Raserei entgegentreten kann. Im „Goldenen Vlies" äußert sich derart ein Kulturpessimismus, der – am Beispiel Österreich – den Weg der europäischen Moderne nicht mehr als den Fortschritt einer überlegenen Kultur feiern kann. Nach Grillparzer gilt: „Der Weg der neueren Bildung geht von Humanität zu Nationalität zur Bestialität." (Grillparzer: Sämtliche Werke. Bd. I, S. 500)

Noch sehr viel schroffer und in einer geradezu allen Humanismus ausschlagenden Sprache akzentuiert Hans Henny Jahnns „Medea" (1894–1959) den „cultural clash" zwischen Barbarismus und Europäismus in seiner „Medea" von 1926. Wenn schon bei Corneille die Medea animalische Züge annimmt und mit giftigen Schlangen aus Afrika hantiert, so erscheint sie bei Jahnn nun als eine alternde Negerin, von Krankheit und seelischer Verzweiflung gezeichnet. Sie wird gequält durch Jasons sexuelle Verweigerung, dem sie durch ihre Zaubermacht ewige Jugend und Potenz geschenkt hatte. Aber dieser Jason wird nun zu einer Karikatur des Mannes. Er stellt nicht nur der Frauenwelt in Korinth nach wie ein liebeskranker Affe, sondern auch Männern und den eigenen Söhnen. Vor seiner Frau, der fetten, schlaffen und mit einem Klumpfuß gelähmten Medea, aber ekelt er sich. Diese betrachtet sich selbst mit Jasons Blick: „das fette, schwärzlich graue Weib" (Jahnn: Medea, S. 525).

Das ganze Stück ist getaucht in eine Atmosphäre der „Pansexualität" (Glaser: Medea, S. 121). Bereits in Kolchis – so rekapituliert das Stück – gehörte Medea als eine Art Priester-Hure Hunderten von Männern. Geliebt aber hat sie ihren Bruder Apsyrtos. Den wiederum opfert sie für Jason. Bei diesem Ritualmord steigert sich die expressionistische Sprache des Stücks zu einer Zerstückelungsorgie. Medea spaltet, schneidet, reißt, trennt Fetzen vom Leib ihres Bruders ab und wirft sie als Mundstücke für die Fische ins Meer. (Jahnn: Medea, S. 507 f.) Als sie nun Jason verliert, steigert sich die sexualpathologische Orgie des Stücks noch einmal. Medea schickt ein vergiftetes Gewand an Kreusa, das diese nicht nur tötet, sondern sie – in den Armen von Jason – in ein ekliges Stück Aas verwandelt: „Ausbrachen Knochen widerlich aus ihrem Sitz, einfiel der Leib." (Medea, S. 516) Ihre inzestuös-homosexuellen Söhne – dem Ältesten hatte der Vater die Braut Kreusa weggeschnappt – tötet sie mit einem Schwert durch den Rücken beim Liebesakt: „und nagelte zusammen das schöne Paar" (Medea, S. 523). An Jason rächt sie sich durch Vergiftung seines Samens. Fort und fort soll er zeugen, aber mit unheilbarer Geschlechtskrankheit (Medea, S. 524).

Anders als bei Grillparzer zeigt sich bei Jahnn im Handeln aller Personen eine Verwilderung der Zivilisation zur Barbarei, in der Horst Albert Glaser den „wirkliche[n] Barbarismus des 20. Jahrhunderts" heraufdämmern sieht (Glaser, S. 130). In der Tat schildert das Drama eine Entfesselung der Aggressions- und Partialtriebe, deren sexuelle Obsessionen, Schindereien, Abschlachtungen und Zerstückelungen an die grauenvollen Schilderungen aus den späteren Konzentrationslagern erinnern.

Die neuere und neueste Medea-Rezeption radikalisiert die *Kritik* jener Zivilisation, in die Medea versetzt wurde. Christa Wolfs (geb. 1929) Bearbeitung des Stoffes im Roman „Medea. Stimmen" hebt in den Monologen die Vereinsamung der Figuren gegeneinander heraus, wie dies bereits ihre Bearbeitung der Figur der Kassandra gezeigt hat. In der „Medea" sagt die Protagonistin:

> Entweder ich bin von Sinnen, oder ihre Stadt ist auf ein Verbrechen gegründet. (S. 15)

Ins Blickfeld der Kritik gerät so ein Korinth, das „besessen ist von der Gier nach Gold" (S. 35), wie denn schon bei Euripides die Gier nach Geld und Macht die Polis unterhöhlt und zerstört. Am Ende des 20. Jahrhunderts erscheint global in Christa Wolfs Antiken-Rezeption die abendländische Zivilisation selbst als ein Ort der *Entstellung*, ja des *„Verbrechens"*. Dabei hatte Christa Wolf in ihrer „Kassandra" die Tendenz, die Männer und die männliche Welt – symptomatisch gefasst in Figuren wie „Achill [dem] Vieh" (Wolf: Kassandra, S. 123) – für die Entstellung der Zivilisation verantwortlich zu machen. In „Medea. Stimmen" wird diese einseitige Schuldzuweisung zurückgenommen. Gleichwohl findet bei Christa Wolf eine bemerkenswerte Umkodierung statt. In ihrer „Medea" ist es die aufgebrachte Masse der Bürger Korinths, die, von der Pest verfolgt, ein schwarzes Schaf als Opfer suchen und in der Fremden Medea auch finden. Diese Medea-Version nimmt auch den Vorwurf des Kindsmordes von der Protagonistin, den ihr ja erst Euripides angedichtet hatte, aber die Rezeptionsgeschichte beinahe geschlossen übernahm.

In Christa Wolfs „Medea" ist es die entfesselte Meute, die ihre Kinder zu Tode steinigt (ebd., S. 217), eine Tendenz zur Reinwaschung der Medea, die auch Ursula Haas verfolgt: „Freispruch für Medea". Christa Wolfs Umkodierung der Figur entspricht eine politische Wendung einer Autorin, die einmal an das sozialistische Kollektiv glaubte, nun aber das Kollektiv selbst als blutgierige Meute darstellt, der das schuldlose Individuum gegenübersteht. Die spätere Forschung zu Christa Wolf wird hier sicher noch interessante Zusammenhänge zwischen dieser Umkodierung des Medea-Mythos und der persönlichen Situation ihrer Autorin herausarbeiten. Generell aber gilt für solche Umarbeitungen im Sinne der Reinwaschung der Medea, dass sie dramatischen Spannungsverlust erleiden und nicht mehr jene Komplexität der Figur aufweisen, welche die Euripideische Medea auszeichnet.

In der Bearbeitung des Stoffes durch Heiner Müller (1929–1995) „Verkommenes Ufer Medeamaterial Landschaft mit Argonauten" radikalisiert sich die *Zivilisationskritik*. Die abendländische Zivilisation erscheint hier selbst als eine anonyme Müllhalde, für deren Entstellung ein verantwortliches Subjekt gar nicht mehr ausgemacht werden kann. Denn auch das *Ich* – das ist eine der Botschaften seines Textes – ist nichts anderes mehr als eine *Collage verschmutzter Textzitate*, wie denn auch die *Sprache* dieses 1983 in Bochum uraufgeführten Stückes eine zerstörte *Mülllandschaft* darstellt.

See bei Straußberg Verkommenes Ufer Spur
Flachstirniger Argonauten

Schilfborsten Totes Geäst
DIESER BAUM WIRD MICH NICHT ÜBERWACHSEN Fischleichen
Glänzen im Schlamm Keksschachteln Kothaufen FROMMS ACT CASINO
Die zerrissenen Monatsbinden Das Blut
Die Weiber von Kolchis
ABER DU MUSST JA AUFPASSEN JA
JA JA JA JA
SCHLAMMFOTZE SAG ICH ZU IHR DAS IST MEIN MANN
STOSS MICH KOMM SÜSSER
Bis ihm die Argo den Schädel zertrümmert das nicht mehr gebrauchte
Schiff
Das im Baum hängt Hangar und Kotplatz der Geier im Wartestand
Sie hocken in den Zügen Gesichter aus Tagblatt und Speichel
Starrn jeder in der Hose ein nacktes Glied auf gelacktes
Fleisch Rinnstein der drei Wochenlöhne kostet Bis der Lack
Aufplatzt Ihre Weiber stellen das Essen warm hängen die Betten in die
Fenster bürsten
Das Erbrochene aus dem Sonntagsanzug Abflussrohre
Kinder ausstoßend in Schüben gegen den Anmarsch der Würmer.
                    (Müller: Medeamaterial, S. 91)

Heiner Müllers Text setzt „die Katastrophen voraus, an denen die Menschheit
arbeitet" (S. 91). Die Landschaft ist hier bereits „ein toter Stern" geworden,
das Rest-Ich, das sich in der Gestalt eines Jason oder der Medea äußert, ein
„kollektives Ich", das die Zerstörungen in sich und an sich trägt, ohne eine
Quelle solcher Degeneration der Zivilisation noch direkt benennen zu können.
Gleichwohl ist es eher Medea, die in ihrem Klagemonolog in der Absage an
jene Zivilisation, in die Jason sie gebracht hat, noch eine Sprache humaner
Emotionen erinnert:

Ganz abgebrochen hinter mir hab ich
Was Heimat hieß [...]
Ach
Wär ich das Tier geblieben das Ich war
Eh mich ein Mann zu seiner Frau gemacht hat
Medea Die Barbarin [...] (S. 97)

Die Pointe der Müllerschen Bearbeitung aber ist: dass der *Tod* selbst in „Verkommenes Ufer" ein *kollektiver Prozess* der *europäischen Zivilisation* geworden ist,
eben jene „Katastrophe", an der nach Müller die Menschheit im Kollektiv arbeitet.

Damit aber verweist diese Spätphase der Antiken-Rezeption auf ihre griechischen Anfänge. In dieser Rezeptionsgeschichte *deformiert* sich jene Männer-
Gesellschaft, die sich in der Antike *ohne* die Integration des Weiblichen und die
zyklische Zeitigkeit der Natur in Geburt, Leben, Eros und Thanatos formiert
hatte, zu einer destruktiven Todesgesellschaft, welche die Erde nicht in ein
Paradies, sondern in einen Müllplatz verwandelt. Der Sieg über das Weibliche,

wie ihn Aischylos zeigt, war ein Sieg des Logos über den Mythos, war der Sieg
der neuen, ‚logischen' Gottheiten über die alten mutterrechtlichen, die allerdings bereits im Lichte des Sieges der neuen Götter als verzerrte, böse, hässli-
che Gottheiten erschienen. Am Ende des 20. Jahrhunderts erscheint der Sieg
des Logos in dieser Rezeptionsgeschichte als Deformation und Verhässlichung
der Welt schlechthin. Insofern verweist uns die Rezeptionsgeschichte des antiken Dramas auf die Geschichte des Logos selbst in der europäischen Kulturgeschichte. Und diese ist lang und auch umwegig, aber dabei doch – wie das Kapitel 4 zeigen wird – von einer geradezu unheimlichen Zielgerichtetheit.

Literatur:

Anouilh, Jean: Medea. Übersetzt von Jean Salvard. München 1956.

Gerdzen, Rainer, Wöhler, Klaus: Matriarchat und Patriarchat in Christa Wolfs „Kassandra". Würzburg 1991.

Glau, Katherina: Christa Wolfs „Kassandra" und Aischylos' „Orestie": zur Rezeption
der griechischen Tragödie in der deutschen Literatur der Gegenwart. Heidelberg
1996.

Goebel-Uotila, Marketta: Medea: Ikone des Fremden und des Anderen in der europäischen Literatur des 20. Jahrhunderts am Beispiel von Hans Henny Jahnn, Jean
Anouilh und Christa Wolf. Hildesheim 2005.

Grillparzer, Franz: Das Goldene Vlies. Darin: Medea. In: Sämtliche Werke. Ausgewählte Briefe, Gespräche, Berichte. Erster Band. Gedichte – Epigramme – Dramen I.
Herausgegeben von Peter Frank und Karl Pörnbacher. Zweite Auflage. München
1969.

Haas, Ursula: Freispruch für Medea. Roman. Mit einem Nachwort von Gunna Wendt-
Rohrbach. Frankfurt a. M. 1991.

Jahnn, Hans Henny: Medea. In: Werke und Tagebücher in sieben Bänden. Mit einer
Einleitung von Hans Meyer, herausgegeben von Thomas Freeman und Thomas
Scheuffelen. Band 4. Dramen I. Hamburg 1974.

Keim, Katharina: Theatralität in den späten Dramen Heiner Müllers. Tübingen 1998.

Kenkel, Konrad: Medea-Dramen. Entmythisierung und Remythisierung. Euripides,
Klinger, Grillparzer, Jahnn, Anouilh. Bonn 1979.

Klinger, Friedrich Maximilian von: Medea in Korinth. In: Sämtliche Werke in zwölf
Bänden, Zweiter Band. Hildesheim 1976 (1842), S. 149 ff.

Krischel, Volker: Erläuterungen zu Christa Wolf, Medea. Hollfeld 2003.

Luserke-Jaqui, Matthias: Medea. Studien zur Kulturgeschichte der Literatur. Tübingen
2002.

Lütkehaus, Ludger (Hg.): Mythos Medea. Leipzig 2001.

Müller, Daniela: Mythos Medea im 20. Jahrhundert: eine Untersuchung der Fortentwicklung des Stoffes durch Jahnn und Anouilh. Hildesheim 1998.

Müller, Heiner: Verkommenes Ufer Medeamaterial Landschaft mit Argonauten. In:
Herzstück. Berlin 1983.

Von der Lühe, Irmela: „Unsere Verkennung bildet ein geschlossenes System" – Christa
Wolfs „Medea" im Lichte der Schillerschen Ästhetik. Marbach 2000.

Scheffel, Michael: Vom Mythos gezeichnet? Medea zwischen ‚Sexus' und ‚Gender' bei
Euripides, Franz Grillparzer und Christa Wolf. In: Wirkendes Wort 53, 2003, S.
295 ff.

Schondorff, Joachim (Hg.): Medea: Euripides, Seneca, Corneille, Cherubini, Grillparzer, Jahnn, Anouilh, Jeffers, Braun. Mit einem Vorwort von Karl Kerényi. München/Wien 1963.

Walther, Wolf und Martina Hayo: Mythos Antigone. Texte von Sophokles bis Hochhuth. Leipzig 2004.

Wolf, Christa: Medea. Stimmen. München 1996.

Wolf, Christa: Kassandra. Darmstadt und Neuwied 1983.

Wolf, Christa: Voraussetzungen einer Erzählung: Kassandra. Frankfurter Poetik-Vorlesungen. Darmstadt/Neuwied 1983.

Kapitel 3: Die christliche Pistis-Kodierung

3.1 Frühchristliche Kodierung

Pistis und religiöses System – kulturwissenschaftliches Verstehen

Mit der christlichen Pistis (griech. Pistis = Glauben) betritt ein neues Kultursystem die Bühne der antiken Welt. Es sollte in ca. drei Jahrhunderten das römische Reich durchdringen, wurde im 4. Jahrhundert zur römischen Staatsreligion und für ca. 1500 Jahre lang zur kulturellen Leitkodierung Europas. Damit ist die christliche Pistis-Kodierung neben der griechischen Logos-Kodierung die zweite tragende Säule der abendländischen Kulturgeschichte. Was aber unterscheidet die Pistis vom Logos? Was unterscheidet mithin eine Pistis-kodierte Kultur von einer durch den Logos dominierten?

Der Logos hat den Mythos entmachtet und sich selbst als eine rationale Form der Wahrheitssuche inthronisiert. Dabei enthielt der pythagoreisch-platonische Logos religiöse Motive, so die Lehre von der Seelenwanderung, den Glauben an eine Welt der Ideen am Himmel oder sogar oberhalb der Himmelsschale, zu der die von körperlichen Schlacken gereinigte Seele aufsteigen könne. Entscheidend dabei war die Vernunftzentrierung der Erkenntnis. Logos-Kodierung heißt: Wahrheitsfindung auf dem Vernunftwege.

Die Pistis definiert den Weg zur Wahrheit neu. Der griechische Begriff „pistis" bedeutet „Vertrauen", „Treue" (RGG, Bd. 10, Sp. 947). Pistis als ein Leitbegriff des Neuen Testamentes bezeugt und verlangt eine Haltung der vertrauensvollen Annahme einer Verkündigung als wahr. Die heiligen Texte des frühen Christentums fordern nun eine solche Haltung ein, so das älteste Evangelium nach Markus:

> Die Zeit ist erfüllt und das Reich Gottes ist herbeigekommen. Tut Buße und glaubt an das Evangelium! (Mk. 1,15; griech.: pisteúete en tō euangelío)

Pistis definiert so ein Kultursystem, das durch gläubiges *Für-wahr-Halten* geprägt ist und nicht durch argumentative Wahrheitssuche und Wahrheitserforschung. Das durch die Pistis definierte Kultursystem ist die *Religion*, das durch den Logos definierte Kultursystem aber die *Philosophie-Wissenschaft*. Was aber ist Religion, und wie kann *Kulturwissenschaft* über dieses System sprechen? Der romantische Religionsphilosoph Friedrich Schleiermacher definierte das Wesen *der* Religion durch deren Distanz „von allem Systematischen" als eine Art „Anschauen des Universums" (Schleiermacher: Über die Religion, S. 201 u. S. 213). Daher betont Schleiermacher, dass die Religion als die „unmittelbare Erfahrung vom Dasein und Handeln des Universums" einen zentralen Platz im Menschen nicht in der Vernunft oder im Verstand habe, sondern in der Einheit von „Anschauung" und „Gefühl" (Schleiermacher: Über die Religion, S. 215 u. S. 221). In der Sprache der Evangelien, bei Paulus wie auch Augustinus, wird dieser zentrale Ort der religiösen Anschauung mit der körperlichen Metapher „Herz" (griech.: kardía, lat. cor) bezeichnet. Die religiöse Pistis-Kodierung setzt so eine neue *Opposition* zunächst in der Welt des römischen Reiches, dann in der gesamten europäischen Kultur: die Opposition zwischen Herz/ Gefühl einerseits, Vernunft und Verstand andererseits.

Neue kulturwissenschaftliche wie theologische Arbeiten definieren Religion als ein kulturelles System, das einer metaphysischen Wirklichkeit entspricht, Sinnorientierung bietet und kollektiven Gruppenzusammenhalt gewährt (Geertz: Religion als kulturelles System, S. 92 ff und Theißen: Die Religion der ersten Christen, S. 19 ff). Die Problematik dieser Definition im Umgang mit der christlichen Religion allerdings liegt darin, dass sie eine eigenwillige Form von Sinnorientierung vornimmt, indem sie jene radikal aus dem Diesseits auf ein Jenseits hin ausrichtet. Dabei muss sich die kulturwissenschaftliche Hermeneutik eines solchen religiösen Systems immer darüber im Klaren sein, dass sie nicht aus der internen Sicht des Gläubigen sprechen kann und darf, sondern nur aus der externen Sicht des Analytikers, sofern sie Kultur*wissenschaft* ist. Als Kulturwissenschaft ist die Rede von Pistis und Religion bereits deren Transfer in ein anderes System, nämlich das System der Kulturwissenschaft.

Auch eine hermeneutische Wissenschaft der Pistis und der Religion aber kann und muss sich um die immanenten Verstehensvollzüge dessen bemühen, was sie verstehen will, in diesem Fall eben: Pistis und Religion. Der Anspruch, das zu Verstehende von innen heraus zugänglich zu machen, ist gutes hermeneutisches Erbe. Es ist daher auch für die Kulturwissenschaft nicht ratsam, einen Themenbereich wie Pistis und Religion sogleich durch Deutungen zuzudecken, wie sie bereits die griechische Aufklärung und erneut die neuzeitliche Aufklärung angeboten haben: die Deutung von Religion als einer bloßen *Projektion* des Menschen. Sowohl der Vorsokratiker Xenophanes wie auch die Religionskritik der Aufklärung bemühen ja dieses Argument in der Kritik an Mythos und Religion (siehe Kap. 2.2).

Eine Kulturwissenschaft der christlichen Pistis als abendländischer Leitkodierung wird die semantischen Systemstrukturen und die ihnen entsprechenden Mentalitäten zu beschreiben versuchen, dies nicht als gläubiger Nachvollzug, aber auch nicht als eine durch die Aufklärung erledigte Form des Geistes. Solche kulturwissenschaftliche Hermeneutik der christlichen Pistis wird auf die kognitiven wie emotionalen Bedeutungsfelder achten, die sie entwirft und die sich mit ihr verbunden haben und als solche jene sozialen, pragmatischen und politischen Folgen zeitigen, die ein Kultursystem unter der Leitkodierung der Pistis auszeichnet.

Kulturwissenschaftlich gesehen *eröffnet* Pistis eine neue Semantik: eine Welt des Wunderbaren, Überraschenden, Geheimnisvollen, Außergewöhnlichen, die der Logos eher verschlossen hielt und/oder gerade durch Wissenschaft zu bannen suchte. Die *christliche* Pistis-Kodierung bindet diese Semantik an den Religionsführer Jesus von Nazaret, der Wunder in großer Zahl vollführt hat und daher selbst das Zentrum allen Glaubens an das Wunderbare ist, allem voran der Sieg über den Tod. Die wichtigste Quelle für das Verständnis der christlichen Pistis ist das Neue Testament, das wir im Folgenden in der modernisierten Luther-Übersetzung im Verein mit dem griechischen Original benutzen.

Literatur:

Die Bibel. Nach der Übersetzung Martin Luthers. Mit Apokryphen. Hg. vom Evangel. Kichenwerk. Stuttgart 1999.

Novum Testamentum Graece. Post Eberhard et Erwin Nestle. Barbara et Kurt Aland e.a. (ed.). 27. Aufl. Stuttgart 1993.

Geertz, Clifford: Religion als kulturelles System. Beiträge zum Verstehen kultureller Systeme. Übersetzt von Brigitte Luchesi und Rolf Bindemann. Frankfurt 1983 (engl. Original 1973).

Schleiermacher, Friedrich: Über die Religion. Reden an die Gebildeten unter ihren Verächtern. In: Schriften aus der Berliner Zeit 1796–1799. KA Bd. 2. Hg. von Günter Meckenstock. Berlin u.a. 1984.

Theißen, Gerd: Die Religion der ersten Christen. Eine Theorie des Urchristentums. Gütersloh 2000.

Christliche Pistis: Zentrale Gehalte

Die zentrale *Problematik* der kulturwissenschaftlichen wie theologischen Interpretation der christlichen Pistis ist, dass sie schon im Urchristentum in interpretatorischer Überformungen und Vermittlungen auftritt, die heute nicht mehr klar erkennbar werden lassen, was ursprünglich Lehre des Jesus von Nazaret war und was spätere hellenistische Überformung. Denn der Interpret kann heute nur noch die überlieferten Texte sichten, und diese sind bereits Amalgame jüdischer, jesuanischer, hellenistischer Gedanken und Motive. Die kulturwissenschaftliche Forschung kann hier nur der theologischen Vorarbeit der Rekonstruktion folgen, die sich dessen bewusst ist, dass kein einziges authentisches Wort jenes Jesus von Nazaret nachgewiesen ist, der zum Gründer der neuen christlichen Religion wurde. Anders herum formuliert: Die christliche Botschaft hat in jenen Texten, in denen sie uns heute überliefert und zugänglich ist, in den Briefen des Paulus und der anderen Apostel sowie der

Evangelien als den wichtigsten Dokumenten des Neuen Testamentes, selbst bereits starke interpretatorische Überformung erfahren. In dieser Form, in den kanonischen Texten des Neuen Testamentes, aber hat dieser neue Glauben gewirkt und als solchen können wir ihn auch heute kulturwissenschaftlich lesen.

Dabei kann man mindestens *fünf* zentrale Motive des frühen Christentums unterscheiden:

Erstens die neue *Zentrierung* aller Glaubensvorstellungen hin auf Jesus von Nazaret als den erschienenen Messias. Glaube im Rahmen der christlichen Pistis-Kodierung heißt: an Jesus von Nazaret glauben als den fleischgewordenen Sohn Gottes auf Erden und Erlöser der Menschheit durch seinen Opfertod.

Zweitens bedeutet dies eine – gegenüber der jüdischen Religionstradition – neue Form des Hereinbrechens der Transzendenz Gottes in die *Immanenz* der menschlichen Geschichte, mithin eine *Verweltlichung* und *Verdiesseitigung* Gottes. Diese *Vergeschichtlichung* des Göttlichen in der Geburt von Gottes Sohn als Mensch ist aber selbst eine – gegenüber dem Stand der ersten Aufklärung in der griechischen Philosophie-Wissenschaft – *Remythisierung*. Gott selbst tritt in die Geschichte ein, wie es der philosophische Logos nicht für möglich gehalten hätte.

Damit wird aber die menschliche Geschichte neu kodiert als die durch die Geburt und den Opfertod Jesu Christi eröffnete *Heilsgeschichte*. Denn dieser Glaubensgehalt gehört ja auch in den Kontext der christlichen Pistis: dass Jesus Christus als Gottes Sohn die Ursünde Adams aufgehoben habe und mit seinem Opfertod eine neue Epoche der Weltgeschichtszeit anbricht.

Drittens: In dem Maße, wie Jesus Christus die Heilsgeschichte verdiesseitigt hat, wird die Geschichte des Menschen aber nun auf ein *Jenseits* hin perspektiviert, in dem sie sich allererst erfüllt und finalisiert. Das Gottesreich, das mit Jesus von Nazaret anbricht, und auf das er verweist, erwarteten die frühen Christen schon in naher Zukunft, auch Paulus noch in seiner Lebenszeit. Je länger die Geschichte währte, desto länger zog sich jenes Jüngste Gericht hinaus, das Matthäus als das Ende aller Zeiten verkündet unter den erscheinenden „Zeichen des Menschensohns am Himmel" (Mat 24,30). Das heißt aber: Menschliche Geschichte erfüllt sich nicht mehr *in* der Geschichte, sondern als ihr *Jenseits*. In und mit der christlichen Pistis-Kodierung wird das menschliche Dasein und seine Zeitlichkeit verjenseitigt, wird der Mensch dem Hier und Jetzt auf der Erde entrückt und auf eine neue Finalität hin ausgerichtet, die durch Jesu Christi finalen Eingriff in die Geschichte markiert ist. Das Jüngste Gericht, wie es wortgewaltig auch der Apokalyptiker Johannes beschreibt, *finalisiert* die Geschichte auf ein Jenseits hin, das ein Strafgericht über Gläubige wie Ungläubige sein wird.

Viertens: Mit der christlichen Pistis und ihrem Absolutheitsanspruch, wird auch die Vergesellschaftung des Menschen neu kodiert. Die *neue soziale Kodierung* teilt die Menschheit in Gläubige und Ungläubige, Christen und Nichtchristen. Um diese neue soziale Kodierung und ihre Interpretation entbrannte schon im frühen Christentum ein Kampf zwischen den Aposteln. Bemerkenswert daran ist, dass die neue, auch für Heiden offene Interpretation des Paulus jene Welteröffnung ermöglichte, die in der Tat das Christentum auch zu einer *Weltreligion* werden ließ. Bemerkenswert aber ist auch, in welchem Maße nun gerade diese paulinische Interpretation der christlichen Gemeinde alle vorgängigen religiösen, nationalen und sozialen Kodierungen einschmilzt, um sie in die *eine, einheitliche Christengemeinde* aufzuheben. Selbst die natürliche Geschlechterdifferenzierung soll durch die neue christliche Gemeinde außer Kraft gesetzt werden. In einem seiner besonders polemischen Kampfbriefe, dem Brief an die Gemeinde in Galatien, schreibt Paulus:

> Denn ihr seid alle durch den Glauben Gottes Kinder in Christus Jesus. [...] Hier ist nicht Jude noch Grieche, hier ist nicht Sklave noch Freier, hier ist nicht Mann noch Frau; denn ihr seid allesamt einer in Christus Jesus. (Gal 3,26–28)

Die neue Glaubensgemeinschaft definiert sich nicht mehr nach nationaler Herkunft und sozialer Hierarchie, auch nicht nach dem Geschlecht – „hier ist nicht Mann und Frau". Die frühchristliche Sozialkodierung ist die erste, die auch Gender durch eine neue, eben rein religiös definierte Gemeinschaft als der eigentlich bedeutungsvollen ersetzt.

Fünftens: In einem wesentlichen Punkt entspricht die christliche Pistis-Kodierung dem platonisch-pythagoreischen Logos. Beide Kodierungen sind sich einig in der *Abwertung* des Diesseits, des Körpers, der Materie und der durchgängigen Ausrichtung – hier der Erkenntnis, dort des Glaubens – auf Geist, auf Seele, auf das Jenseits. Dabei kann sich in diesem Punkte auch die christliche Pistis-Kodierung bruchlos an die Logos-Kodierung anschließen, bzw. jene in sich integrieren. Schon die paulinische, später neuplatonische und augustinische Interpretation der christlichen Pistis greift so auf die hellenistische Semantik der Unterscheidung von Körper und Geist zurück, bzw. interpretiert den Tod Jesu Christi und seine Auferstehung im Bedeutungshorizont von jener. Dabei neigt die christliche Pistis-Kodierung noch zu einer moralischen Überkodierung des Körper-Geist-Dualismus im Sinne einer radikalen *moralischen* Abwertung des Fleisches bis hin zur Triebumkehr und Selbstzerstörung des Körpers, wie es denn spätere christliche Heilige tatsächlich praktiziert haben. Darauf kommen wir im Kapitel 3.2 zurück.

Universalisierung des christlichen Glaubens und christliche Bildimagination

Der christliche Glaube wird in den Evangelien zunächst mit *konkreten Wundertaten* des Jesus von Nazaret verbunden: Jesus beruhigt den Sturm, kontrolliert also die Natur, die ihm Folge zu leisten hat, er kann Kranke heilen (Mk 5,34 „dein Glaube hat dich gesund gemacht"), vermag Tote aufzuwecken, so den Lazarus und den Jüngling von Nain (Joh 11, 1–44 und Lk 7, 13–15). Der Glaube, so lehrt es Jesus von Nazaret, kann Berge versetzen. Er kann die Kausalitäten der Natur aufheben. Als Jesus den mondsüchtigen Jungen heilt, den seine

Jüdisch-christliches Modell der Heilsgeschichte

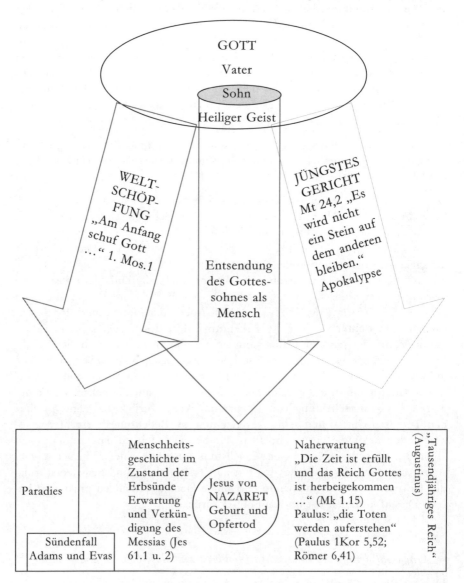

Jünger nicht haben heilen können, rügt er sie wegen ihres „Kleinglaubens" und formuliert dieses Prinzip einer absoluten Herrschaft der Pistis über Zeit und Raum und Kausalität:

> Wenn ihr Glauben habt wie ein Senfkorn, so könnt ihr sagen zu diesem Berge: Heb dich dorthin!, so wird er sich heben; und euch wird nichts unmöglich sein. (Mt 17,20, vgl. dazu Lk 17,6)

Die Wundertätigkeit des Jesus von Nazaret treibt Dämonen und Teufel aus, speist auf wunderbare Weise Tausende mit Broten und Fischen. Die frühchristliche *Bildimagination* wurde aus dieser Wundertätigkeit Christi gespeist. Die sehr alten christlichen Wandmalereien aus dem Anfang des 3. Jahrhunderts in Dura-Europos am Euphrat zeigen die Wunderheilung des Gelähmten durch Jesus in Kapernaum (Mk 2, 1–12) und das Wunder auf dem Galiläischen Meer (Mt 14, 24–33) (Hopkins und Baur: Christian Church S. 77). Auch die Fresken in einer der frühen romanischen Kirchen in Deutschland, St. Georg auf der Insel Reichenau, stellen in einem gut erhaltenen Zyklus aus dem 10. Jahrhundert ebenfalls den Wunderheiler Jesus Christus in Aktion dar: die Heilung des Blindgeborenen, des Aussätzigen, die Beruhigung des Sturmes auf dem See Genezaret, die Auferweckung des Lazarus u.a. (Erdmann: Die Reichenau im Bodensee. 1992). Insbesondere die frühmittelalterliche Bildimagination entzündet sich an diesen Wundertaten.

Jesus vermag dies alles, so die Botschaft der Evangelien, aus Macht der Pistis, die letztlich in der direkten Gottgesandtheit und messianischen Funktion des Jesus von Nazaret begründet ist und dies am deutlichsten im Johannes-Evangelium:

> Ich und der Vater sind eins. (Joh 10,30)

Der Glaube an Jesus Christus wird so vor allem im Johannes Evangelium *universalisiert* zum Glauben an Jesus Christus als den *erscheinenden Gott*. Die christliche Pistis nach Johannes glaubt, dass Jesus präexistent war in Gott, der ihn als den Messias in die Welt entsandte, um durch seine Leidensgeschichte die Urschuld des Menschengeschlechts seit Adam tilgen zu lassen. Denn das ist ja der Sinn des Anfangs des Johannesevangeliums:

> Im Anfang war das Wort [lógos], und das Wort war bei Gott und Gott war das Wort. [...] Und das Wort ward Fleisch und wohnte unter uns [...] (Joh 1,1 und 1,14)

Der göttliche, vom „Vater" entsandte Logos zentriert den sündig gewordenen menschlichen Geist der Gläubigen wieder auf das wahre Seinszentrum des Universums hin, auf *Gott*, und erwirkt durch sein Leiden die Auferstehung und das ewige Leben derer, die an ihn glauben:

> Ich bin die Auferstehung und das Leben. Wer an mich glaubt, der wird leben, auch wenn er stirbt; und wer da lebt und glaubt an mich, der wird nimmermehr sterben. (Joh 11,25 f)

Der Systemsprung der christlichen Pistis gegenüber dem Platonischen Logos

ist evident: Nicht argumentativ, nicht dia-logisch wird das ewige Leben verhei-
ßen, sondern allein durch die gläubige Hinnahme, dass dieser Jesus von Nazaret der Messias ist und der göttliche Logos in ihm inkarniert sei. In diesem Sinne ist es allein der Glaube und nichts anderes, der erlöst. Wer aber nicht
glaubt, „der ist schon gerichtet" (Joh 3,18).

> Wahrlich, wahrlich, ich sage euch: Wer mein Wort hört und glaubt dem, der mich
> gesandt hat, der hat das ewig Leben und kommt nicht in das Gericht, sondern er ist
> vom Tode zum Leben hindurchgedrungen. (Joh 5,24)

Die Kategorie des Glaubens wird so vor allem im johanneischen Evangelium
radikal entgrenzt und von allen konkreten Glaubensakten einzelner Wundertaten gelöst. Pistis wird in diesem Evangelium zur präsentischen Vorwegnahme
des ewigen Lebens *im* Leben und bedeutet als solche zugleich auch die Lösung
vom Diesseits in der glaubenden Vorwegnahme eines versprochenen Jenseits.

Welche Funktion aber übernimmt in der Pistis-Kodierung die *Kritik*? Im
griechischen Logos hatte sie die Funktion einer *Unterscheidung* zwischen dem
wahren Weg der Erkenntnis und dem falschen. In der Pistis-Kodierung übernimmt Kritik eine andere Funktion: die der Unterscheidung zwischen *Glauben*
und *Nichtglauben*, bzw. zwischen *wahrem* und *falschem Glauben*. Kritik hat damit
die Funktion der Ab- und Ausgrenzung des Andersglaubenden bzw. der falschen Glaubensinhalte. An die Stelle der Unterscheidung von wahrer und falscher Erkenntnis tritt in der Pistis-Kodierung die Unterscheidung zwischen
Christen und *Heiden*. *Innerhalb* der christlichen Kulturgeschichte wurde diese
Funktion der Kritik bald auch zu einem Kampf zwischen *wahrem* und *falschem
Christentum*, der praktisch die gesamte Geschichte der christlichen Kultur
durchzieht und wie kaum etwas anderes Unheil über die europäische Geschichte gebracht hat. Denn mit diesem Anspruch, das wahre Christentum zu
vertreten, verbindet sich immer auch der *Machtanspruch*, dieses durchzusetzen.
Bereits bei Paulus stehen wir mitten im Kampf um die Vorherrschaft in Sachen
Glaubenskompetenz und Rechtgläubigkeit.

Literatur:

Erdmann, Wolfgang: Die Reichenau im Bodensee. Geschichte und Kunst. 10. Aufl. Kö-
     nigstein 1992.
Hopkins, C. und P. V. C. Baur: Christian Church at Dura-Europos. New Haven 1934.
Partsch, Susanna: Frühchristliche und byzantinische Kunst. Stuttgart 2004.

Paulinische Pistiskodierung

Für die Auslegung und Wirkung der christlichen Pistis ist die Bedeutung des
Apostels Paulus nicht zu überschätzen. Sowohl im Bezug auf die Interpretation der christlichen Pistis wie auch die Selbstorganisation und Ausbreitung des
frühen Christentums war Paulus wegentscheidend.

Dabei stellt sich für Paulus ein Grundproblem aller Pistis-Kodierung: Was ist ihr Wahrheitsausweis? Der argumentative Logos kann es nicht sein. Der Wahrheitsanspruch der christlichen Pistis muss sich auf eine andere Beglaubigung berufen. Und das kann nur die Berufung auf Jesus Christus selbst als die eigentliche Offenbarungsquelle sein. Daher verstehen und inszenieren sich der Apostel und alle Evangelisten wie auch der Autor der Apokalypse als ‚Mundstücke Gottes'. Sie berufen sich nach dem Vorbild des Jesus von Nazaret auf die göttliche Inspiration selbst. Das heißt: Die christliche Pistis bezeugt sich durch eine neue *Unmittelbarkeit* der göttlichen Intuition und Offenbarung, die der Logos nicht kannte, die aber – nach johanneischer Interpretation – die Erscheinungsform des wahren Logos sei. Die Erscheinungsform des Logos in der Gestalt der christlichen Pistis ist in diesem Sinne selbst eine neue Form des Wahrheitsanspruchs und der Remythisierung in der antiken Welt.

Paulus hat ein besonderes Problem der Begründung seines apostolischen Auftrags. Der Pharisäer Paulus war ein gefürchteter Christen-Jäger gewesen, er hatte sich aber nach einer Audition Christi – „Saul, Saul, was verfolgst du mich?" (Apg 9,4) – zum Christen Paulus bekehrt. In dem erwähnten polemischen Brief an die Galater präsentiert er sich bereits im Proömium des Briefes als gottgesandt:

> Paulus, ein Apostel, nicht von Menschen [...], sondern durch Jesus Christus und Gott, den Vater [...] an die Gemeinden in Galatien. (Gal 1,1)

Durch die Genitive *Iesû Christû* und *thëi* führt Paulus sich selbst als den Gottgesandten ein. Die Briefpredigt des Paulus beansprucht, selbst und unmittelbar Gottes Wort zu künden:

> Denn ich tue euch kund, liebe Brüder, dass das Evangelium, das von mir gepredigt ist, nicht von menschlicher Art ist. (Gal 1,11)

Paulus braucht diesen Ausweis, weil andere Apostel mit ihm konkurrieren im Kampf um die wahre Auslegung des Evangeliums. Diese waren auch bereits wohl in die Gemeinden in Galatien eingedrungen. Daher wettert Paulus im Eingang dieses Briefes gegen jene, die die Botschaft des Evangeliums „verwirren" und „verkehren" wollen (Gal 1,7).

Dazu eine kurze Bemerkung zur Form des *antiken Briefes*. Paulus benutzt ja diese Form, aber expandiert den Umfang – vor allem im Brief an die Römer und im ersten Korintherbrief. Wie auch in der antiken Briefform eröffnet er die Schrift in der Form eines Präskripts mit der Benennung von Absender und Adressat, mit einem Vorwort (Proömium), das auch Dank, Wohlergehenswünsche und Ermahnungen enthält. Den eigentlichen Briefkorpus mit Einleitung (Exordium), Darlegung des Tatbestandes (Narratio), These (Propositio), Beweisführung (Probatio) und Schluss (Peroratio) folgt auch bei Paulus der antiken Schulrhetorik. Die Briefform wird vielfach abgeschlossen durch ein Postskript mit Grüßen an den Empfänger, bei Paulus vielfach verbunden mit erneuten Ermahnungen und Einschärfungen (Klauck: Die antike Briefliteratur und das Neue Testament, Betz: Der Galaterbrief).

Insbesondere aus den Eröffnungspassagen des Galaterbriefes ist die historische Situation des Paulus gut zu erschließen, weil er sie selbst polemisch anspricht. Der Brief – ca. um 54 n.Chr. entstanden und versandt an eine graezisierte, keltische Gemeinde in Galatien (Zentralanatolien) –, polemisiert gegen konkurrierende Apostel. Die Hauptlinie der Kritik ist die folgende: Die Apostel hatten offenbar unter sich die Missionierung aufgeteilt: Petrus, Jakobus und Johannes als judenchristliche Apostel, Paulus mit Barnabas als Missionar unter den Heiden (Gal 2,8–9). Im Kontext dieser Auseinandersetzung ist der Brief des Paulus an die Gemeinde in Galatien ein apologetischer und zugleich polemischer Brief. Die eigentliche Propositio seines Briefes findet sich in den Passagen Gal 2,15–21, die Beweisführung umfasst die Abschnitte 3.1–4,31. Die Ermahnung die Abschnitte 5,1–6,10, das Briefpostskript mit erneuter Polemik, Ermahnung und Segenswunsch findet sich im Briefschluss 6,11–18 (Betz: Der Galaterbrief, S. 54ff).

Inhaltlich besteht das Hauptanliegen des Paulus darin, die christliche Pistis – und sie allein! – als Ausweis des wahren Christentums durchzusetzen, mithin eine neue Form der religiösen Gemeinschaft zu begründen, die allein in der christlichen Pistis fundiert ist. Dabei zieht Paulus zwei scharfe Grenzen: zum einen die Grenzziehung gegenüber der jüdischen Gemeinde und ihrer Fundierung in der Tora. Ein großer Teil der Polemik des Paulus dient dieser Abgrenzung:

> Wir sind von Geburt Juden und nicht Sünder aus den Heiden. Doch weil wir wissen, dass der Mensch durch Werke des Gesetzes nicht gerecht wird, sondern durch den Glauben an Jesus Christus, sind auch wir zum Glauben an Christus Jesus gekommen, damit wir gerecht werden durch den Glauben an Christus und nicht durch Werke des Gesetzes; denn durch Werke des Gesetzes wird kein Mensch gerecht. (Gal 2,15–16)

Paulus schärft der Gemeinde ein:

> Erkennt also: die aus dem Glauben sind, das sind Abrahams Kinder. (Gal 3,7)

Die Opposition von jüdischem Gesetz (nómos) und christlichem Glauben (pístis) ist die *eine* polemische Grundlinie dieses Briefes und der gesamten paulinischen Missionsarbeit. Paulus stellte die Weichen für die Expansion des Christentums durch die *Deregulierung* der Aufnahmerituale in die christliche Gemeinschaft. Die jüdische Forderung nach Beschneidung beispielsweise als Reinigungsritual lässt er weg (1 Kor 7,18), um so die Gemeinde für die Heiden *aller* Kulturen, auch *aller* sozialen Schichten, zu öffnen. Gott ist, so betont er im Brief an die Römer, „auch der Gott der Heiden":

> Ja gewiss, auch der Heiden. Denn es ist der eine Gott, der gerecht macht die Juden aus dem Glauben und die Heiden durch den Glauben. (Röm 3.29f)

Diese Abgrenzung des Apostels gegenüber dem jüdischen Gesetz ist selbst ein zentrales Thema der christlichen Theologie geworden (Oechslen: Kronzeuge Paulus).

Die *andere* zentrale Linie der paulinischen Missionierung und Gemeinde-
bildung ergibt sich aus der Opposition von Fleisch (sárx) und Geist (pneūma).
Der griechische Begriff „sárx" meint alles Irdische, Diesseitige, Körperliche.
Paulus führt einen ganzen Katalog der „Werke des Fleisches" an, „als da sind:
Unzucht, Unreinheit, Ausschweifung, Götzendienst, Zauberei, Feindschaft,
Hader, Eifersucht, Zorn, Zank, Zwietracht, Spaltungen, Neid, Saufen, Fressen
und dergleichen" (Gal 5,19–21). Den Werken des Fleisches entgegen steht die
geistige Welt der christlichen Gemeinde:

> Wenn wir im Geist (pneúmati) leben, so lasst uns auch im Geist wandeln. (Gal 5,25)

Paulus stellt also eine Opposition zwischen Körperlichkeit und Geistigkeit her,
die ihrerseits an die Logos-Kodierung der antiken Philosophie anschließen
mag. In jedem Falle *radikalisiert* sie die Opposition von Körper und Geist und
kodiert sie zugleich moralisch-religiös als böse und gut.

Durch beide Formen der Neukodierung der christlichen Pistis grenzt sich
dieser erste große Christenmissionar auch – ohne dies zu wollen – von Jesus
Christus ab. Dieser hatte seinerseits das alttestamentarische Gesetz nicht ersetzen, sondern erfüllen wollen. Und Jesus Christus hatte auch nicht jene scharfe
Polemik zwischen Körper und Geist aufgemacht, die für die paulinische Pistis-
Kodierung kennzeichnend ist. In diesem Sinne deutet Paulus auch das Aufer-
stehungsgeschehen im ersten Korintherbrief als Auferstehung eines „geistlichen Leibes" gegenüber dem natürlichen Leib:

> Es wird gesät ein natürlicher Leib und wird auferstehen ein geistlicher Leib. (1. Kor.
> 15,44 – speíretai sôma psychikón, egeíretai sôma pneumatikón.)

Die paulinische Unterscheidung von himmlischem Körper und irdischem Körper, von psychischem und pneumatischem Leib antizipiert bereits jene gnostische Abwertung des Körpers, die in der Materialität des Leibes selbst das Böse
sieht. Das ist bei Paulus selbst noch nicht in dieser Schärfe der Fall. Wohl aber
begründet bereits Paulus eine scharfe Geist-Fleisch-Dualität, wobei dem
Fleisch der Tod und das Verderben zugeordnet werden, dem Geist das ewige
Leben und der Frieden (Röm. 8,5). Alle Leiblichkeit und Körperlichkeit wird
selbst aufgehoben in eine neue *Geistgemeinschaft*, die Paulus als Verkörperung
der Glieder Christi interpretiert (1. Kor 6,15ff). Daher die Ermahnung, die Sexualität aufzugeben und erst recht „Unzucht zu vermeiden" (1. Kor 7,1–2).
Die neue christliche Gemeinschaft ist bereits die Antizipation einer reinen
Geistgemeinschaft des Jenseits im Diesseits. Daher auch die Formulierung des
Paulus:

> Wir sind aber getrost und haben viel mehr Lust, den Leib zu verlassen und daheim
> zu sein bei dem Herrn. (2. Kor 5,8)

Noch radikaler und dualistischer als in der antiken Logos-Kodierung wird so
der Leib selbst zu einem Gefängnis, das der gute Christ zu verlassen streben
muss, wenn er sich Gott annähern und die eigentliche Freiheit (Gal 5,1 –

eleuthería) eines Christenmenschen erringen will. Damit ist auch die im Kontext der griechischen Polis *politische* Kategorie der Freiheit *religiös* umkodiert.

Die paulinische Pistis-Kodierung ist selbst eine Mischung von *Entselbstung* und *Machtanspruch.* Der Mensch ist *nichts* aus sich selbst, sondern *alles* durch die Pistis, aber solche Pistis gibt dem, der sich in ihrem Besitz glaubt, auch eine neue Form der *Macht* an die Hand. Die christlichen Gläubigen sind nach Paulus bereits Glieder einer göttlichen Macht. Als solche verfügen sie nicht über die Waffen des Fleisches, aber sie verfügen über unschlagbare *geistige Waffen.* Diese sind nach Auskunft des selbstbewussten christlichen Missionars so stark, dass man damit „Gedanken und alles Hohe" zerstören kann und auch „Festungen zu zerstören" imstande ist (2. Kor 10,4). Damit aber wird die christliche *Pistis* selbst zu einem Instrument der *Macht,* die das Wesen des Christentums – Idee wie Erscheinung – grundlegend verändern sollte. Darauf kommen wir im Kapitel 3. 2 zurück.

Literatur:

Betz, Hans Dieter (Hg.): Paulinische Studien. Gesammelte Aufsätze III. Tübingen 1994.
Ders.: Der Galaterbrief. Ein Kommentar zum Brief des Apostels Paulus an die Gemeinde in Galatien. Aus dem Amerikanischen übersetzt und für die deutsche Ausgabe redaktionell bearbeitet von Sibylle Ann. München 1988.
Klauck, Hans J.: Die antike Briefliteratur und das Neue Testament. Paderborn 1998.
Oechslen, Rainer: Kronzeuge Paulus. Paulinische Theologie im Spiegel katholischer und evangelischer Exegese und die Möglichkeit ökumenischer Verständigung. München 1990.
Riesner, Rainer: Die Frühzeit des Apostels Paulus. Studien zur Chronologie, Missionsstrategie und Theologie. Tübingen 1994.
Sander, E. P.: Paulus. Eine Einführung. Stuttgart 1995 (engl. Orig. 1991).
Schiwy, Günther: Weg ins Neue Testament. Kommentar und Material. III. Band. Paulusbriefe. Würzburg 1968.

Soziale Attraktion des Christentums

An wen richtete sich die Glaubensbotschaft des Jesus von Nazaret und des frühen Christentums? Platons Sokrates bewegt sich im Kreis der sozialen und geistigen Elite Athens: Seine Gesprächspartner sind Dichter, Wissenschaftler, Ärzte, Sophisten, Politiker. Jesus von Nazaret lebt und lehrt in den engen und gegen die hellenische Welt eher abgeschirmten Provinzen Judäa, Galiläa, Samaria und der Dekapolis jenseits des Sees Genezaret. Von den jüdischen Schriftgelehrten, den Pharisäern und Sadduzäern, die ihn argwöhnisch beäugen und dann immer erbitterter verfolgen, hält er sich eher fern und verachtet auch deren Oberflächlichkeit im Glauben. Seine Zielgruppe sind einfache, ungelehrte Leute: Fischer, Bauern, Frauen, darunter auch eine Frau wie die Dirne Maria Magdalena. Die Botschaft, die er ihnen bringt, ist einfach: Wer an ihn glaubt und ihm folgt, wird aus seiner sozialen Abstiegszone in eine neue geistige Gemeinschaft emporgehoben, die Ewigkeitsbestand hat. Die sozial Armen und Schwachen werden dort die Vornehmsten und Ersten sein. Sie werden getröstet sein, satt werden, Gott schauen und jenen Platz im Himmelreich besetzen, der den Reichen und Herzlosen versagt sein wird. Matthäus 5.3 ff fasst diese Lehre katalogartig in der Form von Seligpreisungen zusammen:

Selig sind, die da geistlich arm sind; denn ihrer ist das Himmelreich.
Selig sind, die da Leid tragen; denn sie sollen getröstet werden.
Selig sind die Sanftmütigen; denn sie werden das Erdreich besitzen.
Selig sind, die da hungert und dürstet nach der Gerechtigkeit; denn sie sollen satt werden.
Selig sind die Barmherzigen; denn sie werden Barmherzigkeit erlangen.
Selig sind, die reinen Herzens sind; denn sie werden Gott schauen.
Selig sind die Friedfertigen; denn sie werden Gottes Kinder heißen.
Selig sind, die um der Gerechtigkeit willen verfolgt werden; denn ihrer ist das Himmelreich.

Bei Lukas heißt es an entsprechender Stelle sogar:

Selig seid ihr Armen; denn das Reich Gottes ist euer. (Lk 6.20)

Zum neuen religiös-sozialen Kodex der christlichen Botschaft gehört somit die *Umkehrung* der irdischen sozialen Ordnung. Die Reichen *hier* werden nicht durch das „Nadelöhr" ins Gottesreich *dort* einrücken (Mt 19.24, Mk 10.25, Lk 18.25). Jesus predigt „Barmherzigkeit" mit den Armen, mit den sozial Gefallenen: Maria Magdalena nimmt er in seinen Jüngerkreis ebenso auf (Lk 8.11), wie er die reuige Ehebrecherin nicht verstößt (Joh 8.1). Zu den großen Herausforderungen der christlichen Botschaft gehört generell das Liebesgebot, zumal in der zugespitzten Version:

Liebt eure Feinde; tut wohl denen, die euch hassen, segnet die euch verfluchen; bittet für die, die euch beleidigen. (Lk 6.27 f)

Der Preis für diese Glaubensbotschaften allerdings ist nicht gering: Jesus verlangt die Auflösung der bisherigen sozialen Beziehungen: Vaterbindung, Mutterbindung, Familie, Ehe. Er will, dass seine Jünger die Brücken hinter sich abbrechen und ihm folgen. Diese Zerstörung der bestehenden sozialen Strukturen durch die neue Glaubensgemeinschaft spricht Jesus klar aus:

Denn ich bin gekommen, den Menschen zu entzweien mit seinem Vater und die Tochter mit ihrer Mutter und die Schwiegertochter mit ihrer Schwiegermutter. Und des Menschen Feinde werden seine eigenen Hausgenossen sein. Wer Vater oder Mutter mehr liebt als mich, der ist meiner nicht wert. (Mt 10,35–37)

So haben seine Jünger, wie Petrus einmal bekennt, Haus und Hof zurückgelassen, um ihm zu folgen. Ihr Lohn dafür ist zunächst die mit der Realpräsenz dieser charismatischen Person verbundene *Naherwartung* des himmlischen Reiches. Aber eben all dies auch um den Preis einer radikalen Zerschlagung aller bisherigen sozialen Primärbezüge.

Verchristlichung heißt also zunächst einmal sozial gesehen: radikale *Entwurzelung*. Die Jünger werden *desintegriert* aus ihren bisherigen sozialen Bezügen. Sie werden damit auch existentiell isoliert. In solcher Desintegration aber können sie neu *vergesellschaftet* werden im Sinne einer *neuen Gemeindebindung* um das charismatische Oberhaupt Jesus Christus, dem allein zu folgen sie aufgerufen sind. In diesem Sinne konstituiert sich die frühchristliche Gemeinde als eine sozial offene, auch für Randgruppen aufnahmebereite religiöse Sekte, getragen von Frauen und Männern, die ihr Leben ganz in den Dienst der *Gefolgschaft* Christi gestellt haben und dabei in der Naherwartung einer *Erlösung* lebten, die mit dem religiösen Führer verbunden war. Als eine Gruppe von *outlaws* war ihr Leben sicher gezeichnet von Angst vor Verfolgung, aber auch ekstatisch durchdrungen von ihrer religiösen Grundstimmung.

Als es den ihn verfolgenden jüdischen Schriftgelehrten endlich gelingt, Jesus von Nazaret habhaft zu werden und an die römische Gerichtsbarkeit auszuliefern, bricht der Gemeinde das Oberhaupt weg. Der Tod kann demütigender nicht sein: Ihr religiöser Führer, den sie für den Messias halten, wird gefoltert, geschlagen, ans Kreuz genagelt. Es hätte an diesem Moment der Geschichte so erscheinen können, als ob die jüdischen Schriftgelehrten über diesen Jesus von Nazaret triumphierten. Die Deutung seiner Auferstehung aber kehrt die Niederlage in einen *Sieg* um. Der Geschlagene und Getötete ist am Ende der Sieger über seine Feinde.

Einige Theologen beschreiben daher die Auferstehungslehre in Anlehnung an das psychologische Modell der „kognitiven Dissonanz" von Leon Festinger als eine Form der Dissonanzbewältigung. Die Krise einer Niederlage musste durch eine Strategie der Überbietung korrigiert werden (Theißen: Die Religion der ersten Christen, S. 71 ff). Und sie wird dadurch bewältigt, dass der Tod des Heilsbringers als sein finaler Sieg über alle seine Feinde und über den Tod selbst umgedeutet wird.

Bis dahin allerdings war der Wirkungsbereich der christlichen Sekte noch sehr klein. Erst durch die *Missionsarbeit* des Paulus aus Tarsos wird das Christentum zur *Weltreligion*. Die neue gesellschaftliche Ordnungsstruktur des Christentums, die Paulus auf seinen Weltreisen nach Kleinasien, Griechenland und Rom trägt und durch Gemeindegründungen stabilisiert, begründet selbst eine neue Form der *religiösen Sozialordnung*, die ihrerseits insbesondere für die Unterschichten des Imperium Romanum faszinierende Wirkkraft gehabt haben muss. Man kümmerte sich in den christlichen Urgemeinden um die Zugereisten, um Arme und Gefährdete. Es gibt darüber hinaus Zeugnisse, die belegen, dass solche christlichen Gemeinden auch zu Mitgliedern, die in Sklaverei gerieten, Kontakt hielten und diese freizukaufen suchten (Harnack: Mission und Ausbreitung des Christentums, S. 192 ff).

Denn das *Imperium Romanum*, seit dem Sieg über Karthago 143 v. Chr. ohne gleichwertige äußere Feinde und seit der Eroberung der Provinzen Africa und Asia Ende des 2. Jahrhunderts v. Chr. beispiellos reich an Waren und Sklaven, hatte *sein* Geschick allein auf die Kategorie der *Macht Roms* gestellt. Alle Kulturfunktionen waren im Römischen Reich der Dominanz der römischen Macht selbst unterstellt. Es gab in Rom kein der griechischen Kultur vergleichbares Eigeninteresse an Philosophie, an Mathematik, an den Künsten, auch nicht ein der jüdischen Tradition vergleichbares Interesse an religiösen Fragen. Vielmehr hatten die Kultursysteme des Imperiums weitgehend Dienstfunktion im politischen Rahmen der Machterweiterung und Machterhaltung Roms, das mit dem Prinzipat des Augustus 30 v.Chr. von der Republik zur Kaiserherrschaft übergegangen war. Zwar verstand es Rom von Anfang an, durch ein kluges System der Administration und Gewährungen von Bürgerrechten auch die neu eroberten Gebiete an sich zu binden. Die unterdrückten Völker und sozial Deklassierten in diesem Reich aber hatten keine Chance, sich gegen diesen alle inneren wie äußeren Dimensionen des Reiches beherrschenden Machtkoloss zu behaupten. Die schon zu Zeiten des Jesus von Nazaret in das Reich einströmenden religiösen Kulte – der Mithras-Kult aus Persien, der Isis- und Osiris-Kult aus Ägypten, und auch das Christentum aus dem jüdischen Kulturraum – bezeugen das Bedürfnis nach *religiöser Transzendenz* in Zeiten totaler innerer wie äußerer Machtkontrolle durch Rom. Vor diesem Hintergrund ist die Wirkungs- und Verbreitungsgeschichte des Christentums im Römischen Reich zu sehen.

Darüber hinaus hat das Modell der frühchristlichen Gemeinde durch das ganze christliche Mittelalter und auch noch in der Neuzeit faszinierende Ausstrahlung gehabt. Es wird zum Modell jener Ordensgründungen und Ordensregeln, die mit Benedikt von Nursia im 5. Jahrhundert n.Chr. ihren Ausgang nahmen und das ganze christliche Mittelalter bestimmt haben. Die Klosterbrüder sollen – wie das bereits von der frühchristlichen Gemeinde in der Apostelgeschichte berichtet wird (Apg 4, 32) – ohne Unterschied der Person und des Standes ihr Eigentum abgeben und ihr Leben ganz in den Dienst Gottes stellen. So lehrt die Regel des Benedikt von Nursia:

> Er [der Abt] mache im Kloster keinen Unterschied der Person. Er liebe den einen nicht mehr als den anderen, außer er fände bei ihm mehr Tugend und Gehorsam. Der Freigeborene habe keinen Vorrang vor dem, der als Sklave eintritt [...] denn ob Sklave oder Freier: in Christus sind wir alle eins und tragen unter dem einen Herrn die gleiche Last des Soldaten- und Sklavendienstes; „bei Gott gibt es ja kein Ansehen der Person." (Regula Benedicti, Kapitel 2,16)

Auch noch die *Neuzeit* war fasziniert vom Modell der urchristlichen Gemeinde. Die Utopien der Neuzeit sind vielfach komplexe Mischungen urchristlicher Sozialideen, Remythisierungswünschen, moderner Wissenschaft und Technologie. Darauf kommen wir im Kapitel 4 zurück. Noch die jungen Idealisten Hölderlin, Hegel, Novalis, Friedrich Schlegel sahen um 1800 in der Realisierung des Gottesreiches die utopische Zielrichtung auch der Moderne. So formuliert Friedrich Schlegel in einem Athenäums-Fragment aus dem Jahre 1798:

> Der revolutionäre Wunsch, das Reich Gottes zu realisieren, ist der elastische Punkt der progressiven Bildung, und der Anfang der modernen Geschichte. (Schlegel: KA Bd. II, S. 201)

Karl Marx und Friedrich Engels sahen in der Gütergemeinschaft der urchristlichen Gemeinde nur bedingt ein Modell des funktionierenden Kommunismus, da sie sich „vielmehr auf den Zusammenhalt der Verfolgten zurückführen [lasse] als auf wirkliche Gleichheitsvorstellungen" (Engels: Anti-Dühring, S. 107 f). Gleichwohl haben die sozialen und metaphysischen Vorstellungen des Christentums eine lange Nachgeschichte auch in der Neuzeit. Auch die technischen Kommunikationsutopien am Anfang des 21. Jahrhunderts stehen im Bann einer Metaphysik der Vergeistigung und Verewigung des Menschen, die christlicher Abkunft ist (Kap. 4.5).

Literatur:

Harnack, Adolf von: Mission und Ausbreitung des Christentums in den ersten drei Jahrhunderten. Wiesbaden 1986 (1924).

Berger, Klaus: Theologiegeschichte des Urchristentums. Theologie des Neuen Testaments. Tübingen 1995.

Bultmann, Rudolf: Das Urchristentum. Im Rahmen der antiken Religionen. Düsseldorf 1998.

Conzelmann, Hans: Geschichte des Urchristentums. Göttingen 1976.

Engels, Friedrich: Anti-Dühring d.i.: Herrn Eugen Dührings Umwälzung der Wissenschaft. In: Karl Marx und Friedrich Engels. Historisch-kritische Gesamtausgabe im Auftrag des Marx-Engels-Lenin-Instituts Moskau. Sonderausgabe Glashütten 1970.

Festinger, Leon: Theorie der kognitiven Dissonanz. Hg. von Martin Irle u.a. München 1978 (1957).

Fischer, Karl Martin: Das Urchristentum. Leipzig 1991.

Kraft, Heinrich: Die Entstehung des Christentums. Darmstadt 1990.

Reinbold, Wolfgang: Propaganda und Mission im ältesten Christentum. Eine Untersuchung zu den Modalitäten der Ausbreitung der frühen Kirche. Göttingen 2000.

Schenke, Ludger: Die Urgemeinde. Geschichte und theologische Entwicklung. Stuttgart u.a. 1990.

Schlegel, Friedrich: Kritische Friedrich-Schlegel-Ausgabe. Hg. von Ernst Behler. Bd. II. Charakteristiken und Kritiken I (1796–1801). Hg. von Hans Eichner. München u.a. 1967.

Stegemann, Ekkehard W./ Stegemann, Wolfgang: Urchristliche Sozialgeschichte. Die Anfänge im Judentum und die Christusgemeinden in der mediterranen Welt. Stuttgart u.a. 1997.

Weber, Max: Gesammelte Aufsätze zur Religionssoziologie III. Tübingen 1988.

Christlicher Offenbarungsanspruch

Der Funktion des christlichen Glaubens korrespondiert eine neue Funktion des *Wortes* und der *Rede*. Es ist die Funktion der *Offenbarung*, die im Sprachsystem des Glaubens dominiert. Offenbarung – griechisch: *Apokalypse* – bedeutet, dass die Wahrheit *enthüllt* wird. Sie wird nicht argumentativ durch den Verstand freigelegt, sondern durch göttliche Energien und letztlich Gott selbst

dem Menschen als *Gnadenakt* kundgetan. Die religiöse Wahrheit ist dementsprechend ein *Gnadengeschehen*, kein durch den menschlichen Verstand zu errei-
chendes Gut. Kulturwissenschaftlich entsteht damit ein neuer *Anspruch* der
Sprache, der an die jüdische Schrifttradition anknüpft, aber im Christentum
neu kodiert wird.

Denn Jesus von Nazaret tritt die Erbschaft der jüdischen Religion an und
zugleich in Konkurrenz mit ihr, die ja seit der Tempelzerstörung schon durch
die Babylonier im Jahre 587 v.Chr. eine Religion der *Schrift* geworden war und
in der Tora ihr wichtigstes Heiligtum hatte. Wenn Jesus von Nazaret „Gottes
Sohn" ist, wie Johannes der Täufer im Johannes-Evangelium bezeugt (Joh
1.34), wenn er der „Messias" ist, auf den die jüdische Verheißung wartet, dann
muss sein Auftreten unter den jüdischen Schriftgelehrten größte Beunruhigung
hervorrufen. Und so reagieren sie auch. Sie verfolgen ihn, um von ihm den
Nachweis seiner Gottesabkünftigkeit zu erjagen, stellen ihm Fallen, um seine
Gottlosigkeit nachzuweisen, um ihn einfangen und töten zu können. Dabei
übernimmt Jesus selbst in den Duellen mit den Schriftgelehrten um die richtige
Auslegung die semantische Oberhoheit über die Schrift. An jener Stelle, an der
er sich selbst als den eigentlichen Erfüller des jüdischen Gesetzes darstellt, tut
er dies in ausdrücklicher Abkehr von jenen oberflächlichen „Schriftgelehrten
und Pharisäern", die das „Himmelreich" nicht erlangen werden:

> Denn ich sage euch: Wenn eure Gerechtigkeit nicht besser ist als die der Schriftge-
> lehrten und Pharisäer, so werdet ihr nicht in das Himmelreich kommen. (Mt 5.20)

In diesem Sinne wendet sich Jesus auch mit scharfen Angriffen an diese geistige Elite des Judentums:

> Ihr Pharisäer, ihr haltet die Becher und Schüsseln außen rein; aber euer Inneres ist
> voll Raubgier und Bosheit. (Lk 11.39)

Im Sinne dieser christlich-anthropologischen Dimension des „Inneren" (éso-
then) gegenüber dem „Äußeren" (éxothen) zielt die christliche Botschaft auf
vertieften und verinnerlichten Vollzug der religiösen Botschaft. Den Schlüssel
dazu – und das ist einer der schwersten Vorwürfe gegen die Pharisäer – habe
die flache pharisäische Schriftgelehrsamkeit geradezu „weggenommen":

> Weh euch Schriftgelehrten! Denn ihr habt den Schlüssel der Erkenntnis weggenom-
> men. (Lk 11.52)

Es ist also nachvollziehbar, dass diese Schriftgelehrten ihn verfolgen bis zum
Tod.

Wenn man nach dem Kerngehalt des christlichen Logos, aber auch seiner
Opposition zum griechischen fragt, ist das *Johannes-Evangelium* die beste Quelle.
Denn dieses Evangelium beginnt selbst mit der Logos-Kodierung der christli-
chen Botschaft und den Worten:

> Im Anfang war das Wort [lógos], und das Wort war bei Gott und Gott war das Wort.
> (Joh 1,1)

Gegenüber dem griechischen Logos nimmt die christliche Pistis eine radikale Bedeutungsveränderung vor: Zum einen *personalisiert* die Pistis den Logos. Das ist – von der Warte des griechischen Logos aus gesehen – ein Rückfall in jenes anthropozentrische religiöse Denken, das schon Xenophanes kritisiert hatte (Kap. 2.2). Der griechische Logos meinte ja: eine abstrakte, gleichwohl im Kosmos wirkende Seinsordnung, die der menschliche Logos verstandesmäßig erkennen kann. Der christliche Logos aber ist demgegenüber eine Remythisierung und Personalisierung des Logos.

Zum anderen nimmt der christliche Logos eine *Umkehr* der Bedeutungsrichtung vor: Der griechische Logos war in einem Jenseits des reinen Seins, der Ideen beheimatet, der Logos der Erkenntnis strebte dementsprechend ‚nach oben‘, himmelwärts, dem reinen Sein, den ewigen Ideen zu. Der christliche Logos aber führt das Sein Gottes *hinunter* in die Welt. Gott ist „Fleisch" geworden.

> Und das Wort [lógos] ward Fleisch und wohnte unter uns [...]. (Joh 1.14)

Dementsprechend ist der reine Logos auch nicht durch abstrakte Reflexion zu gewinnen, sondern konkret in der *Sprache* des Jesus von Nazaret und in seinem Wirken auf *Erden* als der *Selbstauslegung* des göttlichen Logos *in der Welt* anwesend. Sprache und Handeln des Jesus von Nazaret sind ihrem Anspruch nach ein direkter Ausfluss des göttlichen Logos:

> Denn ich habe nicht aus mir selbst geredet, sondern der Vater, der mich gesandt hat, der hat mir ein Gebot gegeben, was ich tun und reden soll. [...] Darum: was ich rede, das rede ich so, wie es mir der Vater gesagt hat. (Joh 12,49 f)

Der göttliche Logos – in Jesus von Nazaret inkarniert – spricht also aus ihm selbst, und dies nicht in dia-logischer Verstandesarbeit, sondern als Offenbarung dieses Gott-Menschen im Diesseits und an seine Jünger.

Der Evangelist Johannes wiederum, der dies alles um 100 n.Chr. aufschreibt, ist bemüht, am Ende des Evangeliums seine Authentizität zu bezeugen, die sich auf Jesu Lieblingsjünger Johannes beruft. Dieser, so schreibt der Evangelist am Ende, habe „alles bezeugt und aufgeschrieben [...] und wir wissen, dass sein Zeugnis wahr ist" (Joh 21,24). Die Quelle, so suggeriert der Text, lag auch dem Evangelisten vor, der allerdings die Einschränkung macht:

> Wenn aber eins nach dem andern aufgeschrieben werden sollte, so würde, meine ich, die Welt die Bücher nicht fassen, die zu schreiben wären. (Joh 21,25)

Dabei streitet sich allerdings die Forschung, ob jenes 21. Kapitel ein späterer Nachtrag ist oder originaler Bestandteil des Evangelientextes (Schenke: Johannes-Kommentar, S. 382 ff; Wengst: Das Johannesevangelium. Bd. 2, Kap. 21).

Literatur:

Berger, Klaus: Am Anfang war Johannes. Datierung und Theologie des vierten Evangeliums. Zweite Auflage. Gütersloh 2003.

Frey, Jörg: Die johanneische Eschatologie I. Ihre Probleme im Spiegel der Forschung seit Reimarus. Tübingen 1997.

Frickenschmidt, Dirk: Evangelium als Biographie. Die vier Evangelien im Rahmen antiker Erzählkunst. Tübingen und Basel 1997.

Merklein, Helmut: Die Jesusgeschichte – synoptisch gelesen. Stuttgart 1995.

Schenke, Ludger: Johanneskommentar. Düsseldorf 1998.

Wengst, Klaus: Johannesevangelium. 1. Teilband: Kapitel 1–10. Zweite, durchgesehene und ergänzte Ausgabe. Stuttgart 2004. 2. Teilband Kapitel 11–21. Stuttgart 2001.

Zungenreden und Verbalinspiration

Die Pistis spricht anders als der Logos. Letzterer ringt argumentativ um die Wahrheit, die Pistis aber offenbart sie. Wie wir sahen, reklamieren auch die *Paulinischen Briefe* eine direkte Gottesabkünftigkeit der Rede. Paulus und Johannes teilen Positionen der Pistis-Kodierung, die sich aus gemeinsamen gnostischen Quellen ergeben haben mögen, wie Rudolf Bultmann annahm oder möglicherweise auch aus einer Vorkenntnis der Paulus-Briefe durch Johannes resultieren mag. Auch das Modell einer gemeinsamen Teilhabe an einem ähnlichen judenchristlichen Milieu wird diskutiert. (Berger: Im Anfang war Johannes, S. 259 ff). In jedem Falle vertreten beide eine Sendungschristologie und verfolgen einen vergleichbaren Anspruch der Offenbarungssprache. Auch Paulus beansprucht in seinen Reden nichts Geringeres als „dass Christus in mir redet" (2 Kor 13,3). Der Gläubige, so die linguistische Konsequenz der paulinischen Pistiskodierung, spricht nicht eigentlich selbst, sondern in und aus der Präsenz Christi. Seine Person ist im wörtlichen Sinne ein per-sonare (Durchtönen) der göttlichen Botschaft in menschlicher Rede.

Dabei macht Paulus auf ein interessantes Phänomen in den frühchristlichen Gemeinden aufmerksam. In der Gemeinde muss das „Zungenreden", wie es denn auch die Apostelgeschichte über das Pfingstwunder bezeugt (Apg 2), zu einem bedeutsamen Sprachphänomen geworden sein. Im ersten Korintherbrief schreibt Paulus über das „Zungenreden" in den Gemeinden und markiert dies zugleich auch als ein Problem des Verstehens:

> Denn wer in Zungen redet, der redet nicht für Menschen, sondern für Gott; denn niemand versteht ihn, vielmehr redet er im Geist von Geheimnissen. [...] Wer in Zungen redet, der erbaut sich selbst; wer aber prophetisch redet, der erbaut die Gemeinde. (1 Kor 14,2–4)

Paulus setzt damit sein eigenes prophetisches Reden von dem „Zungenreden" anderer Gemeindemitglieder ab. Er beansprucht aber durchaus auch, „mehr in Zungen" zu reden „als ihr alle" (1 Kor 14,18). Dabei spricht er selbst offen die Problematik solchen „Zungenredens" an:

[...] wenn ihr in Zungen redet und nicht mit deutlichen Worten, wie kann man wissen, was gemeint ist? [...] Wer also in Zungen redet, der bete, dass er's auch auslegen könne. (1. Kor 14,9 und 13).

Die religiös inspirierte Rede, die Paulus der Gemeinde ja nicht ausreden will, braucht also eine *Auslegung*, um für die Gemeinde verständlich zu sein und das heißt, sie braucht Geist *und* Verstand, das heißt: Pistis und Logos (1. Kor 14,19), eine Verbindung, die er zweifellos für sich und seine göttlich inspirierte Rede beansprucht.

So bricht hier inmitten der christlichen Urgemeinde selbst das Problem des *Verstehens* der religiösen Rede auf. Es ist ein Problem, das seitdem das Christentum und die Auslegung der heiligen Texte begleitet und das bereits Jesus von Nazaret in ein Spannungsverhältnis zu jenen jüdischen Schriftgelehrten führte, die ihrerseits die Kompetenz der Schriftauslegung als ihre Domäne betrachtet hatten.

Generell gilt auch für die heutige christliche Theologie: Das Problem der *Verbalinspiration* ist auch für sie zentral. Es stellt sich der Kirche und der christlichen Theologie in der Auslegung der heiligen Schrift. Dabei gehen auch heute beide Theologien aus von der „Inspiriertheit der Schrift". Das heißt zunächst, dass in den Worten des Jesus von Nazaret der göttliche Logos sich direkt ausspricht, aber auch, dass in der Aufzeichnung des Sprechens und Wirkens des Jesus von Nazaret, in den *Evangelien* also, inspirierte Urheber am Werk gewesen sind. Das heißt aber letztlich: „Gott ist der Urheber-Verfasser der Schrift." (Rahner: Über die Schriftinspiration, S. 64) Gott selbst als derjenige, der die Schrift will und bewirkt, setzt damit auch eine Tradition der Verschriftlichung sowohl wie der Ausdeutung der Schrift in Gang, die nun ihrerseits auch geschichtlichen Prozessen unterliegt. Wer oder was garantiert dabei, dass solche Verfasserschaft nicht nur subjektiven Motiven folgt? Das Prinzip der Verbalinspiration behauptet, dass der menschliche Verfasser in seiner Verfasserschaft vom heiligen Geist geleitet sei. „[...] der menschliche Verfasser erfasst etwas, weil Gott es wirksam will in einem solchen Willen, dass dieser nicht nur ein zulassender, duldender, *mit*wirkender, sondern ein vorausbestimmender, in der exakten Schulsprache gesprochen, eine *praedefinitio formalis* ist." (Rahner: Über die Schriftinspiration, S. 29 f). Theologisch soll durchaus die *Eigenständigkeit* der literarischen Verfasserschaft der heiligen Schriften gewahrt bleiben gemäß der Eigenständigkeit der Schöpfung, die Gott dieser gewährt habe. Andererseits aber soll die heilige Schrift Dokument des Wortes Gottes auf Erden sein. Letztlich ist es eine Institution wie der heilige Geist, dessen Geist (Pneuma) die Schrift (Gramma) steuere, dessen Annahme wiederum die christliche Theologie auf den Begriff des Glaubens und seine Nichtobjektivierbarkeit zurückbringt, wie das Joseph Kardinal Ratzinger als mehrfache Wurzel der schriftlichen Überlieferung der Heiligen Schrift formuliert: „1. Wurzel: Der Überhang der Wirklichkeit ‚Offenbarung' gegenüber der ‚Schrift' – 2. Wurzel: Der spezifische Charakter der neutestamentlichen Offenbarung als Pneuma gegenüber Gramma und damit das, was man in der Sprache Bultmanns ihre Nichtobjektivierbarkeit nennen könnte." (Ratzinger: Ein Versuch zur Frage des Traditionsbegriffs, S. 44).

Es versteht sich, dass diese Frage auch ein zentraler *Streitpunkt* der Konfessionen ist, der spätestens bei der Exegese der Heiligen Schrift ausbricht. Wer beansprucht die Oberhoheit über die Auslegung der Schrift? Für die katholische Theologie ist klar: die katholische Kirche und dies seit dem Mittelalter auch mit einem Unfehlbarkeitsanspruch. Für Luther aber und den Protestantismus kann es nur die eigene gewissenhafte Lektüre des Christenmenschen sein, in der sich der Geist der Schrift kundtut. Ein frühes Hauptwerk der protestantischen Theologie wie die „Theologischen Hauptbegriffe" (Loci praecipui theologici) des Philipp Melanchthon (Erstdruck 1521) zeigt allerdings bereits, wie stark der Kerngehalt christlichen Glaubens selbst von dem Zugriff des Interpreten abhängig ist. Melanchthon selbst hat diesen Text vielfach überarbeitet. Das Verstehen der Schrift ist nicht von der Hermeneutik der *Interpretation* abzutrennen. Historisch führt diese Problematik auch auf die Frage der schriftlichen *Quellen* des Glaubens, mithin die *Entstehungsgeschichte* der Heiligen Schrift.

In einem von Joseph Kardinal Ratzinger herausgegebenen Buch zum Thema „Schriftauslegung im Widerstreit" plädiert Ratzinger für „eine kritische Sichtung der vorhandenen exegetischen Landschaft, um wieder zum Text zu kommen und die weiterführenden Hypothesen von den unbrauchbaren zu unterscheiden" (Ratzinger: Schriftauslegung im Widerstreit, S. 43). Der protestantische Theologe George Lindbeck verbindet die Problematik der Schriftauslegung mit dem Appell der Aufmerksamkeitslenkung auch auf die „literischen Merkmale" der Bibel (ebd., S. 58 und S. 75), der katholische Theologe Raymond E. Brown sieht in der kritischen Auseinandersetzung mit der Bibelkritik die Chance zu einer differenzierten und kritischen Sichtung der „unterschiedlichen Entwicklungslinien" der Bibeldeutungen, „so dass die Bibelkritik die jeweilige Kirche bewegen sollte, ihre Gründe für die Wahl der einen Entwicklungslinie im Gegensatz zu einer anderen zu überprüfen" (ebd., S. 94). Schließen wir diesen Abschnitt vorläufig ab mit einer Formulierung Ratzingers, in der er die Aufgabe der Theologie in seinem Sinne präzisiert: „Aber wodurch unterscheidet sich Theologie von Religionsphilosophie und von profaner Religionswissenschaft? Dadurch, dass die menschliche Vernunft sich nicht allein gelassen weiß. Ihr geht ein Wort voraus, das zwar logisch und vernünftig ist, aber nicht von ihr selber stammt, sondern ihr geschenkt wurde und daher sie auch immer übersteigt. Es bleibt eine Aufgabe, die wir in dieser Geschichte nie ganz ausschöpfen. Theologie ist Nachdenken des uns von Gott Vorgesagten, Vorgedachten." (Ratzinger: Wesen und Auftrag der Theologie, S. 91)

Literatur:

Kör, Ulrich: Schriftauslegung IV. In: Theologische Realenzyklopädie. Bd. 30. Berlin u. a. 1999 (mit ausführlicher Bibliographie S. 494f).

Lauster, Jörg: Prinzip und Methode. Die Transformation des protestantischen Schriftprinzips durch die historische Kritik von Schleiermacher bis zur Gegenwart. Tübingen 2004.

Melanchthon: Loci communes. Lateinisch deutsch. Übersetzt und kommentiert von
Horst Georg Pöhlmann. Gütersloh 1997.

Rahner, Karl: Über die Schriftinspiration Freiburg 1958.

Ders. und Joseph Ratzinger: Offenbarung und Überlieferung. Freiburg 1964.

Ratzinger, Joseph Kardinal: Wesen und Auftrag der Theologie. Versuche zu ihrer Ortsbestimmung im Disput der Gegenwart. Freiburg 1993.

Ders. (Hg.): Schriftauslegung im Widerstreit. Quaestiones Disputatae 117. Freiburg u. a.
1989.

Schmid, Hans Heinrich: Sola scriptura. Das reformatorische Schriftprinzip in der säkularen Welt. Gütersloh 1991.

Schriftliche Quellen

Wie bereits vermerkt, ist es für die Theologie wie die Kulturwissenschaft ein
großes Problem, dass die Nachrichten über Jesus von Nazaret nur in Texten
vorliegen, die selbst bereits eigenen Stilisierungs- und Kodierungsformen un-
terliegen. Von Jesus selbst haben wir kein authentisches Dokument, sondern
nur Texte, die über ihn und sein Wirken berichten. Texte, die dieses Leben und
Wirken bereits *deuten*. Texte also, die selbst bereits einen hermeneutischen Prozess des Verstehens an Jesus von Nazaret herantragen und die den Leser dieser
Texte zu einem bestimmten Verstehen dieses Mannes und seines Lebens führen wollen.

Was aber sind die Quellen unseres Wissens um Jesus von Nazaret? Wie sind
jene Schriften kulturwissenschaftlich zu bewerten, die von seinem Leben und
seinem Wirken und dem seiner Jünger berichten?

Im Umgang mit der heiligen Schrift haben der Humanismus und die Aufklärung einen *kritischen* Zugang zum Text und seinen Entstehungsstufen eröffnet.
Dabei muss man sich vergegenwärtigen, dass die Texte des Neuen Testamentes
bis ans Ende des fünfzehnten Jahrhunderts *handschriftlich* überliefert wurden.
Eine zentrale Aufgabe der Textkritik der Bibel ist somit die Ordnung und Bewertung dieses handschriftlichen Quellenmaterials nach Alter und Qualität. Zu
den ältesten handschriftlichen Quellenmaterialien gehören Papyri und später –
weil teurer in der Fertigung – auch die aus Tierfellen gefertigten Pergamentco-
dices. Papyri werden um zwei Stangen gerollt, die Blätter der Codices wie ein
heutiges Buch gefalzt und zusammengeheftet. Die im Ganzen besterhaltene
neutestamentarische Quelle ist der ca. um 350 verfasste Codex Vaticanus.

Das *Neue Testament* enthält unterschiedliche Textformen: das Evangelium,
den Brief, die ebenfalls in Briefform verfasste Apokalypse. Die vier Evangelien
nach Matthäus, Markus, Lukas und Johannes stellen eine eigene Textgattung
dar. Sie sind in der griechischen Umgangssprache des Mittelmeerraums verfasst, der sogenannten *koiné*. Die Evangelien sind einfache Gebrauchstexte. Sie

gehören nicht in die Gattung der großen Dichtung, wie sie in der Antike durch Homer und Vergil repräsentiert waren. Sie können sich auch sprachlich und stilistisch nicht mit der römischen Geschichtsschreibung und Biographik messen. Sie berichten Episoden aus dem Leben Jesu, in denen sich das heilsgeschichtliche Wirken und die übermenschliche Wirkkraft des Jesus von Nazaret als dem erschienenen Messias plastisch darstellen. Ende des vierten Jahrhunderts sollte sich der rhetorisch und literarisch geschulte Augustinus enttäuscht von der Heiligen Schrift abwenden, weil sie seinem elaborierten literarischen Kode nicht entsprach. Später allerdings würde sich seine endgültige Hinwendung zum Christentum unter dem Einfluss der Autorität der Heiligen Schrift vollziehen.

Der Begriff „Evangelium" meint Heilsbotschaft. Evangelien sind also eine religiöse Textgattung, in denen sich die *Heilsbotschaft* Christi darstellt. Eines der Evangelien, das Evangelium des Lukas, enthält darüber hinaus biographische Elemente – so die Geburtsgeschichte – in der über die Sakralisierung hinaus der Erzähler auch lebensgeschichtliche Elemente des Jesus von Nazaret einfließen lässt. Im Lukas-Evangelium wendet sich der Erzähler in der Ichform direkt an einen Glaubensgenossen, dies allerdings nur in der formalen Funktion des Sichters und Überprüfers der ihm vorliegenden Quellentradition und des Garanten einer guten Ordnung auch seines Textes:

> So habe auch ich's für gut gehalten, nachdem ich alles von Anfang an sorgfältig erkundet habe, es für dich, hochgeehrter Theophilus, in guter Ordnung aufzuschreiben, damit du den sicheren Grund der Lehre erfahrest, in der du unterrichtet bist. (Lk 1,3 f)

Die heutige Textexegese geht davon aus, dass die Evangelien auch als literarische Zeugnisse zu verstehen und zu interpretieren sind, mithin Textformen darstellen, die von einem *Erzähler* angeordnet und organisiert werden, der mit der Erzählung eine religiöse Botschaft übermitteln will.

Die ersten drei Evangelien – Matthäus, Markus, Lukas – bezeichnet man als „synoptisch" (Synopse = Zusammenschau), weil sie offensichtlich eng miteinander zusammenhängen. Damit stellt sich die Frage nach den Entstehungsstufen und dem Verhältnis der Evangelien zueinander.

Die heutige Textkritik des Neuen Testaments geht von folgendem Dependenzverhältnis aus: Das *älteste* Evangelium ist das Evangelium nach *Markus*, entstanden ungefähr zu Anfang der 70er Jahre des ersten Jahrhunderts, wobei eine genaue Datierung bis heute nicht möglich ist. Es ist das Evangelium mit der geringsten Textmenge. Viele wichtige Textpassagen, die Matthäus und Lukas bieten, enthält Markus noch nicht.

Die *späteren* Evangelien nach Matthäus, Lukas benutzen Markus bereits als Quelle. Ihre Entstehungszeit liegt vermutlich in den Jahren 80–100 n.Chr. In diese Zeit fällt auch die Entstehung der *Apostelgeschichte*. Wie erwähnt bieten diese späteren Evangelien nach Matthäus und Lukas auch Textpassagen, die die ältere Quelle nicht enthält. Bereits vom Textumfang her sind daher diese beiden letzteren Quellen gegenüber der älteren deutlich umfänglicher. Ein Beispiel für beinahe wörtliche Übereinstimmung sind die sogenannten Seligpreisungen, die allerdings Matthäus in Form einer Bergpredigt mitteilt, Lukas auf ein Feld verlegt (Mt 5.3 ff, Lk 6.20 ff), Markus aber eben gar nicht mitteilt. Die wichtige Lehre von der Feindesliebe findet sich bei Matthäus 5.39 ff, bei Lukas 6.27 ff, auch dies ohne direkte Entsprechung bei Markus. Ganz zentrale Elemente der christlichen Lehre tauchen also erst bei den späteren Evangelisten Matthäus und Lukas auf und dieses in großer sprachlicher und gedanklicher Entsprechung. Die Forschung hat daraus den Schluss gezogen, dass die späteren Evangelisten Matthäus und Lukas eine gemeinsame Quelle von christlichen Redewendungen benutzt haben, die Markus noch nicht vorlag. Diese sogenannte *Logienquelle* ist eine heute verloren gegangene zentrale Informationsquelle von Worten Christi, welche die Evangelien nach Matthäus und Lukas verwandt haben, Markus aber offensichtlich noch nicht zur Verfügung stand.

Das *Johannes-Evangelium* nimmt in diesem Zusammenhang eine Sonderrolle ein: Es ist das späteste Evangelium, um 100 n.Chr. entstanden, mit starken Abweichungen zu den synoptischen Evangelien. Die Textkritik geht davon aus, dass die Redaktion dieses Evangeliums nicht einheitlich ist. Mehrere Überarbeitungen werden für möglich gehalten. Auch in der Sache bestehen starke Unterschiede zu den synoptischen Evangelien.

Auch hat der Text, wie erwähnt, einen anderen Charakter als die drei anderen Evangelien. Er ist von Anfang an und durchgängig bereits auf den Nachweis hin komponiert, dass Jesus von Nazaret der „Messias" ist, der „Sohn Gottes", dass das „Reich Gottes" mit ihm bereits angebrochen ist. Der Text ist weniger biographisch erzählend angelegt als theologisch-deutend. Der logosmystische Anfang des Evangeliums – „Im Anfang war das Wort und das Wort war bei Gott und Gott war das Wort" – greift offensichtlich auf hellenistische Denkformen zurück. Das zentrale Thema des Johannes-Evangeliums ist in der Tat die *Christologie*: die Fleischwerdung des göttlichen Logos in Jesus Christus. An diesem Evangelium ist daher auch am besten die *Transformation* des griechischen Logos in den christlichen zu erkennen, bzw. die christliche *Umkodierung* des griechischen Logos.

An dieser Stelle schon ein Vorgriff auf die *Europäisierung* der heiligen Schrift: Sie erfolgte vor allem durch und mittels *Übersetzungen*. Bereits um 200 n.Chr. waren lateinische Übersetzungen des Neuen Testamentes in Umlauf, die möglicherweise in Rom entstanden sind. Augustinus erwähnt diese unter dem Namen „Itala" in seiner Schrift „De doctrina christiana". Zu einer Neubearbeitung und Neuübersetzung des Alten wie des Neuen Testamentes setzt Hieronymus im letzten Drittel des 4. Jahrhunderts an. Diese „Vulgata" wurde in ungezählten Abschriften kopiert und für die Missionsarbeit verwandt, auch und gerade bei der Missionierung der Germanen. Die erste germanische Bibelübersetzung stammt von dem gotischen Bischof Wulfila auf Grundlage des griechischen Textes ebenfalls aus dieser Zeit. Die mittelalterliche Tradition hat neben wörtlichen Übersetzungen von Büchern der Bibel auch Leben-Jesu-Er-

Rezeptionsstufen und zeitliche Einordnung der Evangelien

STUFE 1: LEBEN UND WIRKEN DES JESUS VON NAZARET

ca. 28 n. Chr.: Beginn des Wirkens Jesu

30 n. Chr.: Tod Jesu   **?**

STUFE 2: MÜNDLICHE ÜBERLIEFERUNG
bereits ab ca. 28. n. Chr. an

STUFE 3: SCHRIFTLICHE ÜBERLIEFERUNG   **?**

Logienquelle Q

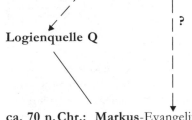

ca. 70 n. Chr.: Markus-Evangelium

ca. 80 n. Chr.: Matthäus- und **Lukas**-Evangelium
(in Anlehnung an Markus)

?

ca. 100 n. Chr.: Johannes-Evangelium

zählungen und Weltchroniken hervorgebracht, in denen Bibelgut literarisch transformiert und populär aufbereitet wurde. Einen gewaltigen Schub für die deutsche Sprache bedeutet dann Martin Luthers Bibelübersetzung, die er während seiner Gefangenschaft in der Wartburg vom Dezember 1521 bis März 1522 verfasst hat – zunächst das Neue Testament nach der griechischen Edition von Erasmus, dann das Alte Testament. Sprachgrundlage für diese erste deutsche Vollbibel war die sächsische Kanzleisprache. Die Lutherbibel hat wesentlich zur Vereinheitlichung eines deutschen Sprachraums einschließlich dem Niederdeutschen und Niederländischen beigetragen.

Wie aber die Bibel heute kulturwissenschaftlich lesen? Es war der Aufklärer Montesquieu, der für die Beurteilung der „verschiedenen Religionen der Welt" die kluge Maxime ausgab, sie „im Bezug auf den Wert [zu] untersuchen, der daraus im Gesellschaftszustand erwächst" (Montesquieu: Vom Geist der Gesetze, S. 364) Auch für die kulturgeschichtliche Lektüre entscheidend ist nicht die Frage nach der Glaubenswahrheit selbst, sondern nach den kulturgeschichtlichen Folgen der Glaubenskodierung. Und die sind für Europa gewaltig gewesen. Hat ja doch das Christentum nicht nur die europäische Kultur bis zum Ausgang des Mittelalters nachdrücklich geprägt, sondern auch weite Teile der europäischen Kultur der Neuzeit.

Literatur:

Siehe folgenden Abschnitt.

Textformen christlicher Pistis

Welche Textformen entsprachen eigentlich der christlichen Pistis-Kodierung und welche schloss sie auch aus? Eine neue Epochenkodierung eröffnet neue Ausdrucksformen, wie sie andere unterdrückt oder gar verhindert.

Die griechische Logos-Kodierung hat eigene, ihr gemäße Textformen generiert: die Belehrung über den wahren und falschen Weg der Erkenntnis bei Parmenides und anderen Vorsokratikern, das dialogische Streitgespräch bei Platon, die Lehrschriften des Aristoteles und auch der kritische Dialog im griechischen Drama sowie die ironische Kritik an Staat und Gesellschaft in der griechischen Komödie. Welche dieser Textformen haben noch Platz in einer glaubenszentrierten Kultur?

In Bezug auf eine religiöse Botschaft, die das Leiden, den Tod und die Auferstehung des Gott-Menschen Jesus Christus lehrt, kann es keinen Platz geben für dramatische Kontroversen, die immer antagonistische Positionen voraussetzen, und schon gar nicht für ironische Distanz, wie sie die Komödie realisiert. Aus ihrer religiösen Botschaft heraus kann die christliche Pistis-Kodierung kein Drama entlassen. Es sind denn auch im Mittelalter eher die Passions- und Osterspiele, wie der Quem-Quaeritis-Tropus, in der die beiden Marien – Maria Magdalena und die Mutter des Jakobus – ans leere Grab treten, um vom Engel zu erfahren, dass Jesus Christus auferstanden sei (Schwietering: Die deutsche Dichtung des Mittelalters, S. 36ff). Solche Inszenierungen der Hoffnungsbotschaft entstanden aus der Liturgie und konnten direkt in den Gottesdienst hinüberführen, eine wirklich antagonistische Auseinandersetzung zwischen den dramatis personae aber konnten und wollten solche Osterspiele nicht bieten. Welche Textform aber generiert die Heilsbotschaft Jesu Christi, in welcher Textform stellt sie sich dar?

Die *literarische Form* der vier Evangelien ist die *Erzählung* (narratio), angereichert mit *szenischen Elementen*. Die nicht mehr vorhandene, aber zu rekonstruierende Quelle der Evangelien sind Jesusworte, die sogenannten Apophthegmata, die, zunächst mündlich tradiert, von den Evangelisten dann aber in den Kontext einer erzählten Biographie gerückt wurden, also in ein Kontinuum von Handlungs- und Kommunikationssituationen Jesu Christi. Dies geschah in den synoptischen Evangelien in einer relativ geradlinigen Form. Es sind Sätze vom Typus:

> Nachdem aber Johannes gefangen gesetzt war, kam Jesus nach Galiläa und predigte das Evangelium Gottes und sprach: Die Zeit ist erfüllt und das Reich Gottes ist herbeigekommen. Tut Buße und glaubt an das Evangelium! (Mk 1,14 f)

Die Textstelle erzählt weiter, dass Jesus am galiläischen Meer Simon und dessen Bruder Andreas getroffen habe, die dort Netze ins Meer warfen, und dass er zu ihnen sprach, sie mögen ihm folgen:

> [...] ich will euch zu Menschenfischern machen! (Mk 1,17)

Die Stelle zeigt auch ein anderes wichtiges Ausdrucksmittel der jesuanischen Rede: das *Gleichnis*. Es ist eine Form metaphorischer Rede im Satz oder auch im Zusammenhang mehrerer Sätze, wobei sich Jesus von Nazaret – wie im obigen Beispiel – seinem Wirkungskreis gemäß seine Bilder aus jener Welt der Fischerei und des Landbaus nimmt, aus dem er seine Jünger rekrutiert (Gleichnis vom Sämann, Senfkorn, Feigenbaum, Weinberg, Weinstock, Fisch u. a.). Dabei kann die Bildebene direkt angesprochen werden oder auch durch ein vergleichendes „wie" oder „als ob" eingeführt werden: „[...] seid klug, wie die Schlangen und ohne Falsch wie die Tauben" (Mt 10,16). Dieses Beispiel nähert das Gleichnis der Allegorie an. Vielfach aber lässt sich die Metapher nicht bruchlos allegorisch auflösen, enthält also eine eigene bildlich verschlüsselte Botschaft, die als Bild erkannt und verstanden werden will, wie dies die neutestamentliche Gleichnisforschung aufgewiesen hat.

Vom Handlungsverlauf aber bildet die Biographie Jesu in der Darstellung der synoptischen Evangelien eine relativ einfache narratologische Struktur der linearen Handlungsfolge, in welche die überlieferten Christusworte eingebettet werden. „Die primitive Stufe *zusammenhangsloser* Aufreihung von Herrenworten ist bei unseren Synoptikern noch deutlich zu erkennen." (Bultmann: Die Geschichte der synoptischen Tradition, S. 348). Der zitierte Anfang des Lukasevangeliums, das ja in der Form eines Briefberichtes gehalten ist, spricht diese Ordnungsfunktion direkt an.

In seinen Forschungen zur Technik der Erzählung der Evangelien spricht Rudolf Bultmann von der durchgehenden „Knappheit der Erzählung", von der rudimentären Inszenierung in der „szenischen Zweiheit", in der Jesus ein Gegenüber – eine Einzelperson oder Gruppe – belehrt. Ebenso stellt er die

„Tendenz zur Differenzierung und Individualisierung" der Form der Namengebung der mit Christus sprechenden und durch ihn belehrten Personen heraus (Bultmann: Die Geschichte der synoptischen Tradition, S. 335 ff). In einzelnen Fällen unterstreichen plastische Details das Handlungsgeschehen, wie jener Blinde, der seinen Mantel von sich wirft und aufspringt, als er erfährt, dass Jesus ihn rufen lässt, um dem Ruf sofort Folge zu leisten (Markus 10,49 ff). Solche szenischen Details können auch zu rudimentären Episoden ausgeweitet werden, so bei der Totenerweckung des Jünglings vor der Stadt Nain. Hier tritt Jesus an das Stadttor heran, sieht wie man einen Toten herausträgt, „der der einzige Sohn seiner Mutter war, und sie war eine Witwe" (Lk 7,12). Die Witwe „jammerte Jesus" und er tröstet sie:

> „Weine nicht!" Und trat hinzu und berührte den Sarg, und die Träger blieben stehen und er sprach: „Jüngling, ich sage dir, steh auf!" Und der Tote richtete sich auf und fing an zu reden und Jesus gab ihn seiner Mutter. (Lk 7, 13–15)

Aufs Ganze gesehen aber ist die Erzählstruktur der synoptischen Evangelien literarisch einfach gestaltet mit der Tendenz zur literarischen Kleinform wie Anekdote, Wundergeschichte, Gleichnis (Reiser, S. 132 ff). Ursprünglich auch an einen einfachen Rezipientenkreis gerichtete Texte bieten einfache plastische Erzählungen, in denen das wunderbare Wirken Jesu Christi und seine Worte vorgestellt werden. Von wenigen Streitgesprächen abgesehen ist der Text wenig argumentativ. Er diente dem Aufbau der urchristlichen Gemeinde nicht als „Argumentationsgemeinschaft", sondern als eine „Erinnerungs- und Erzählgemeinschaft" (Metz: Erlösung und Emanzipation, S. 183).

Wie mehrfach erwähnt, nimmt das *Johannes-Evangelium* eine Sonderrolle ein, weil es sehr viel expliziter als die anderen Evangelien selbst einen mythisch-heilsgeschichtlichen Deutungsrahmen anbietet. Es ist eben die mythisch-theologische Logos-Reflexion, die zu Eingang des Evangeliums wie auch in dessen Verlauf die Heilsbotschaft selbst noch einmal reflexiv bricht und deutet. Expliziter als die anderen drei Evangelien ordnet dieses Evangelium die Biographie Jesu Christi in einen heilsgeschichtlichen, logos-mythischen Rahmen ein.

Die Briefe des Paulus folgen, wie wir sahen, der antiken Form des Briefes. Von den Evangelien weicht die paulinische Briefform ab, weil sie längere argumentative Passagen enthält und sich dabei ja auch vielfach an eine kritische, zweifelnde Gemeinde wendet. Hier finden sich argumentative Sätze, in denen die dialogische Auseinandersetzung mit der Gemeinde eingestaltet ist:

> Es könnte aber jemand fragen: Wie werden die Toten auferstehen und mit was für einem Leib werden sie kommen? (1 Kor 15,35)

Eine Frage, die Paulus mit seiner Vorstellung der Auferstehung eines pneumatischen Leibes beantwortet. Auch für die paulinische Briefform gilt, wie Gerhard Lohfink herausgearbeitet hat: Große Passagen der Briefe sind narrativ, korrespondieren also der narrativen Grundstruktur der Evangelien als Basistextform christlicher Pistis (Lohfink: Erzählung als Theologie, S. 521 ff).

Literatur:

Bultmann, Rudolf: Die Geschichte der synoptischen Tradition. Achte Auflage. Göttingen 1970.

Dormeyer, Detlev: Das neue Testament im Rahmen der antiken Literaturgeschichte. Eine Einführung. Darmstadt 1993.

Harnisch, Wolfgang (Hg.): Die neutestamentarische Gleichnisforschung im Horizont von Hermeneutik und Literaturwissenschaft. Darmstadt 1982.

Lohfink, Gerhard: Erzählung als Theologie. Zur sprachlichen Grundstruktur der Evangelien. In: Stimmen der Zeit 1974, S. 521 ff.

Reiser, Marius: Sprache und literarische Form des Neuen Testaments. Eine Einführung. Paderborn u. a. 2001.

Ricœur, Paul: Biblische Hermeneutik. In: Harnisch (Hg.): Die neutestamentarische Gleichnisforschung, S. 248 ff.

Schwietering, Julius: Die deutsche Dichtung des Mittelalters. Potsdam o. J.

Strecker, Georg: Literaturgeschichte des Neuen Testaments. Göttingen 1992.

Vielhauer, Philipp: Geschichte der urchristlichen Literatur. Einführung in das Neue Testament, die Apokryphen und die Apostolischen Väter. 4. Aufl. Berlin 1985.

Synkretistischer Charakter des frühen Christentums – Einflüsse der Gnosis

Zu den großen Forschungsproblemen der christlichen Theologie gehört der *synkretistische* Charakter des frühen, nachösterlichen Christentums. Jesus Christus ist nicht mehr auf Erden und nun setzen die Deutungen seines Lebens, Sterbens und möglicherweise Fortlebens ein. Dabei verbinden sich alttestamentarische, hellenistische, gnostische u. a. Elemente mit der Deutung der Gestalt Jesu Christi und bewirken eine synkretistische Kodierung seiner Auferstehungslehre. Ein kulturgeschichtliches Amalgam, dessen Mischungsverhältnisse auch die neuere und neueste Forschung nicht eindeutig hat aufklären können. Insbesondere die Frage nach der Hellenisierung des Christusbildes treibt die Forschung insbesondere seit den frühen Forschungen von Adolf von Harnack um und bewegt auch die heutige Theologie (Colpe u. a.: Spätantike und Christentum; Paulsen: Zur Literatur und Geschichte des frühen Christentums u. a.).

Dabei ist vor allem auf die aus dem persischen Kulturraum stammende *Gnosis* zu achten. Die Quellenlage in Bezug auf die Gnosis ist allerdings sehr problematisch. Vielfach entstammt das Wissen über die Gnosis den frühchristlichen Kritikern wie Tertullian, Irenäus von Lyon, Clemens von Alexandrien u. a. 1945 allerdings wurde bei Nag Hamadi in Oberägypten ein aufsehenerregender Fund gnostischer Schriften gehoben, der die vielfach spätere Durchdringung von Gnosis und Christentum belegt. Ob es eine Gnosis bereits vor Christi Geburt gab oder ob sie nur eine spätere Variante des Christentums darstellt, ist allerdings eine bis heute offene Forschungsfrage (Markschies: Die Gnosis, S. 26 ff)

Die Theologie versucht dabei, möglichst Einflüsse der Gnosis aus dem Neuen Testament fernzuhalten. Vor allem aber zwei Bedeutungselemente sind es, die gnostische Einflüsse auch im frühchristlichen Denken gleichwohl anzeigen: zum einen die Tendenz zur *Vergeistigung, Spiritualisierung* der Auferstehungslehre, zum anderen die *kosmologische Lichtmetaphysik*. Elemente des ersteren finden sich vor allem bei Paulus, Elemente der Lichtmetaphorik vor allem im Johannes-Evangelium und im ersten Brief des Johannes. Demnach hat nicht Gott das Licht elementar geschaffen, wie der Schöpfungsbericht sagt: „Es werde Licht! Und es ward Licht" (1. Mos 3), sondern von Gott wird gesagt:

> Gott ist Licht. (1. Joh 1,5)

Gott schafft nicht nur, sondern *ist* dieser wahrscheinlich von der Gnosis beeinflussten Deutung nach elementar und ursprünglich selbst das Licht. Grundsätzlich aber gilt ansonsten die Differenz zwischen Gnosis und Christentum: Die Gnosis versteht sich als eine Form des *Wissens* (gnõsis), nicht des Glaubens. Ihr Schöpfungsbegriff ist letztlich absolut negativ. Nach gnostischer Auffassung gibt es einen guten, aber vollkommen jenseitigen, unerkennbaren Gott (theós ágnostos), vor den sich ein anderer, böser Schöpfergott gestellt habe, der Demiurgos. Dieser böse Gott habe die materiale Welt geschaffen, die daher auch mit dem Bösen identifiziert wird. Dieser Demiurg wird in einigen gnostischen Lehren auch mit dem Gott des Alten Testamentes identifiziert. Die Gnosis ist somit eher eine *kosmische Lehre*, in der Mächte des Lichts und der Finsternis miteinander um die Erlösung ringen und in der die Lichtelemente in der Schöpfung – so auch der Seelenfunken im Menschen – sich nach Rückkehr in das Pleroma, die Fülle des Seins im guten Gott, sehnt. Gnosis bedeutet also ein kosmologisches Drama zwischen Gut und Böse, Kräften des Lichts und der Finsternis, in die auch Jesus Christus verwickelt sei, der aber nach gnostischer Lehre keinen realen Leib hatte, sondern nur einen Scheinleib (phántasma), um als Lichtbringer im kosmischen Kampf am Erlösungswerk mitzuwirken. Eine verschärfte Form der gnostischen Böse-Gut-Kodierung der Welt bot der *Manichäismus*, genannt nach ihrem Sektengründer, dem missgebildet geborenen Babylonier Mani (216–277 n.Chr.). Dieser hat den Mythos zwischen Gott und Widergott, zwischen Gut und Böse, Licht und Finsternis noch reich ausgestaltet. Nach seiner Lehre sind es Dämonen, die die Lichtpartikel in der materialen Welt jagen, sie verschlingen, bis sie nach einer Zeit furchtbarer apokalyptischer Katastrophen wieder den Mächten der Finsternis abgejagt werden können. Der Manichäismus hat lange Zeit auch auf Augustinus eingewirkt (siehe Kap. 3.2). Er hat die Abwertung von Körper und Materie, vom „ekelhaften Fleisch" (Markschies: Die Gnosis, S. 105), die bereits in der griechischen Logos-Kodierung angelegt war, noch bis zum Exzess gesteigert.

Literatur:

Böhlig, Alexander u.a. : Die Gnosis. Der Manichäismus. Düsseldorf/Zürich 1997.
Böhlig, Alexander/Markschies, Christopher: Gnosis und Manichäismus. Forschungen und Studien zu Texten von Valentin und Mani sowie zu den Bibliotheken von Nag Hamadi und Medinet Madi. Berlin/New York 1994.
Colpe, Carsten, Ludger Honnefelder und Matthias-Lutz Bachmann (Hg.): Spätantike und Christentum. Beiträge zur Religions- und Geistesgeschichte der griechisch-römischen Kultur und Zivilisation der Kaiserzeit. Berlin 1992.
Eliade, Mircea: Geschichte der religiösen Ideen. Band II. Von Gautama Buddha bis zu den Anfängen des Christentums. Freiburg im Breisgau 2002.
Jonas, Hans: Gnosis und spätantiker Geist. 2. Teil: Von der Mythologie zur mystischen Philosophie. Göttingen 1993.
Khosroyev, Aleksandr: Die Bibliothek von Nag Hamadi. Bibliographien 1948–1969 und 1970–1994. Leiden 1971 und 1994.
Markschies, Christopher: Die Gnosis. München 2001.
Paulsen, Henning: Zur Literatur und Geschichte des frühen Christentums. Gesammelte Aufsätze. Tübingen 1997.

Christliche Pistis und Macht

Zur Dialektik des frühen Christentums gehört ihre radikale Absage an das Diesseits und korrespondierende Jenseitskodierung, schroff formuliert im Christuswort des Johannesevangeliums:

> Mein Reich ist nicht von dieser Welt. (Joh 18,36 – He basileía he emè ouk éstin ek ti kósmu tútu)

Diese Jenseitskodierung führt zu einer *Naherwartung* des Anbruchs des Reichs Gottes – auch auf Erden. Und somit steckt in der Jenseitskodierung zugleich der *Machtanspruch* der Zerstörung aller bisherigen Reiche und Machthaber. Diese Zerstörungsphantasien sprechen sich am bildmächtigsten und sprachgewaltigsten in der „Apologie" des Johannes aus, in einer Vision der Vernichtung der Hure Babylon – das ist Rom – nach der Zerstörung Jerusalems durch die römische Armee unter Titus. Der Dialektik und Verzeitlichung und heilsgeschichtlicher Entzeitlichung (Bultmann: Theologie des Neuen Testamentes, S. 25) entspricht so auch eine ambivalente Kodierung der Macht. In Paulus' Worten: Haltet euch zunächst aus allen Machtkämpfen heraus, ihr Christen, demnächst gehört ihr Gläubigen ohnehin zur Himmelsmacht.

Die Eschatologie der christlichen Pistis weiß bereits, wer zu den Siegern der Weltgeschichte gehören wird: die Gläubigen in Christus und nur sie. Insofern ist die christologische Eschatologie radikal autoreferenziell, selbstbezüglich. Die christliche Pistis-Kodierung entrückt die Gläubigen ihrer Welt, um sie als Sieger der Heilsgeschichte zu inthronisieren. Sie entzieht den Gläubigen den Boden des Hier und Jetzt unter den Füßen, um sie auf ein anderes, himmlisches Plateau zu postieren, das bereits Matthäus als den Sieg des Menschensohnes über „alle Völker" ausmalt (Mat 25,31). Der Apokalyptiker Johannes beschreibt diesen Sieg in seiner „Offenbarung" als finale Absenkung des himmlischen christlichen Jerusalem auf die Erde:

> Und er führte mich hin im Geiste auf einen großen und hohen Berg und zeigte mir die heilige Stadt Jerusalem herniederkommen aus dem Himmel von Gott, die hatte die Herrlichkeit Gottes; ihr Licht war gleich dem alleredelsten Stein, einem Jaspis, klar wie Kristall; sie hatte zwölf Tore und auf den Toren zwölf Engel und Namen drauf geschrieben, nämlich die Namen der zwölf Stämme der Israeliten […]. (Apk 21,10–12)

Die finale Utopie der christlichen Pistis-Kodierung sollte die Welt verändern, indem sie die Macht Roms und ihre heidnische Mythologie brach und diese christlich umbesetzte. Die Verbindung aber von Pistis und Macht, die so machtvoll bereits aus den Briefen des Paulus und auch aus dem Evangelium des Johannes und der „Apokalypse" spricht, hat in dem Maße, wie sie sich durchsetzte, auch das Erscheinungsbild und die Idee der christlichen Pistis radikal verändert. Aber das ist eine Geschichte, die bereits ins christliche Mittelalter hinüberführt.

3.2 Spätantikes Christentum

Ausbreitung, Hellenisierung und Allegorisierung des Christentums

Anfänglich war die christliche Religion eine jüdische Sekte innerhalb eines vom griechischen Denken mitbestimmten und vom römischen Imperium beherrschten Kulturkreises. Dabei ist es ein schwieriges Spezialproblem der kulturwissenschaftlichen Forschung, wie stark schon das schriftkundige Judentum zur Zeit Jesu Christi hellenisiert war. In Alexandria, der Metropole des Ostmittelmeerraumes und Schmelztiegel der Kulturen, gab es zur Zeit von Christi Geburt eine starke jüdische Kolonie. In diesem Kulturraum war auch die griechische Übersetzung des Alten Testamentes entstanden, die sogenannte „Septuaginta", die ihrerseits die geistige Mitte einer hellenisierten jüdischen Kultur bildete.

Einer der großen jüdischen Gelehrten der Zeit war der aus einer angesehenen und einflussreichen Familie stammende Philo von Alexandria (um 20 v.Chr. bis etwa 42 n.Chr.), der eine Form der Bibelhermeneutik entwickelte, die das philosophische Wissen der Zeit an die religiösen Quellen anschloss. Von der Ausbildung her ein griechisch geschulter und griechisch schreibender Mann, der gleichwohl von der Wahrheit der fünf Bücher Mosis – des Pentateuch – durchdrungen war und diese religiöse Wahrheit einem hellenistischen Leserkreis nahe zu bringen suchte.

Die Methode, die Philo dabei anwandte, war die *Allegorese*. Philo deutet die Bücher Mosis Vers für Vers im Sinne einer psychologisch-ethischen Lehre, welche die göttliche Offenbarung als eine Art allegorisches Sittengesetz zu lesen erlaubte. Dabei deutet er im Sinne des platonischen Dualismus die Ebenbildlichkeit Gottes als geistiges Abbild der göttlichen Geistigkeit. Der göttliche Geist hat sich als Urbild „in jedem einzelnen Menschen gebildet", der somit „der Gott des Körpers ist" (Philo: Über die Weltschöpfung, Werke Bd. 1, Kap. 23). Philos allegorische Erklärung des Verbotes vom Baume der Erkenntnis zu essen, ist, dass jener Baum das Böse repräsentiert, von dem der Mensch sich fern zu halten habe: „denn ‚essen' ist symbolischer Ausdruck für die Nahrung der Seele; die Seele nährt sich aber durch die Aufnahme schöner Dinge und durch die Ausübung vollkommener Handlungen." (Philo: Allegorische Erklärung des heiligen Gesetzbuches, Werke Bd. 3, 1. Buch 97) Vielfach werden so Tugend- und Lasterallegorien mit der Lektüre des Alten Testamentes verbunden im Sinne eines ethisierten Platonismus. Die alttestamentarischen Engel deutet Philo platonisch-stoisch als „göttliche Kräfte" (lógoi spermatikoí) die ihrerseits auch ethische Normen darstellen.

Aller Wahrscheinlichkeit nach vollzieht sich solche Praxis der philosophisch-ethischen Bibeldeutung schon im Anschluss an die sabbatliche Vorlesung der Tora in der Synagoge, über die wir aber keine schriftlichen Dokumente haben. Auch die allegorische Deutung Homers durch die Stoa ist eine Quelle der allegorischen Bibeldeutung. Philos allegorische Bibellektüre ist somit das herausragende schriftliche Dokument der Übertragung jüdischer Religiosität in hellenistisches Denken und zugleich der Versuch der Abgrenzung von jenem und Primärsetzung des Judentums.

Wenn Jesus im jüdischen Land vor Juden predigt und sich dort mit den Pharisäern auseinandersetzt, wenn er zwischen innerem und äußerem Verstehensvollzug unterscheidet (Kap. 3.1), spricht er wahrscheinlich schon in einen hellenisierten Wirkungskreis hinein. Gleichwohl bleiben seine Predigten zunächst auf den engen Wirkungskreis um Judäa und Galiläa beschränkt. Über diese Grenzen hinaus aber gibt Jesus seinen Jüngern am Ende des Matthäus-Evangeliums seinen *Missionsauftrag* mit auf den Weg:

> Mir ist gegeben alle Gewalt im Himmel und auf Erden. Darum gehet hin und machet zu Jüngern alle Völker: Taufet sie auf den Namen des Vaters und des Sohnes und des Heiligen Geistes und lehret sie halten alles, was ich euch befohlen habe. Und siehe, ich bin bei euch alle Tage bis an der Welt Ende. (Mt 28,18 ff)

Vor allem mit Paulus wird dieser Missionsauftrag über die engen Grenzen des Wirkungskreises von Jesus von Nazaret hinausgetragen in die Welt, insbesondere in den Raum des Ostmittelmeers und nach Rom. Dabei ist Paulus durchdrungen auch von der *Macht* des Glaubens. Er glaubt selbst, dass ihm der Glauben unschlagbare geistige Waffen zur Verfügung stelle:

> Denn die Waffen unseres Kampfes sind nicht fleischlich, sondern mächtig im Dienst Gottes, Festungen zu zerstören. Wir zerstören damit Gedanken und alles Hohe, das sich erhebt gegen die Erkenntnis Gottes, und nehmen gefangen alles Denken in den Gehorsam gegen Christus. (2 Kor 10, 4)

Auf seinen drei großen Missionsreisen ins heutige Kleinasien und nach Griechenland ereignet sich immer wieder ein ähnliches Geschehen: Paulus geht in die Synagoge der in die Diaspora verstreuten Juden, predigt dort in großer „Freimut", wie die Apostelgeschichte immer wieder betont, das Evangelium Christi. Der Zulauf von Juden und auch von Griechen ist enorm, die Wirkung seiner Predigten groß. Vielfach lassen die Menschen sich von Paulus sogleich in großer Zahl taufen.

Den orthodoxen Juden missfällt dies zutiefst. Sie verfolgen ihn mit allen Mitteln. Aber die Leidensfähigkeit und auch Leidensbereitschaft des christianisierten Paulus auf diesen Missionsreisen ist ungeheuer. Er wird geschlagen, gesteinigt, geschleift. Er wird ins Gefängnis geworfen. Paulus hatte noch an die Westgrenze des damaligen Kulturraumes, nach Spanien, reisen wollen. Wahrscheinlich gehört Paulus zu den Opfern der ersten großen Christenverfolgung unter Nero in Rom im Jahre 64.

Bereits mit Paulus und seinen Missionsreisen ändert sich auch der Charakter des Christentums. Zwar setzt sich Jesus von Nazaret häufig auch mit Schriftgelehrten auseinander, aber seine Anhängerschaft sind eher kleine und nicht schriftgelehrte Leute. Nun aber zieht das von Paulus verbreitete Christentum auch zunehmend gebildete Menschen aus der hellenistischen Welt an. Dabei präsentiert sich das Christentum nicht nur als die wahre, sondern auch als die den heidnischen Göttern überlegene Religion. In Ephesus wie in Athen spottet Paulus über die heidnischen Tempel, denn „er, der Herr des Himmels und der Erde, wohnt nicht in Tempeln, die mit Händen gemacht sind" (Apg. 17, 24). Diese Strategie der *Lächerlichmachung* der antiken Mythologie war nicht neu. Wir haben im Kapitel 2.2 gesehen, dass bereits Xenophanes im 5. Jahrhundert v.Chr. die heidnische Mythologie satirisch behandelte. Der Aristoteliker Theophrast (um 373–288 v.Chr.), der auch ein großer Biologe war, verurteilt die heidnischen Tieropfer als „unfromm" (Theophrast: Über die Frömmigkeit). „Der Verzicht des Judentums auf die Tieropfer beim Wiederaufbau des Judentums nach der Niederlage von 70 n.Chr. [...] steht somit in der Tradition der hellenischen Diskussion um die Tieropfer, entspringt einem Eingehen des pharisäischen Reformjudentums auf die griechische Philosophie." (Schneider: Neues Testament und Antike Kultur. Gesellschaft und Ritus, S. 56). Aller Wahrscheinlichkeit nach steht auch schon Paulus' Kritik in solchen Zusammenhängen.

Der um die Mitte des zweiten Jahrhunderts als Heide in Karthago geborene, später zum Christentum bekehrte Tertullian knüpft in in seiner „Verteidigung des Christentums" (Apologeticum) an diesen kritischen Diskurs der griechischen Philosophie und des hellenisierten Judentums an: Ein Opferkultus, der räudige und aussätzige Tiere schlachte und nutzlose Stücke wie Hörner, Fett, Haut den Göttern als Opfer vorwerfe, ist seiner Meinung nach nicht Ernst zu nehmen (Verteidigung 13.7 ff). Tertullian macht sich weiterhin lustig über einen Götterkult, der mit seinen mythologischen Erzählungen eigentlich „nur Dämonen" anbete (Verteidigung 23,11) und wehrt in seiner satirischen Schelte der heidnischen Religion zugleich auch die Philosophie als Deutungsinstrument des Christentums ab. Der christliche Gott benutzt das „Werkzeug des geschriebenen Wortes" (Verteidigung 17.18), aber der philosophischen Deutung will er dieses gerade nicht preisgeben. Philosophen verscheuchen keine Dämonen, stellen sie sogar in die Nähe der Götter, wie das Beispiel des Platonischen Sokrates zeige. „Was also haben gemeinsam der Philosoph und der Christ, der Schüler Griechenlands und der des Himmels?" (Verteidigung 46.5 und 18). Nach Tertullians Meinung: Eben nichts. Daneben kämpfen diese frühen Kirchenväter gegen die Gnosis und ihre Kosmologie.

Sie kämpfen dabei auch gegen *philosophische* Feinde des Christentums. Tertullian bemüht sogar das Argument eines Glaubens – „credo quia absurdum" – gegen die Vernunft oder über die Vernunft hinaus. Die Pistis selbst, nicht der Logos oder Nus sind die höchsten Instanzen des Glaubens.

Ein weiteres Dokument dieser philosophischen Frontstellung des antiken Christentums ist die Schrift des Origenes (um 185–um 252) „Gegen Kelsos", in welcher der Kirchenvater gegen den Platoniker Kelsos und seine Schrift „Lógos alethés" polemisiert. Diese Schrift ist heute verloren, aber wir ersehen Kelsos' Kritik aus den Zitaten in Origenes' Schrift: Die Christen sind eine abgespaltene Sekte eines verlogenen Religionsführers, verweigern sich dem Staat und der Ehe, ihre Lehre ist barbarisch, der Anspruch der Gottessohnschaft ihres Führers angemaßt. Origenes setzt sich Punkt für Punkt mit diesen Angriffen auseinander, weist dem Gegner mangelnde Textkenntnisse nach und versucht die Sittlichkeit und auch messianische Vorherbestimmtheit des christlichen Glaubens zu erweisen. In der Menschwerdung des göttlichen Logos sieht er die Überlegenheit der christlichen Botschaft über den antiken Logos. Wie Kelsos will auch Origenes die Bedeutung Platons für das religiöse Denken anerkennen, der aber von der Fleischwerdung des göttlichen Logos eben noch nichts gewusst habe (Origenes: Gegen Kelsos, VII, 42). Origenes nimmt auch Paulus' Rede vom „inwendigen Menschen" auf („tòn ésō ánthropon" Röm 7,22), die dann auch Augustinus in seiner Rede vom „homo interior" so wichtig werden wird.

Schon bei Paulus, bei den Kirchenvätern der Antike und auch den christlichen Missionaren des Mittelalters spürt man, dass die christliche *Verbindung* der Verkörperlichung des göttlichen Logos in Christus mit der Entkörperlichung und Spiritualisierung dieser Religion eine sehr erfolgreiche Mischung im Kampf gegen die heidnischen Religionen darstellte. Dabei übernimmt Origenes auch noch weltanschauliche Elemente der antiken Logos-Philosophie, so die Lehre von der ewigen Schöpferkraft Gottes und seiner Schöpfung, deren Abfall durch Einkerkerung in die Materie bestraft werde, die sich aber wieder in freiem Willen Gott zuwenden kann. Letztlich können so alle gefallenen Seelen einschließlich dem Satan zu Gott zurückkehren. Teile der Lehre wurden später als häretisch verurteilt.

Origenes entwirft seine Kosmologie in dem Werk „Von den Prinzipien" (Péri archōn). Auf den Spuren eines anderen wichtigen Kirchenvaters aus dem ostmittelmeerischen Raum – Clemens von Alexandria (um 150–um 215) – setzt so mit Origenes auch eine groß angelegte Systematisierung der christlichen Pistis ein, die über Proklos in die Scholastik führt.

Für seine Zeit und auch für die mittelalterliche Welt ist Origenes' Lehre vom *dreifachen Schriftsinn* von großer Bedeutung. Origenes war überzeugt davon, dass die Heilige Schrift und auch ihre Übersetzungen von göttlichem Geist inspiriert sind. Die heiligen Schriften geben aber ihr Geheimnis nicht dem oberflächlichen Blick der bloßen Buchstabenlektüre preis. Erst die weiterführende *psychische* und *pneumatische* Lektüre weckt den geheimen *ethischen* und „überhimmlisch"-*eschatologischen* Schriftsinn in hermeneutischer Analogie zur Unterscheidung von Körper, Seele und Geist, die seit Paulus Grundbestandteil der christlichen Ontologie ist.

In solchen Abgrenzungen hat das Christentum wie schon das Judentum viele Elemente aus der komplexen religiösen und philosophischen Welt der heidnischen Antike übernommen. Bereits in der Antike beginnt so auch ein Prozess der *geistigen Durchdringung* von christlicher Pistis und griechischem Logos, der auch für die weitere Entwicklung der abendländischen Religiosität wegweisend sein sollte. Dieser sich so bereits in der Antike herausbildende *synkretistische* Charakter der christlichen Identität stellt allerdings immer noch eines der großen Forschungsprobleme in der europäischen Kulturgeschichte dar. Dabei schält sich immer deutlicher heraus, dass die ältere, durch Adolf von Harnack vertretene These von der „Hellenisisierung des Christentums" richtig und tragfähig ist. Von Harnack und auch andere Forscher weisen zurecht darauf hin, dass bereits die Kirchenväter die christliche Pistis platonisiert haben und auch die großen Konzile von Nizäa und Chalcedon in ihren Definitionsversuchen des „Wesens" (usía) und der Natur Christi im Grunde auf platonische Begrifflichkeiten zurückgreifen, wenn nun auch in der wahrheitsbehauptenden Sprechform des „Dogma" (Lutz-Bachmann: Hellenisierung des Christentums, S. 77 ff). Zu dieser Problematik gehört auch die *Kanonbildung* im frühen Christentum als eine eigene und komplizierte Geschichte der Selbstdefinition der christlichen Pistis (Paulsen: Sola scriptura und das Kanonproblem, S. 344 ff).

Man kann sicher festhalten, dass insbesondere zwei geistige Strömungen nachhaltigen Einfluss auf die Konstitution der christlichen Identität genommen haben: Das ist zum einen der *Platonismus* und auch der *Neuplatonismus*, wie er sich vor allem mit der Philosophie Plotins (um 204 n. Chr.–270 n. Chr.) herausbildet. Und das sind zum anderen *gnostisch-manichäische* Einflüsse, die zum Teil altpersische religiöse Elemente ins Christentum einbringen. Beide Einflussstränge verbinden sich im Werk des Aurelius Augustinus als dem für die Programmierung der christlichen Lehre sicher wichtigsten Kirchenvater des antiken Christentums, an dem die synkretistische Durchdringung der christlichen Pistis sowie die Entstehung neuer christlicher Textformen und ihrer Hermeneutik gut zu beobachten ist. Daher ist es sinnvoll, sich im Rahmen dieser knappen Kulturgeschichte vor allem auf Augustinus zu konzentrieren.

Zusammenfassend kann man für die Ausbreitung der christlichen Pistis im Römischen Reich sagen, dass sie auf dem Weg einer staatsinternen Anpassung gepaart mit einem religiösen Superioritätsgefühl sich vollzog. Nicht zuletzt die philosophische Durchdringung der christlichen Pistis schon in der Antike machte das Christentum zu einer auch argumentativ schlagkräftigen Religion. Mit dem Christentum beginnt so der Siegeszug dieser großen, philosophisch aufgeladenen *monotheistischen* Religion über den heidnischen Polytheismus, ein Sieg der logischeren, dämonengereinigten Religion über die bunte Fülle mythologischer Götter und Dämonen, welche die älteren Religionen zur Erklärung der Welt anbieten. Die christliche Religion erscheint so gegenüber der antiken Mythologie als die überlegene Form der Religion, aber sie wird dabei zugleich auch von einer Denkform durchdrungen, die im Mittelalter auch Sprengkraft entfalten wird: der argumentative Logos *in* der Pistis.

Mit Kaiser Konstantin (324–337) rückte das Christentum dann selbst in den Rang einer Religio des römischen Staates, auch wenn erst Theodosius der Große ihr 381 n. Chr. offiziell diesen Titel verlieh. Diese neue staatstragende Funktion der christlichen Religion veränderte aber auch ihr Wesen. Die religiösen Streitigkeiten und Divergenzen bedrohten nun nicht nur die Christengemeinden, sondern auch die Reichseinheit. In diesem Sinne rief Konstantin im Jahre 325 das große Konzil von Nicäa zusammen, um auf dieser Bischofsversammlung grundlegende Glaubensfragen, insbesondere die durch den Bischof Arius aufgeworfene Frage nach der Definition Jesu Christi, einer theologischen Lösung zuzuführen. Es sind vor allem Bischöfe des östlichen Kirchenraumes, die hier tagen und von Athanasius geführt zu der Definition kommen, dass der Sohn „gezeugt, aber nicht geschaffen" sei, somit „wesenseins" (homúsios) mit dem Vater. Somit teilt der Sohn das Sein des Vaters und Schöpfergottes und ist in der grundlegenden Seinsform nicht unterschieden von jenem. Damit waren die Arianer zunächst zurückgewiesen, aber noch nicht besiegt.

Literatur:

Atlas zur Bibel. Karten und Übersichten zur biblischen Geschichte, Ausbreitung des Christentums, Konfessionskunde und Weltreligionen. Hg. von H. H. Rowley. 11. Auflage Wuppertal u.a. 1991.

Brown, Peter: Autorität und Heiligkeit. Aspekte der Christianisierung des Römischen Reiches. Aus dem Englischen von Diether Eibach. Stuttgart 1998.

Colpe, Carsten u.a. (Hg.): Spätantike und Christentum. Beiträge zur Religions- und Geistesgeschichte der griechisch-römischen Kultur und Zivilisation der Kaiserzeit. Berlin 1992.

Geerlings, Wilhelm (Hg.): Theologen der christlichen Antike. Eine Einführung. Darmstadt 2002.

Harnack, Adolf von: Die Mission und Ausbreitung des Christentums in den ersten drei Jahrhunderten. Wiesbaden 1986 (1924).

Hauschild, Wolf-Dieter: Lehrbuch der Kirchen und Dogmengeschichte. Bd. 1. Alte Kirche und Mittelalter. 2. Auflage, Göttingen 2000.

Kamlah, Wilhelm: Christentum und Geschichtlichkeit. Untersuchungen zur Entstehung des Christentums und zu Augustins „Bürgerschaft Gottes" . Zweite Auflage, Stuttgart u.a. 1951.

Lutz-Bachmann, Matthias: Hellenisierung des Christentums? In: Colpe u.a. (Hg.): Spätantike und Christentum, S. 77ff.

Origenes: Gegen Kelsos. Deutsche Übersetzung von Paul Koetschau. Ausgewählt und bearbeitet von Karl Pichler. München 1986.

Ders.: Vier Bücher von den Prinzipien. De principiis libri IV. Hg., übersetzt, mit kritischen und erläuternden Anmerkungen versehen von Hedwig Görgemanns und Heinrich Karpp. 3. Auflage. Darmstadt 1992.

Paulsen, Henning: Zur Literatur und Geschichte des frühen Christentums. Hg. von Ute E. Eisen. Tübingen 1997.

Philo von Alexandria: Die Werke in deutscher Übersetzung. Hg. von Leopold Cohn u.a. Bd. 1–7. 2. Auflage. Berlin 1962 (1909).

Schneider, Wolfgang Christian: Gesellschaft und Ritus. In: Kurt Erlemann und Karl Leo Noethlichs (Hg.): Neues Testament und Antike Kultur. Bd. 1: Prolegomena – Quellen – Geschichte. Neukirchen-Vluyn 2004, S. 48ff.

Ders.: Politik und Religion. In: Neues Testament und Antike Kultur. Bd. 1. Prolegomena – Quellen – Geschichte, S. 22ff.

Speyer, Wolfgang: Frühes Christentum im antiken Strahlungsfeld. Kleine Schriften II. Tübingen 1999.

Tertullianus, Septimus Florens: Apologeticum. Verteidigung des Christentums Lateinisch-deutsch. Hg. und übersetzt und erläutert von Carl Becker. 4. Auflage, Darmstadt 1992.

Vogt, Hermann Josef: Origenes als Exeget. Hg. von Wilhelm Geerlings. Paderborn u. a. 1999.

Vouga, François: Geschichte des frühen Christentums. Tübingen u. a. 1993.

Wolff, Hans: Die Ausbreitung des Christentums Bd. 1: Die christliche Kirche bis 870 und dem ersten Islamvorstoß. Hamburg 1955.

Dogmatische Definition der Doppelnatur Jesu Christi

Einige Fragen ließ diese Definition aber offen. Wird die starke Betonung der Wesenseinheit von Gottvater und Sohn wirklich der irdischen Existenzform Christi gerecht? Und wie steht es mit der Definition des Heiligen Geistes? Das Konzil von Konstantinopel im Jahre 381 versucht hier Abhilfe zu schaffen, indem es die Gleichrangigkeit des Heiligen Geistes in der Verehrung der Gottheit festhält (conglorificatur), wobei dem Heiligen Geist die lebenspendende Funktion der Gottheit zugeschrieben wird.

Einen gewissen Abschluss dieser theologischen Diskussion bietet die heute bei nahezu allen Christen gültige, im Konzil von Chalcedon 451 unter Leo dem Großen definierte Zweinaturenlehre Christi. Sie wird folgendermaßen festgeschrieben:

> Wir folgen also den heiligen Vätern und lehren alle übereinstimmend: Unser Herr Jesus Christus ist als ein und derselbe Sohn zu bekennen, vollkommen derselbe in der Gottheit, vollkommen derselbe in der Menschheit, wahrhaft Gott und wahrhaft Mensch derselbe, aus Vernunftseele und Leib, wesensgleich mit dem Vater der Gottheit nach, wesensgleich uns derselbe der Menschheit nach, in allem uns gleich außer der Sünde, vor Weltzeiten aus dem Vater geboren der Gottheit nach, in den letzten Tagen derselbe für uns und um unseres Heiles willen [geboren] aus Maria, der jungfräulichen Gottesgebärerin, der Menschheit nach, ein und derselbe Christus, Sohn, Herr, Einziggeborener, in zwei Naturen unvermischt, unverändert, ungeteilt und ungetrennt zu erkennen, in keiner Weise unter Aufhebung des Unterschieds der Naturen aufgrund der Einigung, sondern vielmehr unter Wahrung der Eigentümlichkeiten jeder der beiden Naturen und im Zusammenkommen zu *einer* Person und *einer* Hypostase, nicht durch Teilung oder Trennung in zwei Personen, sondern ein und derselbe einziggeborene Sohn, Gott, Logos, Herr, Jesus Christus, wie die Propheten von Anfang an über ihn lehrten und er selbst, Jesus Christus, uns gelehrt hat, und wie es uns im Symbol der Väter überliefert ist. (Dekrete der ökumenischen Konzilien, Bd. 1, S. 86.)

Diese Definition schreibt die göttliche *wie* menschliche Natur Christi fest, ohne dabei die ungeteilte *Einheit* der beiden Naturen – göttlicher wie menschlicher – aufzugeben. Diese werde vielmehr in der Einheit der Person Christi gewahrt. Christus, wahrer Gott und wahrer Mensch, das ist in der Tat die theologische Formel des Christentums seit Chalcedon geblieben. Daneben hatten sich nun die Bischofskonzile selbst als jene Institutionen eingeführt, die in Glaubensfragen definitorisch zuständig waren. Sie regelten auch Verhaltens- und Umgangsformen der Kirche (sog. Canones), die das Zölibat, die Anwerbung von Priestern, Bußregelungen usw. betrafen. Die Institution der Konzile spiegelt selbst die Entwicklung der Kirche zu einer weltlichen Macht wieder, die Glaubensdekrete und Regularien ausarbeitete und vorgab im Sinne nun auch einer politisch-religiösen Steuerung der Glaubensgemeinschaft der Christen.

Mit der Erhebung des Christentums zur Staatsreligion ging allerdings auch ein grundlegender Wandel einher. Jene Weltabwendung, die Jesus und die Urkirche mit dem Glauben vollzogen hatten – jenes „mein Königreich ist nicht von dieser Welt" (Joh 18,36) –, hatte sich nun selbst in eine enge Verzahnung mit dem Römischen Reich umgekehrt. Damit wurde die Kirche zunehmend reich an weltlichen Gütern. Damit begann aber auch jene *Entfremdungsgeschichte* der Kirche von jenem Armutsgebot, das für Jesus und die Urkirche konstitutiv gewesen war.

Wenn Ende des vierten Jahrhunderts sich das Christentum im römischen Reich nicht nur stabilisiert hatte, sondern in den Rang einer Staatsreligion aufgerückt war, so stand eben diesem christianisierten römischen Reich im Westen der Kollaps kurz bevor. 401 drangen Goten in Italien ein, die 410 auch Rom eroberten und plünderten. Ihnen folgten Vandalen, Franken, Langobarden und andere germanische Stämme. Das römische Reich hatte diesen geballten Angriffen aus dem Norden keine vitale Verteidigungskraft mehr entgegenzusetzen. Endgültig im Jahre 476 dankte es in der Gestalt des letzten Kaisers Romulus Augustulus ab. Damit aber wird das Christentum selbst zum Haupterben der römischen Kultur im Zuge der Christianisierung des westlichen Europa.

Literatur:

Dekrete der ökumenischen Konzilien. Bd. 1: Konzilien des ersten Jahrtausends. Hg. von Guiseppe Alberigo u.a. Paderborn u.a. 1998.

Christliche Verinnerlichung, die Form der Autobiographie

Bereits während des Eindringens der Germanen in den Mittelmeerraum erfährt die christliche Spiritualität und Textualität noch einmal eine gewaltige Verdichtung und auch Umkodierung durch das Werk des Aurelius Augustinus (354–430 n.Chr.). Dabei war der Gelehrte Augustinus, als er im letzten Drittel des 4. Jahrhunderts n.Chr. die Texte des neuen Testaments las, zunächst tief enttäuscht. Ein literarisch und philosophisch gebildeter, rhetorisch geschulter Gelehrter seiner Zeit wie Augustinus, konnte in den Schriften des neuen Testamentes, die zu seiner Zeit schon kanonisch vorlagen, nicht das literarische Niveau wiedererkennen, das ihm die lateinischen und griechischen Texte der antiken Philosophie und Literatur boten. In seinem um 400 verfassten „Confessiones" (Bekenntnisse) äußert sich der Autor rückblickend über seine erste Lektüreerfahrung der Heiligen Schrift:

[...] vielmehr erschien sie mir unwürdig, mit der Würde der Ciceronischen in Vergleich zu treten; ja, mein geschwelltes Pathos sträubte sich wider ihre unscheinbare Weise, und meine Sehkraft reichte nicht in ihr Inneres hinein. (Augustinus: Confessiones, Buch III, 5,9)

Gleichwohl ist es die christliche Botschaft, die Augustinus nach langem Zögern an die Schwelle der Taufe führt und zur Neubegründung seiner Identität als Christ. Seine „Confessiones" erzählen diese lange Lebensgeschichte der inneren Kämpfe, Wandlung und Erneuerung des Aurelius Augustinus, und sie haben damit ein in dieser Form neues Genre in der europäischen Literaturgeschichte begründet, das Genre der *Autobiographie* als innere *Wandlungsgeschichte* eines Ich.

In der Forschung ist allerdings um die Gattungszuordnung heftig gestritten worden. Über diese Debatte berichtet Erich Feldmann (Literarisches Genus und das Gesamtkonzept der ‚Confessiones'. In: Die Confessiones des Augustinus von Hippo, S. 30). Dabei schält sich heraus, dass der Begriff der Autobiographie differenziert zu verwenden ist. Das Leitthema der „Confessiones" ist nicht das Ich, sondern die Freilegung der Einwirkung Gottes *im* Ich ist und somit prägt gerade die Befreiung des Ich von seinem falschen Ich die Seelengeschichte der „Bekenntnisse". Das heißt aber nicht, dass hier nicht eine Autobiographie vorliegt. Es ist eben eine, die die Bekehrung des Ich zum Thema hat, wie denn überhaupt die Autobiographieforschung in der christlichen Wandlungsgeschichte eine Hauptquelle der Gattung ausgemacht hat (Niggl: Die Autobiographie). Darüber hinaus haben neuere Forschungen dieses Buch in die Geschichte der Entwicklung der neuzeitlichen Identität gerückt (Taylor: Quellen des Selbst, S. 235ff) und sogar in die Vorgeschichte der „Individualitätsproblematik der Moderne" (Kemper: ineffabile. Goethe und die Individualitätsproblematik der Moderne, S. 283ff).

Im Kontext der antiken Literatur wurde der protreptische (belehrende) Charakter des Werkes herausgestellt und dies mit der Deutung des Wortes „confessio" im Sinne von „Sündenbekenntnis" und „Lob Gottes" verbunden (Feldmann: Das literarische Genus, S. 46ff).

Die neueren Forschungen von Dirk Kemper haben die innere Brechung der Kommunikationssituation der „Confessiones" herausgearbeitet: „Im Falle der *Confessiones* haben wir es demnach mit einer besonderen Kommunikationssituation zu tun, die ein dreifaches Ich kennt: das schreibende Ich, das beschriebene Ich und – hier als Sonderfall – das Adressaten-Ich" (Kemper: ineffabile, S. 283). Von der literarischen Konstruktion her ist der Text gerade nicht mehr ein linearer Erzähltext wie die Evangelien des neuen Testamentes, sondern ein rekonstruierender *Erinnerungstext* des *schreibenden Ich*, der die Lebensgeschichte seiner eigenen Irrwege und seiner letztendlichen Wandlung beschreibt – das *beschriebene Ich* – und dies im Sinne eines im Inneren des Ich geführten Gespräches mit Gott, vor dem im inneren Gespräch das schreibende Ich selbst noch einmal Rechenschaft ablegt über seinen Lebensweg und seine entscheidende Lebenswandlung. Der Text wird also, wie dies auch die Forschung zur Autobiographie generell herausgestellt hat, von einem finalen Punkt her konzipiert, von dem her und auf den hin die eigene Lebensgeschichte auch im Sinne einer leserbezogenen, reflexiven Distanznahme als Erinnerungsgeschichte rekonstruiert wird (Müller: Die Autobiographie, S. 54ff). Es ist daher kein Zufall, sondern entspricht dem Wesen dieser Memoria-Literatur, dass die Analyse der *Erinnerung* im Schlussteil des Buches (Confessiones, Buch X) selbst ein zentrales Kapitel widmet.

Betrachtet man die „Confessiones" unter diesem Gesichtspunkt, stellt das Problem der Einheit kein so zentrales Problem mehr dar, wie dies in der Forschung behauptet wird. Die Lebensgeschichte wie die drei Schlusskapitel mit ihrer Ausdeutung der Genesis und ihren theoretischen Exkursen zum Thema Erinnerung und zum Thema Zeit (Confessiones, Buch XI) bilden durchaus eine Einheit, insofern die eigene Lebensgeschichte einschließlich der intellektuellen Biographie selbst das durchgehende Thema des Bandes bildet und somit Biographie wie die theoretischen Überlegungen mit umfasst. Der moderne Begriff von ‚Einheit' eines literarischen Werkes ist sehr viel offener, als es die ältere Forschung wahrhaben wollte. Er impliziert durchaus auch innere Brüche und Widersprüche. Perspektiviert man das Bekenntniswerk des Augustinus auf die literarische Moderne hin, so zeigen sich in diesem Werk bereits Züge jener Literatur der „Selbstentblößer", die nach Helmut Heißenbüttel einen Grundzug der modernen autobiographischen Literatur darstellt (Heißenbüttel: Anmerkungen zu einer Literatur der Selbstentblößer, S. 80ff).

Literatur:

Augustinus, Aurelius: Confessiones/Bekenntnisse. Lateinisch und deutsch. Eingeleitet, übersetzt und erläutert von Joseph Bernhart. Zweite Auflage. München 1960.

Die Confessiones des Augustinus von Hippo. Einführung und Interpretationen zu den dreizehn Büchern. Unter Mitarbeit von zahlreichen Fachgelehrten hg. von Norbert Fischer und Cornelius Mayer. Freiburg, Basel und Wien 1998.

Chadwick, Henry: Augustin. Oxford 1986, deutsch: Göttingen 1987.

Courcelle, Pierre: Recherches sur les Confessions de Saint Augustin. Paris 1950.

Fischer, Norbert/ Cornelius Meyer (Hg.): Die Confessiones des Augustinus von Hippo. Einführung und Interpretationen zu den dreizehn Büchern. Freiburg u.a. 1998.

Heißenbüttel, Helmut: Anmerkungen zu einer Literatur der Selbstentblößer. In H. H.: Zur Tradition der Moderne. Aufsätze und Anmerkungen 1964–1971. Neuwied und Berlin 1972, S. 80ff.

Kemper, Dirk: ineffabile. Goethe und die Individualitätsproblematik der Moderne. München 2004.

Kreuzer, Johann: Pulchritudo: Vom Erkennen Gottes bei Augustin. Bemerkungen zu den Büchern IX, X und XI der Confessiones. München 1995.

Müller, Klaus-Detlef: Autobiographie und Roman. Studien zur literarischen Autobiographie der Goethezeit. Tübingen 1976.

Niggl, Günter: Die Autobiographie. Zu Form und Geschichte einer literarischen Gattung. Darmstadt 1989.

Taylor, Charles: Quellen des Selbst. Die Entstehung der neuzeitlichen Identität. Frankfurt a. M. 1994.

Die Exstirpation der sinnlichen Welt

Die dreizehn Bücher der „Confessiones" bedeuten eine für die westliche europäische Kulturgeschichte wegweisende *Neukodierung* im Sinne der *Verinnerlichung* von Wahrheit. Das Buch exponiert die Frage, wie und warum überhaupt sich Gott dem Menschen, diesem „kümmerlichen Abriss deiner Schöpfung", dem mit Sünden belasteten „Sterbewesen" Mensch (Confessiones I, 1,1) zu erkennen gibt und mit ihm *spricht*. Es ist die anthropologische Frage sowohl nach der Sündhaftigkeit wie auch nach der Göttlichkeit des Menschen, die das Werk umtreibt. Die Frage eröffnet einen in der Kulturgeschichte einzigartigen und neuen Raum der *Innerlichkeit*, in welcher sich der *Seelenkampf* zwischen Gut und Böse abspielt und dies eben als ein Gespräch mit Gott *im Ich*. Durch diese Präsenz Gottes im „inneren Menschen" (homo interior, Confessiones X, 6,8–9) wird das Ich nach *innen* hin expandiert, bzw. der göttliche Logos in das Ich hineingezogen. Der göttliche Logos eröffnet so zugleich eine bis dahin ungeahnte Dimension der *inneren Tiefe* des Menschen.

Insbesondere die ersten acht der dreizehn Bücher der „Confessiones" entfalten die Phasen des äußeren und inneren Lebens des Aurelius Augustinus. Dieser wurde 354 in Thagaste in Numidien, Nordafrika, geboren und in Karthago zum Juristen und Rhetor ausgebildet. Sein Vater Patrizius war Heide, seine Mutter Monnika Christin. Sie hat nachdrücklich auf die Geschichte der Bekehrung des Sohnes Einfluss genommen.

Der Grundkonflikt, von dem die „Confessiones" berichten, ist durchgängig der zwischen *äußerlicher* und *innerer* Lebensform. Die veräußerlichte Lebensform ist geprägt von der *Gewalt*, die der *Körper* und die *Sinne* über den Menschen haben, aber auch von der Eitelkeit der *Selbstdarstellung*, des *Selbstgenusses* des ‚äußeren Menschen'. Dieser umfasst den Gesamtbereich dessen, was Paulus mit dem Wort „Fleisch" (sárx) bezeichnet hatte, also neben Sinnen und Sinnlichkeit auch die Eitelkeit und Verführbarkeit des diesseitigen Menschen. Die „Confessiones" beschreiben eingehend die Macht der Verführungen des „Fleisches" über ihren Autor in seiner Lebensgeschichte. Insbesondere die Macht der Sinne und der Sinnlichkeit wird aus der Perspektive des Bekehrten beschrieben, der reuevoll auf die – in seinen Augen – verwilderte Geschichte seiner Jugend zurückblickt und jenes „Dornengestrüpp der Sinnlichkeit" (Confessiones II, 3,6) geißelt, in welchem er sich in seiner Jugend in Karthago, aber auch später noch in Rom verstrickt hatte, das „schändliche Liebestreiben". Rückwirkend ekelt den Autor vor dieser „klebenden Liebe", an der die „Leibes Sinne" hängen (V, 10,15), jene „Klebrigkeit eines todhaften Lebens", aus der Gott das Ich schließlich aber doch herausgezogen habe (de visco tam tenaci mortis, Confessiones VI, 6,9), ein Leben, in dem das Ich hin- und hertrieb, ohne innere Ruhe und Stabilität finden zu können. Programmatisch fragt das bekehrte Ich das noch sündhafte:

> Warum lässt du verkehrter Weise von deinem Leibe dich leiten? Nein, er soll sich kehren und dir folgen! (Ut quid perversa sequeris carnem tuam? Ipsa te sequatur conversam. Confessiones IV, 11,17)

Rekonstruktion des eigenen Lebensweges
aus der Perspektive des Erzählers und Bischofs Augustin um 400 n. Chr.

Buch I 354–369
Kindheit, Knabenzeit. Religiöse Erziehung der Mutter Monnica. Jünglingsjahre: Unlust am zwanghaften Lernen. Ca. 16 Jahre.

Buch II 369–372
Jugendzeit. Sexualreife. Diebstahl einer Birne. Studien. Ca. 16.–19. Lebensjahr.

Buch III 372
Hochschule in Karthago. Liebesaffären. Cicerolektüre. Enttäuscht von Bibellektüre. Hinwendung zum Manichäismus.

Buch IV 372–381
19.–28. Lebensjahr. Rhetorik-Lehrer in Thagaste. Liebschaft. Übersiedlung nach Karthago. Abfassung einer ästhetischen Schrift. Aristoteleslektüre.

Buch V 382
29. Lebensjahr: Abkehr vom Manichäismus, aber Faszination des Manichäers Faustus. Übersiedlung nach Rom. Neuplatonische Studien. Mailand: Lehrstuhl für Rhetorik. Treffen mit Bischof Ambrosius.

Buch VI 383–384
30.–31. Lebensjahr. Ankunft der Mutter in Mailand. Widerstreit zwischen Sexualverlangen und Askese, Ehewunsch und Entsagung. Neue religiöse Unruhen. Sehnsucht nach innerer Ruhe.

Buch VII 384
32. Lebensjahr. In Mailand. Fragen nach dem Bösen. Intensives Lektürestudium des Neuplatonismus, dann der Paulus-Briefe.

Buch VIII 384
32. Lebensjahr. Noch sexuelle Abhängigkeit. Krisis. Erzählungen des Pontizian vom Mönchsleben des Antonius. Weitere Beispiele von Bekehrungen. Innere Kämpfe. „Nimm und lies!" Pauluslektüre und endgültige Hinwendung zum asketischen Christentum.

Buch IX 384 und Jugend der Mutter bis 350
Glück des Neuerleuchteten. Leben auf einem Landgut. Taufe in Mailand. Aufgabe des Rhetorikamtes. Wirkung der Musik der Ostkirche auf den Neugetauften. Tod der Mutter; Rückblende auf ihre Jugend als Alkoholikerin.

Buch X
Theologisch-philosophische Reflexion der Memoria (Erinnerung). Gottsuche und Gottfindung in Abkehr von der Welt der Sinne.

Buch XI
Religiös-philosophische Analyse der Zeit. „In dir, mein Geist, messe ich die Zeiten." Zeit als Ausdehnung des Geistes in die drei Dimensionen Vergangenheit, Gegenwart, Zukunft.

Buch XII und Buch XIII
Genesisauslegung. Prinzipien der Schriftauslegung. Preis des Schöpfers und der Schöpfung

Dabei entschuldigte sich der Sünder lange Zeit vor sich damit, dass nicht er selbst seine sexuellen Ausschweifungen zu verantworten habe, sondern: „es sündige in uns eine andere, nicht näher bekannte Natur" (sed nescio quam aliam in nobis peccare naturam [...], Confessiones V, 10,18). So gesehen war das Ich für diese Ausschweifungen gar nicht verantwortlich. Aber diese Deutung lässt sich der Autor nicht durchgehen:

> In Wirklichkeit aber stand hinter dem Ganzen ich allein [...] (Verum autem totum ego [...], Confessiones V, 10,18)

Bei der kulturkritischen Lektüre der „Confessiones" fällt auf, dass dieser spätlateinische Autor die Sünden des Fleisches noch bissiger geißelt als Paulus. Es stellt sich die Frage, warum Augustinus diese ganze Dimension der natürlichen körperlichen Sinnlichkeit so absolut *negativ* sieht und noch schärfer als Paulus aburteilt, der zwar auch die Leiber von Sünde und Unzucht freizuhalten rät, weil sie „Glieder Christi" seien, dabei aber doch den Körper als „Tempel des heiligen Geistes" apostrophiert (1 Kor 6, 15 und 19). Für Augustinus ist das Fleisch der *Antigott* selbst. Warum?

Augustinus hatte sich über neun Jahre dem *Manichäismus* verschrieben. Dieser aber lehrte die Materie als etwas *Urböses* (Kap. 2.1). Mit seiner Bekehrung zum Christentum und schon davor hatte sich Augustinus zwar vom Manichäismus abgewandt. Er preist auch die Schöpfung in ihrer sinnlichen Fülle ausdrücklich als gute Schöpfung (Confessiones XIII, 38,53). Gleichwohl bleibt ein *Dualismus* der Weltsicht und der Anthropologie auch in seinem Denken erhalten. Insbesondere ist es die *Aufsässigkeit* des Fleisches, in der Augustinus die Macht des *Bösen* erkennt. Wie der Mensch sich gegen Gott auflehnt, so auch das Fleisch gegen den menschlichen Geist, in dem ja die Stimme und der Geist Gottes selbst präsent sind. Diese *Eigenständigkeit*, die *Gewalt* und *Übermacht* der Wollust über den Menschen ist das für Augustinus eigentlich *böse* Element, wie er auch in der später entstandenen Schrift „Vom Gottesstaat" ausführt (De civitate Dei, Buch 14, Kap. 15–17).

Im zehnten Kapitel der „Confessiones" geht Augustinus noch einmal die Sinne durch, um so – im Medium der retrospektiven Analyse der Erinnerung – deren verführerische Macht und ihre Verlockungen systematisch abzuwehren. Da steigen die Verführungen jenes süßen „Lustlichen" (ista suavitas, Confessiones X, 31,43) auf, gegen die sich das Ich rüsten muss im „täglichen Kampf wider das Gelüst nach Essen und Trinken", wider die „Lockungen von Wohlgerüchen", wider die „Freuden des Gehörs", wider die „Lust dieser Augen meines Fleisches". Natürlich zeigen die Sinne schöne Dinge. Darin gerade liegt ja ihre verführerische Macht. In Bezug auf den Augensinn: Die „Schönheit und Wechsel der Formen, Leuchtkraft und Anmut der Farben".

> Aber diese Dinge sollen nicht meine Seele haben; haben soll sie Gott: Er hat das wohl erschaffen, ja ‚sehr gut' erschaffen, aber Er, nicht das, ist mein Gut. (Confessiones X, 34,51)

Damit tut sich unversehens ein *Riss* zwischen Schöpfer und Schöpfung in der

Augustinischen Kodierung der Pistis auf. Es ist eine radikale *Abwendung* des Ich von der Außenwelt, die die Pistis-Kodierung nach Augustinus fordert, eine radikale *Introvertierung* des Ich, so schön, so verlockend, so süß die Welt der Erscheinungen auch sein mag. Das Ich wird zu einer Art himmlischem Soldat, der um des Himmels willen aller Lüste am Diesseitigen schon im Diesseits entsagt, der sich der radikalen „Enthaltsamkeit" hingibt (continentia, Confessiones X,29,40) und so die Seele frei vom „Vogelleim der Gelüste [...] mir zu Dir hin folge" (ut anima mea sequatur me ad te concupiscientiae visco expedita, Confessiones X, 30,42).

Es versteht sich, dass diese Weltsicht auch nicht die ‚Augenlust' des *Theaters* zulassen kann. Schon im dritten Buch berichtet Augustinus von seinem Kampf mit dieser Kunstform. Sie sei „voll des Zunders für meine Brunft" gewesen (Confessiones III, 2,2) und muss daher abgelehnt werden. Es gibt in der christlichen Pistis-Kodierung keinen Platz mehr für all jene Künste, die der *Sinnenlust* dienen. Allein die *religiöse Musik* kann Augustinus in seiner Neukodierung der Kultur gelten lassen und gibt sich dieser nach seiner Konversion geradezu tränenvoll hin (Confessiones IX, 7,15 und X, 33,50). Die christliche Kultur der *Verinnerlichung* hat in der Tat dieser Kunstform ungeahnte Impulse verliehen, aber allen anderen, auf die äußeren Sinne angewiesenen Künste auch den Boden entzogen.

Eine radikale Abkehr also von der Welt und all ihren Formen des Sinnengenusses nehmen die „Confessiones" vor. Was Augustinus hier in Szene setzt, ist ein radikaler *Abschied* von der Welt des *Diesseits*, von jener „Weltsucht" (amor saeculi, Confessiones XIII, 22,32), die Augustinus nur als eine Ablenkung von Gott und Verschreibung an das Böse deuten kann. Was aber tritt an die Stelle der reichen Fülle der Welt des sinnlichen Diesseits?

Weltinnenraum im Ich

Bis zur Bekehrung im achten Buch schildern die „Confessiones" den permanenten inneren Kampf des Ich mit sich selbst im Sinne einer inneren *Psychomachie* zweier Willen gegeneinander, zwischen dem Willen des äußeren und dem Willen des inneren Menschen bis hin zum finalen Sieg des inneren Willens über die sinnliche Verfallenheit an das Äußere. Dieser Kampf vollzieht sich bereits *im Inneren*, denn Augustinus ist sich dessen bewusst, dass die Auseinandersetzung des Menschen mit sich selbst ein innerer *mentaler* Kampf im Seelenraum des Menschen ist. Das heißt: Augustinus verfügt bereits über ein Bewusstsein der *Reflexivität* seiner Lebensgeschichte und ihrer inneren Kämpfe, bzw. sogar über eine *reflexive Erkenntnistheorie*, die in die Neuzeit und Moderne hinweist, wie es denn auch seine *Zeitanalyse* im elften Buch der „Confessiones" bezeugt:

In dir, mein Geist, messe ich die Zeiten. (Confessiones XI, 27,36)

Denn Augustinus hat an dieser Stelle seines schriftlichen Gebets das *menschliche Bewusstsein* als die eigentliche Instanz der *Zeiterfahrung* und *Zeitmessung* entdeckt. Und weil es allein der menschliche Geist – genauer: seine *Erinnerung* – ist, die der ewig flüchtigen Zeit *Dauer* verleiht, setzt die Zeitanalyse des elften Buches der „Confessiones" das zehnte Buch mit seiner Analyse der Erinnerung (memoria) voraus. Dieses Buch führt auch den Begriff des „inneren Menschen" ein (Augustinus: Confessiones, Buch X, 6), der sich aber, wie wir sahen, im Ansatz bereits bei Paulus findet (Röm 7,22) und – ihm folgend – bei Origenes.

Die „Confessiones" sind voll von Metaphern für die neue Dimension der *inneren Räumlichkeit* des *Geistes* und der *Seele*. Augustinus spricht vom „Haus der Seele" (dominus animaes mae, Confessiones I, 5,6). Er spricht vom Gang „ins Innere" seines Selbst (in intima, in me ipsum). Augustinus vollzieht daher auch den Aufstieg zu Gott nicht (neu-)platonisch ‚nach oben', sondern nach *innen*, *ins* Ich. Denn das Wort Gottes, das zum Ich spricht, ruft nicht ‚von oben', sondern *im* Ich. Augustinus' „Confessiones" zeigen, „dass man Gott nicht nur in der Welt begegnen kann, sondern – was weit wichtiger ist – in den tiefsten Grundfesten der Person" (Taylor: Quellen des Selbst, S. 248). Wiederum ist es jene Begegnung mit dem Göttlichen im Ich, welche das Ich aus seiner Veräußerlichung an die Welt in seine Wesenheit zurückruft, die das innere Ich selbst darstellt.

Die Dimension des „inneren Menschen" ergibt sich so theologisch wie kulturgeschichtlich aus einer neuen und existentiell verdichteten *Uminterpretation* des Johannes-Evangeliums. Der göttliche Logos ist Fleisch geworden, aber nicht nur einmalig als historisches Geschehen in Jesus Christus, sondern als eine Form der *jederzeit* möglichen *Ansprache* des Menschen durch Gott in dessen Inneren. Das Ich ist sogar der *einzige* Ort in der Welt, an dem Gott *spricht*. Der Gott des Kosmos thront „erhaben [...] im Schweigen" (Confessiones I, 18,29). Dem Ich kommt daher die gewaltige Aufgabe zu, Gott – in sich – zur Sprache zu bringen. Umgekehrt formuliert: Es ist „das Wort-Selbst", das in ihm „ruft" und mit dem sich Gott selbst im Menschen zur Sprache bringt (Confessiones IV, 11,16). Der Logos Gottes *im* Ich ist die herausgehobene und artikulierte Präsenz Gottes in seiner Schöpfung.

Der selbst im Menschen sprechende Gott sprengt damit die „Taubheit des Menschen". Aber er sprengt auch sein *eigenes* Schweigen. Gott wird Stimme. Und diese Stimme hat menschlichen Klang. Augustinus erweitert die Pistis-Kodierung um das *Selbstgespräch* Gottes im Ich und mit dem Ich.

Das heißt nun auch für die *Schrift*, deren Deutung insbesondere die Schlusskapitel der „Confessiones" gewidmet sind, dass sie Gottes Wort dem Menschen zu Gehör bringen:

> Darauf sprichst Du zu mir, weil Du mein Gott bist, sprichst mit lauter Stimme [voce forti] Deinem Knecht inwendig in sein Ohr und sprengst meine Taubheit und schreist es mir ein [et clamans]: „O Mensch, was meine Schrift sagt, sage Ich. [...]". (Confessiones XIII, 29,44)

So wird einerseits die Taubheit des Menschen geradezu aufgesprengt und dieser in das Gespräch mit Gott hineingerissen, aber andererseits dringt auch

Gott geradezu gewaltsam in den Innenraum des menschlichen Ich ein, um dort „mit lauter Stimme" Gehör zu finden.

Diese *Aktualisierung* des Heilsgeschehens in der *Internalisierung* des Logos eröffnet aber nun zugleich auch eine neue Form der *Selbsterfahrung* des Ich. Das *einzelne Ich* wird bei Augustin auf eine Weise bedeutsam, wie es in der antiken Logos-Kodierung nie möglich gewesen wäre. Gott explodiert im Ich und das Ich implodiert in sich auf jenes Bedeutungszentrum hin, das seine allein wahre Existenz ausmacht, Gott.

Der Weg der Gottsuche und Gottfindung im Ich des Augustinus ist oft beschrieben worden. Entscheidend ist, dass das Ich sich gänzlich freimacht von allen äußeren Ablenkungen, dass aber der *Einbruch* der Präsenz Gottes ins Ich ein reiner *Gnadenakt* Gottes im *Glauben* ist. Gott selbst schlägt ein im Ich als das ganz *Andere* zu aller irdischen Erfahrung, der damit auch eine innere Erfahrung der Liebe und des Schreckens auslöst, wie sie die antike Affektenlehre so nicht gekannt hatte.

> Und Du schlugest, blendhell in mich strahlend, zurück meines Auges Unkraft, und ich erschauerte in Liebe und Erschrecken. (Et reverberasti infirmitatem aspectus mei radians in me vehementer, et contremui amore et horrore [...]; Confessiones VII, 10,16)

Verinnerlichte Lektüre

Dabei ist diese innere Einkehr vorbereitet durch Prozesse der *verinnerlichten Lektüre*. Augustinus beobachtet den Bischof Ambrosius in Mailand bei dessen stiller Lektüre der Heiligen Schrift:

> Wenn er aber las, so glitten die Augen über die Blätter, und das Herz spürte nach dem Sinn, Stimme und Zunge aber ruhten. (Augustinus: Confessiones VI, 3.3)

Im Rahmen der römischen Rhetorik relativ neu ist diese Form der Lektüre der Heiligen Schrift, wie sie Augustinus an Ambrosius beobachtet, weil sie nicht laut deklamierend, sondern im Inneren und im Stillen abläuft. Aller Wahrscheinlichkeit nach ist diese Form der innerlichen Schriftlektüre selbst die wesentliche Voraussetzung jener *Innerlichkeitserfahrung*, die den Gehalt der „Confessiones" ausmacht. Inhaltlich ist es die intensive Lektüre der neuplatonischen Literatur in lateinischen Übersetzungen – wahrscheinlich Plotin und/oder Porphyrios – sowie der Paulus-Briefe und des Johannes-Evangeliums, die die Weltabkehr des Erweckungserlebnisses vorbereiten. Dabei betont Augustinus die schroffe Opposition von Pistis und Logos, wenn er den antiken Skeptizismus zitiert, „man müsse an allem zweifeln", denn „der Mensch sei nicht imstande, irgendwelches Wahre in seinen Griff zu bekommen" (Confessiones V, 10,19). Es ist bemerkenswert, dass Descartes im frühen 17. Jahrhundert diesen Universalzweifel wiederholt, aber nun neuzeitlich durch eine Primärsetzung des Wissens als Wahrheitsinstanz uminterpretiert (siehe Kap. 4.2). Bei Augustinus aber findet der Mensch „Gewissheit" nicht in der Selbstreflexion des eigenen kritischen Diskurses, sondern letztlich nur durch die Gnadenrede Gottes im Ich.

Die eigentliche Bekehrung im achten Buch, die immer wieder hinausgezögert wurde von der Angst, der ‚klebrigen' Sinnlichkeit nun endgültig entsagen zu müssen, vollzieht sich dann auch als ein *Leseereignis*. Im Moment seiner „bittersten Zerknirschung" hört der Protagonist vom Nachbargrundstück die Stimme eines Knaben oder Mädchens – oder war es ein Engel? – im Singsang die Worte wiederholen:

> „Nimm es, lies es, nimm es, lies es!" (Augustinus: Confessiones, Buch VIII, 12,29).

Und Augustinus nimmt die Heilige Schrift zur Hand und liest im Römerbrief des Paulus:

> „Nicht in Schmausereien und Trinkgelagen, nicht in Schlafkammern und Unzucht, nicht in Zank und Neid, vielmehr ziehet an den Herrn Jesus Christus und pfleget nicht des Fleisches in seinen Lüsten." (Paulus: Röm. 13.13 f, zitiert Confessiones VIII, 12,29)

Mit diesen gelesenen Worten strömt endgültig die Heilsgewissheit in einen Menschen, der jahrelang um den Glauben gerungen hatte:

> Denn kaum war dieser Satz zu Ende, strömte mir Gewissheit als ein Licht ins kummervolle Herz, dass alle Nacht des Zweifelns hin und her verschwand. (Augustinus: Confessiones, Buch VIII, 12,29)

Damit ist der Durchbruch erfolgt und die Präsenz Gottes dem Ich dauerhaft eingeschrieben.

Literarisch aber entsteht damit ein Problem: Das innere Drama der Wandlung ist vorbei. Das neunte Buch der „Confessiones", in dem der Neubekehrte sich in Lobgebeten ergeht, ist daher auch das langweiligste. Es ist nur konsequent, dass der literarisch geschulte Verfasser im zehnten Buch noch einmal anders und neu ansetzt in der Form der gedanklichen Analyse von Memoria, Zeit und Genesis.

Und diese Analysen stoßen weiter vor in den Bereich des inneren Ich. Anhand der Analyse der Erinnerung (Memoria) heißt es in den „Confessiones":

> Da komme ich denn in die Gefilde und die weiten Hallen des Gedächtnisses [...] (Confessiones X, 8,12)

Augustinus spricht vom „Abgrund des menschlichen Bewusstseins" (abyssus humanae conscientiae, Confessiones X, 2,2). Zur Paradoxie der europäischen Kulturgeschichte gehört somit, dass die radikale *Selbstverleugnung* des Ich in diesem Bekenntnis- und Leidensbuch zu jener Neuentdeckung eines *Weltinnenraums* im Ich führt, dessen Erforschung, Beschreibung und Ausgestaltung dann große Teile der europäischen Neuzeit ausgefüllt hat und bis heute ausfüllt.

Augustinus' Anthropologie

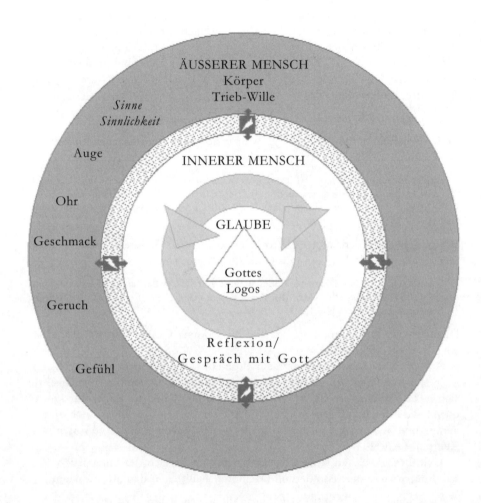

Augustinus' Theologie: Synthese von Logos und Pistis

Trotz seiner Kritik an der Philosophie ist Augustinus derjenige Denker, der als erster eine *systematische* Fusion zwischen platonischer Philosophie und christlicher Religion ansteuert, eine Synthese zwischen Logos und Pistis. Die „Confessiones" lassen keinen Zweifel, dass der (Neu-)Platonismus die der christlichen Religion verwandteste Philosophie ist, allerdings auch mit dem Mangel behaftet:

> [...] aber dass ‚das Wort Fleisch geworden ist und unter uns gewohnt hat', habe ich dort nicht gelesen. (Confessiones VII, 9,14)

Bereits in seiner schon vor den „Confessiones" entstandenen Schrift „Über die wahre Religion" (De vera religione, entstanden um 390) kritisiert Augustinus die antiken Philosophen als Götzendiener, lässt aber keinen Zweifel daran, dass der Platonismus selbst bereits entscheidende Motive enthält, die mit der christlichen Religion konvergieren. Es ist insbesondere die Kritik an der *Sinnlichkeit*, die Logos und Pistis vereinen. Stärker als in den „Confessiones" versucht Augustinus in dieser Schrift auch nachzuweisen, dass der christliche Glaube keinen Gegensatz zur Vernunft bildet.

> Die Autorität verlangt Glauben und bereitet den Menschen auf die Vernunft vor. (Über die wahre Religion, 24. 45,122)

Letztendlich aber bleibt für Augustinus immer der Glaube die Grundlage für die ansonsten steuerlose Vernunft, und die Vermittlung des Glaubens selbst ist für ihn wesentlich *Gnadenakt*. Anders als bei Sokrates und Platon ist Wahrheit im Rahmen der christlichen Pistis-Kodierung nicht durch eigene Anstrengung zu erringen, sondern eben nur durch jene „Hand Gottes" und ihren Eingriff in den für solche Gnade bereiten Menschen. Augustinus' „christliche Bildung" formuliert daher konsequent auch die Regeln einer in der Pistis begründeten *christlichen Hermeneutik*, die das Verstehen der Heiligen Schrift selbst am „Richtscheit des Glaubens" misst (Augustinus: Die christliche Bildung, Nachwort Pollmann, S. 279). Biographisch hat Augustinus relativ spät zu der Gesamtdurchdringung seiner ja an der antiken Bildungswelt geschulten Existenz durch den christlichen Glauben gefunden. In Hippo in Nordafrika, wo er 395 zum Bischof geweiht wird, „findet Augustinus zu seiner geistig-seelischen Einheit. Das Licht des Christentums durchleuchtet alles, so dass es nichts mehr gibt, was sich seiner souveränen Macht entzieht." (Marrou: Augustinus und das Ende der antiken Bildung, S. 283) Gleichzeitig ist dies aber auch das Ende einer Geschichtsepoche. Kurz vor seinem Tode stehen die Vandalen vor Hippo und besiegeln so auch das vorläufige Ende des Römischen Reiches in Nordafrika. Augustinus muss in diesen letzten Lebenswochen von tiefer Depression heimgesucht gewesen sein, in einem „Zustand religiöser Verdüsterung" in Tränen und Verzweiflung (Flasch: Augustin, S. 422 ff). Gleichzeitig garantiert sein Werk das Fortleben einer zur christlichen Pistis bekehrten antiken Geistigkeit auch in jenem Zeitalter, das mit der Zerstörung des Römischen Reiches im Westen beginnt, das christliche Mittelalter.

Literatur:

Augustinus: Vom Gottesstaat (De civitate dei). Ausgabe in zwei Bänden. Übersetzt von Wilhelm Thimme. Eingeleitet und kommentiert von Carl Andresen. München 1978.
Ders.: Über die wahre Religion/ De vera religione. Lateinisch und deutsch. Übersetzung und Anmerkungen von Wilhelm Thimme. Stuttgart 1983.
Ders.: Die christliche Bildung/ De doctrina christiana. Übersetzt und mit einem Nachwort versehen von Karla Pollmann. Stuttgart 2002.
Ders.: Über die Unsterblichkeit der Seele/ De immortalitate animae. München 1986.
Deutsche Augustinus-Ausgabe. Hg. und übersetzt von C. J. Perl. Paderborn 1955 ff.
Bibliothèque augustienne. Œuvres de Saint Augustin. Lat.-franz. Ausgabe. Paris 1947 ff.
Flasch, Kurt: Augustin. Einführung in sein Denken. Stuttgart 1980.
Fuhrer, Therese (Hg.): Augustinus. Darmstadt 2004.
Horn, Christoph: Augustinus. München 1995.
Marrou, Henri Irénée: Augustinus und das Ende der antiken Bildung. 2. Aufl. Paderborn 1995.
Neumann, Waltraud Maria: Philosophie und Trinität. Hildesheim 2002.
Kreuzer, Johann: Augustinus. Frankfurt a. M. 1995.

Das Erbe der Leibfeindschaft des Augustinus

Mit Augustinus ist neben der Logos-Kodierung der griechischen Philosophie die andere große Säule des europäischen Denkens in der Antike errichtet. Es ist die augustinische *Internalisierung* der Pistis, seine Entdeckung der *Innerlichkeit* des Menschen, die eine neue Dimension der innerlichen Raum- und Zeiterfahrung eröffnet. Es ist zugleich die in dieser Form neue Denkbewegung der *Reflexion*, in der sich diese Innnendimension der Wahrheit zeigt und erschließt. Die neue Dimension des Weltinnenraumes im Menschen wird bei Augustinus durch den Glauben gefüllt. Der Glaube gibt zugleich die Kraft für jene radikale *Weltabkehr* und *Askese*, die Augustinus glaubt für Gott vollziehen und erfüllen zu müssen. Diese Umwendung ist die spirituelle Voraussetzung jener mönchisch-asketischen Innerlichkeit des christlichen Mittelalters gewesen. Die Abkehr von den Sinnen und der Sinnlichkeit ist zugleich auch die wichtigste Konvergenz mit der platonischen Philosophie. Die Augustinische Synthese von platonischem Logos und christlicher Pistis weist der mittelalterlichen Philosophie und Mystik den Weg.

Dabei wird die Abkehr vom Körper bei Augustinus noch sehr viel radikaler vollzogen als im Platonismus und in seiner manichäisch-christlichen Ausrichtung auch *moralisch* motiviert. Für Platons „Methexis" – Teilhabe des Leiblichen an der Idee – ist bei Augustinus kein Platz mehr. Der Körper selbst ist *als* Körper in seiner Eigenwilligkeit das inkarnierte *Böse*. Unzählige Nonnen und Mönche haben im christlichen Mittelalter diese Lehre internalisiert und sich gewaltsam von der Natur des Körpers und seinen Bedürfnissen abzuspalten versucht.

Das bedeutet zunächst einmal für die stärkste Selbsterfahrung sinnlicher Lust, die Sexualität, dass sie nach Vorgabe der Lehre des heiligen Augustinus möglichst *ohne* eigene Lusterfahrung vollzogen werden sollte. Wenn Augustinus im „Gottesstaat" das Zeugen von Kindern „ohne Wollust" zu vollziehen empfiehlt, „so dass auch bei diesem Akte die hierzu erschaffenen Glieder [...] dem Geiste dienstbar wären" (Augustinus: Vom Gottesstaat XIV, 16), so wird dies die gängige Praxis unzähliger Frauen des christlichen Mittelalters. „Enthielt sich ein Ehepaar nach Vorschrift des Kirchenrechts zu den aus liturgischen Gründen tabuisierten Zeiten und während der Perioden, in denen die Frau wegen ihrer Menstruation als unrein galt, dann waren es im Monat ohnehin nur mehr zwei bis maximal fünf Tage, an denen sie legitimerweise mit einander schlafen durften. Dazu kam, dass jedes körperliche Beisammensein nach der Lehre des hl. Augustinus, auch wenn es vorschriftsmäßig nur auf die Zeugung von Kindern ausgerichtet war, sündhaft blieb, da eo ipso mit Lust verbunden. Ohne das Ziel der Nachkommenschaft wurde selbst der eheliche Geschlechtsverkehr genauso als Sünde verurteilt wie der uneheliche." (Dinzelbacher: Europäische Mentalitätsgeschichte, S. 72). So ist die mittelalterliche Sexualität systematisch seit Augustinus mit *Angst-* und *Schuldphantasien* verkoppelt, die im Verlauf des Mittelalters zunehmend auch mit Bildern von Teufel und Hölle verknüpft werden. Mittelalterliche Moraltheologen haben regelrechte Bußkataloge aufgestellt, die jede Liebesposition außer der sogenannten Missionarsstellung in Strafe stellten. „Es sagt viel, dass nach den mittelalterlichen Quellen die Form der körperlichen Vereinigung, bei der die Frau sich über dem Mann befindet, nur im Bordell oder von Hexen mit dem Teufel praktiziert wurde. [...] Die ungemein große Rolle, die Scham- und Schuldgefühle in der abendländischen Kultur bis heute spielen, geht zum guten Teil auf die mittelalterliche Verteufelung (im buchstäblichen Wortsinn) von Sexus und Eros zurück" (Dinzelbacher: Europäische Mentalitätsgeschichte, S. 72 u. S. 74). Noch in der frühen Neuzeit wirkt diese Mentalität nach. Eine solche heiligenmäßige Frau der Renaissance, Francesca Bussa, „verbrannte sich die Genitalien mit flüssigem Wachs oder zerlassenem Fett und konnte sich durch diese Verwundung nur unter unerträglichen Schmerzen bewegen; so vertrieb sie jedes Lustgefühl bei dem Geschlechtsverkehr, zu dem sie als verheiratete Frau verpflichtet war" (King: Frauen in der Renaissance, S. 150). Margaret King, die eine Vielzahl von Quellen ausgewertet hat, kann noch für die Neuzeit eine Vielzahl von Belegen für solche weibliche Selbstabtötung des Fleisches und der ‚normalen' Körperregungen wie Hunger und Durst anführen.

Das andere Erbe der augustinischen Leibfeindschaft ist die systematische Störung der *Essensaufnahme* durch die Zerstörung des damit verbundenen körperlichen Appetits. Bereits die als häretisch verfolgten Katharer entwickelten die sogenannte „endura", eine Art freiwilliger Hungertod zur Befreiung der Seele vom Körper. Diese „Triebumkehr", wie sie Arnold Gehlen genannt

(Gehlen: Urmensch und Spätkultur, S. 242), wird geradezu zur Voraussetzung jener „mystischen Kehre" (mystische ker), die viele Nonnen in den christlichen Klöstern des Mittelalters praktizierten. Durch extreme Kasteiungen, durch asketische Leibesabtötung suchten diese Nonnen sich innerlich bereit zu machen für die „Vereinigung" (unio) mit dem „himmlischen Bräutigam", Jesus Christus. Solche Nonnenbücher berichten davon, dass die Nonnen in den Klöstern systematisch das „gelust ze essen und ze trinken" durch fauliges Brot, madiges Fleisch und andere entstellte Lebensmittel zerstörten (Langer: Mystische Erfahrung und spirituelle Theologie, S. 72 ff). Auch hier sind vielfach die augustinischen Lebensregeln, wie er sie ja auch als Klosterregeln formuliert hat, richtungsweisend geworden. Noch in der Renaissance wird weibliche Heiligkeit über extremes Fasten, Selbstgeißelungen und auch durch Ekelstrategien angestrebt. „Entstellt durch Pocken und kurzgeschorenes Haar, die Haut wundgerieben von einer Kette, die sie sich, noch halbwüchsig um die Hüften gebunden hatte, fastete Katharina von Siena unablässig. Von Jugend an rührte sie nur Wasser, Brot und wilde Kräuter an. Zehn Jahre später konnte sie die Kräuter nur noch kauen, bevor sie sie ausspie. Ihr Magen behielt ‚nicht einmal eine Bohne' bei sich, und mit dreiunddreißig Jahren starb sie entkräftet an Unterernährung" (King: Frauen in der Renaissance, S. 150). Dazu mag auch beigetragen haben, dass diese christliche Heilige „freudig" den Eiter trank, „der aus dem Krebsgeschwür auf der Brust einer ihrer Patienten quoll" (zit. ebd.). „Die selige Angela von Foligno trank das Wasser, in dem sie das verfaulte Fleisch eines Leprösen gebadet hatte, und dasselbe tat Catherina Fieschi fast zweihundert Jahre später: ‚Sie ging umher und pflegte alles Elende und alles Unreine, und wenn der Magen sich ihr vor Ekel umdrehte, nahm sie etwas von dem Unreinen, das sie versorgt hatte, in den Mund.'" (King: Frauen in der Renaissance, S. 150 f.). Die augustinische Leibfeindschaft hat auf diese Weise eine geradezu systematische Strategie der ekelhaften *Abstoßung* des Körpers und seiner natürlichen Reaktionen zur Folge gehabt.

Und so belastet die Spätantike das christliche Mittelalter und auch noch die Neuzeit mit dem Erbe eines radikalen *Dualismus*. Der Körper, schon bei Platon abgekoppelt von der eigentlichen Erkenntnis des Logos, wird in der christlich-manichäischen Pistis-Kodierung nicht nur radikal abgespalten im Sinne einer *Duplizierung* des Menschen, sondern in seinen natürlichen Trieben vom geistigen Ich gebrochen und zerstört, weil eben diese Eigenwilligkeit des Körpers im Rahmen dieser leibfeindlichen Kodierung der christlichen Pistis selbst das Böse schlechthin darstellte. Die Spaltung *zweier* Menschen *im* Menschen und das Programm *zweier Kulturen* werden damit für lange Zeiten in der europäischen Kultur festgeschrieben, wovon die eine vom Geist und die andere vom Körper verlassen ist.

Literatur:

Dinzelbacher, Peter: Artikel Sexualität/Liebe. In: Mittelalter. In: Dinzelbacher (Hg.): Europäische Mentalitätsgeschichte. Hauptthemen in Einzeldarstellungen. Stuttgart 1993, S. 70 ff.

Gehlen, Arnold: Urmensch und Spätkultur. Ergebnisse und Aussagen. 4. Aufl. Frankfurt a. M. 1977.

Heißenbüttel, Helmut: Anmerkungen zu einer Literatur der Selbstentblößer. In: Zur Tradition der Moderne. Neuwied und Berlin 1972.

King, Margaret L.: Frauen in der Renaissance. München 1998 (ital. Original 1991).

Langer, Otto: Mystische Erfahrung und spirituelle Theologie zu Meister Eckharts Auseinandersetzung mit der Frauenfrömmigkeit seiner Zeit. München 1987.

Christliche Sexualität und kirchliche Macht

Die radikale Triebunterdrückung und Triebkontrolle bei Augustinus diente einem spirituellen Ziel: der weltabgewandten Annäherung an Gott und dem Gespräch mit ihm. Dieses ist nach Augustinus nur und allein im Geiste zu führen und daher die Natur auszuschalten. Sein eigener dornenreicher Weg der Triebregulierung vollzog sich in einer individuellen Lebensgeschichte. Das lässt seine „Confessiones" auch zu einem Vorläufer des modernen Individualismus und Psychologismus werden.

Mit der Expansion der Kirche und der Gründung von Klöstern wird die Augustinische Askese auch zu einer Mönchs- und Nonnenregel. Damit aber wird die Triebkontrolle zu einem Instrument der *Macht* der Kirche: der Äbte, Bischöfe, Päpste. Gerade die geistige Elite der Mönche und Nonnen hatte sich dieser Macht und ihren Vorgaben bedingungslos zu unterwerfen. Die katholische Beichte ist ein Instrument der skrupulösen Erforschung auch der leisesten Anwandlungen ‚böser' Triebe, bzw. Einflüsterungen *des* Bösen. Lange vor der Neuzeit entwickelt so die katholische Kirche eine Systematik der Gewissenserforschung und Bewusstseinskontrolle, das zum Modell auch der neuzeitlichen Machtkontrolle über Menschen und ihre Mentalitäten werden konnte.

Die Kirche reagierte auch mit drastischen Strafen: Bußauflagen, körperlichen Züchtigungen im Falle der (wiederholten) Versündigung des Fleisches. Die Strafe der (Selbst-)Geißelung als eine verschärfte Bußübung, die nach der großen Pest von 1347 n. Chr. auch zur Massenbewegung der Geißler wurde, kam ursprünglich aus der Klosterwelt (Runge: Die Lieder der Geißler, S. 89).

Dabei spielt die intensive Selbstkasteiung und Triebabtötung der *Frauen* in der mittelalterlichen Gesellschaft und noch in der frühen Neuzeit eine besondere Rolle. Im Gegensatz zur Spätantike, in der die Frauen noch eine der römischen Tradition geschuldete angesehene Stellung genossen, verschlechtert sich die Rolle der Frau im militant-feudalen, christlichen Mittelalter. Die Selbstheiligung durch scharfe Askese und Selbstpeinigung war ein Weg der Frau auch in der unterdrückten männlich-christlichen Gesellschaft zu *sozialem Ansehen* zu kommen. Die visionären Nonnen wurden im Rahmen der christlichen Pistis-Kodierung als heiligenmäßige Frauen verehrt, und das bis weit in die Neuzeit hinein. Eine Gestalt wie die erwähnte Katharina von Siena genießt bis heute hohes Ansehen in der italienischen Gesellschaft. Die Eliminierung des Fleisches und des Geschlechts nimmt damit noch eine andere Funktion ein als die der Heiligung der eigenen Person: Es ist eines der wenigen Mittel der Frau im Mittelalter und in der frühen Neuzeit, zu hohem sozialem Ansehen und Ehre zu gelangen.

Freilich entsteht damit auch das Problem der falschen Prophetinnen und der Prätention von Heiligkeit, die zu erkennen eine Aufgabe der Inquisition wird. Vielen Hexen wurden falsche Prophezeiungen, und Visionen angelastet, die eher Eingaben des Teufels als des heiligen Geistes seien. Diese Frauen, die zumeist nach dem „Hexenhammer" (Malleus Maleficarum, 1487) von Heinrich Institoris und Jakob Sprenger hochnotpeinlich inquiriert wurden und dabei eigentlich keine Chancen hatten, sich zu entlasten, mussten dafür auf den Scheiterhaufen. Eine der letzten „mistificatrice", María de las Dolores Lopez, wurde noch 1781 von der spanischen Inquisition hingerichtet (King: Frauen in der Renaissance, S. 157).

Christliche Sexualität und bürgerliche Moral

Es ist bemerkenswert, dass die Aufklärung zwar die Hexenverfolgungen abgeschafft hat, aber die christliche Ethik der Askese und Triebkontrolle dabei zugleich noch intensiviert und mit den Mitteln neuzeitlicher Rationalität verschärft wurde. Insbesondere der *Puritanismus* hat eine genuin neuzeitliche Verbindung von Ökonomie, Machtdenken und christlicher Triebkontrolle hergestellt, in welcher die Ethik die Funktion einer Stärkung der bürgerlichen Klasse übernahm. Die aufklärerischen Techniken der rationalen Triebunterdrückung und Kontrolle stehen in einem neuzeitlichen Kulturparadigma der ökonomischen und auch wissenschaftlichen Welteroberung, aber benutzen dabei christliche Lebensformen der Askese und (Selbst-)Disziplinierung des Körpers und damit des Menschen. Das ist eine der neuzeitlichen Erscheinungsformen der *Macht*, wie dies Michel Foucault in seiner Geschichte der Sexualität gezeigt hat.

Seit dem 18. Jahrhundert und der einsetzenden Verbürgerlichung der Gesellschaft kämpft daher diese Gesellschaft mit dem „Prinzip Obszön" oder dem, was sie für obszön hält. Denn in der Tradition der augustinischen, christlich-manichäischen Sexualmoral indiziert die bürgerliche Gesellschaft eben das als ‚sittenlos' und ‚obszön', was bereits jene christlich-manichäische Tradition als verwerflich gebrandmarkt hatte. Dabei hat die bürgerliche Gesellschaft schon des 18. Jahrhunderts eine raffinierte *Doppelkodierung* erfunden: nämlich Sexualität so zu schildern, dass ihre Lüsternheit wahrgenommen, diese aber zugleich als moralisch verwerflich indiziert wird. Dieser Doppelkodierung verdankt der moderne englische Gesellschaftsroman mit seiner differenzierten

Psychologie der Trieblust und Triebabwehr seinen Erfolg. Den Archetyp dieser Romanform hat Samuael Richardson geschaffen, dessen Erstling „Pamela oder Die belohnte Tugend" von 1740 den inneren Kampf des „schönen jungen Frauenzimmers" um ihre Tugend gegen einen Verführer in intimen Briefen an die Eltern schildert. Verfolgt von einem Mr. B., der ihre soziale Rolle schamlos für seine Verführungsabsichten ausnutzt, von dem sie aber gleichwohl – auch wegen seines Reichtums – fasziniert ist, behauptet sie ihre „Tugend". Dafür wird sie reich belohnt: Jener Wüstling, der die Tagebuchaufzeichnungen seines Opfers liest, mausert sich selbst zum Ehrenmann und heiratet die Tugendheldin. Erfolg: Nicht nur eine glückliche, sondern auch eine reiche Ehe.

Der Roman Richardsons lehnt sich direkt an die religiös-anglikanische Tugendliteratur an, sog. Conduct- oder Courtesy-Books. Seine Kunst besteht in der psychologischen Spiegelung dieser Prozesse in der weiblichen Hauptfigur – und auch diese Psychologisierung bewegt sich ja in jener Dimension subjektiver Innerlichkeit, die Augustinus' Konfessionsliteratur eröffnet hatte. Das gilt auch über weite Strecken für Richardsons zweiten großen Erfolgsroman, „Clarissa oder Die Geschichte einer jungen Dame", in dem ein gewisser Lovelace den wollüstigen Bösewicht abgibt, der in diesem Falle auch als Adeliger die Sittenlosigkeit dieses Standes gegenüber dem sittenstrengen Bürgertum repräsentiert. Noch Lessings Drama „Emilia Galotti" von 1772 folgt ja dieser klassenantagonistischen Aufteilung von Tugend und Laster.

Erst in der Frühromantik wird die Bewertung der Sexualität neu kodiert, und es ist jetzt auch ein anderer Typus von Frauen, die es wagen, *ihr* Liebesleben zu leben – und dies auch *gegen* die Gesellschaft. Caroline Schlegel-Schelling (1763–1809), Tochter des Göttinger Orientalisten Michaelis, war eine solche Frau, die nach dem Tod ihres ersten Mannes von einem jungen französischen Offizier ein Kind empfing, dadurch bereits gesellschaftlich geächtet die Ehe mit August Wilhelm Schlegel einging, sich später von ihm trennte, um ihrer Liebe zu dem Philosophen Schelling willen. Die neue liberalere Auffassung von Liebe und Sexualität offenbart der Roman „Lucinde" von Friedrich Schlegel (1799) mit Darstellungen und Reflexionen, welche die bürgerliche Lesegesellschaft um 1800 als ‚unsittlich‘ wahrnahm und den Autor solcher ‚obszönen‘ Literatur auch verfolgte.

Es ist die Darstellung der freien, lustvollen Sexualität auch in Baudelaires Gedichtsammlung „Blumen des Bösen" – so in den Gedichten „Lesbos" und „Der Schmuck": „Nackt war die Liebste, nur mit Schmuck behangen [...]" (Baudelaire: Blumen des Bösen, S. 325) –, deren Drucklegung ein Pariser Gericht 1857 so anstößig vorkam, dass es den Druck verbot. Gegenüber der „prüden, zimperlichen, zänkischen Moral" der Bourgeoisie beruft sich Baudelaire auf die eigene „Moral der Künste" (Baudelaire: Blumen des Bösen, S. 387 und S. 383). Er beruft sich auf die Moralität des *ganzen* Buches, die Baudelaire gegen die Indizierung einzelner Passagen stellt, und diese sei geradezu von „erschreckender Moralität" (terrible moralité, S. 383). Die malerische Darstellung der Szene aus den „Blumen des Bösen" mit der Figuration der auf einem Divan hingestreckten nackten Frau in Eduard Manets Bild „Olimpia", das übrigens mit dem gemalten Blumenstrauß auch Baudelaires „Blumen des Bösen" Reverenz erweist, erregte einen ähnlichen moralischen Skandal.

Über Flauberts „Madame Bovary", Oskar Wildes „Salomé", James Joyce' „Ulysses", D. H. Lawrence' „Lady Chatterley's Lover", Jean Genets Stück „Die Zofen" zieht sich so ein roter Faden der moralischen Entrüstung und Zensur der ästhetische Darstellung des Erotischen und des Nackten (Marcuse: Obszön. Geschichte einer Entrüstung). Avantgardistische Ästhetik und bürgerliche Gesellschaft stehen so bis weit ins 20. Jahrhundert hinein in einem Dauerkonflikt. Der Prozess um den unzensierten Abdruck von „Lady Chatterley's Lover" von 1928 beschäftigte noch die Londoner Nachkriegsgerichte und Öffentlichkeit, wobei die Pointe der Entrüstung über die freizügige Darstellung der Sexualität in Lawrence' Roman für die englische Welt auch darin lag, dass hier die Frau eines reichen, aber verkrüppelten Unternehmers einen Wildhüter liebt, also mit ihrer Liebe auch die Klassenschranken verletzt. Das Obszöne, das bei Lawrence gerade die Regenerierungskraft der natürlichen Liebe und der Natur ist, wird so selbst zum kritischen Maßstab der Moralität einer bürgerlichen Industriegesellschaft, die immer noch die alte Leib-, Sinnen-, und Körperfeindlichkeit der christlich-manichäischen Kodierung folgt.

Einer der Gräben, der Anfang des 21. Jahrhunderts zwischen Europa und den USA verläuft, wird von jener Verachtung ausgehoben, die insbesondere die WASP-Klasse (White Anglo-Saxon-Protestants) der USA gegenüber der Liberalisierung der Moral im heutigen Europa hegt, die jene Klasse als schamlos empfindet. Dagegen hat der europäische Autor Xaver Marías jenen amerikanischen Präsidenten bedauert, der seine Männlichkeit mit einer Frau, die ihn liebte, gerade nicht ausleben durfte, dafür aber den Samenflecken auf seiner Hose von einer moralisch entrüsteten, Weltöffentlichkeit begaffen lassen musste ähnlich jener ‚heiligen' Inquisition, zu deren Praxis es gehörte, die nackten Körper der Hexen minutiös nach den Einlassstellen des Teufels abzusuchen.

In seiner großen Geschichte der Sexualität hat Michel Foucault eben diese Geschichte in der europäischen Kultur als eine „Repressionsgeschichte" beschrieben, die er der „ars erotica" anderer Kulturen gegenüberstellt (Foucault: Der Wille zum Wissen. Sexualität und Wahrheit 1, S. 144 und S. 75). Foucault stellt heraus, wie erst mit der bürgerlichen Gesellschaft eben jene Technik der ‚Verwaltung' der Sexualität, ihrer medizinalen, psychologischen, biologischen und auch kriminologischen Kontrolle und Verfolgung einsetzt, welche die christlichen Kirchen in katholischer Beichtpraxis und protestantischer Gewissenserforschung vorexerziert hatten. Sexualität wird in der abendländischen Kulturkodierung der bürgerlichen Gesellschaft der Neuzeit diskursiviert, systematisiert, kontrolliert und in ihren sogenannten ‚widernatürlichen' Praktiken heftig verfolgt.

Auf der anderen Seite setzt bereits im 18. Jahrhundert jene Selbstorforschung des Fleisches ein, die ihre eigene ‚skandalöse' Literatur produziert und in den in Gefängnishaft geschriebenen Romanen des Marquis de Sade (1740– 1814) eine geradezu besessene Phantasie der sexuellen Ausschweifung entwickelt. Bereits Augustinus' „Confessiones" folgen der ambivalenten Kodierung einer Abstrafung wie faszinierten Selbsterforschung der Libido.

Das bisher letzte Kapitel in dieser Geschichte ist eine Verlagerung von Sex in *Virtualität* und *Simulation*, wie sie die technischen Kommunikationsmaschinen des 20., beginnenden 21. Jahrhunderts bereitstellen, die einmal mehr den Körper und die „blutige Schweinerei" der „organischen Materie" abstreifen, um Sexualität in der ‚spirituellen' Welt der reinen Vorstellung körperlos auszuagieren. Die technische Virtualität beerbt so die Leibfeindschaft der antiken Logos- wie Pistis-Kodierung und schafft für diese selbst neue virtuelle Räume (siehe Kap. 4.5).

Literatur :

Baudelaire, Charles: Les Fleurs du Mal / Die Blumen des Bösen. Französisch/Deutsch. Übersetzung von Monika Fahrenbach-Wachendorff. Anmerkungen von Horst Hina. Nachwort und Zeittafel von Kurt Kloocke. Stuttgart 1980.

Foucault, Michel: Überwachen und Strafen. Frankfurt a. M. 1976 (franz. Orig. 1974).

Ders.: Der Wille zum Wissen. Sexualität und Wahrheit. Bd. 1–3. Übersetzt von Ulrich Raulff und Walter Seitter. Frankfurt 1983 (franz. Orig. 1976).

Marcuse, Ludwig: Obszön. Geschichte einer Entrüstung. Neuausgabe. Zürich 1989.

Runge, Paul (Hg.): Die Lieder und Melodien der Geißler des Jahres 1349 nach den Aufzeichnungen Hugo von Reutlingen nebst einer Abhandlung über die italienischen Geißlerlieder von Heinrich Schneegans und einem Beitrag zur Geschichte der deutschen und niederländischen Geißler von Hanno Pfannenschmid. Leipzig 1900.

Ende der Antike, Anfang des Mittelalters

Noch zu Augustinus' Lebzeiten brechen Germanenhorden in den Mittelmeerraum ein, erobern, zerstören und plündern Rom. Das war im Jahre 410 n.Chr. 430 – im Todesjahr Augustins – stehen die Vandalen vor der Bischofsstadt Hippo in Nordafrika und erobern sie. Kulturgeschichtlich kann man die Zeit der Germanen- und Slaweninvasionen, die das römische Reich überfluteten und in Teile zerrissen, als eine *Wechseldurchdringung* beschreiben: Den Invasionsschüben aus dem Norden von den zum Teil schon christianisierten Goten, Vandalen, Langobarden und Slawen entsprach eine antithetische Missionsbewegung von Rom aus, die ihrerseits den Norden Europas christianisierte. Diese Christianisierung Europas im Mittelalter schuf allererst Europa als eine neue *religiös-kulturelle Einheit* und somit den *christlichen Kulturraum* Europa.

Für die Vermittlung der Antike an das Mittelalter sind im Zusammenhang mit der Durchdringung von Logos und Pistis noch zwei Autoren zu nennen, die von großer Bedeutung waren: der 412 n.Chr. in Konstantinopel geborene und 485 in Athen gestorbene Proklos und jener unbekannte im frühen 6. Jahrhundert lebende (Pseudo-)Dionysos Areopagita, der bereits Schüler von Proklos war.

Proklos' Werke bieten in einer Reihe von Kommentaren zu Platonischen Dialogen und seiner „Theologia Platonis" eine Summe des antiken *Neuplatonismus*. Wie jener setzt er ein absolut Erstes und Eines an, das sich über Stufen in die Vielheit emaniert, um wieder zurück in die Einheit zu streben. Im Neuplatonismus verwandelt sich so der metaphysische Stromkreis Platons (Kap. 2.2) in ein gewaltiges *kosmisches Kraftwerk*, in welchem alles Seiende aus der Einheit eines Grundes generiert wird und auch in der Distanz des Seienden von jenem durchdrungen bleibt, um wieder zurückzustreben und zurückzukehren in jenen Einheitsgrund, aus dem es entsprungen ist.

Der Mensch kann diese kosmische Bewegung auch in sich selbst vollziehen als Rückgang in den Einheitsgrund im Ich, wie dies dann auch die mittelalterliche Mystik praktizieren wird. Dabei ist auch ein Motiv wirksam, das die antike Pistis-Kodierung an das Mittelalter weitergibt: die Lehre von der *Namenlosigkeit* und *Unfassbarkeit* Gottes. In diesem Sinne hat auch Dionysius-Areopagita mit seiner Schrift vom „Unnennbaren" gewirkt, dessen neuplatonisches Christentum eine *negative Theologie* der Namenlosigkeit und Unerkennbarkeit Gottes lehrt sowie eine lichtmetaphysische Lehre des Kosmos, die diesen Kosmos selbst als Lichtemanation Gottes beschreibt. Sowohl die mittelalterliche Kathedrale wie auch die Mystik verdanken Proklos und diesem unbekannten Autor wichtige Impulse.

Literatur:

Baierwaltes, Werner: Proklos. Grundzüge seiner Metaphysik. Frankfurt 1979.

Ders. : Dionysios Areopagites. – Ein christlicher Proklos? In: Platon in der abendländischen Geistesgeschichte. Neue Forschungen zum Platonismus. Hg. von Theo Kobusch und Burkhard Mojsisch. Darmstadt 1997, S. 71ff.

Pseudo-Dionysius Areopagita: Die Namen Gottes. Eingeleitet, übersetzt und mit Anmerkungen versehen von Beate Regina Suchla. Stuttgart 1988.

3.3 Christliches Mittelalter

Germanisierung und Feudalisierung des Christentums

Man kann sich fragen, ob eine Religion, deren charismatischer Führer die Losung ausgegeben hatte: „Mein Königreich ist nicht von dieser Welt" (Joh. 18,36), überhaupt zur *weltlichen* Herrschaft taugt. Bereits die inoffizielle Anerkennung als Staatsreligion unter Konstantin (Regierungszeit 324–337 n.Chr.), dann die offizielle Einsetzung derselben als solche unter Theodosius im Jahre 381 n.Chr. hat das Christentum stark verändert. Und es verändert sich radikal durch die Missionsbewegungen nach Norden und die Verbindung mit dem germanischen Feudalismus.

Die Germanen waren in breiter Front im frühen 5. Jahrhundert in das römische Reich eingebrochen, viele von ihnen schon christianisiert, so die Goten durch ihren Bischof Wulfila. Dieser hatte Mitte des 4. Jahrhunderts eine gotische Bibelübersetzung angefertigt und hatte Teile des Donauraumes missioniert. Dem Einbruch der Germanen in den Mittelmeerraum entsprach eine gegenläufige Bewegung der Christianisierung der germanischen Räume von Rom aus.

476 n.Chr. erlischt das weströmische Reich mit der Absetzung des Romulus Augustus durch den Germanenführer Odoaker. Damit erlischt auch die Macht eines Reiches, dessen Integrationskraft auf seiner Militärmacht basiert hatte, das bereits über ein entwickeltes, hoch abstraktes Rechtssystem verfügte. Das *germanische Rechtssystem* war von anderer Art. Es basierte auf *personaler* Herrschaft und einer auf Treue beruhenden *Gefolgschaft*. Gegenseitige Treue zwischen Lehensmann und Lehensherrn und die Gehorsamspflicht des Vasallen gegenüber seinem Herrn bestimmen die persönliche Seite des Lehenswesens. Diese war auch verbunden mit einer dinglichen Ausstattung: dem *Lehen*, das vom Herrn an den Vasallen übergeben wurde, als Voraussetzung für dessen Dienste. Dienst und Treue bildeten so den Rechtsgrund für das Lehen, das dann auch erblich wurde (Ganshof: Was ist Lehenswesen?).

Somit vollzieht sich die christliche Missionierung im germanischen Raum anders als im Mittelmeerraum. Vielfach treten nun ganze Völkerschaften im Sinne einer *kollektiven* Gefolgschaft mit der *Taufe* des *Herrschers* zum Christentum über. Ein wichtiges Datum in diesem Sinne war die Taufe des Frankenfürsten Chlodwig im Jahre 498 n.Chr., denn damit war das größte Herrschaftsgebiet im westlichen Europa für das Christentum gewonnen. Die Karolinger sollten zur wichtigsten Stütze der Ausbreitung des Christentums im westlichen Europa werden.

Der Frankenkönig Pippin III. (714–768) führte eine neue, christlich-religiös kodierte Herrschaftsform ein, als er sich 751 n.Chr. als „König von Gottes Gnaden" küren ließ. Sakramentale Salbung und Königsweihe durch den Papst Zacharias besiegelten diese neue Form der religiös fundierten Königswürde, die Karl der Große noch durch die päpstliche Kaiserkrönung im Jahre 800

n. Chr. überbot. Begründet wurde so ein das römische Imperium beerbender *kaiserlicher* Anspruch des fränkischen Königshauses. Die christlichen Symbole der Reichskrone, des Reichsapfels, der heiligen Lanze besiegelten und repräsentierten diesen Machtanspruch.

Mit der Synthese von weltlicher und geistlicher Macht allerdings war auch ein Dauerkonflikt programmiert: der Konflikt zwischen Kaiser und Papst, aber auch der Konflikt zwischen der religiös kodierten weltlichen Macht und der Idee des Christentums, wie es in den Evangelien festgeschrieben war. Dieser Konflikt verstärkte sich im christlichen Mittelalter umso mehr, als die Kirche selbst zu einer weltlichen Macht wurde. Seit der sogenannten „Pippinschen Schenkung" im 8. Jahrhundert war der damalige Domänenbesitz um Rom zu einem eigenen Herrschaftsgebiet geworden und damit die päpstliche Herrschaft auch regional verankert. Dieses umfangreiche „Patrimonium Petri" war ein Territorium mit Souveränität und staatlichen Hoheitsrechten, die auch Karl der Große erneuerte. Die sogenannte „konstantinische Schenkung", die diese papistischen Herrschaftsansprüche rechtlich festigen sollten, war allerdings eine Geschichtsfälschung (Hauschild: Lehrbuch der Kirchen- und Dogmengeschichte. § 8,5.2). Gleichwohl war die päpstliche Macht auch in Zeiten des Niedergangs ein stabiles Element, das zu einer faktischen Durchsetzung der päpstlich-römischen Herrschaft über die gesamte abendländische Kirche hin führte und bis ins 14. Jahrhundert für die europäische Kulturpolitik bestimmend blieb. Im *Investiturstreit*, der das päpstliche Verbot der Laieninvestitur durchsetzen sollte, allerdings kam es zum Kampf zwischen Papsttum und deutschem Kaiser, der zwar zur Unterwerfung des Kaisers Heinrichs IV. unter die geistliche Macht des Papstes Gregor VII. führte – Bußgang des Kaisers nach Canossa 1077 – aber de facto auch zu einem *Zerbrechen* der Einheit von Papst- und Kaisertum, womit die Machtkriege des hohen und späteren Mittelalters zwischen geistlicher und weltlicher Macht vorprogrammiert waren.

Die Christianisierung in den nichturbanen Räumen Galliens und Germaniens hatte zu einer neuen missionarischen Kirchenstruktur geführt, in der die Bistümer und Klöster selbst zu Eigentümern und Lehensträgern wurden. Zugleich wurde die Kirche zur *Adelskirche*, in der alle hohen Positionen im Klerus und Mönchstum von Adeligen – häufig Geschwister des Herrschers – besetzt wurden. Die Kirche selbst wurde so zu einer Staatsmacht mit Grundbesitz und Lehensrechten, in der die urchristliche Idee einer armen Kirche zunehmend vergessen und verlassen wurde. Letztlich ist es diese Verquickung von geistlicher und weltlicher Macht gewesen, deren zunehmender Missbrauch im Verlauf des Mittelalters immer wieder zu Protestbewegungen führte, von denen einige – die *Franziskaner* – integriert, andere – die *Katharer*, die *Hussiten* – als häretisch abgewehrt wurden, bis durch den Protestantismus die Einheit der Kirche endgültig zerbrach.

Kulturgeschichtlich hat das christliche Mittelalter vor allem vier große Leistungen hervorgebracht: das *christliche Kloster*, die gotische *Kathedrale*, die *Universität* und die *Mystik*. Dabei sind diese vier großen Erscheinungen des christlichen Mittelalters alle auch interessante Mischformen zwischen christlicher Pistis und antikem Logos, in einigen von ihnen – im *Konstruktivismus* der Kathedrale, in der *Dialogik* der Universität wie im *Individualismus* der Mystik – setzt sich bereits unter der christlichen Leitkodierung der Pistis neuzeitliches Denken in Szene.

Literatur:

Hauschild, Wolf-Dieter: Lehrbuch der Kirchen- und Dogmengeschichte. Bd. 1: Alte Kirche und Mittelalter. Zweite durchgesehene und erweiterte Auflage. Göttingen 2000.

Ganshof, François Louis: Was ist Lehenswesen? Darmstadt 1961.

Lehen, Lehenwesen, Lehnrecht. In: Lexikon des Mittelalters. Bd. V. München und Zürich 1991, Sp. 1807 ff.

Spieß, Karl-Heinz : Das Lehenswesen in Deutschland im hohen und späten Mittelalter. Idstein 2002.

Mönche

Bei der *Missionierung* und *Christianisierung* Europas spielten Mönche und *Klöster* eine herausragende Rolle. Dabei waren es zunächst ägyptisch-griechische Mönche, die das Christentum in den Norden Europas, nach Irland und Schottland gebracht hatten, wie denn überhaupt der nordafrikanische Raum die ersten christlichen Mönche und Klöster hervorbrachte. *Mönche* (von griech. mónos = allein) waren ursprünglich *Einsiedler*, die aus den Städten in die Einsamkeit der Wüstenräume Ägyptens, Palästinas, Syriens flohen, um dort ein von der Welt abgeschiedenes Leben in radikaler Askese zu führen und in der Einsamkeit Dämonen zu bekämpfen und Gott zu dienen. Der Rückzug in die Wüste steht bereits im Kontext einer spätantiken Philosophie des Rückzuges aus dem gesellschaftlichen Leben und der sexuellen Enthaltsamkeit, die dem ausschließlichen Heilsbezug der Seele dienen soll.

Der Eremit Antonius (251–356) ist der *Prototyp* eines solchen heiligenmäßigen Einsiedlerlebens. Der Bischof Athanasius von Alexandria (um 295–373) hat sein Leben beschrieben und es als ein Modell christlichen Lebens in Frömmigkeit, Armut und Gottesnähe stilisiert. Mit der Mönchsbewegung des frühen Christentums entsteht so eine neue Typuskodierung: der Typus des *christlichen Heiligen* in der *Entselbstung* des Ich und seiner ausschließlichen *Ausrichtung* auf Gott hin. Auch Augustinus' Umkehr zur christlich-enthaltsamen Lebensform vollzieht sich unter dem Einfluss der „Vita des Antonius" (Augustinus: Confessiones, VIII,6,14).

Dabei scheint das *Büßerbewusstsein* ein Hauptmotiv für die *anachoretische* (einsiedlerische) Lebensform dieser frühen Mönche gewesen zu sein. Beeindruckt von der Erzählung vom christlichen Urkommunismus in der Apostelgeschichte gab Antonius sein Eigentum weg und ging im Alter von fünfunddreißig Jahren in die Wüste. Er siedelte sich an verlassenen Orten an: in einer Nekropole, dann in einem verlassenen Kastell, wo er über zwanzig Jahre lebte. In ihrer völligen Abkehr von der Welt als einer Welt der Sünde und des Bösen, in der radikalen Askese, tauchen nun jene Teufel und Dämonen auf, die dann auch das christliche Mittelalter bevölkern. Antonius kämpft mit ihnen, insbesondere mit dem „Feind alles Guten", der ihn zu verwirren und vom guten Pfad abzubringen versucht:

> Zuerst versuchte er, ihn von der Askese abzulenken, indem er ihn arglistig an seinen Besitz denken ließ, die Sorge um seine Schwester, den vertrauten Umgang mit der Verwandtschaft, das Verlangen nach Geld und Ehre, die vielfältige Lust am Essen und Trinken und die anderen Freuden des Lebens [...] Kurz – er erregte einen großen Wirrwarr an Gedanken in seinem Kopf mit dem sehnlichen Wunsch, ihn von seinem rechten Vorhaben abzubringen. (Athanasius, Vita Antonii, Kap. 5 , übersetzt von Heinrich Przybyla)

An dieser Darstellung ist gut die *psychologische* Herkunft des Teufelsgedankens zu erkennen: Die radikale Abkehr von den sinnlichen Genüssen des „Fleisches", darunter das „Verlangen nach Geld und Ehre", lässt eben jene unbewussten Phantasien und Triebvorstellungen im Ich des Anachoreten aufquellen, die der Einsiedler nur als Einflüsterungen des Teufels deuten kann. Und dieser greift nun zu schärferen Mitteln:

> Nachts brachte er ihn in Verwirrung und bei Tage belästigte er ihn so, dass sogar die Leute, die ihn sahen, den Kampf zwischen beiden bemerkten. Der Teufel gab ihm schmutzige Gedanken ein, Antonius vertrieb sie durch Gebete; er kitzelte ihn mit Wollust, Antonius aber, gleichsam errötend, schützte seinen Leib durch Glauben, Gebete und Fasten wie mit einer Mauer. (ebd.)

Man wird davon ausgehen können, dass der Anachoret eine starke Triebnatur hat *und* einen starken Willen, gegen diese anzukämpfen. Bereits der Rückzug in die Wüste zieht eine Mauer gegen die Verführungen der Welt. Diese aber folgen dem Anachoreten in der Form unbewusster Phantasien und Triebvorstellungen. In der Einsamkeit, die er gegen die Versuchungen gewählt hat, zieht so der Anachoret noch eine zweite *innere* Mauer um sich gegen den Verführer und jene inneren Verführungsbilder, die der Satan dem Asketen einspeist, um ihn von seinem heiligmäßigen Weg abzubringen und für sich zu gewinnen. Mit anderen Worten: Auch schon in der Antonius-Vita des Athanasius wird der Kampf gegen die teuflischen Sinne zu einem *inneren* Kampf. Denn, so schreibt der Biograf Athanasius:

> Wenn die Dämonen also sehen, wie Christen allgemein, besonders aber Mönche, sich eifrig um Askese bemühen und darin vorankommen, legen sie zuerst Hand an und führen sie in Versuchung, indem sie ihnen ‚Fallen am Wegrand stellen'; ihre Fallen aber sind böse Gedanken. (Athanasius: Vita Antonii, 23)

Triebunterdrückung produziert Triebphantasien, die der Anachoret wie „Fallen am Wegrand" wahrnimmt und als Einwirkung des Teufels auch im

Gedankeninneren des Ich. Das ‚Böse' darin ist Einflüsterung des Teufels. Aber auch im inneren Kampf siegt der standhafte Antonius, und so wird allmählich der Teufel selbst in der Beschreibung des Athanasius zu einer bedauernswerten Figur:

> Der unglückliche Teufel ging sogar so weit, nachts die Gestalt einer Frau anzuneh-men und sie auf jede Art nachzuahmen, nur um Antonius zu verführen. Der aber dachte an Christus, die edle Gesinnung durch ihn und die geistige Ausrichtung sei-ner Seele. So löschte er die glühende Kohle des teuflischen Betruges. (Athanasius: Vita Antonii, 5)

Die mönchische Askese erstickt die Innenbilder einer Sinnlichkeit und Sexuali-tät, die nach gnostisch-frühchristlicher Lehre nur der Satan dem frommen Geist eingegeben haben kann. Hier bereits in der Vita des Antonius wie auch bei Augustin zeigt sich das heroisch-christliche Leben als ein *Willenskampf* des Ich mit einem Satan, der sich aller verführerischer Gestalten und Bilder be-dient, aber am Bollwerk des christlichen Willens und Glaubens gegen solche Versuchungen scheitern muss.

Zur Askese gehörte auch, sich vor den Versuchungen des Hörens, Redens und Sehens zu schützen. Antonius sperrt sich anfänglich gegen die Menschen ab, die ihn aus Neugier oder auch Nachahmungstrieb aufsuchen. Später wird er sich ihnen öffnen und nach Zeugnis des Athanasius selbst eine asketische Mönchsbewegung begründen. Er, der allen Verlockungen und Versuchungen widerstanden hat, kann den Weg zeigen zur Geistigkeit Gottes in der Kastei-ung des Leibes schon zu Lebzeiten. Denn der Leib, das „Fleisch", ist das Ein-fallstor für die Sünde. Die Enthaltsamkeits- und Askesekultur in der christlich-anachoretischen Lebensform zeigt den Weg zur Überwindung des Leibes als Sieg über die Sünde und Weg zu Gott. Dass Gott den einsamen Kämpfer in der Wüste nicht vergessen hat, zeigen, wie Athanasius zu berichten weiß, zu-weilen Lichtstrahlen Gottes in der Wüste und seine Hilfe im Kampf des einsa-men Mönches mit dem Versucher.

Es ist an dieser Stelle wichtig, sich noch einmal zu vergegenwärtigen, dass die Evangelien des Neuen Testamentes eigentlich keine radikal asketischen Tendenzen vertreten. Zwar führt Matthäus die Selbstentmannung als einen Weg auf, das Himmelreich zu erlangen:

> [...] und wieder andere haben sich selbst zur Ehe unfähig gemacht um des Himmel-reichs Willen. (Mat 19,12)

Paulus' Satz: „Täglich seh ich den Tod mir vor Augen" (1 Kor. 15.31) wird ge-radezu zum Leitmotiv des mönchisch asketischen Lebens. Nirgendwo aber wird auch bei Paulus die Ehelosigkeit und Askese als Bedingung der Aufnahme in das Himmelreich genannt.

Literatur:

Athanasius: Vita Antonii. Hg. und mit einer Einl. versehen von Adolf Gottfried. Übersetzt von Heinrich Przybyla. Leipzig 1986.

Lohse, Bernhard: Askese und Mönchtum in der Antike und in der alten Kirche. Religion und Kultur der alten Mittelmeerwelt in Parallelforschungen. Hg. von Carsten Colpe und Heinrich Dörrie. München/Wien 1969.

Mönchtum als wahres Christentum. In: Wolf-Dieter Hauschild: Lehrbuch der Kirchen- und Dogmengeschichte. Bd. 1. Alte Kirche und Mittelalter. Gütersloh 2000.

Klöster

Im Kulturraum Ägypten entstanden die ersten *Klöster* (von lat. claustrum = abgeschlossener Raum). Der römische Soldat Pachomius (ca. 290–346/7), auch eine Art Zivilisationsflüchtling, gründete nach seiner Entlassung aus dem Kriegsdienst und Übertritt zum Christentum in Tabannese in Ägypten eine dorfähnliche Anlage, in der Glaubensbrüder und -schwestern nach soldatisch strengen Regeln miteinander leben konnten, abseits der geschäftigen Welt, autark, gottbezogen. Beide, Antonius und Pachomius, waren koptische Christen, wie es denn überhaupt der östlich-koptische Raum des Christentums war, aus dem die Bewegung des radikalen Asketismus und des mönchischen Ideals hervorgingen. Die Aufnahme in das Kloster war schon bei Pachomius mit einem Mönchsgelübde verbunden, das als eine Art zweite Taufe angesehen wurde. Das sogenannte Könobitentum, das er begründete, breitete sich schon zu Lebzeiten des Pachomius schnell aus. Es muss ein großes Bedürfnis in der antiken Welt des Ostens gegeben haben, abseits der Welt in mönchsähnlichen Klostergemeinschaften zu leben.

Die neue asketisch-christliche Lebensform der Mönche und Klöster definiert sich im Kontext der vor allem im östlichen Mittelmeerraum sich vollziehenden scharfen Abgrenzung des *jenseitsbezogenen* geistlichen Lebens vom *diesseitsbezogenen*, in der Abgrenzung der *himmlischen* Liebe von der *irdischen* und damit auch der Umkodierung des Lebens und der Lebensformen. Das Leben und die Orientierung im Diesseits werden nicht verworfen oder als unchristlich gebrandmarkt. Aber die neue Option der mönchisch klösterlichen Lebensform hat dem Diesseits entsagt um des *Gottesreiches* willen. Sie entsagt der Zeitlichkeit um der *Ewigkeit* willen. Der Mönch und Klostergründer Cassian, der etwa im Jahre 415 in Marseille ein Männer- und Frauenkloster gründet, sieht daher im Kloster und in der Anachorese das *wahre Christentum*.

Denn mit der Bewegung des Mönchstums und der Askese vom 3. Jahrhundert an wird das asketische Leben im Kloster als der *Königsweg* zu Gott angesehen. Anders gewendet: die *christliche Metaphysik* einer Leibverneinung und Jenseitsorientierung findet in der Mönchs- und Klosterbewegung ihre adäquate Ausdrucksform.

Diese Bewegung greift von der Ost- auf die Westkirche über. Athanasius adressiert bereits seine „Vita Antonii" auch an „Mönche in der Fremde", anachoretisch eingestimmte Christen auch in der Westkirche (Athanasius: Vita Antonii, Vorwort, S. 23). Freilich steht diesen nicht die Wüste als Rückzugsraum zur Verfügung, wohl aber der Rückzug in die Einsamkeit von Bergwelten, in die unbesiedelte Natur und: in das Innere des Ich. So berichtet bereits Augustin von klösterlichen Gemeinschaften um Mailand „draußen vor den Mauern der Stadt" (Augustinus: Cofessiones 8,6). Er selbst bezieht ja von dem Vorbild des heiligen Antonius, von dem ihm sein Landsmann Ponticianus berichtet, entscheidende Impulse für seine eigene Weltabkehr.

Der eigentliche Erbe und zugleich Begründer der klösterlichen Bewegung in der Westkirche aber war der Abt Benedikt von Nursia (ca. 480–547). Er versammelte die Entwicklung des abendländischen Mönchstums und schuf zugleich den Prototyp der Klostergemeinschaft in der westlichen Kirche im Kloster Montecassino in Italien. Sein Regelwerk mit einem Prolog und dreiundsiebzig Kapiteln sollte zum Grundlagenwerk der mönchischen Kultur der Westkirche werden.

Das Regelwerk beginnt mit einer Augustinischen Anrufung zur inneren Umkehr in und durch die Schrift:

> Stehen wir also endlich einmal auf, da uns die Schrift mit den Worten weckt: ‚Schon ist die Stunde da, vom Schlafe aufzustehen.' Und öffnen wir unsere Augen dem göttlichen Licht und hören wir mit den aufgeschreckten Ohren, wozu uns die täglich laut rufende Stimme mit den Worten mahnt: ‚Wenn ihr heute seine Stimme hört, verhärtet eure Herzen nicht [...] Lauft, solange ihr noch das Licht, das Leben habt, damit euch nicht die Finsternis, der Tod überfalle.' (Regula Benedicti, Prolog., Übersetzt von P. Basilius Steidle, 8–13)

Eine *eschatologische* Grundstimmung durchzieht vom Prolog an die Mönchsregel des Benediktus. Leitprinzip des mönchischen Lebens ist, wie bei Augustinus, die Autorität der Schrift, deren christliche Lebensregeln umzusetzen in der „Gnadenfrist" unseres diesseitigen Lebens noch „zur Besserung vom Bösen" führen kann und damit, mit Gottes Güte, zum ewigen Leben. Benediktus zitiert hier das Felsengleichnis. Das mönchische Leben hat in diesem Sinne „sein Haus auf Felsen" gebaut:

> Daher sagt auch der Herr im Evangelium: ‚Wer diese meine Worte hört und sie tut, den vergleiche ich mit dem klugen Mann, der sein Haus auf Felsen baute: Fluten kamen, Stürme brausten und tobten gegen jenes Haus; aber es fiel nicht ein, weil es auf Felsen gegründet war.' So schließt der Herr [die Bergpredigt] und erwartet nun Tag für Tag von uns, dass wir diesen seinen heiligen Mahnungen mit Taten antworten sollen. Deshalb werden uns zur Besserung vom Bösen die Tage dieses Lebens zu einer Gnadenfrist verlängert [...]. (Regula Benedicti, Prolog 33–36)

In der Tat waren die Klöster im christlichen Mittelalter die festen Burgen in den Stürmen und Brandungen der Geschichte. Sie waren Ruheinseln inmitten der Kriegswirren. Der Abt übernimmt in dem benediktinischen Regelwerk die Funktion eines „Stellvertreters Christi im Kloster" (Reg. Ben., Kap. 2), der sein Leben im Sinne der Bergpredigt auf Wahrhaftigkeit, Nächstenliebe, Glaubensfestigkeit gestellt hat, der in diesem Sinne und Geiste das Kloster leitet, dabei den Einflüsterungen des Bösen widersteht und in der Angst vor dem Jüngsten Gericht und in der Hoffnung auf das ewige Leben sein Kloster wie ein Schiff in stürmischer See sicher und ruhig auf dieses letzte Ziel zusteuert. Die Klosterbrüder sollen ohne Unterschied der Person und des Standes ihr Eigentum abgeben und ihr Leben ganz in Demut in den Dienst Gottes stellen.

> Er mache im Kloster keinen Unterschied der Person. Er liebe den einen nicht mehr als den andern, außer er fände bei ihm mehr Tugend und Gehorsam. Der Freigeborene habe keinen Vorrang vor dem, der als Sklave eintritt [...] denn ob Sklave oder Freier: in Christus sind wir alle eins und tragen unter dem einen Herrn die gleiche Last des Soldaten- und Sklavendienstes; bei Gott gibt es ja kein Ansehen der Person. (Regula Benedicti, Kap. 2 , 16–20)

Die Klosterbrüder sind einheitlich in Kutte eingekleidet, schlafen auf Matten, mit Decke und Kopfkissen im Dormitorium. Alle Pflichten und Auflagen sollen sie ohne Murren erfüllen. Vor allem aber sollen sie asketisch leben, wie dies verschiedene Regeln des Benediktus immer wieder einschärfen: den Leib in Zucht halten, sich nicht sinnlichen Gelüsten hingeben, nicht stolz, nicht trunksüchtig, nicht essgierig, nicht schlafsüchtig, nicht träge sein. In Erfüllung seiner Pflichten soll der Mönch in der Angst vor dem Jüngsten Gericht und der Hölle zittern. Fleischspeisen sind nicht erlaubt, dafür Wein in Maßen. So ist das Leben des Mönchs im Kloster also ein durch permanente *Willens-Selbstkontrolle* bestimmtes Leben, aber im Gegensatz zur Neuzeit gerade keines, in dem der Eigenwille des Einzelnen Bedeutung beanspruchen darf. Im Gegenteil: Demut, Unterwürfigkeit, Gehorsam sind die Parolen des Klosters nach benediktinischer Regel.

Eine quasi *militärische* Hierarchie definiert so auch die Rangordnung der klösterlichen Gemeinde unter ihrem Vorsteher, dem Abt. Schon Benedikt versteht – bei aller Friedfertigkeit – den Mönch als eine Art *christlichen Soldaten*. In der Tat tragen die Klöster den christlichen Missionsbefehl offensiv und mit einer geradezu übermenschlichen Disziplin und Selbstaufopferung in alle Winkel Europas. In diesem Zusammenhang ist es auch nicht uninteressant, dass das lateinische Wort „sacramentum" einen Doppelsinn hat. Es verweist zum einen als Zeichen auf die heilige Sache, die in ihm repräsentiert ist. Zum anderen aber meint das Wort auch den militärischen Fahneneid. In diesem Doppelsinne wird es schon bei Tertullian verwandt (Harnack: Militia Christi, S. 33f). Die Taufe ist ein solcher christlicher Fahneneid. Auch die mönchische Askese und Lebensform können ebenfalls als Ausdruck einer christlichen Militanz gedeutet werden, das Kloster als ein christliches „castrum" (Lager).

Literatur:

Die Benediktusregel. Lateinisch-deutsch. Hg. von P. Basilius Steidle. OSB. Beuron 1963.
Brooke, Christopher: Die große Zeit der Klöster 1000–1300. Basel und Wien 1983.

Gleba, Gudrun: Klöster. Orden im Mittelalter. Darmstadt 2002.

Kasch, Elisabeth : Das liturgische Vokabular der frühen lateinischen Mönchsregeln. Hildesheim 1974.

Harnack, Adolf von: Militia Christi. Die christliche Religion und der Soldatenstand in den ersten drei Jahrhunderten. Tübingen 1905.

Simmler, Franz: Aus Benediktinerregeln des 9. bis 20. Jahrhunderts. Quellen zur Geschichte einer Textsorte. Heidelberg 1985.

Kloster als Lese- und Schreibschule

Wer im Kloster Montecassino leben und Gott dienen wollte, musste, wenn er die Anweisungen des Abtes befolgen wollte, *lesen* können. Bereits Pachomius hatte von seinen Glaubensbrüdern und -schwestern *Lesefähigkeit* verlangt. Wer das nicht konnte, sollte es im Kloster lernen. Das Kloster wird somit auch zur *Leseschule*. Benedikt von Nursia setzt solche Kenntnis schon voraus und entwickelt auf der Grundlage der Lesefähigkeit seiner Mönche die besondere Form der *lectio divina*. Sie orientiert sich an der lateinischen Offenbarung der Schrift und erfolgt in drei Schritten: in der lesenden Aufnahme der Heiligen Schrift, in der nachhaltigen Reflexion über das Gelesene und in dessen gebethafter Verinnerlichung.

Klöster mit ihren *Skriptorien* werden nun auch in den Zeiten des frühen christlichen Mittelalters mit ihren politischen Turbulenzen und vielfach auch anarchischen Strukturen zu jenen Orten, an denen die Tradition antiker Geistigkeit und Schriftkultur erhalten und fortgeführt wird. Bereits Montecassino verfügt über eine eigene *Bibliothek* und *Schreiber*. Das *Skriptorium* wird zur zentralen Einrichtung der Klöster. Die Skriptores verfertigen Abschriften der Bibel, deren Pergamentblätter zu Codices geschnitten und gefaltet werden und bald auch durch die kunstvolle Ausgestaltung in Initialen (Anfangsbuchstaben) „illuminiert", bis hin zu kunstvollen szenischen Darstellungen. Vielfach werden so die Anfänge der Evangelien malerisch ausgestaltet. Mit der klösterlich-christlichen Buchkultur einher geht so auch die kunstvolle Gestaltung der Holzeinbände mit Leder, Elfenbein, Gold. Kostbare Auftragsbibeln werden ja auch zu Repräsentationszwecken für Fürsten, Könige und Kaiser verfertigt wie das Evangeliar Heinrichs des Löwen. Die Bibel ist nicht nur inhaltlich das „Buch der Bücher", sondern auch das „Kunstwerk der Kunstwerke" in der frühmittelalterlichen klösterlichen Handwerkskunst der Skriptorien.

Dabei entwickelte sich die mittelalterliche *Schrift* aus der antik-römischen *Capitalis*, einer Schrift in Großbuchstaben zur römischen *Halbunziale*, die bereits Ober- und Unterlängen besitzt, zur *Karolingischen Minuskel*, einer Schrift mit Kleinbuchstaben, deutlichen Worttrennungen und wenigen Ligaturen (Zusammenziehungen). Sie wurde vom Hof Karls des Großen aus auch zur Kanzleischrift des Reiches.

Zur Schreibkultur der Klöster gehört nun auch ein breites klösterliches Schriftgut, bestehend aus Bauplänen, Verwaltungsvorschriften, theologischen

Traktaten und historiographischen Texten. Die klösterlichen Skriptorien tradieren so nicht nur die antike Schriftkultur, sondern entwickeln auch eine neue, genuin christliche Kultur der Schrift und Schriften.

Vom Bauplan her sind Klöster in ihrer Funktion dem *opus Dei* (Gottesdienst) angepasst. Ein aus der ersten Hälfte des 9. Jahrhunderts erhaltener Bauplan des Klosters Sankt Gallen zeigt dies sehr schön: Im Zentrum der Klosteranlage befindet sich der Klausurtrakt mit Klosterkirche und Kreuzgang. Daran anschließend findet sich das Dormitorium (Schlafraum), aus dem die Mönche zu den nächtlichen Betstunden (Vigilien) ohne Umwege und direkt in die Kirche gelangen konnten. Daneben das Refektorium (Speiseraum), wo das Essen durch die spirituelle Funktion des Vorlesens der Heiligen Schrift ritualisiert wurde, sowie Wirtschaftsgebäude. Auch die Bibliothek und Sakristei sind direkt an die Kirche angebunden. Der architektonische Aufriss des Klosters entspricht so direkt der religiösen Funktion, aber auch unmittelbaren Lebensbewältigung der klösterlichen Gemeinschaft.

Literatur:

Jacobsen, Werner: Der Klosterplan von St. Gallen und die karolingische Architektur. Entwicklung im Wandel von Form und Bedeutung im fränkischen Kirchenbau zwischen 751 und 840. Berlin 1992.

Janzin, Marion und Joachim Güntner: Das Buch vom Buch. 5000 Jahre Buchgeschichte. Hannover 1997.

Jensen, Hans: Die Schrift in Vergangenheit und Gegenwart. 3. Aufl. Berlin 1969.

Stammberger, Ralf M. W.: Scriptor und Scriptorium. Das Buch im Spiegel der mittelalterlichen Handschriften. Darmstadt 2003.

Trost, Vera: Skriptorium. Die Buchherstellung im Mittelalter. Stuttgart 1991.

Missionierung

Schon im frühen 5. Jahrhundert kamen ost-christliche Mönche nach Irland und Schottland und gründeten dort Klöster. In diesen Bereichen Europas gab es damals keine urbanen Strukturen. Sie hatten außerhalb des Geltungsbereiches des römischen Imperiums gelegen. Diese neuen klösterlichen Siedlungen setzten sich daher auf einsamen Inseln oder an Küsten fest, um von hier aus auch bald ihre Missionsarbeit in Mitteleuropa aufzunehmen. Es war der irische Mönch Columban d.J. (um 530–615), der die Klöster Luxeuil in Burgund und Bobbio in Norditalien gründete, letzteres als eine Bastion des Kampfes gegen den *Arianismus* der Langobarden, der die Geschöpflichkeit Christi gegenüber dem ungewordenen Vatergott hervorhob. Sein Schüler Gallus, mit dem er sich verfeindet hatte und der ihn nicht nach Italien begleiten durfte, gründete das Kloster Sankt Gallen. Der aus Devon stammende Mönch Bonifatius (672/3–754) begann im frühen 8. Jahrhundert, die Friesen und Germanen Mittel-

deutschlands zu missionieren. Um 723 soll er die Donareiche bei Fritzlar gefällt haben – ein symbolischer und wirkungsmächtiger Akt der Besiegung der
germanischen Mythologie durch die christliche Religion.

Bonifatius wurde dann vom Papst Gregor III. auf einer Romreise zum Erzbischof und Legatus Germaniae ernannt. In dieser Funktion gründete er 744
das Kloster Fulda „in einer Einöde von ungeheurer Weltverlassenheit inmitten
der Völker unseres Missionsgebietes", wie Bonifatius an den Papst Zacharias
im Jahre 751 berichtet (Briefe des Bonifatius, Brief 86). So wurde Fulda zu einer Missionsschule und einem Missionszentrum für Hessen und Thüringen.
Auch das Mönchsleben dort stand unter der „Regel des Heiligen Benedikts".
Die Männer lebten in „strenger Enthaltsamkeit ohne Fleisch und Wein, ohne
Met und Knechte, zufrieden mit dem, was sie mit eigener Hand erarbeiten"
(ebd.).

Den Kampf gegen das Heidentum beschreibt Bonifatius wie Paulus als einen Kampf gegen den Götzenkult. Und wie Paulus hatte er das Gefühl, für
eine Religion zu kämpfen, die ihre Überlegenheit und höhere Moralität auch
und gerade in der asketischen und selbstkontrollierten Lebensform ihrer Missionare und Priester offenbart. Darin bestätigte ihn auch Papst Zacharias. Das
strenge arbeitsame und asketische Leben, das schon Paulus anempfohlen hatte,
garantiere, „dass Euer Dienst nicht verlästert wird", wie Papst Zacharias an
Bonifatius schrieb (Brief 61). Die Askese wird so zum Argument der Superiori-
tät christlicher Pistis gegenüber den zu missionierenden Völkern, die Bonifatius übrigens mehrfach als „frech", „hässlich", „böse" charakterisiert.

Aus den Briefen an und von Bonifatius wird deutlich, dass Christianisierung
auch *Zivilisierung* bedeutet, im Sinne der Durchsetzung einer neuen Form von
Rechtssicherheit, die sich nun gegenüber den als Aberglauben empfundenen heidnischen Praktiken an dem römisch-christlichen Recht orientiert. Darüber hinaus zeigt der Briefwechsel des Bonifatius, wie sich die christlichen Missionare,
Äbte, Äbtissinnen, Priester und Bischöfe wechselseitig Trost spenden, bei ihrer Missionsarbeit ermuntern, Tipps und Ratschläge erteilen, in der Verbreitung der evangelischen Botschaft festigen. Die neue christliche Kultur der
Schrift, wie sie sich im Briefwechsel offenbart, ist ein Dokument der Vernetzung einer christlichen Elite, die dem als grob und barbarisch empfundenen
Germanien ihren Kulturstempel aufdrückt.

Für diese christliche Missionsarbeit allerdings war der weltliche Schutz
durch Könige und Fürsten von herausragender Bedeutung, insbesondere der
Schutz, den die fränkischen Herrscher gewährten. Bonifatius hatte sich nicht
nur vom Papst zur Missionsarbeit beauftragen lassen, sondern auch von dem
Frankenherrscher Karl Martell (688–741) einen Schutzbrief erbeten und diesen
auch erhalten.

Ohne den Schutz des Frankenfürsten kann ich weder das Volk der Kirche leiten
noch die Priester und Geistlichen, die Mönche und die Gottesmägde beschirmen
noch ohne seinen Auftrag und die Furcht vor ihm heidnische Bräuche und die Gräu-
el des Götzendienstes in Germanien verhindern. (Brief 63 an Bischof Daniel)

Bei einer erneuten Missionsreise nach Friesland allerdings wurde Bonifatius 754 von Wegelagerern erschlagen.

Die Christianisierung der Sachsen unter den Frankenfürsten wurde dann auch mit blutigem Schwert erzwungen. Karl der Große (Regierungszeit 768–814) zerstörte nicht nur das altsächsische Heiligtum der Irminsäul, sondern tötete auch über viertausend widerspenstige Sachsen 782 beim Blutgericht von Verden, um so die Durchsetzung des christlichen Glaubens bei den heidnischen Sachsen mit Nachdruck zu erzwingen. Es muss eines der furchtbarsten Blutgerichte in der Geschichte des Christentums gewesen sein.

Neben den militärischen Anstrengungen zur Absicherung des christlichen Reiches der Franken war der Hof Karls des Großen auch für die Bildungsgeschichte des christlichen Mitteleuropa von größter Bedeutung. Karl der Große holte den Gelehrten Alkuin, er holte Geschichtsschreiber und Theologen an seinen Hof, deren Rückgriff auf die Antike eine Frühform der Renaissance im Mittelalter einleitete. Man spricht hier geradezu von der *karolingischen Renaissance*. Zu den wichtigen kulturprägenden Funktionen seines Hofs gehört auch die Vereinheitlichung der Schrift durch die sogenannte karolingische Minuskel, die das Schriftbild bis zur Erfindung des Buchdrucks in Mitteleuropa geprägt hat.

Auch die Christianisierung der Dänen erfolgte unter der Schwertweihe der Karolinger. Insbesondere der König Ludwig der Fromme (Regierungszeit 814–840) erzwang hier die Christianisierung. In Norwegen waren es die Könige Olaf I. (Regierungszeit 995–1000) und II. (Regierungszeit 1015–1028), die, in England bzw. in Rouen getauft, die Christianisierung in ihrem Land durchsetzten. Auch diese Wellen der Christianisierung erfolgten mit Gewalt, aber keineswegs so blutig wie die Sachsenbekehrung unter Karl dem Großen.

Im 11. Jahrhundert ist die Christianisierung Europas weitgehend abgeschlossen. Das heißt nicht, dass nicht heidnische Vorstellungen und Praktiken noch lange Zeit in Europa weiter existierten, insbesondere in den Randzonen und in den ländlichen Gebieten. Mit dem Abschluss der politischen Christianisierung in Europa aber wendet sich die christliche Missionsbewegung in eine andere Richtung: nach Osten. Es beginnt die Zeit der *Kreuzzüge*, deren erster 1099 n.Chr. zur Eroberung Jerusalems führt, deren vierter 1204 n.Chr. zur Eroberung und Plünderung Konstantinopels, deren siebter 1270 n.Chr. aber im Desaster einer gänzlichen Vernichtung des christlichen Heeres endet.

Literatur:

Müller, Karl/Ahrens, Theodor: Einleitung in die Missionsgeschichte. Tradition, Situation und Dynamik des Christentums. Stuttgart 1995.

Briefe des Bonifatius. Willibalds Leben des Bonifatius. Nebst einigen zeitgenössischen Dokumenten. Unter Benutzung der Übersetzung von M. Tangl und Ph. H. Külb neu bearbeitet von Reinhold Rau. Darmstadt 1968.

Colpe, Carsten u. a. (Hg.): Spätantike und Christentum. Beiträge zur Religions- und Geistesgeschichte der griechisch-römischen Kultur und Zivilisation in der Kaiserzeit. Berlin 1992.

Die Christianisierung Europas. In: Hauschild, Wolf-Dieter: Lehrbuch der Kirchen- und Dogmengeschichte. Bd. 1: Alte Kirche und Mittelalter. Zweite durchgesehene und erweiterte Auflage. Göttingen 2000.

Krieger und Ritter

Der kriegerisch-christliche Expansionismus im frühen Mittelalter lässt im Verbund mit dem germanischen Feudalwesen einen neuen Stand entstehen: den Stand der *Ritter*. In der Dreiteilung der früh-christlichen Gesellschaft in Betende (oratores), arbeitende Bauern (laboratores) bilden die Kämpfenden (bellatores) die dritte Gruppe. In ihrer feudalen Bindung an den Herren (domus) waren sie diesem Herrn zugleich in *Treue* verpflichtet, der seinerseits durch *Lehen* und *Leistungen* für sie sorgte. Der Mut, die Tapferkeit, Kühnheit, Einsatzbereitschaft dieser ritterlichen Kämpfer war zugleich ein Pfand für die Sicherung des herrschaftlichen Territoriums und garantierte auch die persönliche Sicherheit des Herrn. Dabei bildeten sich bereits im frühen Mittelalter regelrechte Initiationsriten heraus, in denen und durch die ein Ritter in den Ritterstand aufgenommen wurde: Männlichkeitsproben an Kraft, im Ertragen von Schmerz, Geschicklichkeitsübungen verschiedener Art. Erst nach den bestandenen Proben wurden dem neuen Ritter seine Waffen feierlich überreicht.

> Der Zusammenstoß zwischen den großen, zur Eintreibung von Abgaben berechtigten Herrschaften, von denen jede über eine bewaffnete Gefolgschaft verfügt, wird zum bestimmenden Merkmal des Lebens im 10. und 11. Jahrhundert; es handelt sich um die lange Periode der Zersplitterung der öffentlichen Gewalten, um die Zeit der sogenannten ‚feudalen Anarchie‘. Es ist die Zeit, in der die Bewaffneten in erster Linie als *tyranni* und *praedones* in Erscheinung treten: ihre Gewalttätigkeiten gegenüber den Wehrlosen und all denen, die die Kirche als *pauperes* bezeichnet (die Kleriker selbst, die Witwen und Waisen, diejenigen, die nicht dazu in der Lage sind, sich zu verteidigen, sowie die jeglichen Schutzes Beraubten), werden – vor allem in den bischöflichen Quellen – immer häufiger angeprangert. (Cardini: Der Krieger und der Ritter, S. 90)

In den 70er und 80er Jahren des 11. Jahrhunderts entwickelte Papst Gregor VII. die Idee eines „miles sancti Petri", eines spirituellen Rittertums, das, nach dem Modell von Märtyrern und Mönchen nun auch den Schwertkampf für Papst und Kirche meinte. Dies ist zugleich die Phase, in der das christliche Mittelalter nach Osten zu expandieren sucht: im Krieg gegen den Islam, der seinerseits nach einer Phase der Weltexpansion stagnierte. In Spanien beginnt bereits im 8. Jahrhundert mit der sogenannten Reconquista die kriegerische Gegenoffensive gegen den Islam und Rückeroberung der an ihn verlorenen Gebiete, in dessen Verlauf sich ein „Kriegschristentum" bildet, wie es in dem christlich-nationalen Epos des „Cantar de mio Cid" sich darstellt. Auch der so-

genannte „Chanson de Roland" (um 1100) singt das Lied des heldenmäßigen
Einsatzes dieses Ritters, der den Rückzug Karls des Großen deckt, verraten
und überfallen wird, und noch im Todeskampf mit gewaltigen Hornstößen seinen fernen Herrn warnt. Dieser kann daraufhin noch einmal das Heer wenden,
die Mauren endgültig besiegen und den Verräter Ganelon mit dem Tode be-
strafen. Dieses Epos zeigt denn auch den Tugendkatalog der christlichen Ritterschaft: Tapferkeit, Treue bis zum Tod, auch Klugheit, Mut, Durchhalte-
vermögen. Wie Märtyrer achten diese christlichen Ritter nicht auf ihr eigenes
Leben, das sie für den Herren und den Glauben zu opfern bereit sind.

Ende des 11. Jahrhunderts beginnt die Kreuzzugsbewegung. Sie wird ausgelöst durch die Eroberung Jerusalems durch die türkischen Seldschuken. Papst
Gregor VII. plant bereits 1074 an der Spitze eines abendländischen Ritterhee-
res die Befreiung des heiligen Grabes. 1096–99 kommt es zum ersten Feldzug
unter der ritterlichen Führung Roberts von der Normandie, Gottfrieds von
Bouillon u.a., der 1099 zur Eroberung Jerusalems und Bildung des Königreichs
Jerusalem führt. Bereits der zweite, von Bernhard von Clairvaux beworbene
und von Konrad III. und Ludwig VII. geführte Kreuzzug war deutlich erfolg-
loser. 1187 schlug Sultan Saladin die Christen und nahm Jerusalem wieder ein.
1202 bricht der vierte Kreuzzug gegen das byzantisch-christliche Konstantinopel auf. Die Stadt wird erobert, geplündert und zerstört. Dabei begünstigt die
Errichtung eines Lateinischen Kaisertums den venezianischen Orienthandel,
aber das Christenheer selbst zeigt sich in dieser Kriegsphase als eine eher ran-
dalierende Macht, verrät eher die christlich-ritterlichen Ideale als sie zu befolgen.

Das Phänomen der Kreuzzüge hängt eng mit der demographischen Zunahme adeliger Jugendlicher zusammen, die ein Betätigungsfeld suchten, Abenteuer zu bestehen und Besitzstände zu erobern. Bereits in dieser Phase des christlichen Mittelalters droht die christliche Pistis zu einer religiösen Ideologie zu
degenerieren, dienstbar dem abendländischen Willen zur Macht, zum Abenteuer und zu Beutezügen. Es ist die Linie, die vom christlichen Mittelalter zu den
imperialen Eroberungszügen der frühen Neuzeit in die neue Welt hinüberführt. Hier wie dort sind es eher funktionslos gewordene Krieger und Ritter,
die den christlichen Expansionismus erst nach Osten und dann nach Westen
tragen und dabei die Ethik der christlichen Pistis eher zerstören als sie zu verbreiten.

Bereits das „Buch vom Ritterstand" (Libre de l'orde de Cavalleria), das Raymundus Lullus (um 1232–1316) zwischen 1274 und 1276 aufschrieb, bemüht
sich um Wiederherstellung der Rittertugenden, als da sind: Frömmigkeit, Loya-
lität und Gesittung, zu der der Ritter in seinem Stand verpflichtet ist. Im 12.
und 13. Jahrhundert entstehen eine Reihe von Texten, so die Parzival-Romane
von Chrétien de Troyes (um 1135–1190) und Wolfram von Eschenbach (1170–
1220), die das Rittertum verklären und im mysteriösen Gral ein noch immer
nicht ganz erforschtes christlich-heidnisches Symbol in den Mittelpunkt stellen. Auch die Minnelyrik, wie sie in der Grossen Heidelberger Liederhand-

schrift erhalten ist, dient der Verehrung der schönen, aber nicht erreichbaren Lehensherrin und gehört somit in den Bereich der literarischen Überhöhung dieses Standes.

Bereits im Hochmittelalter aber sind es Entwicklungen der Wirtschaft sowohl wie auch der Kriegstechnik, die dem Ritterstand den Boden entziehen. Auf der einen Seite bedeutet die Zunahme von Handel, Geldwirtschaft, Kaufleuten das Ende des ritterlichen Feudalismus, auf der anderen Seite ist es die Entwicklung militärischer Techniken, denen die ritterliche Armierung sich nur noch schlecht oder nicht gewachsen zeigt. Das sind zum einen die Ferngeschosse von Bogenschützen, wie sie bereits die türkischen Heere erfolgreich gegen die christlichen Ritter einsetzen, sowie die Entwicklung der Armbrust, deren tödliche Wucht die ritterliche Bepanzerung durchschlägt. Auch die Kampftechnik von Fußtruppen, die den schwerfälligen Ritter mit Lanzen vom Pferd stoßen konnten, war für diesen Stand gefährlich. Vollends hat die Erfindung der Hakenbüchsen im 15. Jahrhundert die Funktion des alten Kriegerstandes beendet. 1525 wird so in der Schlacht bei Pavia die französische Ritterschaft von deutschen Landsknechten regelrecht niedergemäht. Spätestens mit der Erfindung dieser technischen Feuerwaffen ist damit auch das Ende des Ritterstandes besiegelt.

Literatur:

Borst, Arno: Das Rittertum im Mittelalter. Darmstadt 1976.
Bumke, Joachim: Die Höfische Kultur, Literatur und Gesellschaft im hohen Mittelalter. 2 Bde. München 1986.
Cardini, Franco: Der Krieger und der Ritter. In: Jacques Le Goff (Hg.): Der Mensch des Mittelalters. Frankfurt a. M. 1996, S. 87 ff.
Duby, Georges: Die drei Ordnungen. Das Weltbild des Feudalismus. Frankfurt a. M. 1985.
Ders.: Die Ritter. Aus dem Französischen von Tobias Scheffel. München 2001.
Fleckenstein, Josef unter Mitwirkung von Thomas Zotz: Rittertum und ritterliche Welt. Berlin 2002.
Köhler, Erich: Ideal und Wirklichkeit in der höfischen Epik. Studien zru Form der frühen Artus- und Graldichtung. 3. Auflage Tübingen 2002.

Klosterbewegungen im Hochmittelalter

Bereits im 10. Jahrhundert ging von dem burgundischen Kloster Cluny – es wurde 910 von Wilhelm von Aquitanien gegründet – eine Reformbewegung aus, die einen Neuansatz der klösterlichen Lebensgestaltung suchte. Es ging dabei auch um die größere *Autonomie* und *Eigengesetzlichkeit* der Klöster gegenüber den weltlichen Herren. Die Regula Benedicti sollte das klösterliche Leben neu regeln und das Kloster selbst direkt dem heiligen Stuhl in Rom unterstellt werden. Gleichzeitig sollte die Gemeinschaft auf eine unabhängige wirtschaft-

liche Basis gestellt werden. Ein auf ewig dem Kloster übertragener Grundbesitz war die Grundlage für diese materielle Unabhängigkeit des Klosters Cluny.

Die um 1030 fertig gestellte Abteikirche von Cluny war ein neues Beispiel
bautechnischer christlicher Pracht. Die monumentale neue Basilika repräsentierte in ihren mit dem Petersdom konkurrierenden gewaltigen Ausmaßen die
Macht dieses Klosters. Zugleich enthielt die Basilika einen reichen Schmuck an
korinthischen Säulenverzierungen, Malereien, Skulpturen, den man heute nur
noch erahnen kann, da diese Prachtkirche der Romanik in der Napoleonischen
Zeit zerstört wurde. Nach Rekonstruktionen der Archäologen zeigte das Tym-
panon – wie die noch erhaltenen Kirchen von Autun und Vezeley – eine gewaltige Theophanie und wohl auch drohende Bilder des Jüngsten Gerichts.
Denn die Kirchenklöster zeigen nun auch der Gemeinde ihre drohende Macht
in der Verwaltung einer Heilsbotschaft, die zur Erlösung, aber auch zur Verdammnis führen kann.

Dabei verändern sich im 10. bis 12. Jahrhundert die *soziologischen* Parameter
des christlichen Mittelalters. Europa erlebt eine *Bevölkerungszunahme*, die zu
Macht- und Verdrängungskämpfen führt. Zwar ist Europa um 1000 nach wie vor
arm und verfügt über wenig Ackerland, die Decke der Besiedlung ist dünn. Ur-
wälder, Brachland, Sümpfe prägen viele Landstriche. Genau in diese Regionen
dringen die neuen Klöster- und Mönchsbewegungen ein.

Die neue *zivilisationsflüchtige* und zugleich *zivilisierende* Klosterbewegung aber
opponiert auch jenem Typus von klösterlicher Pracht, wie sie Cluny repräsentierte und eine Vielzahl von Klöstern, die sich Cluny angeschlossen hatten.
Denn in Cluny hatte *Luxus* Einzug gehalten. Die Liturgie war prachtvoll ausgestaltet worden und dies in einer geradezu theatralischen Inszenierung der
kirchlichen Feste: In der Fastenzeit bis Karfreitag wurden in der großen Klosterkirche von Cluny Bilder, Zierrat, Kruzifixe, Reliquienschreine verhängt, um
dann an Ostern im Glanz von Hunderten von Kerzen umso prächtiger erneut
enthüllt zu werden und aufzuleuchten. Die Gesänge und Chöre, ohnehin die
Hauptarbeit der Mönche in den Klöstern, wurden in Cluny noch erheblich ausgebaut und erweitert. Dabei muss man sich diese Gesänge in den Klöstern der
Hochromanik nicht als einen gregorianischen Wohlklang vorstellen, sondern
eher als eine Art kriegerischen Gesang, in dem die zu Mönchen gewordenen
Söhne von Adeligen und Rittern darangingen, „singend die Mauern von Jeri-
cho einzureißen, die die Menschheit noch von den verheißenen Freuden trennen, den Zugang zum Gelobten Land zu erobern, ein für allemal über die Verderbnis der Schöpfung zu triumphieren und so das Ende der Zeiten, den Sieg,
schneller herbeizuführen. Erst in eschatologischer Sicht erhält das Handeln der
Mönche seinen vollen Sinn." (Duby: Der Heilige Bernhard, S. 42) Die Liturgie
der Hochromanik feiert den auferstandenen sieghaften Christus, und sie feiert
ihn in der Pracht des christlichen Klosters und seiner kirchlichen Feste, und
dies in der Vorahnung eines noch größeren Sieges: der Aufnahme des Klosters
und seiner Mönchsgemeinde ins Reich Gottes.

Auch die *Zusammensetzung* der klösterlichen Gemeinde hatte sich verändert.

Viele Adelige, Brüder, Schwestern, Söhne, Töchter von Fürsten und diese selbst begaben sich in Klöster. Die mittelalterliche Gesellschaft verquickte so Adel und Klerus im Sinne einer *christlichen Feudalgesellschaft*. Die Kleider wurden prächtiger, die Gastronomie der Klöster gourmethaft verfeinert, wenn ein hoher Landesfürst oder Geistlicher zu bewirten war. Cluny war der Vorreiter dieser neuen geistlichen Pracht. Natürlich waren die Mönche als Individuen nach wie vor arm. Persönlich gehörte ihnen nichts. Aber das Kloster – allen voran Cluny – war mächtig und reich.

Wie aber war dieser neue Reichtum der Klöster mit Christi Armutsevangelium zu vereinigen? Die Hochromanik nimmt eine *Umkodierung* vor: Sie verlagert den Akzent vom sterbend-leidenden Christus auf den auferstehenden und so auch auf die mit Christi Auferstehung triumphal *siegende* Kirche. Das Kreuz wird so zum Siegeszeichen. Die Romanik schafft eine neue *Prachtkunst* der Kreuzes- und Reliquiengestaltung, der Kronen, der Zierbibeln mit Gold, Edelstein, Elfenbein, Silber, in der sich das *siegende Jerusalem* darstellt, wie es auch die Apokalypse des Johannes in ihren Schlussteilen als eine prachtvolle lichte Welt – „ihr Licht war gleich dem alleredelsten Stein, einem Jaspis, klar wie Kristall" (Apokalypse 21,11) – entwirft. Schon im *Diesseits* sollte sich so das *himmlische Jerusalem* offenbaren. Die neue Kirche der Hochromanik, wie sie Cluny repräsentiert, ist eine reiche, siegende, prachtvolle Kirche. Sie wird von reichen, siegenden, prachtvollen Fürsten unterstützt, wie es die Fürsten von Burgund waren.

Genau von diesem Siegeszug einer prachtvollen Kirchen- und Klosterkultur aber setzt sich im 11. und 12. Jahrhundert eine neue Mönchs- und Klosterbewegung ab, die sich auf das *Armutsgebot* Christi beruft. Wahres Christentum heißt: arm wie Christus leben. Auf diesem Weg einer neuen Armutsbewegung entstehen Einsiedeleien auf Berggipfeln oder in abgelegenen unzugänglichen Tälern, wie die Siedlung Camaldoli in einem abgeschiedenen Tal bei Arezzo in Italien oder die Kartäuserbewegung. In den Bergwäldern Ostfrankreichs gründet Robert von Molesme (1028–1111) Anfang der achtziger Jahre des 11. Jahrhunderts mit anderen Mönchen und Eremiten eine Einsiedelei, die später als La Grande Chartreuse bekannt wurde. Die neuen Mönchs- und Klostergründungen unterscheiden sich von Cluny durch Rückwendung auf die christlichen Evangelien und ihr Armutsgebot. Dieses legte auch eine Beschneidung der luxuriös gewordenen christlichen Liturgie nahe. Man will nicht mehr prachtvolle Gewänder tragen, die Bauten werden betont schlicht und bescheiden gehalten, ein Lebensstil in Armut und geradezu selbstquälerischer Verneinung und Vernichtung der eigenen Körperbedürfnisse wird zum Mönchsideal des 12. Jahrhunderts im christlichen Europa.

Mit der Gestalt des Bernhard von Clairvaux (um 1090–1153) betritt dann ein ebenso sprachmächtiger wie organisationsfähiger Kritiker Clunys die Bühne des politischen und geistlichen Kampfes des 12. Jahrhunderts. Aus einer burgundischen Familie des mittleren Adels stammend, tritt er mit dreiundzwanzig Jahren dem Kloster Cîteaux bei, das seinerseits die Ideale der Eremitenbewegung der Kartäuser aufgegriffen hatte. Bernhard sollte zum führenden Kopf der Klosterbewegung des frühen 12. Jahrhunderts werden. Im Auftrag von Cîteaux gründet er das Kloster Clairvaux. 1118 wird er zum Vorsteher des Zisterzienserordens bestimmt, der das zeitgenössische Ideal monastischer Einfachheit und Strenge aufnimmt und offensiv und militant nach außen vertritt.

Von Cîteaux wie Clairvaux aus werden in Gesamteuropa bis hinauf in den Norden Englands und den Osten der Ostsee zisterziensische Klöster gegründet. Der neue Zisterzienser Lebensstil dient der Abkehr von jenem Reichtum und jener Bequemlichkeit, den anzuhäufen und darin sich gütlich zu tun Cluny vorgeworfen wird. Dementsprechend verzichtet Cîteaux auch auf jene Formen der klösterlichen Grundherrschaft wie das Eintreiben von Renten, Zehnten, Zinsen, die den Reichtum von Cluny ausgemacht hatten. Vor allem von Cîteaux aus setzt sich so die neue monastische Bewegung der *Einfachheit* und *Strenge*, des *Asketismus*, aber auch der *militanten Ausbreitung* des Christentums in ganz Europa durch.

Literatur: Siehe folgenden Abschnitt.

Zisterzienser Lebensstil

Zisterzienserklöster liegen zumeist in unbebauten, unwegsamen, oft sumpfigen Gebieten. Diese Landstriche mussten also allererst gerodet, ‚urbar‘ gemacht, trocken gelegt werden. Die Zisterzienser kultivieren so Waldgebiete, legen Sümpfe trocken, lassen sich bevorzugt an Wasserläufen nieder, die zu Fischteichen umgeformt werden, um so die Basisversorgung der Mönche sicherzustellen. Sie folgen dabei der Bernhardschen Regel, die Fleischspeisen verbietet, aber Fisch als Speise erlaubt.

Die Rückkehr in „das Kloster und die Einsamkeit" ist nach Bernhard von Clairvaux eine Art Rückkehr aus der Verbannung der Welt zu Gott schon zu Lebzeiten. Er vergleicht das Kloster mit jenem „Südland", aus dem Abraham mit seiner Frau aus der Verbannung in Ägypten aufbrach (1 Mos. 13), ein Territorium, auf dem schon zu Lebzeiten der „Südwind" des Heiligen Geistes weht. Das Kloster ist die Vorwegnahme des Gartens Eden in der Verbannung dieser Welt.

> Das Paradies des Klosters jedoch bringt unter der milden Güte des wehenden Südwindes gleichsam so viele Blumen hervor, als es an Tugenden überreich ist. Im Kloster steht der Gewinn vor Augen, und der Ertrag der heiligen Habgier ist offenkundig. Dort findet jeder, der sucht, das weiße Kleid der Gläubigkeit und die Geistesgaben der Tugenden, und wer beharrlich anklopft, der erwirbt sie durch die Gnade Christi. Dort wird die Straße gebaut, auf der man in den Himmel gelangt. Dort wird die Leiter aufgerichtet, auf der man emporsteigt. Dort wird die Tür aufgesperrt, durch die das heilige Volk die heilige Stadt betritt. Wer also in der Welt ist, der fliehe ins Kloster, um Geschäfte zu machen, und wer im Kloster ist, der schlafe nicht, noch werde er lau vor Überdruss wie der faule und schlechte Diener. Das Leben

bringt den Verdienst, der Ort macht nicht selig. Wer in dieser Lage ist, soll arbeiten, so viel er kann, er erstrebe ungestraft, ja begehre sogar auf erlaubte Weise die köstlichen Reichtümer der Brüder, die Demut, Geduld, Langmut, Schweigsamkeit und Gehorsam sind, sowie vieles Ähnliche. Wer dies im Werk nachahmt oder – wenn er es nicht kann, es als lautere Liebespflicht im Besitz ehrt und schätzt, der wird nicht mit leeren Händen vor dem Antlitz seines Herrn erscheinen, der er sich aus allem eine kostbare Ware erwirbt, nämlich ein vorbildliches Leben. (Bernhard von Clairvaux: Sämtliche Werke lateinisch-deutsch IV. Sentenzen 3,91)

Mit großer sprachlicher Gewalt übersetzt Bernhard zunächst den Ort des Klosters in jene Metaphorik des Paradieses („Südland", „Südwind"). In dieser Sprache werden die Blumen entmaterialisiert zu ‚Tugendblumen'. Bemerkenswert auch die Metaphorik des Geschäftes und der Arbeit. Der Klosterbruder soll ja ‚habgierig' sein, er soll „Gewinn" machen wollen, aber *geistigen Gewinn*, er soll „die köstlichen Reichtümer" der christlichen Tugenden wie Demut, Geduld, Gehorsam erwerben, die „kostbare Ware" eines christlichen vorbildlichen Lebens bei der Abrechnung im Jenseits auf die Waagschale werfen können. Die Klosterarbeit wird so zu einer Art Geschäft mit Gott. Wer sich ihren Regularien rücksichtslos unterwirft, wird dadurch die „Gnade Christi" erwerben. Er steigt auf der „Leiter" gen Himmel, „betritt [...] die heilige Stadt". Das Kloster ist die Antizipation des himmlischen Jerusalem auf der finsteren und kerkerhaften Erde. Die Anwartschaft auf das Leben dort erwirbt, wer in der Vollkommenheit der christlichen Weltentsagung sich auf das ewige Leben vorbereitet.

Im Kern war die Zisterzienser Bruderschaft eine *konservative* Kulturbewegung. Sie wollte zurück zu Basiswerten des Urchristentums und der mönchischen Anfänge. Unter der Hand aber entwickelt sich in der Zisterzienser Klosterkultur etwas ganz Anderes: ein neues europäisches Ideal der „erobernden Arbeit" (Duby, Der heilige Bernhard, S. 105). Innerhalb der christlichen *Weltabkehr* und aus ihr heraus entfaltet sich eine offensive frühmodern-europäische *Welteroberung*. In dieses Konzept passt es auch, das Bernhard zu einem Kreuzzug aufruft, dem zweiten nach der ersten Eroberung Jerusalems durch christliche Kreuzfahrer im Jahre 1099. Der zweite allerdings, für den Bernhard um 1130 als Speerspitze eines militanten Christentums mit gewaltiger Rhetorik wirbt, wird zu einem kriegerischen Desaster.

Literatur:

Bernhard von Clairvaux: Sämtliche Werke. Lateinisch/Deutsch. Band IV. Hg. von Gerhard B. Winkler. Innsbruck 1993.

Brooke, Christopher: Die große Zeit der Klöster 1000–1300. Die Geschichte der Klöster und Orden und ihre religions-, kunst- und kulturgeschichtliche Bedeutung für das werdende Europa. Freiburg/Basel/Wien 1983.

Dinzelbacher, Peter: Bernhard von Clairvaux. Leben und Werk des berühmten Zisterziensers. Darmstadt 1998.

Duby, Georges: Der heilige Bernhard und die Kunst der Zisterzienser. Frankfurt a. M. 1993.

Gleba, Gudrun: Klöster und Orden im Mittelalter. Darmstadt 2002.

Le Goff, Jacques: Wucherzins und Höllenqualen. Ökonomie im Mittelalter. Stuttgart 1988.

Lohse, Bernhard: Askese und Mönchstum in der Antike und in der alten Kirche. München/Wien 1969, in der Reihe „Religion und Kultur der alten Mittelmeerwelt in Parallelforschungen", hg. von Colpe, Carsten/Dörrie, Heinrich. Band I.

Christliches Jenseits und die Emotionalisierung des Volksglaubens

Die Lehre des Jesus von Nazaret selbst enthielt wenig Informationen über die *Auferstehung* und das *Jenseits*. Eine der wenigen Textreferenzen in den Evangelien findet sich in Markus 12, 18. Dort sind es die Sadduzäer, die an ihn herantreten, um ihm eine Fangfrage in Bezug auf die Auferstehung zu stellen. Diese Sadduzäer, die selbst „lehren, es gebe keine Auferstehung", müssen gehört haben, dass dieser neue Wanderprediger an eine solche glaubt und diese lehrt. Die Frage, die sie Jesus stellen, setzt jüdisches Rechts- und Religionswissen voraus: nach Moses soll eine Frau, wenn ihr Mann mit ihr keine Kinder gezeugt hat und verstirbt, dessen Bruder heiraten, um mit jenem Kinder zu zeugen:

> Nun waren sieben Brüder. Der erste nahm eine Frau; der starb und hinterließ keine Kinder. Und der zweite nahm sie und starb und hinterließ auch keine Kinder. Und der dritte ebenso. Und alle sieben hinterließen keine Kinder. Zuletzt nach allen starb die Frau auch. Nun in der Auferstehung, wenn sie auferstehen: wessen Frau wird sie sein unter ihnen? Denn alle sieben haben sie zur Frau gehabt. (Mk 12, 20–23)

Jesus und seine Jenseitsvorstellungen sollen lächerlich gemacht werden. Eine Frau mit sieben Männern. Wem soll sie nun im Himmel gehören? Jesus entzieht sich der Vorstellungswelt der Sadduzäer, indem er antwortet:

> Da sprach Jesus zu ihnen: Ist's nicht so? Ihr irrt, weil ihr weder die Schriften kennt noch die Kraft Gottes. Wenn sie von den Toten auferstehen werden, so werden sie weder heiraten noch sich heiraten lassen, sondern sie sind wie die Engel im Himmel. (Mk 12, 24–25)

Jesus setzt also an die Stelle einer quasi irdischen Fortführung der Ehe im Himmel die Vision einer neuen engelhaften (ángeloi) Gemeinschaft im Jenseits. Diese ist entsexualisiert, entkörperlicht und auch entfamiliarisiert. Damit unterscheidet er seine Lehre auch von den Pharisäern, die ihrerseits an ein Weiterleben nach dem Tode glaubten, sich dies aber eher als eine verlängerte irdische Existenz vorstellten (Lang/McDannell: Der Himmel, S. 49).

Eine wichtige Referenz auf das Himmelreich findet sich im Lukasevangelium, eben der am Kreuz gesprochene Satz zu dem reuigen Schächer:

> Wahrlich, ich sage dir: Heute wirst du mit mir im Paradies sein. (en tō paradeíso Lk 23, 43)

Nach der Vorstellung des himmlischen Paradieses werden die Gärten in den christlichen Klöstern des Mittelalters angelegt. Mit der Vorstellung vom Jüngsten Gericht im Mittelalter verband sich vielfach auch die Vorstellung, eine Wiederherstellung eines paradiesischen Zustandes auf Erden insgesamt. Eine Hauptquelle dafür war Kap. 21 der „Offenbarung" des Johannes mit der Vision eines sich auf die Erde herabsenkenden irdischen Jerusalem. Das war der Basistext auch für die vielfältigen millennaristischen Bewegungen schon des Mittelalters und auch noch der Neuzeit.

Noch eine weitere biblische Stelle ist in diesem Zusammenhang einschlägig: das Gleichnis vom reichen Mann und dem armen Lazarus, der voll Geschwüren vor der Tür des Reichen ausharren muss und nur die Brotkrumen vom Tisch des Reichen erhält (Lk 16, 22–26). Der Reiche muss in die Hölle, der Arme aber kommt in „Abrahams Schoß" (eis tòn kólpon Abraám), wo ihn der in die Hölle Verbannte aus der Ferne neidvoll sehen kann.

Zu den dogmatischen Glaubensgehalten der katholischen Kirche gehört die Wiederauferstehung des Körpers beim Jüngsten Gericht und dies nicht, wie Paulus glaubte, mit nur einem pneumatischen Leib, sondern, wie Thomas von Aquin diese Lehre beschrieb, mit dem wiederhergestellten natürlichen Leib und der Seele, auch mit allen Gliedern, aber in vervollkommneter Form.

Dabei argumentiert Thomas mit Hilfe der aristotelischen Ontologie. Leib und Seele sind nicht nur akzidentiell, sondern „wesentlich" (essentialiter, Thomas: Summa theologica, Supplement 79,1) miteinander verbunden. Es würde also nicht genügen, wenn nur die Seele den Menschen überleben würde, die ohnehin auch durch den körperlichen Tod nicht ausgelöscht wird. Die „Wiederauferstehung" (resurrectio) muss also Seele *und* Leib betreffen und dies in *demselben* Leib, in welchem zu Lebzeiten die Seele als seine „Wirkursache" weilte. „Es kann nämlich von Wiederauferstehung nicht die Rede sein, wenn die Seele nicht zu demselben Leib zurückkehrt" (Supplement 79,1). Dabei wird der Stoff des Leibes „wieder verwandt", aber doch in gereinigter Form. Das betrifft auch die Eingeweide, die Geschlechtsteile, alle Glieder:

> Die Eingeweide werden ebenso wie auch die anderen Glieder im Leibe auferstehen. Und sie werden angefüllt sein nicht mit hässlichem Überfluss, sondern mit edlen Säften. (Supplement 80,1).

Auch Haare, Nägel bleiben erhalten, auch die Geschlechtsteile. Diese aber haben im Himmel keine Zeugungsfunktion mehr, wie auch die Funktionen des Essens, Trinkens, Schlafens im Himmel überflüssig sein werden. Denn diese Funktionen einschließlich der Zeugung waren nach Thomas nur nötig auf Grund der Sterblichkeit des Menschen, die wiederum Folge der Ursünde war. Daher wird die Auferstehung auch eine fundamentale *Reinigungsfunktion* haben, welche jenes „Feuer der Begierlichkeit" (incendium fomitis) tilgt, „von dem der menschliche Leib wurzelhaft angesteckt ist". (Supplement 78,2). Thomas betont, dass die Geschlechterdifferenz im Himmel erhalten bleiben wird, mithin also auch Frauen als Frauen und Männer als Männer auferstehen werden.

Da „Er Selbst die Frau aus einer Rippe des Mannes gebildet" hat, „wird Er Selbst das weibliche Geschlecht bei der Auferstehung wiederherstellen" (Supplement 81,3).

Das *Urbild* der Auferstehung des Menschen (exemplar nostrae resurrectionis, Supplement 78,2) und zugleich deren *Ursache* ist die Auferstehung Jesu Christi, die „Erstlingsfrucht der Entschlafenen", wie Thomas mit einem Paulus-Zitat sagt („primitium dormientium, Supplement 77,1, zit. 1 Kor 15,20). Allerdings ist Gottes Leib nicht – wie der Leib der Menschen – in vorgängige Verwesung übergegangen. Gottes Gnade tilgt die Ursünde und ihre Folge, die Sterblichkeit, durch den eigenen Opfertod und diese Todesüberwindung Jesu Christi ist zugleich Modell und Ursache der Todesüberwindung jenes Menschen, mit dem er sich durch sein Eintreten in die Geschichte artgleich gemacht hat.

> Und auf diese Weise ist die Auferstehung Christi Ursache unserer Auferstehung; denn das, was die Auferstehung Christi, der die artgleiche Wirkursache unserer Auferstehung ist, bewirkte, wirkt auch bei unserer Auferstehung, nämlich die Kraft der Gottheit Christi Selbst, die Ihm und dem Vater gemeinsam ist. (Supplement 76,1)

Während die genaue Festlegung der Voraussetzung, der Umstände und Art der Auferstehung sich auf Quellen im Neuen Testament und Paulus berufen kann, ist die Vorstellung eines *Purgatoriums* bzw. *Fegefeuers* eine rein mittelalterliche Erfindung, nämlich des 12. Jahrhunderts, wie die Mediävistik herausgearbeitet hat (Le Goff: Die Geburt des Fegefeuers, S. 157 ff). Es bezeichnet einen mittleren Ort zwischen Himmel und Hölle, der durch Läuterungsakte den Weg in die Erlösung noch offen ließ und sicher auch der Kirche als ein Mittel der Erziehung, der Abgrenzung gegen sogenannte Häretiker und als Einnahmequelle diente. Die spätere protestantische Theologie sollte die Lehre vom Fegefeuer ablehnen.

Das Hauptinstrument einer Emotionalisierung der christlichen Pistis aber war natürlich die Vorstellung der *Hölle* und des *Teufels*. Der Satan als Feind und Widersacher Gottes taucht im Neuen Testament mehrfach auf, so Matthäus 4,1 ff. als Versucher Jesu Christi in der Wüste. Die mittelalterlichen Osterspiele zeigten Jesus Christus nach dem Tod im Durchgang durch die Hölle und als Besieger des Satans. Die Tympana über den Eingängen romanischer und gotischer Kirchen setzten das Jüngste Gericht in Szene, und führten dabei im unteren, dem Betrachter nächsten Blickfeld, die von den Teufeln in die Hölle gezogenen und dort mit allen möglichen Quälinstrumenten traktierten Verdammten vor Augen. Solche Darstellung einer *bildlichen Bibel* für die leseunkundigen Menschen trugen sicher dazu bei, dass im Mittelalter jenes „Christentum der Angst" überwog, das Jean Delumeau in seiner großen Studie zum Thema „Angst im Abendland" dargestellt hat.

Dabei zeigt Delumeau, dass der Satan in der frühchristlichen Kunst kaum vorkommt, „auf den Fresken der Katakomben nie" (Delumeau. Angst im Abendland, S. 358). „Im 11. und 12. Jahrhundert dagegen ereignet sich, jedenfalls im Abendland, die erste große ‚diabolische Explosion' [...]" (ebd.). Aber erst im Spätmittelalter, ab dem 14. Jahrhundert, verdüstert sich die Atmosphäre in Europa, „und jener summarische Umgang mit dem Diabolischen der dem klassischen Zeitalter der Kathedralen möglich war, weicht immer mehr einer Invasion der Dämonen. [...] Der Teufelswahn nimmt zwei grundlegende Formen an, die sich beide in der Ikonographie widerspiegeln: eine grauenhafte höllische Bilderwelt und eine panische Angst vor den unzähligen Fallen und Versuchungen, die der große Versucher ersinnt, um Menschen zu verderben." (Delumeau: Angst im Abendland, S. 359). Bekanntlich wurde auch Luther von solchen Ängsten umgetrieben.

Die Darstellung der Hölle und die Drohung mit der ewigen Verdammnis war auch ein *Machtfaktor*. „Die Darstellung des Jüngsten Gerichts und des Jenseits war für die Kirche eine willkommene Gelegenheit, der weltlichen Macht zu drohen und sie daran zu erinnern, dass auch sie ‚um der Sünde willen' der Kirche unterworfen war." (Le Goff: Das Mittelalter in Bildern, S. 113) Der Drohung wie der Erziehung diente auch eine ganze Ikonographie, in der Sünden typisiert dargestellt wurden wie: Der Geizige, Die Unzucht – zumeist durch eine Frau dargestellt, häufig aus der feudalen Gesellschaft – Eitelkeit, Selbstsucht, Völlerei, die Trunksucht, denen die christlichen Tugenden gegenüberstanden.

Zur Geschichte der Angst in der christlichen Kirche des Mittelalters gehörte dann seit dem 12. Jahrhundert auch jene Praxis der *inquisitorischen* Verfolgung von Ketzern und Abweichlern mit gnadenloser Härte.

1184 wurde im Kampf gegen die als häretisch gebannten Katharer und Waldenser in Südfrankreich die bischöfliche Inquisition als eine quasi amtliche Behörde eingeführt, vom 4. Laterankonzil 1215 auch bestätigt und 1231/32 zu einer päpstlichen Behörde gemacht. Die große Inquisition der Jahre 1245–46 in Südfrankreich arbeitete im Auftrag des päpstlichen Offiziums und inszenierte die Verurteilung der Häretiker in einer geradezu theatralischen Form. Der Anwalt der Kirche, Bernard Gui, der auch ein Handbuch der Inquisition verfasst hat, das die Regeln der peinlichen Befragung und die Strafen festlegte, inszenierte insbesondere die Bekanntgabe der Verurteilung, die Bestrafung der als Ketzer Überführten als öffentliches *Schauspiel*. Dadurch stellte sich die Macht der Kirche selbst öffentlich zur Schau. Der eigentliche Kongressverlauf, der auf anonyme Anzeige hin in Gang kommen konnte, erfolgte ohne jegliche Öffentlichkeit. Der Beklagte hatte keine Verteidiger. Brennende Ketzer, verbrannte Kadaver – das furchtbare Schauspiel muss sich als schreckliche Faszination und tiefe Angst in die Köpfe der Menschen eingeprägt haben.

Die Inquisition sollte sich bald auch in Norditalien und in Deutschland ausbreiten. Ihr erster Großmeister in Deutschland war ein gewisser Magister Konrad von Marburg (Kurze: Anfänge der Inquisition in Deutschland). Nach 1430 nahm die Inquisition im Kampf gegen die sogenannten Hexen an Gewalt zu, um ihre furchtbarste Macht erst in der Form von Hexen, Zauberer- und Ketzerprozessen am Beginn der Neuzeit um 1500 in Spanien und anderswo zu entfalten. Noch bis ins 18. Jahrhundert verhängte die heilige Inquisition Todesurteile in Europa, bzw. bereitete diese bei Übergabe des Opfers an die weltliche Macht vor. Wenn sich die Neuzeit und hier vor allem die Aufklärung später mit Schaudern vom christlichen Mittelalter abwandte, so waren es jene Praktiken der Angsterzeugung – nicht der christlichen Pistis an sich, sondern der mittelalterlichen Kirche – die als „finster" eingestuft wurden und durch eine neue Kultur der Vernunft ersetzt werden sollten.

Literatur:

Ariès, Philippe: Geschichte des Todes. Aus dem Französischen von Hans-Horst Henschen und Una Pfau. Dritte Auflage. München 1987.

Bernheim, Pierre-Antoine und Guy Stavrides: Das Paradies – Verheißung vom glücklichen Jenseits. Köln 2004 (franz. Orig. 1992).

Das Buch der Inquisition. Das Originalhandbuch des Inquisitors Bernhard Gui. Eingeführt und hg. von Petra Seifert. Übersetzt aus dem Lateinischen von Manfred Pawlik. Augsburg 1999.

Delumeau, Jean: Angst im Abendland. Die Geschichte der kollektiven Ängste im Europa des 14. bis 18. Jahrhunderts. 2 Bde. Reinbek 1985 (franz. Orig. 1978).

Edwards, John : Die spanische Inquisition. Aus dem Englischen von Harald Ehrhardt. Düsseldorf 2003.

Lang, Bernhard und Colleen McDannell: Der Himmel. Eine Kulturgeschichte des ewigen Lebens. Frankfurt a. M. 1990 (engl. Orig. 1988).

Lea, Henry Charles: Die Geschichte der Inquisition im Mittelalter. 3 Bde. Übersetzt von Heinz Wieck und Max Rachel. Neu hg. von Joseph Hansen. Nördlingen 1987 (München 1900, engl. Orig 1888).

Le Goff, Jacques: Das Mittelalter in Bildern. Stuttgart 2000.

Ders.: Die Geburt des Fegefeuers. Stuttgart 1984 (franz. Orig. 1981).

Hansen, Joseph: Zauberwahn und Hexenprozess im Mittelalter und die Entstehung der großen Hexenverfolgung. Neudruck Aalen 1964 (München 1900).

Kurze, Dietrich: Die Anfänge der Inquisition in Deutschland. In Segl (Hg.): Die Anfänge der Inquisition im Mittelalter, S. 131 ff.

Segl, Peter (Hg.): Die Anfänge der Inquisition im Mittelalter. Mit einem Ausblick auf das 20. Jahrhundert und einem Beitrag über religiöse Intoleranz im nichtchristlichen Bereich. Köln u. a. 1993.

Thomas von Aquin: Summa theologica. Übersetzt und kommentiert [...]. Heidelberg, Graz 1958.

Wolf, Hubert (Hg.): Inquisition, Index, Zensur. Wissenskulturen der Neuzeit im Widerstreit. Paderborn 2001.

Die gotische Kathedrale

Zu den großen Kulturleistungen des christlichen Mittelalters gehört die gotische Kathedrale. Sie entsteht in einem neuen urbanen Umfeld und nicht, wie viele Klöster, in der weltabgewandten Einsamkeit. Die Kathedrale ist die vollendetste Form der architektonischen Repräsentanz des christlichen Jenseits im

Diesseits und zugleich in ihrem architektonischen Konstruktivismus die Antizipation neuzeitlichen Denkens. Sie ist zugleich eine Bauform, die die antiken Vorbilder hinter sich lässt und somit eine genuin christliche Architektur darstellt.

Im Rahmen dieses christlichen Kultursystems entwickelt sich mit der Gotik eine *neue Ästhetik*, die nicht die Schwere der Materie, sondern die Leichtigkeit ihrer Durchbrechung, nicht die Dunkelheit, sondern das Hereinströmen des göttlichen Lichts in den Sakralraum betont. Der Abt Suger von Saint-Denis (etwa 1081–1151) lässt folgende Inschrift für das Portal der Kathedrale fertigen und dort anbringen, mit der er zugleich auch kritische Einwände zum Beispiel eines Bernhard von Clairvaux abfängt:

> Wer immer den Ruhm dieser Tore erheben will, bestaune nicht das Gold und den Aufwand, sondern die Arbeit. Edel erstrahlt das Werk, doch das Werk, das edel erstrahlt, möge die Geister erleuchten, dass sie eingehen durch die wahren Lichter zum wahren Licht, wo Christus das wahre Tor ist. Welche Art es im Inneren sei, bestimmt diese goldene Pforte: Der schwache Geist erhebt sich zum Wahren durch das Materielle – und sehnend erhebt er sich durch das Licht aus seiner Versunkenheit. (Übersetzung S. V. nach dem lat. Text in R. Assunto: Die Theorie des Schönen im Mittelalter, S. 193)

Leitmotiv dieses Introitus ist nicht die Androhung der Hölle und ihrer Qualen, wie sie die romanischen Tympana zum Bespiel in Autun und Vezeley dem angstvollen Gläubigen vor Augen führen. Leitmotiv ist eine *neue Intellektualität* der Erleuchtung des Geistes („clarificet mentes"), die zum „wahren Licht" („per lumina vera") führt. Christus selbst wird dabei entmaterialisiert und symbolisiert als Pforte, die im Durchgang durch das Materielle („per materialia") „zum Wahren" („ad verum") führt. Die Leitmetaphern dieses Textes sind die des Lichtes („erstrahlet", „erleuchten", „durch die wahren Lichter zum wahren Licht", „durch das Licht") sowie Metaphern des Eingehens und Aufsteigens („eingehen", „erhebt"). Die Metaphorik des Lichts, die hier die Materie durchdringt und den Menschen aus seiner Materialität zu sich ruft, findet sich in der gotischen Kirche auch dargestellt in den farbigen *Kirchenfenstern*. Die Mauer selbst soll lichtdurchlässig erscheinen, der Sakralraum durchtränkt von den göttlichen Strahlen.

Die Lichtmetaphorik ist, wie wir sahen, im Johannesevangelium angelegt. Sie findet sich auch im ersten Johannesbrief, in dem es heißt „Gott ist Licht, und in ihm ist keine Finsternis" (1 Joh. 1,5). Auch die Offenbarung des Apokalyptikers Johannes ist durchtränkt von Lichtmetaphorik. Auch hatte die Gnosis das Reich Gottes als ein Reich des Lichts gegenüber dem Reich der Finsternis abgegrenzt. Große Teile der früh- und hochmittelalterlichen Theologie und Philosophie und eben auch die gotische Kathedrale sind von dieser gnostisch beeinflussten Lichtmetaphorik geprägt.

Eine Hauptquelle für die gotische Lichtsymbolik, wie sie sich in Nordfrankreich auf der Ile de France herausbildet, war ein Text, der im frühen Mittelalter im Orient aufgeschrieben worden war und von dem man eine Abschrift im Kloster St. Denis aufbewahrte. Es handelt sich um die „Mystische Theologie" jenes unbekannten Autors, genannt Pseudo-Dionysius Areopagita (um 500), den wir im Kap 3.2 am Ende erwähnt haben. Dieser lehrt das Universum wie ein *Bauwerk* zu betrachten, ein hierarchisch gegliedertes Werk, entstanden durch die Ausstrahlung Gottes. Den Schöpfergott nennt Pseudo-Dionysius Areopagita den „Vater des Lichtes". Die Seinskette, die Gottes Güte ins Dasein leuchtet, spiegelt es selbst, das Urlicht der Schöpfung wider, ein jedes Seiendes an seinem Platz. Die Seinskette ist also eigentlich eine Kette des Lichts, nach Graden der Helligkeit und Dunkelheit gegliedert, die ihrerseits in solchen Abstufungen das Urlicht des Schöpfers widerspiegeln. Denn Gottes Güte selbst ist dieses ungeschaffene und immaterielle Licht, aus dem alles Seiende entsteht und in das es zurückkehrt.

> Denn gleichwie unsere Sonne [...] nur durch ihr Sein selbst alles das erleuchtet, was dazu befähigt ist, auf charakteristische Art und Weise an ihrem Licht teilzunehmen, so entsendet auf analoge Weise in der Tat auch das Gute, das die Sonne wie ein dunkles Bild, das doch ein vorzügliches Abbild darstellt, weit überragt, allein durch seine Existenz allem Seienden die Strahlen seiner ganzen Güte. Durch diese Strahlen haben alle intelligiblen und intelligenten Manifestationen des Seins, Kräfte und Wirksamkeiten ihren Bestand, durch diese haben sie ihre Existenz und ihr ewiges und unveränderliches Leben [...]. (Pseudo-Dionysius Areopagita: Die Namen Gottes, S. 42. Übersetzung: B. A. Suchla)

Man muss sich vergegenwärtigen, dass die These vom ungeschaffenen Urlicht Gottes, aus dem das Sein wie eine Lichterkette entspringt und durch Gottes Güte lichthaft-energetisch im Sein gehalten wird, nicht eigentlich biblisch ist, auch wenn der Verfasser ausdrücklich betont, dass seine Lehre vom Licht nicht „der Darstellung der Alten" entspreche, „dass die Sonne Gott und Schöpfer von allem ist" (ebd., S. 45). Nach dem ersten Buch Moses schuf Gott am Anfang Himmel und Erde und schied erst dann das Licht von der Finsternis. Gottes Sein aber wird bei Pseudo-Dionysius Areopagita in eins gesetzt mit seiner Güte und diese definiert als ursprüngliche Schöpfungsenergie, deren Ausströmung als strahlendes Licht gefasst wird. Gott ist ursprünglich und ungeschaffen *selbst* diese lichte Energiequelle als dauerhafte Einströmung in das Dasein und Erhaltung allen Seins. Annäherung an Gott bedeutet also: Annäherung ans Licht. Es bedeutet für den unbekannten Autor übrigens auch: Zunahme von Stille und Schweigen. Diese Lehre sollte die Mystik eines Meister Eckehart aus Dionysius Areopagita ziehen.

Für die *Architektur* der Gotik aber ist die Idee vom *Licht* leitend: Wie sieht eine Kirche aus, die einen Gott, der selbst und ursprünglich Licht ist, im Diesseits repräsentiert? Muss sie nicht selbst ein *lichtes* Bauwerk werden, um das aus dem Jenseits stammende Licht einzufangen, ein vom Licht durchströmtes Gebäude?

Der irische Gelehrte Johannes Scotus Eriugena (810–877), der Pseudo-Dionysius Areopagita aus dem Griechischen ins Lateinische übersetzt und damit der Gelehrtenwelt seiner Zeit zugänglich macht, stellt selbst bereits einen Zusammenhang zwischen dem Guten der Schöpfung und dem Schönen, modern gesprochen: zwischen *Kosmologie* und *Ästhetik* her. Ihm ist der „gesamte Weltenbau" ein „gewaltiges Licht" („universalis huius mundi fabrica maximum lumen"), weil er nämlich „die reinen Erkenntnisbilder der intelligiblen Dinge" offenbart und so die „Augen der Vernunft" erleuchtet (Dionysii I,1, Super ierarchiam coelestam, Übers. R. Assunto: Die Theorie des Schönen im Mittelalter, S. 189). In diesem Sinne einer ‚Erleuchtung' der Seele ist jeder materielle Gegenstand letztlich *Lichtenergie*. Das Bild einer „wesenhaft guten" Schöpfung leuchtet er den Augen des Verstehens ein:

> Dieser Stein oder jener Holzklotz sind mir ein Licht. Und fragst du mich, wie dies zu verstehen ist, dann mahnt mich die Vernunft, dir zu antworten, dass mir beim Betrachten dieses oder jenes Steines vieles einfällt, was meine Seele erleuchtet. Ich bemerke nämlich, dass er wesenhaft gut ist und auf seine eigene Weise schön [...]. (Dionysii I,1, Super ierarchiam coelestam, Übers. R. Assunto: Die Theorie des Schönen im Mittelalter, S. 188.)

Die *Materie* wird in dieser mystischen Theologie selbst zu einem *Immateriellen*: Licht, das seinerseits das Licht der reinen Erkenntnis im Schauenden anzündet und damit das Sein der Welt selbst für den sehenden Blick als eine *lichte* und *intelligible* Gestalt des *Geistes* offenbart.

Die gotische Kunst setzt diese im Grunde alte, in der Früh- und Hochscholastik neu entdeckte Theorie des Lichts in *architektonische* Formen um. Man kann sie daher lesen als eine diesseitige *Inszenierung* eben jener *Lichtmetaphysik*, die Gott als Emanation des Lichts, als Einfließen von Energie in die materielle Welt, als spirituelle Durchdringung der Körper deutet.

Der Mann, der diesen neuen Baustil erstmalig in Europa in Szene setzt, ist der genannte Abt Suger von St. Denis in Paris. Suger war kluniazensischer Benediktiner und wollte im Sinne Clunys auch ein glanzvolles lichtes Gotteshaus als Rahmen für die Liturgie. Zwischen 1135 und 1144 macht sich der Abt Suger an den Wiederaufbau der Abteikirche von St. Denis, die zugleich Grabeskirche der französischen Könige war. Suger baute die Kirche um, indem er den neuen Chor auf die Krypta stellte und zugleich den Ausbau der Kapellen im Sinne jener Lichtmetaphysik, die er auch als Inschrift an das Portal der Kirche anbringen ließ, größer und lichter ausführte. Dunkle Mauern wurden eingerissen und der Raum für das Licht durch große spitzbogige Fenster geöffnet, das typische Merkmal der Gotik. Durch diese Fenster konnte nun das Licht in den Raum fluten. Dadurch wurde der Gottesdienst selbst zu einem Schauspiel der Präsenz Gottes als Einströmung seines Lichts in den irdischen Raum.

Im Gegensatz zur Romanik eignet der Gotik eine *diaphane* d.h. durchscheinende *Struktur*. (Jantzen: Die Gotik des Abendlandes, 17 ff) *Transparenz*, *Durchsichtigkeit*, *Helligkeit* sind die Merkmale eines gotischen Baukörpers als Repräsentanzform des christlichen Jenseits im Diesseits.

Damit solche Effekte erzielt werden konnten, musste auch ein neuer Standard der *handwerklichen* Kunst erreicht werden. Die Dombauhütten, die die christlichen Kathedralen bauten, verfügten offensichtlich über eine neue Form statischer Berechnung und rationaler Bauplanung. Dazu gehörte auch das

Transportproblem. Bereits bei dem Bau der Kathedrale von Amiens und anderer Kathedralen wurden Bauteile präfabriziert und am Baukörper selbst nur noch zusammengesetzt, eine Bautechnik, die genaue Messung und intellektuelle Planung des Gesamtbaukörpers voraussetzt, wie ja auch die erhaltenen Baupläne und Zeichnungen zeigen (Swaan: Die großen Kathedralen, S. 71ff). Dabei verfügt die Gotik auch über neues metallenes Gerät, mit dem man Steine sehr viel genauer behauen und bearbeiten kann.

Die gotische Kathedrale ist die gegenüber der romanischen Basilika *intellektuellere* Bauform. Sie repräsentiert einen höheren Stand *mathematisch-statischen* Wissens und der handwerklichen Bewältigung von Materie. In diesem Sinne präsentiert sie sich als eine gegenüber der stärker bodengebundenen und empirischen Romanik überlegene Bautechnik. Sie repräsentiert zugleich eine gegenüber der Romanik *lichtere* Form der Theologie.

Die Kathedrale der Gotik umschließt auch eine andere Konzeption der *Gemeinde*. Die gotische Hallenkirche bildet im Wesentlichen *einen* großen Raum, in dem Klerus und Laien, Bürger, Adel, kirchliche Würdenträger und gemeines Volk *gemeinsam* am Gottesdienst teilhaben. In Chartres sind es die Handwerkerzünfte, die die kostbaren Glasfenster stiften und somit direkt auch an der Gestaltung des Kultraumes mitwirken. Jede Korporation hatte in Chartres *ihr* Fenster. Zwar wird auch in den großen Kathedralen der Gotik die gesellschaftliche Hierarchie nicht aufgehoben und durch Untergliederung des Kultraums kenntlich gemacht. Aber von der Anlage her bildet der ganze Raum *eine* Lichteinheit, die zugleich auch die Gemeinde mit umfasst.

Dabei lehnt sich die gotische Kunst der Fenster an die ‚illuminierende‘ Buchkunst an. Sie stellt Schlüsselszenen der heiligen Schrift dar und erläutert sie vielfach, indem sie Szenen des Alten mit denen des Neuen Testamentes korreliert. Sie knüpft dabei an eine Theologie der Schrift an, die das Alte Testament als allegorische Vorausdeutung des Neuen und das Neue als Erfüllung des Alten ansieht. Diese Ästhetik der Entsprechungen geht zurück auf die Lehre vom dreifachen Schriftsinn des Philo von Alexandria und Origenes, die den buchstäblichen vom moralischen und pneumatischen Sinn unterscheidet. Dadurch geraten Altes und Neues Testament in eine symbolische Entsprechung zueinander, da so Texte des Alten Testamentes als Vorausdeutung des Neuen gelesen werden konnten, deren Korrespondenzen allerdings nur die symbolische Deutung erkennt. Das Licht, das durch die weit geöffneten gotischen Spitzfenster eindringt, ist somit zugleich ein Licht des *Wissens*, das einen avancierten Stand der Theologie anzeigt in der Illumination der Doppel- und Mehrfachbotschaften der Heiligen Schrift.

Die Öffnung des Raumes in der gotischen Hallenkirche repräsentiert eine neue *religiöse* wie *gesellschaftliche* Mentalität. Während die romanische Kirche sich vielfach als Grabeskirche über dem in der unterirdischen Krypta aufbewahrten Reliquienschrein erhebt und in dieser unterirdischen Krypta auch ihr religiöses Zentrum hat, reckt sich die gotische Kathedrale als ein gewaltiges nach oben strebendes Konstrukt dem Licht entgegen, das sie einfängt. Der Lichtraum der

Kosmologie des Lichts und der Menschwerdung Gottes
Gotische Architektur

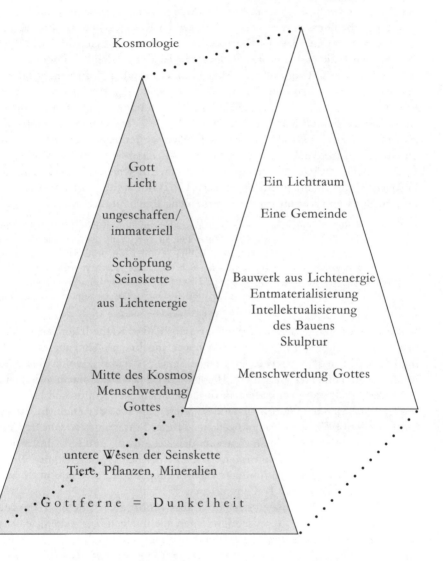

Gotische Kathedrale

Kosmologie

Gott
Licht

ungeschaffen/
immateriell

Schöpfung
Seinskette

aus Lichtenergie

Mitte des Kosmos
Menschwerdung
Gottes

untere Wesen der Seinskette
Tiere, Pflanzen, Mineralien

Gottferne = Dunkelheit

Ein Lichtraum

Eine Gemeinde

Bauwerk aus Lichtenergie
Entmaterialisierung
Intellektualisierung
des Bauens
Skulptur

Menschwerdung Gottes

Gotik ist somit in eins der Raum der Lichtheit Gottes wie auch der Repräsentanz des Wissens und Könnens des Menschen. Die gotische Raumkonstellation wird so zur *ästhetischen* Darstellung der göttlichen Schöpfung als Emanation des Lichts wie des menschlichen *Wissens* um dieses Wesen und die Form der Annäherung an Gott. Die gotische Kathedrale repräsentiert den avanciertesten Stand der Theologie *wie* der Mathematik *wie* der Handwerkskunst ihrer Zeit. Es ist daher kein Zufall, dass sie das religiöse Zentrum der Städte in jenen Zonen Europas wird, die am weitesten fortgeschritten sind in der Theologie, im Handel, im Handwerk. Umgekehrt wird sich die Gotik überall dort nicht oder nur mit Mühe durchsetzen, wo dieser avancierte Stand des Wissens nicht erreicht ist: Das gilt für weite Teile Südfrankreichs, Süditaliens, Spaniens, Nordenglands und anfänglich auch Deutschlands. An der Verbreitung der Gotik zeigt sich bereits eine *Differenzierung* Europas nach weiter fortgeschrittenen städtischen und stärker rückständigen agrarischen Zonen.

Die Intellektualität, die Pracht, die Schönheit der neuen gotischen Formen blieb allerdings nicht unwidersprochen. Um 1140 weilt Bernhard von Clairvaux in Paris und wettert dort gegen die neue Prachtkunst:

> Ohne von der riesigen Höhe eurer Oratorien, ihrer maßlosen Länge und Breite, ihrer prunkvollen Dekoration und ihrer Malereien zu sprechen, die zur Neugier reizen und die nur die Aufmerksamkeit der Gläubigen ablenken, ihre Sammlung vermindern [...] begnüge ich mich, wenn ich mich an meinesgleichen wende, die gleiche Sprache zu sprechen wie ein gewisser Heide sprechen würde. Wozu, sagt er, oh Priester, dieses Gold in der Kirche? (Zitiert in Duby: Das Europa der Kathedralen, S. 59 f).

Für Bernhard von Clairvaux ist dieser Baustil der Kathedralen zu groß, zu prunkvoll, zu äußerlich. Auch der von Suger angebrachte Eingangsspruch hält ihn nicht ab von seiner Kritik, in der auch eine Sprachkritik anklingt. Bewusst wählt er den Ton eines einfachen „Heiden", der quasi mit einfachen Fragen die Unvereinbarkeit von prunkvoller Form und christlicher Armut und Demut offen legt. Das ist auch eine Kritik an der anderen Sprache der Stadt. In Paris hat mittlerweile die *Dialektik* Einzug gehalten. Ihren Protagonisten vor Ort, Abaelard, klagt Bernhard im selben Zeitraum der Ketzerei an und lässt ihn verurteilen. Denn der Krieg der Bauformen ist auch einer der Theologien, und ein solcher wird im frühen 13. Jahrhundert, das gerade dabei ist, die Inquisition zu installieren, auf Leben und Tod ausgetragen.

Zu den großen Leistungen der Gotik aber gehört auch eine neue Form der *steinplastischen Figur*. Sie repräsentiert einen nicht eigentlich neuen, aber mit neuem städtischen Selbstbewusstsein durchdrungenen Stand der Theologie. Es ist die Theologie der *Menschwerdung Gottes*, mithin der Vermenschlichung des Göttlichen. Wenn Gott Mensch geworden ist, kann das Göttliche auch menschlich dargestellt werden. Diese Entscheidung hatte ja bereits im Byzantinischen Bilderstreit des 8. Jahrhunderts n. Chr. die Westkriche gegen die Ostkirche gefällt. Die gotische Steinfigur führt so jenen Weg fort, den die abendländische Kunst seit dem 8. Jahrhundert eingeschlagen hat und der sie von der

Kunst der Ostkirche und des Islam unterscheidet: Sie ist eine Kunst der möglichen Bilddarstellung Gottes. Im Gegensatz zur Romanik, die Gott als ewig, abgerückt, übermenschlich, herrscherlich darstellt, *vermenschlichen* die gotischen Steinfiguren das Göttliche. Die Ästhetik der Gotik ist eine der *Verdiesseitigung* des Jenseitigen, der *Verkörperlichung* des *Göttlichen*. Es sind nun vielfach auch dem Alltag nahe allegorische Szenen, die die Eingangsportale der gotischen Kathedralen zieren, wie die Darstellung der klugen und der törichten Jungfrauen am Portal des Straßburger Münsters. Die gotische Kathedrale ist das Produkt einer neuen städtischen Kultur, ihrer Theologie, ihrer Handwerkskunst, ihrer Weltoffenheit. Von Frankreich aus erobert diese neue Baukunst den europäischen Raum: Burgund und die Normandie, England, Deutschland, die Niederlande, Spanien. Die Kunst der Gotik ist die schönste Repräsentanz der christlichen Jenseitslehre in der Welt des europäischen Mittelalters.

Literatur:

Assunto, Rosario: Die Theorie des Schönen im Mittelalter. Köln 1982.
Binding, Günther: Was ist Gotik? Eine Analyse der gotischen Kirchen in Frankreich, England und Deutschland 1140–1350. Darmstadt 2000.
Cassanelli, Roberto (Hg.): Die Baukunst im Mittelalter. Düsseldorf 2005.
Duby, Georges: Die Zeit der Kathedralen. Kunst und Gesellschaft 980–1420. Frankfurt 1987.
Ders.: Das Europa der Kathedralen. 1140–1280. Stuttgart 1985.
Jantzen, Hans: Die Gotik des Abendlandes. Idee und Wandel. Mit einem Nachwort von Willibald Sauerländer. Köln 1997.
Markschies, Christoph: Gibt es eine Theologie der gotischen Kathedrale? Nochmals: Suger von St. Denis und Sankt Dionys vom Areopag. Heidelberg 1995.
Pseudo-Dionysius Areopagita: Die Namen Gottes. Eingeleitet, übersetzt und mit Anmerkungen versehen von Beate Regina Suchla. Stuttgart 1988.
Schottner, Alfred: Die „Ordnungen" der mittelalterlichen Dombauhütten. Verschriftlichung und Fortschreibung der mündlich überlieferten Regeln der Steinmetzen. Münster/Hamburg 1994.
Swaan, Wim: Die großen Kathedralen. Übertragung aus dem Englischen: Herbert Frank. Köln 1969.

Scholastische Kritik und ihre Widersacher: Abaelard und Bernhard

Aus der Perspektive der Europäistik erscheint das christliche Hochmittelalter stärker, als dies in der Mediävistik betont wird, auch als eine Durchgangsphase in jenem Siegeszug der Logos-Kodierung der europäischen Kultur, der mit der griechischen Antike begann und sich in der Neuzeit in Abstoßung von der christlichen Theologie fortsetzte. Bereits in der Antike wird die christliche Pistis von hellenischem Denken durchsetzt (Kap. 3.1–3.2), und dieser Trend verstärkt sich im christlichen Mittelalter auf der Grundlage jener Synthesen von

Logos und Pistis, die bereits die christliche Antike vorgegeben hatte. Jene Durchdringung und auch Überformung der christlichen Pistis durch den Logos aber führt bereits im Hochmittelalter zu einer Unterminierung der Glaubensansprüche der Pistis, zumindest werden diese ansatzweise relativiert. Das unterscheidet auch den mittelalterlichen theologischen Diskurs grundlegend von dem der Antike, in welcher die logische Argumentation die Überlegenheit der christlichen Pistis über die heidnischen Religionen erweisen sollte (Kap. 3.2).

Am Ende des Mittelalters aber steht nicht einfach der Sieg des Konkreten über das Allgemeine der Gottesvorstellung und der mit ihr verbundenen Universalien, wie häufig zu lesen ist, sondern steht der Sieg der *Erkenntnistheorie* über den *Offenbarungsanspruch* der Pistis, mithin der Sieg des kritischen Logos über die Pistis und ihre Glaubenszumutungen.

Der Prozess der Überformung und Reformulierung der Glaubensgehalte und Glaubensfragen durch den philosophischen Logos und in ihm bildet den Kerngehalt der *scholastischen Theologie*. Dies ist zugleich ein Geschichtsprozess, in dem die europäischen *Universitäten* entstehen und eine neue Form religiösphilosophischer Geistigkeit sich in den urbanen Zentren Europas ausbreitet. Es ist aber auch ein Prozess, der von machtvollen Vertretern der Kirche wie Bernhard von Clairvaux argwöhnisch und skeptisch beobachtet wird, der die neue Intellektualität für „eitle Geschwätzigkeit der Philosophen" hält und diese ablehnt wie den prunkvollen Konstruktivismus der gotischen Kathedralen.

An der Gestalt des Theologen Petrus Abaelardus (1079–1142) ist dieser Kampf um die neue Gestalt des Geistes im hohen Mittelalter gut nachzuvollziehen. Das frühe 12. Jahrhundert erweist sich so mentalitätsgeschichtlich als eine Nahtstelle des Übergangs zu einer neuen Form der Theologie, in welcher bereits die Keime der Neuzeit stecken. Die Biographie des Abaelard verläuft so dramatisch entlang dieser epochengeschichtlichen Umbruchlinien, dass es sich lohnt, zumindest kurz darauf einzugehen. An dieser Biographie sind die mentalen Hauptkampflinien des Hochmittelalters gut zu erkennen.

1079 bei Nantes geboren, studiert Abaelard bei dem Theologen Roscelin in Loches und bei Wilhelm von Champeaux in Paris. Dieser Lehrer vertritt die Auffassung, das Universale und die universalen Begriffe (z.B. ein Begriff wie „Lebewesen") wohne ungeteilt in den darunter begriffenen Individuen. Der Schüler Abaelard wendet ein, dass demnach eine Substanz wie „Lebewesen" quasi zerrissen werden müsse, wenn sie in unterschiedlichen Individuen wie einem Menschen und einem Tier zugleich anwesend sein solle. Das Argument erzwang eine Rücknahme des Realismus und Substantialismus der Gattungsbegriffe. Abaelard bereitet so eine Wendung in der Auffassung der sogenannten *Universalien* vor. Seine Position wird sein, sie auch als ‚Konzepte' unseres Verstehens und nicht nur als reale Entitäten zu begreifen.

1114 findet sich Abaelard als Kanonikus und Lehrer der Logik an der Schule von Notre-Dame in Paris ein. In diese Zeit fällt auch sein berühmt gewordenes Liebesverhältnis mit der Privatschülerin Heloisa, über die er selbst in einem autobiographischen Text, dessen Echtheit allerdings umstritten ist, Auskunft gibt. Jene hübsche und kluge junge Frau Heloisa, Nichte eines Domherrn mit Namen Fulbert, erregt offenbar nicht nur sein intellektuelles Interesse:

> Sie, die ich mit allem geschmückt sah, was Liebhaber anzulocken pflegt, gedachte ich nun, da sie eher willfährig war, zur Liebe an mich zu fesseln [...] (Abaelard und Heloisa, 1, 12)

Zunächst ist immerhin bemerkenswert, dass hier eine junge Frau für die intellektuelle Ausbildung vorgesehen ist. So ganz in Häusern versteckt mussten also Frauen zumindest in den urbanen Zentren des Hochmittelalters nicht verharren. Abaelard allerdings missbraucht seine Rolle als Lehrer. Nicht uneitel beruft er sich auf seinen wissenschaftlichen Ruf, seine Jugend und Schönheit, „so dass ich keine Zurückweisung fürchten zu müssen glaubte" (ebd.). Relativ kühl und geplant macht er sich an die Verführung des jungen Mädchens. Über Zwischenmänner lässt er sich bei dem Oheim des Mädchens als Privatlehrer anpreisen, der seinerseits sich geschmeichelt fühlt, seine Nichte einem so hochrangigen und wohlbekannten Manne anvertrauen zu können.

> Er überließ sie offensichtlich ganz und gar meiner Erziehung und bat mich obendrein dringend, ich möchte doch ja alle freie Zeit [...] auf ihren Unterricht verwenden, ja, wenn ich spürte, dass sie nachlässig sei, solle ich sie rücksichtslos züchtigen. (Abaelard und Heloisa 1, 13. Übersetzung: H-W. Krautz).

Ahnungslos hat so der Oheim alle Mittel auch der Strafe dem Verführer in die Hände gegeben. So kommt es denn rasch auch zur Verführung des jungen Mädchens durch den Lehrer. Und wenn bereits Augustin vor der Macht der sinnlichen Begierde eindringlich gewarnt hatte, so muss nun auch Abaelard erfahren, dass sie mit „gewaltiger" Kraft sein ganzes Fühlen und Denken einnimmt:

> Und je mehr mich diese Lust ergriffen hatte, desto weniger hatte ich mehr Zeit und Muße für Philosophie und Schule. (Abaelard und Heloisa 1, 14)

Die Liebesbeziehung bleibt nicht ohne Folgen: Heloisa wird schwanger. In Abwesenheit Fulberts bringt Abaelard seine als Nonne verkleidete Geliebte in die Bretagne. Sie gebiert dort einen Sohn, genannt Astrolabus. Als Abaelard nun auch noch vor der Heirat mit der Mutter seines Kindes zurückschreckt, weil er befürchtet, die Heirat könne seine Dozentenkarriere hemmen und ihn zum Gespött der Schulwelt machen, muss dem Oheim Fulbert, dessen Schmerz und „Raserei" über die Affäre Abaelard eingehend schildert, der Geduldsfaden gerissen sein. Er überfällt Abaelardus bei Nacht mit einem Trupp Männer und lässt ihn kastrieren, was Abaelard retrospektiv selbstkritisch so kommentiert:

> Wie gerecht war Gottes Strafe, die mich an dem Teil meines Körpers schlug, mit dem ich gesündigt hatte. (Abaelard und Heloisa 1, 25)

Erst jetzt entwickelt sich eine ganz andere Liebe zwischen Abaelard und Heloisa, die zeitlebens anhalten wird und den Mythos einer geistig-seelischen Liebe zwischen Abaelard und Heloise im Mittelalter begründet hat.

Die schwere Verletzung des Abaelard allerdings hat seine intellektuelle Leidenschaft nicht gezähmt. Rasch hat er auch wieder Erfolg bei den Schülern, der Neid und Missgunst bei seinen Feinden erregt. Sein ehemaliger Lehrer, Roscelin, organisiert ein konzilsähnliches Konventikel, das im Jahre 1121 in Soissons zusammentritt, um über die Rechtgläubigkeit der Theologie des Abaelard zu befinden. Seine „Abhandlung über die göttliche Einheit und Dreieinigkeit" (De unitate et trinitate divina) wird partiell als häretisch beurteilt. Eigenhändig muss Abaelard seine Schriften ins Feuer werfen. Er ist unterlegen, aber nicht geschlagen. Aus den Klostermauern, hinter die er zu Lebenszeit verbannt wurde, flieht er und lässt sich in der Einöde als Einsiedler nieder. Um 1130 gründet er auch ein Kloster mit Nonnen und mit Heloisa, jetzt seine „geliebte Schwester in Christo".

Anfang der dreißiger Jahre des 12. Jahrhunderts nimmt er die Lehrtätigkeit auf dem Genovevaberg in Paris wieder auf. Sein Schulerfolg ist nach wie vor, wie auch seine literarische Produktivität, ungebrochen. Er arbeitet an einem Werk mit dem dialektischen Titel „Ja und Nein" (Sic et Non) einer „Ethica", einer „Dialectika". Aber er hat gefährliche Feinde. Sein stärkster Gegner ist Bernhard von Clairvaux, der ihn zusammen mit seinem Freund Wilhelm von St. Thiery bekämpft. Und Bernhard betreibt diesen Krieg auf höchster Ebene. Er lässt eine Bischofssynode nach Sens einberufen. Abaelard soll sich dort verteidigen. Aber Bernhard, der über beste Drähte auch zu Papst Innozenz II. verfügt, hat bereits die Kleriker gegen Abaelard eingenommen. Große Teile seiner Lehre, insbesondere zur Dreifaltigkeit, werden erneut und verschärft als häretisch gebrandmarkt. Der schwerkranke Angeklagte will sich noch auf den Weg nach Rom machen, um sich dort zu verteidigen. Aber auch in Rom wird der Schuldspruch umgesetzt und auch dort die Werke Abaelards verbrannt. Als einfacher Mönch lebt er noch eine Weile im Schutz Clunys. Der Abt dort betreibt eine zumindest partielle Versöhnung Bernhards mit Abaelard, der 1142 in St. Marcel, einem Priorat des Klosters Cluny, stirbt. 1164 stirbt auch seine Geliebte Heloisa als Äbtissin jenes Klosters, das er gemeinsam mit ihr gegründet hatte. Ob der Briefwechsel zwischen den beiden als echt gelten kann, ist allerdings bis heute nicht abschließend geklärt.

Was war so anstößig an der Denkweise und an der Lehre Abaelards für seine Zeit? Anstößig war insbesondere eine neue *Methodik*: die *dialektisch-kritische* Prüfung der Heiligen Schrift. Der Text „Ja und Nein", entstanden ungefähr 1121 bis 1140, stellt verschiedene Stellen der Bibel gegeneinander, die sich zu widersprechen scheinen. Abaelard will darum den Glauben nicht unterminieren oder unglaubhaft machen, wohl aber prüfen und sortieren, um welche Formen von *Widersprüchen* es sich dabei handelt. Handelt es sich um bloße Äquivalenzen der Wortlaute (voces) bei verschiedenen Bedeutungsgehalten? Kommt es zu Missverständnissen, weil den Autoritäten falsche Texte untergeschoben worden sind? Ist ein Ausdruck vielleicht nur aus seiner Zeit heraus so gebraucht worden und muss daher in seiner Bedeutung relativiert werden? Oder liegt tatsächlich ein manifester Widerspruch (manifesta controversia) vor? Im letzteren Falle entscheidet allerdings nicht mehr die Dialektik, sondern die Autorität der Kirche.

Das methodische Verfahren einer *kritischen Gegenüberstellung* von Begriffen und Sätzen, eine kritische Argumentation pro und contra ist in der Tat neu in der mittelalterlichen Welt. Es wird – trotz der Verurteilung Abaelards – zum gängigen Verfahren der mittelalterlichen Scholastik und der Universitäten werden. Abaelards Denken markiert hier eine neue Position, insofern er eben nicht wie Bernhard von Clairvaux direkt auf die *Inhalte* der religiösen Botschaft zugeht, sondern erst einmal *sprachkritisch* die Formen der Rede darüber sortiert. Damit etabliert sich im Umfeld der hochmittelalterlichen Scholastik eine neue Form der *kritischen Erkenntnistheorie*, die letztendlich in der Tat den Glaubensanspruch relativiert hat.

Zudem führt Abaelard in seiner Trinitätslehre auch eine Argumentation in die theologische Diskussion ein, die eine *Prioritätsverschiebung* bedeutet. In seiner Schrift über die göttliche Einheit und Dreieinigkeit stützt sich Abaelard nämlich nicht einfach auf die Autorität der Heiligen Schrift und der Kirchenväter, sondern wesentlich auch auf die platonische Philosophie. Dabei war Abaelard nicht von Anfang an ein Anhänger Platons gewesen. Wahrscheinlich im Kloster St. Denis, wo er nach seiner Kastration 1117 weilt, lernt er Texte Platons, so den „Timaios", genauer kennen und übernimmt nun platonisches Gedankengut in seine Trinitätslehre. Platon schreibt er sogar eine größere Autorität zu als den Propheten. Abaelard deutet Gottvater als die Macht, den Sohn als die Weisheit, den Heiligen Geist vergleicht er mit Platons Weltseele. „Der Geist, den er [Platon] ‚nous' nennt, stammt von Gott ab. Mithin ist er ein Sohn von der Substanz des Vaters." (Tractatus de unitate, Buch III, Kap. 2, 97) Explizit behauptet Abaelard dann auch, der heidnische Philosoph hätte diese ‚Abstammung von Gott' „um vieles deutlicher als die Propheten" erkannt.

> Angemessener als jene mit ‚Wort' bezeichnet Plato die Vernunft oder die Weisheit Gottes mit ‚Geist/Bewusstsein' (mens). (Abaelard: Tract. de unitate III, 2, 248.)

Man braucht hier nicht im Einzelnen die komplizierte Trinitätslehre des Abaelard zu diskutieren, um zu sehen, dass er in der Tat eine *Umbesetzung* vornimmt: weg von der Autorität der Propheten hin zur Autorität der Philosophie, die nach Abaelard die eigentliche Inspirationsquelle der Selbstaussage Jesu Christi war:

> Den Worten der Philosophen zustimmend, nennt sich Christus der Herr trefflich eher ‚Sohn Gottes' als ‚Wort'. (Abaelard: Tract. de unitate III, 2, 255)

Man sieht hier sehr genau die Umbruchstelle des philosophischen Denkens: Für Origenes und auch für Augustinus war Platon ein wichtiger Mitstreiter der christlichen Pistis gegen die heidnische Religion. Aber für diese antiken Theologen war immer klar, dass die Heilige Schrift die Hauptoffenbarungsquelle ist und die Philosophie dieser an Wahrheitswert nachgeordnet. Abaelard kehrt das Verhältnis um: Die Philosophie ist die größere Autorität gegenüber der Heiligen Schrift in der Trinitätserläuterung, Platon ist ihm in dieser Sache wichtiger, weil der Wahrheit näher, als die Propheten. Das Denken emanzipiert sich von der Offenbarung der Heiligen Schrift.

Seine Feinde waren von solchen Denkfiguren und Inhalten natürlich tief alarmiert. Sie hielten Abaelard für einen eitlen und auch neuerungssüchtigen Professor, der partiell nicht einmal richtig disputiere, sondern nur rumspinne: „Isto non disputante, sed dementante". Im Grunde geht es bei solchen Vorwürfen auch um einen *Krieg* der *Priesterkaste* gegen ein neues, *kritisch-dialektisches Denken* eines neuen Typus: des *mittelalterlichen Intellektuellen*. Für Bernhard ist das nur eitles „Geschwätz". Aber es ist kein Zweifel, dass mit Männern wie Anselmus von Canterbury und Abaelard eine neue Intellektualität in die Theologie eindringt. Der große Mediävist Jacques Le Goff sieht Abaelard in einem epochengeschichtlichen Rahmen: „Er ist – im Rahmen der Neuzeitlichkeit des 12. Jahrhunderts – der erste große neuzeitliche Intellektuelle, der erste *Professor*." (Le Goff: Die Intellektuellen im Mittelalter, S. 40)

Literatur:

Abaelard, Peter: Der Briefwechsel mit Heloisa. Übersetzt und mit einem Anhang herausgegeben von Hans-Wolfgang Krautz. Stuttgart 2001.
Ders.: Dialogus inter Philosophum, Iudaeum et Christianum. Textkritische Edition von Rudolf Thomas. Stuttgart-Bad Cannstatt. 1970.
Ders.: Theologia summi boni. Tractatus de unitate et trinate. Abhandlung über die göttliche Einheit und Dreieinigkeit. Übersetzt, mit Einleitung und Anmerkungen herausgegeben von Ursula Niggli. Lateinisch/Deutsch. Hamburg 1989.
Ders.: Sic et Non. Texte établi, traduit, introduit et commenté par Patrick Morin. Paris 1994.
Le Goff, Jaques: Die Intellekturellen im Mittelalter. Stuttgart 1987.
Marenbon, John: Platonismus im 12. Jahrhundert: Alte und neue Zugangsweisen. In: Kobusch, Theo und Burkhard Mojsisch (Hg.): Platon in der abendländischen Geistesgeschichte. Neue Forschungen zum Platonismus. Darmstadt 1997, S. 101 ff.
Pernoud, Régine: Heloise und Abaelard. Ein Frauenschicksal im Mittelalter. Aus dem Französischen von Claire Barthélemy-Höfer und Frank Höfer. Vierte Auflage. München 2000.
Thomas, Rudolf (Hg.): Petrus Abaelardus (1079–1142). Person, Werk und Wirkung. Trierer Theologie Studien. Bd. 38. Trier 1980.

Durchdringung von Pistis und Logos im Hochmittelalter und die Systemstruktur der Scholastik

Bereits in der Spätantike hatten antike Autoren wie Origenes und Augustin eine Synthese von Philosophie und Glauben angestrebt, obgleich Augustin immer auch die Defizite der Philosophie – sie ist letztlich noch Götzendienst – betont hatte (Kap. 3.2). Gleichwohl weist diese Durchdringung von Pistis und Logos den Weg, den auch die Scholastik genommen hat. Eines der frühen Traktate der Scholastik, das Traktat des Anselm von Canterbury (1033/4–1109 n. Chr.) mit dem Titel „Warum Gott Mensch geworden ist" (Cur Deus homo), ist noch nach dem Modell Platons als Dialog angelegt und ist auch vom platonischen Logos durchdrungen, um den Nachweis der *Vernünftigkeit* der christlichen Glaubenslehre zu führen.

Anselm spricht mit dem Mönch Boso, seinem Nachfolger als Abt im Kloster Bec in der Normandie. Dabei ist es auch Ziel des Dialoges, den christlichen Glauben für die ungläubigen Heiden attraktiv zu machen. Gerade gegenüber den Ungläubigen muss sich die Vernünftigkeit des christlichen Glaubens und das heißt: die Stichhaltigkeit der Argumentation erweisen. Auf die Vernünftigkeit der christlichen Pistis vertraut Anselm. „Denn" – so lautet seine zu Grunde liegende These – „der Wille Gottes ist niemals unvernünftig." (Warum Gott Mensch geworden ist, 1. Buch, Kap. 8) Diese Vernünftigkeit des Willens Gottes nun gilt es auch für den *Nichtchristen* plausibel zu machen.

Die Methode des Verstehens der Werke Gottes und seiner Offenbarung kann also nicht nur, sondern sie *muss* sich der Vernunft bedienen. Die Methode, die Anselm in der kleinen Schrift zwangsläufig wählt, ist die einer *logischen* Gedankenführung in Dialogform, wie sie bereits Platon vorexerziert hatte. Diese Methode wird nun auf die christliche Botschaft appliziert. Damit wird die christliche Offenbarung selbst der Feuertaufe einer *logischen Überprüfung* unterzogen. Die christliche Offenbarung wird bei Anselm von Canterbury einer ihrer Herkunft nach antiken Logos-Kodierung unterstellt.

Das Leitwort der neuen Argumentationslinie dieses theologischen Traktats in Dialogform heißt: *Begründung* (ratio). Es müssen *logische Gründe* für das Heilsgeschehen, so wie es die Heilige Schrift überliefert, gefunden werden, wenn die Logizität des christlichen Glaubens und damit des Handelns Gottes nachgewiesen werden soll. Offensichtlich antwortete die neue wissenschaftliche Methode der Argumentation bereits auf Fragen, wie sie sich viele Kleriker und Laien auch in Auseinandersetzung mit anderen Religionen – der jüdischen, dem Islam – stellten. Warum opfert ein allmächtiger Gott seinen Sohn? Warum zwingt er ihn zu sterben? Warum lässt er ihn leiden? Kann ein Gott, wenn er allmächtig ist, überhaupt leiden und sterben?

Anselm geht daran, diese Frage mit *rationalen Argumenten* anzugehen. Dabei versteht sich solche Rationalität selbst letztlich doch, anders als die Dialogik Platons, als eine göttliche Offenbarung. Alle Gründe, die er gibt, gelten nur auf Zeit, solange, „bis es mir Gott irgendwie besser offenbart" (Warum Gott Mensch geworden ist, 1. Buch, Kap. 2). Noch nicht wird in solcher Argumentation die Rationalität primär als Leistung des menschlichen Intellekts begriffen, auch wenn Anselm eben dessen Leistungsfähigkeit in der logischen Durchdringung der Offenbarung vorführt. Alles, was in dem Dialog behauptet wird, unterliegt so einerseits selbst einem Offenbarungswillen Gottes, der die gefundene Logik durch eine tiefere ersetzen kann. Andererseits wird so im Kern bereits die Progressivität und Unabgeschlossenheit des logischen Denkens in der Durchdringung einer so komplexen Materie vorgeführt, auch wenn noch als Offenbarung Gottes gedeutet.

Der Dialog ist in zwei Bücher aufgeteilt. Die Fragen aus der Perspektive des Außenstehenden – der Perspektive der Heiden – stellt Boso. Anselm gibt die logischen Antworten. Er führt sich also selbst in dem Text als den Garanten jener Vernünftigkeit und Rationalität ein, die er der Schöpfung unterstellt und in deren Licht er sie deutet. Der Sprecher Anselm wird so zwangsläufig selbst zum Anwalt einer *Logizität* des Universums, die mit der Anstrengung des Begriffs aufzudecken ist.

Warum aber nun hat Gott seinen Sohn als Mensch in die Welt gesandt und geopfert? Anselm argumentiert im Sinne einer von Gott gut und gerecht gemachten Weltordnung, die ihn aber selbst in den Zugzwang setzt, darauf zu achten, dass sie nach den Regeln jener Gerechtigkeit, die er eingerichtet hat, weiterhin funktioniert. Gott selbst steht im Zugzwang seiner eigenen gerechten Weltordnung. Diese Ordnung aber ist durch die Ursünde des Menschen zerstört worden. Könnte nun nicht Gott, der Allmächtige, einfach den Menschen vergeben, durch einen Gnadenakt also die gute Ordnung des Universums wieder herstellen?

> A. Wenden wir uns zurück und sehen wir, ob es Gott geziemt, durch bloßes Erbarmen, ohne alle Abzahlung der ihm genommenen Ehre, die Sünde nachzulassen.
> B. Ich sehe nicht ein, warum es sich nicht geziemte.
> A. So die Sünde zu erlassen ist nichts anderes als nicht bestrafen. Und da die Sünde – ohne Genugtuung – ordnungsgemäß regeln nichts anderes ist, als sie bestrafen: wenn sie nicht bestraft wird, wird sie ungeordnet gelassen.
> B. Vernünftig ist, was du sagst.
> A. Gott aber geziemt es nicht, etwas in seinem Reiche ungeordnet zu belassen.
> B. Wollte ich anders sagen, fürchtete ich zu sündigen.
> A. Also ziemt es sich für Gott nicht, die Sünde so ungestraft zu lassen.
> B. So ist es folgerichtig. (Anselm: Warum Gott Mensch geworden, 1. 12)

Anselm setzt hier einen Ordnungsbegriff voraus, der es Gott selbst nicht erlaubt, einfach durch Gnadenakt alles gut sein zu lassen. Es „ziemt" sich nicht für Gott, „die Sünde so ungestraft zu lassen". Im Rahmen der gesetzten Weltordnung von Schuld und Sühne *muss* die Schuld gesühnt werden, wenn das gesamte System der Rechtsordnung Gottes nicht aus den Fugen geraten soll. Da aber nun der Mensch eine so große Schuld auf sich geladen hat, dass er sie selbst gar nicht abgleichen kann, muss Gott selbst in seine besudelte Schöpfung eingreifen und sie wieder ins Lot bringen. Aus dieser Intention des Schöpfers heraus, seine Schöpfung zu reinigen, entsendet er seinen Sohn, der durch seinen Sühnetod die Urschuld Adams aufhebt. Die doppelte Natur Jesu Christi als Gott wie als Mensch erlaubt ihm, von Gott gesandt, aber auch aus eigenem freien menschlichen Willen, dieses irdische Erlösungswerk im Auftrage Gottes durchzuführen. Die Doppelnatur Christi gleicht die menschliche

Schuld als Mensch ab, aber zugleich von göttlicher Warte aus und in göttlichem Auftrag. Im Kontext einer gerechten Weltordnung, die für Schuld auch Sühne verlangt und für eine übermenschliche Schuld eine göttliche Entlastung, ist der Kreuzestod Christi also absolut *logisch*. Im Kern freilich hat Anselm von Canterbury, der zu diesem Zeitpunkt auch schon Erzbischof von Canterbury war, ein *juristisches* Modell des Universums unterlegt und die Logizität der Handlung Gottes nach diesem präsupponierten Modell erwiesen.

In diesem Sinne ist auch der *rationale Gottesbeweis* des Anselm von Canterbury zu verstehen. Wenn Gottes Handeln rational zu begründen ist, sein Handeln somit rational zu verstehen, so muss auch seine Existenz rational begründet werden können. In der Tat hatte Anselm schon in der Schrift „Selbstgespräch" (Monologion) des Jahres 1076 die Existenz eines „höchsten Wesens" logisch rational nachzuweisen versucht. Der später so von Kant genannte „ontologische Gottesbeweis" geht davon aus, dass im *Begriff* Gottes zwangsläufig auch seine *Existenz* mitgedacht werden muss. Wenn nämlich Gott „dasjenige" ist, „über das hinaus nichts größeres gedacht werden kann", dann muss in dieser umfassendsten Denkbestimmung eines Seienden, die wir uns überhaupt vorstellen können, auch die *Existenz* notwendig mitgedacht werden, sonst wäre sie nicht die umfassendste Denkbestimmung. Denn der Begriff des größtmöglich zu Denkendem umgreift, so Anselm, zwangsläufig auch die Existenz. Mithin kann aus dem Begriff Gottes als dasjenige, „über das hinaus nichts größeres gedacht werden kann", auch die Existenz Gottes a priori geschlossen werden. Es würde diesem Begriff – sprich Gott – ja sonst etwas an seiner Größe gebrechen, eben die Existenz. Somit erzwingt der Begriff Gottes als der des größtmöglichen Gedachten logisch auch das Zugeständnis des Gläubigen wie des Ungläubigen, dass eine solche Denkbestimmung Gottes als größtmögliche Denkbestimmung, der ja auch der Ungläubige zustimmen können muss, die Existenz Gottes einschließt.

Bereits Thomas von Aquin wendet allerdings gegen Anselm ein, dass man aus der Denkbestimmung Gottes als größtmögliches Wesen nur folgern könne, „dass es sich in unserem Denken findet" (Summa theologica 2.1). Auch der Aufklärer Kant wird sieben Jahrhunderte später zu diesem Gottesbeweis anmerken, dass der „Begriff eines höchsten Wesens" wohl eine „sehr nützliche Idee" sei, aber „eben darum, weil sie bloß Idee ist, ganz unfähig, um vermittelst ihrer allein unsere Erkenntnis in Ansehung dessen, was existiert, zu erweitern" (Kant: Kritik der reinen Vernunft, B 629 f). Der apriorische Schluss von der Idee auf die Existenz, die Anselm für so zwingend hielt, wird damit im Rahmen einer logischen Grenzziehung der Vernunft in der späteren Scholastik selbst wie in der Aufklärung für unmöglich erklärt.

Mit den arabischen Philosophen Avicenna (980–1037) und Averroes (1126–1198) dringen nach 1000 aus der Welt des Islam vor allem über Spanien Schriften des Aristoteles in den Kulturraum Mittel- und Nordeuropas. Damit beginnt nach der Synthese von Platonismus und Christentum die zweite *Phase* der Verbindung von christlicher Religion und antiker Philosophie, in der sich vor allem die *theologischen Systemstrukturen* der Scholastik herausbilden. Das geht nicht ohne schwerwiegende Konflikte ab. Die Kampflinie verläuft jetzt zwischen augustinisch denkenden Theologen und dem neuen Aristotelismus. „Ab 1210 ist das Lehren der Physik und Metaphysik des Aristoteles an der Universität Paris verboten. 1215 und 1228 wird das Verbot vom Heiligen Stuhl erneuert. Doch ab ihrer Gründung im Jahre 1229 kündigt die sehr orthodoxe Universität von Toulouse, um Kundschaft anzuziehen, an, dass die in Paris verbotenen Bücher an ihr gelehrt werden. In Wahrheit bestehen die Verbote in Paris nur auf dem Papier" (Le Goff: Die Intellektuellen im Mittelalter, S. 118). Gleichwohl beobachtet in Paris Ende des 13. Jahrhunderts der Bischof Stephan Tempier die geistige Entwicklung mit Argusaugen und verfolgt Abweichler als Ketzer.

Gleichwohl wird die Vermittlung von christlicher Glaubensbotschaft mit der antiken Vernunft- und der Naturlehre des Aristoteles zum eigentlichen Programm der mittelalterlichen Theologie von Anselm von Canterbury (1033–1109) über Albertus Magnus (um 1200–1280), Thomas von Aquin (1226–1274) bis hin zu Roger Bacon (1214–um 1292), Duns Scotus (1266–1308) und Wilhelm von Ockham (1285–1349). Wichtig für die Hochscholastik ist die *Einheit* der Wahrheit, Einheit auch von Vernunft und Glauben, die nach Thomas nur unterschiedliche Zugangsformen bilden, aber auf dasselbe hinzielen, mit Priorität allerdings der Theologie *vor* der Philosophie. Im Spätmittelalter aber brechen Theologie und Philosophie wieder in zwei Formen der Wahrheitssuche und Wahrheitsfindung auseinander in der Zuwendung der Philosophie und der Wissenschaften zur Empirie, zur Diesseitigkeit der Welt und in der erkenntnistheoretischen Abgrenzung von Erkenntnis und Wirklichkeit. So beginnt denn am Ende des Mittelalters zugleich auch jener Prozess der *Neuzeit*, der nicht mehr auf der theologischen Integration alles Wissens, sondern auf der *differenzierten Abgrenzung* von Theologie, Naturphilosophie und Erkenntnistheorie beruht.

Literatur:

Anselm von Canterbury: Cur Deus Homo/Warum Gott Mensch geworden. Lateinisch-Deutsch. Darmstadt 1956.

Baltzer, Otto: Die Sentenzen des Petrus Lombardus. Ihre Quellen und ihre dogmengeschichtliche Bedeutung. Aalen 1972. Neudruck der Ausgabe von 1902.

Cramer, Wolfgang: Gottesbeweise und ihre Kritik. Frankfurt a. M. 1967.

Flasch, Kurt: Das philosophische Denken im Mittelalter. Von Augustin zu Machiavelli. Stuttgart 1986.

Le Goff, Jacques: Die Intellektuellen im Mittelalter. 2. Auflage. Stuttgart 1987 (1957).

Libera, Alain de: Denken im Mittelalter. München 2003 (franz. Orig. 1991).

Mensching, Günther: Das Allgemeine und das Besondere. Der Ursprung des modernen Denkens im Mittelalter. Stuttgart 1992.

Pieper, Josef: Thomas von Aquin. Leben und Werk. München 1986 (3. Auflage).

Röd, Wolfgang: Der Weg der Philosophie. Von den Anfängen bis ins 20. Jahrhundert. Bd. I: Altertum, Mittelalter, Renaissance. München 2000.

Secada, Jorge: Cartesian Metaphysics. The Late Scholastic Origins of Modern Philosophy. Cambridge 2000.

Van Steenbergen, Fernand: Die Philosophie im 13. Jahrhundert. München u.a. 1977.

Pieper, Josef: Thomas von Aquin. Leben und Werk. München 1986 (3. Auflage).

Universität

Aus der Verstädterung und aus der Intellektualisierung des geistigen Lebens im hohen Mittelalter entsteht eine neue Institution: die *Universität*. Ihre Anfänge liegen im Dunkeln. Immerhin gab es in der arabischen Welt, mit der das christliche Mittelalter ja intensiv kommunizierte, universitätsähnliche Schulen, so die hohen Schulen in Fes (gegr. 859) und in Kairo (gegr. 970). Die ersten europäischen Universitätsgründungen sind Bologna mit einer rechtswissenschaftlich bezogenen Ausrichtung (gegr. 1119) und Paris mit theologisch-philosophischem Schwergewicht (gegr. im frühen 12. Jahrhundert). Der ursprüngliche Name für Universität lautet: „studium generale", während die „universitas" ursprünglich die Gesamtheit der Lehrenden und Lernenden bezeichnet („universitas magistrorum et scolarium").

Die neue Universität, die im 13. Jahrhundert entsteht, ist das Produkt eines neuen *städtischen* Selbstbewusstseins und ihrer Korporationen. Sie ist auch das Produkt der Renaissance des antiken Logos im Kulturraum der christlichen Pistis und unter ihrer Dominanz. Mit ihrer Gründung meldet sich auch ein neuer Entwicklungsstand des geistigen Studiums zu Wort, das in den bis dahin bestimmenden Kloster- und Domschulen mit ihren introvertierten Gebetszirkeln nicht mehr befriedigt werden konnte. Es sind zunächst vor allem städtische Kleriker, die sich zur neuen Korporationsform eines *studium generale* zusammenschließen. Bologna weist die Besonderheit auf, dass hier die Studierenden, gegliedert nach *nationes*, Landsmannschaften, den eigentlichen Kern der Universität bilden. Von ihren Anfängen an aber ist die europäische Universität eine Organisation der *westeuropäischen Christenheit*. Die Anerkennung des Papstes ist für ihren offiziellen Status zunächst außerordentlich wichtig. Die Universitäten – so die von Paris – siedeln sich denn auch im Umfeld der Kathedrale an. Lehre und Wissenschaft haben hier zunächst durchaus den Status einer kirchlichen Wissenschaft und Lehre (status ecclesiasticus). Im Bannkreis der Kirche und ihrer Pistis-Zentrierung entsteht die neue europäische Universität.

Die Universität gliedert sich in untere und obere Fakultäten, die ihrerseits auf antikes Bildungsgut zurückgreifen: Die (untere) Artistenfakultät und die (oberen) Fakultäten der Theologie, des Rechts und der Medizin. Letztere Fakultät unterhielt in der Ärzteschule von Salerno eine noch bis in die Antike zurückreichende Tradition des Heilwesens. Zu dem propädeutischen Studium der Artistenfakultät gehörten die sieben Artes liberales, die man unterteilte in das *trivium* (Grammatik, Rhetorik, Dialektik) und das *quatrivium* (Arithmetik, Geometrie, Musik, Astronomie). Das erfolgreiche Studium der Artes liberales war Voraussetzung des Studiums der höheren Fakultäten, daher: studium generale. Unterrichtet wurde in der Form der *Vorlesungen* (lectiones) und der *Streitgespräche* (disputationes), deren Form nicht zuletzt durch den als häretisch gebrandmarkten Abaelard und seine dialektische Methode des „sic et non" (pro und contra) vorgedacht war. Die europäische Gelehrtensprache war *Latein*. Insofern bildete das Europa der mittelalterlichen Universität einen durchaus zusammenhängenden und einheitlichen Sprach- und Kulturraum. Die akademischen Grade des „baccalaureus", „magister", „doctor" wurden dann auch in ganz Europa anerkannt. (Denifle: Die Entstehung der Universitäten des Mittelalters bis 1400; Grundmann: Ursprung der Universität im Mittelalter; Le Goff: Die Intellektuellen des Mittelalters).

Das Programm der mittelalterlichen Universitäten bestand im Wesentlichen in Textkommentierungen. Platons „Timaios", aber eben auch Aristoteles wurde so vor allem in der Domschule zu Chartres und in Paris neu entdeckt und kommentiert. In Bologna dagegen las man vor allem Cicero als den großen klassischen Autor. Als klassisches Lehrbuch für den jungen Magister dienten die Sentenzen des Petrus Lombardus, der seinerseits kommentiert wurde. Die medizinische Fakultät stützte sich auf die antiken Ärzte Hippokrates und Galen, die in einem im 11. Jahrhundert zusammengefassten Band des Konstantin von Afrika vorlagen.

Bereits im 13. Jahrhundert – während der Zeit des Exils der Päpste in Avignon – zerfällt die mittelalterliche Einheit von Kirche und Universität. Die deutschen Universitätsgründungen: Prag, Wien und Heidelberg im 14. Jahrhundert und im 15. Jahrhundert Leipzig, Rostock, Greifswald, Freiburg, Ingolstadt und Tübingen sind ausnahmslos Gründungen der *Landesfürsten*, die sich damit der kirchlichen Oberhoheit bereits entziehen (Ellwein: Die deutsche Universität). Der Kampf der Universitäten um Autonomie und Selbstbestimmung gegen die Kirche sowohl wie gegen die weltlichen Gewalten sollte noch lange währen.

Immerhin hatte sich die Universität von Paris in blutigen Unruhen im Kampf mit der königlichen Polizei und nicht zuletzt durch den entschlossenen Auszug der Universität aus Paris nach Orléans bereits 1229 die Anerkennung ihrer Unabhängigkeit durch den König Ludwig den Heiligen erkämpft. Die *Selbstbestimmung* des Denkens – dieser zentrale europäische Gedanke – im Europa des Mittelalters erkämpft er sich in der Form der Universität erneut Geltung, wurde aber auch im Europa der Neuzeit immer und immer erneut in dem Maße zurückgedrängt, wie sich die europäische Politik selbst totalitären Denkformen anpasste.

Mit den Universitäten und ihren Studienanforderungen ändert sich auch das Medium *Buch*. Vom Kodex der Klöster und Kaiser wird es zu einem pragmatischen Handwerksinstrument der Magister und Scholaren. Das Buch ist die Grundlage der Lehre. In Buchform müssen die offiziellen Vorlesungstexte greifbar sein, wenn der Magister ihre Kenntnis abrufen will. Solche Textkonvolute – *exempla* – mussten rasch hergestellt werden, jedenfalls viel schneller als die langwierigen Abschriften der heiligen Texte in Klöstern in Anspruch nahmen. Ein Volk von Schreibern – häufig brotlose Studenten – siedelte sich um die Universität als eine Art Copy-Shop an. Damit änderten sich auch Schrift und Format der Bücher: die schnellere gotische Kursivschrift ersetzt die karolingische Minuskelschrift, das kleinere handliche Oktavformat das größere und unförmigere Folioformat der großen Codices. Die ‚neue Schreibe‘ der Universität ist lehr- und lernbezogen: nicht mehr die Heilige Schrift, sondern die dialektische Auseinandersetzung damit, die theologische Erörterung und Darlegung stehen nun im Mittelpunkt einer *Theologie-Philosophie*, die sich natürlich an der Offenbarung orientiert, diese aber zunehmend überformt durch den kritisch-rationalen Diskurs, die Vorlesung und die disputatio und deren Publikationen. Die Hochscholastik ist ja ein Zeitalter der *Theoretisierung* des Glaubens, der Durchdringung von Vernunft und Offenbarung, in der freilich zunehmend der *Vernunftdiskurs* die Offenbarung überlagert. Transportmedium solcher geistigen Entwicklung und solchen Mentalitätswandels in Europa ist das Medium Buch, das zugleich einen kritischen Diskurs festschreibt und fortsetzt, der vom Mittelalter über die Renaissance in die Aufklärung übergeht und so die universitäre Kultur Europas bis in die Gegenwart zu einem heute globalen fortlaufenden Denk- und Schreibprozess transformiert.

Literatur:

Demandt, Alexander (Hg.): Stätten des Geistes. Große Universitäten Europas von der Antike bis zur Gegenwart. Köln u.a. 1999.

Denifle, H.: Die Entstehung der Universitäten des Mittelalters bis 1400. Berlin 1885. Neudruck 1956.

Ehlers, Joachim: Paris. Die Entstehung der europäischen Universität. In: Demandt, Alexander (Hg.): Stätten des Geistes. Große Universitäten Europas von der Antike bis zur Gegenwart. Köln 1999, S. 75 ff.

Ellwein, Thomas: Die deutsche Universität. Vom Mittelalter bis zur Gegenwart. Frankfurt am Main 1992.

Grundmann, Herbert: Vom Ursprung der Universität im Mittelalter. Berlin 1957.

Le Goff, Jacques: Die Intellektuellen im Mittelalter. 2. Auflage. Stuttgart 1987 (1957).

Die Sprache der Erkenntnistheorie

Die frühe und auch die hohe Scholastik hatte dem *Allgemeinen* eine größere Priorität vor dem Besonderen eingeräumt. Das Besondere erklärt sich in diesem Weltmodell als *Teilhabe* am Allgemeinen. Der 1265 in Schottland geborene Franziskanermönch Johannes Duns Scotus setzt dagegen eine Weltlehre, die dem traditionellen Realismus und seiner Hierarchie von oben nach unten zuwiderläuft. Wie die Früh- und Hochscholastik will auch Duns Scotus die Vernünftigkeit der christlichen Theologie beweisen, kommt aber zu dem Schluss, dass ein vernünftiger Nachweis der Offenbarungslehre *nicht* möglich ist. *Warum* Gott die Welt geschaffen hat und *so* geschaffen, wie sie vorliegt, ist aus Vernunftgründen so wenig nachweisbar wie die Inkarnation Gottes aus Vernunftgründen zwingend. Damit kommt Duns Scotus zu einem *gegenteiligen* Ergebnis als Anselm und auch Thomas. Damit aber beginnt auch ein *neues Kapitel* europäischer *Mentalitätsgeschichte*. Wenn die Schöpfung in ihrem Sosein nicht notwendig als gottgewollt und gut erscheint, rückt sie in den Seinsstatus einer eher *zufälligen* Existenzform. Die Realität, wenn ihr nicht mehr ein vernünftiger göttlicher Seinsplan zugeordnet werden kann, erweist sich als *kontingent* (zufällig).

Erkenntnistheoretisch dominiert bei Duns Scotus das *Konkrete* vor dem Allgemeinen. Das *Einzelding* aber wird seiner Meinung nach bestimmt durch seine „Diesheit" (Haecitas), nicht durch die Hierarchie der Gattungen und Arten und die Teilhabe des Einzelnen daran. Etwas ist, was es ist, von sich aus und nicht als Verkörperung und Materialisierung eines Allgemeinen.

In dieser Erkenntnistheorie drückt sich nun auch ein neues Selbstbewusstsein des *Individuellen* aus, das sich politisch wie gesellschaftlich in einer Neubewertung des *Individuums* gegenüber der Ständeordnung behauptet und in der politischen Souveränität der einzelnen *Nationen* – insbesondere Frankreich – gegenüber dem Oberhaupt der christlichen Kirche, dem Papst. Zu Zeiten des Duns Scotus, der in Oxford, Cambridge und Paris lehrt, löst sich allmählich die Macht der Politik eines Philipp des Schönen von dem Universalitätsanspruch des Papstes – es war Bonifazius VIII. –, wobei Duns Scotus allerdings die Unterzeichnung eines Dokumentes zur Konzilseinberufung gegen den Papst in Paris verweigert.

Noch schroffer vollzieht sich die *Abwendung* der Philosophie von der Theologie bei Wilhelm von Ockham (1285–1349), der wegen seiner Lehre auch Teile seines Lebens auf der Flucht vor den kirchlichen Häschern verbringen muss. Während Duns Scotus „doctor subtilis" genannt wird, nennt man Wilhelm von Ockham wegen seiner unschlagbaren Argumentationsschärfe den „doctor invincibilis" (den Unbesiegbaren).

Im Gegensatz zum älteren scholastischen Realismus geht Ockham von der *Erkenntnisleistung* des *menschlichen Geistes* aus. Dieser gewinnt seinen Begriff durch Abstraktionsleistungen des Verstandes, den er *innermental* in Form von „Zeichen" (signa), bzw. „Begriffen" (termini) niederlegt. Diese Allgemeinbegriffe aber sind eben nur Abstraktionsprodukte des Geistes, keine Realitäten außerhalb des Geistes. Ockhams Widerlegung des erkenntnistheoretischen Realismus ist radikal. *Nur* Begriffe und die sie repräsentierenden sprachlichen Zeichen sind allgemein, das wirklich Existierende dagegen nur individuell. Nicht einmal im Geiste Gottes existieren „Universalien". Die Universalie ist für Ockham nichts anderes als „eine einzelne Intention der Seele [...], die von mehreren ausgesagt werden kann, sodass sie deswegen universal genannt wird, weil sie von mehreren ausgesagt werden kann – nicht für sich selbst, sondern für diese vielen" (Summa logicae, I, 14).

Damit tritt das Instrument der Seinsbestimmung der kritischen Philosophie *vor* die Theologie. Die *Logik*, nicht die Offenbarung, klärt den Status des Seins und der vernünftigen Rede darüber.

> Die Logik nämlich ist das allen Künsten am meisten angemessene Werkzeug. Ohne sie kann keine Wissenschaft vollkommen gewusst werden. (Summa logicae, Prolog)

Die entschieden logische Durchdringung der Seinsfrage aber führt bei Ockham zu einer erkenntnistheoretischen Lehre der *inneren Repräsentation* der einzelnen Gegenstände und ihrer *rein mentalen* Verarbeitung in Form von interner Zeichenrepräsentation und Sätzen mit Hilfe dieser Zeichen. Dabei geht Ockham noch davon aus, dass so genannte Zeichen der „ersten Intention" auf extramentale Dinge bezogen sind. Die „zweite Intention" aber setzt Zeichen, die wir überhaupt nicht in den Gegenständen finden, sondern die reine Operationen unseres Geistes sind: „In dieser Art sind die Begriffe ‚Gattung', ‚Art' und ‚Derartiges'." (Summa logicae, I, 11) Mithin findet der Geist nichts mehr von dem, was er als Allgemeinheit, Wesenheit, Washeit bezeichnet hat, in den Dingen, sondern er findet diese Kategorisierung der Dinge nur *in sich*. Damit zerfällt auch die noch für Thomas leitende harmonische Übereinstimmung von Denken und Sein. Das Denken operiert auf der Basis von Zeichen, die es den einzelnen Dingen zuordnet, rein mental, nichts davon entspricht der Wahrheit der Dinge.

In gewissem Sinne kommt das Denken am Ausgang des Mittelalters wieder an einem Punkt an, an dem es in der Antike schon einmal stand: am Punkt der Selbstentdeckung der Reflexivität des menschlichen Bewusstseins, die auch das Denken Augustins prägte. Dem Augustinischen „In dir, mein Geist, messe ich die Zeiten" (Augustinus: Confessiones XI, 27,36) entspräche das Ockhamsche ‚In dir, mein Geist, stelle ich die Zeichenrelationen her'. Freilich war im Kern der augustinischen Reflexion immer Gott präsent gewesen. In der Argumentationslinie der „Summa Logicae" des Wilhelm von Ockham kommt aber Gott nicht mehr in nennenswerter Position vor. Die Argumentationslinie der reflexiven Logik hat ihn ersetzt.

Wahrheit kann nun auch nicht mehr heißen: Übereinstimmung des Denkens mit den Dingen. Wahrheit ist für Ockham nichts anderes mehr als die Übereinstimmung eines Subjektes mit einem Prädikat *im* Geiste. Wenn wir Subjekt und Prädikat „für dasselbe supponieren", müssen sie ja in dieser mentalen Operation übereinstimmen und somit wahr sein: „Und deswegen ist der Satz ‚Dies ist ein Engel' wahr, wenn Subjekt und Prädikat für dasselbe supponieren." (Summa logicae, II, 2)

Damit nun hat sich eine radikale *Kehre* im scholastischen Denken vollzogen. Das Denken der Spätscholastik findet seinen Ausgang nicht mehr ‚oben' bei Gott, sondern ‚unten' in den einzelnen Dingen und ihrer mentalen Repräsentation im Denken (erste Intention). Und: die Bildung von Allgemeinbegriffen (zweite Intention) vollzieht sich nicht mehr in Korrespondenz mit dem extramentalen Sein, sondern *im* Bewusstseinsraum als ein Akt der mentalen Verknüpfung von Subjekt und Prädikat, die beide dasselbe mentale Objekt repräsentieren. Der Wahrheitswert des Satzes erweist sich damit als eine logische, bewusstseinsimmanente Operation. Nicht nur hat sich das Denken vom Nachweis der Vernünftigkeit einer christlichen Weltordnung abgewendet, die zu beweisen die Philosophie am Anfang der Scholastik angetreten war, sondern es hat nun auch die Einheit von Erkenntnissubjekt und Welt zugunsten einer neuen *Selbstbezüglichkeit* des menschlichen Geistes in der *Selbstreflexivität* der mentalen Operationen ersetzt.

Literatur:

Adams, Marilyn MacCord: William Ockham. Zwei Bände. Notre Dame 1987.

Gilson, Etienne: Johannes Duns Scotus. Einführung in die Grundgedanken seiner Lehre. Düsseldorf 1959.

Honnefelder, Ludger: Ens inquantum ens. Der Begriff des Seienden als solchen als Gegenstand der Metaphysik nach der Lehre des Johannes Duns Scotus. Münster 1979.

Kaufmann, Matthias: Begriffe, Sätze, Dinge. Referenz und Wahrheit bei Wilhelm von Ockham. Leiden 1994.

Ockham, Wilhelm von: Texte zur Theorie der Kenntnis und der Wissenschaft. Lateinisch/Deutsch. Herausgegeben, übersetzt und kommentiert von Ruedi Imbach. Stuttgart 1980.

Ockham, Wilhelm von: Summe der Logik. Aus Teil 1: Über die Termini. Lateinisch und Deutsch. Ausgewählt und übersetzt und mit Einführung und Anmerkungen herausgegeben von P. Kunze. Hamburg 1984.

Mittelalterliche Mystik

Ungefähr um 1200 hatten sich in der abendländischen Kulturgeschichte zwei sehr unterschiedliche Sprech- und Schriftkulturen der christlichen Pistis herausgebildet: die *rationale Scholastik* und die leidenschaftliche und persönliche Sprache der *Mystik*. Die Scholastik entwickelte sich vor allem in den *städtischen* Zentren des damaligen Europa, die Mystik eher in der *Einsamkeit* der Klöster. Die Scholastik bevorzugt die *Systemform*, die Mystik die *bildhafte* Sprache. Mit Abaelard und Bernhard von Clairvaux prallen die unterschiedlichen Typen der Frömmigkeit auch personell hart aufeinander.

Bernhard von Clairvaux als Mystiker

Bernhard von Clairvaux war nicht der erste Mystiker des Mittelalters. Bereits Johannes Eriugena kann als ein solcher gelten und auch die Kartäusermönche Guigo I. und Guigo II. Bernhard aber ist ohne Zweifel der sprachgewaltigste und wirkmächtigste Mystiker des 12. Jahrhunderts. Seine Sprache ist aufgeladen mit poetischer Metaphorik. Es ist kein Wunder, dass Dante ihn zum Führer durch das Empyreum gewählt hat, wo er ihn als einen Greis, dessen „Augen und Antlitz in geistiger Freude strahlen" (Dante: Divina Commedia. Paradiso XXXI, 61) antrifft. Sowohl die Drohung der Hölle als auch die Versprechungen des himmlischen Jerusalem vermag Bernhard dem Hörer oder Leser bildgewaltig vor Augen zu stellen.

Da ist zum einen die Gewalt des *Bösen* in dieser Welt. Die Welt selbst ist, wenn der Mensch nicht ein christliches Refugium in ihr und in sich findet, das Böse, das „Tränental" (Bernhard von Clairvaux: Sämtliche Werke IV, Sent. II, 11). Das Erdenleben ist zunächst in seiner animalischen Form „Gott ganz unähnlich und den unvernünftigen Tieren gleich" (Bernhard von Clairvaux: Sämtliche Werke IV, Sent. III, 91). Die Erde ist der „Ort des Todes", der trügerischen Zeitlichkeit, der Eitelkeiten, „widrig und verächtlich" wie „alles Zeitliche" (ebd.). Die Welt ist – noch drohender formuliert – ein der Hölle gleicher „Kerker":

> Der Bereich der Hölle ist der Kerker der Verdammten, in dem und aus dem keine Erlösung möglich ist. Es gibt auch einen anderen Kerker, nämlich diese Welt, in dem wir als Verbannte und Gefangene festgehalten werden, doch auf Zeit. Die Welt ist daher der Kerker der Gefangenen, die Hölle jener der Verdammten. (Bernhard von Clairvaux: Sämtliche Werke IV, Sent. III, 91)

Die Metaphorik des Diesseits als Kerker ist eine der ältesten und wirkmächtigsten der abendländischen Kultur. Selbst wahrscheinlich außereuropäischer Abkunft, bestimmt sie das Denken der Pythagoreer und Platons (Kap. 2.2). Auch die christliche Theologie ist von dieser Metaphorik durchdrungen und verbindet sich hier mit der Bildlichkeit der Hölle. Die Welt erscheint bei Bernhard als eine Art Vorhölle, ein Kerker auf Zeit. Die Zeitlichkeit der Welt ist jener Kerker, in dem die Seele gefangen ist. Wie daraus entkommen? Nur durch Buße und radikal christliche Lebensweise. Alles andere führt in die Hölle. Und darüber weiß Bernhard zu berichten:

> Eine furchtbare, aber wahre Tatsache, die man nicht ohne den Donner der Gottesfurcht hören kann. Die Qualen der Hölle haben kein Ende, sie erfahren keine Unterbrechung, sie kennen kein Heilmittel. (ebd.)

Das Sterben dort ist mithin ein ewiges Sterben, ein „Sterben, das nicht stirbt, [...] ein Ende ohne Ende" (ebd.).

Zugleich anthropologisch wie mystisch erklärt Bernhard auf den Spuren der paulinisch-augustinischen Theologie das *Herz* zur Quelle des möglichen Aufstiegs oder Absturzes. Er kann dabei an Augustinus anknüpfen, für den ebenfalls das Herz (cor) das zentrale Gottesorgan war.

Bernhard unterscheidet „zwei Flüsse", die aus dem „Herzen" des Menschen hervorgehen: „die reine Liebe" zu Gott und eben die irdische, sinnliche, körperliche Begierde als Domäne des Satans. Erstere wird – ebenfalls mit Paulus und Augustin – dem *inneren* Menschen, letztere dem *äußeren* zugeordnet:

> Zwei Flüsse gibt es, die aus der Quelle der Liebe hervorgehen: der eine ist die Liebe zur Welt, die Begierde, der andere die Liebe zu Gott, die reine Liebe. [...] Von daher

[der reinen Liebe] kommt somit alles, was gut ist, und alles, was böse ist, kommt von daher [der Begierde]. (Sämtliche Werke IV, Sent. III, 76)

Die Metaphorik der doppelten Flussläufe definiert die menschliche Existenzform in ihrer ambivalenten Wahlmöglichkeit zwischen dem ‚reinen Fluss‘ der Liebe zu Gott und dem ‚schmutzigen‘ Flusslauf des Triebes zur fleischlichen Begierde, „zum Schmutz der fleischlichen Verlockungen" (Sent. III, 77). Wie ein Kloster soll der Mensch eine „innere Mauer" gegen die äußere Bedrohung des Leibes errichten (ebd.). Die innere Mauer ist der umfriedete und befriedete Bereich gegenüber der „äußeren Mauer" des Körpers, in dem die Seele eingeschlossen ist. Der Körper ist der Ort der fleischlichen Begierde und des Sichverlierens an die Außenwelt. Auf den Spuren des Paulus, Antonius und Augustinus ist auch hier der Leib, das heißt die aus dem Herzen ausfließende sinnliche Begierde, das Einfallstor des Teufels und die Bedrohung der inneren Ruhe und des inneren Friedens des Menschen. In seinen Predigten wettert Bernhard gegen das Fleisch. Er beschwört die seelische Reinigung davon:

Wie lange also sucht das armselige und törichte Fleisch, das blinde und völlig vernunftlose Fleisch, vergängliche und hinfällige Tröstungen – nein, nicht Tröstungen, sondern Trostlosigkeiten [...]. (Sämtliche Werke VII, Advent VI, 6)

Nur ein Gegenmittel gibt es:

Eine heilige Seele tötet an ihrem Fleisch die Fäulnis der Laster, indem sie allen Gelüsten der Welt durch die Enthaltsamkeit widersagt. (Sämtliche Werke IV, Sent. I, 39)

Diese Reinigung ist so etwas wie eine „Selbstverzehrung" der schmutzigen Materie der vernunft- und geistlosen Körperlichkeit zu Lebzeiten und dadurch Reinigung und Entzeitlichung des „todgeweihten Leibes". Die Seele

[...] wendet auf ihren todgeweihten Leib eine Art Myrrhe an, damit er nach dem Gericht von der ewigen Verderbnis unberührt bleibt. (ebd.)

Somit macht der Christ aus seinem Herzen eine Art „Weihrauchfass vor Gott", in dem die Liebe Tugenden anhäuft, „wie man Kohlen im Rauchfass anrichtet, und in dem sich der Geist vor dem Angesicht Gottes im Feuer der Liebe verzehren kann" (ebd.). Der Weg, den Bernhard hier weist und für sich selbst gefunden hat, ist der einer mystischen Selbstverbrennung des materialen und begierdenhaften Ich in die Geistigkeit der christlichen Seele vor Gott.

Auch hier stellt sich die Frage nach dem Einfluss von gnostisch-manichäischem Gedankengut in dieser Theorie des absolut bösen Fleisches, der absoluten *Negativität* der irdisch-zeitlichen Existenzform des Menschen. Mit Sicherheit kam über Augustin solches Gedankengut auch an Bernhard (Kap. 3.2), auch über Eriugena hat er wahrscheinlich solche Impulse aufgenommen (Kurt Ruh: Geschichte der abendländischen Mystik Bd. I, S. 232).

Jedenfalls ist die Lehre von der absoluten Negativität des Diesseits zugleich das Motiv für eine Metaphysik der *Spiritualität*, die geradezu brünstig den Körper mental zu verbrennen sucht, um sich schon im Diesseits dem entmaterialisierten Zustand des Jenseits im Angesicht Gottes anzunähern.

Bei dieser Spiritualisierung der Materie schon zu Lebzeiten wird auch die Sprache umgewandelt. In Bernhards Reden strömt eine dichte Metaphorik der Sinnlichkeit, des Küssens, der Marienverehrung ein. Bernhard steht am Anfang einer christlich-mystischen Sprache der *Spiritualerotik*. Diese ist bei Bernhard nicht schwülstig oder sentimental, nimmt aber konsequent Anleihen in jener Welt der körperlichen Sinne und Sinnlichkeit, die sie zugleich ins Spirituelle zu transponieren sucht. So vergleicht Bernhard in einer seiner Predigten drei Formen der Küsse – wie er überhaupt gerne nach dem Modell der Trinität die Welt in Dreiheiten aufteilt –, hier den Kuss auf den Fuß, die Hand, den Mund. Bernhard vergleicht die Abstufung der Küsse mit dem demütigen Sündenbekenntnis vor dem Fuß des Herrn: „Das ist der erste Kuss." (Sämtliche Werke IX, 87. Predigt). Der zweite Kuss ist die „Buße", die die christliche Seele freiwillig auf sich nimmt. „Wir küssen nämlich dann die Hand des Herrn, wenn wir ihm unsere guten Werke darbringen oder wenn wir von ihm die Gnadengaben der Tugenden (virtutum dona) empfangen." Der dritte Kuss aber ist die Einkehr der christlichen Seele „in die geheimen Freuden des inneren Brautgemaches", die mystische Vereinigung der christlichen Seele und des Geistes mit dem Bräutigam Christus:

> Und so wird ihm der Bräutigam in tiefer Sehnsucht gegenwärtig, den er so liebt, so ersehnt, nach dem er so verlangt. (ebd.)

Der „dritte Kuss" ist die visionäre Einheit mit Gott. Er wird daher auch der „Kuss der Beschauung" genannt. Diese visionäre Vereinigung mit Gott malt Bernhard von Clairvaux in seinen Predigten in einer Metaphorik der Liebe und der Trunkenheit aus, die das ewige Leben in der Anschauung des göttlichen Bräutigams vorwegnimmt.

> Durch diese letzte Form der Beschauung verlangt die vollkommene Seele, zur keuschen Umarmung ihres Bräutigams entrückt zu werden, wenn sie spricht: ‚Er küsse mich mit dem Kuss seines Mundes.' (Hld. 1.1, zit. in der 87. Predigt)

Das *Hohe Lied*, das Bernhard hier zitiert, sollte zu einer Hauptquelle der mittelalterlichen Brautmystik werden. Die sinnlichen Versprechungen, die das Hohelied evoziert, liefern die Bilder jener „innerlichen Trunkenheit der Beschauung", die der Seele gerade in ihrer Abwendung von den fleischlichen Genüssen nun als ewiger Trost und ewige Speise versprochen wird.

> Ihr Duft ist köstlicher als die besten Salböle. (Hld. 1,2, zit. in der 87. Predigt)

Die mystische Gottesvereinigung hüllt sich in die sprachgewaltige Metaphorik der Sinnlichkeit des Hohen Liedes, die alle diesseitigen Genüsse in eine entmaterialisierte Form der vergeistigten Sinnlichkeit zu transferieren unternimmt. Bernhard unterscheidet bei dem Aufstieg in diese geistige Sphäre immer wieder verschiedene Stufen der Vergeistigung. Eine solche Stufenlehre der Erkenntnis hatte ja bereits der Platonismus formuliert. Bernhard formt sie um in Stufen der Gnadengaben Gottes und der Selbstpreisgabe des Ich bis hin zur letzten Gottesschau. Eine solche Stufenlehre entwickelt er in seinem Traktat

„Über die Gottesliebe" (De Diligendo Deo) als Stufen der Selbstpreisgabe des Ich in der Liebe.

Die Sprache seiner Brautmystik aber sollte für die Sprache der Mystik des Mittelalters wegweisend sein. Beinahe zwangsläufig entwickelt sich in dieser Sprache der Mystik auch eine neue Form der *Marienverehrung*. Bernhards „Zum Lob der jungfräulichen Mutter" (Sämtliche Werke IV) preist eben jenes Mysterium ihrer Jungfräulichkeit, das zugleich Fruchtbarkeit ist.

> Ist an der Jungfrau die Fruchtbarkeit erstaunenswerter, an der Mutter die Jungfräulichkeit, am Kind die Erhabenheit, oder in solcher Hoheit die Demut? (Sämtliche Werke IV, Lob der jungfräulichen Mutter I. Homilie, 9)

Aus dem Schoß der Jungfrau, die in ihrer Demut den Gott empfängt und aus ihrem Schoß gebiert, wird so die Schuld Evas – „frohlocke du, Mutter Eva!" (Lob, III,3) – beglichen. Die mystische Inbrunst, mit der Bernhard sich ausmalt, wie Maria „in ihrem Schoß den von Gott als Mann bezeugten Jesus einschließt", der eben in seiner göttlichen Natur schon ein Mann an Weisheit war, als Maria „die noch zarten Glieder des göttlichen Kindes in ihrem Schoß" wiegt, „wie ein Gott schließlich an der Mutterbrust liegt" (Lob, II,9), nimmt sicher keine falschen erotischen Besetzungen vor, aber genießt doch in der Form des christlichen Mysteriums der jungfräulichen Empfängnis, Geburt und Nährung Christi, eben jene Mütterlichkeit, die bei der Verteufelung der Natur, des Körpers und der Materie eben nur noch in der Form des *christlichen Mysteriums* gefeiert werden kann.

Die *erotisierte* Sprache der *Mystik* und des *Marienkultes* des Mittelalters sind somit auch *Kompensationsformen*. Jene Auslöschung der Sinne und der Sinnlichkeit, jene Verteufelung der Materie und des Körpers schreit geradezu nach Erlösung, die für all das, auf das hier im Jammertal Erde verzichtet werden muss, *Ersatz* verspricht. Der – bernhardisch gesprochen – „Ertrag der heiligen Habgier", der „Gewinn" der Entsagung ist die versprochene unendlich gesteigerte Süßigkeit einer nicht mehr zeitlichen, nicht mehr als sündhaft erfahrenen, nicht mehr schuldbeladenen ewigen Sinneslust, die durch das spirituelle Brandopfer der körperlichen Entsagung hindurchgegangen ist und nun das Liebesfest der bräutlichen Seele mit dem Bräutigam Christus feiern darf. Die „Ware", die sich die Seele hierzulande durch Verzicht erkauft, ist die versprochene höhere, geistige Erregung einer Ewigkeitslust und ungetrübten „inneren Trunkenheit" als Vorausschau und Vorauserwartung himmlischer Herrlichkeit.

Literatur:

Bernhard von Clairvaux: Sämtliche Werke. Lateinisch/Deutsch. Innsbruck 1990 ff.

Deutsche Mystik, Frauenklöster, Beginenhäuser

Die Lehre des größten deutschen Mystikers, Meister Eckehart (um 1260–1328), enthält die Vision einer *negativen Theologie*, die an die Mystik des Pseudo-Dionysius-Areopagita anknüpft und gleichwohl in die innersten Bereiche der Selbsterfahrung des Ich führt. Damit wird die Mystik auch zum Vorreiter einer persönlichen, fast privaten Gotteserfahrung, die der Individualisierung der Neuzeit vorarbeitet. Zugleich weist die Mystik des 14. Jahrhunderts bereits auf ein Phänomen der *Massenerfahrung* des Religiösen hin. Vor allem Frauen strömten schon im 13. Jahrhundert in großer Zahl in Klöster oder so genannte *Beginenhäuser*, um sich dort einer geistig-mystischen Religiosität hinzugeben. Die Mystikerin Mechthild von Magdeburg (um 1210–1282/3) und die flämische Mystikerin Suster Hadewich gehören zu diesen Frauen, die ihre mystischen Visionen auch bildgewaltig aufgeschrieben haben. Den Dominikanern oblag vielfach die Betreuung dieser Frauenklöster und Beginenhäuser, wie sie in reicher Zahl in Holland und in deutschen Landen entstanden. Ein herausragender Ort in Deutschland war das Benediktinerinnenkloster Helfta in Thüringen, in dem die Mystikerinnen Mechthild von Hackeborn, Gertrud von Helfta und auch Mechthild von Magdeburg lebten (Ruh: Geschichte der abendländischen Mystik. Bd. II, S. 296 ff).

Die Bedeutung der Frauenklöster und Beginenhäuser zeigt auch, dass sich die Frau im *Kulturraum* des christlichen Mittelalters eine kulturtragende Rolle erst suchen musste.

> Die Frau hatte im Schema der Gesellschaft der drei Ordnungen keinen Platz. Zwar gibt es für die Menschen des Mittelalters durchaus eine Kategorie ,Frau', doch wird sie lange Zeit nicht über berufliche Merkmale, sondern durch ihren Leib, ihr Geschlecht, ihre Beziehungen zu Gruppen als ,Eheweib', ,Witwe' oder ,Jungfer' definiert. [...] Die Frau ist wichtiges Tauschobjekt für Schwiegerverwandtschaften innerhalb der Feudalaristokratie. (Jacques Le Goff: Der Mensch des Mittelalters, S. 30)

Frauenklöster und Beginenhäuser gehören zu den wenigen Orten, an denen Frauen sich in der mittelalterlichen Welt *geistig* bilden konnten und dies heißt im Kontext der christlichen Pistis: *geistlich*. Bereits im Anschluss an die Ethik des Augustinus haben wir darauf hingewiesen, dass es vielfach Frauen waren, die die asketischen Auflagen der christlichen Pistis besonders rigide und besonders rücksichtslos auch gegenüber ihrem eigenen Körper durchsetzten. Ein solches heiligenmäßiges Leben nach den Askese-Regeln der christlichen Pistis war ja auch verbunden mit sozialer Anerkennung (Kap. 2.2). Frauenklöster, in welche vielfach adelige Damen sich zurückzogen und Beginenhäuser, in denen Frauen in klosterähnlichen, zumeist von Dominikanern überwachten Gemeinschaften lebten, waren Orte eines geistlichen Lebens und einer geistlichen Bildung auch für Frauen im Rahmen der mittelalterlichen Gesellschaft. Hier entwickelten Frauen auch ein eigenes Schrifttum, die sogenannte Frauenmystik, Nonnenbücher geben Auskunft über den Tagesablauf dieser Frauen in Weltabgeschiedenheit, christlichem Ritual und Askese.

Einer der geistlichen Betreuer solcher Frauenklöster war der ebenfalls aus Thüringen stammende Meister Eckehart (um 1260–1327/8). Dass er überhaupt in deutscher Sprache lehrte und predigte, zeigt an, in welchem Maße nun auch das des Lateinischen nicht mächtige Volk an Fragen der religiösen Unterweisung Anteil nahm. Seine eigene in Form von Predigten und Traktaten verbreitete mystische Theologie aber nimmt eine andere Richtung als die Bernhards von Clairvaux.

Eckeharts hohe Begabung muss von der Ordensleitung früh erkannt worden sein. Man sandte den Bruder Eckehart im Jahre 1300 an die Universität Paris, das eben damals die geistige Metropole Europas war. Eckehart hat hier neben dem Studium von Platon, Plotin, Proklos sicher auch Dionysius Areopagita, den antiken Theologen des östlichen Mittelmeers, studiert, der seine Mystik stark beeinflusst hat. Dieser war in den Schriften des Scotus Eriugena ins Lateinische übersetzt worden. Bemerkenswert ist, dass diese Richtung der Mystik weniger an Aristoteles anknüpft als eben an die Platonische Philosophie.

Meister Eckehart ist neben Thomas von Aquin der einzige Theologe, der die hohe Auszeichnung erhält, zweimal je drei Jahre in Paris als Magister lehren zu dürfen. Im Jahre 1314 findet er sich in Straßburg als Leiter des dortigen Dominikaner-Konvents. Im Raum des oberen Rheintales haben sich bereits mehrere Zentren der deutschen Mystik gebildet, mit einer Reihe von Frauenklöstern als den eigentlichen Pflanzstätten und Zentren mystischen Geistes im deutschen Sprachraum. In diesen Kreisen wird Meister Eckehart als geistiger Führer verehrt, vor ihnen predigt er. Als bereits 60jähriger wird er auf den Lehrstuhl am Studium Generale nach Köln berufen, den bereits vor ihm Albertus Magnus innegehabt hatte. Hier verfolgt ihn aber nun der Erzbischof von Köln, Heinrich von Virneburg, der ein gefürchteter Verfolger von angeblichen Ketzern und Häretikern war. Virneburg eröffnete 1326 ein Inquisitionsverfahren gegen Meister Eckehart wegen Verbreitung glaubensgefährdender Lehren. Seine späten Lebensjahre verbrachte dieser große Mystiker nur noch mit Verteidigung gegenüber solchen kirchlichen Anwürfen. Er selbst appellierte im Januar 1327 in einem Protestschreiben an den Papst in Avignon und wandte sich auch am 13. Februar in einer öffentlichen Selbstverteidigung in der Predigerkirche in Köln an das Volk. Das ist insofern bemerkenswert, als es die neue Bedeutung auch des Volkes in Fragen des Glaubens dokumentiert. Vor allem Volke würde er widerrufen, wenn ihm Häresie nachgewiesen würde, verkündete Meister Eckehart. Bereits ein Kölner Gericht und auch der Papst verfügten aber, dass siebzehn der Sätze des Meister Eckehart als häretisch und elf als häresieverdächtig verurteilt wurden. 1328 in Avignon starb Meister Eckehart, man darf annehmen, geschwächt auch durch diese kirchlichen Polizeiverfolgungen.

In der Predigt „Intravit Jesus in quoddam castellum" (nach Lukas 10, 38) benutzt Meister Eckehart das Wort von der „Frau", die ihn in einem „Burgstädtchen" erwarte – Luther hat das griechische Wort „kōme" später durch das

Wort „Dorf" übersetzt – und deutet dies als eine „Jungfrau, die ein Weib war". Die Bedeutung löst sich sogleich von dem konkreten Kontext, in dem eine Gestalt namens Martha eingeführt wird, und deutet sie allegorisch:

> Jungfrau besagt soviel wie ein Mensch, der von allen Fremden Bildern ledig ist [...]. (Meister Eckehart: Predigt 2, S. 25,11 f)

Meister Eckehart kommentiert das als: „frei von Ich-Bindung", also eine Art *innere* Freiheit und Empfänglichkeit der Seele als deren ‚jungfräuliche' Disposition. Denn um der Vereinigung mit Jesus willen

> [...] muss der Mensch Magd sein, Jungfrau, die den magdlichen Jesus empfangen soll. (Predigt 2, S. 27,2 f)

Für diese spirituelle Empfängnis wesentlich aber ist das Moment der Weiblichkeit, und auch dieses deutet Meister Eckehart allegorisch als eine anthropologische Qualität der Seele:

> ‚Weib' ist der edelste Name, den man der Seele zulegen kann, und ist viel edler als ‚Jungfrau'. Dass der Mensch in sich empfängt, das ist gut und in dieser Empfänglichkeit ist er Jungfrau. Dass aber Gott fruchtbar in ihm werde, das ist besser; denn fruchtbar werden der Gabe das allein ist Dankbarkeit für die Gabe, und da ist der Geist Weib in der wiedergebärenden Dankbarkeit, wo er Jesum wiedergebiert in Gottes väterliches Herz. (Predigt 2, S. 27,7 ff)

Meister Eckehart benutzt das Bild der Martha, um an ihm grundlegende anthropologische Qualitäten der Seele offenzulegen: die *Empfänglichkeit* für Gott und die *Fruchtbarkeit* der Seele in der Empfängnis. Gegenüber der bernhardinischen Mystik, in der die Seele als „Braut", auf den „himmlischen Bräutigam" zugeht – Mechthild von Magdeburg betont: als „vollerwachsene Braut" –, wird hier die Richtung der unio mystica, der Vereinung mit Gott umgekehrt. Die unio mystica findet *in* der menschlichen Seele statt, die eben in der Weise, wie es Eckehart ausführt, jungfräulich die Vereinigung erwartet, um sie weiblich zu empfangen als Wiedergeburt Jesu in ihr.

Die kritische Spitze der Predigt wendet sich daher gegen jene Form der „Ich-Gebundenheit", die eine solche Form der Einkehr Gottes in das Ich verhindert. Daher die Betonung der Freiheit und Ungebundenheit der „Jungfrau, die ein Weib ist" in der Predigt.

Dazu kommt ein zweites Moment: Meister Eckehart übernimmt von Pseudo-Dionysius Areopagita die Lehre von den „Seelenfunken":

> Ich habe auch öfter schon gesagt, dass eine Kraft in der Seele ist, die weder Zeit noch Fleisch berührt; sie fließt aus dem Geist und bleibt im Geiste und ist ganz und gar geistig. In dieser Kraft ist Gott ganz so gründend und blühend in aller der Freude und in aller der Ehre, die er in sich selbst ist. (Predigt 2, S. 29,30 ff)

Diese Kraft der Seele, in der sich die göttliche Energie im Ich wiederfindet, verbindet Meister Eckehart in seiner Predigt mit der Metapher des „Burgstädtchens", das so zu einer Metapher für einen ‚befestigten' Seelenbereich im Ich wird. In dieser innersten Zone im Ich nämlich findet sich das „Seelenfünklein" als ein „Licht des Geistes", in dem sich die höchste Lichtenergie Gottes im Ich wiederfindet. Dieses „Fünklein" (vünkelîn) ist kein bestimmtes Seiendes, sondern Abglanz der göttlichen Lichtenergie selbst:

> Nun aber sage ich: es ist weder dies noch das; trotzdem ist es ein Etwas das ist erhabener über dies und das als der Himmel über der Erde. (Predigt 2, S. 33,33 ff)

Über die traditionelle Schöpfungstheologie hinaus verbindet Meister Eckehart dieses Seelenlicht mit der „gleichbleibenden Ewigkeit" Gottes. Der Seelenfunken weist also zurück auf eine Urdimension des Göttlichen, in die *Ureinheit* Gottes noch *vor* der personalen Ausfaltung Gottes in Gottvater, Sohn und Heiliger Geist. Insofern ist diese Ureinheit Gottes, das sich eben auch im Menschen findet, „ein *Nun*", eine „gleichbleibende Ewigkeit". Der Mensch, der sich dessen inne wird, rückt dabei zugleich in diese vorschöpferische Einheit mit Gott ein:

> Nun seht, dieser Mensch wohnt in *einem* Lichte mit Gott [in éinem liehte mit gote]; darum ist in ihm weder Leiden noch Zeitfolge, sondern eine gleichbleibende Ewigkeit [ein glîchiu êwicheit]. (Predigt 2, S. 31,19 ff)

Die eigentliche Quelle für diese mystische Gotteslehre des Meister Eckehart ist, wie erwähnt, auch nicht die Heilige Schrift, sondern ist Pseudo-Dionysius Areopagita, dessen gnostisches Gedankengut auch für die Konstruktion der mittelalterlichen Kathedrale so fruchtbar und wichtig geworden ist. Von diesem mystischen Theologen übernimmt Meister Eckehart auch den Gedanken, dass der vordreifaltige und damit auch vorpersonale Gott selbst nicht mehr in der Form bestimmter Namen erfasst werden kann.

> Es ist von allen Namen frei und aller Formen bloß [...] (Predigt 2, S. 35,2 f).

Will also Gott in seiner vorschöpferischen Ewigkeit und Einheit im Ich erfasst werden, so muss Gott selbst in seine Ureinheit zurückkehren, in der er „weder Vater noch Sohn noch Heiliger Geist" ist. Er muss seine eigene Trinität preisgeben, um in jenem „Bürglein in der Seele", die Gottes Ewigkeitsspur im Menschen ist, wahrgenommen zu werden. Und noch einen Schritt weiter geht Meister Eckehart:

> Mit *dem* Teile ist die Seele Gott gleich und sonst nicht. (Predigt 2, S.37,4 f)

Die menschliche Seele, genauer: ihr *ungeschaffener* und *ewiger* Teil – der „Seelenfunken" –, ist somit selbst ein Stück Gottheit auf Erden. Er ist die Präsenz der Urkraft Gottes im Ich. Das freilich ist eine ungeheure Erweiterung und Emanzipation der Bedeutung des Ich im Kontext der christlichen Theologie. Das Ich wird zum Träger der Gottheit, genauer: der ungeteilte, noch ungeformte, aber der Ewigkeit Gottes verbundene „Seelenfunken" trägt das vorschöpferische Göttliche in sich.

Meister Eckehart hat dieses Thema vielfältig variiert, es ist in der Tat eine Seelenmystik, die sich der christlichen Autorität *entwindet*: Sie will die Ich-Verhaftetheit des Ich überwinden, um dieses Ich rein und frei zu machen für die Aufnahme dessen, was ja schon in ihm ist: Präsenz Gottes im „Seelen-funken".

Wie Meister Eckehart auch in der Predigt „Ave, gratia plena" (nach Lukas I, 28) ausführt, ist dies ein Weg, dessen „letztes Endziel" nicht der geoffenbarte dreieinige Gott, sondern ein rätselhaft, im Dunkel verborgener vorschöpferi-scher Gott ist:

> Was ist das letzte Endziel? Es ist das verborgene Dunkel der ewigen Gottheit [diu verborgen vinsternisse der êwigen gotheit] und ist unerkannt und ward nie erkannt und wird nie erkannt werden. (Predigt 22, Ave, gratia plena S. 265,22 ff).

Meister Eckehart beschreibt diese letzte Dimension der Gotteserfahrung auch in der Metaphorik der „Einöde" und „Wüste". Wenn die Seele Gott in „seinem eigenen Grunde erfassen will", erfasst sie „Gott in seiner Einheit und in seiner Einöde; sie erfasst Gott in seiner Wüste und in seinem eigenen Grunde" (Pre-digt In diebus suis placuit deo). So endet denn die Mystik des größten deut-schen Mystikers nicht nur in einer gewaltigen *Aufwertung* des *einzelnen Menschen* als ‚Burgort' einer urgöttlichen Kraft, die er in sich trägt, sondern zugleich auch in der *Absage* an die rationale und auch bildliche Erkennbarkeit dieser göttlichen Urkraft, in *negativer Theologie*.

Literatur:

Meister Eckehart: Werke I. Texte und Übersetzungen [von Josef Quint]. Hg. von Niklas Largier. Frankfurt a. M. 1993.
Ruh, Kurt: Geschichte der abendländischen Mystik. 4 Bde. München 1990 ff.

Protestantismus, christliche Leidensgeschichte und Erlösungsvisionen als Subtext der Neuzeit

Am Ende des Mittelalters war es der Augustinermönch Martin Luther (1483–1546), der Grundmotive der christlichen Pistis noch einmal gläubig aufnahm: so das Motiv *„Sola Scriptura"* als letztlich allein verbindlicher Glaubensinstanz, das Prinzip der *Gewissenstreue* und damit *Kritik* an der katholischen Kirche und ihren in einer langen Feudalgeschichte herausgebildeten Hierarchisierungen. Wie Paulus sieht er die christliche Gemeinde als *einen* Körper, als Einheit:

> Denn alle Christen sind in Wahrheit geistlichen Standes und ist unter ihnen kein Un-terschied denn des Amtes halben allein, wie Paulus 1. Kor. 12,12 ff. sagt, dass wir allesamt ein Körper sind, doch ein jeglich Glied sein eigen Werk hat, mit dem es den anderen dienet. (Luther: Adelsschrift S. 14)

Die wahre Einweisung in die christliche Gemeinde ist die Taufe und diese macht *alle* Menschen und dies in fundamentaler Gleichheit zu Christen.

> Das führt alles daher, dass wir eine Taufe, ein Evangelium, einen Glauben haben

und sind gleiche Christen; denn die Taufe, Evangelium und Glauben, die machen allein geistlich und Christenvolk. (Ebd.)

Wenn aber die wahre Geistlichkeit des Christenmenschen durch die Taufe erlangt wird und den Glauben, dann wird auch jenen Vorrechten und Privilegien der römischen Kurie der Boden entzogen. Die Identifikation der geistlichen Schlüsselgewalt der Kirche mit dem Papst, bedeutet für Luther ein „teuflischer und höllischer Irrtum" (Luther: Adelsschrift, S. 22). Auch ersehe er der Heiligen Schrift „keinen Grund [...] dass allein dem Papst gebühre, ein Konzilium zu berufen oder zu bestätigen" (Luther: Adelsschrift S. 24).

Luther wird so zum Vorkämpfer einer spätmittelalterlichen Erneuerung der christlichen Pistis, die aber – neuzeitlich – vor allem als Kampfansage gegen die Kirche und Stärkung der regionalen Fürsten und Länder gewirkt hat, wie auch als Stärkung der neuzeitlichen Individualisierung des Glaubens wie auch als Stärkung der Nationen. Denn er appelliert nicht nur an die Heilige Schrift, sondern auch an das *Nationalbewusstsein*, wenn er dem christlichen Adel deutscher Nation zuruft:

Drum lasset uns aufwachen, lieben Deutschen [...] (Luther: Adelsschrift, 27)

Das Szenario der Kurie in Rom stellt sich für Luther nur noch als eine gewaltige Ausbeutungsmaschine dar, die bereits das Nachbarland, „Welschland" ausgeblutet habe und nun auch daran ginge, die deutschen Länder auszusaugen: „Das deutsche Land wird bald den Welschen gleich werden" (Luther: Adelsschrift, S. 29). Und in der Tat regiert in Rom ein Papst und alle möglichen religiösen Tätigkeiten Geld kassiert:

Zuletzt hat der Papst für alle diese edlen Händel ein eigen Kaufhaus aufgerichtet, das ist des Datárius Haus zu Rom. (Luther: Adelsschrift, S. 41)

Luthers Thesenanschlag 1517, seine Vernehmung durch den Kardinal Cajetan im Oktober 1518, die ebenso wenig zum Widerruf führte wie die Leipziger Disputation mit J. Eck im Jahre 1519, seine Verbrennung der Bannbulle aus Rom waren Schritte zu eben jenem faktischen *Bruch* mit der römischen Kirche, den Luther nicht gewollt hatte, der sich aber nun im Kontext einer Erstarkung der Länder und Länderfürsten, an die sich ja auch die Kampfschrift „An den christlichen Adel deutscher Nation" von 1520 richtete, zwangsläufig vollzog. Das war zugleich das Ende des christlichen Mittelalters und der christlichen Einheitskirche Westeuropas und die Begründung eines frühmodernen Protestantismus als einer Kette von Abspaltungsbewegungen.

Der Begriff der „Protestation" meinte zunächst nur die Minderheit der Fürsten und Städte, die 1529 gegen einen Mehrheitsbeschluss des Reichstages Rechtsverwahrung einlegte, der die Durchführung der Reformation behindern sollte. Er wurde dann seinerseits zum Sammelbegriff einer ganze Reihe von religiösen Abspaltungen: der Lutheraner, der reformierten Kirche, der Täuferbewegungen, der anglikanischen Kirche, der Presbyter, Babtisten, Methodisten, u.a. „Die großen Schlagworte der Reformation, sola fide, solus Christus, sola gratia und sola scriptura fassen die wichtigsten Identitätssätze protestantischer Dogmatik zusammen." (Religion in Geschichte und Gegenwart 6, Sp. 1739). Eine entscheidende Differenz zwischen katholischer Kirche und Protestantismus war die allerdings heftig umstrittene Auslegung des Abendmahls, die 1215 von der katholischen Kirche im Sinne einer Transsubstantiation von Brot und Wein in den wahren Leib und das Blut Christi dogmatisch festgelegt worden war, im Rahmen des Protestatismus aber zunehmend im Sinne einer Bedeutungserinnerung – statt „est" „significat" – uminterpretiert, die sich ihrerseits mit dem Wort Gottes verbinde (Abendmahl. In: RGG Bd. 1, Sp. 9 ff).

Es ist bemerkenswert, dass gerade in dieser Phase der Verunsicherung der Kirche durch Abspaltungsbewegungen und auch Säkularisation die kirchlichen *Häresie-* und *Ketzerprozesse* besonders grausam werden. Die *Hexenverfolgung* begann im großen Stil eigentlich erst am Ende des Mittelalters nämlich in dem Moment, da sogenannte Hexen als Ketzerinnen angesehen wurden und damit eine kirchliche Bedrohung darstellten. Bekanntlich hat erst die Aufklärung diesem grausamen Spuk ein Ende gesetzt.

Einerseits wird so bereits im Hoch- und Spätmittelalter die Dominanz der christlichen Pistis gebrochen durch *kritische* Befragung ihrer Quellen, durch *erkenntnistheoretische* Aufsplitterung von Philosophie und Theologie, durch *Individualisierung* der Glaubensgehalte und schließlich durch die Aufkündigung der Einheitskirche selbst. Auch Prozesse der *Urbanisierung*, der frühneuzeitlichen *Geldwirtschaft*, des *Handels*, des Aufstieges der *Territorialfürsten* und *Nationen* bedingen einen grundlegenden Mentalitätswandel vom Mittelalter zur Neuzeit, der freilich sich im hohen Mittelalter selbst schon vorbereitet. Auf der anderen Seite aber bleiben Mentalitätsformen der christlichen Pistis auch der Neuzeit als ein *Subtext* eingeschrieben und dies sowohl in der christlich kodierten *Leidenserfahrung* des Lebens, als auch in den – neuzeitlich umkodierten – wissenschaftlich-technischen *Erlösungsutopien*. Praktisch die gesamte Neuzeit bildet einen Prozess der *Destruktion* und *Dekonstruktion* der christlichen Metaphysik, der als eine Geschichte des *Entzuges*, des *Werteverlustes*, des *Nihilismus* erfahren und gedeutet wird und somit im Schatten eben jener christlichen Pistis, deren Ende die Neuzeit vielfach verkündet, steht.

Damit aber werden auch *neue Bedeutungsräume* eröffnet. So beginnt mit dem Ende des Mittelalters eine neue Phase der *Ästhetik*, der *Wissenschaften*, der *Philosophie*, der *Politik* und auch der *Ökonomie*. In diesen revolutionären Umbrüchen setzen sich jene Prozesse der Ablösung von der Theologie fort, die sich im Mittelalter anbahnen und zu einer neuen, eigenständigen Kultur der *Neuzeit* führen.

Kapitel 4: Neuzeit:
Ästhetik, Sziento-Technologie, Subjektivität und politisches Bewusstsein

4.1 Ästhetisierung und Säkularisierung der christlichen Pistis in der frühen Neuzeit: Dante, Petrarca, Boccaccio

Schrift und Bild – Umbruch zur Neuzeit

Bereits im Hochmittelalter vollzieht sich ein *Epochenumbruch* zur Neuzeit hin. Das gilt für die Naturwissenschaften und die Philosophie, das gilt auch für die bereits in dieser Epoche beginnende starke *Ästhetisierung* der christlichen Pistis. Sie vollzieht sich gleichzeitig in der Bildkunst und in der Literatur und ist – gegenüber der Synthese von antikem Logos und Pistis – eine neue Dimension der europäischen Kulturgeschichte, die nicht mehr von der Antike abgeleitet werden kann, auch wenn gerade die Renaissance sich immer wieder auf die Kunst der Antike bezieht und sich selbst als deren „Wiedergeburt" (Rinascimento) feiert. Für die kulturgeschichtliche Forschung ist dieser Epochenumbruch besonders interessant und ergiebig, weil sich in ihm neuzeitspezifische Konstellationen und Mentalitäten formieren: die neue gesteigerte Bedeutung der ästhetischen Wahrnehmung, die ihr korrespondierende Vergegenständlichung der Welt im Bild und die ambivalente Kodierung von Diesseits und Jenseits, von irdischer und himmlischer Liebe.

Anders formuliert: Es ist die *Ästhetik*, die in der frühen Neuzeit eine Leitfunktion übernimmt im Prozess der Säkularisation und Umkodierung der christlichen Pistis. In der Ästhetik formiert sich ein neuer, freierer Umgang mit den Glaubensgewissheiten. Sie werden aus dem Jenseits herabgeholt in eine Dimension menschlicher Darstellbarkeit und Vorstellbarkeit, für die Dante auch den Begriff der „fantasia" braucht. Zugleich kommt damit auch ein Prozess der Umdeutung der christlichen Pistis in Gang, der sehr viel stärker als die ältere, dominant männliche Theologie des Christentums das Moment des *Weiblichen* in die Vorstellungswelt der christlichen Pistis einbringt.

Gehen wir noch einmal zurück in die Spätantike: Hier förderte bereits der Übergang von der Papyrusrolle zum Pergamentkodex eine stärkere Trennung von Schrift und Bild, wie sie das Einzelblatt erlaubte. Die Umwandlung der Miniaturen (von minium = Mennige, Bleirot), die es bereits in römischen Handschriften gab, zu einem geschlossenen, durch einen Rahmen eingegrenzten Bild, bot die Einzelblattbindung der Kodexform an. Und so schmücken bereits die Prachtcodices aus der Spätantike, so die „Wiener Genesis" aus dem 6. Jahrhundert, Darstellungen der Heiligen Schrift mit prächtigen szenischen Elementen. Im 7. und 8. Jahrhundert erhebt sich diese illustrative Buchmalerei in den christlichen Klöstern zu einer Hochblüte, die vielfach auch lokale Ornamentik verwendet, so die irische Buchmalerei keltische Dekorformen (Janzin und Güntner: Das Buch vom Buch, S. 52 ff).

Das Kaiserreich Karls des Großen vereinheitlichte die Schrift, setzte die sogenannte karolingische Minuskel durch. Die großen Schreibschulen des Reiches, so die Skriptorien von Corbin und Tours stellten Bibeln im einheitlichen Schreibstil und reich mit Bildern geschmückt her. In der ottonischen Buchmalerei wird die Passion Christi zu einem zentralen Gegenstand der Buchmalerei, die ihrerseits der Ästhetisierung der christlichen Pistis im Hochmittelalter und in der Frührenaissance vorarbeitet (Das Buch vom Buch, S. 57 ff).

Dabei war im 8. Jahrhundert ein heftiger Streit um die Bilddarstellung Gottes entbrannt. Im Jahre 726 hatte der byzantinische Kaiser Leo III. die Bilderverehrung (Idolatrie) verboten. Dieses Bilderverbot konnte sich auf das mosaische Wort berufen, dass Gott zwar den Menschen nach seinem Bilde geschaffen habe, aber das ausdrückliche Verbot ausgegeben hatte: „du sollst dir kein Gottesbild machen [...]" (1. Mos. 1,26 u. 2. Mos. 20,4). Auch die platonische Logos-Tradition war ja aus erkenntnistheoretischen Motiven heraus bildfeindlich, weil dieser Auffassung nach das Abbild nur einen schwachen Abglanz des Urbildes der Idee darstellte (Platon: Politeia, 10. Buch). Auch die neuzeitliche Wiederaufnahme der antiken Logos-Tradition bleibt in diesem Sinne bilderfeindlich (siehe Kap. 4.2). Die christliche Pistis aber hatte bereits im Urchristentum bildstarke Texte generiert wie die „Apokalypse" des Johannes, und sie stellte auch bereits in frühchristlichen Darstellungen vielfach den Wunderheiler Christus in Aktion dar (siehe Kap. 3.1).

Der Weg des christlichen Abendlandes hat die Idolatrie der Ostkirche abgelehnt. Das zweite Konzil von Nizäa im Jahre 787 lässt ausdrücklich die Ikonenmalerei zu und dies mit dem Argument, dass solche Malerei „mit der erzählenden Darstellung der Botschaft des Evangeliums" übereinstimme, mithin die Ikonenmalerei „der Beglaubigung der wirklichen, nicht nur eingebildeten Menschwerdung des göttlichen Logos" diene (Dekrete der ökumenischen Konzilien, S. 135). Bild und Schrift werden hier aufeinander bezogen, „denn was aufeinander hinweist, hat zweifellos die Bedeutung voneinander" (ebd.).

Im selben Konzil wird allerdings die Form und Grenze der Darstellbarkeit christlicher Pistis genau festgelegt. Erlaubt sei „das Bild unseres göttlichen Herrn und Erlösers Jesus Christus, unserer makellosen Gebieterin, der heiligen Gottesgebärerin, der verehrungswürdigen Engel und aller Heiligen und Frommen" (Dekrete der ökumenischen Konzilien, S. 136). Dieses zweite Konzil von

Nizäa begründet die Darstellbarkeit mit einem platonischen Argument: „Denn die Ehrung des Bildes geht über auf die Urgestalt, und wer das Bild verehrt, verehrt in ihm die Person des Dargestellten" (ebd.).

Im Zusammenhang mit dem Bilderstreit entsteht nun auch eine regelrechte „Bildertheologie", gerichtet *gegen* die „Verächter der Bilder", in der nicht nur der Erinnerungswert der Bilder hervorgehoben wird, sondern auch die Bild*wirkung*. Das Bild tritt an die Seite der Schrift als Medium der Offenbarung. In der Tat neu ist die Wucht der philosophischen und historischen Nachweise, dass Bild und Wort, das Medium des Auges und des Ohres gleich alt und ebenbürtig seien. Dabei kann man sich auf die alte Doppelbedeutung des griechischen Wortes „graphé" berufen. „Graphé bedeutet schreiben und malen zugleich" (Belting: Bild und Kult, S. 172).

Die Festlegung der Bildfunktion in Thema und Bedeutung stereotypisiert die christliche Bilddarstellung bis weit ins Hochmittelalter hinein. Im 13., frühen 14. Jahrhundert allerdings bricht bereits jene große Bildepoche der Renaissance an, die zugleich den Beginn des neuzeitlichen Kunstbegriffs markiert. Es ist der große Bilderzyklus der Jugendgeschichte Christi in der Unterkirche in Assisi, mit der Giotto im frühen 14. Jahrhundert ein neues Zeitalter abendländischer Bildkonzeption einleitet, das auf der *Verdiesseitigung* und *Perspektivierung* des Heilsgeschehens in der Malerei gründet. Die *Narratio* der Heiligen Schrift – so Giottos Darstellung des zwölfjährigen Jesu im Tempel – rückt das Erscheinungsbild Jesu in einen gotisierenden architektonischen Rahmen, der grundsätzlich nicht mehr abgehoben ist von dem Erfahrungsraum des Betrachters.

Die Ästhetisierung der Narratio in der Frührenaissance bedeutet somit: *Veranschaulichung* und *Vergegenwärtigung* im zeitgeschichtlichen Sinne. Die Malerei eröffnet so ein neues Kapitel der Semantik der Pistis, das nun auch die Literarisierung der christlichen Pistis durch Dante aufschlägt: die Inhalte solcher Ästhetik sind *noch* mittelalterlich, ihren Gestaltungsprinzipien nach aber *schon* frühneuzeitlich.

Literatur:

Belting, Hans: Bild und Kult. Eine Geschichte des Bildes vor dem Zeitalter der Kunst. Fünfte Auflage. München 2000.

Bernhardt, Karl-Heinz: Gott und Bild: Ein Beitrag zur Begründung und Deutung des Bilderverbotes im Alten Testament. Berlin 1956.

Brumlik, Micha: Schrift, Wort und Ikone: Wege aus dem Verbot der Bilder. Frankfurt a. M. 1994.

Dekrete der ökumenischen Konzilien. Bd. 1: Konzilien des ersten Jahrtausends. Hg. von Guiseppe Alberigo u.a. Paderborn u.a. 1998.

Dohmen, Christoph: Das Bilderverbot: Seine Entstehung und seine Entwicklung im Alten Testament. Frankfurt a. M. 1987.

Janzin, Marion und Güntner, Joachim: Das Buch vom Buch. 5000 Jahre Buchgeschichte. Zweite Auflage. Hannover 1997.

Luther, Martin: Von dem Bilderstürmen. Luther Deutsch Band 4, Stuttgart 1964, S. 139 ff.
Rainer, Michael. J.: Bilderverbot. Schriftenreihe: Jahrbuch politische Theologie; 2. Hg. von Michael J. Rainer. Münster 1997.

Dante

Der größte Dichter an der Schwelle vom christlichen Mittelalter zur Neuzeit ist Dante (1265–1321). Er hat die christliche Metaphysik des Mittelalters zu der gewaltigen Sprachkathedrale der „Divina Commedia" aufgetürmt, die den Leser nach einem Eröffnungsgesang in drei mal dreiunddreißig Gesängen – also 34 plus 33 plus 33 = 100 – durch die Hölle, das Purgatorium und die Himmelskreise führt und so die christliche Kodierung selbst in ein gewaltiges *Sprachkunstwerk* von einhundert Gesängen in 14 233 Versen überführt. Die christliche Metaphysik selbst findet hier ihre literarische Ausmalung. Dem Werk selbst ist die Übergänglichkeit der Epochen eingeschrieben. Es hat ebenso bestimmende mittelalterliche wie auch frühneuzeitliche Züge. Wenn die Vorgaben der christlichen Metaphysik theologisch sind, so ist deren Ausgestaltung ein Werk der literarischen Einbildungskraft eines Individuums: des Dichters Dante.

Dante wurde im Mai oder Juni 1265 in Florenz geboren und 1266 dort im Baptisterium getauft, in dem selben Jahr, in dem jene Beatrice Portinari geboren wurde, die spirituelle Geliebte und Führerin durch das Paradiso werden sollte. Dem „Brunnen, / Wo ich getauft", hat der damals aus Florenz verbannte Dante im Paradiso einen Eingangsvers gewidmet, „Denn dort habe ich den Glauben angenommen, / An welchem Gott die Seelen kennt [...]" (Par. XXV,8 ff). Der Name der Familie lautete ursprünglich Alaghiero, der Vorname „Durante", verkürzt zu „Dante". Florenz, die damals reichste Stadt Europas, war wie damals weite Teile Italiens zerrissen im Krieg zwischen der Partei der Kaiserlichen und des Adels einerseits – den „Ghibellinen" – und der Partei des städtischen Bürgertums andererseits: den „Guelfen". Diese splittern sich noch einmal auf in weiße und schwarze Guelfen. Erstere waren auf Unabhängigkeit vom Papst bedacht, letztere eher papsttreu, erstere verfolgten eine eher moderate Wirtschaftspolitik, letztere eine schnelle Handelsexpansion.

Nach dem Tod des Vaters im Jahre 1283, der als Anhänger der Partei der weißen Guelfen aus Florenz hatte fliehen müssen, nach dem Tod auch der Mutter Bella (vor 1278), wurde auch der junge Dante schon früh in die inneren und äußeren Kämpfe der Stadt hineingezogen. Dante hat auch an den Schlachten von Campaldino gegen das ghibellinische Arezzo 1289 und wahrscheinlich auch an einer Schlacht gegen die andere Konkurrenzstadt von Florenz, Pisa, teilgenommen. Als Vertreter der Weißen weilte er in Rom. 1302 wurde Dante auf Betreiben der Schwarzen wegen betrügerischer Amtsführung der Prozess gemacht und, weil der Angeklagte zum Prozess nicht erschien, wurde er zum Tode auf dem Scheiterhaufen verurteilt. Auf der Flucht aus der Vaterstadt fand er an den Höfen Norditaliens Zuflucht, am Ende in Ravenna, wo der Exilierte 1321 starb. In der „Commedia" setzt Dante auch seiner Familiengeschichte ein Monument. Dabei erwähnt er an keiner Stelle seinen Vater, wohl aber die Mutter (Inf. VIII,45) und die mütterliche Liebe als eine Quelle der Liebesphilosophie auch seiner Dichtung (Par. XXX,82, XXIII,121). Mit Stolz aber feiert er ausführlich die Taten des Urgroßvaters Cacciaguida im dritten Teil seiner „Commedia" (Par. XV–XVII), der unter Kaiser Konrad den Kreuzfahrertod gestorben war und der für Dante die hohen Werte des alten Florenz verkörperte:

> Es hat Florenz in seinen alten Mauern,
> An denen man noch Früh und Mittag läutet,
> Im Frieden einst gelebt, schamhaft und mäßig.
> (Par. XV,97 ff; Übersetzung: Hermann Gmelin)

Das zeitgenössische Florenz, das den Dichter in die Fremde verstoßen hatte, sei vom „Niedergang" der großen Bürgerhäuser gezeichnet (Par. XVI,88 ff), durch Korruption und inneren Krieg. Und doch ist es das Florenz, nach dem der Exilierte Heimweh hat:

> Du wirst erfahren, wie das Brot der Fremde
> Gar salzig schmeckt und welche harten Stufen
> Auf fremden Treppen auf und ab zu steigen. (Par. XVII,58 ff)

Die größte und geschlossenste Dichtung des Mittelalters zeigt sich selbst so bereits als Produkt einer sentimentalisch gebrochenen Perspektive seines Autors, der – in dieser Hinsicht schon frühmodern – seinem Schicksal der Exilierung, Heimatlosigkeit und Entfremdung von der politischen Welt die Vision einer einheitlichen christlichen Weltordnung entgegensetzte.

Literatur:

Dante Alighieri: Die göttliche Komödie. Übersetzt von Hermann Gmelin, Anmerkungen von Rudolf Baehr, Nachwort Manfred Hardt. Stuttgart 2001.
Ders.: Die göttliche Komödie. Aus dem Italienischen mit einer Einleitung und Anmerkungen von Karl Vossler. 3. Auflage München 2002.
Ders.: Commedia. Inferno, con il commento di Anna Maria Chiavacci Leonardi. Milano 1991.
Ders.: Commedia. Purgatorio, con il commento di Anna Maria Chiavacci Leonardi, I Meridiani Mondadori, Milano 1994.
Ders.: Commedia. Paradiso, con il commento di Anna Maria Chiavacci Leonardi, Milano 1997.
Anderson, William: Dante the Maker. London 1980.
Gozzi, Gasparo: Difesa di Dante. Giudizio degli antichi poeti sopra la moderna censura di Dante attribuita ingiustamente a Virgilio. Torino 2000.
Hardt, Manfred: Die Zahl in der Divina Commedia. Frankfurt 1973.
Kablitz, Andreas: Uhrzeiten. Überlegungen zu einer Semantik der Zeit in Dantes Purgatorio. In: Andreas Kablitz u.a. (Hg.): Zeit und Text. Philosophische, kulturanthropologische, literarhistorische und linguistische Beiträge. München 2003, S. 208 ff

Malato, Enrico: Dante. Roma 1999.

Mazzoni, Iacopo: La Difesa di Dante. Urbino 1982.

Novalis: Schriften. Bd. 1. Das dichterische Werk. Hg. von Paul Kluckhohn und Richard Samuel unter Mitarbeit von Hein Ritter und Gerhard Schulz. Darmstadt 1960.

Osols-Wehden, Irmgard: Pilgerfahrt und Narrenreise. Der Einfluss der Dichtungen Dantes und Ariosts auf den frühromantischen Roman in Deutschland. Hildesheim 1998.

Panofsky, Erwin: Gothische Architektur und Scholastik: zur Analogie von Kunst, Philosophie und Theologie im Mittelalter. Köln 1989.

Pinto, Raffaele: Dante e le origini della cultura letteraria moderna. Paris 1994.

Rheinfelder, Hans: Dante-Studien. Hg. von Marcella Roddewig. Köln u. Wien 1975.

Vossler, Karl: Dante als religiöser Dichter. Bern 1921.

Topographie der „Divina Commedia"

Wenn wir in der Einleitung zu diesem kulturgeschichtlichen Abriss Europas sagten, dass die große europäische Literatur ambivalent kodiert sei, so lässt sich das gerade auch an Dante zeigen. *Inhaltlich* entspricht Dantes Welt vielfach der mittelalterlichen Kosmologie, sie ist Mimesis der bestehenden Weltordnung, auch wenn überhaupt erst Dante sie erstmalig in einer großen Dichtung in Szene setzt. *Formal* aber ist bereits diese Literarisierung der mittelalterlichen Metaphysik einschließlich jener Erzählerfigur Dante, die den metaphysischen Kosmos durchreist wie ein moderner Weltraumfahrer, eine Totalinszenierung, die aus dem Mittelalter hinaus in die Neuzeit führt.

Auch die *Topographie* der „Commedia" ist in vieler Hinsicht noch mittelalterlich, nimmt aber bereits antike Erkenntnisse wieder auf, bzw. frühneuzeitliche vorweg. Denn Dantes Erde hat, wie schon die Pythagoräer wussten, und Kopernikus ebenfalls annahm, Kugelform. Den Mittelpunkt bildet die Geburtsstadt Christi, Jerusalem. Unter ihr bohrt sich in der Topographie der „Divina Commedia" eine gewaltige trichterförmige Vertiefung bis hinunter zum Erdmittelpunkt in die *Hölle*. In einem wilden Urwald, wo Dante den antiken Dichter Vergil trifft, macht sich der mittelalterliche Dichter unter Führung des Kollegen aus der Antike und unter dem Schutz Marias sowie der heiligen Lucia auf zu seiner Reise in die Welt der christlichen Metaphysik des Mittelalters. Gleichzeitig aber kann man diese Reise als eine erste kosmische Erkundungsreise der frühen Neuzeit lesen, in der das Ich seine eigenen inneren Phantasiewelten auslotet.

Diese Reise führt die beiden Dichter zunächst durch das Höllentor hindurch ins Unterreich des Inferno. Wie moderne Augenzeugen durchlaufen Dante und Vergil das christlich-allegorische System der Höllenkreise, in denen die Heiden und Sünder nach Maßgabe ihrer Schuld für die Ewigkeit eingekerkert ausharren und für ihre Schuld büßen müssen.

Die Ungetauften – darunter die großen Namen der antiken Dichtung und Philosophie – finden sich im ersten, noch milden Höllenkreis, im zweiten die

„Sünder aller Fleischeslüste" (Inf. V,38), darunter Semiramis, Kleopatra, Helena, Paris, Achill und auch Tristan. Diese Höllenkreise geben ganz gut Auskunft darüber, wen und was Dante an antikem und auch zeitgenössischem Bildungsgut kannte. Im dritten Höllenkreis müssen die Schlemmer in ewiger Pein für die Schuld ihrer Maßlosigkeit büßen, die Geizigen und Verschwender im vierten, die zornigen Seelen im Sumpf des fünften Kreises, die Ketzer im sechsten, die Betrüger, gewalttätigen Verräter, darunter auch die von Dante gehassten Päpste, Nikolaus III. und Bonifazius VIII., in den von Gestank, Blutströmen, kochendem Pech und ewigem Eis durchwachsenen folgenden Höllenkreisen.

Am tiefsten Punkt der trichterförmigen Höllenöffnung in die Erde – zugleich der gottfernste und kälteste Pol des christlichen Universum –, haust der schlimmste Verräter am Glauben: *Luzifer.* In der untersten Höllentiefe steckt er in ewigem Eis, ein Wesen, das „einst schön war" („la creatura ch'ebbe il bel sembiante" Inf. XXXIV,18). Nun vegetiert dieser Verräter mit seinen drei Köpfen in unendlicher ewiger Trauer mit einem Panzer von gefrorenem Blut und Speichel im Gesicht, ein ebenso gequältes wie quälendes Geschöpf:

> Er weinte aus sechs Augen, von drei Kinnen
> Rann mit den Tränen blutgemischter Speichel.
> In jedem Maul zermalmt' er einen Sünder
> Mit seinen Zähnen, wie um Flachs zu brechen,
> So dass er drei auf diese Weise quälte. (Inf. XXXIV,53 ff)

Wenn die Hölle ins Erdinnere führt, so bildet das *Purgatorium* eine Art Bergkegel über der südlichen Erde, das bereits in Stufen zu einem irdischen Paradiesgarten hinaufführt. In diesem irdischen Paradies wandelt eine andere Frauenfigur, Matelda, in ihrer Schönheit ein Sinnbild des irdischen Paradieses.

Das *Paradiso* bildet in Dantes Kosmologie eine Reihe von zehn Himmelsschalen entlang der Sternbahnen des Mondes, Merkurs, Venus, Sonne, Mars, Jupiter, Saturn, den Fixsternen, dem Ersten Beweger, Gott, und dem Empyräum. Die ganze Schöpfung bildet so eine *Seinskette,* deren Seinsfülle nach Graden der Wärme und des Lichts durch Gottnähe bzw. Gottferne bestimmt wird. Die Trinität selbst aber ist die Urquelle alles Seins, die Quelle der alles erzeugenden, alles durchströmenden universalen Liebe und des Lichts. Wenn Dantes „Divina Commedia" zuweilen mit einer gotischen Kathedrale verglichen wird, so hat insbesondere seine Lichtmetaphysik Ähnlichkeit mit jener Lichttheologie, die auch den Bau der gotischen Kathedrale inspiriert hat.

Wenn das Gesamtgedicht hundert Gesänge umfasst, bildet das Purgatorium XVII–XVIII eine Art Mittelachse des Gesamtwerks, in dem in der Tat Dante seinen zentralen Gedanken entfaltet: Die Philosophie der *Liebe* und der *Freiheit* im Gespräch mit Vergil. Diejenigen Seelen, die von der Liebe und dem guten Willen angetrieben werden, begegnen hier dem Wanderer Dante und Vergil „im Wirbeltanze" („passo falca", Purg. XVIII, 94), zugleich ein Bild, sich in den guten Werken zu beeilen und eine Metapher der Dynamik der guten Werke der Schöpfung.

Dantes Welt: Göttliche Komödie

Paradiso

(10) Empyreum
(9) Kristallhimmel oder Primum mobile
(8) Fixsternhimmel
(7) Saturnhimmel
(6) Jupiterhimmel
(5) Marshimmel
(4) Sonnenhimmel
(3) Venushimmel
(2) Merkurhimmel
(1) Mondhimmel

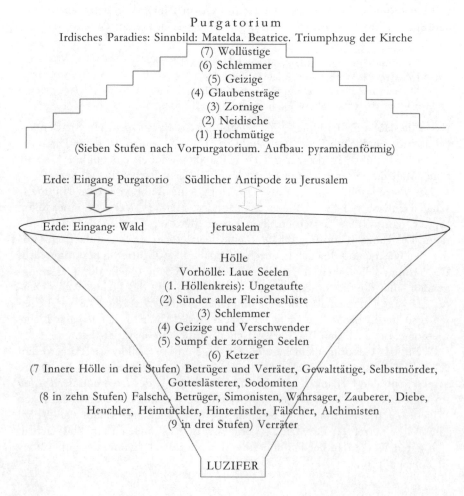

Purgatorium
Irdisches Paradies: Sinnbild: Matelda. Beatrice. Triumphzug der Kirche
(7) Wollüstige
(6) Schlemmer
(5) Geizige
(4) Glaubensträge
(3) Zornige
(2) Neidische
(1) Hochmütige
(Sieben Stufen nach Vorpurgatorium. Aufbau: pyramidenförmig)

Erde: Eingang Purgatorio   Südlicher Antipode zu Jerusalem

Erde: Eingang: Wald   Jerusalem

Hölle
Vorhölle: Laue Seelen
(1. Höllenkreis): Ungetaufte
(2) Sünder aller Fleischeslüste
(3) Schlemmer
(4) Geizige und Verschwender
(5) Sumpf der zornigen Seelen
(6) Ketzer
(7 Innere Hölle in drei Stufen) Betrüger und Verräter, Gewalttätige, Selbstmörder,
Gotteslästerer, Sodomiten
(8 in zehn Stufen) Falsche, Betrüger, Simonisten, Wahrsager, Zauberer, Diebe,
Heuchler, Heimtückler, Hinterlistler, Fälscher, Alchimisten
(9 in drei Stufen) Verräter

LUZIFER

Säkularisierung der Religion

In dieser literarischen Ausmalung des christlichen Jenseits ist bereits eine starke *Säkularisierung* am Werk. Denn das Erzähler-Ich Dantes in der „Commedia" macht die Fiktion auf, dass Maria im Himmel persönlich mit dem leidenden Dante Mitleid empfinde, dessen Heil der heiligen Lucia anempfohlen habe (Inf. II, 94 ff) und letztlich in deren beider Einverständnis wie auch der Zustimmung durch Gott Vater – „Fürchte nichts", sagt Vergil, „denn unsre Reise/ Kann keiner hindern, da Er sie erlaubte" (Inf. VIII, 104 f) – Dantes Reise abgesegnet sei. Die persönliche Betreuung des Jenseitsreisenden in Teilen des Purgatoriums und des Himmels übernimmt dann die Jugendgeliebte Dantes, Beatrice. Die dichterische Einbildungskraft Dantes erfindet sich hier eine höchst *private* Betreuung und Ausgestaltung der christlichen Jenseitswelt und auch eine private himmlische Mittlerschaft.

In seiner Jenseitsreise beerbt Dante die literarische Tradition. Bereits die „Odyssee" schildert den Weg des Helden in die Totenwelt (Odyssee, 11. Gesang), ebenso Vergils „Aeneis" (6. Buch). Einen Blick ins Jenseits hat der Apostel Paulus gewagt und der Apokalyptiker Johannes. Vor allem letzterer hatte eine neue *Visionarität* der Jenseitsschau in die christliche Literatur eingeführt. Dante überbietet diese Vorlagen durch seine eigene Reise als einer neuerlichen Heilsgeschichte, die sich aus dem „dunklen Wald" einer verwirrten Welt, durch die ewigen Strafzonen der Hölle hindurcharbeitet, hinauf ins Purgatorium und in das Paradiso. Sein Weg ist somit selbst ein Stück erneuerte *Heilsgeschichte.* Wenn Dante hier und dort diesen Weg selbst verzögert, weil er sich von den Szenen, die sich ihm darbieten, tief bewegt zeigt, treibt ihn sein Führer Vergil zur Eile an. Denn Zeit ist hier in der Gestalt des Protagonisten auch auf das Ziel einer finalen Erlösung hin bezogen, mithin Dante selbst in der Funktion einer *Erlösermission* unterwegs. Und wenn Dante die guten Werke durch ihren Tempolauf verkörpert – „Schnell, schnell, damit wir keine Zeit verlieren" (Purg. XVIII, 103 ff) –, so kann man darin auch schon die Dynamik der Neuzeit und ihrer entfesselten Zeitlichkeit ahnen.

Zu seinem persönlichen Blick ins Jenseits gehört, dass die Verteilung des Seelenpersonals auf Hölle, Purgatorium, Himmel nicht ohne privates *Eigeninteresse* des Dichters erfolgt. Dantes persönliche Feinde aus den politischen Kämpfen seiner Zeit – darunter die von ihm gehassten französischen Päpste Bonifazius VIII. und Clemens IV. – finden sich im Inferno wieder, um dort auf Ewigkeit ihre Schuld zu verbüßen, während Dante den erwähnten Großvater Cacciaguida, der für ihn die Werte des alten und guten Florenz vertritt, ohne Umschweife in den Himmel hinauf befördert. Hier schafft sich eine *imperiale, mythopoetische Einbildungskraft* ihr *eigenes* Bild des Jenseits, das sicher in den Grundzügen mit der scholastischen Theologie der Zeit übereinstimmt, in der konkreten Ausgestaltung aber viele Züge einer interessegeleiteten und säkularisierten Form der Darstellung des christlichen Jenseits aufweist.

Insbesondere die himmlische Gestalt der Beatrice nimmt eine Rolle ein, die in keiner vorgängigen Theologie so vorgegeben war und aus jener gerechtfertigt werden kann. Dante konstruiert hier sein eigenes Bild himmlischer Schönheit, repräsentiert im poetisierten Erinnerungsbild der geliebten Frau. Beatrice ist für Dante eine Art private Ersatzheilige im Himmel, die Dante den Himmel vertraut macht, ihn über seinen jeweiligen Seinsort unterrichtet, ihn auch scharf theologisch ‚ins Gebet' nimmt und den Rapport des Jenseitsreisenden zur göttlichen Trinität herstellt. Das ist eine besonders schöne Stelle, in der Dante beim Anblick der göttlichen Schönheit auch einen Moment lang die Schönheit Beatrices vergisst (Par. X, 46 ff).

In dieser Funktion kann Beatrice zum Vorbild einer zugleich *spiritualisierten* wie *säkularisierten* Form der Liebe werden. Einerseits ist sie die zur christlichen Heilsfigur stilisierte Geliebte. Andererseits wird die christliche Liebe in ihr veranschaulicht und – vor allem im strahlenden Antlitz dieser Frau – verkörpert. Die Konstruktion der himmlischen Schönheit bei Dante versammelt diese in der Schönheit seiner geliebten, aber ihrer Diesseitigkeit weitgehend entrückten Frau.

Das aber ist ein Modell, das literarisch Schule machen sollte. Insbesondere die Romantik griff dieses Modell auf. Auch Novalis ‚poetisiert' seine Geliebte Sophie von Kühn zur göttliche Mittlerin nach dem großen Vorbild Dantes. Novalis' Geliebte – wie Beatrice früh verstorben – wird dem Romantiker zu einer ähnlich göttlichen Heilsfigur, wie vordem schon Beatrice für Dante. Beide Dichter schreiten den mentalitätsgeschichtlichen Möglichkeitsspielraum einer privaten Liebesmythologie ab, die freilich in der Romantik noch sehr viel weiter säkularisiert wird als in der Dichtung des christlichen Mittelalters. Novalis erblickt in der dritten der „Hymnen an die Nacht" seine Geliebte Sophie von Kühn in einer Vision, die den Himmelsraum als einen traumtransparenten Nachtraum beschreibt, in der die Geliebte wie Christus „die Ewigkeit" in ihren Händen hält:

> Hin floh die irdische Herrlichkeit [...] über der Gegend schwebte mein entbundner, neugeborner Geist. Zur Staubwolke wurde der Hügel – durch die Wolke sah ich die verklärten Züge der Geliebten. In ihren Augen ruhte die Ewigkeit – ich fasste ihre Hände, und die Tränen wurden ein funkelndes, unzerreißliches Band. [...] und erst seitdem fühle ich ewigen, unwandelbaren Glauben an den Himmel der Nacht und sein Licht, die Geliebte. (HKA Novalis I, S. 135)

Erst die entrückte Geliebte knüpft hier das Band ins Jenseits. Und wenn zwar Vergil Dante in die Philosophie der Liebe einführt, so ist es Beatrice – bei Novalis Sophie –, durch welche Liebe zur erfahrenen Glaubenssache wird. „Weiteres", sagt Vergil zu Dante, „erwarte/ Nur von Beatrice, das ist Glaubenssache." („opera di fede" Purg. XVIII, 48 f). Novalis wird dem Themenbereich „Glauben und Liebe" eine Fragmentsammlung widmen (entstanden 1798) und darin schreiben:

> Meine Geliebte ist die Abbreviatur des Universums, das Universum die Elongatur meiner Geliebten (Novalis, HKA II, S. 485)

Die Liebe ist bei Dante wie Novalis die Weltseele, und die wesentliche Form der Weltaneignung geschieht somit in und durch die Liebe. Ihre Personalisierung in einer persönlichen Erinnerungsfigur aber entreißt die Liebesmythologie der christlichen Vorgabe einer Christus- oder Marienliebe und konstruiert sie als *individuellen Mythos*. Umgekehrt wird die himmlische Liebe selbst ihrer Abstraktheit entrissen und durch die mythopoetischen Frauenbilder *personalisiert*. Die Geliebte wird hier wie dort zur zentralen *Mittlergestalt* im und zum Jenseits.

Man kann die These wagen, dass Dante wie die Romantik eine *Umbesetzung* der christlichen Theologie vorgenommen haben: weg von einer dominant männlichen, hin zu einer *weiblichen Theologie*. In den Kernbereich der alttestamentarisch-christlichen Theologie mit ihrer dominant männlichen Besetzung von Gottvater, Sohn und heiligem Geist schleusen beide Dichter weibliche Figuren ein, die nicht das Strafende und Leidvolle der christlichen Theologie verkörpern, sondern Harmonie, Schönheit, Glück. Wenn Dante die Theologie in Beatrice versinnbildlicht und Novalis die Philosophie in Sophie, so drückt sich diese Neubesetzung des Weiblichen im Bereich der christlichen Metaphysik eben in dieser Bildlichkeit aus.

Die Romantiker werden aus der Individualisierung und ästhetischen Säkularisierung der Religion eine eigene kunstreflexive Theorie machen. „Nur derjenige", schreibt Friedrich Schlegel in seinen „Ideen"-Fragmenten aus dem Athenäum von 1800, „kann ein Künstler sein, welcher eine eigne Religion, eine originelle Ansicht des Unendlichen hat." (Kritische Ausgabe Bd. II, S. 257) Dante hatte sicher in diesem Sinne noch keine „eigne Religion", aber eine „originelle Ansicht des Unendlichen" durchaus. Mit ihm beginnt eine *Ästhetisierung der Religion*, in der diese selbst zu einer Funktion der Ästhetik wird. Und diese Struktur weist durchaus voraus auf die Renaissance und die Romantik.

Dazu gehört auch die eigenwillige Konstruktion einer geistigen Führerschaft Vergils in die Welt des christlichen Jenseits in Dantes „Commedia". Der Führer in diese Welt ist ja für Dante Vergil. Damit wird zum einen der Vorbildfunktion der klassischen Literatur der Antike auch für die mittelalterliche Dichtung Tribut gezollt. Unter Vergils Leitung und auf seine Anweisungen hin durchquert Dante sicher das Höllentor und jene Orte der ewigen Finsternis, des ewigen Eises und Feuers, in denen die Sünder nach Maßgabe ihrer Sünden für alle Ewigkeit büßen müssen. In dieser Konstruktion einer geistigen Führerschaft Vergils reicht Dantes eigene große Dichtung symbolisch der Antike die Hand. Zum anderen aber ist es Vergil, der im Purgatorio Dante die Philosophie der Liebe zu erläutern beginnt (Purg. XVIII). Mithin bereitet Dante so auch der Rezeption der Liebesphilosophie der Antike in der Renaissance den Weg.

Die beiden Dichter Vergil und Dante begegnen an einem Ort des ersten Höllenkreises, der minder furchtbar, gleichwohl aber durch die fehlende Taufe aus den Erlösungszonen der christlichen Pistis ausgegrenzt ist, auch den heidnischen Dichtern Homer, Horaz, Ovid, Lukan o.a.: „So sah ich nun vereint die schöne Schule/ Des Herren mit der höchsten Kunst des Sanges" (Inf. IV,94f). Im ersten Höllenkreis stoßen wir so auf eine Art Zusammenkunft aller großen Dichter der abendländischen Kulturgeschichte. Das Inferno ist der christlich zugewiesene Totenort der Heiden und somit voll mit griechischen und römischen Helden und auch mit den großen Wissenschaftlern der Antike: Euklid, Ptolemäus, Hippokrates, Galen. Auch die arabischen Aristoteleskommentatoren Avicenna und Averroes finden sich dort (Inf. IV, 142f). Dantes Dichtung konstruiert also einen Bedeutungsraum, in dem – an den ihnen im Sinne der christlichen Kodierung angemessenen metaphysischen Orten – die Antike ebenso aufgehoben ist, wie die großen Vertreter der arabischen und jüdischen Kultur, deren Grundzüge schon der junge Dante im Kontakt mit befreundeten Humanisten wie Brunetto Latini (um 1220–95) und Guido Cavalcanti (um 1255–1300) kennen gelernt hatte. Auch integriert Dante das mythische Personal der Antike für seine mythopoetische Organisation der Höllenräume. Plutus erscheint da mit heiserer Stimme (Inf. VII,29) wie die grimmigen Erinyen. Apollo, Athene, die Musen sind ebenso aufgehoben in der Danteschen Kosmologie, wie die Urmenschen Adam und Eva und die großen Propheten des Alten Testamentes.

Dantes „Commedia" entwirft so ein großes *Panorama* des christlichen Jenseits als einen Bildungskosmos, in dem er der Antike bereits eine große Präsenz zuweist. Er konstruiert um 1300 im Medium der Literatur einen mentalitätsgeschichtlichen *Präsenzraum* von christlicher Theologie, antikem Bildungsgut, jüdischer Religiosität und auch arabischen Einflüssen. Diese mentalen Welten stehen in der „Commedia" unter der Dominanz der christlichen Theologie, aber eben diese christliche Theologie öffnet Dante in seiner Dichtung auch auf andere Bildungswelten hin.

Daneben ist das große Thema von Dantes Dichtung die durchgehende *Kritik* an der Kirche, ihrem Missbrauch von Macht, ihrem missbräuchlichen Schachern mit kirchlichen Gütern und Ämtern. Des Dichters Zorn haben insbesondere die Päpste des Exils von Avignon heraufbeschworen. In ihrer wölfischen Machtgier entfachen sie den Krieg von Christen gegen Christen. Gerade vor dem Hintergrund eines idealtypischen Christentums, wie es Dante vertritt, wird seine Dichtung zur Geißel jener Entstellungsformen der „Braut des Herrn", wie sie im Paradiso am nachhaltigsten Petrus selbst im Namen auch seiner Nachfolger Linus und Cletus in Rom vorträgt:

> […] Die Braut des Herren ward nicht auferzogen
> Mit meinem, Linus' und des Cletus Blute,
> Um später feil mit Gold gekauft zu werden;
> […]
> Noch dass die Schlüssel, die mir einst verliehen,
> Ein Zeichen auf der Fahne werden sollten,
> Die gegen die Getauften steht im Felde;
> Noch dass ich auf dem Siegel sei zu sehen
> Für die verkauften und verlognen Rechte
> Darob ich oft in heißem Zorn erröte.

Im Hirtenkleide reißend wilde Wölfe
Muss ich von hier auf allen Weiden sehen.
O Gottes Schutz, was liegst du so darnieder! (Par. XXVII,40 ff)

Mit seinem großen kosmisch-metaphysischen Gedicht schreitet Dante, der in politischen Dingen zunehmend konservativ gesinnt war und den Zusammenhalt von Kirche und Kaisertum bei allerdings getrennten Funktionen wieder hergestellt sehen wollte, auch weit über jene literarische Texttypik hinaus, die als repräsentative Dichtungsformen des christlichen Mittelalters gelten kann: Die Oster- und Weihespiele, die mystischen Predigten, die Traktate. Seine „Commedia" ist ein gewaltiger architektonischer Entwurf einer imperialen, mythopoetischen Einbildungskraft, die mit ihren Stoffen und Themen ein kathedralenähnliches literarisches Bauwerk von den tiefsten Tiefen der Hölle über den Läuterungsberg in die höchsten Höhen der Sternenhimmel und zu ihrem Gipfel, der göttlichen Dreieinigkeit als Lichtquelle allen Seins, auftürmt.

Dabei spielt, ähnlich wie beim Bau der gotischen Kathedrale, *Zahlensymbolik* eine wesentliche Rolle. Die Dreiheit als Symbol der Trinität, die Zahl Sieben als die Zahl der Tugenden, Zehn als ideale Zahl der Himmelswelten. Die Zahlensymbolik folgt einer alten Weisheitslehre, die besagt, dass Gott alles „nach Maß, Zahl und Gewicht" geordnet habe und in diesem Sinne auch schon bei Augustin als Grundlage einer zahlensymbolischen Schöpfungslehre fungiert (De libero arbitrio 2, 42). Auch diese Bedeutung des Kosmos als Zahlenreich schlägt die Brücke zu einer Neuzeit, die daran gehen wird, eben jene Zahlenschlüssel des Universums *rational* zu vermessen.

Imperiale Einbildungskraft Dantes, Neuzeitliche Mythopoetik

Dante vertritt ein frühneuzeitliches Weltbild. Indikator der imperialen Einbildungskraft und Individualität Dantes ist auch der *panoramatische* Blick, den Dantes literarisches Ich, wie ein Kosmonaut am Himmel schwebend, über die Erde wirft: Vom spanischen Cadiz bis zur phönizischen Küste öffnet sich ihm der ganze Mittelmeerraum von dort oben im Überblick. Das imperiale Ich würde „mehr noch" entdecken, wenn ihm, am Fixsternenhimmel schwebend, die Sonne unter ihm nicht den Blick verstellen würde.

Seit ich zum erstenmal hinunterschaute,
Sah ich mich hinziehn durch den ganzen Bogen
Des ersten Runds vom Mittel bis zum Ende;
So konnt ich hinter Cadix noch erkennen
Odysseus' tollen Weg, und hier die Ufer,
Die einst Europas süße Last getragen.
Und mehr noch hätte ich entdecken können
Von unsrem Erdball, doch die Sonne eilte
Zu meinen Füßen, zwischen andern Sternen. (Par. XXVII,79 ff)

Fast zweihundert Jahre nach Dantes „Commedia" malt der deutsche Maler Albrecht Altdorfer (um 1480–1538) ein Bild der Alexanderschlacht aus einer ähnlich imperialen Sicht über die Erde, aus welcher die Weite des Schlachtfeldes und des Meeres zu einer Kartenaufsicht schrumpft und das Schlachtgetümmel zu einer Formation winziger Zinnsoldaten. Darüber hinaus könnte man die These wagen, dass solche Panoramavisionen auch das Tor zu einer neuzeitlich fiktionalen Weltraumliteratur aufstoßen, die sich allerdings erst mit den Erfindungen der modernen Technik im 19. und 20. Jahrhundert richtig entfalten wird.

Trotz allem Ausgriff in die Neuzeit aber steht Dante letztlich unter dem Gebot eines mittelalterlichen Glaubens und seiner mittelalterlich christlich-metaphysischen Kodierung der Seinsordnung. Im Rahmen und unter dem Dach der Theologie aber verkörpert seine Dichtung bereits die Macht einer frühneuzeitlichen, imperialen und zugleich säkularisierenden Imagination und Ästhetik, die die Renaissance prägen und strukturieren wird. So steht der im hohen Mittelalter fußende Dante in der Tat schon an der Schwelle zur Renaissance, deren Künstler – Maler wie Literaten – sich immer wieder auch auf ihn berufen.

An einigen zentralen Stellen thematisiert Dantes Dichtung *reflexiv* die visionäre Schaukraft seines Auges, so im zentralen Gesang von Purgatorium XVII:

> O Kraft des Schauens [O imaginativa], die uns oft entführet
> Ganz außer uns, dass wir es nicht bemerken,
> Wenn rings um uns auch tausend Tuben tönten [...]. (Purg. XVII, 13 ff)

Die in ihre Bildwelten versunkene innere Vision des Dichters erfährt sich als totale Hingabe an jenes Licht, das ihr von außen entgegenzuströmen scheint, poetologisch gesehen aber doch ein Produkt der inneren Einbildungskraft ist, wie die ganze Dichtung Dantes Vision einer im Innern des Ich geschauten Jenseitswelt. An mehreren Stellen thematisiert Dante das sprachliche Versagen der „Fantasia" vor der Übergewalt seiner inneren Bilder („Dass unsre Bildkraft viel zu niedrig stehe/ Für solche Höhn [...]" / E se le fantasie nostre son basse / A tanta altezza Par. X, 46 f. „Von jetzt ab war mein Schauen noch viel größer/ Als unsre Sprache, die ihm nicht gewachsen [...] / Da quinci innanzi il mio veder fu maggio / Che il parlar nostro Par. XXXIII, 55 ff). Vor allem der Schluss des Gesamtwerkes thematisiert noch einmal die visionäre Kraft eines Sehens, die den „Blick ins ewige Licht" hineinzutauchen ausgehalten und so mit der göttlichen Wesenheit der Liebe selbst visionär sich verbunden habe. Und erneut die Sprachkritik:

> Wie arm ist doch die Sprache [...]
> Die hohe Bildkraft musste hier versagen [...].
> (Par. XXXIII, Oh, quanto è corto il dire 121 und
> All' alta fantasia qui mancò possa 142)

Man kann resümieren: Dantes Dichtung hat der europäischen Literatur eine Form *visionären*, *mythopoetischen* Schauens und Sprechens in der Imagination des

Dichters erschlossen, die der europäischen literarischen Phantasie neue Dimensionen eröffnete. In einer Reihe christlicher Mythen der Neuzeit lebt diese Phantasie wieder auf, auch wenn keiner dieser literarischen Mythen die Geschlossenheit der Welt Dantes erreichen konnte. Vielleicht am nächsten kommt ihm noch „Paradise Lost" von John Milton (1608–1674), der allerdings die christliche Jenseitswelt viel stärker aus der Perspektive des *Rebellen* gegen Gott – Satan – beschreibt und seinen Eingriff in die Geschichte des Menschen durch die Verführung Evas im Paradies.

Eine andere Traditionslinie der christlichen Mythopoetik führt in die spanische Literatur: Calderón de la Barca (1600–1681), der in seinem „El gran teatro del mundo" die christliche Kosmologie auf eine große Metapher aufzieht: die des *Theaters*. Auch Dantes „Commedia" ist bereits voll von Bildmetaphern, in denen das himmlische Reich sich quasi theatralisch mit Bildern und Chören präsentiert (so Purg. X). Aber erst im Barock wird das ganze Weltszenario zu einem Theater werden. Gott selbst ist hier der „Meister", Macher und Regisseur seiner Figuren, denen die „Welt" den Schauplatz zum Rollenspiel bietet, um am Ende zu bestätigen, was Gott-Meister für die Weltgeschichte beschlossen hat.

Im 20. Jahrhundert sollte Hugo von Hofmannsthal (1874–1929) den Typus des großen Welttheaters noch einmal erneuern wollen. Sein Projekt des „Salzburger Großen Welttheaters" muss indes in dem Maße problematisch erscheinen, wie die christlich-allegorische Dichtung als Modell der Welterklärung im 20. Jahrhundert nicht mehr überzeugen kann. Dichtung vollzieht sich im Rahmen von Epochen und der in ihnen dominierenden Kodierungen. Das 20. Jahrhundert aber untersteht nicht mehr der christlichen Kodierung des Mittelalters, welche daher auch die Dichtung nur noch als künstliche Staffage aufführen kann.

Einen wichtigen Übergang zur Renaissance in Dantes Dichtung bildet jene himmlische *Ästhetik der Schönheit*, in der und mit der Dante die hohen Stufen des Purgatorio und vor allem sein Paradiso ausgestaltet. Wenn der Leser mit ihm und Vergil die Hölle durchschritten hat, eröffnet sich schon im Purgatorium und vollends im Paradiso ein Reich der lichtdurchfluteten Schönheit und Harmonie, in dem Sphärenmusik erklingt und Himmelschöre singen. Die literarische Ausleuchtung des göttlichen Universums und seiner Lichtarchitektur weiht – wie die gotische Kathedrale – das ästhetische Werk zu einem Innenraum der lichten geistigen Schönheit der Schöpfungswelt. Diese ist von Liebe und Licht erfüllt und nicht von jener Angst, jenen Kasteiungen und Bußübungen durchfurcht, die den am Leiden Christi orientierten Bedeutungsräumen des christlichen Mittelalters ihr schmerzliches Gepräge gaben. Die Leidensnachfolge Christi spielt bei Dante eine untergeordnete Rolle.

Dagegen strahlt die „Glorie des Bewegers aller Dinge [...] durch das Weltall, und von ihr erstrahlen/ Mehr oder minder die verschiednen Sphären." (Par. I, 1ff) Diese Rückstrahlung Gottes in seine Schöpfung aber ist deren sichtbare Schönheit und Harmonie im Gestaltungsraum der Dichtung. Dieser himmlischen Schönheit gibt Dantes „Commedia" vor allem in der Zone des Paradiso Sprachgestalt. Die literarische Erschließung der Räume und Bilder sphärischer Schönheit, gesteigert im Bild der Himmelsgestalt der Beatrice, schlägt in Dantes Dichtung selbst schon eine Brücke zum späteren Schönheitskult der Renaissance. Auch sie wird – ebenfalls noch fundiert in christlicher Metaphysik – die Schönheit der christlichen Botschaft gestalten, aber diese stärker als Dante verdiesseitigen, bzw. die diesseitige Schönheit des menschlichen Antlitzes und der Natur in das Licht einer geradezu himmlischen Schönheit tauchen.

Schließlich hat Dante – und das ist eine seiner wichtigsten Leistungen am Beginn der frühen Neuzeit – durch seine gegen den Rat der Humanisten getroffene Entscheidung, die „Commedia" in *italienischer* Sprache zu verfassen, das Tor zur italienischen *Nationalkultur* aufgestoßen. Sprachgeschichtlich hat Dante für die italienische Kultur eine ähnlich sprachprägende Bedeutung wie Luthers Bibelübersetzung für den deutschen Sprachraum, Shakespeare für den englischen. Jener hohe literarische Standard des florentiner Italienisch, den die „Commedia" setzt, wirkt selbst wie eine Sprachbrücke, auf der eine neue *nationale* Kultur entstehen konnte. Dantes Schrift „Convivio" (entstanden 1303–1308), die das Wissen seiner Zeit enzyklopädisch in der Volkssprache aufbereiten wollte und auch sein „Lehrbuch über den Gebrauch des Volgare als Kunstsprache" (1303–04), die erste europäische sprachwissenschaftliche Arbeit, dienen diesem Ziel der Erhöhung des Italienischen als Kultursprache. In diesem Punkt überspringt Dantes Werk sogar, wie ihm der große Romanist Karl Vossler zubilligt, die Renaissance und ihre lateinische Humanistenkultur, indem sein Werk bereits zuvor die nationale Sprachkultur des Italienischen in der Neuzeit begründet.

Und noch in anderer Weise griff Dantes Welt nicht nur auf das Mittelalter zurück, sondern auch der Neuzeit voraus. Es ist bemerkenswert, dass es das Grauen der Weltkriege und des Holocaust war, das Autoren des 20. Jahrhunderts auf die Sprachgestalt von Dantes „Inferno" zurückgreifen ließ. So greift Primo Levi, selbst ein Überlebender von Auschwitz, in seinem autobiographischen Text in seinem „Se questo è un uomo" auf Dante zurück (Neuschäfer, S. 297 ff). So beschreibt Curzio Malaparte in seinem Roman „Die Haut" (La Pelle 1950) die Zerstörung Hamburgs mit Brandbomben im Zweiten Weltkrieg in Dantesker Metaphorik. Er vergleicht die brennende Stadt mit der „Höllenstadt Dantes", in der „überall [...] in der Elbe [...] Tausende und Tausende von Köpfen aus dem Wasser und aus der Erde" ragten, „blauschwarz vor Angst und vor Schmerzen" (S. 96). Auch die Darstellung der „Hölle auf Erden" in den Konzentrationslagern greift auf Dantes „Inferno" zurück, um diesem Grauen überhaupt eine sprachliche Form geben zu können. (Thomas Taterka: Dante Deutsch. Studien zur Lagerliteratur. Berlin 1999). Denn das gehört zur furchtbaren Entwicklung der europäischen Geschichte der Neuzeit, dass sie die Dantesche Erlösungsteleologie quasi umgedreht hat und jenes Inferno in der Realität entfacht, das bei Dante die unterste Stufe des christlichen Universums bildete.

Literatur:

Malaparte, Curzio: Die Haut (La Pelle). Übersetzt von Hellmut Ludwig. Karlsruhe 1950.

Neuschäfer, Anne: „Fatti non foste a viver come bruti, ma per seguir virtute e conoscenza. Primo Levis (1919–1987) Rückbezug auf Dantes „Inferno" in „Se questo è un uomo". In: L'Italia si presenta – Italien stellt sich vor. Landes- und kulturkundliche Aspekte des gegenwärtigen Italiens. Hg. von Anne Neuschäfer u.a. Bonn 2003, S. 297 ff.

Taterka, Thomas: Dante Deutsch. Studien zur Lagerliteratur. Berlin 1999.

Petrarcas ambivalente Kodierung des Weiblichen

In der Verdiesseitigung der christlichen Heilsvision geht Petrarca entschieden über Dante hinaus. Wenn in Dantes „Commedia" die geliebte Frau zur verklärten und auch intellektuellen Himmelsgestalt stilisiert wird, so konstituiert Petrarca einen Liebesdiskurs, der durch die Zerrissenheit zwischen Jenseits und Diesseits, Sakralisierung und Säkularisation, Spiritualisierung und körperliches Begehren geprägt ist. Der Ort für diesen Diskurs aber ist nicht mehr das Jenseits, sondern das Diesseits mit einer allerdings ins Göttliche verklärten Frauengestalt. Ihre Unerreichbarkeit und die Unerfüllbarkeit des Liebesverlangens sollte literarisch zu einer neuen elegisch-melancholischen Grundstimmung führen, die Petrarca existentiell auslotete und die weit über seine Dichtung hinaus literarische Mode wurde. Petrarca schafft so das Grundmodell für eine ganze Serie von Liebesdiskursen in der Neuzeit. Mit Petrarca beginnt eine weitere, genuin neuzeitliche Diskursform der europäischen Literatur- und Kulturgeschichte.

Petrarca (1304–1367), eine Generation jünger als Dante, lebte ein ähnlich unstet exiliertes Leben wie jener. Er sei, so schreibt der fünfzigjährige Petrarca in einem Brief an einen Freund, „in der Verbannung gezeugt, in der Verbannung geboren" (Brief an Socrates vom 13.1.1350, Übersetzung Hans Nachod und Paul Stern). Es ist derselbe Brief, in dem Petrarca bekennt „nirgends [...] Ruhe" gefunden zu haben. Die Moderne mit ihren Erfahrungen der Entwurzelung und Entfremdung findet ihre Vorläufer schon in der frühen Neuzeit.

Und sie findet Anverwandte in der Antike. Beim Durchstöbern alter Bibliotheken entdeckt Petrarca verlorene Handschriften, so Briefe Ciceros und dessen Manuskript „Pro archia" in einer Kirchenbibliothek in Verona. Mit dem Fund in der Hand schreibt Petrarca persönlich an diesen geistigen Freund in der Vergangenheit einen fiktiven Brief:

> [...] habe ich auch jetzt endlich erkannt, was für ein Mensch du warst. [...] O du stets Ruheloser und Ängstlicher [...]. (Brief an Marcus Tullius Cicero, Verona 16. Juni 1345).

Petrarca ist auch jener Dichter, der am Anfang der Entdeckung der Landschaft als ästhetischem Kulturraum steht. Über die Besteigung des Mont Ventoux berichtet ein berühmter Brief (Brief an Francesco Dionigi von Borgo San Sepolcro, vermutlich mit dem fiktiven Datum: Paris 26. April 1336). Er ist – bei aller Zitation antiker Quellen und Rückbindung auch dieses Berichts an die Mentalität des Mittelalters – von einer neuzeitlichen Motivation getrieben: „die ungewöhnliche Höhe dieses Flecks Erde durch Augenschein kennen zu lernen" (Petrarca: Dichtungen, Briefe, Schriften, S. 80), ein Durchbruch des neuzeitlich-ästhetischen Blickes auf die Landschaft.

1327 bei einem Gottesdienst in Avignon sah Petrarca wohl jene Laura, die zur angebeteten Figur seiner Dichtung werden sollte. 1348 wurde jene Laura Opfer der Pest, die Europa wie eine Furie durchraste. Petrarca hatte mittlerweile in Bologna Jura studiert, aber diesen Beruf so wenig ausgeübt wie seinen späteren Beruf als Kleriker.

Laura wird in Petrarcas Dichtung – wie Beatrice in der Dantes – zu einer *poetischen* Figur. Ist sie vielleicht überhaupt nur ein Gespinst der Einbildungskraft des Dichters? Durch die Petrarca-Forschung geistert die These, dass es – weil reale Lebensspuren jener Laura rar sind – eine reale Laura nie gegeben habe. So gesehen würden die Sonette an Laura nur ein Phantasiegebilde anhimmeln, die Liebesdichtung Petrarcas eine Art narzisstischer Selbstinszenierung sein. Es ist die Frage, ob Petrarcas Lauragedichte eine Textform der stilisierten Erinnerung oder Projektionen der reinen Phantasie sind. Was an dieser These zweifeln lässt, sind die Töne des *Leidens* in Petrarcas Dichtung. So sehr Laura zu einer Idealfigur der geliebten Frau stilisiert wird, so wenig scheint sie doch – wenn man die existentiellen Leidenstöne in seiner Dichtung ernst nimmt – nur ein Produkt einer selbstbezüglich narzisstischen Einbildungskraft zu sein. Petrarca hat übrigens schon von seinem Freund Giacomo Colonna den Vorwurf der bloßen Fiktionalität zu hören bekommen und darauf geantwortet: „Wenn es nur Verstellung wäre und nicht Raserei" (simulatio esset utinam et non furor!)

Der Canzoniere

Petrarcas „Canzoniere" ist eine Gedichtsammlung, deren Entstehung sich über einen langen Zeitraum erstreckt, beginnend mit ersten Eintragungen im Jahre 1342. Gearbeitet hat Petrarca an dieser Gedichtsammlung bis zu seinem Lebensende. Der lateinische Titel lautet abschätzig: „Rerum vulgarium fragmenta", und letztendlich ist die Gedichtsammlung auch nicht von letzter Hand abgeschlossen, sondern fragmentarisch geblieben. Die offene *Fragment*form aber sollte in ihrer Offenheit und Unabgeschlossenheit selbst zu einer Grundform der Neuzeit und insbesondere der Moderne werden. „Viele Werke der Alten sind Fragmente geworden. Viele Werke der Neuern sind es gleich bei der Entstehung", lautet das 24. Athenäumsfragment von Friedrich Schlegel aus dem Jahre 1798 (Friedrich Schlegel: Kritische Ausgabe, Bd. II, S. 169). „Petrarcas Modernität", so formuliert eine neuere Petrarca-Studie geradezu programmatisch, „liegt in der zur Anschauungsform erhobenen Erfahrung des Fragmentarischen." (Stierle: Petrarca, S. 525)

Die Sammlung, wie sie Petrarca hinterlassen hat und wie sie heute vorliegt, umfasst 366 Gedichte, darunter 317 Sonette, 4 Madrigale, 7 Balladen, 29 Canzonen und 9 Sestinen. Petrarca selbst hat vorgeschlagen, mit dem Tode Lauras eine Art Zäsur in der Sammlung vorzunehmen. Dann fällt eine erste Gruppe unter die Rubrik „In vita di madonna Laura", eine zweite Gruppe, die mit den Canzonen 263 oder 266 beginnt, unter die Rubrik „In morte di madonna Laura".

Der lateinische Titel weist darauf hin, dass zur Zeit Petrarcas die lateinische Hochkultur stilbestimmend war. Petrarca selbst hat ja auch seine lateinischen Dichtungen, die für eine starke Erneuerung der Antike sorgten und für die Renaissance von großer Bedeutung waren, höher geschätzt als die mentalitätsgeschichtlich innovativeren italienischen Gedichte. Insofern steht er wie Dante an einer Schnittstelle zwischen lateinischer Hochkultur, die das „volgare" als Kunstsprache niedrig schätzte, und einer Neuzeit, die sich auch in der Hochkultur wesentlich *nationalsprachlich* kodierte. Wie Dante dichtete hier ein italienischer Dichter gegen die Gelehrtenmentalität seiner Zeit, der er gleichwohl selbst angehörte und die er teilte.

Die Gedichte des Canzoniere sind aus der *Erinnerung* geschrieben und gleich eines der ersten, Sonett 12, nimmt in der Erinnerung eine raffinierte Wendung vor, in die Zukunft des Alterns der geliebten Frau Laura, deren goldenes Haar dann silbern geworden sein werde, ihr Antlitz bleich. Erst in dieser erinnerten Zukunft wird der Dichter der Geliebten sein Leid eröffnen können: „Welche Martern" die „Jahre, Tag' und Stunden waren", in denen er sie verehrt habe, ihr die Liebe aber nie habe voll anvertrauen können. Und wenn das „schöne Sehnen" dann durch die Zeit des Alterns abgeschwächt sei, werde der „Schmerz" Linderung erfahren durch ihr spätes Verstehen. Eine Art Hoffnung auf spätere Schmerzlinderung in der antizipierten Empathie der Geliebten, wenn schon die Gegenwart der Liebe selbst keine Erfüllung findet:

> Wenn sich mein Leben in der harten Qual
> und in den Schmerzen kann so lang erwehren,
> bis von der Macht der letzten Jahre ich
> das Licht, oh Herrin, Eurer schönen Augen schwinden seh,
>
> wie Euer Haar aus feinem Golde silbern wird
> und wie von Kränzen Ihr und hellen Kleidern lasst,
> wie Euerm Antlitz dann die Farbe schwindet,
> was zu beklagen mich in meinem Unglück zögern lässt,
>
> dann endlich gibt die Lieb mir so viel Kühnheit,
> Euch zu entdecken, welche Martern
> mir Jahre, Tag' und Stunden waren.
>
> Und steht die Zeit dann schönem Sehnen auch entgegen,
> so wird sie wenigstens nicht hindern, dass mein Schmerz erfährt
> ein wenig Lindrung von zu späten Seufzern.
> (Petrarca: Canzoniere. Übersetzung: W. Tilmann)

War nun diese Liebe nur eitle Selbstverliebtheit eines lorbeersüchtigen Dichters? Sicher war dies Petrarca auch, und er spielt in einer Vielzahl von Gedichten mit der Klangassonanz des Namens „Laura" in der Doppelbedeutung von Lorbeer und dem Namen der geliebten Frau, wobei auch die Bedeutung „L'aura" im Sinne von Lufthauch mit anklingt. Trotz dieses Schielens auf die Nachwelt sprechen aber doch aus einer Reihe von Canzonen existentielle Töne von Schmerz und Leid, die nicht nur Rhetorik und selbstaffizierte Kopfgeburt sind. In Canzone 19 vergleicht sich der Dichter mit jenen Tieren, die „mit irrer Leidenschaft" sich ins Feuer stürzen, das sie verzehrt:

> [...]
> und schließlich andere mit irrer Leidenschaft, die hofft,
> im Feuer gar die Lust zu stillen, weil es glänzt,
> ganz andere Gewalt erfahren diese: die, die brennt;
> ach, und mein Platz ist in der letzten Schar. (Canzone 19)

Fünf Jahrhunderte nach Petrarca wird Goethe das Preislied auf jene Nachtfalter singen, deren Lust am Licht sie in die Selbstverbrennung führt:

> Und zuletzt, des Lichts begierig,
> Bist du, Schmetterling, verbrannt.
> (Goethe: Selige Sehnsucht. In: West-östlicher Divan I, S. 25).

Auch Petrarca sucht, was ihn verzehrt, „das Licht der Herrin", ihren Blick:

> [...] drum zwingt mein Schicksal mich, sie anzuschauen
> mit meinen tränenvollen und geschwächten Augen,
> wohl wissend, dass ich suche, was mich brennt. (Canzone 19)

Der Liebesdiskurs dieser Lyrik erzeugt so eine permanente *Ambivalenz* zwischen Verlockung *und* Bedrohung, Anziehung *und* Gefahr, Versprechen *und* Schmerz, Lust *und* Leid. Eines der stärksten Sonette des Canzoniere entwickelt auf diese Weise eine regelrechte Topik der Antithese zwischen Furcht und Hoffnung, Hitze und Kälte, Tod und Leben, Sinnenentzug und extremer Ausdrucksstimulation:

> Den Frieden find ich nicht, und Waffen nicht zum Kriege,
> ich fürcht und hoff und brenn und bin von Eis,
> ich flieg hoch übern Himmel, liege doch am Boden,
> ich fasse nichts, umarm die ganze Welt.
>
> Mich hat im Kerker jemand, der öffnet nicht, nicht schließt,
> mich weder für sich hält noch mir die Schlinge löst,
> und Amor tötet nicht, noch schließt er Ketten auf,
> er will mich lebend nicht noch ziehn mich aus den Wirren.
>
> Ich sehe ohne Augen, hab keine Zung und schreie,
> ich sehn' mich nach Vergehn und rufe Hilf herbei,
> heg Hass nur gegen mich, spür Liebe nur für andre.
>
> Ich nähre mich von Schmerz und lache, wenn ich weine,
> am Tod find ich Missfallen, doch ebenso am Leben,
> in diesem Stande, Herrin, bin ich Euretwegen. (Canzone 134)

Gegenüber Dante liegt die mentalitätsgeschichtlich neue Formation der Lyrik Petrarcas darin, dass *zum einen* die „himmlische" Schönheit auf die *Erde* herabgeholt wird – „ich sah auf Erden ein so engelsgleiches Wesen, / so himmlisch eine Schönheit, auf der Welt so einzig [...]" (I' vidi in terra angelici costumi / et celesti bellezze al mondo sole [...], Canzone 156) – *andererseits* aber diese irdische Erscheinung zu einem platonischen „Urbild" göttlicher Schönheit stilisiert wird (l'esempio, Canzone 159). Wenn Dante seiner Beatrice und ihrem engelgleichen Lachen im Himmel begegnet, so schafft Lauras „Lockenhaar von reinem Goldesglanz, / das Blitzen jenen engelgleichen Lächelns, / [...] ein Paradies auf Erden" (le crespe chiome d'òr puro lucente / e 'l lampeggiar de l'angelico riso, [...] in terra un paradiso, Canzone 292).

Dabei dreht Petrarca gegenüber der christlichen Kodierung sogar die inspirierende Kraft des Augenleuchtens um, wenn er davon spricht, dass „der Himmel rings entzündet sich [...] von schwebenden / leuchtenden Funken" weil ihn Lauras „schöne Augen hell gemacht" haben (e 'l ciel di vaghe et lucide faville / s'accende intorno [...] d'esser fatto seren da sì belli occhi. Canzone 192).

Diese *Doppelkodierung* des Weiblichen aber bedeutet: Ihre Gestalt bleibt – bei aller *Verdiesseitigung* und auch *Verkörperlichung* ihrer „himmlischen" Schönheit – auch von einer *jenseitigen Ungreifbarkeit*. Die Gestalt der Laura in Petrarcas Sonetten ist das Bild einer anziehenden, auch *körperlich* begehrten *himmlischen* Schönheit auf Erden, das aber zugleich – als *himmlische* Gestalt – jene körperliche *Unnahbarkeit* behält, die schon Dantes Beatrice ausgezeichnet hat, wie auch die Mariengestalten in der mariologischen Minnelyrik. Petrarcas Laura: Eine Erscheinung des Jenseits *im* Diesseits, aber ausgestattet mit den Zügen einer jenseitskodierten Ungreifbarkeit und Unnahbarkeit.

Diese Ambivalenz und Doppelkodierung entwirft der „Canzoniere" in einer Reihe *antithetischer* Bilder, so im Bild des Schlingen legenden Amors, dessen Netze aber doch zugleich so süß seien (Canzone 181), oder im Bild der goldenen Haare der Laura selbst als einer Schlinge (Canzone 197) oder auch als Haupt der Medusa, die ja bekanntlich ihre Opfer in einen Stein verwandelt.

Genuin *neuzeitlich* und in die *Moderne* weisend sind dabei jene Passagen des „Canzoniere", in denen das Ich seine Leidens-Liebe und Liebes-Melancholie, seinen lustvollen Schmerz und schmerzvolle Lust *existentiell* auslotet, man kann auch sagen: *auskostet* – um aus dieser kostbaren Essenz von Gefühlsambivalenzen seine Reime zu schmieden.

Dabei gehört zur existentiellen Dimension der italienischen Lyrik Petrarcas, dass sie ihre zerrissene Gedankenwelt wie schmerzvolle Emotionaliatät selbst als *Sprachprozess* gestaltet und somit eine neue Poetik des *pensare*, des denkenden wie emotionalen Nachsinnens, begründet (Stierle: Petrarca, S. 525ff). Bei aller rhetorischen Stilisierung eröffnen so die italienischen Gedichte Petrarcas einen neuen Erfahrungsraum der denkend-fühlenden *Individualität* des Ich, der durch innere Kriege, Schwankungen, Verwirrung und jenes Ringen um Klarheit geprägt ist. Zugleich aber schenkt die ästhetische Form des Gedichts jene Klarheit, die jene innere Zerrissenheit in einen *Sprachprozess* umgestaltet und somit diesen auch für den Leser fassbar macht. Natürlich ist Augustinus der geistige Vater jener Dimension der Innerlichkeit. Schon bei ihm tobt der Kampf zwischen sinnlichem Verlangen und Entsagung (Kap. 3.2), der in der Lyrik Petrarcas zu einer regelrechten Inszenierung der Ambivalenzen von Verlockung und Versagung wird. Auch in der Säkularisation und in der Anlehnung an antike Vorbilder bleibt so Petrarcas Lyrik eine genuin christliche Dichtung.

Auch in Petrarcas Lyrik meldet sich das frühneuzeitliche Ich in der Auflösung der wohlgeformten Hierarchie des Mittelalters. Das Ich, das aus Petrarcas „Canzoniere" spricht, ist *ruhelos*: „Ich hatte niemals eine stille Nacht [...]" (Io non ebbi già mai tranquilla notte [...], Canzone 237), es ist *rastlos*: „Von Tag zu Tag hoff ich nun auf den letzten Abend [...]" (Di dì in dì spero omai l'ultima sera [...], Canzone 237), ist *grund-* und *bodenlos*: „schwimm durch ein Meer ich ohne Grund und Ufer" (nuoto per mar che non à fondo o riva, Canzone 212). Das lyrische Ich lebt in seinen Träumen und ist zunehmend *entfremdet* vom wirklichen Leben (armselige Welt, was bist du schwankend, eitel! – Misero mondo, instabile et protervo, Canzone 319). Es ist ein *einsames* Ich, für welches Nacht und Natur zur Staffage der eigenen Liebesprojektionen werden (Canzone 237). Das Ich erfährt sein Leben als „blindes Schicksal" (cieca fortuna, Canzone 223), das den lenkenden Heilsplan Gottes zeitweilig nicht mehr erkennen kann. Wohl ist er nahe der himmlischen Gestalt der Geliebten auch ganz *nah* an das „Paradies auf Erden" herangerückt (in terra un paradiso, Canzone 292). In dieser *irdischen* Vergegenwärtigung des *Himmlischen* aber ist jenes zugleich von ihm *getrennt*.

Petrarkische Ambivalenzen in der europäischen Literatur

Diese ambivalente Konstitution sollte für die moderne Literatur charakteristisch werden. Während im sogenannten *Petrarkismus* der Barockliteratur gewisse prominente Stilelemente wie erotische Spitzfindigkeiten, Antithesen und Oxymora eher äußerlich imitiert werden, so hat die Literatur der Moderne – allen voran Kafka – die Ambivalenz der Kodierung von Diesseits und Jenseits, von Nähe und ewiger Entfremdung immer wieder in Texten beschrieben, so auch Kafka in dem folgenden Aphorismus:

> Er ist ein freier und gesicherter Bürger der Erde, denn er ist an eine Kette gelegt, die lang genug ist, um ihm alle irdischen Räume frei zu geben, und doch nur so lang, dass nichts ihn über die Grenzen der Erde reißen kann. Gleichzeitig aber ist er auch ein freier und gesicherter Bürger des Himmels, denn er ist auch an eine ähnlich berechnete Himmelskette gelegt. Will er nun auf die Erde, drosselt ihn das Halsband des Himmels, will er in den Himmel, jenes der Erde. Und trotzdem hat er alle Möglichkeiten und fühlt es, ja er weigert sich sogar, das Ganze auf einen Fehler bei der ersten Fesselung zurückzuführen. (Kafka: Nachgelassene Schriften II, S. 63)

Auch Petrarca ist in dieser Weise doppelt gefesselt: an die *irdische* wie *himmlische*

Gestalt Lauras. Will er zur irdischen kommen, fesselt ihn deren Jenseitskodierung, wie er umgekehrt als körperliches Ich – und dies gilt verstärkt natürlich für die Zeiten nach ihrem Tod – durch seine Diesseitigkeit von ihrem himmlischen Jenseits getrennt bleibt. Und wenn bei Petrarca das irdische Diesseits als ein „Kerker" erscheint, aus dem er sich heraussehnt, so gibt es auch bei Kafka eine Reihe von Formulierungen, die die Menschliche Existenz als eine Form des „Gefangenseins" deuten.

Die Grundstimmung des neuzeitlichen Ich, die bei Petrarca im 14. Jahrhundert aufbricht und in Kafkas Aufzeichnungen sich artikuliert, verweisen auf einen in der *ambivalenten Doppelkodierung* von Diesseits und Jenseits *unlösbaren* Konflikt. Ihm entspricht eine Grundstimmung der *Orientierungslosigkeit* (Petrarca: „In schwerem Sturm in ruderlosem Boot"), in dem die Grundbefindlichkeit der „Angst" dominiert:

> So starken Kummer, solche Angst heg ich für mich. („tal cordoglio et paura di me stesso", Canzone 298)

Im Canzone 197 ist sogar die Rede von „weißer Angst" (bianca paura). Die späten Gedichte sind durchtränkt von dieser Grundstimmung der Angst, und sie sprechen dabei auch eine innere *Müdigkeit* des Ich aus, das solche Lebenskämpfe im Alter kaum noch bestehen kann. Durch die letzten Sonette Petrarcas geht daher auch eine Art *Todesbereitschaft*, ja *Todessehnsucht*, die im 14. Jahrhundert noch die Hoffnung auf den christlichen Himmel und die Erlösung in den Armen der in den Himmel entrückten geliebten Frau mit sich führen konnte.

Kafkas Joseph K. durchhetzt die verschmutzte und korrupte Kanzleiwelt des „Process", die aber immer noch mit Chiffren des Jenseits besetzt ist. Am Ende des Romans, nach all den auch politisch eingefärbten und undurchschaubaren Verfolgungen und Verteidigungskämpfen, wird er sein Herz geradezu willig dem Messer der Henker entgegenbeugen (Kap. 4.4).

Und so fügt sich vor allem in den letzten Sonetten des „Canzoniere" auch das lyrische Ich Petrarcas in eine fast demütige todesbereite Haltung, dies noch im Vertrauen des Lebensmüden auf ein Wiedersehen mit Laura im Angesicht Gottes:

> [...]
> und da ich aus so dichtem Dunkel aufbrech
> und flieg so hoch hinauf in schöne Klarheit,
> dass meinen Herrn ich seh und meine Herrin. (Canzone 349)

Petrarca ist der erste frühneuzeitliche Dichter, der sein *Leben* ganz in den Dienst der *Kunst* und der gelehrten *Studien* gestellt hat. Man kann in ihm den ersten *Humanisten* der Frührenaissance sehen.

Die Option eines Lebens für die *Kunst* setzt aber eine neue, genuin neuzeitliche Dialektik von *Kunst* und *Leben* in Gang. Als Leben *für* die Kunst wird das Leben selbst zu einem *Moment* der Kunst. Leben wird gelebt unter den Bedingungen seiner Transponierbarkeit und Verwandelbarkeit in Kunst. Unter solchen Bedingungen aber ist Petrarcas lebenslanges, unerfülltes Werben um Laura und sein Sehnen nach Laura geradezu die Bedingung der Möglichkeit seiner elegischen Dichtung. Die glückliche Erfüllung der Liebe hätte ihren elegischen Grundton zerstört. Das *Leiden* ist die Ermöglichung dieser in ihrer Diesseitigkeit immer noch durch eine Jenseitskodierung bestimmten Kunst und steht im Dienst der Kunst. Auch das gilt für Kafka: Seine Entscheidung, die Verlobung mit Felice Bauer aufzulösen, vollzieht er um seiner Existenz als Schriftsteller willen (siehe Tagebucheintragung vom 9. März 1914). Auch wenn bei Petrarca solche Eheabsicht nicht zur Disposition stand, ist das „Alleinsein" für Petrarca wie für Kafka die Bedingung der Möglichkeit ihres Lebens und Leidens für die Kunst.

Es ist dann Kafka, der in der Literatur der Moderne und mit ihren Mitteln die ambivalente Kodierung von Diesseits und Jenseits in einer Reihe reflexiver Metaphern beschreibt. So geradezu greifbar nahe und leicht der Eintritt ins Jenseits für den Mann vom Lande zu sein scheint, so unmöglich und unerreichbar ist dieses geheimnisvolle Zentrum zugleich. Jeder Schritt durch eine Tür würde eine Flucht neuer Türen mit neuen Türhütern vor dem in das Gesetz Eintretenden erstehen lassen und somit der Schritt ins Jenseits zugleich zum infiniten Regress werden.

Kafkas Bilder sind moderne, reflexive Metaphern für die *paradoxale* neuzeitliche Mentalitätsstruktur der *Doppelkodierung* von Jenseits und Diesseits. Petrarcas „Canzoniere" und Kafkas Texte: Metaphern der erreichbaren Unerreichbarkeit oder der unerreichbaren Erreichbarkeit.

Literatur:

Francesco Petrarca: Canzoniere. Eine Auswahl. Italienisch/Deutsch. Übersetzt und hg. von Winfried Tilmann. Stuttgart 2000.
Die Besteigung des Mont Ventoux. Francesco Petrarca an Francesco Dionigi von Borgo San Sepolcro in Paris. Aus dem Lateinischen übersetzt von Hans Nachod und Paul Stern. Frankfurt a. M. 1996.
Ders.: Canzoniere, a cura di Marco Santagata, Milano 1996.
Ders.: Canzioniere. Introduzione e note di Alberto Chiari. Milano 1985.
Dichtungen, Briefe und Schriften. Auswahl und Einleitung von Hanns W. Eppelsheimer. Frankfurt 1956.
Bernsen, Michael: Die Problematisierung des lyrischen Sprechens im Mittelalter. Eine Untersuchung zum Diskurswandel der Liebesdichtung von den Provenzalen bis zu Petrarca. Tübingen 2001.
Kafka, Franz: Nachgelassene Schriften und Fragmente II. Hg. von Jost Schillemeit. Frankfurt a. M. 1992.
Ders.: Tagebücher. Hg. von Hans-Gerd Koch u. a. Frankfurt a. M. 1990
Goethe, Johann Wolfgang: West-östlicher Divan 2 Teile. Hg. von Hendrik Birus. Frankfurt a. M. 1994.
Hoffmeister, Gerhart: Petrarca. Sammlung Metzler 301. Stuttgart 1997.
Kristeller, Paul Oskar: Acht Philosophen der italienischen Renaissance. Petrarca, Valla, Ficino, Pico, Pomponazzi, Telesio, Patrizi, Bruno. Weinheim 1986.

Stierle, Karlheinz: Francesco Petrarca. Ein Intellektueller im Europa des 14. Jahrhunderts. München 2003.

Boccaccios Feier der sinnlichen Liebe

Giovanni Boccaccio (1313–1375), unehelicher Sohn eines Florentiner Kaufmanns und einer französischen Adeligen, späterer Kaufmann und Gesandter seiner Heimatstadt Florenz, repräsentiert mit seiner Novellensammlung „Decamerone" einen *dritten* Typus des spätmittelalterlichen-frühneuzeitlichen Liebesdiskurses. Wenn Dante den Liebesdiskurs radikal spiritualisiert, Petrarcas Lyrik zwischen Diesseits und Jenseits hin- und hergerissen ist, entscheidet sich Boccaccio für eine *erotische Semantik* des *Diesseits* einschließlich der Ironisierung und Parodisierung der mittelalterlichen Jenseitskodierung und ihres Körperentzugs.

Boccaccio, neun Jahre nach Petrarca geboren, gehört noch der Generation Petrarcas an. Boccaccio teilt, wie Petrarca, die Abneigung des Brotberufes eines Juristen und die Neigung zu Kunst und Literatur. 1350 begegnet Boccaccio Petrarca in Florenz. Im Auftrag der Stadt soll er ihn zur Übernahme einer Professur in Florenz bewegen. Trotz großer Sympathien zwischen den Männern lehnt Petrarca ab. Auch gehört Boccaccio zu den begeisterten Lesern Dantes, über dessen „Divina Commedia" er Vorlesungen in Florenz hält. Die großen Dichter seiner Zeit, von deren Weltmodellen er sich abgrenzt, kennt er selbst gut.

Das „Decamerone" ist eine Sammlung von hundert Novellen, vorgetragen an zehn (griechisch déka) Tagen (heméra), entstanden in den Jahren zwischen 1349 und 1353. Der Fiktion nach finden sich hier in den Zeiten der Pestepidemie von 1348 und auf der Flucht davor sieben Damen und drei Herren auf einem Landsitz bei Florenz zusammen, um in dieser Idylle in einem schön angelegten Gesprächsspiel ihre Geschichten vorzutragen und kommentieren zu lassen.

Die ehrbaren „sieben jungen Damen" alle unter 28 Jahre und keine jünger als 18, hatten sich in der Kirche Santa Maria Novella in Florenz zum Gottesdienst getroffen und dabei die schlimmen Zeiten kommentiert, in denen dem „Vergnügen viel engere Schranken gezogen" seien (sette giovani donne [...] alquanto ristrette le leggi al piacere, Das Dekameron. Übersetzung: Albert Wesselski, S. 20 / Giovanni Boccaccio, Decameron, a cura di Vittore Branca, S. 20 f). Es sei eine Zeit, in der man nur Leichen, Elend, Trauer sähe, daneben aber auch – gleichsam auf dem Rücken der Pest – ein ausschweifendes und zügelloses Leben sich in Florenz breit mache. Eine der Frauen, Pampinea, schlägt vor, die Stadt zu verlassen und aufs Land zu flüchten. Dabei wäre es nicht schlecht, so räsonieren die Frauen, Männer mit ins Boot zu nehmen, denn – so ihre kritische Selbsteinschätzung – „Wir sind unbeständig, eigensinnig, argwöhnisch, kleinmütig und ängstlich: dieser Eigenschaften wegen fürchte ich sehr, dass sich unsere Gesellschaft, wenn wir uns niemand andern zum Führer nehmen als uns selber, sehr bald auflösen wird" (Noi siamo mobili, riottose, sospettose, pusillanime e paurose: per le quali cose io dubito forte, se noi alcuna altra guida non prendiamo che la nostra, che questa compagnia non si dissolva troppo più tosto, Dekameron, S. 24/ Decameron, S. 25).

In schöner literarischer Zufälligkeit treten in diesem Moment drei junge Männer in die Kirche, Panfilo, Filostrato und Dioneo: „Seht, das Glück ist unserem Beginnen hold und hat uns verständige, wackere junge Männer geschickt, die uns willig sowohl Führer als auch Diener sein werden, wenn wir es nicht verschmähen, sie zu diesem Amte zu nehmen", sagt Pampinea, die einen von ihnen schon gut kennt. (Ecco che la fortuna a' nostri cominciamenti è favorevole, e hacci davanti posti discreti giovani e valorosi, li quali volentieri e guida e servidor ne saranno, se di prendergli a questo oficio non schiferemo, Dekameron, S. 25/ Decameron, S. 26).

Der Landsitz zeigt sich der Gesellschaft als ein schöner Palast, gereinigt und gesäubert, die Betten gemacht, alles bestens für einen angenehmen Aufenthalt auf dem Land in schrecklichen Zeiten vorbereitet. In der Gesprächsrunde zu Eingang des dritten Tages wird er ausdrücklich mit einem Paradies verglichen.

> Der Anblick dieses Gartens, der so schön angelegt war, der Pflanzen und des Springbrunnens mit dem daraus abfließenden Bächlein machte jeglicher Dame und den drei Männern so viel Vergnügen, dass sie sich einmütig gestanden, sie wüssten sich nicht vorzustellen, dass ein irdisches Paradies, wenn das möglich wäre, anders aussehen könnte als dieser Garten, und sie seien außerstande, eine Schönheit zu erdenken, die ihm hinzugefügt werden könnte. (Dekameron, S. 233)

Die Adelspartie stellt sich Regeln für den Aufenthalt in der Villa auf. Man will die „heiße Tageszeit nicht mit Spielen vertreiben", „sondern mit Geschichtenerzählen, was der ganzen Gesellschaft, die dem einen Erzähler zuhört, Vergnügen bringen kann." (non giucando, […] ma novellando (il che può porgere dicendo uno, a tutta la compagnia che ascolta diletto) questa calda parte del giorno trapasseremo, Dekameron, S. 31/Decameron, S. 31) Zu diesem Behufe wird jeden Tag ein König oder eine Königin gewählt, die den jeweiligen Tagesablauf und das Thema der zu erzählenden Geschichten bestimmen. Ein ganzes Spektrum einer tragischen oder komischen, feinen oder groben Behandlung der Stoffe bestimmt dabei die Erzählungen. Zwei Tage, der erste und der neunte Tag sollen ohne Leitthemen gestaltet werden, die anderen variieren jeweils das Leitthema des Tages. In den Erzählungen lebt das ganze Panorama der zeitgenössischen Gesellschaft auf: Von dem Fürsten über die Geschäftswelt des Bürgertums, die Bauern, Soldaten, niederer und höherer Klerus und immer wieder Frauen, Frauen, Frauen, die das Geschehen bestimmen, die Handlungsläufe umwerfen, für Komik und Verzweiflung sorgen und selbst das geheime Handlungszentrum dieser Welt der hundert Novellen Boccaccios sind.

Für die *Mentalitätsstruktur* der Erzählsammlung sind besonders jene Erzählungen markant, in denen die traditionelle mittelalterliche Kodierung der Welt, parodiert und auf die Schippe genommen wird, mithin der *Umbruch* vom Mittelalter zu einer neuen Mentalität des Diesseits implizit und explizit das Thema der Erzählung ist.

Eine solche Geschichte ist die vierte Geschichte des dritten Tages. Panfilo erzählt die Geschichte eines Bruders Puccio, der in seiner übersteigerten mittelalterlichen Frömmigkeit in den Orden des heiligen Franziskus eintritt und da die meiste Zeit mit Beten und auch Selbstgeißelungen zubringt.

> Und weil er ein Dummkopf und grobschrötiger Mensch war, sagte er seine Vaterunser her, ging in die Predigten und hörte Messen und fehlte nie, wann die Laienbrüder Loblieder sangen, und fastete und geißelte sich, und man erzählte sich, dass er Geißelbruder sei. (Dekameron, S. 261 f)

Dieser Puccio nun hatte eine Gattin, Monna Isabetta mit Namen, die uns der Erzähler als „von achtundzwanzig bis dreißig Jahren" schildert, „frisch und hübsch und rundlich, wie sie war, einem Franzapfel glich", und die natürlich wegen der Frömmigkeit ihres Mannes erotisch auf „eher schmale Kost" gesetzt war. („di ventotto in trenta anni, fresca e bella e ritondetta che pareva una mela casolana [...] troppo più lunghe diete", Dekameron, S. 262/ Decameron, S. 252 f). Um auch dieser jungen und drallen Frau „Kurzweil" zu bringen, erzählte ihr frommer, aber tumber Mann ihr „Christi Leben oder die Predigten des Bruders Anastasius oder Magdalenas Klage oder sonst derlei Dinge" (scherzar [...] la vita di Cristo e le prediche di frate Nastagio o il lamento della Magdalena o così fatte cose. Dekameron, S. 262/ Decameron, S. 253).

Die Wendung in der Erzählung kommt durch einen Mönch, „schön von Leibe und gar jung", der ganz im Gegensatz zu jenem Puccio „einen scharfen Geist und ein tiefes Wissen" hatte (assai giovane e bello della persona [...] d'aguto ingegno e di profonda scienza, S. 262/ Decameron, S. 253). Bruder Puccio schließt sich ihm sogleich an, der ihm zum engen geistlichen Berater wird. Der Mönch freilich hat dabei nicht nur den Bruder Puccio in den Blick genommen, sondern auch die dralle schöne Frau desselben. Man isst gemeinsam zu Abend und der Mönch bringt sie dazu „dass er in ihrem Herzen dasselbe Verlangen entzündete, das in seinem brannte" (che egli l'accese nella mente quello medesimo disidero che aveva egli, Dekameron, S. 262/ Decameron, S. 253).

Aber wie zusammenkommen? Bruder Puccio geht nie auf Reisen und seine dauernde Anwesenheit steht einem Liebestreffen zwischen Mönch und Ehefrau im Wege. Da erfindet der clevere Jungmönch ein schönes Büßerspiel unter Ausnutzung der Christusfrömmigkeit und christlichen Hörigkeit des Puccio. Seine Sünden, so rät ihm der Mönch, solle er gewissenhaft beichten, sich in strenger Enthaltsamkeit üben, seine Frau nicht anrühren. Er möge sich auf ein breites Bett legen, seine Hände wie ein Gekreuzigter ausstrecken und an Pflöcke binden, möge „die Augen gen Himmel" richten und in solcher Stellung dreihundert Vaterunser und dreihundert Ave-Maria zu Ehren der Dreifaltigkeit beten. Und das vierzig Tage lang. Vor allem solle er unverwandt den Himmel anstarren, stets darauf bedacht, „dass der Herrgott der Schöpfer des Himmels und der Erde gewesen ist" und immer eingedenk, dass Christus „in der selben Stellung" wie er am Kreuze gelitten habe (guardando il cielo [...] Idio essere stato creatore del cielo e della terra [...] stando in quella maniera, Dekameron, S. 264/ Decameron, S. 255). Das Ganze wird dem Puccio als ein schnellerer Königsweg zur göttlichen Gnade angeboten, sozusagen ein Turbojet zur Gewinnung der „ewigen Seligkeit" (beatitudine eterna).

Nebenan nun beginnt eine ganz andere Seligkeit, nämlich das *erotische Bettspiel* zwischen Mönch und Monna Isabetta. Da zwischen Leidensmann nebenan und Lustpaar nur eine „ganz dünne Mauer" gezogen war, konnten gewisse Geräusche dem Bruder Puccio auch nicht ganz verborgen bleiben. Er vermeinte gehört zu haben „als ob die Dielen zitterten, so dass er, der eben das erste Hundert seiner Vaterunser hergesagt hatte, innehielt und, ohne sich zu rühren, die Frau anrief und fragte, was sie mache." (sottilissimo muro [...] alcuno dimenamento di palco della casa; di che, avendo già detti cento de' suoi paternostri, fatto punto quivi, chiamò la donna senza muoversi e domandolla ciò che ella faceva, Dekameron, S. 265/ Decameron, S. 256). Zum Spott auf den Dummkopf antwortet ihm die Frau:

> Meiner Treu, Mann, ich werfe mich herum, was ich nur kann. (Dekameron, S. 265)

Bruder Puccio glaubt, das Fasten sei schuld daran, dass sie nicht schlafen könne. Er will ihr das Fasten erlassen, worauf die Frau antwortet:

> Kümmert Euch nicht darum; ich weiß recht gut, was ich tue; tut nur Ihr das Eurige, ich werde schon das meinige tun, so gut ich kann. (Dekameron, S. 266)

Der eine tut also Buße, die zwei anderen frönen ihrer Lust. Dabei tut der Erzähler alles, um den christlichen Büßer als lächerlich, unsensibel, dumm darzustellen. In diesem Sinne resümiert die Frau mehrfach scherzend die Situation gegenüber ihrem Liebhaber –, und dieses Bekenntnis resümiert auch die Mentalität des Autors Boccaccio:

> Du lässt Bruder Puccio Buße tun, und wir sinds, denen das Paradies zuteil geworden ist. (Dekameron, S. 266)

Eine schroffere Opposition zur Spiritualisierung der Liebe bei Dante und auch noch bei Petrarca kann man sich nicht vorstellen. Das ganze Arsenal der christlichen Bußübung wird hier als lächerlicher und zudem dummer Leerlauf beschrieben, dessen alleinige Funktion noch darin liegt, ausgebeutet zu werden, hier: *erotisch*, in anderen Erzählungen: *merkantil*. Wer den christlichen Bußritualen folgt, ist selbst der Dumme. Wer der Stimme der Lust folgt, findet das Paradies. Während Bruder Puccio glaubte, mit seiner Buße „ins Paradies zu kommen" (mettere in Paradiso, Dekameron, S. 266/ Decameron, S. 257), wird er von denen, die es auf Erden finden, zum Affen gemacht. Dabei weist der Erzähler die Schuld an dem Fremdgehen der Frau eben auch jener Lebensform zu, die in ihrer Verachtung des sinnlichen Diesseits die Sehnsucht der Frau danach vernachlässigt und sie eben dadurch disponibel für die Verführungen des Mönchs gemacht habe. Die Runde der Zuhörer, in der Panfilo die Geschichte „nicht ohne Gelächter der Damen" (non senza risa delle donne, Dekameron S. 267/ Decameron, S. 258) zu Ende bringt, wird dann von der Königin des Erzähltages, Neifile, auch wieder zur Raison gerufen, indem sie „dem Anstande einer Dame Elisa" (A Elissa impose che seguisse, ebd.) fortzufahren gebietet.

Die Forschung hat zu Recht darauf hingewiesen, dass sich bei Boccaccio noch viele Elemente der mittelalterlichen Schwankliteratur finden, die also gerade nicht als Elemente der Renaissance, sondern des Mittelalters zu bewerten sind. Dieser Befund ist richtig, wie auch der andere Verweis der Forschung auf die Architektonik der zehn mal zehn Erzählungen, die ihrerseits mit der Hundertzahl der Gesänge Dantes korrespondieren. Gattungsgeschichtlich und auch formgeschichtlich lassen sich somit mittelalterliche Elemente bei Boccaccio nachweisen. Mentalitätsgeschichtlich aber ist – bei aller Nutzung auch mittelalterlicher Schwankkomik – die programmatische Verkündung eines *Diesseits* des *Paradieses* nicht mehr mittelalterlich, sondern bewegt sich in der Ausrichtung einer neuen Mentalitätszone, die nicht mehr nur die Schwächen der mittelalterlichen Frömmigkeit und des Klerus an den Pranger stellt, sondern eine *neue Dimension* der *Weltorientierung* eröffnet. Man muss sich nur vergegenwärtigen, dass etwa zeitgleich mit der Arbeit am „Decamerone" und ebenfalls in Reaktion auf die Pest Züge von Flagellanten durch die Städte Europas zogen, um sich mit eisenbespickten Geißeln die Rücken zu zerfleischen. Solche Selbstzerfleischung des Körpers entspringt noch einer Mentalität der Fleischverdammung. Von dieser Mentalität hat sich Boccaccio radikal verabschiedet und durch eine Mentalität der positiven Kodierung von Körper und körperlicher Liebe ersetzt.

Dafür können in „Decamerone" viele Beispiele gefunden werden, so auch die am dritten Tag von Filostrato vorgetragene Geschichte eines Nonnenklosters, in dessen kleines Paradies auf Erden sich ein junger Mann als Gärtner einschleicht, ein „kräftiger, stämmiger Bauernbursche" (un giovane lavoratore forte e robusto, Dekameron, S. 236/ Decameron, S. 228). Dieser hübsche Kerl mit Namen Masetto ist auch clever. Er stellt sich taubstumm und vermag in solcher Verstellung nicht nur die geheimen Gelüste der Nonnen zu verstehen, sondern gibt sich auch willig deren Lustexperimenten hin, das Modell eines erotischen Paradieses auf Erden im Jenseitsgärtlein des Klosters, das alle Beteiligten genießen und durch Geheimhaltung nach außen auch schützen.

Auch hier also ist das *irdische Paradies* die *Liebe*, und zwar die *sinnlich* genossene, und das Kloster, das irdische Jerusalem, wird zu einem solchen *irdischen Paradies* der *sinnlichen Liebe* umgewidmet. Auch hier erinnert die Gartenmetapher an den Garten Eden. Die offene Komik der Erzählung, in der eine Nonne nach der anderen im irdischen Paradies des Klostergartens das Paradies der irdischen Liebe entdecken darf, resultiert auch aus der zunehmenden Kollektivierung der genossenen Sinneslust bei gleichzeitiger Aufrechterhaltung der Keuschheitslüge für das tumbe Volk draußen. Die mentalitätsgeschichtliche

Botschaft des Textes aber ist klar: Das Paradies ist nicht irgendwo, sondern hier auf *Erden*, und auch das Jungfräulichkeitsgebot der Nonnen sollte nicht verhindern, es dort zu finden, wo es ist.

Der Grundton der Erzählungen des „Decamerone" liegt somit offen: Spott über die Kirche und all jene, die in dummer Gutmütigkeit ihren Ritualen noch folgen, Hohn und Spott über die, die kirchliches Recht zur Selbstbereicherung missbrauchen, und grundsätzlich: *Abwendung* von der Jenseitskodierung des Mittelalters zugunsten einer *Diesseitskodierung* des Lebens. Diese Botschaft des „Decamerone" unterliegt nun auch nicht mehr, wie bei Petrarca, einem inneren Selbstzweifel und einer inneren Zerrissenheit. Das Paradies – das wäre die Botschaft des Boccaccio – liegt nicht im Jenseits, sondern im Diesseits, und es kann hier gefunden werden in der Erfahrung der sinnlichen Lust der Liebe.

Es ist aber bemerkenswert, dass jenes Liebesglück, das allerorten in den Erzählungen gefeiert wird, in der Gesellschaft der Erzählenden nicht selbst realisiert wird. Es wäre ja denkbar gewesen, dass die Spielanordnung der Gesellschaft des Landhauses auch die Umsetzung und Erfüllung jener Erotik vorgesehen hätte, deren Preis sich allenthalben in den Erzählungen findet. Das aber ist nicht der Fall. Boccaccio verlagert die Vorstellung vom Paradies, vom Himmel auf die *Erde*. Aber dieses Paradies bleibt ein *erzähltes* Paradies. Die *Narration*, die *Ästhetik* ist der eigentliche Ort jener erotischen Erfüllung, die die Erzählungen aber allenthalben preisen. Es ist bemerkenswert, wie gesittet und züchtig insbesondere die Damen auf erotische Anspielungen in den Erzählungen reagieren. Der Erzähler verwendet alle Mühe darauf, ein sittliches, geradezu züchtiges Ambiente zu schaffen für seinen Preisgesang auf die sinnliche Liebe. Dadurch aber erhält sich Boccaccio einen Moment der *ästhetischen Spiritualisierung* auch in der Verdiesseitigung seiner Erotik. Diese leitet sich nicht mehr ab aus Theologie oder christlichem Ritual, sondern aus der spielerischen Form der Erzählung selbst. Der neue Ort aber, den Boccaccio der befreiten Liebe anweist, ist die *Ästhetik*.

Mit Dante, Petrarca, Boccaccio entwirft die Literatur des späten Mittelalters und der frühen Neuzeit drei Modelle der Liebe: Die *spiritualisierte*, von aller Körperlichkeit entkleidete Liebe bei Dante, die *verdiesseitigte* aber gleichzeitig *idealisierte* Liebe bei Petrarca, der unverhohlene Preisgesang auf *sinnliche* Liebe und *erotische* Wollust bei Boccaccio. Dadurch eröffnen sich geradezu polare Kulturen der Sinnlichkeit und der Erotik auch für deren weitere Entwicklung in der europäischen Kulturgeschichte. Für die europäische Neuzeit ist allerdings kennzeichnend, dass zwar die Gattung Novelle darin eine große Erfolgsgeschichte aufzuweisen hat, zumindest aber die ‚hohe Literatur' nicht in jene Feier der Sinnlichkeit einstimmen wollte, die Boccaccios Novellen inszenieren. Das heißt nicht, dass es nicht in der Renaissance, im Barock, im Rokoko auch erotische Texte gegeben hätte. Speziell die Komödie – Commedia dell' arte, Schwank- und Volksbühnen – schlagen starke und geradezu grobe sinnliche Töne an. Aber es ist auch bezeichnend, dass der Aufklärer Gottsched den Harlekin von der Bühne verbannen wollte. Der Hauptstrom zumindest der ‚Hohen

Metaphysik und Dichtung in der frühen Neuzeit

	Dante	Petrarca	Boccaccio
Jenseits			
Titel	„Divina commedia"	„Canzoniere"	„Decamerone"
Texttendenz	Spiritualisierung	Kontrast von Spiritualisierung und Verdiesseitigung	Verdiesseitigung
Personal	Verdammte, erlöste Seelen	Laura, Allegorien der Liebe (Amor etc.)	Fürsten, Klerus, Bürgertum, Bauern
Darstellungsperspektive	Erzähler-Ich Dante	Lyrisches Ich Petrarcas	Wechselndes Erzähler-Ich der jungen Damen und Adligen
Raum	Visionäre Räume der christlichen Metaphysik: Hölle, Purgatorium, Himmel	Erinnerungsräume des lyrischen Ich: Naturraum der Vaucluse, allegorische Räume, Paradies	Landsitz bei Florenz Erzählte Räume zeitgenössischer Stadt-, Land-, Klosterszenarien
Zeit	Zeitreise durch den Ewigkeitsmodus christlicher Verdammnis oder Erlösung	Lebensphasen des lyrischen Ich in seinem Liebesleiden und seinen Alterungsstufen	Pestepidemie von 1348
Diesseits			

Literatur' ist auch in der Neuzeit und in der bürgerlichen Gesellschaft durch jene Geschichte der christlichen Askese geprägt, deren Struktur und kulturgeschichtliche Folgen wir im Kap. 3.3 aufgewiesen haben.

Boccaccios Erben

In die Reihe der Autoren, die Boccaccio beerben, gehören Chaucer, Marguerite de Angoulême, Cervantes, Rabelais, in der deutschen Literatur E. T. A. Hoffmann, Ferdinand Meyer, Gottfried Keller und viele andere. Dieser Erfolgsgeschichte der Gattung Novelle korrespondiert aber nicht eine entsprechende mentalitätsgeschichtliche Wirkungsgeschichte Boccaccios. Man muss geradezu sagen: Jene Wendung zu einer positiven Kodierung der Sinnlichkeit, die Boccaccios „Decamerone" vormacht, hat die Tradition eher verweigert. In der deutschen Literatur des 18. Jahrhunderts ist es eigentlich nur Wilhelm Heinse, der in seinem Roman „Ardinghello" (1787) für eine unverstellte und nicht von verengten Tugendvorstellungen restringierte Erotik plädiert. Interessanterweise ist es eher die späte englischsprachige und amerikanische Literatur, die den erotischen Vitalismus Boccaccios aufgenommen und weitergeführt hat: Das Erzählwerk von D. H. Lawrence – sein „Lady Chatterley's Lover" ist ebenfalls Gärtner – und die großen Romane von Henry Miller gehören in diesen Zusammenhang einer lustvollen und geradezu mythischen Feier des Eros und des Sexus. Gerade diese Werke aber wurden von der puritanischen Moralkritik heftig verfolgt (siehe Kap. 3.2).

Der Haupttrend der europäischen Literatur der Neuzeit und Moderne ist eher geprägt durch jene Mentalität der *Melancholie*, des *Nihilismus*, die der neuzeitlichen *Dekonstruktion* der christlichen Metaphysik und der Außenseiterfunktion der literarischen Subjektivität der Neuzeit entspricht (Kap. 4.4).

Literatur:

Giovanni Boccaccio, Decameron, a cura di Vittore Branca, I Meridiani Mondadori, Milano 1985.
Ders.: Das Dekameron. Mit 110 Holzschnitten der italienischen Ausgabe von 1492 Deutsch von Albert Wesselski. Frankfurt a. M. 1999.

4.2 Der konstruktivistische Logos der Neuzeit

Neuzeit

Die Neuzeit, die bereits im Hochmittelalter anbricht und spätestens um 1500 mit der Entdeckung Amerikas und der Hochrenaissance sichtbare Zeichen einer neuen Epoche setzt, ist kulturgeschichtlich betrachtet nicht so neu. Das wird auch aus der Geschichte des Begriffs der Neuzeit selbst deutlich. Denn Petrarca, der den Begriff einer neuen Zeit lancierte, wollte dabei – nach jener dunklen „Zwischenzeit" (medium tempus) des Mittelalters – anknüpfen an die ruhmvolle republikanische Republik Roms (Neuzeit: In: Historisches Wörterbuch der Philosophie, Bd. 6, Sp. 784 f). Die italienische Renaissance begründete und befestigte damit eine neue Zeitkodierung, die sich nicht mehr an der jüdisch-christlichen Eschatologie orientierte, sondern an einem dreigliedrigen Epochenschema, das der Kunsthistoriker Vasari Mitte des 16. Jahrhunderts auf das Schema einer „Vervollkommnung" der Kunst in der Antike, „ihrem Verfall" im Mittelalter und ihrer „Wiederherstellung, oder richtiger Wiedergeburt" in der Gegenwart brachte (Vasari: Leben der ausgezeichnetsten Maler [...], Bd. 1, S. 21). Vasari spricht sogar von dem „Schaden", den „der ungestüme Eifer der neuen christlichen Lehre" den Künsten zugefügt habe (ebd., S. 29), und sieht nach dem „finsteren" Mittelalter eine neue Geburtsphase der Kunst anbrechen. Dabei ist der Begriff der Renaissance, der sich letztlich als Epochenbegriff durchgesetzt hat, ein Produkt erst des 19. Jahrhunderts, den vor allem Jacob Burckhardt mit seinem Buch „Die Kultur der Renaissance in Italien" von 1860 als kulturgeschichtlichen Epochenbegriff durchgesetzt hat.

Als Makroepoche umfasst die Neuzeit die Teilepochen der Renaissance (ca. frühes 14. Jahrhundert bis ca. 1550), des Barock (ca. 1550–1630), der Aufklärung (ca. 1630 bis Ende des 18. Jahrhunderts), der Moderne (ca. Ende des 18. Jahrhunderts bis Gegenwart). Kulturwissenschaftlich ist es sinnvoll, diese Teilepochenbegriffe der Neuzeit beizubehalten und mit ihnen zu arbeiten, weil sie in der Tat differente Phasen der Neuzeit differenziert zu begreifen erlauben.

Zum Wissenschaftsumbruch und zur Wissenschaftsgeschichte der Neuzeit gibt es eine Vielzahl von Forschungen, die auch die Vorgeschichte dieser Urmutter der Revolutionen der Neuzeit schon im Mittelalter untersucht haben. Zu den wichtigsten Arbeiten gehört die Studie von Alexandre Koyré: „Von der geschlossenen Welt zum unendlichen Universum". Koyré betont die *Öffnung* der mittelalterlichen Welt bereits durch einen Theologen wie Nikolaus von Kues (1401–1464), der die Geometrie als Modell der Darstellung der Unendlichkeit Gottes bemüht, sowie das Weltbild Giordano Brunos, dessen „Zwiegespräch vom unendlichen All und den Welten" in der Tat die mittelalterliche Theologie auf einen prinzipiell unendlichen Weltraum hin öffnet. Auch die großen Studien von Hans Blumenberg „Die Genesis der kopernikanischen Welt" und „Die kopernikanische Wende" schließen an solche Forschungen an. Auch die schon ältere Studie von Annelise Maier „Die Vorläufer Galileis im

14. Jahrhundert. Studien zur Naturphilosophie der Spätscholastik" weist bereits in der Spätscholastik im Kreis der so genannten calculatores in Oxford und bei Nikolas von Oresme die Versuche nach, Qualitätsveränderungen in Raum und Zeit durch quantifizierende Formeln zu beschreiben (Maier: Die Vorläufer Galileis, S. 236 ff). Sowohl Maier als auch Blumenberg haben dabei allerdings auch nachgewiesen, dass diese Ansätze in der Spätscholastik „an der Schwelle einer eigentlichen, messenden Physik stehen geblieben sind, ohne sie zu überschreiten" (Maier: Metaphysische Hintergründe der spätscholastischen Naturphilosophie, S. 402).

Blumenberg hat darüber hinaus in der genannten Studie zur Genesis der kopernikanischen Welt die Umwidmung der Kategorie der *Neugierde* (curiositas) gegenüber der äußeren Welt, die Augustinus als ein Laster eingestuft hatte, zu einer willkommenen Erkenntniseinstellung herausgearbeitet. Es gehört auch zu den Ergebnissen seiner Forschungen, dass bereits die revolutionäre Weltsicht des Kopernikus als *Hypothese* veröffentlicht wurde, wenn auch aus konservativ-theologischen Erwägungen heraus. Darauf kommen wir zurück.

Unter den großen kulturgeschichtlichen Forschungen zur neuzeitlichen Rationalität sind auch die religionssoziologischen Studien von Max Weber zu erwähnen, die in der okzidentalen Rationalität die bestimmende Denkform der Neuzeit erkannt und dabei zugleich deren Durchmischung mit religiösen Motiven vor allem im Protestantismus und Calvinismus aufgezeigt haben. Wird ja doch der frühneuzeitliche Handelskapitalismus im Protestantismus und Calvinismus religiös so umkodiert, dass der berechenbare Geschäftserfolg zum Ausweis der Gottgefälligkeit solcher Praxis auf Erden wird, andererseits das Jenseits zur Absegnung der Geschäfte im Diesseits eingenommen wird (Weber: Die protestantische Ethik und der Geist des Kapitalismus).

Von ihrer Grundausrichtung her trägt die Renaissance als erste Epoche der Neuzeit in vieler Hinsicht noch magisch-mythische Züge. Es ist auch die Zeit der großen Alchimisten, die Gold herstellen wollen und mit magischen Praktiken das Geheimnis des Universums erforschen. Es ist die Zeit des als Zauberer und Schwarzkünstler bekannten Doktor Faustus (1480–1536), des Arztes und Naturforschers Paracelsus (1493–1541), des durch seine dunklen Zukunftsprophezeiungen berühmten Astrologen Nostradamus (1503–1566). Dies sind Naturforscher, in deren Erkenntniswillen bereits die Motivation der Neuzeit sich drängend meldet, deren Glauben an Magie und magische Deutung der Welt aber noch mittelalterliche Züge aufweist und an die erscheinende Natur rückgebunden bleibt.

Der französische Kulturphilosoph Michel Foucault hat in seinem Buch „Die Ordnung der Dinge" (Les mots et les choses) die Episteme der Renaissance als eine auf dem Prinzip der „Ähnlichkeit" beruhende Wissensform gedeutet. Das Gewimmel der Welt hängt für die *magia naturalis* der Renaissance in einem vierfachen „Raster der Ähnlichkeit" (Foucault: Die Ordnung der Dinge, S. 46): durch die konkrete Nähe der Dinge im Rahmen der Seinskette (convenientia), durch innere Entsprechungen auch von Entgegengesetztem (aemulatio, z.B. von Pflanzen und Sternen), durch Analogie der Dinge (z.B. von Pflanzen und Tieren), durch Sympathie der in den Dingen und durch sie wirkenden göttlichen Kräfte. Der gesamte Kosmos bildet so eine geheime, aber verständliche *Zeichensprache*. Die Natur ist ein geheimes, aber lesbares Buch, in der Mikro- und Makrokosmos in einem verschlüsselten, aber deutbaren Entsprechungsverhältnis stehen. „So sieht in sehr allgemeiner Skizierung die Episteme des sechzehnten Jahrhunderts aus." (Die Ordnung der Dinge, S. 61)

Aber das ist nur eine Linie der Wissenswelt des 16. Jahrhunderts. Denn die Renaissance ist eine Epoche, in der das noch im vorneuzeitlichen wurzelnde magisch-spekulative Wissen abgelöst wird durch einen neuen, *rationalen* Erkenntnistypus, der einen neuen *Konstruktivismus* in die Welt setzt, indem er das, was er erkennen will, misst und berechnet und das heißt: einer rationalen Methode der Erkenntnis unterwirft, die sich nun dominant als *mathematische Wissenschaft* begreift. In der Renaissance überlagern sich somit mehrere Wissenstypen, die in der Erkenntnismotivation der Neuzeit begründet sind, aber unterschiedliche Nähe zur erscheinenden Natur aufweisen, bzw. unterschiedliche Niveaus an Abstraktion. Die Renaissance ist jene Epoche, die noch in der magischen Naturlehre eingebunden war, aber schon aufbricht zur rationalen Welterklärung der neuzeitlichen Naturwissenschaften.

In dem Entwurfshorizont der Europäistik nun zeigt sich, dass dieser scheinbar neue, rationelle Wissenstypus in vieler Hinsicht eine *Neuauflage* des antiken Logos ist. Insofern ist die Makroepoche der Neuzeit in vieler Hinsicht eine Erneuerung des Primats des antiken Logos pythagoreisch-platonischen Zuschnitts gegenüber der christlichen Pistis. Die Neuzeit ist selbst eine Epoche, die durch den Siegeszug der mathematischen Wissenschaft geprägt ist, wie ihn anfänglich die pythagoreisch-platonische Wissenschaft als Weltmodell entworfen hatte. Deren Verlauf stellt allerdings einen permanenten Kampf zwischen Logos und Pistis dar und generiert auch alle möglichen Formen von Säkularisierung. Auch und gerade in der frühen Neuzeit versucht insbesondere die Katholische Kirche als Amtswalterin der christlichen Pistis den Siegeszug der neuzeitlichen Wissenschaft zu stoppen, ihre Vertreter zu verketzern und scheut sich auch nicht, diese, wenn sie – wie Giordano Bruno – nicht ihrer Wissenschaft abschwören, zu verbrennen.

Dass der pythagoreisch-platonische Logos die eigentliche Schnittstelle für die neuzeitliche Wissenschaftsentwicklung darstellt, deutet sich bereits im Spätmittelalter an durch die Zurückdrängung des im Hochmittelalter dominierenden Aristotelismus zugunsten einer erneuten Renaissance des Platonismus. Diese Anknüpfung an Platon in der Frührenaissance hat allerdings vielfältige Motive. Die Platonische Akademie des Marsilius Ficino in Florenz im letzten Drittel des 15. Jahrhunderts macht erstmalig die damals bekannten Texte Platons auch in der Übersetzung zugänglich. Die Florentiner Akademie hatte allerdings ein dominant theologisch-ästhetisches Interesse an Platon, einer ihrer Schlüsseltexte war Platons „Gastmahl". Der „Timaios" aber sollte zum Schlüsseltext der neuzeitlichen Naturwissenschaften werden.

Kopernikus und Kepler knüpfen hier an. Ganz im Bann des pythagoreisch-platonischen Logos stellen sie sich das Universum als ein idealtypisches geometrisches Modell vor, in dem die Planeten Kugelgestalt haben und deren Umlaufbahnen kreisförmige Figuren beschreiben. Erst die genaueren Berechnungen Keplers korrigieren diese Vorstellung zugunsten elliptischer Umlaufbahnberechnungen. Dass die Erde nicht, wie es die traditionelle Pistis-Kodierung auf Grund theologischer Argumentation annehmen musste, den Weltmittelpunkt darstellt, sondern nur ein um die Sonne rotierender Planet unter anderen ist, hat dann Galilei als eine *Wahrheit* der Wissenschaft verkündet und damit die wütende Gegenwehr der Kirche auf den Plan gerufen. Die heutigen Naturwissenschaften haben jeden realistischen Anspruch aufgegeben, sie formulieren ihr Wissen weitgehend in der Form von Hypothesen, aber auch dieser Begriff ist ja platonischer Abkunft.

Die entscheidende Differenz zwischen Neuzeit und Mittelalter besteht in einer radikalen *Umkodierung*: Die Kulturpyramide der Neuzeit wird nicht mehr durch die christliche Pistis dominiert, sondern durch die neuzeitliche *Rationalität* als Wiederaufnahme und Weiterführung des antiken Logos (siehe Einleitung). Dieser Logos und seine immanenten Entwicklungsschübe bestimmen mit atemberaubendem Tempo die Entwicklungsgeschichte der Neuzeit. Die Neuzeit zielt auf eine sziento-technologische Gesellschaft, die sich bereits in vielfältigen Symptomen am Beginn der Neuzeit ankündigt, aber erst in deren Verlauf und in der Gegenwart ihre ganz eigene, zunehmend technisch-medial vermittelte Physiognomie offenbart. Daher schließt diese Studie mit der Sziento-Technologie als Telos der abendländischen Kulturgeschichte und ihrer Logos-Kodierung ab.

Ein Grundzug der abendländischen Sziento-Technologie ist ihr *Konstruktivismus*. Mathematik und Geometrie sind Systemkonstrukte der menschlichen Rationalität. Als diese aber werden sie in der antiken Logos-Kodierung noch nicht eingegrenzt. Die mathematisch-geometrische Systemstruktur galt den Pythagoreern wie auch Platon als eine kosmische Struktur. Mathematik und Geometrie definierten die harmonische Ordnung des Seins. Und so sieht das auch noch Johannes Kepler Ende des 16. Jahrhunderts in seinem „Weltgeheimnis", das eben dieses in idealen geometrischen Körpern ausgedrückt findet. Die gesamte frühe Neuzeit bewegt sich dabei weitgehend noch im Vorstellungsfeld einer anschaulichen Geometrie, wie sie die Pythagoreer, Platon und auch Euklid bereits in der Antike entwickelt hatten. Erst die spätere Entwicklung der Physik hat diesen Bereich der Anschaulichkeit gänzlich verlassen zugunsten einer rein *rechnerischen* Darstellung der Modelle des Atoms und des Universums, deren minimale Winzigkeit bzw. unendliche Extension in keine Anschaulichkeit mehr rückübersetzt werden können.

Ein entscheidender Durchbruch zu einem genuin neuzeitlichen Denken vollzieht sich kurioserweise an einer Schnittstelle von Pistis und Logos. Der neuzeitliche Begriff der *Subjektivität*, wie ihn René Descartes Anfang des 17. Jahrhunderts formuliert, begreift Rationalität als Erkenntnismethode des *den-*

kenden Ich. Descartes imitiert dabei fast wörtlich jenen Erkenntniszweifel, den bereits Augustinus in seinen „Confessiones" formuliert hat. Soweit ist er Schüler der augustinischen Pistis. Wie bei Augustin soll der Zweifel zu einer absoluten Wahrheitsgewissheit führen. Diese aber kann für Descartes nicht mehr, wie für Augustinus, die Stimme Gottes sein. Descartes findet seine Erkenntnisgewissheit in den „eingeborenen Früchten der Methode", in *Arithmetik* und *Geometrie.* Descartes schreibt also der Innerlichkeit des Ich jene Rationalität als Kerngehalt ein, die in der Tat zum zentralen Erkenntnisinstrument der Neuzeit werden sollte. Erst von Descartes an begreift sich die Erkenntnis der Neuzeit selbst als ein Konstrukt des *menschlichen Denkens* und nicht als eine gegebene ontologische Struktur der Wirklichkeit.

Die *kopernikanische Wende* der Neuzeit besteht, wie wir bereits in der Einleitung sagten, eben darin, dass diese Makroepoche nicht mehr von den ontologischen und kosmischen Strukturen des Seins her denkt, sondern vom *Subjekt* her: seine *Produktivität* in der Erkenntnis, in den Wissenschaften, in der Ökonomie, in der Politik und in der Ästhetik bildet den Angelpunkt des neuzeitlichen Denkens, das freilich in einer späteren Phase der Industriegesellschaft auch zu einem genuin europäischen Konsumismus führt (Bolz: Das konsumistische Manifest).

Vorzeichen und *Ansätze* des neuzeitlichen Konstruktivismus zeigen sich bereits im Hochmittelalter und in der Frührenaissance. Im Umfeld einer neuen urbanen Stadtkultur, wie sie im Mittelalter wieder entsteht, werden die großen gotischen Kathedralen gebaut in einem – gegenüber den romanischen Kirchen – kühnen konstruktivistischen Baustil. In diesen Zentren bildet sich auch eine frühkapitalistische *Geldwirtschaft.* In dieser Entwicklung preschen die oberitalienischen Städte voran, allen voran Florenz. Auch zur Entwicklung dieses frühneuzeitlichen Kapitalismus und der damit verbundenen Säkularisierung gibt es eine Vielzahl kulturgeschichtlicher Studien (Lübbe: Säkularisierung; Braudel: Sozialgeschichte des 15. bis 18. Jahrhunderts. Bd. 3: Aufbruch zur Weltwirtschaft; Davidsohn: Geschichte von Florenz. 4 Bde. 1894–27; Doren: Studien zur Florentiner Wirtschaftsgeschichte. 2 Bde.; Origo: ‚Im Namen Gottes und des Geschäfts'; Raith: Florenz in der Renaissance). In den urbanen Zentren Mitteleuropas entstehen, flankiert von dem Aufstieg großer Bankhäuser und Bankdynastien wie den Medici in Florenz oder den Fugger in Augsburg, in Städten wie Antwerpen, Gent, Brügge, London, Nürnberg, Augsburg Zentren des *Handels* und des *Kapitals.* Solche Bankhäuser werden nun auch zu Finanziers von Kaisern, Päpsten, Fürsten.

Bei der Wahl von Päpsten und Kaisern spielt *Kapital* nun ebenfalls eine zentrale Rolle. So hat Papst Alexander VI. aus dem Hause Borgia seine Wahl mit eigenen Finanzmitteln kräftig unterstützt. Auch bei den Wahlen von Maximilian I. aus dem Hause Habsburg im Jahre 1493 und bei der Wahl Kaiser Karls V. im Jahre 1519 spielte die Finanzkraft des Hauses Jakob Fugger die entscheidende Rolle. Vor allem diese letztere Wahl wurde regelrecht erkauft mit dem Geld, das die Häuser Fugger und auch Welser zum Kauf deutscher Fürstenstimmen bei der Kaiserwahl in Frankfurt bereitstellten. Das Haus Fugger ließ sich seinerseits Minen zur Ausbeutung in der Neuen Welt als Kompensation übertragen. Die Idee des „Gottesgnadentums" der deutschen Kaiser war damit einer anderen Macht gewichen: dem „kaufmännischen Wechsel" (Pölnitz: Die Fugger, S. 133).

Diese Entwicklung der europäischen Geldwirtschaft geht übrigens einher mit dem Siegeszug der *arabischen Zahlen*, die bei höheren Zifferwerten sehr viel einfacher zu schreiben sind als die römischen Zahlen und daher dem Bedürfnis nach Buchhaltung, bzw. doppelter Buchhaltung, entgegenkommen. De facto unterläuft dieser frühneuzeitliche Kapitalismus die mittelalterliche ordo einer von Gott gesetzten und wieder zu ihm zurückstrebenden Welt. Der Reichtum der Kirche und der Klöster Cluny und der Zisterzienser war nicht um des materiellen Reichtums willen erwirtschaftet worden, sondern um willen des spirituellen Lohnes. Mit diesem Argument jedenfalls hat ein Bernhard von Clairvaux geworben. Die Veräußerlichung von Glauben im Reichtum der Kirche und Klöster und auch die Vermarktung kirchlicher Rechte und Pfründe durch die Kurie in Rom war allerdings das ganze Mittelalter hindurch auch ein Stachel der Kritik an Kirche und Klöstern gewesen und hatte schließlich auch zur Sprengung der Einheit der Kirche geführt.

Was aber nicht zum Ende solcher Praktiken führte. Bei der ‚christlichen' Welteroberung spielte auch die römische Kurie eine wichtige Rolle, indem sie „Missionsprotektorate" vergab, welche die Eroberung und Zwangschristianisierung der Neuen Welt den Großmächten Portugal und Spanien und ihren Machtinteressen überließ.

Mit der frühen Neuzeit formiert sich so ein neuer, über *Käuflichkeit* und *Kaufakte* definierter Begriff von *Macht*, der sich vielfach noch mit Emblemen der christlichen Pistis tarnt, aber in Wahrheit andere, eben primär machtpolitische Ziele verfolgt.

Mit der europäischen Neuzeit beginnt allerdings auch ein ganz anderes Kapitel: das einer genuin europäischen *Humanitätsidee*. Auch diese Linie kann an die Antike anknüpfen, sie knüpft aber auch an islamische Weisheit an und an das Wissen aller Kulturen, aller Völker. Ihren frühneuzeitlichen Ausdruck findet dieser Gedanke in der Schrift des Pico della Mirandola (1463–1494) „Über die Würde des Menschen" (De hominis dignitate), erschienen 1496. Schon die Schrift „Über die Würde und Vortrefflichkeit des Menschen" (De dignitate et excellentia hominis, geschrieben 1452) des Giannozzo Manetti (1396–1459) hatte dieses Thema angeschlagen. Mit der italienischen Renaissance einher geht diese *Neubewertung* des Menschen und seiner „Würde" in seiner diesseitigen *Weltoffenheit* und *Freiheit*.

Mit der Renaissance beginnt so auch ein Programm der *Zivilisierung* des Menschen, einschließlich seiner kritischen Selbsteinschätzung und Selbsteingrenzung, wie es insbesondere dann das Denken der *Aufklärung* formuliert, das die Selbstverantwortung und Selbststeuerung des Menschen durch die Vernunft einfordert und auch institutionell zu begründen sucht. Die Aufklärung bemüht sich dabei auch um die politische Steuerung und Eingrenzung der Gewalt und Macht des Wesens Mensch (Kap. 4.5). Diese *kritische* Linie der Neuzeit gehört zu dem großen politischen Erbe Europas, auch wenn die lange in die Neuzeit einwirkende feudalistische Politik wie auch ein neu erwachter Nationalismus vielfach die politische Durchsetzung der Ideen der Menschenwürde und der Vernunft verhindert hat.

Nach der Abwertung der Frau im christlichen Mittelalter sind die Renaissance und die Aufklärung auch Epochen, die der Frau Rechte und Würde zusprechen. In der Renaissance sind es große Fürstinnen und Mäzenatinnen, die Politik und Künste steuern, so Isabella d'Este in Mantua, Vittoria Colonna in Rom, Maguerite von Navarra in Südfrankreich und Königin Elisabeth I. in London. Sowohl die katholische Gegenreformation wie auch das Erstarken des Protestantismus haben aber diese beginnende Emanzipation der Frau in der Renaissance wieder abgebremst.

Vor allem das *nationalistische Hegemonialdenken*, der Kampf der Großmächte um die Vorherrschaft in Europa und in der Welt, hat fatale Folgen für Europa und die Welt gehabt, indem es den Begriff der Nation über den Begriff des Menschen und seiner Würde stellte. Das hegemoniale Vorherrschaftsdenken war der kleinste gemeinschaftliche Nenner, mit dem auch noch die Moderne die inneren Spannungen und Widersprüche der Zeit aufzufangen und umzuleiten sich bemühte. Das ist eine Entwicklungslinie, die vor allem Napoleon einleitete mit seiner Umkodierung der französischen Revolution zu einem Projekt der Hegemonialmacht Frankreichs. Diese Hegemonialisierung der Machtpolitik prägte, wie wir bereits in der Einleitung sahen, das ganze 19. Jahrhundert einschließlich der Begründung der Nationalkulturen und national kodierten Kulturwissenschaften und führte im 20. Jahrhundert zu den vernichtenden Weltkriegen, deren zweiter zugleich auch das Ende der hegemonialen Weltmacht Europa bedeutete.

Die dominante Mentalität der europäischen Kultur der Neuzeit ist über weite Strecken geprägt von einer eigentümlichen Form der *Melancholie*, des *ennui*, des *Nihilismus*. Dieser ist einerseits bedingt durch den progressiven Glaubensverlust dieser Makroepoche und damit verbunden mit dem Verlust an metaphysischer Sicherheit. Dabei vollzogen sich Prozesse der Selbstzerstörung der christlichen Pistis in der Form auch von furchtbaren Glaubenskriegen, allen voran der Dreißigjährige Krieg (1618–48), der weite Teile Mitteleuropas verwüstete. Sensible Autoren wie Martin Opitz, Andreas Gryphius, Christoffel von Grimmelshausen waren damals entsetzt über die Brutalität der Menschen in diesem Kampf von ‚Christen' gegen ‚Christen', in der die Idee der Würde des Menschen wie auch der christlichen Pistis zertrampelt und vernichtet wurde. Darüber hinaus hat die fortschreitende Neuzeit und Moderne selbst jene „obersten Werte" destruiert, die Leitwerte der christlichen Pistis gewesen sind. In diesem Sinne formuliert Nietzsche den Nihilismus als ein epochengeschichtliches Ereignis der europäischen Neuzeit:

Was ich erzähle, ist die Geschichte der nächsten zwei Jahrhunderte. Ich beschreibe, was kommt, was nicht mehr anders kommen kann: die *Heraufkunft des Nihilismus*. Diese Geschichte kann jetzt schon erzählt werden: denn die Notwendigkeit selbst ist hier am Werke. [...] Weil unsere bisherigen Werte selbst es sind, die in ihm ihre letzte Folgerung ziehn; weil der Nihilism die zu Ende gedachte Logik unserer großen Werte und Ideale ist [...]. (Nietzsche, KA, 13, 189f)

Der moderne Pessimismus und Nihilismus, der sich allerdings schon lange vor Nietzsche ankündigt, ist selbst die Geschichte der *Destruktion* jener abendländischen Metaphysik, deren synkretistische Konstruktion in Antike und Mittelalter wir ja ein Stück weit beobachten konnten. Dass die europäische Moderne über weite Strecken unter dem Aspekt des Nihilismus erfahren wurde, ist auch der Ausdruck einer *politischen* Nichtbewältigung der Moderne in Europa gewesen. Das unterscheidet Teilbereiche der europäischen Kultur von außereuropäischen Kulturen, so von Teilen der amerikanischen Kultur des 19. Jahrhunderts, welche die Moderne positiver wahrnahm.

Darüber hinaus – und auch das registriert Nietzsche – ist der Nihilismus schon als Lebensgefühl der christlichen Pistis wie dem Logos einprogrammiert in der Abwertung des Körpers, des Diesseits, des Eros – aber nun in Neuzeit und Moderne *ohne* Erlösungsversprechen auf ein Jenseits. Der europäischen Kultur in ihrer Logos- wie Pistis-Kodierung fehlt über weite Strecken eben jenes „dionysische Jasagen zur Welt" (Nietzsche: KA 13, S. 492), das eine positive Akzeptanz des Lebens voraussetzt.

Es ist bemerkenswert, dass die *Technologie* der Moderne – und nun global – die Jenseitskodierung in der Virtualität der technischen Kommunikationsmedien fortsetzt und dabei auch eigene Formen der Transformation christlicher Jenseits- und Ewigkeitsvorstellungen sich mit diesen Medien verbinden (Kap. 4.6).

Literatur:

Bauer, L./H. Matis: Geburt der Neuzeit. Vom Feudalsystem zur Marktgesellschaft. München 1989, zweite Auflage.
Blumenberg, Hans: Die Legitimität der Neuzeit. Frankfurt a. M. 1966.
Ders.: Die Genesis der kopernikanischen Welt. Frankfurt a. M. 1975.
Ders.: Die kopernikanische Wende. Frankfurt a. M. 1965.
Ders.: Der Prozess der theoretischen Neugierde. Frankfurt a. M. 1973.
Bolz, Norbert: Das konsumistische Manifest. München 2002.
Boris, Dieter: Ursprünge der europäischen Welteroberung. Heilbronn 1992.
Braudel, Fernand: Europäische Expansion und Kapitalismus: 1450–1650, In: E. Schulin (Hg.): Universalgeschichte, Köln 1974, S. 255–294.
Ders.: Sozialgeschichte des 15. bis 18. Jahrhunderts. Band 3: Aufbruch zur Weltwirtschaft. München 1986.
Burckhardt, Jacob: Die Kultur der Renaissance in Italien. Hg. von Horst Günther. Frankfurt a. M. 1982.
Dijksterhuis, Eduard: Die Mechanisierung des Weltbildes. Berlin u. a. 2002 (1956).

Daus, R.: Die Erfindung des Kolonialismus. Wuppertal 1983.

Davidsohn, Robert: Geschichte von Florenz. 4 Bde. Berlin 1894–27. Neudruck Oldenburg 1969.

Doren, Alfred: Studien zur Florentiner Wirtschaftsgeschichte. 2 Bde. Stuttgart 1901–1908.

Dülmen, Richard van: Entstehung des frühneuzeitlichen Europa 1550–1648. Fischer Weltgeschichte. Bd. 24, Frankfurt a. M. 1982.

Freud, Sigmund: Eine Schwierigkeit der Psychoanalyse 1917. In: Ders.: Gesammelte Werke. Chronologisch geordnet. Bd. XII. Hg. von Anna Freud unter Mitwirkung von Marie Bonaparte, Prinzessin Georg von Griechenland. Frankfurt a. M. 1947.

Gründer, Horst: Welteroberung und Christentum. Ein Handbuch zur Geschichte der Neuzeit. Gütersloh 1992.

Habermas, Jürgen: Technik und Wissenschaft als ‚Ideologie‘. Frankfurt a. M. 1968.

Horkheimer, Max und Adorno, Theodor W.: Dialektik der Aufklärung. Philosophische Fragmente. Amsterdam 1947.

Kellenbenz, Hermann: Die Erschließung der Erde im Zeitalter der Entdeckungen – Globale Ausdehnung des weltgeschichtlichen Raumes Europa bis zum 17. Jahrhundert. In: Saeculum Weltgeschichte IV 1971 , S. 1–27.

Ders.: Technik und Wirtschaft im Zeitalter der wissenschaftlichen Revolution. in: C. M. Cipolla/K. Borchardt (Hg.): Europäische Wirtschaftsgeschichte. Bd. II. Stuttgart/New York 1982, S. 113–170.

Kepler, Johannes: Weltharmonik. Übers. und eingel. von Max Caspar. 6., unveränd. reprograf. Nachdruck der Ausgabe von 1939. München u. a. 1997.

Klingenstein, Grete: Europäisierung der Erde? Studien zur Einwirkung Europas auf die außereuropäische Welt. München 1980.

Konetzke, Richard: Der weltgeschichtliche Moment der Entdeckung Amerikas. in: Historische Zeitschrift. Bd. 184. München 1956, S. 573–591.

Kolumbus, Christoph: Das Bordbuch. Hg. von Frauke Gewecke. Frankfurt a. M. 1981.

Koyré, Alexandre: Von der geschlossenen Welt zum unendlichen Universum. Frankfurt a. M. 1969.

Kozlarek, Oliver: Universalien, Eurozentrismus, Logozentrismus: Kritik am disjunktiven Denken der Moderne. Frankfurt a. M. 2000.

Kuhn, Thomas: Die Entstehung des Neuen. Frankfurt a. M. 1977.

Ders.: Die Struktur wissenschaftlicher Revolutionen. Braunschweig 1980.

Lübbe, Hermann: Säkularisierung. Geschichte eines ideenpolitischen Begriffs. Neuausgabe Freiburg 2003.

Maier, Annelise: Die Vorläufer Galileis im 14. Jahrhundert. Studien zur Naturphilosophie der Spätscholastik. Rom 1949.

Dies.: Metaphysische Hintergründe der spätscholastischen Naturphilosophie. Rom 1955.

Marx, Karl: Das Kapital. In: MEW. Bd. 25. Berlin 1970.

Neuzeit. In: Historisches Wörterbuch der Philosophie. Hg. von Joachim Ritter u. a. Neu bearbeitet von Rudolf Eisler. Bd. 6. Basel und Stuttgart 1984, Sp. 782 ff.

Nietzsche, Friedrich: Kritische Studienausgabe. 15 Bde. Hg. von Giorgio Colli und Mazzino Montinari. Vierte Abteilung, zweiter Band. Berlin 1980.

Origo, Iris: ‚Im Namen Gottes und des Geschäfts‘. Lebensbild eines toskanischen Kaufmanns der Frührenaissance. Berlin 1997.

Pietschmann, Horst: Staat und staatliche Entwicklung am Beginn der spanischen Kolonisation Amerikas. Münster 1980.

Pölnitz, Götz Freiherr von: Die Fugger. Tübingen 1990.

Raith, Werner: Florenz in der Renaissance. Frankfurt a. M. 1979.

Schmitt, Eberhard (Hg.): Dokumente zur Geschichte der europäischen Expansion. 4 Bde. München 1984ff.

Sombart, Werner: Der moderne Kapitalismus. Leipzig 1902. Verbessert und erweitert 1916.

Sloterdijk, Peter: Nicht gerettet. Versuche nach Heidegger. Frankfurt 2001.

Todorov, Tzvetan: Die Eroberung Amerikas. Das Problem des Anderen. Frankfurt a.M. 1985.

Wallerstein, I.: Das moderne Weltsystem: Kapitalistische Landwirtschaft und die Entstehung der europäischen Weltwirtschaft im 16. Jahrhundert. Frankfurt a. M. 1986. ursprünglich 1974.

Vasari, Giorgio: Leben der ausgezeichnetsten Maler, Bildhauer und Baumeister von Cimabue bis zum Jahre 1567. Übersetzt von Ludwig Schorn und Ernst Förster. Neu hg. und eingeleitet von Julian Kliemann. 6 Bde. Worms 1983.

Weber, Max: Protestantische Ethik und „Geist" des Kapitalismus: Textausgabe auf der Grundlage der ersten Fassung von 1904/05. Hg. und eingeleitet von Klaus Lichtblau. Weinheim 2000.

Ders.: Wirtschaftsgeschichte. Berlin 1958.

Mathematisierung der Theologie: Nikolaus von Kues

Wenn die Neuzeit Neuaufnahme des pythagoreisch-platonischen Logos bedeutet, so spielt der deutsche Gelehrte und spätere Bischof von Brixen, Nikolaus von Kues (1401–1464) eine wegweisende Rolle in diesem Prozess durch seine mathematisch-geometrische Darstellung theologischer Probleme. „Nikolaus von Kues ist, mehr als alles andere, Platoniker." (Borsche: Was etwas ist, S. 177). In seinem Hauptwerk „Die belehrte Unwissenheit" (De docta ignorantia, entstanden um 1440) werden die *Mathematik* und *Geometrie* zum Modell der Darstellung der Unendlichkeit Gottes, seiner Wahrheit, aber auch Unbegreiflichkeit für den Verstand.

> Da das schlechthin und absolut Größte, dem gegenüber es kein Größeres geben kann, zu groß ist, als dass es von uns begriffen werden könnte – ist es doch die unendliche Wahrheit –, so erreichen wir es nur in der Weise des Nichtergreifens. [...] Alles nämlich, was die Sinne, der Verstand oder die Vernunft erfassen, hat in sich und im Vergleich zu anderem Unterschiede von der Art, dass es keine genaue Gleichheit unter diesen Gegenständen gibt. Die größte Gleichheit, die gegenüber keinem eine andere und verschiedene ist, übersteigt alles Begreifen. (Kues: Die belehrte Unwissenheit. 1, IV)

Der Mensch muss, was er begreifen will, in seine endliche Sphäre übertragen und in ihr seine Vergleiche anstellen. Damit erreicht er aber nie Gott, der in seiner unendlichen Einheit, Gleichheit, Selbigkeit *vor* aller endlichen Relativität liegt. Genau diese unfassbare Einfachheit und Unendlichkeit Gottes versucht Kues aber *mathematisch-geometrisch* zu veranschaulichen. Dafür wählt er in seiner Schrift „Über den Beryll" (De beryllo), benannt nach einem Stein, aus dem Augengläser für den genaueren Blick auf die Dinge gemacht wurden, das Bild einer Linie, aus dem alle möglichen Winkel gefaltet werden können. Die Unendlichkeit Gottes aber ist gerade nicht der bestimmte Winkel, sondern die Potentialität *aller* seiner Möglichkeiten im Urzustand ihrer Ungeteiltheit (De beryllo, Kap. 8 ff).

Die Mathematik rückt bei Kues in den Rang einer exemplarischen *Demonstrationswissenschaft*. Und darüber hinaus repräsentiert die Mathematik jene Wissenschaft, die dem menschlichen Geist in ihrer Intelligibilität näher ist als die sinnliche Wahrnehmung, weil „ihre Vernunftbegriffe, die mathematisch sind [...] diese Dinge einfacher" erkennen lassen „als die sinnfälligen, weil sie von intelligibler Materie sind" (De beryllo, Kap. 31). Kues bezieht sich bei dieser Primärsetzung des Noëtischen vor dem Sinnlichen explizit auf Platon, der bereits gesagt habe, dass „die Natur des Kreises [...] allein durch die Vernunft" erkannt würde. Über Platon hinaus verallgemeinert Nikolaus von Kues das Prinzip, „dass unser Geist, der die mathematischen Dinge herstellt, das, was zu seinem Tätigkeitsbereich gehört, wahrer bei sich hat, als es außerhalb seiner ist." (De beryllo, Kap. 33)

Hier erschließt sich der frühneuzeitlichen Wissenschaft im Rückgang auf den antiken Logos Platons ein Argument, das zum Leitstern der gesamten Neuzeit geworden ist: Das, was der menschliche Geist *in sich selbst* noëtisch herstellt – und das gilt für die Konstruktionen der Mathematik und Geometrie in besonderer Weise –, ist dem menschlichen Geist *näher*, als es die Dinge der Außenwelt sind. Daher hält sich der Mensch der Neuzeit an die *Selbstkonstruktionen* seines Geistes und versucht, die Objekte nach Maßgabe der Mathematik und Geometrie – aus dem Denken heraus – zu rekonstruieren. Umgekehrt reduziert dieser *Konstruktionscharakter* der neuzeitlichen Wissenschaft die Kategorie der Wirklichkeit möglichst auf das, was sich mathematisch-geometrisch darstellen lässt. Das ist geradezu die Schlussfolgerung der Erkenntnistheorie Descartes' im Anschluss an die kopernikanische Wende der neuzeitlichen Wissenschaften: Die äußere Wirklichkeit (res extensa) sei nichts anderes als eine Messgröße für den Verstand (Kap 4.3). Die neuzeitliche Rationalität tendiert dazu, die ‚Welt' als mentales Konstrukt ihrer selbst zu begreifen. Den Ansatz dazu finden wir bei Nikolaus von Kues, der hier seinerseits an den antiken Logos anknüpft und die Mathematik und Geometrie zur Demonstration der Unendlichkeit Gottes heranzieht.

Damit nimmt die Mathematik in dieser frühneuzeitlichen Theologie eine ambivalente Funktion ein: Sie demonstriert anschaulich, was letztlich für das menschliche Erkennen nicht erkennbar ist. Sie gibt ein Bild dessen, wovon sich der Mensch letztlich kein Bild machen kann: die Unendlichkeit Gottes in ihrer Aufhebung aller Widersprüche in sich (coincidentia oppositorum). Sie gibt dem menschlichen Geist aber andererseits auch eine neue Form der Sicherheit, insofern der menschliche Geist in seinen mathematischen Konstruktionen bei sich selbst ist. Dieser Ambivalenz entspricht auch eine zweifache Konzeption von Zahl. „Diese inkommensurablen Weisen der Vollkommenheit, zum einen die der singulären unvergleichlichen Werke Gottes, zum andern die der unterscheidenden Begriffe des menschlichen Verstandes, verdeutlicht Nikolaus häufig durch die symbolische Darstellung beider in der Zahl. Ausgehend von der pythagoreischen Formulierung des Boethius, ‚dass zweifellos die Zahl „das leitende Urbild im Geiste des Schöpfers" für die zu schaffenden Dinge gewesen sei‘, unterscheidet er zwei Arten von Zahlen, die göttlichen und die menschlichen. Die menschlichen Zahlen sind die Urbilder unserer Begriffe. [...] Die göttlichen Zahlen als die wahren Urbilder der wirklichen Dinge entziehen sich aller Proportionen." (Borsche: Was etwas ist, S. 191 f) In diesen „intellektualen" Zahlen aber fallen die Gegensätze des Verstandes zusammen. Ihre Form der Einheit ist so wenig vorstellbar wie jene Quadratur des Kreises, mit der sich Nikolaus von Kues auch zeitlebens beschäftigt hat.

Bei Nikolaus von Kues finden sich auch schon erstaunliche Einsichten in kosmologische Zusammenhänge. Für ihn bereits ist erwiesen, „dass sich die Erde bewegt" und dass sie eine der Kugelform angenäherte Gestalt besitzt (De docta ignorantia, Buch II, Kap. 11 u. 12), auch wenn erst der Mathematiker Kopernikus diesen Einsichten, die ja ebenfalls an Platon anschließen, zum Erkenntnisdurchbruch verhilft.

Literatur:

Borsche, Tilman: Was etwas ist. Fragen nach der Wahrheit der Bedeutung bei Platon, Augustin, Nikolaus von Kues und Nietzsche. München 1990.
Nikolaus von Kues: Die belehrte Unwissenheit. Lateinisch/ deutsch. Übersetzt und mit Vorwort und Anmerkungen versehen von Paul Wilpert. 4., erweiterte Auflage hg. von Hans Gerhard Senger. Hamburg 1999.
Ders.: De Beryllo / Über den Beryll. Lateinisch/ deutsch. Neu übers., eingel. und mit Anm. versehen von Karl Bormann. Hamburg 1987.

Geometrisierung des Sehens: Zentralperspektive

Die *Geometrisierung* und *Mathematisierung* des *Raumes* und der *Zeit* in der frühen Neuzeit wird am anschaulichsten in der bildenden Kunst der Frührenaissance. Hier vollzieht sich ein Umbruch des Sehens, der – im Gegensatz zur Mathematisierung der Theologie und auch der Astronomie – im Bereich des *Anschaulichen* bleibt, weil er selbst den *Sehraum* neu organisiert. Dabei ist dieser Schritt in der bildenden Kunst der Renaissance, die der Kunsthistoriker Giorgio Vasari emphatisch als ein Wiederaufleben der antiken Künste feiert, letztlich ohne Vorbild in der Antike und eine wirkliche Erfindung der Neuzeit. Denn eine genaue zentralperspektivische Malerei kannte die Antike selbst noch nicht.

Die sinnliche Wahrnehmung wie auch die Imagination wird in der Zentralperspektive einem mathematisch-geometrischen Konstruktivismus unterworfen, der die qualitative Organisation des Sehraumes nach der hierarchischen Ordnung der christlichen Pistis – oben, unten, Himmel, Hölle – durch einen einheitlichen Konstruktionsraum ersetzt. Diesem sind nun auch die Inhalte der christlichen Pistis unterworfen. Die Renaissance praktiziert über weite Strecken noch eine Form der religiösen Malerei, die ihre Themen aus den Evangelien nimmt, diese aber neu kodiert, indem sie diese Themen einfügt in den Konstruktionsraum der Zentralperspektive, bzw. diese auf jene projiziert.

„In der *perspectiva* des Mittelalters ging es vor allem darum, wie man sieht, wobei man entweder wie die Griechen die Geometrie, die das Sehen gemäß den Theoremen Euklids analysierte, oder die empirische Beobachtung zu Hilfe nahm, die von den Arabern und den Gelehrten des christlichen Mittelalters [...] zu einer wissenschaftlichen Methode ausgebaut worden war." Denn bereits „zweitausend Jahre vor dem Quattrocento hatte sich die griechische Optik grundsätzlich mit dem Problem befasst, wie das Sehen physisch zu erklären und welches das Wesen der visuellen Energie sei". (Edgerton: Entdeckung der Zentralperspektive, S. 63 und S. 65)

Darauf konnte das 14. Jahrhundert zurückgreifen. Die Zentralperspektive, wie sie die Frührenaissance dann als geometrisches Konstruktionsprinzip einführt, geht darüber hinaus. Sie ordnet den Wahrnehmungshorizont des Menschen neu.

In der zentralperspektivischen Wahrnehmung wird die Welt einem einheitlich geometrischen Raster unterworfen bzw. diese in einen einheitlichen Tiefenraum der Wahrnehmung eingepasst. In eins wird damit das Heilige wie das Profane einem neuen, gemeinsamen Konstruktionsprinzip unterstellt. Dieses ist nun wesentlich auf den *Menschen* als das Wahrnehmungs- und Beobachter-Ich bezogen. In der Welt der Zentralperspektive gibt es nichts mehr außerhalb des geometrisierten Raumes. Natürlich hat der Maler nach wie vor die Freiheit, bedeutende Personen in den Vordergrund zu plazieren, weniger bedeutende in den Hintergrund oder an den Rand zu verweisen. Formal aber gehören nun alle Figuren *einem einheitlichen Raum* an, der auf den Sehpunkt des Beobachters bezogen ist. Die Zentralperspektive ist das neue Konstrukt einer einheitlichen Weltsicht nach Maßgabe des Augenpunktes des Menschen. Die Zentralperspektive zeigt so auch ein neues Dominanzverhältnis des Menschen über den Raum an. Mit Hilfe der Geometrie und ihrer analytischen Messtechnik beherrscht der Mensch in der Zentralperspektive den Raum.

Historisch beginnt, wie bereits in Kap. 4.1 erwähnt, die neue Wahrnehmung bereits mit der so genannten Protorenaissance, insbesondere mit der Bildkunst Giottos (ca. 1266–1337). Dabei muss man sich vergegenwärtigen, dass Giottos Aufbruch in die Malerei der Neuzeit keineswegs nur eine Wiederentdeckung verschütteter Darstellungsformen der Antike war, wie dies Vasari sah (Vasari: Leben der ausgezeichnetsten Maler [...] Bd. I, S. 133). Giottos Bildkunst war eine Neuerfindung, auch wenn er noch nicht über die strenge Zentralperspektive verfügt. Aber seine Malweise – so die Darstellung der heiligen Familie auf der Flucht nach Ägypten – ‚erdet' die Figuren, plaziert sie im Diesseits und verräumlicht sie so. Das Bild bindet sie ein in eine Geschichte, die das Bild zeigt: eben die Flucht nach Ägypten. Die göttliche Szene wird so *verdiesseitigt, verräumlicht* in eine neue Form der Dreidimensionalität, in der nun das Heilige – ähnlich wie in Dantes „Divina Commedia" – *ästhetisiert* wird.

Die Erfindung der Zentralperspektive erfolgt ungefähr gleichzeitig nach 1420 bei Künstlern wie Masaccio, Bruneleschi, Alberti, Piero della Francesca in Italien und Jan van Eyck in Flandern. Als ein erstes konsequent in Zentralperspektive gemaltes Bild gilt in der Kunstgeschichte Masaccios um 1425 entstandenes Bild „Trinitá" in der Kirche Santa Maria Novella in Florenz. Das Bild eröffnet in dem Architekturrahmen, in welchen das Leidensgeschehen Christi eingebettet wird, zusammen mit den anbetenden Gestalten im Vordergrund zugleich ein Modell der *theatralischen Präsentierung* des göttlichen Geschehens, das zum Modell vieler Christus- und vor allem Mariendarstellungen in der Renaissance werden sollte. Der Architekturrahmen zeigt die Kunst der Perspektive in Reinkultur. Die Linien verkürzen sich, zielen auf einen imaginären Fluchtpunkt in der Tiefe des Bildes, der im Zentrum des Leibes Christi liegt.

Eines der größten Beispiele der zentralperspektivischen Malerei ist Raffaels Ausmalung der päpstlichen Stanza della Segnatura im Vatikan, insbesondere seine 1510–11 gemalte „Schule von Athen". Zusammen mit der Darstellung des christliche Sakramentes in der so genannten „Disputa" und dem „Parnaß" im selben Raum, bildet dieses große Ensemble christlich-heidnischer Motive ein herausragendes Beispiel jener Konstruktion eines plurikulturalen, einheitlichen Mentalitätsraumes, in dem das Platonische mit dem Aristotelischen, die antike Philosophie und Mythologie mit der christlichen Theologie sich versöhnt zeigen, wie dies auch Pico della Mirandolas Vision in seiner Rede von der „Würde des Menschen" entworfen hatte.

Die „Schule von Athen" zeigt in Zentralperspektive die antike Philosophie in einem großartigen Panorama als gruppendynamische Prozesse des Lernens und der Lust am Wissen. Das ist das Thema aller Teilgruppen der Darstellungen. Der Blick des Betrachters fällt sofort auf die beiden zentralen Leitfiguren der antiken Philosophie, Platon mit seinem Dialog „Timaios" in der Hand, Aristoteles mit seiner „Ethik", die, aus der Tiefe des Raumes kommend, den Binnenraum dieser Wissensschule betreten, Platon mit einer nach oben weisenden Geste, Aristoteles in den Raum vor sich ausgreifend. Beide Philosophen sind umringt von Jüngern, die Platoniker links, darunter die grün gewandete Gestalt des Sokrates. Die Gruppe der Platoniker steht unter der Schirmherrschaft des Apoll, etwas ruhiger und gemessener die Gruppe der Aristoteliker rechts unter der Schirmherrschaft der Athene. Ein weiterer Wissenskreis im linken Vordergrund des Bildes bildet sich um den Mathematiker und Musikwissenschaftler Pythagoras, daneben sitzt – als einzige Figur in einsamer Absonderung – der Vorsokratiker Heraklit. Rechts formiert sich eine Gruppe um Euklid mit dem persischen Weisen Zoroaster, der die Himmelskugel in der Hand trägt, daneben Ptolemäus mit der Weltkugel. In dieser Gruppe hat sich in Form eines Selbstbildnisses auch der Maler Raffael dargestellt, wie überhaupt das Bild in den Gesichtszügen auch Anspielungen auf die zeitgenössische Gegenwart des Bildes enthält: Plato mit den Zügen Leonardos, der eigenbrötlerische Heraklit mit Zügen Michelangelos. Die Zeit der antiken Philosophie ist auch die Zeit der Gegenwart der Renaissance. Alle Figurengruppen sind altersmäßig durchmischt: Die Lern- und Wissensgemeinschaft umfasst alle Generationen – wenn auch in einer reinen Männergemeinschaft – vom Kind über den Knaben, Jüngling, zum reifen und alten Mann.

Die Raffaelforschung hat auf den Dialog „Protagoras" von Platon als mögliche Quelle der Bildimagination Raffaels hingewiesen (Most: Reading Raffael). In der Tat wird dort eingangs ein Athener Bürgerpalast als Wissensschule beschrieben. Aber darüber hinaus hat Raffael den Raum mit seinem Kassettengewölbe überhöht. Es ist ein prachtvoller, der mächtigen römischen Antike nachempfundener Raum, der sich in der „Schule von Athen" vor dem Betrachter öffnet und ihn gleichsam in seinen Bann zieht. In der Durchbrechung von Gewölbe und Himmel deutet das Bild auch die Öffnung des Wissens in den Raum des Kosmos an.

Die Zentralperspektive ist die große Erfindung der Bildimagination der Renaissance. Raffaels Bild der „Schule von Athen" präsentiert dabei die antiken Quellen der neuen Wissensoffensive selbst in einer neuen rationalen Organisation des Bildraumes. Ihr Konstruktivismus leitet nun auch einen Prozess der *Neuentdeckung* und genauen *Darstellung* der Realität des Diesseits ein. Bis zum Ende des 19. Jahrhunderts wird die Zentralperspektive das Beobachterschema der europäischen Malerei vorgeben. Um 1900 zerfällt der Illusionsraum, den sie eröffnet hatte. Aber die neue Weltsicht der Kubisten verlässt nur scheinbar den Geltungsraum der Mathematik und Geometrie. Die kubistische Malerei des frühen 20. Jahrhunderts setzt ihrerseits eine neue Form des geometrischen Konstruktivismus ins Bild, der nicht mehr zentralperspektivisch organisiert ist, aber die Objekte selbst geometrisiert in Dreiecke, Vielecke, Kegel- und Kugelformen.

Literatur:

Edgerton, Samuel Y.: Die Entdeckung der Perspektive. München 2002 (englisches Original 1975).

Most, Glenn W.: Reading Raffael. The School of Athens and its Pre-Text. In: Critical Inquiry. 23. Bd. Heft 1, Chicago 1997.

Schmeiser, Leonard: Die Erfindung der Zentralperspektive und die Entstehung der neuzeitlichen Wissenschaft. München 2002.

Renaissance und Barock. Hg. von Thomas Cramer und Christian Klemm. Bibliothek der Kunstliteratur Bd. 1. Frankfurt a. M. 1995.

Vasari, Giorgio: Leben der ausgezeichnetsten Maler, Bildhauer und Baumeister von Cimabue bis zum Jahre 1567. Übersetzt von Ludwig Schorn und Ernst Förster. Neu hg. und eingeleitet von Julian Kliemann. 6 Bde. Worms 1983.

Paradigmawechsel der Naturwissenschaft: Kopernikus

Der *Paradigmawechsel* zur Wissenschaft der Neuzeit erfolgt in einer Wissenschaft, in der das Messen und Überprüfen der Wirklichkeit eigene Schwierigkeiten aufwirft: in der *Astronomie*. Ob die Erde sich um die Sonne dreht oder die Sonne um die Erde, kann man in dieser Wissenschaft *nicht* durch direkte Erfahrung erkennen, sondern *nur* durch exakte Messung. Insofern ist die Astronomie mit ihren der sinnlichen Beobachtung entrückten Objekten jene Wissenschaft, in der sich die neue Methode der rein rationalen Konstruktion der Erkenntnis bewähren muss und kann. Anders gewendet: In der Astronomie zeigt sich – wie in keiner anderen Wissenschaft– der *Gegensatz* von sinnlicher Beobachtung und rationaler Berechnung. Und insofern ist es kein Zufall, dass in dieser Wissenschaft der eigentliche Umbruch zur Neuzeit erfolgt.

Zur wissenschaftlichen Revolution der Neuzeit gibt es, wie erwähnt, eine breite Forschung, die auch die Vorgeschichte dieser Revolution im Denken des Mittelalters genau untersucht hat. Der Pariser Nominalismus, die Schule der so genannten „Calculatores" in Oxford, die Naturforschung des Aristotelismus gehören in diese Vorgeschichte der Neuzeit. Der eigentliche Umbruch aber erfolgt dann in der Gestalt und in den Forschungen des Frauenberger Domherrn Nikolaus Kopernikus (1473–1543).

In der so genannten „Commentariolus", einer „Kurze[n] Abhandlung über die Erklärungsgrundlagen der Bewegungen am Himmel" von 1514 stellt Kopernikus die neue Weltsicht thesenhaft in Form von Axiomen für ein Fachpublikum vor. Dabei muss Kopernikus die Brisanz seiner neuen Ergebnisse bewusst gewesen sein. Denn er wendet sich offenbar bewusst zunächst nur an einen kleinen Kreis von Wissenschaftlern und Eingeweihten. In dieser Schrift nun behauptet bereits das erste Axiom die grundsätzliche Nichtkonzentrizität der Welt:

> Der Mittelpunkt aller Himmelskreise oder -kugeln ist nicht ein einziger. (Omnium orbium coelestium sive sphaerarum unum centrum non esse. Kopernikus: Das neue Weltbild, S. 4 f)

Das zweite Axiom signalisiert das Ende des geozentrischen Weltbildes:

> Der Mittelpunkt der Erde ist nicht die Weltmitte, sondern nur der von Schwere und Mondkreis. (Centrum terrae non esse centrum mundi, sed tantum gravitatis et orbis Lunaris. Ebd.)

Axiom 3 definiert das heliozentrische Axiom:

> Alle Kreise laufen um die Sonne, als stünde sie in der Mitte von allen, und deshalb liegt der Weltmittelpunkt nahe bei der Sonne. (Omnes orbes ambire Solem, tanquam in medio omnium existentem, ideoque circa Solem esse centrum mundi. Ebd.)

Daraus ergibt sich: „Alles, was in Folge von Bewegung am Himmel erscheint, rührt nicht von dorther, sondern liegt an der Erde." Das gilt, wie Axiom 5 und 6 ergänzen, für die Tages- und Nachtbewegungen der Erde ebenso wie für die jahreszeitlichen und ist nach Maßgabe der folgenden Axiome auch für die Berechnung der speziellen Bewegungsbahnen der Himmelskörper entscheidend.

Bereits diese kurze Denkschrift also bricht mit dem mittelalterlichen Weltbild. Die ausgeführten Formulierungen in Kopernikus' Hauptschrift „Über die Bewegung der Himmelskreise" (De revolutionibus orbium coelestium) hält der Verfasser auf Grund politischer Bedenken lange zurück. Sie erscheinen erst im Todesjahr des 70jährigen im Jahre 1543. Sie machen aber auch bei aller revolutionären Neuerung deutlich, wie stark das Denken jenes Revolutionärs der Wissenschaft noch in der Tradition des pythagoreisch-platonischen Logos wurzelt, der immer von idealen, nämlich kreisförmigen Formen und Bewegungen des Universums ausging:

> Erstens ist festzuhalten, dass die Welt die Form einer Kugel hat, [...] weil das die vollkommenste aller Formen ist [...]. (Principio anuertendum nobis est globosum esse mundum, siue quod ipsa forma perfectissima sit omnium [...]. Das neue Weltbild, S. 84 f)

So ist auch die Erde für Kopernikus „kugelförmig" (sphaerica, S. 86 f) und die Bewegungen der Himmelskörper „gleichmäßig, kreisförmig, stetig" (aequalis, ac circularis perpetuus, S. 94 f), eben weil die Formen und Umlaufbahnen der Gestirne nach Kopernikus jenem Idealmaß gehorchen mussten, nach dem die Welt nach Vorgabe der Pythagoreer und Platons allein eingerichtet sein konnte. Die „Welt-Maschine" – diese Metapher wurde zu einer Leitmetapher auch der Folgezeit des Barock und der Aufklärung – verläuft für Kopernikus in idealen geometrischen Bahnen.

Somit ist diese erste wissenschaftliche Revolution des Kopernikus weniger durch genaue Beobachtung der Sternenbahnen zustande gekommen – das Fernrohr wurde erst Anfang des 17. Jahrhunderts in Holland erfunden –, sondern durch kritische Analyse der Widersprüche des alten ptolomäischen Paradigmas der Astronomie und im Rückgriff auf die pythagoreisch-platonische Kosmologie und ihre Vorstellung einer einheitlichen Harmonie der Weltordnung. So wirbt denn Kopernikus in seiner „Vorrede" zum Buch über die „Umläufe der Himmelskreise" auch mit der Einheitlichkeit seiner Theorie, die nicht nur den „Umlauf jedes Sterns" richtig zu berechnen wisse, sondern auch in sich stimmig sei, „ohne bei den übrigen Teilen und überhaupt im ganzen All Verwirrung anzurichten" (S. 75).

Das genau aber war nicht der Fall. Die Annahme der Kugelgestalt der Erde und der Welt sowie der Kreisförmigkeit der Umlaufbahn war falsch. Die Rechenungenauigkeiten, die aus den Erbstücken antiker Philosophie und auch christlicher Schöpfungslehre resultierten, sollten die Forschungen eines Kepler, Galilei beflügeln und zur Korrektur des heliozentrischen Weltbildes führen: Die Erdgestalt ist nicht kugelförmig, sondern abgeflacht an den Polen, die Umlaufbahnen der Planeten um die Sonne elliptisch, die des Mars sogar besonders unregelmäßig und in Sonnennähe schneller als an den sonnenfernen Punkten seiner Umlaufbahn.

Literatur:

Nicolaus Kopernicus: Das neue Weltbild. Drei Texte. Kommentariolus, Brief gegen Werner, De revolutionibus I. Im Anhang eine Auswahl aus der Narratio prima des G. J. Rheticus. Übersetzt, hg. und mit einer Einleitung und Anmerkungen versehen von Hans Günter Zekl. Lateinisch-deutsch. Hamburg 1990.
De revolutionibus libri sex. Kritischer Text. Besorgt von Heribert Maria Nobis und Bernhard Sticker. Hildesheim 1984.
Crombie, Alistair: Von Augustinus bis Galilei. Die Emanzipation der Naturwissenschaften. Aus dem Englischen von Hildegard Hoffmann und Hildegard Pleus. München 1977 (1959).
Kirchoff, Jochen: Nikolaus Kopernikus. 5. Auflage Reinbek 2004.
Sheas, William: Nikolaus Kopernikus: der Begründer des modernen Weltbildes. Heidelberg 2003.

Bruch mit christlicher Pistis und kirchlicher Macht

Kopernikus hatte ein neues Wissensparadigma gesetzt. Worin aber lag eigentlich das revolutionäre Potential der kopernikanischen Theorie, die ja in vieler Hinsicht nur eine Neuaufnahme des antiken Logos pythagoreisch-platonischer Ausrichtung war? Absolut neu war die kopernikanische Wende gerade nicht, neu aber doch ihr Bruch mit der christlichen Pistis.

Denn für die christliche Theologie war die Annahme der Geozentrik des Universums essentiell. Entsprach sie doch der Heiligen Schrift und ihrer Lehre von der Fleischwerdung des göttlichen Logos in Jesus Christus, die sich nach theologischer Auffassung nirgendwo sonst als im Zentrum des Universums ereignet haben konnte. Weil der göttliche Logos auf der Erde Fleisch ward, musste diese im Zentrum der Welt liegen. Von ihrer theologischen Warte her konnte die Kirche die Theorie des Kopernikus nicht akzeptieren.

Kopernikus bereits hatte den Konflikt seiner Theorie mit der Kirche geahnt: Er hielt deshalb die Veröffentlichung der Revolutionsschrift lange zurück, versah sie schließlich für die Drucklegung mit dem einleitenden Brief des Bischofs Nikolaus von Schönberg, der ihn, Kopernikus, zur Veröffentlichung geradezu drängte. Er versah sie auch mit einer Widmung an Papst Paul III. in der Hoffnung, das Oberhaupt der Kirche als Schutzpatron für die neue mathematische Wissenschaft der Astronomie und ihre Ergebnisse gewinnen zu können.

Zudem hatte der Herausgeber der Revolutionsschrift, der Lutheraner Theologe Andreas Osiander, diese mit einem Vorwort versehen, in der dieser Herausgeber deren Wahrheitsanspruch dadurch abschwächte, dass er sie als „Hypothese" darstellte und so deren Wahrheitsanspruch relativierte:

> Es ist nämlich gar nicht notwendig, dass diese Voraussetzungen wahr sein müssen, nicht einmal dass sie wahrscheinlich sind, sondern es reicht schon dies allein, wenn sie eine mit den Beobachtungen zustimmende Berechnung darstellen; (Osiander: Vorwort zu De revolutionibus libri sex)

Osiander hatte im Bewusstsein der Gefahr für die neue Theorie deren Anspruch auf Realitätsbehauptung zugunsten der *immanenten Stimmigkeit* der Beobachtungen mit dem Berechnungszusammenhang der Theorie zurückgenommen (Blumenberg: Die kopernikanische Wende, S. 41 ff). Dass diese theologisch defensive Maßnahme zugleich die wissenschaftsgeschichtlich progressivere Position behauptete, war ein eher unfreiwilliges Nebenprodukt der Leseradresse Osianders.

Bekanntlich hat Kopernikus' Bitte um kirchliche Patronage und die Zurücknahme ihres Geltungsanspruchs die kirchliche Verurteilung der neuen Wissenschaft nur aufgeschoben. Alarmiert von den protestantischen Aktivitäten in Deutschland, formierte sich in der zweiten Hälfte des 16. Jahrhunderts die Gegenreformation in Rom. Formell richtete das heilige Offizium in Rom 1559 im Zuge der Inquisition einen „Index der verbotenen Schriften" ein, auf den dann auch 1616 – 73 Jahre nach ihrem Erscheinen und dem Tod des Autors –, die Revolutions-Schrift des Kopernikus gesetzt wird. 1633 muss Galilei, der seine Beobachtungen durch das Fernrohr nicht mehr nur als „Hypothesen", sondern als Wahrheiten verkündet hatte, die These von der Bewegung der Erde um die Sonne widerrufen.

In der neuen Wissenschaft, das zeigen die Konflikte, die sie auslöst, steckt ein *politisch revolutionäres* Element: Der Bruch mit den *wissenschaftlichen* Autoritäten bedeutete eben auch einen Bruch mit den *politischen* Autoritäten, die das alte Weltbild vertraten. Das waren vor allem die Katholische Kirche und die von ihr gestützten Herrscherhäuser Europas. Daher waren die protestantischen Länder auch für die Verbreitung der neuen Botschaft der Wissenschaft viel offener. Zwar schien sich der Konflikt, den die neue Wissenschaft auslöste, zunächst nur auf das wissenschaftlich-theologische Gebiet zu beziehen. Aber mit der Erschütterung des mittelalterlichen Weltbildes durch sie war im Kern auch die *politische Revolution* der Neuzeit eingeleitet, wie auch die *philosophische Revolution* als Aufgabe einer Neuformulierung der Erkenntnistheorie.

Bruch mit der sinnlichen Wahrnehmung

Besonders folgenreich für die Mentalitätsgeschichte der Neuzeit war noch ein *anderer* Bruch, der sich in der Kopernikanischen Wende vollzog: der Bruch mit der scheinbar natürlichen Sicherheit der *sinnlichen Wahrnehmung*. Die Abwendung von der Welt der sinnlichen Wahrnehmung als einer Welt des falschen Scheins war ja bereits ein Leitmotiv der vorsokratischen Philosophie und des pythagoreisch-platonischen Logos. Und es war ein Leitmotiv auch der christlichen Pistis. Gleichwohl war die aristotelische Naturlehre als wichtigste Grundlage der mittelalterlichen Scholastik noch stark an der sinnlichen Wahrnehmung orientiert.

Der Sieg der Kopernikanischen Revolution bedeutet unwiederbringlich das Ende der sinnlichen Wahrnehmung als Leitparadigma der menschlichen Erkenntnis. Anders formuliert: Erst durch die Naturwissenschaft der Neuzeit treten Rationalität und sinnliche Wahrnehmung endgültig auseinander. Die neue Wissenschaft beruft sich nicht mehr auf jene, sondern allein auf die Mess- und Berechnungsstringenz ihrer Theorie. Die neue Wissenschaft bricht sogar exemplarisch mit jener: Wenn der Augenschein untrüglich den Umlauf der Sonne um die Erde zu verkünden schien, so zeigte die rationale, will sagen: *mathematische Berechnung* untrüglich, dass es *nicht* so ist, dass vielmehr die Erde um die Sonne zirkuliert.

In diesem Sinne ist Kopernikus bei all seiner Zurückhaltung und Bescheidenheit getragen von dem stolzen Bewusstsein, ein „mathematicus" zu sein und für Mathematiker zu schreiben, nicht fürs Volk:

> Mathematisches wird für Mathematiker geschrieben [...]. (Mathemata mathematicis scribuntur, Das neue Weltbild, S. 76 f)

Kopernikus selbst war der Bruch, den er in und mit seiner Wissenschaft vollzog, zumindest partiell bewusst: In einem Brief an den zeitgenössischen Mathematiker und Nürnberger Humanisten Johannes Werner leitet er das Augenmerk darauf, „dass die Wissenschaft von den Sternen zu denen gehört, die von uns genau umgekehrt, bezogen auf die natürlichen Verhältnisse, erkannt werden." (S. 45)

Noch bei der Verteidigung seines neuen, im Grunde nicht mehr auf der sinnlichen Wahrnehmung fußenden Weltbildes bedient sich Kopernikus einiger Argumente, die er aus ihrem Bereich entnimmt: Lieber soll die Erde wandern, „anstatt dass die ganze Welt ins Rutschen kommt" (S. 115). Dass die Erde nicht Mittelpunkt aller stellarischen Bewegungsabläufe ist, dass vielmehr die Sonne „die Weltmitte" innehabe, diese „passende Fügung der ganzen Welt" [mundi totius harmonia] lehre uns die Wahrnehmung, „wenn wir nur, wie man so sagt, die Sache mit beiden Augen ansehen" (si modo rem ipsam ambobus, ut aiunt, oculis inspiciamus, S. 124 f).

Ähnlich hat auch der Brechtsche Galilei die Problematik später dargestellt: Das Fernrohr steht aufgebaut am Hof der Medici zu Florenz. Man muss nur *hindurchschauen*, um die Wahrheit über die Monde des Jupiter mit eigenen Augen zu sehen. Galilei, der bereits hinter dem sich verabschiedenden Hof herläuft:

> Aber die Herren brauchten wirklich nur durch das Instrument zu schauen! (Brecht: Werke. Berliner und Frankfurter Ausgabe, Bd. 5, S. 224)

Eben das tun sie nicht. Allerdings ist das Wahrheitsproblem der neuzeitlichen Wissenschaft erheblich komplizierter, als es hier in Brechts Drama und oft auch in der Argumentation frühneuzeitlicher Wissenschaftler erscheint. Die Wahrheit der modernen Wissenschaft ist ja gerade *nicht* mehr durch unmittelbaren Augenschein zu haben, sondern ergibt sich aus einem komplizierten Zusammenspiel von Messergebnissen, die bereits theorie- und hypothesengeleitet sein müssen, um überhaupt sinnvolle Daten liefern zu können, und jenem mathematischen Berechnungszusammenhang, der den eigentlichen Kerngehalt der wissenschaftlichen Theorie ausmacht. Wie erwähnt: Diese nach Maßgabe der neueren Wissenschaftstheorie eher *hypothetische* als realitätsbehauptende Struktur hat das theologisch defensive Vorwort des Osiander zur Revolutions-Schrift des Kopernikus nicht schlecht herausgestellt.

Die kopernikanische Wissenschaftsrevolution hat den neuzeitlichen Menschen und seinen Wohnort, die Erde, in eine *kosmologische Randlage* verwiesen. Die kopernikanische Revolution *verkleinert* den Menschen, indem sie diesen und auch die Erde, auf der er lebt, aus dem Zentrum der Welt in eine Umlaufbahn um ein anderes Gestirn und zunehmend in den wissenschaftlichen Folgerevolutionen in eine *marginale Position* im Weltraum rückt. Das neuzeitliche Weltbild läuft der mittelalterlichen Raumvorstellung geradezu entgegen mit ihrer Erdzentrierung und ihrer dualen Diesseits-Jenseits-Orientierung. An deren Stelle setzt die Neuzeit den unendlich offenen, dezentrierten Raum. Das hat bereits Nietzsche bemerkt, wenn er in der „Genealogie der Moral" fragt:

> Ist nicht gerade die Selbstverkleinerung des Menschen, sein Wille zur Selbstverkleinerung seit Kopernikus in einem unaufhaltsamen Fortschritte? (Nietzsche: KSA 5, S. 404)

Nietzsche verbindet mit der kopernikanischen Wissenschaftsrevolution ein modernes Gefühl der *Entwurzelung* und des *Nihilismus*:

Seit Kopernikus scheint der Mensch „auf eine schiefe Ebene geraten". Der Mensch rollt nach Nietzsche „immer schneller nunmehr aus dem Mittelpunkte weg – wohin? ins Nichts? ins ,*durchbohrende* Gefühl seines Nichts'?" (Ebd.)

Mit Kopernikus, mit der neuzeitlichen Wissenschaft, beginnt so auch eine Geschichte des *Metaphysikverlustes*, der *Dezentrierung* des Menschen, die eine spezifisch moderne Metaphorik des Absturzes, des Orientierungsverlustes, der labyrinthischen Irrnis, der Nacht, der Kälte und der Leere mit auf den Weg gebracht hat, welche die literarische Moderne prägt (Vietta: Die literarische Moderne, S. 170ff).

Literatur:

Brecht, Bertolt: Werke. Große kommentierte Berliner und Frankfurter Ausgabe. Hg. von Werner Hecht, Jan Knopf, Werner Mittenzwei und Klaus-Detlef Müller. Bd. 5: Stücke 5. Bearbeitet von Bärbel Schrader und Günther Klotz. Frankfurt a. M. 1988.
Vietta, Silvio: Die literarische Moderne. München 2001.

Giordano Brunos unendliches Universum

Zurück zur Wissenschaftsentwicklung. Nach Kopernikus waren es vor allem drei Wissenschaftler, die den Wissenschaftsansatz der frühen Neuzeit entscheidend vorangebracht und ihn auch in der Auseinandersetzung mit der Kirche verfochten haben: Giordano Bruno (1548–1600), Johannes Kepler (1571–1630) und Galileo Galilei (1564–1642).

Dabei fällt diese Phase der Naturwissenschaften in eine Zeit geschärfter und auch aggressiver Wachsamkeit der Katholischen Kirche. 1563 hatte das Konzil von Trient im Sinne einer klaren Abgrenzung von der protestantischen Kirche und von sog. häretischen Bewegungen Glaubensdekrete über die Sakramente, die Messopfer, das Priestertum, die Erbsünde und Beichte erlassen und den Klerus eidlich auf das Tridentinum eingeschworen. Ein Index verbotener Bücher wurde eingerichtet, die Katholische Kirche, die sich in der Hochrenaissance schon sehr liberalisiert hatte, reorganisierte sich selbst im Sinne einer fundamental gegenreformatorischen Politik. Der 1534 gegründete Orden der Jesuiten wurde zum Vorreiter dieser gegenreformatorischen Kirchenpolitik.

Gleich der erste, der 1572 geweihte Dominikanermönch und Priester Giordano Bruno, wurde in diesem Klima bereits 1576 der Ketzerei verdächtigt und musste nach Rom fliehen. Noch im selben Jahr brach er mit seinem Orden. Fortan ist sein Leben eine einzige Flucht vor der Inquisition: zunächst durch Italien, dann ins Ausland nach Genf, Frankreich, England, durch deutsche Lande. Unvorsichtigerweise kehrt der geflohene Mönch 1592 nach Italien zurück. In Venedig wird er denunziert und gefangengesetzt, 1593 nach Rom überführt und dort im Jahre 1600 auf der Piazza dei Fiori verbrannt.

Brunos Schrift Schrift „Zwiegespräch vom unendlichen All und den Welten" (De'l infinito universo et mondi, 1584) ist in vieler Hinsicht von der spekulativen Sprache der Naturphilosophie und Kosmologie der Renaissance geprägt. In der Dialogform folgt Bruno Platon, dessen Kritik an der sinnlichen Wahrnehmung er übernimmt. In der Sache aber ist er der Lehre des Kopernikus verpflichtet, dem er auch in seinem Gedicht „Über das Unendliche" (De immenso) ein Monument setzt:

> [...] hochedler Kopernikus, dessen
> Mahnendes Wort an der Pforte der Jünglingsseele mir pochte [...]
> Siehe, da öffnete sich die lautere Quelle der Wahrheit [...]
> (In: Giordano Bruno: Zwiegespräche vom unendlichen All und den Welten, S. XIV)

Für Bruno öffnet sich mit Kopernikus nicht nur „die lautere Quelle der Wahrheit", sondern auch „die Schönheit" des Kosmos und dies in bewusster Anknüpfung an „den Sinn des Pythagoras [...] Wie des Timäus" (ebd.). Über Kopernikus hinaus, dessen Enge als Mathematiker Bruno auch kritisiert, ist ihm das Weltall wesentlich *unbegrenzt, unendlich.* Dabei stellt sich Giordano Bruno konsequent auf das Prinzip des pythagoreisch-platonischen Logos und auch der neuen Wissenschaft: Die „Unzuverlässigkeit unserer Sinneswahrnehmung" kann nicht mehr die Grundlage der Welterkenntnis sein. Denn:

> Solche ist kein Prinzip der Gewissheit [...] (Zwiegespräch, S. 6)

Auf der anderen Seite aber ist für Bruno der Kosmos mehr als eine mathematische Gleichung. Er ist ein unendlicher belebter Organismus, eine lebendige Ganzheit.

In seiner in London verfassten Schrift „Von den heroischen Leidenschaften" (De gl'heroici furori, 1585) feiert Bruno geradezu die Schönheit des Universums, die sich in der Wahrheitsliebe des Intellekts offenbare. Allerdings ist der reine Blick auf die „Monade, die die Gottheit ist" und aus der „diese Monade, die Natur, das Universum, die Welt" entsteht (Von den heroischen Leidenschaften, S. 169), dem Intellekt nicht möglich, da er alles „in Unterschieden und Zahlen" fassen muss – wenn nicht der Tod einen solchen Blick frei gibt. Bruno fasst dies im Bild des Aktaion, der dem Anblick der nackten Diana nachjagt – ein Symbol für die Erkenntnisjagd –, am Ende aber „der Jäger zum Gejagten" wird und von ihren Hunden zerrissen: „Deshalb braucht er seine Diana nun nicht mehr gleichsam durch die Ritzen und Fenster zu betrachten, sondern ist nach dem Niederreißen der Mauern ganz Auge mit dem gesamten Horizont im Blick." (Von den heroischen Leidenschaften, S. 168) Wie später bei Novalis wird hier der Tod selbst als eine Grenzüberschreitung zu einer absoluten Erkenntnis, die der erkennende Intellekt so im Leben nie haben kann. In seinem Werk „Über die Monas" (De Monade, 1591) entwickelt Bruno eine Zahlenmystik, welche die Ordnung der Natur geometrisch-arithmetisch zu konstruieren erlaube. Von dieser Denkfigur wie auch dem Begriff der „Monade" war später Leibniz fasziniert.

Auf seinen Fluchten durch Europa landete Giordano Bruno aus England kommend in Paris, wo er am Collège de Cambrai lehrte, aber auch hier durch seine Aristoteleskritik einen Skandal auslöste. In einer Vorlesung, die er zu Pfingsten 1586 am Collège hält, definiert er den Kosmos als „die unendliche stoffliche Substanz im unendlichen Raum" (These 69), als „ein einziges Kontinuum" (These 70) und – im Sinne des antiken Logos, aber nicht der Genesis – als „unerschaffen und unvergänglich" (These 74) (Bruno: Gesammelte Werke, VI, S. 138ff). „‚Natur' ist für Bruno stets lebendige Ganzheit im Sinne der Einheit des Organismus. Für ihn gibt es keine Trennung von Physik und Metaphysik, stets spiegelt sich im Einzelphänomen die lebendige Ganzheit [...]). (Kirchhoff: Bruno, S. 58).

Dabei aber überschreitet seine neue expansive Weltvorstellung nicht nur die Grenzen der sinnlichen Wahrnehmung, sie überschreitet *alle* Grenzen unserer menschlichen Vorstellung, wie die Vorstellung Gottes nach Nikolaus von Kues unsere endliche Vernunft übersteigt.

Die Kategorie der kosmischen *Unendlichkeit* der Welt aber strahlt für Bruno zugleich auch eine neue Ruhe aus, auch weil sie die Logik des *Arguments* auf ihrer Seite hat und damit den Gedanken beruhigt:

> Erst wenn man die Welt in unserem Sinne für unbegrenzt nimmt, stellt sich Ruhe für unseren Geist ein, aus dem Gegenteil aber entstehen unzählige Schwierigkeiten und Unzuträglichkeiten. (Zwiegespräch, S. 9)

Bruno ist der Meinung, dass gerade seine Kategorie der unendlichen Welt auch *theologisch* gerechtfertigt ist, weil sie allein der Unendlichkeit Gottes entspricht. Dabei räumt Bruno auch mit der Vorstellung verschiedener Himmelsphären auf zugunsten des einheitlich-unendlichen Raumes, wie der Gesprächsteilnehmer Filoteo am Anfang des dritten Dialoges formuliert:

Einzig ist also der Himmel, der unermessliche Raum, der universelle Schoß, der All-umfasser, die Ätherregion, innerhalb deren sich alles regt und bewegt. In ihm sind zahlreiche Sterne, Gestirne, Weltkugeln, Sonnen und Erden sichtbarlich wahrnehm-bar und müssen unzählige und andere vernünftigerweise angenommen werden. Das unendliche und unermessliche All ist das zusammenhängende Ganze, das aus diesem Raume und den in ihm befindlichen Körpern resultiert. (Zwiegespräch, S. 86)

Bei Newton wird an die Stelle dieses unendlichen Ätherraumes der unendliche leere Raum als „Sensorium Dei" treten, bei Einstein die Vorstellung eines un-endlich expandierenden Kosmos. Die Neuzeit ist in naturwissenschaftlicher Hinsicht auch ein Prozess der Sprengung aller Endlichkeiten und kosmischen Begrenzungen. Bruno ist noch erfüllt von einem *hymnischen* Ton, wenn er über die Natur des Kosmos spricht, weil er noch davon ausgeht, dass der göttliche Atem, die unendliche *Weltseele*, das Ganze durchströmt und belebt.

In diesem Sinne ist Bruno noch Aristoteliker. Die aristotelische Lehre von der *anima* als kosmologisches Prinzip liegt auch seinem Weltbild zu Grunde. Aber: Mit seiner Annahme einer *unendlichen* kosmischen Welt übersteigt er den Horizont der griechischen wie auch mittelalterlichen Kosmologie.

Sein Weg führte Giordano Bruno von Paris über Wittenberg, Helmstedt, Frankfurt am Main zurück nach Venedig. Dort endlich bekam ihn die ‚heilige Inquisition' zu fassen, die ihn seit langem verfolgt und gejagt hatte. Seine Fest-nahme fiel in das Jahr 1592. Giordano Bruno wurde angeklagt und, da er sich in seiner Weltauffassung nicht beirren ließ, zum Tode durch Verbrennen ver-urteilt.

Dieses Urteil wurde am 8. Februar 1600 in Rom auf dem Campo dei Fiori öffentlich vollstreckt. Die Verbrennung eines Ketzers war oftmals ein langwie-riger Prozess, in dessen Verlauf der Delinquent vor der Tötung noch schwere Foltern zu ertragen hatte. Ein Augenzeuge berichtet: „Er [Bruno] sah bleich und blass aus – offenbar geschwächt von dem Blutverlust, den er durch die vergangenen Marterungen erlitten hatte. Seine Arme hingen wie leblos herun-ter. Man hatte sie aus den Gelenken gerissen, als man ihn über das Rad ge-flochten hatte. Nicht genug damit – die furchtbaren Marterwerkzeuge hatten an verschiedenen Stellen das Fleisch bis auf die Knochen heruntergeschabt." (zitiert in: Kirchhoff: Bruno, S. 23)

Literatur:

Bruno, Giordano: Gesammelte Werke. Hg. von Ludwig Kuhlenbeck. Leipzig und Jena 1904–09.
Ders.: Von der Ursache, dem Prinzip und dem Einen. Vervollständigt, mit Anmerkun-gen, Biographie und Bibliographie und Register versehen von Paul Richard Blum. 5. erweiterte Auflage. Hamburg 1993.
Ders.: Über die Monas, die Zahl, die Figur als Elemente einer sehr geheimen Physik, Mathematik und Metaphysik. Mit einer Einleitung hg. von Elisabeth von Samsonow. Kommentar Martin Mulsow. Hamburg 1991.

Ders.: Von den heroischen Leidenschaften. Übersetzt und hg. von Christiane Bacmeister. Mit einer Einleitung von Ferdinand Fellmann. Hamburg 1989.
Blum, Paul Richard: Giordano Bruno. München 1999.
Dischner, Gisela: Giordano Bruno. Denker, Dichter und Magier. Tübingen 2004.
Gatti, Hilary (Hg.): Giordano Bruno. Philosopher of the Renaissance. Ashgate 2002.
Kirchhoff, Jochen: Giordano Bruno. 7. Auflage. Reinbek 2003.

Johannes Keplers Korrektur

Auch der 1571 in Weil der Stadt im Württembergischen geborene und bei dem Mathematik-Lehrer Michael Mästlin in die Mathematik eingeführte Johannes Kepler wurde von einem unsteten Leben umgetrieben, wenn auch nicht so gefährdet wie Giordano Bruno. Nach seinem Aufenthalt in Graz bis zum Jahre 1600, machte er sich am ersten Januar des Jahres auf den Weg nach Prag, wo er den kaiserlichen Hofmathematiker Tycho Brahe, der das damals präziseste astronomische Beobachtungsmaterial besaß, aufsuchte. Brahe übergab ihm auch zögerlich sein Material und setzte den jungen Astronomen selbst an auf Beobachtungen der Umlaufbahnen des Planeten Mars. Nach dem Tode Brahes im Jahre 1601 wurde Kepler dessen Nachfolger und blieb dies bis zum Tode des Habsburger Königs Rudolf II. in Prag im Jahre 1612. Daran schlossen sich Jahre in Linz (1612–1626), in Ulm und Sagan (1626–1630) an. Der Tod ereilte ihn im Jahre 1630 in Regensburg.

Kepler bekennt sich zur neuen Lehre des Kopernikus und betont, dass er „durch keinerlei religiöse Bedenken gehindert war, dem Kopernikus zu folgen, wenn das, was er vorträgt, wohl begründet ist" (Kepler: Das Weltgeheimnis, S. 29). Dabei hatte Kepler Glück, dass der Sohn einer lutherischen Familie aus dem Württembergischen Weil der Stadt, der dort wahrscheinlich katholisch getauft wurde, nicht jene kirchliche Verfolgung erleiden muss, die Bruno zu Tode gebracht hat. Aber auch sein Leben wurde durch die Turbulenzen der Zeit – die religiösen Kämpfe zwischen Reformation und Gegenreformation im Dreißigjährigen Krieg – bestimmt. Auch musste er erleben, wie seine Mutter, Katharina Kepler, auf Grund einer Verleumdungsklage als Hexe gefangen gesetzt und ihr auch in der Folterkammer die Folter angedroht wurde. Sie wurde zwar freigesprochen, aber eine Zivilklage blieb anhängig bis zu ihrem Tode am 13. April 1622 (Lemcke: Kepler, S. 119).

Wie Kopernikus und Giordano Bruno ist auch Kepler tief durchdrungen von der Vorstellung, dass der Kosmos harmonische Strukturen aufweist, die sich in Zahlen und geometrischen Proportionen ausdrücken lassen und er verwendet für sein Jugendwerk, „Mysterium Cosmographicum" (Das Weltgeheimnis) aus dem Jahre 1597, viel Zeit, eben diese idealen Proportionen des Universums aufzudecken und nachzuweisen. Leitbildhaft wirkt auch hier Platons „Timaios", dessen „schöne Ordnung" des Kosmos Kepler auch von Kopernikus bestätigt sieht (Weltgeheimnis, S. 30). Kepler kannte nur sechs der heute bekannten neun Planeten und er zerbricht sich den Kopf, warum genau diese sechs Planeten – Merkur, Venus, Erde, Mars, Jupiter und Saturn, die Planeten Pluto, Neptun und Uranus waren ihm noch nicht bekannt – genau jene Bahnen beschreiben, welche sie beschreiben. Nach langem Probieren kam der junge Kepler auf die Idee, dass die Bahnen dieser Planeten genau jene idealtypischen Figuren bilden, aus denen Platons „Timaios" die Welt zusammengesetzt sah, nämlich Tetraeder (vier Dreiecke), Würfel (sechs Quadrate), Oktaeder (acht Dreiecke), Dodekaeder (zwölf Fünfecke), Ikosaeder (zwanzig Dreiecke). Damit glaubte Kepler den verborgenen Schlüssel für das Geheimnis der Welt gefunden zu haben:

> Die Erde ist das Mass für alle andren Bahnen. Ihr umschreibe ein Dodekaeder; die dieses umspannende Sphäre ist der Mars. Der Marsbahn umschreibe ein Tetraeder; die dieses umspannende Sphäre ist der Jupiter. Der Jupiterbahn umschreibe einen Würfel; die diesen umspannende Sphäre ist der Saturn. Nun lege in die Erdbahn ein Ikosaeder; die diesem eingeschriebene Sphäre ist die Venus. In die Venusbahn lege ein Oktaeder; die diesem eingeschriebene Sphäre ist der Merkur. (Weltgeheimnis, S. 24)

Damit war der Kosmos platonisch als ein System in sich geschachtelter geometrischer Idealformen gedeutet. Dem Herzog Friedrich von Württemberg schlug Kepler vor, nach diesem Planetenmodell einen silbernen Kredenzbecher zu gießen. Aus den unterschiedlichen Gefäßwandungen hätte man unterschiedliche Getränke trinken können. Der Herzog nahm Abstand von diesem Projekt, wollte aber nach dem Modell von Kepler ein Planetarium bauen lassen, das an den Kosten scheiterte.

Bereits in seinem Buch vom „Weltgeheimnis" hatte Kepler entdeckt, dass die Umlaufzeiten der Planeten sich *exzentrisch* verhalten. Bei Verdoppelung des Abstandes der Planeten von der Sonne wird die Umlaufzeit mehr als nur doppelt so groß. Kepler sah sich also bereits in diesem Werk gezwungen, den einzelnen Planetenbahnen Geschwindigkeiten zuzurechnen, die ungerade Werte darstellen. Grundsätzlich hielt er aber daran fest, dass Gott alles in idealen Proportionswerten eingerichtet habe. Dabei formulierte er diesen Satz der quantitativen Struktur der Schöpfung so, dass Gott selbst eher wie ein platonischer Demiurg erscheint, der an die Quantität als die ihm vorliegende Proportion gebunden sei, und nicht als der absolute Gott der Genesis:

> Ich sage, die Quantität lag Gott vor; um sie zu realisieren, bedurfte es alles dessen, was zum Wesen des Körpers gehört, damit so die Quantität des Körpers, insofern er Körper ist, gewissermaßen Form sei und Ausgangspunkt der Begriffsbestimmung werde. (Weltgeheimnis, S. 45)

Hier geht die Idee der Quantität Gott voraus wie eine platonische Idee, an die auch der Schöpfer bei seiner Schöpfung gebunden ist. Auch die Repräsentanz Gottes bedient – und hier folgte Kepler Nikolaus von Kues – sich idealtypischer geometrischer Spekulationen, wenn er die Abbildung des dreieinigen Gottes „durch die Kugelfläche, des Vaters durch den Mittelpunkt, des Sohnes durch die Oberfläche" dargestellt wissen will (Weltgeheimnis, S. 45). Kepler ist überzeugt, dass nichts „adeliger und vollkommener ist als die Oberfläche der Kugel" (ebd.).

In seinem Hauptwerk, der „Weltharmonik" (Harmonices mundi libri V) von 1619 aber nimmt Kepler entscheidende Korrekturen vor. Den entscheidenden Korrektursatz zu pythagoreisch-platonischen, von Kopernikus übernommenen Vorstellung von der Zirkularität der Umlaufbahnen formuliert Kepler in seiner Weltharmonik erst im fünften Buch und eher an versteckter Stelle, nämlich in der achten These des dritten Kapitels. Die Korrektur lautet:

> Allein es ist ganz sicher und stimmt vollkommen, dass die Proportion, die zwischen den Umlaufzeiten irgend zweier Planten besteht, genau das Anderthalbe der Proportion der mittleren Abstände d.h. der Bahnen selber, ist, wobei man jedoch beachten muss, dass das arithmetische Mittel zwischen den beiden Durchmessern der Bahnellipse etwas kleiner ist als der längere Durchmesser. (Weltharmonik, S. 291)

Mit dieser Entdeckung der *elliptischen* Exzentrizität der Sternbahnen hat die Keplersche Astronomie Abschied genommen von der Vorstellung einer kreisförmigen Kosmologie der Planetenbahnen. Mit den Berechnungsdaten, die Tycho Brahe Kepler lieferte, konnte Kepler sein Gesetz von den elliptischen Umlaufbahnen bestätigen. Damit gab er aber keineswegs die Vorstellung einer harmonischen, mathematisch-geometrischen Weltordnung auf. Im Gegenteil: Nach eben einer solchen gesetzmäßigen, quasi musikalischen Ordnung der Welt suchte Kepler nach wie vor allerorten im Kosmos. Wie die Pythagoreer ging er dabei von harmonischen Proportionen der Tonverhältnisse aus (Weltharmonik, Buch III), von der harmonischen Konfiguration der Gestirne und auch von der Harmonie der Proportionalität des Menschen. Seine Lehre von den elliptischen Umlaufbahnen der Gestirne, die sich quasi gegen die Idealtypik der Geometrie einstellte, ist zum bleibenden Erbe der modernen Astronomie geworden, insofern sie eben jene Umlaufbahnen der Planeten – der damals bekannten, wie auch später entdeckten – als ellipsenförmige berechnet hat.

Literatur:

Baigrie, Brian S.: Kepler's Laws of Planetary Motion, before and after Newton's Principia. An Essay on the Transformation of Scientific Problems. In: Studies in History and Philosophy of Science, Vol. 18 [N"], 1987, S. 177–208.

Kepler, Johannes: Gesammelte Werke. 22 Bände. Hg. im Auftrag der deutschen Forschungsgemeinschaft und der Bayrischen Akademie der Wissenschaften. München 1937 ff.

Ders.: Weltharmonik. Übers. und eingel. von Max Caspar. 6., unveränd. reprograf. Nachdruck der Ausgabe von 1939. München u.a. 1997.

Ders.: Das Weltgeheimnis. Mysterium Cosmographicum. Übers. und eingel. von Max Caspar. Oldenburg 1936.

Lemcke, Mechthild: Johannes Kepler. Zweite Auflage. Reinbek 2002.

Oeser, Erhard: Kepler. Die Entstehung der neuzeitlichen Wissenschaft. Göttingen 1971.

Schmitt, Justus: Johann Kepler. Sein Leben in Bildern und eigenen Berichten. Linz 1970.

Weizsäcker, Carl Friedrich von: Kopernikus, Kepler, Galilei. Zur Entstehung der neuzeitlichen Wissenschaft. In: Einsichten: Gerhard Krüger zum 60. Geburtstag. Frankfurt a. M. 1962.

Galilei: Konflikt zwischen Pistis und Logos

In Gestalt des Wissenschaftlers Galileo Galilei, geboren am 15.2.1564 in Pisa, trat der Kampf zwischen neuer Wissenschaft und Kirche, der mit Kopernikus begonnen hatte, in eine weitere Phase der offenen Auseinandersetzung zwischen Pistis und Logos, zwischen Naturwissenschaft und Theologie. Dabei war der Konflikt hier anders gelagert als bei Bruno: Galilei war überzeugter Katholik. Aber er war auch überzeugter Mathematiker. Der Konflikt zwischen Pistis und Logos durchschnitt seine eigene Persönlichkeit und führte zu inneren Widersprüchen in seiner Biographie. Zumindest zeitweilig glaubte er, die Heilige Schrift mit der neuen Wissenschaft in Einklang bringen und nachweisen zu können, dass das alttestamentarische „Sonne steh still zu Gibeon [...]" (Josua 10.12) mit der kopernikanischen Mittelpunktslehre der Sonne „aufs beste" in Einklang zubringen sei (Galilei: Opere, Bd. V, S. 281 ff). Auf der anderen Seite habe die Bibel nur in Glaubensangelegenheiten absolute Gültigkeit, in Sachen Naturerkenntnis aber das Argument der Wissenschaft Vorrang (Opere XIX, S. 297 f). Wahrscheinlich hat Galilei die Inquisitionsgefahren, die ihm drohten, auch darum unterschätzt, weil er die Kirche für lernfähiger hielt, als sie war und weil er *für sich* eine Synthese zwischen Logos und Pistis herstellen konnte, welche die Kirche lange nicht akzeptieren konnte.

Auch Galilei war Mathematiker und Geometer und bemühte sich wie Kepler um eine Professur der Mathematik, die er auch 1589 an der Universität Pisa erhielt. Am schiefen Turm vom Pisa soll er zum Gesetz des Freien Falles experimentiert haben. Er veröffentlichte im Jahre 1591 eine Schrift zum Thema „De motu" (Über die Bewegung) und bewarb sich 1692 um den Lehrstuhl für Mathematik in Padua, der Hausuniversität von Venedig, den er auch erhielt. Galilei kam damit in den Genuss des Einflussbereiches einer relativ liberalen Universitätspolitik. Er verfasste hier den Traktat „Über Befestigungen" und den „Traktat über Mechanik" (1593). 1597 schrieb er einen Brief an Kepler, in dem er sich wie jener zum Kopernikanismus bekannte. Sein „Traktat über die Himmelskugel oder Kosmographie" aus demselben Jahr unternahm es, wie Kepler im Einflussbereich der antiken Kosmologie, eine Art geometrisches Weltbild zu entwickeln.

Zu den Erfolgen des Galileo Galilei gehörten seine praktischen Experimente und Erfindungen: eine Maschine zum Heben von Wasser in den Gärten von Padua, ein geometrisch-militärischer Zirkel zur Messung von Entfernungen auf Landkarten und, nach Vorgaben holländischer Erfinder, eine verbesserte

Konstruktion des Fernrohrs im Jahre 1609. Das war auch für die venezianische Admiralität von Bedeutung, da ein solches Gerät die Früherkennung von Feindschiffen erlaubte. Galilei selbst richtete das Gerät in den Himmel und entdeckte dort 1610 die Jupiter-Monde. Seine Schrift „Siderius nuntius" (Der Himmlische Bote) von 1610 lässt noch die atemlose Aufregung spüren, mit der Galilei seine neuen Entdeckungen nun einer größeren Öffentlichkeit mitteilt.

Im selben Jahr allerdings verließ Galilei die liberale Sphäre der Handelsstadt Venedig und begab sich als „Erster Mathematiker und Philosoph des Großherzogs von Toscana" nach Florenz, zugleich einen Schritt näher an den Machtbereich der Katholischen Kirche heran, die bereits 1616 ein Inquisitionsverfahren gegen ihn eröffnet hatte und ihn „ermahnt", von seiner kopernikanischen Auffassung über die Bewegung der Erde Abstand zu nehmen.

Es dauerte noch einmal sechzehn Jahre, bis Galilei seine große Schrift „Dialog über die zwei wichtigsten Systeme" (Dialogo […] dei massimi systemi, 1632), sein astronomisches Hauptwerk, veröffentlichte. In ihm stoßen in der Form eines Dialoges zwischen Aristotelikern und Kopernikanern die beiden konkurrierenden Weltmodelle aufeinander. Der literarische Trick Galileis war es, die schwächere, ptolomäisch-aristotelische Position einem geistig eher unterbemittelten Gesprächspartner mit dem sprechenden Namen Simplicio zuzuordnen, während die kultivierten Patrizier Sagredo und Salviati, beides Freunde Galileis, die Positionen der neuen kopernikanischen Lehre vertreten.

Dieses Werk hat eine seltsame Druckgeschichte, in der sich der Kampf zwischen den Machtvertretern der christlichen Pistis und dem Logos auch innerhalb der Kirche widerspiegelt. Denn zunächst gelang es Galilei, dem Großzensor von Rom die Druckerlaubnis für sein Buch abzuringen, was ihm später geradezu den Hass jenes Kardinals Riccardi zuzog, als dieser realisierte, dass er einem so gefährlichen Buch die Druckerlaubnis erteilt hatte.

Denn der gute Christ und Katholik Galilei fuhr eine seltsam gefährliche Doppelpolitik zwischen Provokation und Anpassung. Provokativ war sein großes Werk über die zwei Weltsysteme, insofern es deren Unvereinbarkeit nachwies und damit die Überholtheit und wissenschaftliche Unhaltbarkeit der kirchlichen Position. Anpasslerisch aber lobte Galilei in einem Vorwort an den „geneigten Leser" das „heilsame Edikt" des Papstes „welches der pythagoräischen Ansicht [das ist der Kopernikanismus], dass die Erde sich bewegte, rechtzeitiges Schweigen auferlegte" (Galilei: Dialog über die beiden hauptsächlichsten Weltsysteme, S. 4). Gleichwohl war Galilei mit seinem Buch selbst in den Ring der Weltbühne gestiegen, um sich für das alt-neue Weltsystem des Pythagoras und Kopernikus öffentlich stark zu machen:

> Wohlvertraut mit jenem so weisen Beschlusse, entschied ich mich dafür, auf der Schaubühne der Welt als Zeuge aufrichtiger Wahrheit aufzutreten. (Dialog, S. 4)

Und so ist tatsächlich die Hauptleistung dieses Hauptwerkes des Galileo Galilei, dass er auf der „Schaubühne der Welt" neben den artigen Verbeugungen gegenüber der Kirche gleichzeitig die alt-neue Weltsicht des Pythagoras-Kopernikus zu verbreiten und durchzusetzen sucht.

Als Ort für seinen populären Wissenschaftsdiskurs wählt Galilei den Palast seines Freundes Sagredo in Venedig. Dort führen die Freunde Sagredo aus Venedig und Salviati aus Florenz einen platonischen Dialog über die zwei Weltsysteme mit jenem Herrn Simplicio, der die aristotelische Position der Kirche vertritt. Es ist übrigens auch hier bemerkenswert, dass mit diesem Anti-Aristotelismus eine Aufwertung Platons einhergeht. Galilei war ebenso wie Giordano Bruno fasziniert von Platons Lehre, dass der Erwerb von Wissen eigentlich nur eine Art Wiedererinnern sei. An Platon und auch an seiner Dantelektüre hat er sein hohes literarisches Stilvermögen geschult.

In dem Lehrdialog, der ja auch dem Vorbild Platons folgt, geht es dem Autor nicht um Feinheiten der Theorie. Die keplerschen Ergebnisse in Bezug auf die Exzentrik der Umlaufbahnen der Gestirne werden nicht weiter berücksichtigt. Vielmehr versucht Galilei, die beiden Systeme in ihren Grundzügen vorzuführen und auch *anschaulich* zu machen. Dies ist ein Prozess der *Rückübersetzung* der abstrakten Wissenschaften in die Dimension ihrer Anschaulichkeit und Vorstellbarkeit. Das abstrakte System der neuen Wissenschaft soll nicht nur ein Rechenexempel sein, sondern dem Bewusstsein des Lesers nachvollziehbar eingeprägt werden. Die mit der neuen Wissenschaft auftauchende Differenz zwischen Rationalität und sinnlicher Wahrnehmung versucht Galilei mit seinem großen „Dialog" noch einmal zu überwinden.

Dabei appelliert Salviati an die „natürlichen Gründe [...], welche zugunsten der einen und der anderen Ansicht" sprechen (Galilei: Dialog, S. 9). Hier zeichnet sich schon die Kartesianische Methodik der klaren und distinkten Erkenntnis als Wahrheitskriterium ab, in Opposition nämlich zur Buchgelehrsamkeit und ihrer Orientierung an der Autorität des Verfassers als Wahrheitsgarant. In diesem Sinne weist Salviati den Simplicio zurecht:

> Darum, Signore Simplicio, bringt uns Eure Beweise oder des Aristoteles' Gründe und Beweise, nicht aber Citate und bloße Autoritäten [...]. (S. 118)

Am ersten Tag des Wissenschaftsdiskurses stellt derselbe Salviati auch die gewagte These auf, dass die durch „mathematische Beweise" gewonnenen menschlichen Einsichten denen Gottes nicht nachstehen, sondern den göttlichen Einsichten äquivalent seien:

> Um mich also besser auszudrücken, so erkläre ich, dass zwar die Wahrheit, deren Erkenntnis durch die mathematischen Beweise vermittelt wird, dieselbe ist, welche die göttliche Weisheit erkennt (S. 109).

Der menschliche Verstand ist an *Quantität* dem Göttlichen unendlich unterlegen. Gott weiß unendlich viel mehr Dinge als der Mensch. Aber das, was der Mensch *mathematisch* genau erkennt, steht in der *Qualität* dieses Wissens dem göttlichen Wissen nicht nach. Die neue Wissenschaft inthronisiert so die menschliche Rationalität als ein quasi gottgleiches Erkenntnisvermögen.

Damit rückt Galilei ab von einer Position der Renaissancephilosophie, wie sie Bruno vertreten hatte. Für Galilei ist die Welt keine belebte Substanz mehr. Das Universum ist für ihn, so hatte er schon in „Il Saggiatore" (Die Goldwaage, 1623) ausgeführt, „in der Sprache der Mathematik" geschrieben. „Die reale Welt besteht mithin aus quantitativen und messbaren Daten [...] Die Wissenschaft ist in der Lage, was objektiv und real in der Welt vorhanden ist, von dem subjektiv von den Sinnen Wahrgenommenen zu unterscheiden." (Rossi, Galilei, S. 133 f) Damit hatte Galilei auch von der Hypothesenstruktur der Wissenschaft Abschied genommen zugunsten eines Typus von *Wahrheitsbehauptungen*, der die Kirche provozieren musste und dies auch tat, wie die Auseinandersetzung um den „Dialog" zeigt.

Hier setzt sich Galilei das Ziel, die Evidenz der neuen Weltsicht aufzuweisen. Aber wie soll dem normalen Bewusstsein die neue Wissenschaft nahe gebracht werden? Wie soll ihm klar gemacht werden, dass nicht die Sonne um die Erde sich dreht, sondern umgekehrt die Erde sich um die Sonne? Denn die Bewegungen der Erde sind ja für ihre Bewohner nicht wahrnehmbar. Um dieses Paradox dennoch vorstellbar zu machen und dem Simplicio anschaulich vorzustellen, greift insbesondere Salviati in dem Dialog mehrfach das Beispiel des ruhenden oder fahrenden Schiffes auf. An dieser Metapher wird die Bewegung des ‚Raumschiffes' Erde erläutert:

> Schließt Euch in Gesellschaft eines Freundes in einen möglichst großen Raum unter dem Deck eines großen Schiffes ein. Verschafft Euch dort Mücken, Schmetterlinge und ähnliches fliegendes Getier; sorgt auch für ein Gefäß mit Wasser und kleinen Fischen darin; hängt ferner oben einen Eimer auf, welcher tropfenweise in ein zweites enghalsiges darunter gestelltes Gefäß träufeln lässt. Beobachtet nun sorgfältig, solange das Schiff stille steht, wie die fliegenden Tierchen mit der nämlichen Geschwindigkeit nach allen Seiten des Zimmers fliegen. Man wird sehen, wie die Fische ohne irgend welchen Unterschied nach allen Richtungen schwimmen; die fallenden Tropfen werden alle in das untergestellte Gefäß fließen. (Dialog, S. 197)

Nun aber setzt Galileis Sprachrohr Salviati das Schiff in Bewegung:

> Nun lasst das Schiff mit jeder beliebigen Geschwindigkeit sich bewegen: Ihr werdet – wenn nur die Bewegung gleichförmig ist und nicht hier und dorthin schwankend – bei allen genannten Erscheinungen nicht die geringste Veränderung eintreten sehen. Aus keiner derselben werdet Ihr entnehmen können, ob das Schiff fährt oder stille steht. (Ebd.)

Salviati demonstriert auf solche Weise, dass wir auf der Erde wie auf einem fahrenden Schiff eben die Bewegungen des tragenden Raumkörpers gar nicht wahrnehmen bzw. alle internen Prozesse darauf genauso ablaufen können, wie bei einem ruhenden Tragekörper.

> Die Tropfen werden wie zuvor in das untere Gefäß fallen, kein einziger wird nach dem Hinterteile zu fallen, obgleich das Schiff, während der Tropfen in der Luft ist, viele Spannen zurücklegt. (Dialog, S. 198)

Bei seiner Veranschaulichung der Erdbewegung verrennt sich Galilei allerdings auch in falsche Beweise. Für ihn ist das Phänomen Ebbe und Flut ein Hauptbeweis der Erdumdrehung. An diesem Phänomen hat er bereits in einem Diskurs im Jahre 1616 gearbeitet. Im „Dialog" übernimmt vor allem das vierte Buch die Beweislast, dass Ebbe und Flut nur auf Grund der Bewegungen der Erde erklärt werden können. Die Erdanziehung als Wirkkraft und Ursache dieses Phänomens kannte er noch nicht.

Galilei hat an dem „Dialog" ca. sechs Jahre gearbeitet und dabei ältere Textstufen eingefügt und verarbeitet. Wahrscheinlich glaubte er in seinem Optimismus, dass die möglichst anschauliche und in ihren natürlichen Gründen auch überzeugende Darstellung des neuen Weltsystems auch die Kirche zwingen würde, sich der neuen Lehre anzupassen. In dem deutschen Jesuiten Clavius, der in Rom mehrfach die Richtigkeit der galileischen Sternmessungen verbürgt hatte, aber schon im Jahre 1612 verstarb, hatte er auch einen ständigen, ihm freundlich gesinnten Gesprächspartner in der römischen Kurie. Nicht zuletzt auch der wissenschaftlich geschulte Papst Urban VIII., der 1623 den Papstthron bestieg, schien für die Aufnahme der neuen Wissenschaft günstig zu sein.

Im Zuge der Gegenreformation und unter dem Einfluss der Jesuiten in Rom aber wendete sich das Blatt gegen Galilei. Die Position der Kirche war insofern nicht einfach, da ja der römische Oberzensor den Druck zunächst gebilligt hatte. Die Argumentation gegen Galilei musste daher so erfolgen, dass dieser sich die Druckerlaubnis quasi erschlichen hätte, da er den Oberzensor nicht über sein Schweigeverbot durch den Kardinal Bellarmin im Jahre 1616 informiert habe. Mit solchen und wohl auch mit anderen Argumenten wurde in der Tat im Jahre 1633 der Prozess gegen Galilei eröffnet. Dabei zeigen neuere Forschungen, dass bereits am 21. April 1604 beim Inquisitionsgericht in Padua eine formelle Anzeige gegen Galilei wegen „Häresie und freizügigem Lebenswandel" eingegangen war, der aber damals nicht weiter verfolgt wurde. (Poppi: Cremonini e Galilei inquisiti a Padova 1604)

Galilei war, als ihm der Prozess gemacht wurde, 69 Jahre alt. Das letzte Verhör am 21. Juni 1633 fand im Sinne eines „rigoroso esame" statt. Das heißt: Man zeigte dem Angeklagten die Folterinstrumente, erklärte ihm anschaulich ihre Funktionen und ließ den Kandidaten sich vielleicht schon einmal für den Folterakt freimachen. Der so ‚befragte' Galilei unterschrieb denn auch offenbar mit zitternder Hand seinen Widerruf:

> Ich halte an jener kopernikanischen Ansicht nicht fest und habe nicht an ihr festgehalten, seitdem mir der Befehl mitgeteilt worden ist, sie aufzugeben; im Übrigen bin ich in ihren Händen, tun sie, was ihnen beliebt. (zit. in Galilei: Dialog, S. LXX)

Und so wurde denn dieser große Geist der neuen Wissenschaft wieder auf katholischen Boden zurückgezwungen, letztlich ein Pyrrhussieg für die Kirche, die nicht mehr wirklich den neuzeitlichen Logos in ihre Gewalt bringen konnte, obwohl sie die wissenschaftliche Wahrheit mit Gewalt, Folter, auch Tötung zu unterdrücken gewillt war.

Erst 1822 wurde der „Dialog" vom Index der verbotenen Bücher entfernt.

Die erste Ausgabe des Index, die den „Dialog" nicht mehr erwähnt, ist der Index des Jahres 1835. Allerdings bemühte sich der Papst Johannes Paul II. in seiner Ansprache vom 31. Oktober 1992 vor der Päpstlichen Akademie der Wissenschaften um eine Korrektur der eigenen Position. Dabei nimmt der Papst auch Bezug auf die Haltung der Kirche zu Galilei: „Damals glaubte man, man müsse ein eindeutiges Ordnungsmodell vorlegen. Die komplexen Verhältnisse weisen aber gerade darauf hin, dass wer den Reichtum der Wirklichkeit berücksichtigen möchte, notwendig eine Vielzahl von Modellen braucht." Bereits in einer Ansprache zur Hundertjahrfeier der Geburt Albert Einsteins am 10. November 1979 hatte derselbe Papst den Wunsch ausgesprochen, „dass Theologen, Gelehrte und Historiker, vom Geist ehrlicher Zusammenarbeit beseelt, die Überprüfung des Falls Galilei vertiefen und in aufrichtiger Anerkennung des Unrechts, von welcher Seite es auch immer gekommen sein mag, das Misstrauen zu beseitigen, das dieses Ereignis noch immer gegen eine fruchtbare Zusammenarbeit von Glauben und Wissen, von Kirche und Welt hervorruft". Der Papst zieht die Schlussfolgerung: „Wenn eine neue Form des Studiums der Naturerscheinungen auftaucht, wird eine Klärung des Ganzen der Disziplinen des Wissens nötig. [...] Mit anderen Worten, dieses Neue verpflichtet jede Disziplin, sich genauer ihrer eigenen Natur bewusst zu werden." (:www.sthjosef.at/dokumente/papst_galilei.htm)

Literatur:

Galilei, Galileo: Dialog über die beiden hauptsächlichsten Weltsysteme. Das ptolemäische und das kopernikanische. Aus dem Italienischen übersetzt und erläutert von Emil Strauss. Mit einem Beitrag von Albert Einstein. Hg. von Roman Sexl und Karl von Meyenn. Stuttgart 1982.
Ders.: Opere. 20 Bde. Hg. von A. Favero. Florenz 1890–1909.
Ders.: Schriften, Briefe, Dokumente. 2 Bde. Hg. von Anna Mudry. München 1987.
Hemleben, Johannes: Galileo Galilei. Reinbek 1969.
Poppi, Antonino: Cremonini e Galilei inquisiti a Padova 1604. Padua 1992.
Rossi, Paolo: Galilei. In: Die Geburt der modernen Wissenschaft in Europa. Deutsch von Marion Sattler-Charnitzky und Christiane Büchel. München 1997, S. 119 ff.
Ansprache von Papst Johannes Paul II.: www.sthjosef.at/dokumente/papst_galilei.htm

Ergebnisse und Perspektiven. Die Formelsprache der neuzeitlichen Wissenschaft

Wenn man die kopernikanische Wende als ein Initialereignis der Neuzeit wertet, so ist diese Perspektive sicher hilfreich zur *Abgrenzung* der neuen Epoche vom Mittelalter. Andererseits verdeckt der Begriff das Moment der *Anknüpfung* der neuen Makroepoche an den antiken Logos der pythagoreisch-platonischen Philosophie-Wissenschaft. Aber auch wenn man die Vorgeschichte des antiken Logos einbezieht, auf die sich die Gründungsväter der Neuzeit häufig und explizit berufen, so muss man doch konstatieren, dass mit der *neuzeitlichen Ratio-*

nalität eine neue Epoche in der Kulturgeschichte Europas und der Welt beginnt. Neu an ihr ist das Moment der *empirischen* Verfeinerung der Messtechniken gegenüber der Antike und dem Mittelalter, welche durch neue Beobachtungsinstrumente ermöglicht wurde, der *Verbreitung* der neuen Methode durch den Druck, aber auch insgesamt durch ein kulturelles Klima eines *Neuanfangs* der Kultur nach dem Mittelalter, wie es sich insbesondere vom Neuanfang in den Künsten aus verbreitete. In der bildenden Kunst der Renaissance zeigt sich auch der neue Zugriff auf die Welt im Sinne einer Verdiesseitigung des Sakralen und der Geometrisierung der Natur, sowie der Perspektivierung des Gesehenen auf ein Beobachtungssubjekt hin, das es allerdings begrifflich so noch nicht gab.

Die Naturwissenschaften wie die Philosophie des 16. und 17. Jahrhunderts haben eine durchgehende *Quantifizierung* und *Mechanisierung* der Natur durchgesetzt, die nun endgültig die Natur von Geistern und Dämonen reinigte, also auch einen angstfreien Raum berechenbarer Kausalitäten herstellte, einen Raum, der den Menschen als den „Herren und Eigentümern der Natur" (Descartes: Diskurs von der Methode, 6.2) unterworfen ist. Dabei *universalisiert* die Neuzeit den Ansatz einer *machinalen* Gesamtinterpretation des Kosmos als „Weltmaschine". Über die Mechanisierung der Natur hinaus „gewinnt die Maschinenvorstellung aufgrund ihrer Identifikation mit dem natürlich Seienden eine solche Bedeutung, dass sie zur Basis einer Einheitswissenschaft avanciert, die nicht allein die Natur [...] einbezieht, sondern selbst noch den Menschen als Teil der Natur einschließlich der gesamten gesellschaftlichen, kulturellen und geistigen Verhältnisse" (Gloy: Verständnis der Natur, Bd. 1, S. 162 f). Damit greift das machinale Modell, wie wir im folgenden Kapitel noch genauer sehen werden, auch auf die Bereiche der Physiologie, der Psychologie und anderer Humanwissenschaften über.

Wie aber und warum kam es zu diesem epochalen Umbruch der Neuzeit? Wie kam die kopernikanische Wende als Mutter aller weiteren Wissenschaftsrevolutionen zustande? „Sie kam dadurch zustande, dass Fragen gestellt wurden, deren Antworten im experimentellen Bereich lagen, dass diese Fragen sich auf physikalische, nicht metaphysische Probleme richteten, dass das Interesse sich auf genaue Beobachtung der Dinge innerhalb der natürlichen Welt konzentrierte und sich mehr auf das Zusammenspiel ihrer Verhaltensweisen als auf ihre innerste Natur bezog, mehr auf naheliegende Ursachen als auf Wesensformen und ganz besonders auf alle Aspekte der physikalischen Welt, die sich mathematisch ausdrücken lassen." (Crombie: Von Augstinus bis Galilei, S. 354) Wiederum hat die Forschung zur Struktur wissenschaftlicher Revolutionen auch zurecht angemerkt, dass ein älteres Modell der Kosmologie, wie das des Ptolomäus, sehr wohl in sich stimmig war, dass man im Rahmen dieses Modells auch viele neuere Messergebnisse unterbringen konnte und dass generell ein Paradigmenwechsel in den Wissenschaften nur gegen große Widerstände überhaupt sich durchsetzt (Kuhn: Struktur wissenschaftlicher Revolutionen, S. 79 ff). Interessant in diesem Zusammenhang ist auch, dass der eigentliche

Durchbruch des neuzeitlichen Paradigmas sich „viel mehr durch eine systematische Umwandlung der Denkrichtung [...] als durch eine Bereicherung der technischen Ausrüstung" vollzog (Crombie: Von Augustinus bis Galilei, S. 355). Und in der Tat kann man kulturwissenschaftlich einen systematischen Paradigmawechsel der Kultur auf verschiedensten Gebieten im Umbruch von Mittelalter zu Neuzeit beobachten. Der Naturwissenschaft kam allerdings die besondere Bedeutung einer direkten Konfrontation mit der etablierten Macht der Kirche zu, und insofern setzt ihr Kampf den Begriff von *Revolution* im Sinne eines modellhaften Epochenumbruchs der Neuzeit und in ihr.

Dabei war Galilei wahrscheinlich einer der letzten großen Physiker, der sein System noch in einem quasi literarischen Gewand als platonischen Dialog dargeboten hat. Die Entwicklung der neuzeitlichen Naturwissenschaften mit der Physik als einer Leitwissenschaft im letzten Drittel des zweiten Jahrtausends führte zu einer immer größeren *Abstraktion* der Formelsprache, welche auch die noch anschauliche Geometrie hinter sich ließ.

Nach Isaac Newton (1643–1727) verschwindet zunehmend auch die *theologische* Deutung physikalischer Begriffe aus der Physik. Newton hatte Raum und Zeit, die er sich als absolute Größen dachte, mit Gott identifiziert als „Sensoria Dei" und auf diese Weise die Vorstellung eines absoluten Behälters gewonnen, in dem sich die kosmologischen Ereignisse abspielten. 1697 erschien sein Hauptwerk „Die mathematischen Grundlagen der Naturphilosophie" (Philosophiae naturalis principia mathematica), das auch wie Galilei an einer direkten Wahrheitsreferenz seiner Sätze festhielt. Sein berühmter Satz „hypothesis non fingo" zementiert diesen Anspruch einer *Natur*wissenschaft, die am Beginn der Neuzeit der Herausgeber des Kopernikus, Osiander, schon relativiert hatte. Der Anspruch einer direkten Wahrheitsbehauptung der Theorie wird allerdings in der Physik schon des 19. Jahrhunderts weitgehend zurückgewiesen.

Der Verlauf insbesondere der neuzeitlichen Atomphysik des 20. Jahrhunderts geht dabei zu den antiken Wurzeln des vorsokratischen Logos zurück. Einer der größten Naturwissenschafter des 20. Jahrhunderts, Werner Heisenberg (1901–1976), hat diese Zusammenhänge in einer Reihe von berühmten Vorträgen über die „Wandlungen in den Grundlagen der Naturwissenschaft" herausgearbeitet. Heisenberg verweist insbesondere auf die vorsokratische Philosophie und Platons „Timaios" als Quelle auch des neuzeitlichen naturwissenschaftlichen Denkens. Es ist eben die vorsokratische These, „dass die Welt letztens Endes aus einem einheitlichen Stoff besteht, nach einem einheitlichen Prinzip gebaut ist" und somit die Fülle der Erscheinungen auf diese Prinzipien zurückgeführt werden könne (Heisenberg: Die gegenwärtigen Grundprobleme der Atomphysik, in: Wandlungen in den Grundlagen der Naturwissenschaft, S. 92). Man kann sagen: Die neuzeitliche Physik hat dieses Programm geradezu triumphal erfüllt.

Heisenberg verfolgt den Weg der neuzeitlichen Wissenschaften über die Chemie vom damaligen Stand der Atomphysik, die allerdings zwei entscheidende Korrekturen an der antiken Atomphysik, wie sie Demokrit entworfen hatte, anbringt. Erstens: „Das Merkmal der Unzerstörbarkeit trifft für die Elementarteilchen sicher im alten Sinne nicht zu. Zum Beispiel kann bei einem heftigen Zusammenstoß zwischen einem Neutron und einem Proton ein Meson erzeugt werden. Der für diesen Bereich der Atomphysik charakteristische Prozess ist ganz allgemein der Zusammenstoß zweier Elementarteilchen sehr hoher Energien" (Grundprobleme der Atomphysik, S. 96). Bekanntlich hat die moderne Physik ja auch Mittel und Wege ersonnen, die Atome weiter zu spalten und ist dabei auf Energieabstrahlungen als eine weitere Erscheinungsform der Materie gestoßen, ein Forschungszweig, der u. a. zur Erfindung der Atombombe geführt hat. Als ein physikalisches Ergebnis kann Heisenberg festhalten: Jene unteilbaren Teilchen, welche die vorsokratische Philosophie als Baustoffe der Welt erkannt hatte, sind eben keine festen Größen, sondern selbst teilbar und wandelbar.

Die *zweite* Abweichung betrifft die Form der Mathematik, die solche Prozesse beschreibt: „Die mathematischen Gestalten, an die die Griechen dachten, waren die anschaulichen geometrischen Formen, die sozusagen von den Atomen in den leeren Raum gezeichnet wurden." (ebd., S. 99) Die heutige Physik der Elementarteilchen, wie auch die einsteinsche Vision einer vierdimensionalen Raumzeit haben diese Anschaulichkeit für immer hinter sich gelassen. Sie haben auch die Vorstellung eines quasi den Kosmos umhüllenden Raumes aufgegeben zugunsten der berühmten Energie-Masse-Relation: $E = mc^2$, in welcher die Energie an die Masse gebunden wird. Die Lichtgeschwindigkeit, die schon vor Einstein mit ca. 300 000 Kilometer/sec gemessen worden war, ist die Konstante in dieser Gleichung, nicht mehr der vorausgesetzte Raum oder die Zeit.

Die so genannte Quantentheorie hat auch prinzipiell die Vorstellung einer ‚realistischen' Beschreibbarkeit der Welt durch mathematische Formeln zerstört. Heisenbergs so genannte „Unschärferelation" besagt ja, dass ein Partikel prinzipiell nicht mehr genau nach Ort, Geschwindigkeit, Impuls geortet werden kann, sondern dass über solche Einzelteilchen nur noch Wahrscheinlichkeitsaussagen gemacht werden können (Heisenberg: Die physikalischen Prinzipien der Quantentheorie). Der Weg der neuzeitlichen Naturwissenschaften macht zugleich deutlich, dass mit der wissenschaftlichen Beherrschung der Natur ungeheure *Machtinstrumente* in die Hände der Menschen gegeben sind, die diese Wissenstechniken beherrschen.

Im ausgehenden 20., beginnenden 21. Jahrhundert hat die *Biologie* mit ihrer Formelsprache eine gewisse Leitfunktion in der Welt der Naturwissenschaften übernommen. Auch sie sucht ja nach elementaren Baustoffen der biologischen Materie, wie diese bereits die Antike und auch die Erkenntnistheorie der Aufklärung des 17. und 18. Jahrhunderts antizipiert hatten mit ihrem Programm der Zerlegung der Natur in elementare, so genannte „einfache Naturen" (natures simplices), wie sie bei Leibniz heißen. In der DNS-Formel wird das biologische Material auf solche Grundbestandteile hin zerlegt: die vier Basen Adenin, Guanin, Cytosin und Thymin (Hagemann: Allgemeine Genetik; King/

Stansfield: Encyclopedic Dictionary of Genetics). Auch wenn die biologische Forschung gegenwärtig den Kombinationen noch keine klaren Funktionszuschreibungen beimessen kann, ist doch klar, dass sich hier die Forschung auf einer Linie bewegt, die dem Menschen eine neue Herrschaftsgewalt nicht nur über die äußere Natur, sondern nun auch über die eigene biologische Natur an die Hand gibt, wie denn auch dies bereits die Leitidee der Erkenntnistheorie und Wissenschaft der Aufklärung gewesen ist: den Menschen zum „Herren und Eigentümer der Natur" zu machen (Descartes: Von der Methode, S. 101). Ob sich nun diese Vision, an welcher die Menschheit arbeitet, in Europa oder außerhalb erfüllt, ist eine offene Frage. Starke ethische Einwände gegen die neue Biologie werden gerade in Deutschland vorgebracht, dürften aber weltweit die Logik dieser Forschung nicht aufhalten.

Literatur:

Cattanao, Marco: Heisenberg. Von der Quantentheorie zur Weltformel. Heidelberg 2001.

Einstein, Albert: Über die spezielle und allgemeine Relativitätstheorie. Braunschweig 1917. Neudruck: Braunschweig 1965 (20. Auflage).

Gloy, Karen: Das Verständnis der Natur. 2 Bde. München 1995 f.

Newton, Isaac: Mathematische Grundlagen der Naturphilosophie. Ausgewählt, übersetzt und eingeleitet von Ed Dellian. Hamburg 1988.

Heisenberg, Werner: Das Naturbild der heutigen Physik. Reinbek 1955.

Ders.: Die physikalischen Prinzipien der Quantentheorie. Leipzig 1930. Neudruck Mannheim 1960.

Ders.: Physik und Philosophie. 6. Auflage Stuttgart 2000.

Ders.: Wandlungen in den Grundlagen der Naturwissenschaften. Zehn Vorträge. 8. erweiterte Auflage. Stuttgart 1948.

Hagemann, Rudolf: Allgemeine Genetik. 3. Auflage Jena 1991.

Hermann, Armin: Werner Heisenberg. Rowohlts Monographien. 7. Auflage Reinbek 2001.

Hunger, E.: Von Demokrit bis Heisenberg. Quellen und Betrachtungen zur naturwissenschaftlichen Erkenntnis. Zweite Auflage. Braunschweig 1960.

King, R. C./Stanfield, W. D.: Encyclopedic Dictionary of Genetics with German Term Equivalents [...]. Weinheim 1990.

Weizsäcker, Carl Friedrich von: Große Physiker. Von Aristoteles bis Heisenberg. München 2002.

4.3 Philosophische Subjektivität und Erkenntnistheorie

Geburt der Subjektivität aus der Kreuzung von Pistis und Logos

Die Kulturwissenschaften sehen zu Recht in der *kopernikanischen Wende* der Astronomie einen wichtigen Initialpunkt der neuzeitlichen Kulturgeschichte. Kopernikus und die ihm folgenden Astronomen knüpfen an die antike Logos-Kodierung pythagoreisch-platonischen Zuschnitts an und setzen nun selbst einen neuzeitlichen Erkenntnisprozess in Gang, der die mittelalterliche Geozentrik in ein unendliches, der Anschauung immer weiter entrücktes Universum auflöst, das die mathematisch-geometrische Rationalität zu erkennen und zu beschreiben sucht. Mit der frühen Neuzeit beginnt auch eine neue Entwicklungsphase der *Instrumentaltechnik*, die zu neuen optischen Messgeräten wie dem Fernrohr und dem Mikroskop führt, die das beobachtende Eindringen in die unendlich weiten wie unendlich kleinen Welten erst ermöglichen. Die Erkenntniserfolge der neuzeitlichen Naturwissenschaften weisen auch der philosophischen Reflexion einen neuen Weg. Umgekehrt ist es die Philosophie, welche die Naturwissenschaften *methodisch* untermauert. Spätestens mit der Frühaufklärung wird klar, dass diese neuzeitliche Logos-Kodierung auch zum Leitparadigma für die Philosophie der Neuzeit wird.

Es ist der entscheidende Schritt René Descartes' (1596–1650), dass er die neuzeitliche Wissenschaft, wie sie zu seiner Zeit bereits erfolgreich erprobt wird, *methodisch* neu begründet. Dies geschieht in einer Gedankenfigur, die genuin neuzeitlich ist, kurioserweise aber aus einer Kreuzung des Logos mit der reflexiven Pistis augustinischer Prägung entsteht.

Bereits die Biographie des René Descartes weist auf Schnittmengen zwischen Pistis und Logos. René Descartes, drittes Kind eines Juristen und geboren 1596 in La Haye in der Touraine, hatte das Collège Royal der Jesuiten in La Flèche besucht, dann Jura studiert und 1618–19 eine militärische Ausbildung in Holland genossen. In diese Zeit fällt seine Freundschaft mit dem Physiker Isaak Beeckman. 1619–20 weilt er in militärischem Dienst im Süden Deutschlands, bereist später Frankreich und Italien. 1628 muss er vor der Inquisition aus Frankreich nach Holland emigrieren. 1632 wird ihm eine Tochter geboren. 1637 wird sein „Diskurs von der Methode" (Discours de la méthode) veröffentlicht, 1641 seine „Meditationen über die Grundlagen der Philosophie" (Meditationes de prima philosophia). 1649 folgt er dem Ruf der Königin Christine nach Dänemark, wo er am 11. Februar 1650 stirbt.

Neues Denken aber ist zu Descartes' Zeiten ein gefährliches Geschäft. Descartes verfolgt aufmerksam den Gerichtsprozess gegen Galilei. Einige Wochen nach dessen Verurteilung schreibt er an seinen Freund Mersenne, dass er, wenn es richtig sei, dass das „System" von Galilei in Rom verbrannt worden sei, von der Publikation seines Buches „Le Monde" absähe und die Papiere lieber verbrennen wolle (Descartes: Correspondance I, S. 270 f). Diese sollten seine jahrelange Beschäftigung mit Logik, Geometrie, Arithmetik, Mechanik, Astronomie, Chemie, Anatomie und Physiologie der wissenschaftlichen Öffentlichkeit darstellen. Das Werk soll im Ausgang von der kopernikanischen Hypothese der Bewegung der Erde entwickelt werden, denn aus jener folge aufs Klarste die Darstellung der Kosmologie, wie Descartes in einem Brief an seinen Freund Mersenne darlegt (Brief Ende November 1633, Corresp. I, S. 270). Gleichwohl und trotz solcher Gefahren und Verbote geht das Denken auch der philosophischen Logos-Kodierung in der Neuzeit seinen Gang, und Descartes tut, was an der Zeit ist, wenn auch deutlich vorsichtiger. Worin besteht der Neuansatz seines philosophischen Denkens?

Augustinus hatte in seinen „Confessiones" bereits sein Ringen mit dem Wahrheitsproblem dargestellt – und dies in Auseinandersetzung mit den so genannten „Akademikern", „weil sie der Ansicht waren, man müsse an allem zweifeln und sich für den Satz entscheiden, der Mensch sei nicht imstande, irgendwelches Wahre in seinen Griff zu bekommen" (nec aliquid veri ab homine comprehendi posse decreverant, Augustinus: Confessiones, V, 10,19). Augustinus kämpft gegen den Universalskeptizismus der akademischen Schule seiner Zeit und findet für sich eine *absolute Wahrheit* in der Präsenz der Stimme Gottes in sich, im „inneren Menschen". Schon hier wird die Wahrheit in der abendländischen Kulturgeschichte zur inneren *Gewissheit*. Nun Descartes' Universalzweifel:

> Schon vor einer Reihe von Jahren habe ich bemerkt, wieviel Falsches ich in meiner Jugend habe gelten lassen und wie zweifelhaft alles ist, was ich hernach darauf aufgebaut, dass ich einmal im Leben alles von Grund aus umstoßen und von den ersten Grundlagen an neu beginnen müsse, wenn ich jemals für etwas Unerschütterliches und Bleibendes in den Wissenschaften festen Halt schaffen wollte. (Descartes: Meditationen I, 1)

René Descartes' berühmte, 1641 gedruckte „Meditationen über die Grundlagen der Philosophie" (Meditationes de prima philosophia) knüpfen also an ein altes Motiv an. Die erste und der Anfang der zweiten Meditation mögen tatsächlich den Eindruck erwecken, der Erzähler der „Meditationes" wäre gegenwärtig von solchem Zweifel erschüttert. In Wahrheit ist aber auch dies ein *Erinnerungstext*, der den „tiefen Strudel" des Zweifels, in dem sich der Protagonist „verwirrt" sah (Meditationes II, 1), bereits hinter sich gelassen hat. Wie das Erzähler-Ich in Augustinus' „Confessiones", so schreibt auch der Erzähler der „Meditationes" bereits im Lichte einer neuen *Sicherheit* und *Gewissheit* der Wahrheit, deren Suche und Findung allerdings jener wie dieser kunstvoll inszenieren.

Wenn schon der Universalzweifel selbst ein altes Motiv ist, so folgt auch der Angriff, den das Erzähler-Ich Descartes' gegen die „Prinzipien" allen bisherigen Wissens aufführt, einer alten Schlachtreihe des Logos wie der Pistis:

> Alles nämlich, was ich bisher am ehesten für wahr gehalten habe, verdanke ich den Sinnen oder der Vermittlung der Sinne. (Meditationen I, 2 und 3)

Die Sinne aber – dieses ist ja der zentrale Kritikpunkt sowohl der Logos- wie auch der Pistis-Kodierung – *täuschen*. Sie lenken von der Wahrheit ab und führen den Wahrheitssuchenden in die Irre. Auf einer so unsicheren Erkenntnisgrundlage wie den Sinnen kann man keine Erkenntnisgewissheit aufbauen. Auch die neuzeitliche Erkenntnistheorie schwört daher diesen unsicheren Kantonisten – Auge, Ohr, Geruch, Geschmack, Gefühl – in Sachen Erkenntnissicherheit ab.

Wo aber – wenn nicht in der Wahrnehmung – Wahrheit finden? Descartes wählt einen ähnlichen Weg wie Augustinus. Er wendet sich in einer Reflexionskehre nach *innen*. Zuvor aber spielt er in der genannten Weise die Unsicherheit, die Zweifelanfälligkeit aller bisherigen Gewissheiten durch.

Die Selbstgewissheit, „dass ich hier bin, dass ich mit einem Winterrock angetan am Kamin sitze", ist sie nicht in unmittelbarer Evidenz gegeben? Aber auch sie könnte nur Einbildung sein, da „Wachsein und Träumen niemals durch sichere Kennzeichen unterschieden werden können […]" (Meditationen, I, 4–6). Aber die Sicherheit der mathematischen Wahrheit, dass $2 + 3 = 5$ ergibt, gilt sie nicht im Schlafen wie im Wachen? An der Sicherheit und Evidenz der Mathematik hatte keiner der Gründungsväter der neuzeitlichen Wissenschaft gezweifelt, auch wenn Giordano Bruno ihren Geltungsanspruch eingrenzt. Der Jesuitenschüler Descartes aber konstruiert hier nun selbst den Einwand, dass ein teuflischer Dämon den Wahrheitssuchenden auch in dieser Sicherheit mathematischer Gleichungen täuschen könnte, so dass sich der Autor „endlich gezwungen" sieht, „zuzugestehen, dass an allem, was ich früher für wahr hielt, zu zweifeln möglich ist" (Meditationen I, 10). Woher also die gesuchte absolute Gewissheit in der Wahrheitsfrage nehmen?

Entscheidend für die neuzeitliche Erkenntnistheorie ist nun eine Wendung, die Descartes nimmt, Augustinus aber verdammt hätte: Auch wenn ein teuflischer Dämon ihn täuschen würde und dies auch über die Gewissheit einer einfachen mathematischen Gleichung, *darin* aber könnte dieser Dämon das Ich doch nicht täuschen, dass dieses Ich, wenn es denn zweifelt, denkt, und wenn es denkt, auch existiert. Woraus Descartes dann den berühmten und für die Neuzeit folgenreichen Schluss zieht:

> Ich bin, ich existiere, das ist gewiss. (ego sum, ego existo […] necssario esse verum, Meditationen II, 3)

Dies verbindet Descartes dann mit der schon klassisch abendländischen Selbstdefinition des Ich:

> Ich bin also genau nur ein denkendes Wesen, d.h. Geist, Seele, Verstand, Vernunft […] (res cogitans, id est mens, sive animus, sive intellectus, sive ratio, Meditationen II, 6)

Bei Augustinus wie bei Descartes findet sich also ein *reflexiver* Rückgang auf das Ich und ins Ich. Dieser führt aber bei Augustinus in die *Glaubenssicherheit* Gottes im Ich, bei Descartes auf das *denkende Ich selbst* und seine klassischen Bestimmungen: Geist (mens), Seele (animus), Verstand (intellectus), Vernunft (ratio).

Dabei hat die Descartes-Forschung zu Recht darauf hingewiesen, dass die Selbstreflexion des reinen Ich, an die sich das Ich auch halten kann, wenn es von einem universalen täuschenden Dämon umgetrieben würde, eine Selbstgewissheit der Erkenntnis nur für die *Dauer* der Reflexion selbst bieten kann. Es heißt bei Descartes: „Nun, wenn er mich täuscht, so ist es also unzweifelhaft, dass ich bin. Er täusche mich, soviel er kann, niemals wird er doch fertigbringen, dass ich nichts bin, solange ich denke, dass ich etwas sei." (Meditationen II, 3). Das „Ich bin, ich existiere" (ego sum ego existo), das Descartes später auch in ein Folgeverhältnis umdefiniert hat: „Ich denke, also bin ich" – (cogito, ergo sum) – garantiert also, streng genommen, nur die Existenz des Ich *im Prozess* solcher kritischen Selbstreflexion. Das Fundament für eine absolut sichere Wissenschaft kann das cogito daher streng genommen gar nicht liefern.

Die entscheidende Differenz zwischen Augustinus und Descartes liegt darin, dass jener das Ich quasi als ein Gefäß Gottes auffasst, dieser aber das Ich selbst zum Anker der Wahrheitsgewissheit macht. Descartes kann dies, indem er dem Ich jene logoshafte Methode einschreibt, die bereits in der Wissenschaftspraxis seiner Zeit sich umfänglich bewährt hatte. Descartes identifiziert *Subjektivität* mit *Rationalität*.

Bereits in seiner Methodenschrift „Regeln zur Leitung des Geistes" (Regulae ad directionem ingenii, enstanden um 1628, veröffentlicht erst 1701) spricht Descartes über den Kerngehalt der menschlichen Subjektivität. Er findet darin nämlich zwei Formen der Wissenschaft, auf die sich menschliches Denken als Wahrheitsmethode berufen kann.

> Denn der menschliche Geist besitzt etwas, ich weiß nicht was, Göttliches, in das die ersten Samenkörner nützlicher Erkenntnisse so gestreut sind, dass sie häufig, so sehr man sie auch vernachlässigt und durch verkehrte Studien erstickt hat, eine spontane Frucht hervorbringen, wie wir das bei den einfachsten aller Wissenschaften, der Arithmetik und der Geometrie, erfahren. [...] Diese beiden Wissenschaften sind nun nichts als spontane Früchte, die aus den eingeborenen Prinzipien der Methode entsprungen sind [...]. ([...] Atque haec duo nihil aliud sunt, quam spontanes fruges ex ingenitis hujus methodi principiis natae, Descartes: Regeln zur Leitung des Geistes, IV, 4)

Damit sind zugleich jene Erkenntnisformen, die Descartes als absolut sichere Grundlage allen Wissens suchte, gefunden. Dabei ist der Fundort entscheidend. Die beiden Wissenschaften finden sich nicht – wie für die Pythagoreer und Platon, aber auch noch für Kopernikus und Kepler und Galilei – im Kosmos. Sie bilden nicht die Folie, nach deren Maßgabe ein kosmischer Demiurg die Welt formt. Sie finden sich vielmehr im Ich. In einer Reflexionswendung augustinischer Prägung stößt das cartesianische Suchverfahren *im Ich* auf jene methodischen Instrumente, die absolut sichere Erkenntnis garantieren. Man muss diese eingeborenen Früchte der wahren Erkenntnis in uns allerdings anders gebrauchen, als es gewöhnliche Mathematiker und Geometer gemeinhin tun. Das macht Descartes an dieser Stelle auch deutlich. Wichtig für seine Me-

Cartesianische Anthropologie

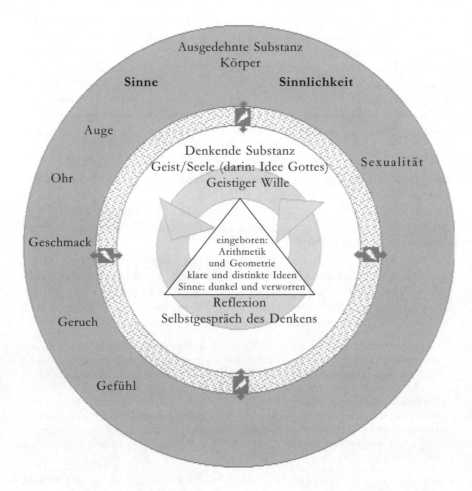

thodensuche aber ist, dass der Mensch in sich eben jene Wissenschaften birgt, die wahre Erkenntis ermöglichen und garantieren können. Nicht die christliche Pistis, sondern der rationale *Logos im Ich* – die Methoden der Arithmetik und Geometrie – sind die Garanten der wahren Erkenntnis und sicheren Wissenschaft: Das ist – in einer *Kreuzung* von Pistis und Logos – die Geburtsstunde der *neuzeitlichen Subjektivität* als mathematisch-geometrische *Rationalität*.

Literatur:

Augustinus, Aurelius: Confessiones/Bekenntnisse. Lateinisch und deutsch. Eingeleitet, übersetzt und erläutert von Joseph Bernhart. Zweite Auflage. München 1960.

Descartes, René: Œuvres. 13 Bde. Hg. von Charles Adam und Paul Tannery. Paris 1897–1913, Neuausgabe Paris 1974 ff.

Ders.: Correspondance. Bd. 1–5. In: Œuvres de Descartes. Hg. von Charles Adam und Paul Tannery. Paris 1969 ff.

Ders.: Discours de la Méthode. Von der Methode des richtigen Vernunftgebrauchs und der wissenschaftlichen Forschung. Übersetzt und hg. von Lüder Gäbe. Hamburg 1960.

Ders.: Meditationen über die erste Philosophie (Meditationes de prima philosophia). Auf Grund der Ausgaben von Artur Buchenau neu hg. von Lüder Gäbe. Hamburg 1959.

Ders.: Prinzipien der Philosophie. Übersetzt und erläutert von Artur Buchenau. Hamburg 1955.

Ders.: Regulae ad directionem ingenii. Kritisch revidiert und hg. von Heinrich Springmeyer und Hans Günter Zekl. Hamburg 1973.

Ders.: Regeln zur Leitung des Geistes. Die Erforschung der Wahrheit durch das natürliche Licht. Übersetzt und hg. von Artur Buchenau. Hamburg 1962.

Koch, Anton Friedrich: Subjekt und Natur. Zur Rolle des ‚ich denke' bei Descartes und Kant. Paderborn 2004.

Menn, Stephen: Descartes and Augustin. Cambridge 2002.

Sorell, Tom: Descartes. Aus dem Englischen von Reiner Ansén. Freiburg i. Br. 2004.

Specht, Rainer: Commercium mentis et corporis. Über Kausalvorstellungen im Cartesianismus. Stuttgart-Bad Cannstatt 1966.

Ders.: Descartes. Reinbek 1966.

Präskriptive Funktion der neuzeitlichen Rationalität

Noch einmal zurück zu den „Meditationes". Wie funktioniert rationale Erkenntnis im neuzeitlichen Sinne? In der zweiten seiner „Meditationes" folgert Descartes, dass die wissenschaftlich adäquate Erkenntnis eines so schillernden und wechselhaften körperlichen Gegenstandes, wie es ein Stück Wachs darstellt, das ja unter Temperaturveränderungen die Farbe und auch den Aggregatzustand wechselt, nicht durch das „Sehen, nicht Berühren, nicht Einbilden" dieses Gegenstandes gefunden werden kann, sondern als „eine Einsicht einzig und allein des Verstandes" (Descartes: Meditationes II, 12) – durch rationale

Erkenntnis also und damit jenseits der Täuschungsfallen der Sinnlichkeit und der Imagination.

Die neuzeitliche Rationalität, wie sie Descartes nun als *einzige* Erkenntnismethode, die Wahrheit garantiert, gelten lassen will, hat einen Objektbereich vor sich, den sie nach *ihrer* Maßgabe, eben rational, vermessen will. Wenn die Aufklärungsphilosophie die Natur der Dinge mit absoluter Sicherheit ergründen will, muss sie diese zunächst in ihre *Teilelemente* zerlegen – die so von ihm genannten „einfachen Naturen" –, um aus solcher genauen Analyse der Elemente *synthetisch* in der reflexiven Binnenrepräsentation der Rationalität die zu erkundende Natur der Dinge *re-konstruieren* zu können. Dieses Erkenntnisverfahren setzt die genaue Analyse der Teilelemente der zu erkennenden Gegenständlichkeit ebenso voraus, wie die systematische schrittweise Kontrolle der Synthese, wodurch ein neues, nämlich *rationales Erkenntniskonstrukt* gewonnen wird, dies aber nun nach der kontrollierten Methode der Rationalität.

Diese neuzeitliche Form der mathematisch-geometrischen Rekonstruktion des Erkenntnisgegenstandes im Ich aber impliziert, wie gesagt, einen neuen *produktiv-konstruktivistischen* Wissensbegriff, der sich an der Mathematik und der Geometrie und ihren Konstruktionsmethoden orientiert. Nach deren Schema begreift die neuzeitliche Rationalität ihre Wirklichkeit selbst als rationales, d.h. *messbares* und *konstruierbares Produkt*. Damit aber definiert die arithmetisch-geometrische Methode zugleich auch *präskriptiv*, was überhaupt noch wissenschaftlich erkannt zu werden verdient. Der neue rationale Subjektbegriff geht in diesem Punkte über alle antiken Vorlagen hinaus, wenn er der Wirklichkeit aus der Erkenntnisform der Subjektivität heraus quasi *vorschreibt*, wie und unter welchen Bedingungen sie erkannt wird und somit noch als Wirklichkeit gelten kann. Diese neue Wendung der Subjektphilosophie belegt Kant mit dem Begriff der „transzendentalen" Methode. Der Begriff verweist auf jene „kopernikanische Wende" der Erkenntnis, die sich nach Kant bereits mit Kopernikus ereignet hat, die aber erst die Philosophie in ihrer reflexiven Darstellung der „Möglichkeit", der „Prinzipien" und des „Umfanges" „aller Erkenntnisse a priori" (Kant: Kritik der reinen Vernunft B 6 ff) aufweist.

Bereits Descartes formuliert diesen präskriptiven Anspruch seiner Methode in den „Regeln zur Leitung des Geistes" folgendermaßen:

> Da wir nun hier von den Dingen nur insoweit handeln, als sie vom Verstande erfasst werden, so bezeichnen wir nur die als einfach, deren Erkenntnis so durchsichtig und distinkt ist, dass sie von unsrem Geiste nicht weiter in eine Mehrheit von noch distinkter erkannten geteilt werden können; (Quamobrem hic nos de rebus non agentes, nisi quantum ab intellectu percipiuntur, illas tantum simplices vocamus, quarum cognitio tam perspicua et distincta est, ut in plures magis distincte cognitas mente dividi non possint, Regeln zur Leitung des Geistes XII, 13)

Unter der Hand hat hier der Verstand *seine* Bedingungen der Erkenntnis gesetzt: Von Dingen „nur insoweit" zu handeln, „als sie vom Verstande erfaßt werden". Denn: „Allein der Verstand ist fähig, die Wahrheit zu erfassen" (solus intellectus equidem percipiendae veritatis est capax, Regeln zur Leitung des Geistes XII,2) und das heißt nun eben auch für die Dinge, dass sie sich den Regeln des Verstandes anpassen müssen. Dieser Denkschritt der Neuzeit ist in der Tat neu. Descartes tut diesen Schritt in der Entwicklung einer resolutiv-kompositorischen Methode, in welcher das Erkenntnisobjekt in einfache und distinkte Elemente zerlegt wird, um aus diesen Elementen das Objekt rational rekonstruieren zu können. Unter allen Kategorien aber, die distinkte Erkenntnis ermöglichen, ist es die Kategorie der *„Ausdehnung"*, welche die Körper am schlüssigsten in messbare Teilelemente zu *zerlegen* erlaubt und somit als Objekte der Verstandeserkenntnis zu *rekonstruieren*. Diese Kategorie der „Ausdehnung" führt nach Descartes zu gesicherter Erkenntnis. Mithin: Die Methode der rationalen Erkenntnis selbst definiert die Maßgabe, nach der der Erkenntnisgegenstand erkannt und vermessen werden soll, nämlich als „ausgedehnte Sache" (res extensa).

Allerdings wird auch von der neuzeitlichen Rationalität cartesianischer Prägung Gott noch einmal bemüht: als *Wahrheitsgarant* nämlich für die rationale Erkenntnis selbst. Da die rationale Erkenntnis im Ich sich aufbaut, ist diese Rationalität sogar mehr denn je auf die Güte Gottes angewiesen, dass solche Immanenz der Erkenntnis auch den Dingen selbst zukommt und nicht nur eine mentale Chimäre produziert. Die Gottesbeweise, die Descartes in seinen „Meditationen" durchführt, haben also vor allem diese *erkenntnissichernde* Funktion. Das unterscheidet sie grundlegend von jener Gottespräsenz im Gebet und in der Abwehr moralischer Anfechtungen in Augustinus' „inneren Menschen".

Was Descartes in Wahrheit getan hat und auch die spätere Philosophie seiner Zeit tut, ist die Inthronisierung der europäisch-physikalischen Erkenntnisform der Logos-Kodierung als *die* Grundform menschlicher Erkenntnis schlechthin. Das ist zumindest problematisch, weil einseitig. Dazu schreibt Jürgen Mittelstraß: „Dass sich Descartes' Auffassung der res extensa tatsächlich eng an physikalische Überlegungen anschließt, macht ein Blick auf das Verfahren der neuzeitlichen Physik deutlich. In Galileis Physik wird [...] alles auf die Messung geometrischer Größen zurückgeführt, d.h. es wird mit Hilfe der Geometrie – etwa durch Zeigerstellung auf einer Skala oder durch Wege auf dem Zifferblatt einer Uhr – auch das gemessen, was selbst nicht geometrisch ist. Die Natur [...] ist damit einem bestimmten Verfahren untergeordnet, und nur das, was im Sinne dieses Verfahrens als eine geometrische Größe auftritt, ist noch Natur." (Mittelstraß: Neuzeit und Aufklärung, S. 335).

An die neuzeitlich präskriptive Funktion der Verstandeserkenntnis knüpft Kants Begriff der „Transzendentalität" an. Immanuel Kant (1724–1804) hatte den Zusammenhang zwischen philosophischer und wissenschaftlicher Revolution in der zweiten Auflage der „Kritik der reinen Vernunft" von 1787 explizit hergestellt und als eine „Revolution der Denkungsart" beschrieben. Sie eben macht ja den Kern der neuen „transzendentalen" Subjektphilosophie aus:

> Bisher nahm man an, alle unsre Erkenntnis müsse sich nach den Gegenständen richten; aber alle Versuche über sie a priori etwas durch Begriffe auszumachen, wodurch

unsre Erkenntnis erweitert würde, gingen unter dieser Voraussetzung zunichte. Man versuche es daher einmal, ob wir nicht in den Aufgaben der Metaphysik damit besser fortkommen, dass wir annehmen, die Gegenstände müssen sich nach unserer Erkenntnis richten, welches so schon besser mit der verlangten Möglichkeit einer Erkenntnis derselben a priori zusammenstimmt, die über Gegenstände, ehe sie uns gegeben werden, etwas festsetzen soll. Es ist hiermit ebenso, als mit den ersten Gedanken des *Kopernikus* bewandt, der, nachdem es mit der Erklärung der Himmelsbewegungen nicht gut fort wollte, wenn er annahm, das ganze Sternenheer drehe sich um die Zuschauer, versuchte, ob es nicht besser gelingen möchte, wenn er den Zuschauer sich drehen, und dagegen die Sterne in Ruhe ließ. (Kant: Kritik der reinen Vernunft B S. XVI. Der Begriff der „Revolution der Denkungsart" fällt ebd. S. XII)

In diesem Sinne hat die *wissenschaftliche* Revolution der *philosophischen* vorgearbeitet. Die in der naturwissenschaftlichen Rationalität zur Geltung kommende präskriptive Struktur der Erkenntnis wird zum Leitmodell auch der Vernunftphilosophie. Umgekehrt: Die Vernunftphilosophie der Aufklärung beschreibt eine in den neuzeitlichen Naturwissenschaften schon wirksame Erkenntnismethode und erhebt sie zum normativen Modell von Erkenntnis überhaupt. Nach dem Vorbild der neuzeitlichen Naturwissenschaften formuliert nun auch Kant das Leitprinzip: „dass die Vernunft nur das einsieht, was sie selbst nach ihrem Entwurfe hervorbringt" (B S. XIII). Die Umstellung von der *Nachahmungstheorie* – Erkenntnis als Widerspiegelung der Dinge – zur *produktiv-präskriptiven* Theorie der Vernunft macht den eigentlichen Kern der philosophischen Revolution der Aufklärung aus und wird zur Systemvoraussetzung auch der modernen *ästhetischen* Theorie.

Expliziter als Descartes bezieht sich Kant hier auf die wissenschaftliche Revolution als der neuzeitlichen „Revolution der Denkungsart" als Voraussetzung der philosophischen Revolution. In diesem Sinne kann man, wie wir das auch in der Einleitung vorgestellt haben, die Neuzeit als eine *Kettenreaktion* von Revolutionen beschreiben, die von der Wissenschaftsrevolution ausgeht, sich in die Philosophie und in die Systeme der Politik und Ökonomie fortsetzt und – insbesondere über die Mittlerfunktion der Philosophie – auch in die Ästhetik. Die in der naturwissenschaftlichen Rationalität zur Geltung kommende konstruktivistische Struktur der Erkenntnis wird zum Leitmodell verschiedener Kultursysteme der westlichen Kultur der Neuzeit (Vietta: Ästhetik der Moderne, S. 49 ff).

Literatur:

Bader, Franz: Die Ursprünge der Traszendentalphilosphie bei Descartes. Bd. I. Genese und Systematik der Methodenreflexion. Bonn 1979. Bd. II. 1. Descartes' Erste Philosophie. Die Systematik des methodischen Zweifels. Bonn 1983.

Buchdahl, Gerd: Metaphysics and the philosophy of science. The classical origins. Descartes to Kant. Oxford u. Cambridge (Mass.) 1969.

Halbfass, Wilhelm: Descartes' Frage nach der Existenz der Welt. Untersuchungen über die cartesianische Denkpraxis und Metaphysik. Meisenheim am Glan 1968.

Henrich, Dieter: Der ontologische Gottesbeweis. Sein Problem und seine Geschichte in der Neuzeit. Tübingen 1960.

Heimsoeth, Heinz: Die Methode der Erkenntnis bei Descartes und Leibniz [Diss. Marburg]. Gießen 1912.

Kant, Immanuel: Kritik der reinen Vernunft. Hg. von Raymund Schmidt. Neudruck Hamburg 1956.

Mahnke, Detlef: Der Aufbau des philosophischen Wissens nach René Descartes [Diss.]. München u. Salzburg 1967.

Mittelstraß, Jürgen: Neuzeit und Aufklärung. Studien zur Entstehung der neuzeitlichen Wissenschaft und Philosophie. Berlin u. a. 1979.

Natorp, Paul: Descartes' Erkenntnistheorie. Eine Studie zur Vorgeschichte des Kritizismus. Neuauflage Hildesheim 1978.

Röd, Wolfgang: Die Genese des Cartesianischen Rationalismus. Dritte Auflage München 1995.

Systemstruktur

Mit der kopernikanischen Wende einher geht die Karriere eines anderen Begriffs: *System*. Bereits die antike epistéme Platons spricht von der ‚Systemstruktur‘ des Kosmos (hē tu kósmu sýstasis, Platon: Timaios 32 c) und meint damit ein Moment der Wohlgeordnetheit des Kosmos. Cicero übersetzt den Begriff „sýstema" mit „constructio". An diese antike Tradition knüpft auch die Neuzeit an, wenn Kopernikus den Begriff „systema mundi" in seiner Revolutionsschrift braucht. (System. In: Historisches Wörterbuch der Philosophie 10, Sp. 826).

Die transzendentale Wende der Philosophie kodiert den Begriff um. Systematik wird zu einem ausgezeichneten Merkmal des menschlichen Geistes. Bereits ab 1600 taucht der Begriff in einer Reihe von Studien zum Naturrecht und zur politischen Ordnung auf. Im Rationalismus wird System definiert: „System wird genannt die Zusammenstellung der unter sich und mit ihren Prinzipien verbundenen Wahrheiten" (systema enim dicitur veritatum inter se et cum principiis suis connexarum congeries, Christian Wolff, zit. ebd. Sp. 830). Die Schulung des methodischen Denkens im Rationalismus setzt bereits eine systemhafte Struktur der menschlichen Ratio voraus, die ihrerseits aber geschult und methodisch angeleitet werden müsse und von den Fehlern und dem Missbrauch falscher Autoritäten gereinigt. Für Kant gilt, dass die autonome Vernunft selbst eine systematische Architektur aufweist, die vollständig und in ihrer inneren Logizität darzustellen das Projekt der „Kritik der reinen Vernunft" ist, das sich dabei auch seiner formalen, erst durch Erfahrung zu füllenden Struktur bewusst ist. „Denn unsere Vernunft (subjektiv) ist selbst ein System, aber in ihrem reinen Gebrauche, vermittels bloßer Begriffe, nur ein System der Nachforschung nach Grundsätzen der Einheit, zu welcher Erfahrung allein den Stoff hergeben kann." (Kant: Kritik der reinen Vernunft B 766). Die sogenannte „Architektonik der reinen Vernunft" als ihrer systematischen Einheit (ebd., B 860) gipfelt natürlich im Begriff der Vernunft selbst, die ihrerseits ihre eigene systematische Struktur entfaltet in der Duplizität der menschlichen Erkenntnisstämme, in Sinnlichkeit und Verstand. Für Kant wie auch für Hegel ist ausgemacht, dass die Wahrheit nicht mehr in der Form von Substanzbegriffen gefasst werden könne, sondern als Subjekt und dass dieses Subjekt systemhaft konstruiert sei, wobei Hegels „Phänomenologie des Geistes" von 1807, die als erster Teil einer Darstellung des „System[s] der Wissenschaft" geplant war, die ganze Entwicklungsgeschichte des Geistes mit all seinen Objektivationen in seinen Systementwurf zu integrieren sucht. (Hegel: Phänomenologie des Geistes, S. 19 und S. 12).

Wenn so die Philosophie der Aufklärung und des deutschen Idealismus die Systemstruktur des Denkens herausstellt, so hatte bereits mit der Frühaufklärung auch eine Gegenbewegung eingesetzt, welche die *andere Subjektivität* erforscht, die „Logik des Herzens" (Pascal), die dunkle und implizite Sprache unserer verdeckten Handlungsmotive (Shaftesbury), die Welt der Emotionen und Phantasien jenseits der systemhaften Rationalität (Kap. 4.4). Im 20. Jahrhundert hat insbesondere Martin Heidegger versucht, die Vorherrschaft der Bewusstseinsphilosophie aufzubrechen. Sein Hauptwerk „Sein und Zeit" von 1927 bezieht den praktischen Umgang des Menschen mit Ding und Welt in seine Daseinsanalyse ein. Mit der Aufklärung beginnen somit zwei Kulturen der Subjektivität, die gleichwohl aufeinander bezogen bleiben in ihrem gemeinsamen Ursprung wie Ziel der Selbsterforschung des Menschen.

Literatur:

System. Historisches Wörterbuch der Philosophie. Hg. von Joachim Ritter. Völlig neubearbeitete Ausgabe von Rudolf Eisler. Bd. 10. Basel 1998, Sp. 824 ff.
Hegel, Georg Friedrich Wilhelm: Phänomenologie des Geistes. Neu hg. von Hans-Friedrich Wessels und Heinrich Clairmont. Mit einer Einleitung von Wolfgang Bonsiepen. Hamburg 1988.
Kant, Immanuel: Kritik der reinen Vernunft. Nachdruck der von Raymund Schmidt besorgten Ausgabe von 1930. Hamburg 1956.
Pöggeler, Otto: Hegels Idee einer Phänomenologie des Geistes. Freiburg i. Br. 1973.

Apriorismus und Geschichtlichkeit – Cartesianische Ästhetik

Die neue Philosophie des Descartes stellt sich als eine radikal neue Erfindung ihres Autors dar. Das ist sie auch – aber in den Bahnen der Traditionen von Logos und Pistis. Sowohl Descartes' Frage nach der absoluten Gewissheit der Erkenntnis als auch seine Antwort darauf ist durch und durch *historisch* vermittelt durch die Tradition und durch den aktuellen geschichtlichen Entwicklungsstand von Wissenschaft und Religionsdiskurs. Die neuzeitliche Vernunft, wie sie sich bei Descartes konstituiert, verdeckt aber diese ihre eigene Geschichtlichkeit. Ihr Apriorismus festigt ihren Absolutheitsanspruch, aber stößt das Problem der eigenen historischen Vermittlung von sich. Aus den Briefen und Begleitdokumenten der cartesianischen Philosophie können wir erkennen, wie sensibel er auf Fragen der (Wissenschafts-)Politik reagiert, da es denn eben auch zu seiner Zeit lebensgefährlich sein konnte, diese zu ignorieren.

Der Aufklärungsphilosophie selbst aber ist ihre eigene *Geschichtlichkeit* nicht abzulesen. Sie suggeriert sich als eine quasi absolute Methode, die sich zwangsläufig ergibt, wenn man nur auf die Vernunft hört. Dass Descartes' Vernunftbegriff selbst bereits eine historische Deutung der menschlichen Erkenntnis darstellt, will die neuzeitliche Vernunft nicht wahrnehmen.

Geschichte bedeutet für Descartes: angestaubte Scholastik und lähmender Aristotelismus. Sie bedeutet Vorurteile, die er bekämpft und beseitigen will, um dem reinen Licht der Vernunft Bahn zu bereiten. Insofern zweifelt er auch nicht, „dass es kaum so dumme und schwerfällige Menschen gibt, dass sie nicht fähig wären, die vernünftigen Ansichten zu erfassen, ja sogar, sich die höchsten Wissenschaften zu erwerben, wenn sie nur die richtige Führung haben" (Descartes: Prinzipien der Philosophie, S. XL).

Und so entwirft auch die cartesianische Ästhetik, die er im zweiten Teil seines „Discours" entwirft, eine *Stadtarchitektur*, die sich selbst als Entwurf der Vernunft versteht. Gerade die alten deutschen Städte, die er auf seiner Reise durch Süddeutschland sah, sind für ihn das Beispiel einer historisch ungeordneten Ansammlung unterschiedlicher Baukörper, „hier ein großes, dort ein kleines und wie sie die Straßen krumm und uneben machen", die in ihrer Zufälligkeit gerade nicht „die Absicht vernünftiger Menschen" widerspiegeln (Descartes: Von der Methode II, 1). Im Prinzip artikuliert sich hier bereits eine Ästhetik der Bauplanung, die das im Sinne der neuzeitlichen Rationalität unstrukturierte Alte nur als störend wahrnehmen kann und es durch einheitliche Gesamtentwürfe und Rationalität ersetzt wissen will.

Kulturgeschichtlich gesehen kam mit dem Cartesianismus eine historisch neue Form der *Ästhetik* in die Welt. Diese cartesianische Ästhetik von Gartengestaltung, Bau- und Stadtplanung folgt dem Leitmodell der mathematisch-geometrischen Methode als ästhetischem Idealmaß. Die neue ästhetische Methode, die sich bereits in der Renaissance ankündigt, aber dort noch in der Form idealer Stadtansichten künstlerisch gestaltet wird, *konstruiert* den Raum und die Körper darin als geometrische Ensembles. Ihre Triumphe feiert diese Ästhetik in der Stadtplanung und Architektur des 20. Jahrhunderts in jener *architektonischen Moderne*, deren Prinzipien Le Corbusier Mitte der Zwanzigerjahre in seinem Text „Urbanisme" so formulierte: „Die Unordnung, die sich in ihnen [den Stadtansichten seiner Zeit] vervielfältigt, wirkt verletzend. [...] Die Geometrie ist das Mittel, das wir uns selbst geschaffen haben, um die Umwelt zu erfassen und um uns auszudrücken. [...] Die gekrümmte Straße ist der Weg der Esel, die gerade Straße ist der Weg des Menschen." (Le Corbusier: Städtebau, S. 10) Leitbild hier wie dort ist die *Geometrisierung des Raumes*, die ihrerseits eine Architektur der geometrischen Baukörper – vor allem Quader mit Serien gleicher rechtwinkliger Fensterreihen in einem rechtwinkligen Straßennetz – als Leitästhetik einer nun globalen Stadtarchitektur aus sich entließ.

Literatur:

Le Corbusier: Städtebau. Übersetzt und hg. von H. Hildebrand. Stuttgart 1929 (Urbanisme 1925).

Leibmaschinen und Automaten

Die neuzeitliche Rationalität erneuert und vertieft jenen *Dualismus* von Körper und Geist, der die gesamte abendländische Kultur formiert. Der Cartesianismus *verschärft* diesen Dualismus, insofern er die Begriffe Geist und Seele in der „denkenden Substanz" (res cogitans) bündelt und für die äußere Wirklichkeit nur noch die eine Qualität der Messbarkeit übrig lässt: „ausgedehnte Sache" (res extensa). Diese radikale *Entgeistung* der Natur hatte sich weder die Antike noch das Mittelalter und auch nicht die Renaissance so vorgestellt. Sie ist eine extreme *Reduktionsform*, welche die Objektwelt so unter dem Aspekt der Messbarkeit vereinheitlicht, dass *alles* Gegenstand der neuen mathematisch-rationalen Methode werden kann. In diesem Sinne denkt Descartes seine Methode als eine Universalwissenschaft – „mathesis universalis" (Regeln zur Leitung des Geistes, IV,8) –, die universal und global agiert und in ihren weiteren Entwicklungsstufen und Anwendungen auch in Psychologie, Sozial- und Geisteswissenschaften zum universalen Erkenntnisinstrument der Neuzeit geworden ist.

Was aber bedeutet die cartesianische Erkenntnistheorie für die Wahrnehmung des Körpers? Schon in seiner Schrift „Discours de la Méthode" schlägt Descartes vor, „diesen Leib für eine Maschine anzusehen", die sicher von Gott hervorragend „konstruiert", aber eben doch nichts anderes als eine äußerlich funktionierende Maschine sei (considérons ce corps comme une machine […] incomparablement mieux ordonnée, Von der Methode, V. 9). Dabei hängt der eigene Körper nach Descartes am Geist – Descartes sah in der Zirbeldrüse das Steuerungsorgan für den Körperautomaten – wie die Gliederpuppe an den Seilen des Puppenspielers.

Zu beachten ist, dass Descartes nicht behauptet, der menschliche Körper *sei* ein Automat, sondern dass er vorschlägt, den Leib einmal *als* solchen anzusehen. In einer solchen fiktionalen Beschreibungssprache ist auch sein „Traktat über den Menschen" (Traité de l'homme) verfasst:

> Ich stelle mir einmal vor, dass der [menschliche] Körper nichts anderes sei als eine […] Maschine […] die Gott gänzlich in der Absicht formt, sie uns so ähnlich wie möglich zu machen […]. (Descartes: Traktat vom Menschen, S. 4)

Der Vorteil, den sich Descartes mit diesem Modell einhandelt, ist die Möglichkeit der Anwendung der zeitgenössischen *Maschinentechnik* auf den menschlichen Körper. Dabei ist es weniger das Uhrenwerk, das ihm als Modell vorschwebt, sondern die Mechanik der *Hydraulik*, die bereits in den Gartenanlagen des Barock zum Pumpen von Wasser eingesetzt wurde. Nach diesem Modell, so stellte sich Descartes vor, pumpt auch die Körpermaschine Blut in die Blutgefäße und auch die so genannten spiritus animales, feine Teilchen, die durch den gesamten Körper zirkulieren, ausgehend und kontrolliert von der Zirbeldrüse im Gehirn.

In der Kulturgeschichte ist Descartes wegen dieses radikalen Leib-Seele-Dualismus vielfach gescholten worden. Solche Kritik wurde geäußert von Seiten der New Age-Bewegung, die dabei vor allem auch die Weltsicht Galileis in die Kritik an der Entgeistung und Geometrisierung der Weltsicht einbezieht (Capra: Das neue Denken, S. 144) wie auch von der Frauenforschung (Merchant: Tod der Natur, S. 192 ff). Aus dem Blickfeld einer kulturwissenschaftlichen Perspektive ist eine solche Kritik einerseits sicher berechtigt, in der Individualisierung der Schuld aber nicht angebracht. Die Leistung Galileis und Descartes' besteht vielmehr darin, dass sie bestimmte Tendenzen der europäischen Kulturgeschichte generell und der Neuzeit im besonderen prägnant und scharf auf den Begriff gebracht haben. Die Abwertung des Körpers hat ja eine lange Geschichte in der europäischen Kultur: als ein in die Irre leitendes Erkenntnisinstrument bei den Vorsokratikern und bei Platon (Kap. 2.2), als moralisch verwerfliche und gegen den Geist aufbegehrende Materie im Christentum (Kap. 3.1 und 3.2). Descartes überträgt auf den Körper darüber hinaus auch den neusten Stand der machinalen Technik seiner Zeit und erhält so selbst das Bild eines von Geist und Seele gereinigten Automaten, der aber einen technisch-konstruktiven Umgang nun auch im Sinne einer neuen Medizin der Körperreparatur, der physiologischen Behandlung, auch der Lebensverlängerung erlaubte. Auch davon träumte bereits Descartes.

Im Kontext der kulturwissenschaftlichen Langzeitperspektive weist diese Mechanisierung des Körpers bereits auf jenen *technischen Konstruktivismus* hin, der den Körper selbst als eine Schnittstelle zwischen animalischer Biologie und Technik sieht und behandelt, wie dies die technologische Anthropologie des frühen 21. Jahrhunderts zumindest als ein Zukunftsmodell beschreibt und nun auch zumindest von Teilen der Frauenforschung verteidigt wird (Kap. 4.6). Sicher, die cartesianische Maschinerie war noch ein primitives Modell. Bereits Leibniz verändert dieses Modell dahingehend, dass er nicht den gesamten Körper als Maschine, sondern die einzelnen Bausteine – Monaden – als Maschinen beschrieb. Die Eigendynamik der Technik des 20. und beginnenden 21. Jahrhunderts schließlich hat einen Typus von Maschine geschaffen, der nicht nur körperliche Prozesse imitiert, sondern eben auch mentale Prozesse, der mithin auch jene Bereiche einander annähert, die Descartes noch klar getrennt wissen wollte: Geist und Körper, Seele und Maschine.

Literatur:

Capra, Fritjof: Das neue Denken. Aufbruch zum neuen Bewußtsein. Die Entstehung ei-
nes ganzheitlichen Weltbildes im Spannungsfeld zwischen Naturwissenschaften und
Mystik. Bern u. a. 1987.
Decartes, René: Über den Menschen sowie Beschreibung des menschlichen Körpers.
Nach der ersten französischen Ausgabe von 1664 übersetzt und mit einer histori-
schen Einleitung und Anmerkung versehen von K. E. Rothschuh. Heidelberg 1969.
Ders.: Über die Leidenschaften der Seele. Übersetzt und erläutert von Artur Buchenau.
Leipzig 1911.
Ders.: Discours de la méthode. Von der Methode des richtigen Vernunftsgebrauchs
und der wissenschaftlichen Forschung. Übersetzt u. herausgegeben von Lüder Gäbe.
Hamburg 1960.
Gendolla, Peter: Die lebenden Maschinen. Zur Geschichte des Maschinenmenschen bei
Jean Paul, E. T. A. Hoffmann und Villiers de l'Isle Adam. Marburg/Lahn 1980.
Specht, Rainer: Commercium mentis et corporis. Über Kausalvorstellungen im Carte-
sianismus. Stuttgart-Bad Cannstatt 1966.
Sutter, Alex : Göttliche Maschinen. Die Automaten für Lebendiges bei Descartes, Leib-
niz, La Mettrie und Kant. Frankfurt a. M. 1988.

Subjektivität als Leitkodierung der Neuzeit

Der philosophische Logos der Neuzeit definiert eine – in ihrer Zentrierung auf
das denkende Ich – neue Erkenntnistheorie. Er wird philosophisch zur *Subjektphilosophie*. Die Philosophie der Neuzeit ist nicht mehr – wie der antike und
auch der mittelalterliche Logos – Kosmologie, Theologie, Ontologie. Sie richtet sich vielmehr reflexiv auf das erkennende Ich selbst im Sinne einer transzendentalen Selbstklärung der Instrumente des wahren Erkennens und Denkens. Seit Descartes bedeutet solche Selbstklärung zugleich eine methodische
Schulung des richtigen Denkens und dies als präskriptive Theorie der Objekte.

Die reflexive Kodierung des neuzeitlichen Logos der Philosophie ist bereits
den Titeln der Aufklärungsphilosophien abzulesen: so Descartes' „Discours de
la Méthode" von 1637, die erwähnten „Regulae ad directionem ingenii". Bewusstseinsphilosophisch ausgerichtet sind auch John Lockes (1632–1704) „Abhandlung über den menschlichen Verstand" (Essay Concerning Human Understanding) von 1690, George Berkeleys (1685–1753) „Prinzipen der menschlichen Erkenntnis" (Treatise Concerning the Principles of Human Knowlege)
von 1710, David Humes (1711–1776) „Untersuchung über den menschlichen
Verstand" (Enquiry Concerning Human Understanding) von 1748 sowie sein
„Treatise of Human Nature" von 1740, Leibniz' (1646–1716) „Neue Abhandlungen über den menschlichen Verstand" (Nouveaux Essais sur L'Entendement Humain), erschienen erst postum 1765 und eben auch Kants „Kritik der
reinen Vernunft", die in der ersten Auflage (A) 1781 erschien, in der zweiten,
überarbeiteten Fassung (B) 1787. Man kann ergänzen, dass sich dieser tran-
szendental-subjektphilosophische Ansatz im Neukantianismus und auch in der
Phänomenologie Edmund Husserls (1859–1938) fortsetzt.

Natürlich sind die Differenzen zwischen den Positionen erheblich: dem *Innatismus* und *Apriorismus* der Linie Descartes, Leibniz und Kant steht der *Empirismus* der englischen Philosophen Locke, Berkeley und Hume gegenüber, die von dem Material der sinnlichen Ideen ausgehen. Die Positionen sind aber nun Oppositionen in ein und demselben Feld der *reflexiven Bewusstseinsphilosophie.* Auch wenn Locke die Ideen im Bewusstsein in zwei Lager aufteilt: das aus der sinnlichen Wahrnehmung kommende Ideenmaterial und jene reflexiven Ideen, welche die Prozeduren der Verarbeitung des sinnlichen Ideenmaterials im Bewusstsein anzeigen, so ist eben auch seine Philosophie Bewusstseinsanalyse und nicht mehr Naturphilosophie.

Gegenüber Descartes' statischem Begriff des Denkens als Sache (res cogitans) hat die apriorische Bewusstseinsphilosophie von Leibniz über Kant, Fichte und Hegel den Begriff des Denkens *dynamisiert* und als eine Form der *Produktivität* von Wissen beschrieben, mithin Subjektivität als *Produktivität des Geistes.* Die radikalsten Formulierungen in dieser Richtung – zugleich Anstoß für die Ästhetik der Frühromantik – bietet die Ichphilosophie Fichtes mit ihrer Lehre vom Ich als absoluter Produktivität, „Tathandlung" welche sich selbst – „Das Ich *setzt sich selbst* [...] *Das Ich setzt ursprünglich schlechthin sein eigenes Sein.*" – und auch das Nicht-Ich im Ich setze (Fichte: Wissenschaftslehre, Erster Teil § 1 und § 2).

> Das Ich sowohl, als das Nicht-Ich sind beides Produkte ursprünglicher Handlungen des Ich, und das Bewusstsein selbst ist ein solches Produkt der ersten ursprünglichen Handlung des Ich, des Setzens des Ich durch sich selbst. (Ebd., Erster Teil, § 3 B.2)

Geradezu erdrutschartig hat sich in der Philosophie der Aufklärung der *Wirklichkeitsbegriff* verändert. Wirklichkeit in der abendländischen Bewusstseinsphilosophie der Neuzeit wird zu einem *Produkt* in der Wissensproduktion der Subjektivität. Das meint die *kopernikanische Wende* in der Philosophie. Sie korrespondiert der bereits in der Einleitung zitierten Wende in Industrie und *Ökonomie,* wenn Adam Smith allein in der *produktiven* Arbeit des Menschen die Quelle des Reichtums der Nationen sieht (Smith: Untersuchung über Natur und Ursachen des Wohlstandes der Völker). Und sie zieht auch eine kopernikanische Wende in der *Ästhetik* nach sich: von der Wahrnehmungs- zur *Produktionsästhetik.*

Die Trendwende lässt sich exemplarisch schon an der Philosophie George Berkeleys erkennen. Berkeley stellt die Formel auf:

> Esse est percipi (Berkeley: Prinzipen der menschlichen Erkenntnis, S. 26)

Das heißt: Das Sein der Dinge besteht im *Wahrgenommenwerden* dieser Dinge. „Alles, was existiert, existiert nur im Geiste, d.h. es wird bloß vorgestellt." (S. 43). Allerdings begreift Berkeley noch nicht diese neuzeitliche ‚Verinnerung' des Wirklichkeitsbegriffs als Produktion des Wahrnehmungsgegenstandes im Ich. Gleichwohl sieht man schon bei ihm ein Problem, das mit der kopernikanischen Wende der Erkenntnistheorie einhergeht: Der Unterschied zwischen realem Sein und eingebildetem Sein kann, wenn in den Vorstellungsraum des Ich verlagert, nicht mehr ohne weiteres angegeben werden. Hatte doch auch Descartes argumentiert, dass die scheinbar sichere Grenze zwischen sinnlicher Gewissheit und Traum auch eine Täuschung sein kann (Descartes: Meditationen, I,8 ff). Nach Berkeley ist es die *Ordnungsform* der Vorstellung selbst, welche den Unterschied zwischen Realität und nur eingebildeten Chimären definiert. Berkeley hebt damit den Unterschied von Locke zwischen primären und sekundären Ideen auf. Dabei verband sich für den Bischof Berkeley mit dieser Subjektivierung, will sagen: Verinnerlichung und Vergeistigung des Seinsbegriffs auch die Idee einer Widerlegung des Materialismus, also ein Argument des Logos für die Pistis.

> Die sinnlichen Ideen sind stärker, lebhafter und bestimmter als die Ideen der Einbildungskraft; sie haben desgleichen eine gewisse Beständigkeit, Ordnung und Zusammenhang und werden nicht aufs Geratewohl hervorgerufen [...]. (§ 30)

Das aber ließe sich ebenso gut für die sinnlichen Wachträume behaupten. Gleichwohl: Berkeley glaubt noch an die größere Geordnetheit jener Vorstellungen, die Realitäten repräsentieren. Fällt dieser Glaube weg, fließen Fiktion und Wirklichkeit auf eine unterschiedslose Weise ineinander.

Die *Totaltransformation* von Sein in Bewusstsein hat *symptomatische Bedeutung* für den europäischen Realitätsbegriff seit der Aufklärung. Man kann sagen: im Gefolge der Bewusstseinsphilosophie der Aufklärung *transformiert* das europäische Denken die Kategorie des Seins in Formen des *Bewusstseins*. Die Unterscheidung zwischen Realität und bloß subjektiven Phantasmata verlagert sich damit *in* das Bewusstsein selbst.

Die europäische Philosophie der Aufklärung antizipiert hier eine Problematik, die erst die *technische Repräsentation* im großen Stil und global in die Welt gebracht hat. Erst mit Hilfe der technischen Repräsentation von Zeichen und Bildern wird die Welt in toto zu einem *künstlichen Bewusstseinsraum*, zu jenem „global village" einer Welt des TV und des Internet, die die Grenzen mit der Realität der Primärwahrnehmung verwischt, bzw. die primäre Realität der Dingwahrnehmung hinter den künstlichen Bildern verschwinden lässt. Darauf kommen wir im Kap. 4.6 zurück.

Literatur:

Berkeley, George: Prinzipen der menschlichen Erkenntnis (Treatise Concerning the Principles of Human Knowlege). Nach der Übersetzung von Friedrich Überweg mit Einleitung, Anmerkungen und Registern neu hg. von Alfred Klemmt. Hamburg 1957.

Fichte, Johann Gottlieb: Grundlage der gesamten Wissenschaftslehre (1794). Neudruck der zweiten von Fritz Medicus hg. Auflage von 1922 mit einem Sachregister von Alwin Diemer. Hamburg 1961.

Ders.: Schriften zur Wissenschaftslehre. Hg. von Wilhelm G. Jacobs. Frankfurt a. M. 1997.

Locke, John: Abhandlung über den menschlichen Verstand. (Essay Concerning Human Understanding). 2 Bde. Übersetzung von Carl Winckler. Neuausgabe Hamburg 1962.

Hume, David: Eine Untersuchung über den menschlichen Verstand. (Enquiry Concerning Human Understanding). Hg. von Raoul Richter. Hamburg 1973.

Husserl: Edmund: Cartesianische Meditation. Texte aus dem Nachlass Eugen Finks (1932). Mit Anmerkungen und Beilagen aus dem Nachlass Edmund Husslers. Hg. von Hans Ebeling. Husserliana 2.1. 1988.

Kant, Immanuel: Kritik der reinen Vernunft. Hg. von Raymund Schmidt. Neudruck Hamburg 1956.

Leibniz, Gottfried Wilhelm: Neue Abhandlungen über den menschlichen Verstand (Nouveaux Essais sur L'Entendement Humain). Übersetzt, eingeleitet und erläutert von Ernst Cassirer. Hamburg 1973 (1915).

Physiologische Theorien der Subjektivität

Neben den genannten Formen der Bewusstseinsphilosophie gibt es einen anderen, gegenläufigen Strang der Aufklärung. Dieser *demontiert* auf seltsame Weise den Begriff einer autonomen Subjektivität, wie er sich in der Vernunftphilosophie konstituiert. Denn bereits in der Aufklärung wird der Bewusstseinsdiskurs und seine Kodierung unterlaufen durch die Kodierung der *Physiologie*. Der französische Sensualismus von Etienne Condillac (1715–1780) unterminiert die Bewusstseinstheorie durch den Versuch, sie auf *nervöse physiologische* Prozesse zurückzuführen. Condillacs „Versuch über den Ursprung der menschlichen Erkenntnisse [...]" (Essay sur l'origine des connaissances humaines, 1746) und seine „Abhandlung über die Empfindungen" (Traité des sensationes, 1754) führen in der Nachfolge Lockes das menschliche Bewusstsein auf *Sinneswahrnehmung* und die dabei tätigen *nervösen Prozesse* zurück. Eine ähnliche Richtung verfolgt Denis Diderot (1713–1784). Dieser hatte in seinen „Gedanken über die Interpretation der Natur" (Pensées sur l'interprétation de la nature, 1754) die Universalisierung der Mathematik als Erkenntnisform in Frage gestellt und die naturwissenschaftliche Methode eher als ein Hin und Her zwischen Beobachtung und kombinierender Reflexion bestimmt. Diderots „Brief über die Blinden" (Lettre sur les aveugles, 1749) und sein „Brief über die Taubstummen zum Gebrauch derer, welche Hören und Sprechen können" (Lettre sur le sourds et muets [...], 1751) weisen darüber hinaus auf das ganz andere Weltbild von Menschen hin, denen eben der Zugang zur Erkenntnis über visuelle bzw. akustische Reize verschlossen sei. Wie Condillac weist auch Diderot auf den Zusammenhang unserer Erkenntnis mit unseren *Körperfunktionen* hin, eine Dimension mithin, die in der Geistphilosophie kaum eine nennenswerte Rolle spielt. An diesen Ansatz knüpft auch Johann Gottfried Herder (1744–1803) an in seinem Aufsatz „Vom Erkennen und Empfinden der menschlichen Seele" von 1773, wenn er, der sensualistischen Linie der Bewusstseinsphilosophie folgend, das Bewusstsein zurückverfolgt vom äußeren

Reiz über die Wahrnehmung der Sinnlichkeit zur Empfindung und diese Linie der Entstehung von Bewusstseinsformen im Ich auch und gerade als einen *physiologischen* Prozess der Nervenübertragung beschreibt:

> Wir empfinden nur, was unsre Nerven uns geben, darnach und daraus können wir auch nur denken. (Herder: Vom Erkennen und Empfinden [...], S. 350 f)

Die Theorie der Perzeption und Apperzeption, der Wahrnehmung und des Verstehens, führt hier also letztlich auf eine Theorie der *Physiologie*, die ihrerseits im 19. und 20. Jahrhundert weiterentwickelt wird. Im 19. Jahrhundert war es Friedrich Nietzsche (1844–1900), der diese Verbindung von Wahrnehmungstheorie und Physiologie ausdrücklich zur Grundlage seiner Anthropologie gemacht hat. Dabei lösen sich die altehrwürdigen Begriffe des Abendlandes wie „Seele" und „Geist" auf in physiologische Operationen des Gehirns und des Körpers.

Ende des 20., Anfang des 21. Jahrhunderts ist dieser physiologisch fundierte Diskurs über das menschliche Bewusstsein im Zusammenhang mit der Gehirnforschung neu entbrannt. Er wird aber heute in dem Maße nicht mehr zentral in Europa geführt, wie auch die Spitze der physiologischen Gehirnforschung sich aus Europa weg in die USA verlagert hat. Immerhin bemüht sich ein Autor wie Wolf Singer um die Darstellung der Ergebnisse dieser Forschung. Dabei scheint eine Tendenz der neuronalen Gehirnforschung zu sein, eine Art „Konvergenzzentrum im Gehirn", ein Zentrum des Ichbewusstseins, an das Descartes noch geglaubt hatte, aufzulösen in eine Vielzahl von Schaltdiagrammen, die sich durch Gruppierungen von Neuronen im Gehirn bilden und auch wieder auflösen. Der „Beobachter im Gehirn" als *Ichzentrum* ist *nicht* nachweisbar. Die Frage ist eher, „wie trotz dieser distributiven Organisation kohärente Repräsentationen" von Objekten aufgebaut und auch eine gewisse Einheitlichkeit der Interpretation der umgebenden Welt im Bewusstsein erreicht wird (Singer: Der Beobachter im Gehirn, S. 150). Die Gehirnforschung deutet darauf hin, dass sich solche Interpretationsprozesse aus dynamischen „Bindungsmechanismen" von Neuronenbündeln ergeben, die durch die Synchronomie ihrer Aktivitäten an verschiedenen Stellen des Gehirns gleichwohl kohärente Figuren erzeugen können (S. 158 ff). Netzwerke also von Neuronenzellen, dessen Feuerungsaktivität in Gruppierungen im Bewusstsein Objektwahrnehmungen erzeugen.

Man kann die *Hauptströmungen* der europäischen Philosophie, wie sie im Anschluss an den kopernikanischen Erkenntnisschock als Philosophie des Bewusstseins in Gang kommt, graphisch in einem Diagramm darstellen. Es zeigt, dass die Hauptlinien dieser Philosophie das Thema des *menschlichen Bewusstseins* variieren und in ihren varianten Kodierungen auf dieses Thema hin zentriert sind. Die abendländische Philosophie der Neuzeit folgt dabei einem *Konstruktivismus* des Denkens – welcher das Sein als *Konstrukt* des *Bewusstseins* definiert und dabei einen *Immanentismus* der Kultursysteme erzeugt, der sich auch in der „autopoietischen", „selbstreferentiellen" Systemtheorie fortsetzt, die ihrerseits

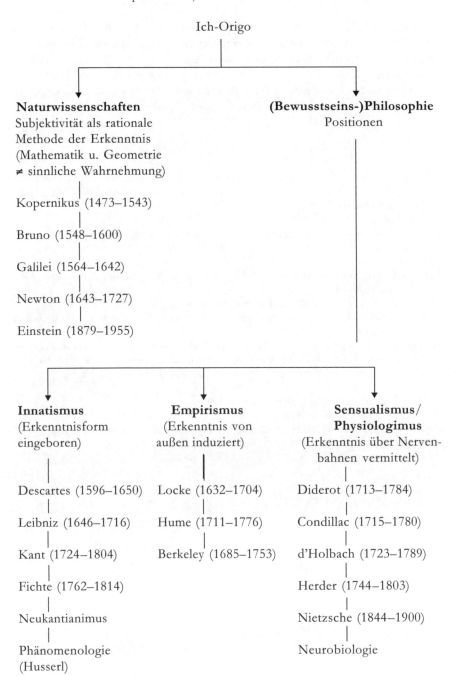

Ich-Origo

Naturwissenschaften
Subjektivität als rationale
Methode der Erkenntnis
(Mathematik u. Geometrie
≠ sinnliche Wahrnehmung)

Kopernikus (1473–1543)

Bruno (1548–1600)

Galilei (1564–1642)

Newton (1643–1727)

Einstein (1879–1955)

(Bewusstseins-)Philosophie
Positionen

Innatismus
(Erkenntnisform
eingeboren)

Descartes (1596–1650)

Leibniz (1646–1716)

Kant (1724–1804)

Fichte (1762–1814)

Neukantianimus

Phänomenologie
(Husserl)

Empirismus
(Erkenntnis von
außen induziert)

Locke (1632–1704)

Hume (1711–1776)

Berkeley (1685–1753)

**Sensualismus/
Physiologimus**
(Erkenntnis über Nerven-
bahnen vermittelt)

Diderot (1713–1784)

Condillac (1715–1780)

d'Holbach (1723–1789)

Herder (1744–1803)

Nietzsche (1844–1900)

Neurobiologie

allerdings ihre Genese von der Biologie ableitet (Einleitung). Letztlich führt diese Form der Erkenntnistheorie - entgegen der cartesianischen Intention - zu einer *Relativierung* der Diskurse und damit zum Abbau des Anspruchs *absoluter Wahrheit* und damit auch zu einer *Ethik* der Kommunikation als einem Austausch subjektiver Bedeutungskonstruktionen, die sich abgleichen, ergänzen, korrigieren, aber keine absolute *Wahrheit* mehr beanspruchen können.

Literatur:

Condillac, Etienne: Versuch über den Ursprung der menschlichen Erkenntnisse. Ein Werk, das alles, was den menschlichen Verstand betrifft, auf ein einziges Prinzip zurückführt. (Essay sur l'origine des connaissances humaines). Hg. und übersetzt von Ulrich Ricken. Leipzig 1977.

Ders.: Abhandlung über die Empfindungen. (Traité des sensationes). Auf der Grundlage der Übersetzung von Eduard Johnson neu [...] hg. von Lothar Kreimendahl. Hamburg 1983.

Diderot, Denis: Sämmtliche Werke. 2 Bde. Mikrofiche Ausgabe des Drucks von 1797. München 1990–94.

Ders.: Œuvres. Hg. und kommentiert von André Billy. Paris 1989.

Foucault, Michel: Die Ordnung der Dinge. Eine Archäologie der Humanwissenschaften. Frankfurt a. M. 1974.

Herder, Johann Gottfried: Vom Erkennen und Empfinden der menschlichen Seele. In: Johann Gottfried Herder: Schriften zu Philosophie, Literatur, Kunst und Altertum 1774–1787. Hg. von Jürgen Brummack und Martin Bollacher, Werke Bd. 4. Frankfurt a. M. 1994.

Husserl, Eduard: Logische Untersuchungen. 1900.

Husserl, Eduard: Cartesianische Meditationen. 1931.

Singer, Wolf: Der Beobachter im Gehirn. Essays zur Hirnforschung. Frankfurt a. M. 2002.

4.4 Literarische Subjektivität

Programmatik der Selbsterforschung

Wenn wir uns im Folgenden der Literatur der Neuzeit zuwenden, wollen wir noch einmal ausdrücklich auf den *Überblickscharakter* dieser Darstellung der europäischen Kulturgeschichte hinweisen. Gerade die Literatur der Neuzeit hat eine Fülle verschiedenster Werke hervorgebracht, deren jedes einzelne als eine Welt für sich aufgefasst und beschrieben werden kann. Eine Überblicksdarstellung kann nur versuchen, epochale Trends der literarischen Neuzeit kenntlich zu machen. Die These dieser Studie allerdings ist es, dass solche Epochenkodierungen für viele Texte der literarischen Neuzeit konstitutiv sind – bei allem Reichtum ihrer Erscheinungen und aller Vielfalt der Werke. Die Geschichte der Literatur der Neuzeit aber hat ihre eigene Geschichtslogik. Literatur wird nicht im luftleeren Raum produziert und auch nicht in absoluter Willkür des Autors, obwohl die Romantik genau diese These für die literarische Moderne ausgibt. Auch im Zeitalter der Subjektivität folgt die *literarische* Moderne ihren eigenen kognitiven wie emotionalen Leitkodierungen.

Mit dem Renaissancehumanismus hatte die europäische Literatur sich wieder stärker an die Antike angeschlossen. Die Poetiken, die in dieser Zeit entstehen, wie Julius Caesar Scaligers (1484–1558) lateinische Poetik (erschienen 1561), wünschen sich geradezu eine Erneuerung der lateinischen Literatur nach dem Muster Vergils. Andere Poetiken, so die an Dante angelehnten italienischen Poetiken der Renaissance und die französische Poetik von Pierre de Ronsard (1525–1585) arbeiten einer nationalsprachlichen Entwicklung der europäischen Literatur vor. Im deutschen Sprachraum ist es das „Buch von der deutschen Poeterey" (1624) von Martin Opitz (1597–1639), das diesen nationalsprachlichen Weg einschlägt. Gleichwohl: Die Poetiken des Humanismus und noch des Barock bis ins erste Drittel des 18. Jahrhunderts orientieren ihren Literaturbegriff an den exempla der Antike und an der antiken Rhetorik (Barner: Barockrhetorik; Jaumann: Die Deutsche Barockliteratur; Steinhagen: Zwischen Gegenreformation und Frühaufklärung; Vietta: Literarische Phantasie).

Das ist aber zugleich schon der Zeitpunkt, in dem ein ganz anderes Denkmodell sich artikuliert, und dieses sollte leitbildhaft wirken auch für die Literatur der *Neuzeit*: das von Descartes entdeckte Modell der *reflexiven Subjektivität*. Wie stark Descartes mit seiner Entdeckung des „denkenden Ich" als Angelpunkt der Wirklichkeitserkenntnis den Nervenpunkt der neuzeitlichen Aufklärung getroffen hat, verdeutlichen nicht zuletzt auch die vielfältigen Angriffe auf ihn. Die Angriffe auf Descartes aber stehen in seinem Bann, im Bann eben jener neuzeitlichen Selbstentdeckung der Subjektivität, die – so sahen wir – an die Tradition der christlichen Innerlichkeit anknüpft.

Was das denkende Ich sei, liegt für die Folgezeit nicht so offen, wie dies Descartes angenommen hatte. Bereits Blaise Pascal (1623–1662) nennt den

Menschen „das unlösbarste Rätsel der Welt", denn er könne nicht begreifen, „was der Körper ist, und noch weniger, was der Geist ist, und am wenigsten von allen, wie ein Körper und ein Geist vereint sein können" (Pascal: Pensée Nr. 72). Pascal betont die unsichere, ja elende Seinslage des Menschen, seine Schwäche, seine Sterblichkeit, seine Abgründigkeit, auch seine Nichtigkeit ohne Gott. Gegen Descartes schreibt Pascal:

> Das kann ich Descartes nicht verzeihen. Er hätte am liebsten in seiner ganzen Philosophie Gott nicht bemüht; er aber konnte es nicht vermeiden, ihn der Welt, um sie in Bewegung zu setzen, einen Nasenstüber zu geben; danach hat er nichts mehr mit Gott zu tun. (Pensée Nr. 77)

Die nach einer Druck-Stoß-Mechanik laufende Weltmaschine Descartes' hatte in der Tat keine göttliche Durchseelung und Durchgeistung mehr nötig. Gegenüber Descartes nimmt Pascal auch eine bemerkenswerte Verschiebung des Wahrheitsorgans vor:

> Wir erkennen die Wahrheit nicht durch die Vernunft, sondern nur durch das Herz; (Nous connaissons la vérité, non seulement par la raison, mais encore par le cœur; Pensée Nr. 282)

Dabei verweist Pascal in einem schönen Wortspiel mit dem Wort „raison" auf die Eigenlogik des Herzens:

> Das Herz hat seine Gründe, die die Vernunft nicht kennt, das erfährt man in tausend Fällen. (Pensée Nr. 277 – Le cœur a ses raisons, que la raison ne connaît point; on le sait en mille choses.)

Vordergründig scheint diese Wendung Pascals der traditionellen Pistis-Kodierung zu folgen, die im „Herzen" das zentrale Erkenntnisorgan des Menschen für Gott gesehen hatte. Und in der Tat ist Pascal auch Anhänger des Jansenismus – abgeleitet vom Bischof von Ypern, Cornelius Jansenius –, der sich vom französischen Hof abwandte und eine augustinisch-strenge Theologie pflegte. Gleichwohl ist auch Pascal bereits im Fahrwasser der Logik der Neuzeit, die in Frankreich vor allem durch die Institution Port Royal vertreten war. Pascal selbst betrieb ausgedehnte mathematische Studien im Kontext eben jenes neuzeitlichen Logos, von dem er sich innerlich gleichzeitig auch abwandte.

Noch deutlicher als bei Pascal zeigt das Werk des englischen Adligen Anthony Ashley Cooper, Earl of Shaftesbury (1671–1713), wohin die literarische Reise der Neuzeit gehen wird. Auch Shaftesbury kritisiert Descartes mit dem berechtigten Hinweis, dass der Schluss vom zweifelnden Ich auf die Selbstgewissheit jenes Ich tautologisch sei und dieses Ich keineswegs in diesem Schluss transparent werde. In Weiterführung der cartesianischen Argumentation fragt Shaftesbury, was denn das „Wir oder Ich" eigentlich konstituiere?

Gegen Descartes' rationale Auslegung der Subjektivität argumentiert Shaftesbury, dass das „Studium der Dreiecke und Kreise [...] nichts mit dem Studium des Geistes und der Seele zu schaffen" habe (Shaftesbury: Selbstgespräch, S. 211). Bei Shaftesbury geht das bereits einher mit einer scharfen Systemkritik.

Ein System ist, seiner Meinung nach, „das gescheiteste Mittel, sich zum Narren zu machen":

> The most ingenious way of becoming foolish, is *by a System*. (Selbstgespräch, S. 210 f)

Das Programm der *Selbsterkenntnis*, das sein „Selbstgespräch" formuliert, ist daher von ganz anderer Art. Es ist das Programm der Selbsterkenntnis nicht der klaren und distinkten Ideen der Geometrie, sondern gerade der dunklen und geheimnisvollen Sprache unserer Gedanken, Motive und Urteile.

> Doch bedienen sich unsere Gedanken im Allgemeinen einer so dunklen, unausdrücklichen Sprache, dass es die schwierigste Sache von der Welt ist, sie zu klarer und vernehmlicher Rede zu bringen. Aus diesem Grunde ist es die richtige Methode, ihnen Stimme und Ausdruck zu verleihen. (But our Thoughts have generally such an obscure implicit Language, that 'tis the hardest thing in the world to make 'em speak out distinctly. Selbstgespräch, S. 62 f)

Die Methode, die sich hier artikuliert, ist die Methode der *literarischen* Subjektivität der Neuzeit, die sich von der rationalistischen Linie der Selbstauslegung der Subjektivität scharf abgrenzt. Dabei verfolgt auch die literarische Subjektivität das Programm, die „obscure implicit Language" der Vorstellungen zur Klarheit zu bringen. Das heißt: Sie akzeptiert die aufklärerisch-cartesianische Ordnung der menschlichen Vorstellungswelt nach Maßgabe ihrer Klarheit und Deutlichkeit. Aber diese Methode orientiert sich eben an einer ganz anderen Form der Subjektivität als die Rationalität, sie zielt auf die dunklen, verdeckten Motive unseres Denkens und Handelns. Ähnlich wie bei Pascal wird dabei auch die *emotionale* Seite der Subjektivität zum eigentlichen Untersuchungsgegenstand für die Erforschung der *anderen* Subjektivität:

> Wenn ich die verschiedenen Richtungen, Wendungen, Strebungen und inneren Umgestaltungen der Leidenschaft untersuche, muss ich zweifellos das menschliche Herz umso besser verstehen, sowie andere und mich selbst umso besser beurteilen lernen. (By examining the various Turns, Inflexions, Declensions, and inward Revolutions of *the Passions*, I must undoubtedly come the better to understand a human Breast, and judge the better both of others and *my-self*. Selbstgespräch, S. 216 f)

Das aber ist ein weites Feld, das „Stimmungen und Launen", verdeckte Emotionen und vorbewusste Gedanken ebenso einschließt wie „Vorurteile und subjektive Leidenschaften":

> Die Untersuchung meiner Stimmungen und Launen, meines Temperaments und die Erforschung meiner Leidenschaften muss deshalb notwendig die Erforschung und Prüfung meiner wahnhaften Überzeugungen, Meinungen, Vorurteile und die aufrichtige Erwägung meiner Absicht und meines Endzwecks mit sich führen. Und so kann die Erforschung der menschlichen Gemütsbewegungen nicht verfehlen, mich zur Kenntnis der menschlichen Natur und meiner selbst zu führen. ([...] And thus the Study of *Human Affections* cannot fail of leading me towards the Knowledge of *Human Nature* and of MYSELF. Selbstgespräch, S. 218 f)

Das Programm der „Selbsterforschung" (Self-Examination; S. 230) nimmt hier also die „menschliche Natur und das Ich" (Knowlegde of *Human Nature* and of

MYSELF) ins Visier und das sollte in der Tat zum Programm großer Teile der literarischen Moderne werden. Shaftesbury ist hier bereits auf einer Spur, die auch Michel Montaigne (1533–1592) mit seinen „Essais" gelegt hatte. Sind ja doch auch die „Essais" eine offene und unsystematische Selbsterforschung des Ich, seiner geistigen Entwicklung, der Begegnung des Ich mit der Gesellschaft und mit sich selbst. Bereits diese „Essais" (erste Ausgabe 1580, erweiterte Auflage 1588) verfolgen das Programm einer skrupulösen Beschreibung der eigenen Affekte und Gedanken in einer möglichst vorurteilsfreien, offenen Ausdruckssprache. „Der Gegensatz zu Descartes springt ins Auge, vor allem weil Montaigne am Anfang einer anderen Art des modernen Individualismus steht. Es ist ein Individualismus der Selbstentdeckung, der sich vom Cartesischen Individualismus sowohl in seiner Zielsetzung als auch in seiner Methode unterscheidet. Das Ziel ist die Erkenntnis des Individuums in seiner unwiederholbaren Besonderheit, während der Cartesianismus eine Wissenschaft des Subjekts in seinem allgemeinen Wesen liefert." (Taylor: Quellen des Selbst, S. 325) Freilich ist die Zielsetzung auch dieser Selbsterforschung der Individualität eine allgemeine: die Selbsterforschung eben der *menschlichen* Natur in ihrer Eigenheit, aber eben nicht nur als Rationalität, sondern auch als Selbsterforschung der ,anderen' Subjektivität der Emotionen, Phantasien, Assoziationen, Erinnerungen und Reflexionen des Ich.

Literatur:

Bürger, Peter: Das Verschwinden des Subjekts. Eine Geschichte der Subjektivität von Montaigne bis Barthes. Frankfurt a. M. 1998.

Barner, Wilfried: Barockrhetorik. Tübingen 1970.

Cooper, Anthony Ashley, Third Earl of Shaftesbury: Standard Edition. Sämtliche Werke, ausgewählte Briefe und nachgelassene Schriften. In englischer Sprache mit paralleler deutscher Übersetzung. Herausgegeben, übersetzt und kommentiert von Gerd Hemmerich und Wolfram Benda. Stuttgart-Bad Cannstatt 1981.

de Montaigne, Michel: Die Essais. Ausgewählt und übertragen von Arthur Franz. Stuttgart 1984.

Jaumann, Herbert: Die deutsche Barockliteratur. Bonn 1975.

Pascal, Blaise: Pensées. Texte der Edition Brunschvicg. Hg. und mit Kommentaren versehen von Ch.-M. des Granges. Paris 1964.

Pascal, Blaise: Über die Religion und über einige andere Gegenstände (Pensées). Übertragen und herausgegeben von Ewald Wasmuth. Heidelberg o.J.

Shaftesbury, Anthony Ashley Cooper, Third Earl of: Selbstgespräch. In: Sämtliche Werke. Bd. 1.1. Stuttgart 1981, S. 35ff.

Steinhagen, Harald (Hg.): Zwischen Gegenreformation und Frühaufklärung: Späthumanismus, Barock, Frühaufklärung. 1572–1740. Reinbek 1985.

Taylor, Charles: Quellen des Selbst. Die Entstehung der neuzeitlichen Identität. Frankfurt a. M. 1994.

Vietta, Silvio: Literarische Phantasie: Theorie und Geschichte. Barock und Aufklärung. Stuttgart 1986.

Neuzeitliche Ästhetik als Kompensationsprogramm

Auf der Grundlage der cartesianischen Philosophie hatte Leibniz in seinen „Meditationen über die Erkenntnis, die Wahrheit und die Ideen" (Meditationes de cognitione, veritate et ideis) eine Typologie der Vorstellungen entworfen und dabei die dunklen von den klaren, die deutlichen von den verworrenen, die adäquaten von den inadäquaten Ideen unterschieden. Diese an Descartes anknüpfende Typisierung der menschlichen Vorstellungen nach Graden der Klarheit und Wahrheitsadäquanz prägt das Denken der Aufklärung. Dabei war klar: Die Rationalitätsphilosophie kümmert sich in erster Linie um die klaren und deutlichen Ideen und um die adäquate Erkenntnis als den eigentlichen Wahrheitsbereich des Logos. Bereits Pascal und Shaftesbury wenden sich aber bewusst jenem Ideenbereich zu, den die Rationalitätsphilosophie vernachlässigt.

Hier setzt auch das Programm der Ästhetik als Wissenschaft durch Alexander Gottlieb Baumgarten ein, der 1750 in Frankfurt an der Oder eine „Aesthetica" veröffentlicht, die sich als eine „Logik der unteren Erkenntnisvermögen" definiert (gnoseologia inferior) und das heißt: als eine „Wissenschaft der sinnlichen Erkenntnis" (scientia cognitionis sensitivae; Baumgarten: Aesthetica, Prolegomena, § 1).

Natürlich hatte es lange vor Baumgarten eine Ästhetik gegeben, aber nicht als eigenständige Wissenschaft. Die Ästhetik war sozusagen integriert im handwerklichen Wissen, z.B. der Dombauhütten, sie war in ihrem wissenschaftlichen Bereich ein Teil der Theologie als Lehre vom höchsten Sein – Gott – in seiner Schönheitsabstrahlung in das Universum. Diese Form der Theologie-Ästhetik bestimmt – neben der handwerklichen Tradition der Künste – noch die Kunst der Renaissance.

Das Aufklärungsprogramm der Ästhetik als *Wissenschaft* setzt den rationalen Subjektbegriff voraus, versteht sich aber als eine *Kompensations*wissenschaft zur dominanten Rationalitätsphilosophie. Dabei setzt auch Baumgarten in seiner Ästhetik die Typologie und Hierarchisierung der Vorstellung voraus. Für ihn ist „die Verworrenheit [...] die Mutter des Irrtums" und die „deutliche Erkenntnis" das Ziel (Prolegomena, § 7). Aber er wendet sich diesem dunklen Bereich der Vorstellungen nun bewusst zu, weil ja auch sie „unerlässliche Voraussetzung für die Entdeckung der Wahrheit" sei (ebd.) und als solche auch der Wahrheit dient.

Darüber hinaus formuliert Baumgarten auch das Programm einer „Vervollkommnung der sinnlichen Erkenntnis" (perfectio cognitionis sensitivae) und in diesem Sinne das Programm einer *Geschmacksbildung* (Theoretische Ästhetik, § 14–35). Hierzu übernimmt er auch viele Vorstellungen aus der antiken Rhetorik in seine Stil-, Form- und auch Persönlichkeitsbildung. Zur ästhetischen Lehre in diesem erweiterten Sinne gehört somit „alle schöne Bildung" (§ 63), und das umfasst nun durchaus auch die Bereiche der Theologie, der Kosmologie, der Anthropologie und der Moral.

Die „Ästhetik" von Baumgarten ist daher in ihrer Struktur nicht einheitlich. Eine ihrer Hauptquellen ist die neuzeitliche Subjektphilosophie und in deren bewusstseinstheoretischem Rahmen positioniert sie sich auch. Die andere Quelle ist aber die antike Rhetorik, die ein eigenes Programm der Stil- und Menschenbildung mit sich bringt, das in anderen Kontexten stand und nicht bewusstseinsphilosophisch formuliert war.

Man kann ergänzen, dass im weiteren Verlauf der Aufklärung die systematische Form der Ästhetik durch andere, *offenere Formen* ersetzt und ergänzt wird: die Form des Aphorismus, des Briefes, des Dialoges, des Selbstgesprächs, Essays, wie wir das bereits bei den Autoren der ‚anderen' Subjektivität in der Frühaufklärung finden und wie es dann die Poetik der Romantik zum Programm erhebt.

Literatur:

Baumgarten, Alexander Gottlieb: Theoretische Ästhetik. Die grundlegenden Abschnitte aus der „Aesthetica" (1750/59). Übersetzt und hg. von Hans Rudolf Schweizer. Lateinisch-Deutsch. Zweite Auflage. Hamburg 1988.
Leibniz, Gottfried Wilhelm: Betrachtungen über die Erkenntnis, die Wahrheit und die Ideen. (Meditationes de cognitione, veritate et ideis, 1684). In: Hauptschriften zur Grundlegung der Philosophie. Übersetzt von Arthur Buchenau. Duchgesehen und mit Einleitungen und Erläuterungen hg. von Ernst Cassirer. Bd. 1. Dritte Auflage. Darmstadt 1966.
Franke, Ursula: Kunst als Erkenntnis. Die Rolle der Sinnlichkeit in der Ästhetik des Alexander Gottlieb Baumgarten. Wiesbaden 1972.
Paetzold, Heinz: Ästhetik des deutschen Idealismus. Zur Idee ästhetischer Rationalität bei Baumgarten, Kant, Schelling, Hegel und Schopenhauer. Wiesbaden 1983.
Riemann, Albert: Die Ästhetik A. G. Baumgartens unter besonderer Berücksichtigung der Meditationes philosophicae de nonnullis ad poema pertinentibus nebst einer Übersetzung dieser Schrift. Halle 1928.
Schweizer, Hans Rudolf: Ästhetik als Philosophie der sinnlichen Erkenntnis. Eine Interpretation der „Aesthetica" A. G. Baumgartens mit teilweiser Wiedergabe des lateinischen Textes und deutscher Übersetzung. Stuttgart 1973.

Hamlet, Don Quijote, Josef K. – drei paradigmatische Helden der Neuzeit

Mehr als hundert Jahre vor der Programmatik der Selbsterforschung, wie sie Shaftesbury formuliert, zeigt sich bereits an zwei großen literarischen ‚Helden' die Ich-Problematik der Neuzeit in vollem Umfang: in Shakespeares „Hamlet" und in Cervantes' „Don Quijote". Beide Helden bewegen sich nicht mehr im christlichen Jenseits und auch nicht mehr primär in der äußeren Erscheinungswelt, sondern in ihrer *eigenen Vorstellungswelt*. Beide Helden sind bereits – so unterschiedlich sie sein mögen – Erscheinungsformen einer frühneuzeitlichen Subjektivität, die im Bannkreis der eigenen *Reflexion*, bzw. der eigenen phantastischen *Projektionen* lebt.

Dazu kommt im 20. Jahrhundert ein ‚Held' wie Josef K. in Kafkas Roman „Der Proceß". Vom Beruf her ist er ein moderner Bankangestellter und damit weit abgerückt von jenem Königs- und Rittertum der oben genannten Helden. Aber doch vergleichbar in der inneren Disposition: Auch Josef K. bewegt sich vornehmlich in seinen eigenen Reflexionen und Mutmaßungen, deren objektiven Realitätsgehalt er so wenig wie der Leser klar ausloten kann. Sind die Vermutungen und Spekulationen des Protagonisten nur ängstliche Produkte seiner eigenen Einbildungskraft? Dabei scheint es auch bei ihm um mehr als ihn selbst zu gehen. Überzeichnet ja doch der Erzähler von Kafkas „Proceß" die höhere Welt der Gerichte und Kanzleien, die den Protagonisten zu verfolgen und ihm den ‚Prozess' zu machen scheinen, mit dem Abglanz einer höheren, geradezu metaphysischen Welt.

Dabei ist die literarische Moderne von Hamlet bis Kafka und darüber hinaus mentalitätsgeschichtlich von einer eigentümlichen *Melancholie* geprägt. Diese kann im 20. Jahrhundert in der Erfahrung der furchtbaren und zugleich undurchsichtigen totalitären Systeme auch Züge einer geradezu verzweifelten Depression annehmen. Aber zunächst ins frühe 17. Jahrhundert zu Shakespeare.

„The Tragicall Historie of Hamlet, Prince of Denmark" gehört zu den großen Dramen der mittleren Schaffensperiode William Shakespeares (1564–1616). Es entstand um 1600. Der Erstdruck im so genannten Quarto I ist belegt um 1600, der viel sorgfältiger editierte Texte im Quarto II für das Jahr 1605. Eine erste Aufführung erfolgte bereits im Jahre 1602. Die spätere Edition des Textes basiert auf Quarto II, ergänzt durch die Folioausgabe aus dem Jahre 1623.

Dabei ist die wichtigste Umarbeitung, die Shakespeare den „Gesta Danorum" des Saxo Grammaticus angediehen ließ, dass er das darin enthaltene Motiv der Rache in ein frühmodernes *Bewusstseinsdrama* überführt. Shakespeares „Hamlet" transformiert die Handlung in die genuin neuzeitliche Problematik der Wirklichkeitserkenntnis in und durch das Subjekt. Damit wird das Erkennen von Wirklichkeit selbst zum zentralen Problem des Dramas.

Von seinem motivgeschichtlichen Aufbau trägt die Handlung alle Züge einer blutrünstigen Barocktragödie. König Hamlet, Vater des Prinzen, ist tot. Der Sohn vermutet: durch Mord. Und er ahnt: Die Mörder könnten seine Mutter und Claudius, der Bruder des alten Königs und nun neuer König von Dänemark sein, zugleich der neue Lover der Königinmutter Gertrud. Durch ein Spiel im Spiel will Hamlet seine Hypothese überprüfen. Eine Gruppe von Schauspielern spielt zu Anlass eines höfischen Festes dem Königspaar einen Giftmord vor. Scheinbar zufällig wird auch in diesem Spiel ein König im Schlaf durch eingeträufeltes Gift ermordet. Angesichts dieser Szenerie in der Fiktion springt der König auf „aufgejagt von nassen Pulverschüssen" (Hamlet: „What, frighted with false fire?", III, 2, Vers 261), wie ein ertappter Mörder. Die heftige Reaktion von Stiefvater und Mutter verstärkt den Verdacht, dass sie in der Tat die Mörder des Vaters von Hamlet waren. Die Realität, die sie vorspielen, ist Lüge. Die Hypothese, die „Fiktion" enthält die Wahrheit, und das Spiel im Spiel inmitten des dritten Aktes liefert den Wahrheitsbeweis.

So gehört zur tragischen Erfahrung Hamlets ein Einblick in die totale Korrumpiertheit einer Welt, exemplarisch dargestellt im „verrotteten" Staat Dänemark, wie überhaupt das Drama voll von Metaphern der Verrottung und Verwesung ist. Der Königsmörder Claudius selbst reflektiert in einem Monolog seine Tat als ein ‚zum Himmel stinkendes' Unrecht:

> O mein Vergehn ist faul, es stinkt zum Himmel;
> Es trägt den ersten, ältesten Menschheitsfluch –
> Den Mord am Bruder. Beten kann ich nicht [...]
> (O, my offence is rank, it smells to heaven, / It hath the primal eldest curse
> upon't –/ A brother's murder. Pray can I not [...]; Hamlet III, 3, Verse 36 ff)

Die tragische Wucht dieses Dramas erinnert an den Brudermord der Bibel und an den Generationskonflikt in Aischylos' „Orestie". Aber anders als das griechische Drama verlagert Shakespeare den Konflikt neuzeitlich in das *Innere* des Menschen, in den *Reflexionsraum* des Protagonisten. Und anders als in der Antike drohen die Helden der Neuzeit an ihren inneren Konflikten auch zu zerbrechen. Hamlets „Wahnsinn" (madness) ist in diesem Sinne nicht nur Verstellung, sondern Ausdruck seiner inneren Überlast wie auch der Wahnsinn und der Tod der Ophelia Ausdruck der ihren.

Hamlet ist in der Tat in einer unauflöslichen Zwangslage: Er könnte den Mörder seines Vaters umbringen und so den Vatermord rächen. In der obigen Szene, in der er Claudius leicht von hinten erstechen könnte, versucht dieser zu beten. Das Gebet wird von inneren Schuld- und Angstreflexionen erstickt, die auch seinen Zustand als einen „Elendszustand" (wretched state) und sein Inneres als eine „Brust schwarz wie Tod" (bosom black as death, III, 3, Vers 67) offenbaren. Von dieser inneren Pein des Claudius wiederum weiß Hamlet nichts. Er sieht den Knienden, glaubt, dieser bete. Wenn er aber einen Betenden erdolchen würde, trüge dieser nach christlicher Auffassung ein „Heilsversprechen" (relish of salvation) mit sich ins Jenseits. Daher tötet ihn Hamlet nicht. Er will dafür eine Situation abwarten, in der er die Seele des Mörders direkt zur Hölle schicken kann. Darüber hinaus würde ein neuer Königsmord nur den Zustand jener ‚Verrottung' prolongieren, in der sich eine ‚aus den Fugen geratene Welt' befindet und nicht wirklich die gute Ordnung wieder eingerenkt werden.

Hamlets Reflexionen bezeichnen somit einen für die frühe Neuzeit typischen Schnittpunkt zwischen christlicher Pistis und moderner Reflexion. Alle entscheidenden Handlungshemmungen – der unterdrückte Rachemord wie auch sein möglicher Selbstmord (Hamlet III, 1) – sind *noch* motiviert durch Hamlets Angst vor der „Ewigkeit" und dem „Himmel". Insofern ragt die christliche Pistis noch tief in seine Reflexionssphäre. Diese allerdings offenbart eine neuzeitliche Form von Subjektivität eben in der durchgehend *reflexiven* Brechung von Realität und deren Handlungsoptionen *im* Bewusstsein der Figuren des Dramas. Daher ist die Dramenform auch sehr viel *monologischer* als die des antiken Dramas.

Zur literarischen Subjektivität der Neuzeit gehört, dass sie den Zustand der Dezentriertheit der Welt wahrnimmt, dass sie daran leidet, dass sie die gute Ordnung aber nicht mehr herzustellen imstande ist. An diesem Ort der inneren Spannung und unlösbaren Konflikte entsteht *neuzeitliches* Drama. Sein typisches Merkmal ist die ‚Verinnerung' der Konflikte, wie sie so im antiken Drama nicht darstellbar war und auch unter der Dominanz der Pistis-Kodierung nicht entstehen konnte. Erst das Zerbrechen der Glaubensgewissheit in der Neuzeit eröffnet jenen Horizont eines inneren Antagonismus, in dem das Drama der Neuzeit – William Shakespeares Dramen sind große Beispiele dafür – entstehen konnte.

Die Tragödie „Hamlet" endet in einer radikalen Lösung: Alle vom Verbrechen irgendwie kontaminierten Figuren werden am Schluss des Dramas abgeräumt: Den korrupten Hofmann Polonius, Vater von Ophelia, ersticht Hamlet bei dessen Lauschangriff hinter einem Vorhang. Seine Tochter und Geliebte Hamlets, Ophelia, ertrinkt. Jene Doppelvergiftung, mit der Claudius am Ende Hamlet für immer beseitigen will, wird zum Grab für die ganze königliche Familie: die Mutter trinkt den Becher Gift, den Claudius für Hamlet vorgesehen hatte, der vergiftete Degen, mit dem Hamlet durch Laertes getroffen wird, befördert zwar Hamlet in den Tod, aber auch den König, der am Ende auch den Giftbecher leeren muss (Hamlet V, 2). Der Krieger Fortinbras, der am Ende auf der Bühne steht, ist ein einsamer, von den Verbrechen am dänischen Hof unbelasteter Krieger. Er ordnet ein königliches Begräbnis für Hamlet an. Aber die Zukunftsordnung, für die er einsteht, ist seltsam ausblickslos.

Ein anderer paradigmatischer Text der frühen literarischen Neuzeit ist der „Don Quijote". Miguel de Cervantes Saavedra (1547–1616) ist ebenfalls ein Autor, der mit seinem Roman „Der Ingeniöse Edle Don Quijote de la Mancha" (El ingenioso hidalgo Don Quixote de la Mancha), erschienen in zwei Teilen (1605 und 1615), das Tor zur modernen Literatur aufgestoßen hat.

Ähnlich wie Hamlet, wenn auch als ein ganz anderer Held in einer anderen literarischen Welt, lebt auch Don Quijote mehr in seiner *Innenwelt* als in der Welt des Jenseits oder in der Welt des Diesseits. Dabei spiegelt der „Don Quijote" die Präsenz des damals relativ jungen Mediums *Buch* wider. Don Quijote hat alte Ritterromane gelesen. Ihnen will er nacheifern und selbst ein berühmter Ritter werden. Die lächerliche Aufmachung, mit der er dann in die Welt zieht, wird zur Parodie eines schon überholten Ritterideals und zum Spaß einer neuen Leseleidenschaft, deren naives Opfer Don Quijote geworden ist. Die Komik des Romans lebt nicht nur aus dem Kontrast von prätentierter Ritterlichkeit und Realität, sondern auch aus dem Kontrast von naiver und reflektierter Lektüre.

Die rostige Rüstung, aus Urgroßväterzeiten zusammengeklaubt, der alte Klepper, den der komische Ritter vollmundig Rosinante nennt, die eigene Namenswahl als „Don Quijote de la Mancha", auch die Erwählung eines Bauernmädchens als edle Dame Dulcinea von Toboso – „Oh Prinzessin Dulcinea, Herrin dieses mit Gefangenschaft bestrickten Herzens!" (Cervantes: Don Quijote, S. 28 f) – all diese Selbstinszenierungen des Helden sind zugleich Parodien auf jene literarische Gattung, die zu Cervantes' Zeiten schon in dem Maße von der Zeit überholt war, wie die Kriegspraxis nicht mehr von Rittern, sondern von mit Feuerwaffen bewehrten Landsknechtsheeren bestimmt wurde.

Fiktion und Wirklichkeit gehen so im fiktiven Medium des Romans ein schillerndes Spiel ein, wobei allerdings der Leser viel deutlicher als der Leser bzw. Zuschauer des „Hamlet" noch auf eine Realität hinter den Vorstellungen des Helden rekurrieren kann. Die Riesen, gegen die der Held gleich bei einem seiner ersten Abenteuer anrennt, sind eben jene Windmühlen, die ihm auch sein ‚edler Knappe' Sancho Pansa so zu erkennen gibt. In seiner Wahrnehmung aber sind es eben Riesen, gegen die er nach guter Romantradition glaubt ankämpfen zu müssen:

> „Wohl ist's ersichtlich", versetzte Don Quijote, „Dass du in Sachen der Abenteuer nicht kundig bist; es sind Riesen, und wenn du Furcht hast, mach dich fort von hier und verrichte dein Gebet, während ich zu einem grimmen und ungleichen Kampf mit ihnen schreite. (Ebd. S. 68, – Bien parece – respondió don Quijote – que no estás cursado en esto de las aventuras: ellos son gigantes; y si tienes miedo, quítate de ahí, y ponte en oración en el espacio que yo voy a entrar con ellos en fiera y desigual batalla. Don Quijote, Bd. 1, S. 168)

Zur ironischen Wendung des Erzählers an dieser Stelle gehört, dass der von den sich drehenden Windmühlen umgehauene Ritter zwar, am Boden liegend, diese Windmühlen als solche erkennt, diese Entzauberung aber wiederum für einen neuen Zauber eines böswilligen Magiers hält, der ihm seinen Ruhm rauben wolle: dass nur ein Zauberer „diese Riesen in Windmühlen verwandelt hat, um mir den Ruhm ihrer Besiegung zu entziehen" (S. 68. [...] ha vuelto estos gigantes en molinos, Don Quijote, Bd. 1, S. 170).

So verbleibt denn der Ritter von La Mancha in seinem System der Phantasie, das auch die Entlarvung als einen Zaubertrick deutet. Seine *Selbstsuggestion* bildet ein geschlossenes System, das auch durch ‚schlagende' Gegenbeweise nicht mehr aufgebrochen werden kann.

Im Medium der Fiktion des Romans beschreibt so der frühneuzeitliche Roman des Cervantes die Entstehung der *Fiktion*, die Bildung einer kompletten Scheinwelt des Romans durch den Roman im Bewusstsein des Helden. Der Roman bricht so die Fiktion selbst im Medium der Fiktion. Zu den ironischen Wendungen des Romans gehört auch, dass im „Zweiten Buch" des „Don Quijote", das erst zehn Jahre nach dem ersten erschien, bereits mit der Kenntnis des „Don Quijote" im „Don Quijote" gespielt wird, insofern hier der Held Figuren begegnet, die ihn bereits aus dem Roman kennen und mit dieser Kenntnis auch foppen, so jene Herzogin und ein Herzog, die sich einen Spaß daraus machen, die Fiktion mitzuspielen und sie auf ihrem Schloss selbst noch inszenatorisch zu steigern.

Als tragischer wie komischer Held stehen Hamlet und Don Quijote am Eingangstor der literarischen Neuzeit. Sie sind die Helden eines neuen Erfahrungsraumes der Literatur, des *selbstkonstitutiven Bewusstseins*, deren Reflexionen, bzw. phantastische Projektionen, in einem spannungsvollen Verhältnis zur Realität stehen, die weder die Reflexion, noch die Phantasie einholen und vernünftig in sich integrieren kann. Tragik wie Komik in Drama wie Roman resultieren aus dieser *Differenz* zwischen subjektivem Bewusstseinsraum und Wirklichkeit, die für die literarische Neuzeit selbst konstitutiv werden sollte.

Wenn wir an dieser Stelle noch einmal den Bogen erweitern und auf Kafkas „Josef K." zu sprechen kommen, dann springen wir aus der wie immer gebrochenen Welt der Feudalordnung in die der Moderne des 20. Jahrhunderts. Wir bewegen uns bei der Lektüre Kafkas aber im Bereich jener Subjektivierung der Wahrnehmung, welche mit der frühen Neuzeit beginnt und nun ihrerseits Kafkas Erzähltexte durchgängig prägt. Alle Protagonisten Kafkas bewegen sich im Binnenraum ihrer labyrinthischen Bewusstseinshöhlen, für die Kafka in seinen späten Texten auch in einer Erzählung gleichen Namens die Metapher „Der Bau" gefunden hat.

Der in der zweiten Jahreshälfte 1914 niedergeschriebene Roman „Der Proceß" gehört sicher zu den viel gelesenen und häufig interpretierten Texten der literarischen Moderne. Das ist gerade auch seiner verschlüsselten Struktur geschuldet, die gleichwohl aktuell-politische Brisanz hat. Der „Proceß" bietet sich auch und gerade als politische Lektüre an, dies aber nicht mehr als offener politischer Konflikt, sondern in subjektiv gebrochener und verschlüsselter Form. Denn die Protagonisten in Kafkas Romanen haben keine klar erkennbaren Antagonisten, wie dies etwa für das griechische Drama kennzeichnend ist. Die Gefahrenwelt, die die Helden umgibt, ist aus ihrem Bewusstseinsraum heraus – und damit auch für den Leser – nicht klar zu erkennen. Daher ist es auch für Josef K. im „Proceß" niemals klar, ob er wirklich von einer Gerichtsinstanz verfolgt wird oder nicht, ob es ein Urteil über ihn gibt oder auch nur eine Anklage gegen ihn. Gerade diese Undurchsichtigkeit der Verfolgung und Verhaftung ohne erkennbare Anklage und Rechtsgründe aber ist massenhaft politische *Realität* des 20. Jahrhunderts geworden, und dies in beiden totalitären Systemen. Eine der spannenden Varianten des Romans ist die Ersetzung des Wortes „socialistische" durch das Wort „politische Bezirksversammlung", welche K. in den labyrinthischen Räumen der Kanzleien besucht (Der Proceß, S. 58, Z 22, Apparatband S. 188). Hier ist der politische Hintergrund der Anschauung des Autors noch deutlich zu erkennen.

Von ihrer Struktur her sind Kafkas Texte *Bewusstseinsromane*. Sie zeigen, was sie zeigen, weitgehend in der Brechung der Perspektive des Protagonisten und in der Gebrochenheit seiner *Reflexion* und einer – zumeist beunruhigten oder angstvollen – *Emotion*. Das heißt nicht, dass der Erzähler nicht mehr weiß als sein Held. Nach Ausweis des Manuskriptes sind die beiden Kapitel „Verhaftung" und „Ende" als erste entstanden (ebd., S. 111), und das heißt: Der Erzähler kennt schon das Ende, bevor noch sein Held am Anfang begriffen hat, dass er „verhaftet" zu sein scheint. Aber der Erzähler hält sich mit seinem Wissen zurück. Vor allem mischt er sich nicht mit Deutungen und Interpretationen in das Handlungsgeschehen ein, wie dies der klassische auktoriale Erzähler tat.

Bereits der berühmte erste Satz des Romans „Der Proceß" lässt die Struktur des Textes als eine innere Prosa der *Vermutungen* erkennen:

Jemand mußte Josef K. verleumdet haben, denn ohne daß er etwas Böses getan hätte, wurde er eines Morgens verhaftet. (Kafka: Der Proceß, S. 7)

Dem putativen „mußte" entspricht der Irrealis „hätte", dem dann der Indikativ „wurde [...] verhaftet" folgt, der aber seinerseits durch den Verlauf der Handlung auch in Frage gestellt wird. War es wirklich eine Verhaftung? Wenn ja, von wem und mit welchen Rechtsgründen? Und ist es wirklich sicher, dass nicht auch K. schuldig geworden ist? Genau diese Fragen treiben Josef K. um und den Roman voran, ohne am Ende in den essentiellen Fragen mehr Klarheit für den Protagonisten/ Leser gebracht zu haben als der obskure Anfang.

Kafkas Romane sind *vielfach* kodiert. Durchgehend haben sie eine *psychologische* Ebene der Brechung alles Geschehens im Bewusstseinsraum der Figuren, sie haben eine *politische* Ebene in der Darstellung einer für den ‚Helden' gerade nicht mehr transparenten, aber ihn bedrohenden politischen Wirklichkeit, sie haben auch eine durchgehend *metaphysisch-religiöse* Ebene in der Überzeichnung der Verfolgungsinstanzen mit religiösen Insignien der Macht und der Herrschaft, ohne dass solche Metaphysik noch klar benannt oder gar legitimiert werden könnte. Zugleich sind Kafkas Texte *modern-reflexiv*, indem sie die Moderne in ihrer inneren reflexiven Gebrochenheit selbst in Metaphern, Bildern, Handlungsstrukturen ausstellen und insofern weder naiv erzählen noch naiv gelesen werden können, sondern als selbstreflexive Bewusstseinstexte der Moderne, die zugleich deren rätselvollen Bewusstseinsgrund darstellen.

Literatur:

De Cervantes Saavedra, Miguel: Don Quijote. Aus dem Spanischen übertragen von Ludwig Braunfels. Mit 23 Illustrationen von Grandville. Düsseldorf 2003.
Ders.: El ingenioso hidalgo Don Quijote de la Mancha. 3 Teile. Hg. und kritisch kommentiert von Vicente Gaos. Madrid 1987.
Endress, Heinz-Peter: Don Quijotes Ideale im Umbruch der Werte vom Mittelalter bis zum Barock. Tübingen 1991.
Gray, Richard: A Franz Kafka Encyclopedia. Westport 2005.
Hatzfeld, Helmut (Hg.): Don Quijote. Forschung und Kritik. Darmstadt 1968.
Hobek, Friedrich: Der Proceß. Inhalt, Hintergrund, Interpretationen. München 2002.
Kafka, Franz: Schriften, Tagebücher, Briefe. Kritische Ausgabe. Hg. von Jürgen Born u.a.
Der Proceß. Hg. von Malcolm Pasley. Frankfurt a. M. 1990. Text und Apparatband.
Muir, Kenneth/ Stanley Wells (Hg.): Shakespeare: Hamlet. Cambridge 1979.
Neuschäfer, Hans-Jörg: Der Sinn der Parodie im Don Quijote. Heidelberg 1963.
Politzer, Heinz (Hg.): Franz Kafka. 3. Auflage. Darmstadt 1991.
Rudnick, Hans Heinrich (Hg.): William Shakespeare: ‚Hamlet'. Erläuterungen und Dokumente. Stuttgart 1972.
Shakespeare, William: Hamlet. Zweisprachige Ausgabe. Neu übersetzt und mit Anmerkungen versehen von Frank Günther. München 2003.
Strosetzki, Christoph: Miguel de Cervantes. Epoche – Werk – Wirkung. München 1991.

Das literarische Subjekt der Moderne

Viele Texte der modernen Literatur seit dem 18. Jahrhundert richten sich, wie dies bereits der „Hamlet" und der „Don Quijote", aber auch Kafkas Erzählungen zeigen, im *Binnenraum* der Subjektivität ein. Das heißt nicht, dass die Literatur der Neuzeit sich nicht ausgiebig und intensiv mit der Wirklichkeit auseinandersetzt. Aber sie tut dies nun explizit im Medium der Brechung eines zumeist individuellen Bewusstseins und aus seiner Perspektive.

Und sie tut dies vielfach zugleich in *Opposition* zu jener Welt der Rationalität, die nun vor allem durch die bürgerliche Klasse vertreten wird, ihre Ökonomie, ihr Nützlichkeitsdenken, ihren Fortschrittsglauben. Die literarische Moderne in Europa konstituiert sich so in einem antagonistischen *Dialog* mit jener rationalen Subjektivität, deren Reflexion sie mit auf den Plan gerufen hat und gegen die sie zugleich revoltiert. Es ist daher kein Zufall, dass wichtige Phasen der literarischen Neuzeit sich zugleich auch als *Jugend-* und *Protestbewegungen* formieren und artikulieren: der Sturm und Drang, der Wertherismus des jungen Goethe, die Romantik, das Junge Deutschland, das Giovane Italia, der Naturalismus, die Avantgardebewegungen des ausgehenden 19. und frühen 20. Jahrhunderts bis hin zu den Jugendbewegungen der Literatur nach dem Zweiten Weltkrieg.

Starke Entwicklungsschübe der Neuzeit und Moderne korrelieren zumeist mit literarischen Epochenumbrüchen, in denen sich die Krise *inhaltlich* als eine Krise der Werte selbst darstellt. Solche Epochenumbrüche vollziehen sich im Barock, im Sturm und Drang, in der Romantik, im bürgerlichen Realismus, in den großen Reflexionsromanen des ausgehenden 19. und frühen 20. Jahrhunderts. Diese literarischen Epochen reflektieren das Fortschreiten der Neuzeit und Moderne selbst und dies zumeist in jener kritischen Ambivalenz, die wir für die große europäische Literatur generell ausgemacht haben. Die Literatur zeigt den Wertewandel, aber sie kritisiert ihn auch. Dies geschieht im Roman und im Drama vielfach im Aufeinanderprallen ‚progressiver' und ‚konservativer' Figuren und dies häufig auch als Generationenkonflikt. So exponiert der Roman „Väter und Söhne" (Otcy i Dety, 1862) von Ivan Turgenev (1818–1883) das Thema des modernen Nihilismus in der Brechung eines Generationenkonfliktes zwischen jungen ‚Revolutionären' und der konservativen Vätergeneration, wobei auch der Erzählverlauf – so die romantische Verliebtheit des ‚Nihilisten' und Materialisten Bazarov in die schöne Witwe Odincova – die weltanschaulichen Positionen der Figuren selbst ironisch kommentiert.

Das heißt aber auch: Die literarische Subjektivität der Neuzeit insgesamt und der literarischen Moderne seit 1800 im besonderen ist viel weniger frei in ihrer Erfahrung und Gestaltung der Wirklichkeit, als es die moderne Autonomieprogrammatik erkennen lässt. Zur Programmatik schon des Sturm und Drang und auch der romantischen Poesie gehörte, „dass die Willkür des Dichters kein Gesetz über sich leide" (Friedrich Schlegel: 116. Athaenaeumsfragment. KA Bd. II, S. 183). Kulturgeschichtlich gesehen aber vollzieht sich die

Selbstkonstitution des modernen Künstlers und die ihr korrelierende Subjektivierung der literarischen Darstellungsformen selbst im Kontext der Subjektivi-
tätsproblematik der Epoche, wie auch die Werteproblematik der literarischen
Neuzeit und Moderne ein Reflex der Epochenumbrüche selbst ist.

Seit dem Ende des 18. Jahrhunderts gilt für die Erzählform der literarischen
Moderne: Sie *personalisiert* sich, indem sie die übergreifende Perspektive eines
allwissenden Erzählers aufgibt zugunsten der *Ich-* oder *Er-*Perspektive der literarischen Wahrnehmung. Der ‚Held‘ der subjektzentrierten Literatur der Moderne ist meist ein tragischer Held, dessen antibürgerliches Außenseitertum
ihm schmerzlich bewusst ist, der seine Individualität verwirklicht, indem er
sich von der bürgerlichen Gesellschaft abgrenzt.

Eines der ersten großen Beispiele in der europäischen Literatur ist der Ju-
gendroman Goethes „Die Leiden des jungen Werthers" (1774), dessen Held
sich wie Pascal auf das „Herz des Menschen" beruft, im Gegenzug zu jener
kalten Vernunft, die er in seinem bürgerlichen Gegenspieler Albert wahrnimmt. Auch Werther erforscht und spiegelt seine Innerlichkeit über seine
Lektüren: anfänglich der Homer, mit fortschreitender Verdüsterung seines Bewusstseins die finstere Welt des Ossian.

Für die moderne reflexive Textualität dieses Romans ist es wichtig, dass der
Protagonist selbst *weiß*, dass er die Quelle seiner Welterfahrung ist, seines ursprünglichen Glücks in der Begegnung mit Lotte, wie auch seines späteren
Elends. In einer Briefstelle dieses Briefromans vergleicht Werther die welter-
zeugende Macht des Gefühls mit der Illumination einer Laterna Magica:

> Wilhelm, was ist unserm Herzen die Welt ohne Liebe! Was eine Zauberlaterne ist,
> ohne Licht! Kaum bringst Du das Lämpgen hinein, so scheinen Dir die buntesten
> Bilder an deine weiße Wand! Und wenn's nichts wäre als das, als vorübergehende
> Phantomen, so machts doch immer unser Glük, wenn wir wie frische Bubens davor
> stehen und uns über die Wundererscheinungen entzükken. (Goethe: Die Leiden des
> jungen Werthers, S. 78)

Wie Don Quijote lebt auch Werther in einer relativ geschlossenen Projektions-
welt seines Bewusstseins, die vor allem durch seine Emotionen bestimmt wird.
Lotte ahnt, dass Werther nicht primär aus Liebe zu ihr so handelt, wie er handelt, sondern auf Grund der Steigerung seines Selbstgefühls durch die „Un-
möglichkeit" der Erfüllung der Liebe.

> Ich fürchte, ich fürchte, es ist nur die Unmöglichkeit, mich zu besizzen, die Ihnen
> diesen Wunsch so reizend macht. (S. 220)

Die finale Handlungslogik des Romans bis hin zum Selbstmord Werthers, die
sich in einer Fülle von Vorausdeutungen offenbart, ergibt sich geradezu
zwangsläufig aus seiner selbstzentrierten Gefühlsdisposition, die er in ihrer
Unerfüllbarkeit und „Krankheit zum Tode" bis zum bitteren Ende auskostet.

Die *Erzählforschung* oder *Narratologie* zur literarischen Moderne hat gemäß
der Subjektivität des Erzählens den Begriff des „point of view" eingeführt und
in der Ich-, bzw. Er-Perspektive der Erzählung die typischen Formen des mo-

dernen Romans gesehen (Stanzel: Typische Formen des Romans u. Theorie des Erzählens; Lämmert (Hg.): Erzählforschung u. a.). Modernes Erzählen eröffnet seine Sicht der Wirklichkeit in und durch das Medium eines subjekthaften Bewusstseins. Nach Novalis kennzeichnet das moderne „freie Darstellen", „dass nicht das Obj[ect] qua solches sondern *das Ich*, als Grund der Thätigkeit, die Thätigkeit bestimmen soll" (Novalis: Schriften, Bd. 2, S. 282). Mithin zeigt die moderne Literatur bewusst reflexiv jenen „Grund", dem sie entspringt, die Subjektivität des Autors. Das unterscheidet die moderne Literatur qualitativ von älteren Formen der Inspirationslehre, die zumeist religiös kodiert waren.

Allerdings zeigt sich das menschliche Bewusstsein als Grund der literarischen Produktivität selbst als eine komplexe Welt, in der Autorintention und Sprache miteinander ringen und die Sprache eine entscheidend formierende Funktion innehat. Auch diese Problematik des modernen Autors hat Novalis bereits gesehen und programmatisch so formuliert, dass letztlich die Sprache, nicht die subjektive Intention des Autors das Subjekt des Sprechens sei:

> Es ist eigentlich um das Sprechen und Schreiben eine närrische Sache; das rechte Gespräch ist ein bloßes Wortspiel. Der lächerliche Irrthum ist nur zu bewundern, daß die Leute meinen – sie sprächen um der Dinge willen. Gerade das Eigenthümliche der Sprache, daß sie sich blos um sich selbst bekümmert, weiß keiner. Darum ist sie ein so wunderbares und fruchtbares Geheimniß, – daß wenn einer blos spricht, um zu sprechen, er gerade die herrlichsten, originellsten Wahrheiten ausspricht. (Novalis: Schriften, Bd. 2, S. 672)

Literatur: Siehe folgenden Abschnitt.

Formästhetik der Subjektivität

Aus der neuen *Subjektzentriertheit* der Literatur ergibt sich auch ein neues, *modernes* Verhältnis zur *Form*. Etwas pauschalisierend gesagt: Mit der Subjektzentrierung der modernen Literatur tritt auch das literarische Interesse an traditionellen Formen zurück. Die Subjektzentrierung der Literatur generiert selbst eine *moderne Produktions-* und *Ausdrucksästhetik*. Es sind nun bewusst *offene* Formen, welche die literarische Moderne als die ihr adäquaten Ausdrucksformen produziert. Die genuin moderne Form des Kunstwerks ist in diesem Sinne ein „offenes Kunstwerk", wie dies Umberto Eco genannt hat. Die genuin moderne Form ist auch eine *bewusst gebrochene* Form mit der Tendenz zur fragmentarischen Kürze, wie Friedrich Schlegels Fragment über das Fragment dies formuliert:

> Viele Werke der Alten sind Fragmente geworden. Viele Werke der Neuern sind es gleich bei der Entstehung. (Schlegel: KA Bd. 2, S. 169)

Die offene Kurzform öffnet aber den Text für eine aktive Partizipation des Lesers gemäß dem Motto des Novalis:

Der wahre Leser muss der erweiterte Autor seyn. (Novalis: Schriften, Bd. 2, S. 470)

Die offene Form der literarischen Moderne erlaubt nicht nur, sondern fordert geradezu die *Partizipation* der Einbildungskraft des Lesers und definiert so den Wirkprozess der Literatur als eine Kette von aktiven Produktionsakten, in dessen Verlauf sich die Texte fortzeugen, ,erweitern' können. In diesem Sinne begründet die Romantik und ihr Begriff der Produktion wie auch Rezeption von Literatur die moderne *Produktions-* und *Rezeptionsästhetik*. Es ist zugleich das Ende der Nachahmungsästhetik, nicht nur im Sinne der imitatio naturae, sondern auch im Sinne der Literaturpraxis als imitatio vorgegebener literarischer Formen.

Zugleich eröffnet die literarische Moderne auch eine neue Form der *Werkästhetik*, die sich aus der expliziten *Autonomisierung* der Literatur um 1800 ergibt. Auch hier ist ein Fragment Friedrich Schlegels zur „Philosophie der Poesie überhaupt" einschlägig:

> Eine Philosophie der Poesie überhaupt aber, würde mit der Selbständigkeit des Schönen beginnen, mit dem Satz, dass es vom Wahren und Sittlichen getrennt sei […]. (Schlegel: KA 2, S. 207)

Im weiteren Verlauf des Fragments führt Schlegel aus, dass sich diese Autonomsetzung der Poesie schlüssig aus Fichtes Ich-Philosophie ableiten lässt, aus der Selbstsetzung nämlich des Ich als Ich. Die poetische Theorie übernimmt hier also eine Gedankenfigur der Subjektphilosophie und transferiert sie in die Ästhetik. Der Selbstbegründung des Ich in der Philosophie entspricht die „Selbstständigkeit" der Ästhetik und Poetik, und damit ihre Abnabelung von der Vorherrschaft der Theologie und Moralphilosophie. Es ist derselbe Friedrich Schlegel, der in seinem Aufsatz „Über das Studium der griechischen Poesie" (gedruckt 1797) entdeckt, dass die ästhetische Moderne nicht mehr dem klassischen Paradigma des Schönen folgt, vielmehr selbst gezeichnet ist durch „das rastlose, unersättliche Streben nach dem Neuen, Piquanten und Frappanten" und somit eher eine Erscheinungsform der Ästhetik des *Hässlichen* sei als des Schönen (Schlegel: KA Bd. 1, S. 228).

Wie bereits dieses schlegelsche Zitat anzeigt, folgt die literarische Moderne einem Zwang zur Innovation. In diesem Sinne ist auch die ästhetische Moderne in jene *Akzeleration* der Zeit hineingerissen, welche die Neuzeit insgesamt und die Moderne insbesondere auszeichnet. Vor allem vor und nach 1900 realisiert sich die Moderne als ein Prozess der permanenten Selbstüberbietung der Avantgarden. Die literarische Moderne hat sich abgegrenzt von der Vorherrschaft von Theologie und Philosophie, aber sie ist keineswegs so autonom wie es ihre Theorie verkündet, sondern selbst ein Spiegel jener sich selbst akzelerierenden Moderne, gegen die sie anschreibt, deren Rhythmus sie aber zugleich auch in sich aufgenommen hat.

Natürlich gibt es in der literarischen Moderne auch eine bewusste Pflege der literarischen Form, bzw. den bewussten Rückgriff auf sie und dies geradezu als ein Bollwerk der Ästhetik gegen die Zeit. Genuin moderne Autoren wie Hölderlin und Baudelaire im 19. Jahrhundert, Stefan George und Gottfried Benn im 20. Jahrhundert haben auf diese Weise die literarische Form gegen ihre Zeit mobilisiert, die allerdings ihrerseits in das Kunstwerk eindringt und ihr – oftmals gegen die Autorintention – ihren eigenen Stempel aufdrückt, dies auch in der Form eines ungewollten Fragmentarismus als Zerbrechen der Form.

Literatur:

Bürger, Peter: Theorie der Avantgarde. Frankfurt 1974.

Burdorf, Dieter: Poetik der Form. Eine Begriffs- und Problemgeschichte. Stuttgart u.a. 2001.

Eco, Umberto: Das offene Kunstwerk. Frankfurt a. M. 2002.

Funke, Mandy: Rezeptionstheorie, Rezeptionsästhetik: Betrachtungen eines deutsch-deutschen Diskurses. Bielefeld 2004.

Goethe, Johann Wolfgang: Die Leiden des jungen Werthers. In: Johann Wolfgang Goethe: Sämtliche Werke. I. Abt. Bd. 8: Die Leiden des jungen Werthers. Die Wahlverwandtschaften. In Zusammenarbeit mit Christoph Brecht hg. von Waltraud Wiethölter. Frankfurt a. M. 1994.

Höllerer, Walter (Hg.): Theorie der modernen Lyrik. Dokumente zur Poetik. Reinbek 1965.

Iser, Wolfgang: Der Akt des Lesen: Theorie ästhetischer Wirkung. München 1994.

Jauß, Hans Robert (Hg.): Nachahmung und Illusion. Poetik und Hermeneutik Bd. I. München 1964.

Lämmert, Eberhard (Hg.): Erzählforschung. Stuttgart 1982.

Martinez, Matias: Einführung in die Erzähltheorie. 3. Auflage. München 2002.

Ostermann, Eberhard: Die Authentizität des Ästhetischen: Studien zur ästhetischen Transformation der Rhetorik. München 2002.

Ders.: Das Fragment. Geschichte einer ästhetischen Idee. München 1991.

Ricœur, Paul: Zeit und Erzählung Aus dem Französischen von Andreas Knop. 3 Bde. München 1988–91.

Simon, Tina: Rezeptionstheorie: Einführungs- und Arbeitsbuch. Frankfurt a. M. u.a. 2003.

Stanzel, Franz K.: Theorie des Erzählens. Göttingen 1979.

Ders.: Typische Formen des Romans. Göttingen 1964.

Tarot, Rolf: Narratio viva. Untersuchungen zur Entwicklungsgeschichte der Erzählkunst vom Ausgang des 17. Jahrhunderts bis zum Beginn des 20. Jahrhunderts. Bern u.a. 1993.

Vietta, Silvio: Ästhetik der Moderne. München 2001.

Wagner, Karl: Moderne Erzähltheorie. Grundlagentexte von Henry James bis zur Gegenwart. Wien 2002.

Warning, Rainer: Rezeptionsästhetik: Theorie und Praxis. München 1994.

Texttypologie der Moderne

Ich habe in dem Buch „Ästhetik der Moderne" vorgeschlagen, die subjektive Wahrnehmungsform der modernen Literatur nach der Dominanz der jeweiligen *Perzeptionsform* ihrer Protagonisten weiter zu differenzieren (Vietta: Ästhetik der Moderne, S. 183 ff). Dadurch entsteht eine spezifische Texttypologie der literarischen Moderne. Sie definiert sich nicht primär nach den drei Gattungen Lyrik, Drama, Prosa. Sie definiert sich auch nicht nach den Sujets, auch wenn diese spezifisch moderne Gegenstandsbereiche anzeigen mögen wie: Großstadtlyrik, Soziales Drama, moderner Gesellschaftsroman. Die moderne Texttypologie liegt quer auch zu den traditionellen Mikroepochenbegriffen wie Romantik, Biedermeier, Junges Deutschland, Naturalismus, Symbolismus, Expressionismus, Neue Sachlichkeit, Exilliteratur, Nachkriegsliteratur. Die für die literarische Moderne konstitutive Texttypologie definiert vielmehr bestimmte, für die gesamte literarische Moderne typische *Textklassen*. Die Unterscheidungskriterien für solche Texttypen liegen im erzeugenden „Grund" dieser Texte selbst: der Subjektivität. Die moderne – transzendentale – Texttypologie ergibt sich aus den in ihnen dominanten Perzeptionsformen der Subjektivität. Wie und unter welcher Modalität des Bewusstseins erfährt der Held seine Welt? Ich unterscheide sechs solcher die literarische Moderne kennzeichnende Texttypen:

     Textualität der Emotion
     Textualität der Imagination
     Textualität der Erinnerung
     Textualität der Assoziation
     Textualität der sinnlichen Wahrnehmung
     Textualität der Reflexion

Diese Texttypik der Moderne umfasst alle Ausdrucksformen der Sprache: die Syntax, die Semantik und auch die Phonetik. Texte, in denen die *Emotionalität* des Protagonisten vorherrscht, wie im Werther, entwickeln eine eigene ‚gefühlvolle' Semantik, in welcher der Ausdruck des Herzens dominiert und eine elliptisch-appellative Syntax den Sprachstil der Briefe des Protagonisten prägt. Dieser Stil ist abzugrenzen von der Textualität der *Imagination*, wie wir ihn in Romanen und Erzählungen der Romantik, insbesondere E. T. A. Hoffmanns, finden. Diese Textform, sie erinnert an das Verfahren des Cervantes, zeigt die Einbildungskraft des Protagonisten in Aktion bei der Umformung der ihm begegnenden Wirklichkeit in seine Phantasieobjekte. E. T. A. Hoffmanns „Goldener Topf" ist ebenso ein Beispiel für diesen Texttypus wie – als tragische Variante derselben Konstellation – „Der Sandmann".

Wieder von anderer Art ist die Textualität der *Erinnerung*, wie wir sie in Dramen des 19. Jahrhunderts finden, so in dem Familiendrama „Gespenster" von Henrik Ibsen und im großen Romanwerk „Auf der Suche nach der verlorenen Zeit" von Marcel Proust: Dies sind Texte, welche die Erinnerung der Figuren ausloten und darin ihr literarisches Beschreibungsfeld finden. Solche Erinnerungsdramen wie -romane gestalten darüber hinaus den *Erinnerungsprozess* selbst als ein mühsames Vordringen in die Erinnerung, die sich dann bei Proust fast wie eine Epiphanie öffnet. So ist gerade dieser Texttypus mit der traditionellen Pistis-Kodierung verbunden, insbesondere mit Augustinus' großer Analyse der Memoria in seinen „Confessiones".

Die Textualität der *Assoziation*, wie sie die symbolistische und auch surrealistische Literatur erprobt und den James Joyce' „Ulysses" prägt, ist wiederum eine Textform, die sich durch die assoziativen Verbindungen der Wörter, aber auch durch assoziative Verbindung der Vorstellungskomplexe im Bewusstsein bildet. Sie ist eine sprunghafte, additive Textgattung. Daher ist diese auch deutlich abzugrenzen von der Textualität der *Reflexion*, wie sie uns in den großen weltanschaulichen Romanen der russischen Literatur, aber auch in Thomas Manns „Der Zauberberg", Hermann Brochs „Die Schlafwandler", Robert Musils „Der Mann ohne Eigenschaften" u.a. begegnet. Hier dominieren lange, hypotaktische Sätze, in denen die Gesprächspartner ihre Reflexionen ausbreiten und dies häufig in geschlossenen Räumen oder bei Spaziergängen.

Schließlich die Textualität der *sinnlichen Wahrnehmung*: Sie begegnet uns in Texten des Naturalismus, aber verstärkt auch in der Gegenwartsliteratur, so bei Peter Handke und auch Botho Strauß und in der Literatur der Großstadtflanerie. Dies ist eine Textgattung, in welcher der Protagonist in die Rolle des Beobachters einrückt, zumeist verbunden mit Reflexionspassagen und auch eigenen Assoziationsfeldern. Generell gilt für alle Textformen, dass sie nicht scharf gegeneinander abgegrenzt sind, sondern sich miteinander verbinden. Gleichwohl entfalten die genannten Textformen ihre eigenen Regeln der Personengestaltung und auch der Raum-Zeit-Darstellung, je nach der Dominanz der in ihnen vorherrschenden Perzeptionsformen. Der Raum und die Zeit der Imaginationsliteratur sind qualitativ anders als in der Textualität der Emotion, der Imagination, der Erinnerung, der Assoziation, der Reflexion und der sinnlichen Beobachtung.

Zunehmend zeigt sich in der jüngsten Literatur eine *beschädigte*, durch Fremdbilder besetzte, *stereotypisierte* Subjektivität. Es ist auch nicht die reine literarische Sprache, die sich in solchen Texten artikuliert, sondern die durch den zivilisatorischen Prozess beschmutzte, zerstörte Sprache. Auf diese Textformen waren wir bereits in der Rezeption der griechischen Tragödientexte gestoßen (Kap. 3.1). Gleichwohl bleibt es eine *Schreibaufgabe* der literarischen Moderne, eben jenen eigenen Bedeutungsraum der Erfahrung zu erschließen, der nicht schon von den Medien und der Bewusstseinsindustrie gänzlich vereinnahmt ist. Es fällt daher auf, dass gerade die jüngste Gegenwartsliteratur sehr persönlich, sehr subjektiv ist in dem Abschreiten und Erschließen der eigenen Vergangenheit, der eigenen Geschichte und der eigenen Erfahrungswelt.

4.5 Politische Neuzeit

Neuzeitliche Glaubenskrise und Begründung der Würde des Menschen

Die „Würde des Menschen" als eine anthropologische Kategorie ist eine Erfindung der Neuzeit. Im Rahmen der christlichen Pistis-Kodierung kann die Würde des Menschen nicht anthropologisch begründet werden, weil Menschsein sich gerade nicht aus eigener Machtvollkommenheit definiert, sondern durch Jesu Christi Aufhebung des Standes der Sündhaftigkeit des Menschen. Insbesondere die augustinische Verinnerlichung des Menschen – und dieses Selbstverständnis transportiert auch noch der luthersche Gewissensbegriff am Ende des Mittelalters und Beginn der Neuzeit – definiert Menschsein durch ihren internalisierten Bezug zu Gott, mithin Anthropologie als Bezug des Menschen zu Gott in der Seele, bzw. im Gewissen des Menschen.

Bereits in der Renaissance aber kommen starke *Zweifel* an der Unsterblichkeit der Seele auf. Der Lehrer Raffaels, Pietro Perugino, wurde von solchen Zweifeln heimgesucht. Der Kunsthistoriker Vasari berichtet: „Pietro besaß wenig Religion und konnte nie zu dem Glauben an die Unsterblichkeit der Seele gebracht werden, ja wies mit Worten, so hart wie seine felsige Stirne, jede gute Weisung zurück." (Vasari: Leben der Maler, Bildhauer und Baumeister, Band II, S. 388) Perugino malte eine Vielzahl von Sakralbildern, aber – so berichtet Vasari – vor allem um des Geldes willen.

Der Zweifel an der Unsterblichkeit der Seele trieb auch die Renaissancehumanisten um. Pietro Pomponazzi (1462–1525) vertrat in seinem Diskurs über die „Unsterblichkeit der Seele" (De immortalitate animae, veröffentlicht 1516) eine eher glaubensskeptische Position. Die Schrift wurde auch im Jahre 1562 öffentlich verbrannt. Pomponazzi geht von einer Doppelnatur des Menschen aus, nämlich einer sterblichen, materiegebundenen Natur und einer unsterblichen. In diesem Sinne ist seiner Meinung nach auch die Seele nur partiell unsterblich, nämlich insofern sie immateriell ist, partiell aber – als vegetative und mit dem Körper verbundene Seele – durchaus sterblich. Denn auch der auf den Körper als Wahrnehmung angewiesene Intellekt des Menschen ist nicht gänzlich frei von dieser materialen Bindung. Pomponazzi beendet diesen Kampf mit einer seltsamen ambivalenten Lösung:

> Daher ist nach Aristoteles die menschliche Seele uneingeschränkt sterblich zu nennen. Da sie aber eine Mittelstellung zwischen dem vom Stoff schlechthin Abgehobenen und dem ihm Immanenten einnimmt, hat sie in gewisser Weise an der Unsterblichkeit teil, was auch ihre wesentliche Tätigkeit beweist. Sie ist nicht vom Körper als einem Zugrundeliegenden abhängig, worin sie mit den Intelligenzen übereinkommt und sich von den Tieren unterscheidet; und dennoch bedarf sie des Körpers als eines Gegenstandes, worin sie mit den Tieren übereinkommt. Daher ist sie auch sterblich. (Pomponazzi: Über die Unsterblichkeit der Seele. Kap. IX)

Typisch für die Ambivalenzen der frühen Neuzeit ist, dass Pomponazzi zwar die christlich-mittelalterliche Vorstellung einer Auferstehung der Seele *und* des

Fleisches nicht mehr ungebrochen teilen kann, aber den Glauben an die Auferstehung zumindest eines Teiles des Menschen nicht preisgeben will.

Nun eröffnet die Ablösung des Menschen der Neuzeit von der christlichen Metaphysik und ihren Ordnungsvorstellungen auch die Chance eines neuen, nämlich *auf sich* gestellten Menschenbildes und damit die Begründung der *Würde des Menschen*. Dabei kann diese neuzeitliche Selbstbegründung des Menschen durchaus an Motive der antiken Logos-Kodierung anknüpfen, an die Mythoskritik der ersten Aufklärung in der Antike sowohl wie an die Lehre des Protagoras, dass der Mensch selbst „Aller Dinge Maß" sei (Protagoras: Fragment 1; in: Diels: Fragmente der Vorsokratiker). In der Renaissance entspricht dieser Aufwertung des menschlichen Selbstbewusstseins eine neue Form von *Selbstkultivierung* und *Ichstilisierung*. Sie entfaltet sich vor allem in den frühkapitalistischen Zentren und an den Höfen Oberitaliens und zeigt sich auch in der luxuriösen Kleiderordnung an diesen Höfen.

Den Begriff der „Würde des Menschen" entwickelt der Humanist Pico della Mirandola (1463–1494) in einem Traktat (De hominis dignitate, entstanden 1486, postum veröffentlicht 1496). Dieser junge Mann aus dem Geschlecht der Herren della Mirandola hatte in Padua Scholastik studiert, insbesondere den Aristotelismus, dazu Hebräisch, Arabisch, Griechisch. Er kaufte kostbare Kodices und bemühte sich, die Heilige Schrift mit den großen religiösen und literarischen Quellen des Griechischen, Jüdischen, Arabischen in Einklang zu bringen. Bereits in seinen ersten Sätzen zitiert er die Werke der Araber und der Antike. Dabei allerdings musste er die bittere Erfahrung machen, dass sein Versuch einer *Synthetisierung* der ihm damals bekannten großen Kulturen trotz der Sympathien des Papstes Alexander VI. keineswegs in Einklang mit der katholischen Kirche zu bringen war und sein Integrationsplan zunehmend geradezu von der römischen Kurie als ketzerisch wahrgenommen und verfolgt wurde. Zwar konnte sich Pico della Mirandola dem ihm drohenden Prozess entziehen und an den liberalen Hof von Florenz fliehen. Die Kirche hatte die Grenzen ihrer Toleranz und Kompromissbereitschaft mit anderen Religionen und Kulturen gezeigt.

Die Größe und Würde des Menschen begründet Pico mit der theologisch-anthropologischen These, dass Gott den Menschen in einem bereits durch seine Geschöpfe und deren feste Funktionszuschreibungen gefüllten Kosmos geschaffen habe als ein „Geschöpf von unbestimmter Gestalt" (indiscretae opus imaginis; Pico della Mirandola: Über die Würde des Menschen, S. 4f). Gerade die Nichtfestgelegtheit des Menschen wird so zu seinem ausgezeichneten Merkmal. Und so spricht denn der „höchste Werkmeister" (optimus opifex) sein Geschöpf an:

> Wir haben dir keinen festen Wohnsitz gegeben, Adam, kein eigenes Aussehen noch irgendeine besondere Gabe, damit du den Wohnsitz, das Aussehen und die Gaben, die du selbst dir aussiehst, entsprechend deinem Wunsch und Entschluss habest und besitzest. Die Natur der übrigen Geschöpfe ist fest bestimmt und wird innerhalb von uns vorgeschriebener Gesetze begrenzt. Du sollst dir deine ohne jede Ein-

schränkung und Enge, nach deinem Ermessen, dem ich dich anvertraut habe, selber bestimmen. Ich habe dich in die Mitte der Welt gestellt, damit du dich von dort aus bequemer umsehen kannst, was es auf der Welt gibt. Weder haben wir dich himmlisch noch irdisch, weder sterblich noch unsterblich geschaffen, damit du wie dein eigener, in Ehre frei entscheidender, schöpferischer Bildhauer dich selbst zu der Gestalt ausformst, die du bevorzugst. (S. 5 f)

Nach Maßgabe des Renaissancehumanismus schafft Gott so ein Geschöpf, das in der *Nichtfestgelegtheit* seiner Existenz, in seiner Zwischenlage zwischen Sterblichkeit und Unsterblichkeit, sich selbst – *in Freiheit* – formen kann und soll. Der Mensch, der hier noch im Mittelpunkt des Universums angesiedelt wird, betritt so bei Pico als ein selbstbestimmtes Geschöpf die Bühne der Neuzeit. Pico greift auf die Genesis zurück, interpretiert sie aber neu. Gott schafft den Menschen nicht als ein fertiges Geschöpf, sondern er schafft ihn als ein Geschöpf, das sich nach *Maßgabe seiner selbst* modellieren kann und muss. Der Mensch als Geschöpf Gottes wird von diesem so in die Welt gesetzt, dass er sich wie ein Künstler *selbst* meißeln und gestalten kann und soll. Der Spielraum, den der Renaissancehumanist dem Menschen einräumt, ist selbst eine Umkodierung der Heiligen Schrift, indem sie die *Freiheit* der *Selbstgestaltung* des Menschen als das auszeichnende Merkmal im Schöpfungswillen Gottes herausstellt (Cassirer: Pico della Mirandola, S. 123–144, 319–346; Ders.: Individuum und Kosmos in der Philosophie der Renaissance; Rudolph: Die Entdeckung des Individuums in der Philosophie der Renaissance, S. 15 ff).

Pico della Mirandola weist allerdings auf eine gefährliche Antinomie dieser Freiheit hin, die in der Rede Gottes an sein Geschöpf aufscheint:

Du kannst zum Niedrigeren, zum Tierischen entarten; du kannst aber auch zum Höheren, zum Göttlichen wiedergeboren werden, wenn deine Seele es beschließt. (S. 5 f)

So beginnt in der Renaissance in der Tat eine Kultur der *Selbstkultivierung* des Menschen, wie sie in den Kreisen der Humanisten um Cosimo und Lorenzo Medici in Florenz sich entwickelt, aber auch um die großen Frauen der Renaissance wie Isabella d'Este (1474–1539) in Mantua und Elisabetta Gonzaga (1471–1526) in Urbino. An diesem kleinen aber feinen Hof der Renaissance entwickelt der Graf Baldassare Castiglione (1478–1529) sein Buch über das angemessene Verhalten des Menschen am Hof (Il libro del cortegiano). Die Renaissance legt so als erste große Epoche der Neuzeit zugleich ein großes Programm der Selbstbildung des Menschen auf und versucht dies zumindest in den gesellschaftlichen Elitezirkeln Italiens auch zu verwirklichen.

Literatur:

della Mirandola, Pico: Über die Würde des Menschen. Lateinisch und deutsch. Übersetzt von Norbert Baumgarten. Hg. und eingel. von August Buck. Hamburg 1990.
Cassirer, Ernst: G. Pico della Mirandola. A study in the History of Renaissance. In: Journal of the History of Ideas, 3, 1942, S. 123–144, 319–346.

Ders.: Individuum und Kosmos in der Philosophie der Renaissance. Darmstadt 1962 (Neudruck).

Castiglione, Baldassare: Der Hofmann: Lebensart in der Renaissance. Aus dem Italienischen von Albert Wesselski. Berlin 1996. (Il libro del cortegiano; erschienen 1528)

Pomponazzi, Pietro: Über die Unsterblichkeit der Seele. Lateinisch und deutsch. Hg. und übersetzt von Burkhard Mojsisch. Hamburg 1990.

Rudolph, Enno: Die Entdeckung des Individuums in der Philosophie der Renaissance. In: S. Vietta (Hg.): Romantik und Renaissance. Die Rezeption der italienischen Renaissance in der deutschen Romantik. Stuttgart 1994, S. 15 ff.

Vasari, Giorgio: Leben der ausgezeichnetsten Maler, Bildhauer und Baumeister von Cimabue bis zum Jahre 1567. Übersetzt von Ludwig Schorn, Neu hg. und eingel. von Julian Kliemann. Band II. Worms 1983.

Und die Zerstörung der Humanität

Wenige Jahre vor dem Erscheinen jenes Buches vom stilvollen Verhalten des Menschen am Hof, im Jahre 1525, zeigt sich eine andere Dimension der Neuzeit. Deutsche Landsknechte hatten mit ihren neuen Hakenbüchsen die Elite des französischen Adels in der Schlacht bei Pavia 1524 unter der schlechten militärischen Führung von Franz I. regelrecht niedergemäht. Zwei Jahre später erobern, plündern und brandschatzen dieselben Truppen Rom.

Zugleich ist das die Zeit, in der spanische Eroberer, getrieben von der genannten perversen Mischung aus Geldgier, Machtrausch und Missionseifer, wie grausame Tiere in Mittel- und Südamerika einfallen und die eingeborenen Indianer massenhaft niedermetzeln, als Sklaven halten oder verkaufen. Und hier nehmen nun auch Kirchenmänner eine andere Funktion ein: die des *kritischen Beobachters*. Bereits der Dominikaner Antonio de Montesinos, der an der spanischen Universität von Salamanca studiert und dort auch neuzeitliche Lehren über das Naturrecht aufgenommen hatte, kämpft in einer der ältesten Missionskirchen auf amerikanischem Boden, Santo Domingo auf Haiti, gegen die Brutalität und Willkür seiner eigenen Landsleute. Unter dem Motto „Ich bin die Stimme des Predigers in der Wüste" (Jes. 40,3, Mt 3,3) hält er am 4. Adventssonntag 1511 unter Anwesenheit von Diego Colón, dem Sohn des Seefahrers und Eroberers, eine flammende Rede gegen die Brutalität und Grausamkeit der Spanier:

> Ihr seid alle in Todsünde und lebt und sterbt in ihr wegen der Grausamkeit und Tyrannei, die ihr gegen jene unschuldigen Völker gebraucht. (Schmitt (Hg.): Dokumente III, Nr. 100)

Die *Darstellung* dieser „Grausamkeit und Tyrannei" verdanken wir dem spanischen Dominikaner und Missionar Bartholomé de las Casas (1474–1566), der in einem „Kurzen Bericht von der Verwüstung der Westindischen Länder" den menschenverachtenden Zynismus, der hier am Werk ist, beschreibt:

> Die Christen mit ihren Pferden, Schwertern und Lanzen verübten Metzeleien und unerhörte Grausamkeiten an ihnen. Sie drangen in die Ortschaften ein; sie verschon-

ten nicht einmal Kinder oder Greise, Schwangere oder Wöchnerinnen; ihnen allen schlitzten sie den Bauch auf und zerstückelten sie, als fielen sie über ein paar Lämmer her, die in ihren Hürden eingesperrt wären. Sie schlossen Wetten ab, wer mit einem einzigen Hieb einen Menschen zweiteilen oder ihm den Kopf mit einem Pikenstoß abtrennen oder ihm auch die Eingeweide aufreißen könne. Sie zerrten die neugeborenen Kinder von der Mutterbrust, packten sie an den Beinen und zerschlugen ihnen den Kopf an den Felsen. Andere warfen die Geschöpfchen rücklings in den Fluss, wobei sie lachten und spotteten, und wenn das Kind ins Wasser fiel, sagten sie: „Du zappelst ja noch, du verdammt?" Mit dem Schwert durchbohrten sie weitere kleine Kinder zusammen mit deren Müttern und allen, die ihnen vor Augen kamen. (las Casas: Kurzer Bericht über die Verwüstung [...], S. 71)

Zu den erschütternden Motiven des Berichts von las Casas gehört eben jener Zynismus, mit dem die spanischen Conquestadores ihre Perversionen austoben und zugleich christlich verbrämen:

Sie bauten große Galgen, die so beschaffen waren, dass die Füße der Opfer beinahe den Boden berührten und man jeweils dreizehn von ihnen henken konnte, und zu Ehren und zur Anbetung ihres Heilands und der zwölf Apostel legten sie Holz darunter und zündeten es an, um sie bei lebendigem Leibe zu verbrennen. Anderen banden oder wickelten sie trockenes Stroh um den ganzen Körper; sie steckten es an und verbrannten sie so. Wieder anderen, und zwar allen, die sie am Leben lassen wollten, schnitten sie beide Hände ab, hängten sie ihnen um und sagten: „Tragt diese Briefe aus", das heißt, „überbringt die Botschaft den Leuten, die in die Berge geflohen sind." (ebd.)

Der spanische Dominikaner, der das Verhalten seiner Landsleute beobachtet und aufschreibt, klagt damit nicht nur die Bestialisierung seiner Landsleute an. Er zeigt auch, wie in diesem von Europa nach Amerika ausgreifenden Eroberungskrieg die Leitideen des Christentums – die Idee der Liebe, der Brüderlichkeit, der Armut – systematisch ausgehöhlt und zerstört werden. Gleichzeitig definieren diese Ideen aber für den Dominikaner immer noch die Leitwerte für seine Kritik, die ja auch im spanischen Mutterland nicht ohne Wirkung blieb.

Die spanischen Eroberer, deren Trägerschicht eigentlich die abgehalfterte und ungebildete soziale Klasse der spanischen Ritterschaft ist, stehen am Anfang einer langen Geschichte der Vernichtung und Ausrottung der Indianer in Mittel-, Süd- und später auch Nordamerika. Wie viele Millionen Indianer es waren, die von europäischen Invasoren umgebracht wurden, ist heute schwer zu schätzen. Aber der Befund ist deutlich: In der Neuen Welt beginnt so auch eine Geschichte des *Genozids* in der europäischen Geschichte der Neuzeit. (Mires: Im Namen des Kreuzes).

Es ist interessant, an diesem Punkt noch einen Blick auf die Motivation des Paters las Casas im Zusammenhang mit der Wirtschaftssituation der neuen Kolonien zu werfen. Die spanische Krone hatte das so genannte Encomienda-System in den amerikanischen Kolonien eingeführt, das in Spanien schon länger tradiert war. Damit wurden den Konquistadoren Länder und Indios ‚anvertraut' (lat. comendere = etwas anvertraut erhalten), nach dem die nun als störrisch und widerständisch eingestuften Indianer auch mit Gewalt zur Arbeit auf den Ländern und in den Minen gezwungen werden konnten und sollten. Da in solcher Zwangsarbeit viele Indianer zugrunde gingen, verfolgte las Casas zeitweilig auch die Politik, die Befreiung der Indios dadurch zu erreichen, dass er schwarze Sklaven nach Amerika zu importieren empfiehlt. Dieser Markt war vor allem in den Händen der Portugiesen.

Auf Intervention von las Casas hob Karl V. tatsächlich 1517 das 1503 erlassene Verbot auf, schwarze Sklaven aus West-Afrika in die spanischen Kolonien zu verschiffen. Im Grunde lief las Casas' Vorschlag darauf hinaus, den Teufel – die Versklavung der Indianer – durch den Beelzebub – Versklavung der Schwarzafrikaner – auszutreiben. Er hat dies am Ende seines Lebens bereut (S. 151 ff). Nach wissenschaftlichen Schätzungen wurden dann im 16. Jahrhundert ca. 1800 Sklaven pro Jahr nach Nord- und Südamerika verschifft, im 17. Jahrhundert bereits 13 400 pro Jahr, im 18. Jahrhundert ca. 55 000 Sklaven. Im 19. Jahrhundert (bis 1870) ca. 31 600 Sklaven pro Jahr, also insgesamt eine Zahl von mehr als 9 Millionen Sklaven aus Afrika nach Amerika (Der neue Brockhaus, Stichwort „Sklaverei").

Bei dieser Geschichte der Vernichtung und Versklavung der indigenen Bevölkerungen spielte das Christentum eine *ambivalente* Rolle: Einerseits ist es die christliche Superioritätsideologie, aus denen die Eroberer das Recht ableiteten, die menschlichen ‚Wesen' der außereuropäischen Staaten wie Tiere zu behandeln und auch zu vernichten. Hier wird das Christentum selbst umkodiert zu einer Ideologie der Macht, die umso brutaler glaubte agieren zu können, wie sie den Nichtchristen das Menschsein absprach. Diese machtideologische Funktion des Christentums in der frühen Neuzeit knüpft an die Kriege gegen die so genannten Heiden an, wie denn auch Kolumbus der Spanischen Krone anträgt, mit den Gewinnen aus den neuen Kolonien die Rückeroberung des heiligen Grabes zu finanzieren.

Auf der anderen Seite spielt die Idee des Christentums in der Neuzeit immer auch die Funktion eines *kritischen* Korrektivs. Das ist schon an den Berichten von las Casas zu sehen. Das gilt aber auch für jene Kritik an jener *innereuropäischen Zerfleischung*, als welche sich in Europa selbst die *Religionskriege* austoben.

Denn während der kolonialen Eroberungen außerhalb Europas hat der *Dreißigjährige Krieg* (1618–48) auch *Mitteleuropa* verwüstet. Ähnlich wie der spanische Dominikaner sind es nun die Stimmen von Dichtern wie Martin Opitz (1597–1639), Andreas Gryphius (1616–1664), Christoffel von Grimmelshausen (1621–1676), die über die Brutalität der Menschen gegen Menschen im Kampf von ‚Christen' gegen ‚Christen' entsetzt sind. In seinem großen Roman „Die Abenteuer des Simplicius Simplicissimus Teutsch" beschreibt Grimmelshausen die „Grausamkeiten in diesem unserem teutschen Krieg" dessen Brutalität, Zynismus, Sadismus keine Grenzen mehr zu kennen scheint. So beschreibt Grimmelshausen, wie die kaiserlichen Truppen das Elternhaus des Protagonisten in Hessen stürmen und plündern. Grimmelshausen beschreibt, wie sich hier ein entfesselter und Menschen vernichtender Vandalismus austobt, der die Frauen vergewaltigt, den Knechten Urin einflößt, den gefangenen Bauern in den geheizten Backofen steckt oder einem anderen den Kopf mit einem Bengel einzwängt, „dass ihm das Blut zu Mund, Nas und Ohren heraussprang" (Grimmelshausen: Der abenteuerliche Simplicissimus Teutsch, S. 16 ff). Besonders schlimm muss die Eroberung der Stadt Magdeburg durch die kaiserlichen Truppen im Jahre 1631 gewesen sein. Die Hölle, die die christliche Theologie als Strafe des Menschen für ein unchristliches Leben ausgemalt hatte, vollziehen hier Menschen an Menschen als Lust am Morden, Foltern, Vergewaltigen, Brandschatzen (Medick: Historisches Ereignis und zeitgenössische Erfahrung, in: Krusenstjern/Medick: Der Dreißigjährige Krieg, S. 377 ff)

Historisch beginnt so bereits in der frühen Neuzeit eine *Antinomie*, die sich im Verlauf der Neuzeit und der europäischen Nationalisierung der Politik noch steigert. Es ist die Antinomie zwischen der Entdeckung der *Würde des Menschen* und der Entdeckung seiner Rechte auf der einen Seite und auf der anderen die *Brutalisierung* und *Animalisierung* eines aus allen ethischen Bezügen herausgefallenen Menschen, die in der Neuen wie in der Alten Welt bereits auf die totalitären Katastrophen des 19. und 20. Jahrhunderts vorausdeutet. Die Antinomie gründet in der neuzeitlichen Anthropozentrierung selbst. In dem Maße, wie das Subjekt der Neuzeit sich aus ethischen und traditionellen Bindungen desintegriert, wird es auf eine gefährliche Weise selbst *schranken-* und *grenzenlos*. Solche Entgrenzung des neuzeitlichen Menschen erfordert geradezu eine *vernünftige Selbstbeschränkung* und *Selbsteingrenzung* des Menschen. Diese wird ja bereits in Picos Text eingefordert und in der europäischen Aufklärung vielfältig angedacht. Gleichwohl hat die europäische Kulturgeschichte auch und gerade noch im 19. und 20. Jahrhundert die furchtbarsten Formen der Enthemmung des Menschen im Umgang mit Menschen hervorgebracht, eine Form der Selbstzerstörung der „Würde des Menschen", wie sie bis dahin in der Geschichte der Menschheit nicht vorstellbar schien.

Literatur:

Bitterli, Urs: Die Entdeckung Amerikas. Von Kolumbus bis Alexander von Humboldt. München 1991.
Breuer, Dieter: Grimmelshausen-Handbuch. München 1999.
Burkhardt, Johannes: Der Dreißigjährige Krieg. Frankfurt a. M. 1992.
Daus, Ronald: Die Erfindung des Kolonialismus. Wuppertal 1983.
De las Casas, Bartholomé: Kurzgefasster Bericht von der Verwüstung der Westindischen Inseln. Hg. von Hans Magnus Enzensberger. Frankfurt a. M. 1981.
Ders.: Werkauswahl. Hrsg. von Mariano Delgado. Bd. 2: Historische und ethnographische Schriften. Übersetzt von Ulrich Kunzmann. Paderborn u.a. 1995.
Gebhardt, Wolfgang (Hg.): Handbuch der deutschen Geschichte. Davon: Band 10: Lanzinner, Maximilian: Konfessionelles Zeitalter 1555–1618. Stuttgart 2001. Darin: Schormann, Gerhard: Dreißigjähriger Krieg 1618–1648.
Grimmelshausen, Hans Jakob Christoffel von: Der Abenteuerliche Simplicissimus Teutsch. Mit Anmerkungen und einer Zeittafel hg. von Alfred Kelletat. München 2003.

Klingenstein, Grete u. a. (Hg.): Europäisierung der Erde? Studien zur Einwirkung Europas auf die außereuropäische Welt. München 1980.

Konetzke, Richard: Die Indianerkulturen Altamerikas und die spanisch-portugiesische Kolonialherrschaft. Fischer-Weltgeschichte Bd. 22. Frankfurt a. M. 1995.

Krusenstjern, Benigna von/Medick, Hans: Zwischen Alltag und Katastrophe. Der Dreißigjährige Krieg aus der Nähe. Göttingen 1999.

Meid, Volker: Grimmelshausen. Epoche – Werk – Wirkung. München 1984.

Mires, Fernando: Im Namen des Kreuzes. Der Genozid an den Indianern während der spanischen Eroberung. Freiburg 1989.

Osterhammel, Jürgen: Kolonialismus. Geschichte, Formen, Folgen. München 1995.

Otto, Wolfgang: Conquista, Kultur und Ketzerwahn. Spanien im Jahrhundert seiner Weltherrschaft. Göttingen 1992.

Prien, Hans-Jürgen: Die Geschichte des Christentums in Lateinamerika. Göttingen 1978.

Schmitt, Eberhard (Hg.): Dokumente zur Geschichte der europäischen Expansion. Bd. III. Der Aufbau der Kolonialreiche. Hg. von Matthias Meyn. München 1987.

Die Neukodierung der Macht: Machiavelli

Die Neuzeit ist ein Zeitalter der *Säkularisierung*, und das verändert grundlegend auch den Begriff der *Macht*. In der mittelalterlichen Pistis-Ordo war Macht letzlich immer religiös kodiert, auch wenn sie höchst weltlichen Interessen diente. Die mittelalterliche Feudalordnung, die sich seit der Mitte des 8. Jahrhunderts in Europa etabliert hatte, war eine auf Freundschaft und Gefolgschaft beruhende Form des Lehenswesens, das letzlich in der Hand des Kaisers bzw. Königs lag, die ihrerseits ihre Macht und ihre privilegierte Stellung vor allem seit der Erfindung der Idee des Gottesgnadentums durch den Frankenkönig Pippin III. im Jahre 751 n.Chr. aus der göttlichen Gnade selbst ableiteten. Im Kampf zwischen Kaisertum und Papsttum zerbrach bereits im Hochmittelalter des späten 11. Jahrhunderts die Einheit von Kirche und staatlicher Macht, zugleich war dies der Beginn eines lang anhaltenden Aufstieges der Territorialfürsten und auch Nationen. Die Verweltlichung der Macht schon im späten Mittelalter, auch und gerade der kirchlichen Macht durch ihren schwunghaften Handel mit Ämtern, Pfründen, führte zu einer *Delegitimierung* der kirchlichen Macht. Ihre Verweltlichung war ein Hauptgegenstand der Kritik durch das ganze Mittelalter hindurch gewesen und führte am Beginn der Neuzeit zur Abspaltung eigenständiger Konfessionen von der einen Katholischen Kirche.

Die entscheidende Neuerung der Neuzeit aber besteht in der tendenziellen Ablösung der Macht von *jeglichem* religiösen Anspruch, bzw. in der Neukodierung von Macht als „Wille zur Macht" (Nietzsche) von Menschen über Menschen. Bereits in der Renaissance ist dieser Umbruch zu beobachten. Im Umfeld der neuen Finanz- und auch Kriegspolitik der urbanen Zentren Norditaliens formiert sich ein neuer Typus von *Machthaber*, der seine Macht nicht mehr adeliger Herkunft oder geistlicher Weihe verdankt, sondern der Macht des *Gel-*

des und des *Krieges*. In dieser Zeit entsteht auch eine Schrift, welche die Neu-kodierung der Macht selbst analysiert und auch emphatisch begrüßt: „Der Fürst" (Il Principe, entstanden 1513, gedruckt 1532) von Niccolò Machiavelli (1469–1527). Der Autor unterscheidet systematisch zwischen ererbten und neu zusammengesetzten Fürstentümern, zwischen alteingesessenen Fürsten einer-seits und durch Tüchtigkeit (virtú) und durch Glück (fortuna) zu Macht ge-kommenen Fürsten. Vor allem dieser zweite, moderne Fürstentypus interes-siert ihn. Sein Paradebeispiel dafür ist Cesare Borgia, der im Auftrag seines Oheims, Papst Alexander VI., und mit dessen Rückendeckung in der Romagna Eroberungen für den Kirchenstaat macht und dabei selbst mit großer Grau-samkeit und Härte vorgeht.

Dieser neue Machtherrscher und Diktator entthront andere Machthaber und rottet diese systematisch aus. Seine Politik war, wie Machiavelli hellsichtig berichtet, alle „die zu vertilgen, welche ihn befeinden können oder müssen" (Machiavelli: Der Fürst, Kap. 7, S. 48). Cesare Borgia setzt dabei auch brutale und rücksichtslose Statthalter seiner Macht zur Durchsetzung seines Willens ein. Er lässt einen solchen auch, wenn er ihm nicht mehr genehm ist, „auf dem Marktplatz in zwei Stücke zerrissen ausstellen, mit einem Stück Holz und ei-nem blutigen Messer zur Seite" (S. 45). Ein solches „Schauspiel" soll öffent-lich die Macht des Tyrannen demonstrieren. Bemerkenswert an Machiavellis Analyse ist, dass er nicht im Tone moralischer Kritik spricht. Im Gegenteil re-sümiert Machiavelli:

> Fasse ich nun alle Handlungen des Herzogs zusammen, so kann ich ihn nicht schelten; vielmehr erscheint er mir, wie gesagt, als Vorbild für alle, die durch Glück und mit frem-der Macht zur Herrschaft gelangen. (Machiavelli: Der Fürst, Kap. 7, S. 47)

Damit ist ein *neuzeitliches* Prinzip von *Machtpolitik* formuliert, das alle folgenden Diktatoren dieser Großepoche kannten und auch durchgesetzt haben: Eben jene Macht, um die sie kämpften, rücksichtslos und ohne ethische oder religiö-se Hemmnisse durchzusetzen, im Kampf um die Macht nicht zögerlich und nicht ‚zimperlich' zu sein. Denn der Kampf um Macht, wie er frühneuzeitlich entbrennt, kennt – wie Friedrich Nietzsche dies Jahrhunderte nach Machiavelli formuliert hat – keine andere Leitkategorie mehr als eben den „Willen zur Macht" selbst. Auch Nietzsche freilich tendiert im Kontext der theologischen Evolutionstheorien des 19. Jahrhunderts dazu, solchen Erscheinungsformen des Machtdenkens zu applaudieren und sie für den elementaren Ausdruck des Lebens selbst zu halten.

Cesare Borgia, den Machiavelli ja als Modellfall eines neuen Machtmen-schen skizziert, hatte allerdings langfristig nicht das Glück auf seiner Seite. Zum einen starb sein Oheim, Papst Alexander VI., überraschend im Jahre 1503, zum anderen ist Cesare Borgia selbst zu diesem Zeitpunkt durch Krank-heit geschwächt. Schwäche aber erlaubt dieser neue Typus von Machtpolitik am wenigsten.

Machiavelli beschreibt diese neue Machtstruktur nicht, um einer entfesselten Anarchie das Wort zu reden. Seiner Meinung nach kann man es nicht „Verdienst nennen, wenn einer seinen Mitbürger niedermetzelt, seine Freunde verrät, Treue, Glauben und Götterfurcht nicht kennt" (Machiavelli: Der Fürst, Kap. 8). Seine Darstellung aber impliziert: Mit einem solchen Typus von Machthaber muss man nun rechnen. Das Ziel ist jedoch für Machiavelli eine stabile und geordnete Verfassung des wie immer auch durch Willkürmacht zusammengerafften Staates. Deren hauptsächliche Grundlagen seien gute Gesetze und ein gutes Heer (Kap. 12). Und so gehen alle Ratschläge Machiavellis in die Richtung, die Macht, wie brutal sie auch immer mit Wortbruch, Heimtücke und auch Stärke durchgesetzt wurde, zu stabilisieren. Machiavelli will die politische Ordnung festigen, in der die Bürger ermutigt werden, ihren Geschäften in Frieden nachzugehen, Handel und Ackerbau zu betreiben und die Angst, die der Umbruch der Macht entfesselt hatte, möglichst wieder zu vergessen (Kap. 21).

Literatur:

Der Fürst. Italienisch/deutsch. Hg. von P. Rippel. Stuttgart 1986.

Machiavelli, Niccolò: Der Fürst. Aus dem Italienischen von Friedrich von Oppeln-Bronikowski. Mit einem Nachwort von Horst Günther. Frankfurt a. M. 1990.

Ders.: Opere. Hg. von Sergio Bertelli. Verona. Bd. 1: Il Principe. Verona 1968.

Ders.: Gesammelte Schriften in fünf Bänden. Unter Zugrundelegung der Übersetzung von Johann Ziegler und Franz Nicolaus Baur. Hg. von Hanns Floerke. 5 Bde. München 1925.

Mittermaier, Karl: Macchiavelli. Moral und Politik zu Beginn der Neuzeit. Gernsbach 1990.

Münkler, Herfried: Demaskierung der Macht. Niccolò Machiavellis Staats- und Politikverständnis. Baden-Baden 2004.

Schölderle, Thomas: Das Prinzip der Macht. Neuzeitliches Politik- und Staatsdenken bei Thomas Hobbes und Niccolò Machiavelli. Berlin 2002.

Der Machtdiskurs der Aufklärung

Der Diskurs um die Macht aber entwickelt schon im Europa des *Barock* und zunehmend in der *Aufklärung* nun auch einen Typus der *kritischen Analyse* der neuzeitlichen Machtpolitik, verbunden mit dem Versuch ihrer institutionalisierten Eindämmung. Bereits der französische Philosoph Jean Bodin (1530–1596) versucht in seinen „Sechs Büchern über das Gemeinwesen" (Les six livres de la république, 1576) seiner in Fanatismus und religiöse Ausrottungspolitik verrannten Zeit einen Begriff religiöser *Toleranz* entgegenzustellen, die zwar die religiöse Macht des Herrschers – des Souveräns – restituieren will, dabei aber doch auch schon an die *Teilung* der Macht denkt. Jedenfalls sollen die Stände in Bodins Schrift stärker an der Regierung beteiligt werden.

Der eigentliche Schub in die moderne Staatstheorie erfolgt dann in der *Auf-*

klärung. Thomas Hobbes (1588–1679) entwirft mit seinem „Leviathan" (1651) die erste genuin neuzeitliche Staatstheorie, die den Staat nicht mehr auf religiöser Basis (Gottesgnadentum) begründet, sondern auf einem *Herrschaftsvertrag*. Die Staatstheorie ist eingebettet in eine breite anthropologische Theorie des Menschen, seiner Wahrnehmungsformen, seiner Verstandesfähigkeit, seiner natürlichen Anlagen. Hobbes folgt dabei der empiristischen Linie der Aufklärung und diese neigt eher dazu, die „Natur des Menschen" in einen sehr skeptischen Blick zu nehmen:

> Wer hierüber noch niemals nachgedacht hat, dem muss allerdings auffallen, dass die Natur die Menschen so ungesellig gemacht und sogar einen zu des anderen Mörder bestimmt habe: und doch ergibt sich das offenbar aus der Beschaffenheit ihrer Leidenschaften und wird durch die Erfahrung bekräftigt. (Hobbes: Leviathan. Kap. 13, S. 116)

Die Natur des Menschen ist nach Hobbes durch Leidenschaften wie Habgier, Zorn, Stolz, Begierde geprägt. Sie zu kanalisieren, damit solche Natur des Menschen nicht zu einem Krieg „aller gegen alle" ausartet, ist ein Hauptanliegen seines politischen Traktats. Letztlich ist es allein die „Todesfurcht" (Feare of Death, Leviathan, Authoritative Text, S. 71) vor den Anderen, die „Menschen zum Frieden unter sich geneigt machen kann" (Leviathan, S. 118). Hobbes schreibt seine Staatstheorie vor dem Hintergrund einer *negativen Anthropologie* ein, bzw. kanalisiert diese gefährliche Anthropologie in eine politische Ordnung, in der sie am wenigsten Schaden anrichten kann. Dieses ist nach Hobbes ein *freiwilliger Staatsvertrag*, wie er ihn im 17. Kapitels seines „Leviathan" entwirft als eine Form der freiwilligen Übertragung von Rechten der Individualität auf ein Gemeinwesen unter der Bedingung auch der Abtretung solcher Rechte durch die anderen Menschen des Staatswesens. Der so entstehende Staat, der große „Leviathan", ist der „sterbliche Gott, denn er bringt eine so große Macht und Gewalt hervor, dass durch sie die Gemüter aller zum Frieden unter sich gern geneigt gemacht und zur Verbindung gegen auswärtige Feinde leicht bewogen werden" (Kap. 17, S. 155. This is the Generation of that great LEVIATHAN, or rather, of that Mortall God [...] For by this Authoritie, given him by every particular man in the Common-Wealth, he hath the use of so much Power and Strength conferred on him, that by terror thereof, he is inabled to conform the wills of them all, to Peace at home, and mutuall ayd against their enemies abroad. Autoritative Text, S. 95 f).

Dabei hat Hobbes die Diskurslinie der Neukodierung der Macht in der Aufklärung klar skizziert. Es ist eine Linie der Argumentation, die von dem Fortschrittsdenken, wie es uns in den Utopien der Aufklärung und auch in den Wissenschaftsdiskursen begegnet, abweicht. Diese Argumentationslinie ist eher *defensiv*: Der Mensch ist ein Wesen, das zu Gewalt und Brutalität neigt. Dieses gewaltsame Wesen des Menschen muss eingedämmt werden. Diesem Ziel dient der Staat. Im Kern entdeckt so bereits die politische Staatstheorie der Aufklärung die viel später von Sigmund Freud erst Anfang des 20. Jahrhunderts formulierte Einsicht, dass der Aggressionstrieb ein wesentliches Moment der menschlichen Anthropologie ist. Hobbes benutzt eine solche Anthropologie des durch seine Aggression sich selbst gefährdenden Menschen, um seine Staatstheorie zu begründen. Implizite Voraussetzung dieser Anthropologisierung der Macht ist auch die *Religionskritik* der Aufklärung. Die neuzeitliche Staatstheorie, wie sie Hobbes entwirft, weiß auch, dass dem Menschen in seinen politischen Geschäften kein Gott mehr hilft.

In seiner Darstellung der „Theoretiker der Politik. Von Platon bis Habermas" hat Frank R. Pfetsch darauf hingewiesen, dass Hobbes selbst das „große Spektrum an Gefahren, die die Allmacht des Staates permanent in Frage stellen", noch nicht im ausreichenden Maß berücksichtigt habe (Pfetsch: Theoretiker der Politik, S. 147). Er weist auch darauf hin, dass sich ganz unterschiedliche politische Richtungen auf Hobbes berufen haben: „Liberale, die seinen Besitzindividualismus hervorheben, Konservative, deren Intentionen sich auf die Stärkung der staatlichen Autorität richten, und auch Realisten, die in dem Streben nach Macht das Grundaxiom jeglicher Politik erblicken" (Pfetsch: Theoretiker der Politik, S. 148 f).

Gleichwohl: Auf den Spuren von Hobbes entstehen eine Reihe von säkularen Staatstheorien der Aufklärung. So entwirft John Locke (1632–1704) in seinen „Zwei Abhandlungen über die Regierungen" (Two Treatises of Government, 1690) ebenfalls eine *weltliche Staatslehre*, die dem Staat das Recht einräumt, Gesetze zu schaffen und gegen den Bruch dieser Gesetze auch Strafen festzulegen und zu vollstrecken, auch hier mit dem Ziel, das Wohlergehen der Bürger durch eine bürgerliche Vertragstheorie „zum gegenseitigen Schutz ihres Lebens, ihrer Freiheiten und ihres Vermögens" zu sichern (Locke: Zwei Abhandlungen über die Regierung, Abhandlung II, Paragraph 87). Auch Lockes Denken steht ja im Kontext der zeitgenössischen Bewusstseinsphilosophie und Politik der englischen „glorious revolution" des Jahres 1688. Diese brachte den Sieg des Parlaments über die Krone und führte schließlich zur „bill of rights" (1689), die die Rechte des Parlaments sicherte und England in eine konstitutionelle Monarchie umwandelte. Wenn Hobbes von einer ursprünglich gefährlichen Natur des Menschen ausgeht, so Locke dagegen von einer im Wesentlichen *guten Natur* des Menschen. Bereits im Naturzustand ist er frei, bildet Eigentum, verhält sich vernünftig:

> So werden wir *frei geboren*, sofern wir vernünftig geboren werden (Locke: Zwei Abhandlungen über die Regierung, Abh. II, § 61).

Das Staatsrecht ist nach Locke nötig, um diesen noch unstabilen und unreglementierten Zustand zu sichern. Mit Hobbes geht Locke dabei von einer freiwilligen Abtretung der Rechte aus (Abh. II, § 99), wobei das Volk als der höchste Souverän der legislativen Gewalt eine ihre exekutive Macht missbrauchende Regierung auch wieder abrufen kann (Abh. II, § 149). Die der Gemeinschaft übertragene Gewalt ist selbst das Bollwerk gegen willkürliche Gewalt einschließlich des Schutzes von Leben, Freiheit, Eigentum. In dem Prozess der Einigung verpflichten sich alle, sich dem Urteil der Mehrheit zu unterwerfen, um „den Zustand ihres behaglichen, sicheren und friedlichen Miteinanderlebens, in dem sicheren Genuss ihres Eigentums und in größerer Sicherheit gegenüber allen, die nicht zu dieser Gemeinschaft gehören", zu sichern (Abh. II, § 95). Im Gegensatz zur späteren Gesellschaftstheorie von Rousseau und Marx und vielen Utopien gehört also hier der Schutz des Eigentums zur Hauptaufgabe des Staates.

Innerhalb der Staatstheorien der Aufklärung war es Montesquieu (1689– 1755), der in seiner Schrift „Über den Geist der Gesetze [...]" (De l'esprit des lois [...], 1748) in einem differenzierten Konzept ein System der *Gewaltenteilung* vorschlägt. Dieses System berücksichtigt nun auch die milieu-, zeit- und kulturbedingten Unterschiede der politischen Gesetze und sozialen Bedingungen und wurde zur Grundlage der Rechtsordnung der bürgerlichen Gesellschaft. Es sieht die Teilung und somit auch wechselseitige Kontrolle der Macht der Legislative in Abgrenzung von der Exekutive und von der richterlichen Gewalt vor. Wie das Buch 11, Kap. 4 des Gesetzesbuches von Montesquieu ausführt, dient diese Gewaltenteilung der Prävention einer gefährlichen Machtkonzentration im Staate. Auch Montesquieu geht von einer eingeborenen Naturgesetzlichkeit des Menschen aus, ohne diese so negativ zu bewerten wie Hobbes. (Geist der Gesetze, I, 2). Gegen Hobbes behauptet Montesquieu, dass gerade nicht der durch Furchtsamkeit geprägte Naturzustand, sondern die Vergesellschaftung die Menschen kriegerisch mache (Geist der Gesetze, I, 3):

> Sobald die Menschen vergesellschaftet sind, verlieren sie das Gefühl ihrer Schwäche. Die Gleichheit zwischen ihnen hört auf, und der Kriegszustand hebt an. (Montesquieu: Geist der Gesetze, I, 3)

Die Verrechtlichung der Gesellschaft, darunter bereits die Idee des „Völkerrechts" (ebd.), ist somit nach Montesquieu nötig, um den Schaden der Vergesellschaftung einzudämmen und die Verkehrsformen der Bürger untereinander zu regulieren durch das „bürgerliche Recht" (ebd.). Unter den drei Regierungsformen, die Montesquieu diskutiert, der Demokratie, Monarchie und Despotie, neigt Montesquieu zu einer aus demokratischen und aristokratischen Elementen verbundenen Staatsform. Montesquieu optiert für eine aristokratische Demokratie, bzw. republikansiche Monarchie, will dabei aber gerade nicht die Unterdrückung des Volkes durch Klerus und Adel festschreiben, sondern hat dabei eine durch Recht und Gesetz regierte Regierungsform im Sinn, an der das Volk wie auch der Erbadel konstruktiv beteiligt sind. Insofern spürt man der Schrift ihr Entstehen im Ancien Regime an.

Einen Schritt weiter in Richtung auf Gründung einer rein bürgerlichen Gesellschaft geht Jean-Jacques Rousseau (1712–1778) in seiner Schrift „Über den Gesellschaftsvertrag oder Grundsätze des politischen Rechts" (Du contrat social ou principes du droit politique, 1762). Auch Rousseau geht von einem Naturzustand des Menschen aus, den er aber im Gegensatz zu Hobbes positiv bestimmt als einen durch Mitgefühl (commisération) bestimmten sittlichen Zustand des Menschen, der es ihm auch ermöglichte, in innerer Freiheit einem

Vertrag zuzustimmen, der den „Gesamtwillen" (volonté générale) positiv zum Ausdruck bringt. Daher wirkt dieser kollektive Gesetzgebungsakt auch zum Wohle aller im Gegensatz zu dem bloß additiven „Willen aller" (volonté de tous). Rousseau *ethisiert* so zugleich das Gemeinwesen, braucht daher auch keine so ausgearbeitete Staatstheorie wie Montesquieu. „Die allgemeine Wohlfahrt ergibt sich nach diesem Modell aus dem Zusammenspiel der Individualwillen. [...] Das Modell bedeutete, wie [Ernst] Bloch es formuliert hat, den ersten Frühgottesdienst des Kapitalismus, denn es baute auf Voraussetzungen auf, die weit von der Realität entfernt waren." (Pfetsch: Theoretiker der Politik, S. 323f) Gerade diese utopische Ethisierung des Gemeinwesens aber hat großen Einfluss auf die Geistesgeschichte. Auf dem Boden ihrer Argumentation agierte Robespierre in der Französischen Revolution auch zur Begründung des *terreur*. Auch Herder, Hölderlin und die deutsche Romantik waren von der Idee einer Idealgemeinschaft, welche sie dem Entfremdungszustand des bürgerlichen Staates entgegenhielten, fasziniert.

Dazu kam, dass Rousseau ein sprachgewaltiger Kritiker des bürgerlichen Staates war. In seinen Preisschriften äußert er starke Vorbehalte gegen die bürgerliche Gesellschaft und insbesondere gegen ihr Eigentumsrecht:

> Der erste, der ein Stück Erde eingezäunt hatte und sich anmaßte zu sagen: ‚Dies gehört mir‘, und der Leute fand, die einfältig genug waren, es zu glauben, war der wahre Gründer der bürgerlichen Gesellschaft. Wieviele Verbrechen, Kriege, Morde, wieviel Elend und Schrecken hätte derjenige dem Menschengeschlecht erspart, der die Pfähle herausgerissen oder den Graben zugeschüttet und seinesgleichen zugerufen hätte: „Hütet euch diesem Betrüger zuzuhören. Ihr seid verloren, wenn ihr vergesst dass die Früchte allen und die Erde keinem gehört!" (Rousseau: Abhandlung über den Ursprung und die Grundlagen der Ungleichheit unter den Menschen, S. 87).

Damit beginnt nach Rousseau ein Selbstentfremdungsprozess der Zivilisation, der sich – gegenüber dem Wilden - in der bürgerlichen Klasse zuspitzt:

> Der immer rege Bürger dagegen schwitzt, hastet und quält sich unaufhörlich auf der Suche nach immer mühseligen Beschäftigungen; er arbeitet bis zum Tode [...]. (Ebd., S. 110)

Rousseau hat der Kulturkritik der Romantik und Moderne die entscheidenden Argumente zugeliefert. An die Linie seiner Argumentation knüpft auch die kommunistische Theorie von Karl Marx an.

Ob wir der negativen oder positiven Anthropologie folgen, Hobbes oder Locke, Rousseau oder Montesquieu, so sind sich doch alle Theoretiker darin einig, dass der gesellschaftliche Zustand des Menschen, wenn er denn aus dem Naturzustand herausgetreten ist, politisch *reguliert* werden müsse.

Mit dem Diskurs der Aufklärung hat die Theorie der Macht bereits die entscheidenden Argumentationslinien der neuzeitlichen Selbstregulierung der menschlichen Macht durch den Menschen gefunden. Immanuel Kant (1724–1804) bestätigt in seiner „Kritik der reinen Vernunft" die regulative Funktion einer „notwendigen Idee" einer „Verfassung von der größten menschlichen

Freiheit nach Gesetzen, welche machen, dass jedes Freiheit mit der anderen ihrer zusammen bestehen kann" (Kant: Kritik der reinen Vernunft, B S. 373). In der „Metaphysik der Sitten" (1797) wird auf solcher Grundlage das Modell eines Gesellschaftsvertrages aus der leitenden Freiheitsidee entworfen. Über die nationalen und anthropologischen Argumentationslinien hinaus blickt Kant auch mit seiner Schrift „Zum ewigen Frieden" von 1795 auf eine *internationale* Staatsgemeinschaft, die die Konflikte der Völker auf ordentliche Weise regeln soll. Die Begründung des Staates in der sittlichen Idee kann dann auch bei Georg Wilhelm Friedrich Hegel (1770–1831) in seinen „Grundlinien der Philosophie des Rechts oder Naturrecht und Staatswissenschaft im Grundriss" (1821) zu der Position führen, dass der Staat „die Wirklichkeit der sittlichen Idee" sei, der „sittliche Geist als der *offenbare*, sich selbst deutliche, substantielle Wille, der sich denkt und weiß, und das, was er weiß, und insofern er es weiß, vollführt" (Hegel: Grundlinien, Paragraph 257, S. 398). Die Hegelsche Position hat in diesem Sinne konservative wie auch staatskritische Positionen auf den Plan gerufen, die so genannte Hegelianische Rechte wie Hegelianische Linke, wobei sich erstere stärker auf den Begriff der Wirklichkeit, letztere eher auf den der Vernunftidee berief.

In der deutschen Romantik bricht gegenläufig zu diesem Prozess der Säkularisierung und Ablösung des Diskurses der Macht von der Religion eine *Resakralisierung* der Staatsidee auf. So hatte die Jugendfreundschaft zwischen Hegel und Friedrich Hölderlin (1770–1843) unter der Losung gestanden „Reich Gottes!" – so formuliert in einem Brief Hölderlins vom 10. Juli 1794 an Hegel (Hölderlin: SA, Bd. 6.1, S. 126). Auch die Jenenser Romantik hatte diese Zukunftsvision entworfen:

> Der revolutionäre Wunsch, das Reich Gottes zu realisieren ist der elastische Punkt der progressiven Bildung und der Anfang der modernen Geschichte. (Schlegel: KA, Bd. 2, S. 201)

Die Napoleonische Radikalisierung der Säkularisierung Ende des 18. Jahrhunderts führte auch zu einer massiven *Kritik* an eben jenem Prozess. Die Frühromantik litt an der Säkularisierung, an der Entgötterung der Welt, am Bedeutungsverlust, an der Mechanisierung und fabrikmäßigen Ausgestaltung eines Staates, wie ihn Preußen derzeit darstellte. Novalis formuliert diese Kritik in seiner Fragmentsammlung „Glaube und Liebe" von 1798. Die neue Gemeinschaft sollte in einem neuen sakral begründeten Bündnis bestehen. Gefährlich wurde diese wohlmeinende und in ihrer Zeitkritik vielfach berechtigte utopische Wunschvorstellung allerdings dadurch, dass sie politisch missbraucht werden konnte. So war es denn auch die Politik der Restauration nach der Besiegung Napoleons, die sich wieder auf das Gottesgnadentum berief und die Machtansprüche der säkularisierten Herrscher der „Heiligen Allianz" pseudoreligiös begründete und motivierte. Gerade diese ‚unheilige Allianz' moderner Machtpolitik und christlicher Pistis charakterisierte die sehr erfolgreiche Metternichsche Politik.

Ansonsten gehört es sicher zur Tragik Europas in der Moderne, dass die technisch-ökonomische Modernisierung nicht mit einer entsprechenden politischen Modernisierung und Demokratisierung einherging. Die katastrophalen Folgelasten dieser Fehlentwicklung der großen europäischen Politik bis zum Ende des Zweiten Weltkrieges sind bekannt. Die Demokratie musste aus den USA nach Europa reimportiert werden und in jenen Argumentationslinien der Aufklärung wieder gefunden werden, die eine Verrechtlichung des bürgerlichen Staates und seiner internationalen Verbindungen bereits angedacht hatten.

Literatur:

Hegel, Georg Wilhelm Friedrich: Grundlinien der Philosophie des Rechts oder Naturrecht und Staatswissenschaft im Grundriss. Mit Hegels eigenhändigen Randbemerkungen in seinem Handexemplar der Rechtsphilosophie. In der Textedition von Johannes Hoffmeister. 5. Auflage. Hamburg 1995.

Hobbes, Thomas: Leviathan. Erster und zweiter Teil. Übersetzt und herausgegeben von J. P. Mayer. Nachwort von Malte Disselhorst. Stuttgart 1974.

Ders.: Leviathan. Authoritative Text, Backgrounds, Interpretations. Hg. von Richard Flathman und David Johnston. New York 1997.

Hölderlin, Friedrich: Stuttgarter Hölderlin-Ausgabe. Hg. von Friedrich Beißner. Bd. 6.1: Briefe. Hg. von A. Beck. Stuttgart 1954.

Imboden, Max: Montesquieu und die Lehre der Gewaltentrennung. Berlin 1959.

Locke, John: A Letter Concerning Toleration. Ein Brief über die Toleranz. Englisch/Deutsch. Übersetzt, eingeleitet und mit Anmerkungen versehen von J. Ebbinghaus. Hamburg 1957.

Ders.: Zwei Abhandlungen über die Regierung. Hg. und eingeleitet von Walter Euchner. Übersetzt von H. J. Hoffmann. Frankfurt a. M. 1977.

Ders.: Two Treatises of Government. Hg., eingeleitet und kommentiert von Peter Laslett. Cambridge 1999.

Medick, Hans: Naturzustand und Naturgeschichte der bürgerlichen Gesellschaft. Die Ursprünge der bürgerlichen Sozialtheorie als Geschichtsphilosophie und Sozialwissenschaft bei Samuel Pufendorf, John Locke und Adam Smith. Göttingen 1973.

Montesquieu: Vom Geist der Gesetze. Auswahl, Übersetzung und Einleitung von Kurt Weigand. Stuttgart 1965.

Ders.: De l'esprit des lois. Hg. von Laurent Versini. 1995.

Pfetsch, Frank R.: Theoretiker der Politik. Von Platon bis Habermas. Paderborn 2003.

Rousseau, Jean Jacques: Der Gesellschaftsvertrag. Hg. von Heinrich Weinstock. Stuttgart 1975.

Ders.: Preisschriften und Erziehungsplan. Hg. von Hermann Röhrs. Bad Heilbrunn 1967.

Ders.: Schriften zur Kulturkritik. Französisch/deutsch. Hg. und übersetzt von Kurt Weigand. Hamburg 1971.

Rotermundt, Rainer: Das Denken John Lockes. Frankfurt a. M. 1976.

Kodes der Utopie und der Ideologie

Wie wir sahen, geraten Grundbestandteile der christlichen Pistis bereits in der Renaissance in die Krise. Das ist genau der Zeitpunkt, an dem die Geschichte der europäischen *Weltentdeckung* und *Welteroberung* einsetzt. Diese verbindet sich vielfach mit einer Suche nach dem Paradies. In den Berichten des Kolumbus und späterer Welteroberer leuchtet diese Sehnsucht nach dem Paradies auf. Für einen kurzen Moment ist es für den europäischen Blick auch ansichtig: Wenn er überwältigt vor der Schönheit der natürlichen Lebensräume und auch der Eingeborenen in sein Bordbuch schreibt: „Sie gehen nackend umher, so wie Gott sie erschaffen [...]" (Kolumbus: Das Bordbuch, S. 46) bis der zweite, taxierende Blick das natürliche Paradies in ein Paradies des *kalkulierten Gewinns* verwandelt. Die reale Utopie des Paradieses war der kurze Blick auf jenes *vor* seiner machtpolitischen und ökonomischen Inbesitznahme.

Aber auch bei der Kolonisierung der Neuen Welt spielte die religiöse Utopie noch eine dominante Rolle. Bekanntlich waren es soziale und ökonomische Probleme, die einen Teil des englischen Mittelstandes Anfang des 17. Jahrhunderts aus dem Lande und in die Neue Welt trieben. Diese ersten *Puritaner*, die „Pilgerväter", trafen auf der „Mayflower" am 19. November 1620 in Plymouth in Massachusetts ein, um dort ein neues utopisches Gemeinwesen zu gründen. Die Puritaner hielten sich selbst für „Auserwählte" im alttestamentarischen Sinne, die wie das Volk Israel auf dem Weg nach Kanaan waren und dort ein „neues Jerusalem" gründen wollten. Durch strenge Arbeitsmoral, Askese und Gemeinschaftsgeist riefen diese und die nachfolgenden Puritaner in der Tat ein prosperierendes Gemeinwesen in Nordamerika ins Leben. Der Erfolg des Modells schien ihnen ein Beleg ihrer Auserwähltheit durch Gott, wie denn überhaupt das neuzeitlich rationale Erwerbs- und Erfolgsdenken sich hier auf eine unheilige Weise mit einem fundamentalistischen Christentum verband, das sich vor allem auf die Bibellektüre stützte.

Der Landhunger der von Europa einströmenden Siedler verlangte nach neuen und immer neuen Territorien, die zu immer neuen Wellen von Verdrängung, Umsiedlung, Vernichtung von ganzen Indianerstämmen führte. Diese schienen den Siedlern in ihrem manichäischen Christentum die „Kinder des Satans" zu sein. Die real-utopische Kodierung der Kolonien Nordamerikas als ein neues Jerusalem zeigt die Pervertierung der Idee des Christentums selbst zu einer säkularisierten Ideologie der Kolonialisierung, die vor Mord, Vertreibung und immer neuen Gesetzesbrüchen nicht zurückschreckte (Gründer: Welteroberung und Christentum, S. 175 ff.). Die Utopie des „neuen Jerusalem", der „himmlischen Stadt auf dem Berg" („City upon a Hill"), wie sie der Apokalyptiker Johannes visionär geschildert hatte, war zumindest für die Indianer die Hölle auf Erden. Die Zahlen über die Ausrottung durch Krieg, eingeschleppte Krankheiten, Rauschmittel getöteten Indianer, deren Todesziffer ja noch im 19. Jahrhundert durch die Vernichtung der Lebensgrundlagen in den Prärien, der Büffelherden, entsetzlich in die Höhe schnellten, sind noch heute schwer zu erhalten (von Nostitz: Die Vernichtung des Roten Mannes; Bowden: American Indians and Christian Mission; Jennings: The Invasion of America). Die Realisierung der Utopie eines himmlischen Jerusalem in der Neuen Welt eröffnete zumindest für die Eingeborenen kein Himmelreich.

Die Funktion der *Utopie* als *literarischer Gattung* kann man bereits aus der Mentalitätsproblematik der Neuzeit erschließen: Das durch die Säkularisierung, die Krise der Metaphysik und Religion entstandene *Sinnvakuum* musste durch eine neue *Sinnsetzung* gefüllt werden. Was aber tritt an die Stelle des christlichen Jenseits und seiner Heilsversprechen?

Eine Antwort der europäischen Kulturgeschichte der Neuzeit auf die religiöse Sinnentleerung ist die literarische Gattung der *Utopie*. Sie ist ein Modell einer *besseren Welt*, einer *Jenseitstranszendenz* schon im Diesseits, eine Art *Heilsversprechen* unter den Bedingungen des neuzeitlichen Denkens. Den Begriff der Utopie prägte Thomas Morus (1478–1535) mit seinem Buch „Utopia" (erschienen 1516). Der Begriff spielt sowohl auf das griechische u-topos (kein Ort) wie eu-topos (der gute, der ideale Ort) an.

Man kann bereits aus der Leitkodierung der Neuzeit ableiten, wie eine neuzeitliche Heilsvorstellung gegenüber der mittelalterlich kodierten aussehen muss: Sie kann nicht mehr als religiöse Offenbarung erscheinen, sondern ist ein *Projekt* des Menschen. Gemäß der Dominanz der Rationalität wird dieses Projekt selbst durch und durch *rational* organisiert und strukturiert sein. Das Moment der Heilsvorstellung der religiösen Erlösung wird als eine *diesseitige Erlösungsvision* des Menschen in der Geschichte erscheinen und damit zugleich als *Kritik* der vielfach noch feudal strukturierten politischen Verhältnisse.

Wenn sich so die neuzeitliche Utopie als eine säkularisierte christliche Pistis zeigt, so folgt sie andererseits auch der Modellvorgabe des antiken Logos. Bereits Platon hatte ja mit seinem „Staat" eine politische Utopie der Vernunft entworfen, die auch das Grundmodell für die neuzeitlichen Staatsutopien abgab. Das „himmlische Jerusalem" wie der antike Idealstaat sind Ideengeber für die Utopie der Neuzeit. Dem Projektcharakter der neuzeitlichen Utopie entspricht die Konstruktion der meisten Utopien der Neuzeit als *literarisches Modell*. Utopien in diesem Sinne sind *fiktive* literarische Entwürfe einer *besseren Welt*, die allerdings im Rahmen der Fiktion eine eigene Form von Authentizität beanspruchen. So gibt sich in Thomas Morus' „Utopia" der Autor selbst als Erzähler zu erkennen, der einem Freund brieflich von der Begegnung mit einem gewissen Raphael Hythlodaeus in Antwerpen berichtet. Dieser sei zusammen mit dem Seefahrer Amerigo Vespucci zur See gefahren und habe dabei die Insel Utopia besucht, auf welcher er eine ideale Staatsform bereits verwirklicht fand. Der projektive Entwurf des idealen Staates inszeniert sich so in diesem Roman als ein authentischer Bericht, der sich, was auch in England und in Europa als politisches Programm verwirklicht werden sollte, bereits als realisierte Staatsform in der Ferne vorstellt.

Der Text von Thomas Morus enthält zwei Teile, deren erstes Buch im Wesentlichen die „Missstände bei uns" anprangert, also Negativfolie für jene Uto-

pie eines Idealstaates abgibt, die dann das zweite Buch schildert. Zu den Miss-
ständen in England, Frankreich und auch anderen Ländern Europas gehört die
Faulenzerei eines funktionslos gewordenen Adels (Morus: Utopia, S. 27), gehört die „verderblichere Pest" der in den Ländern herumlungernden Soldaten-
armeen (S. 28f), gehört die Ausbeutung der unteren sozialen Schichten, die dadurch beinahe zwangsläufig in die Kriminalität abglitten (S. 32). Die Kehrseite
der Verarmung der unteren Schichten sei der Luxus, Müßiggang, die Zuchtlo-
sigkeit der ausbeutenden Schichten.

> Fort mit diesen heillosen Zuständen! (S. 34)

In diesem Sinne ist die Utopie auch eine Form der *Sozialkritik* der herrschen-
den Zustände. Ein Hauptpunkt der Kritik am alten Europa ist bei Morus der
Missbrauch des Privateigentums, aus dem zwangsläufig ein Idealkonzept eines
Staates Utopia entspringt, in dem „alles Gemeineigentum" ist (S. 61). Privateigentum schafft nach Morus Unrecht, Ungleichheit, Unglück.

> Denn der kluge Mann erkannte unschwer, dass dies der einzige, alleinige Weg zum
> allgemeinen Wohl ist, wenn man Gleichheit der Verhältnisse anordnet; diese aber
> kann schwerlich jemals dort Platz greifen, wo der einzelne über Eigentum verfügt.
> (S. 64)

So ist denn das durch den legendären Staatsgründer Utopus eingerichtete Modell jenes Staates Utopia so angelegt, dass hier das Privateigentum abgeschafft
ist und das ganze Sozialwesen auf eine weitgehend freiwillige Kollektivität hin
angelegt ist.

Das zeigt sich auch im Erscheinungsbild diese kollektiven Staates. Alle Städte sind nach dem Grundmodell der Hauptstadt Amaurotum angelegt – „Wer
eine ihrer Städte kennt, kennt alle: so völlig gleichen sie einander" (S. 76). Es
sind Städte von quadratischem Grundriss, wie die Hauptstadt an einem lieblichen Fluss gelegen. Dabei folgt der ideale Plan der Stadt dem Bauprinzip der
Renaissance, solche Städte wie eine idealperspektivisch gesehene Stadtland-
schaft aus einem Guss und nach streng geometrischen Regeln entstehen zu lassen. So auch habe der Staatsgründer Utopus Amaurotum angelegt.

Das gesamte Staatsgebilde ist aus einem Guss entworfen. Wie die Hauptpro-
duktionszweige der Renaissance ist auch die Ökonomie von Utopia ausgerichtet auf Ackerbau und Tuchindustrie. Die Kleidung ist in ihrer Zweckmäßigkeit
für alle gleich. Kollektiv organisiert ist auch die Arbeit, das gemeinsame Essen
im Kreis der Großfamilien mit ihren Oberhäuptern (Phylarchen) in gemeinsamen Hallen. Auch die Regelung der Freizeit folgt einem kollektiven Muster
nützlicher Fortbildung, in welcher sich die meisten freiwillig den Studien widmen. Die Hauptfunktion der Phylarchen ist es, „scharf aufzupassen, dass ja
kein Mensch faulenzend herumsitzt, sondern dass jeder seinem Beruf fleißig
nachgeht" (S. 83). Die Utopie des Thomas Morus ist die *rationalistische Utopie*
eines hoch aktiven und produktiven Gemeinwesens. Seine spartanische Strenge und Einfachheit steht im bewussten Kontrast zur luxurierenden Klasse und
zum Hochklerus seiner Zeit.

Zur Durchsetzung der kollektiven Lebensform muss sich die Utopie besonders auch der Sexualität annehmen. In Utopia wird die Heiratserlaubnis den
Frauen nicht vor dem 18. Lebensjahr, den Männern nach dem 22. Lebensjahr
zugewiesen. Heiratswillige Männer und Frauen können sich vor der Ehe unter
Aufsicht nackt begutachten, bevor sie sich dann ein Leben lang binden. Diese
Vorbegutachtung wird zugestanden, da ein späterer Ehebruch wie auch vor-
ehelicher Verkehr in diesem Staat äußerst streng bestraft wird. Es sind vor allem die Priester, die für die Einhaltung des strengen Sittenkanons von Utopia
verantwortlich sind.

„Utopia" ist eine Utopie der *Gleichheit* nach dem Modell großer Familienver-
bände, bei der auch die Beamten und Priester quasi väterliche Funktionen aus-
üben. Man hat die Religion nicht verabschiedet, sie spielt in Morus' „Utopia"
sogar eine dominante Rolle, aber diese wird im Kontext dieser Zweckmäßig-
keitsutopie zu einer vernünftigen und zweckmäßigen Religion uminterpretiert.
Man verehrt in Utopia ein „höchstes Wesen", das man auch „Mythras" nennt,
von dem aber kein Bild angefertigt wird und von dem auch keine weiteren Namen existieren. Die Gemeinsamkeit des Glaubens garantiert die Gleichheit eines vernünftigen Staatswesens, in dem alle weitgehend aus eigener Vernunft
tugendsam, arbeitsam, sozial hilfreich leben, da dies nach Morus der natürlichen Disposition der Vernunft entspreche (Morus: Utopia, S. 110f). Wie gesagt: Der Utopismus der Neuzeit folgt ähnlichen Gemeinschaftsmodellen, wie
sie Platons Staat, aber auch die christlichen Vorstellungen vom Reich Gottes –
der Apokalyptiker Johannes und Augustinus insbesondere – entworfen hatten.
Der neue Utopismus der Neuzeit aber wird nicht mehr primär getragen durch
den Glauben an das christliche Jenseits und an den Anbruch der Heilsgeschichte durch die Ankunft Christi, sondern durch die Möglichkeit der *Verdiesseitigung* eines idealen Staatsgebildes als ein Projekt des Menschen und aus
menschlicher Kraft.

Thomas Morus' Utopie zeigt bereits die Stärken und Schwächen dieses
neuen Genres der Schrift. Als Modell der Rationalität mangelt ihm – wie schon
der „Politeia" Platons – jene Lebendigkeit eines Staatsgebildes, welche die anderen, nicht rationalistischen Vermögen des Menschen zur Geltung bringt: die
Phantasie, die *Emotionalität* des Menschen insbesondere, aber auch die *Erinnerung*. Die Utopien der Neuzeit sind zumeist, wie Thomas Morus' Projekt, *ge-
schichtslos*. Die mangelhafte Integration des *ganzen* Menschen in das Projekt eines idealen Staates lässt dieses zugleich als eine *kalte Machtinszenierung* erscheinen, deren Regulierungswut die totalitären Utopien des 20. Jahrhunderts in der
Tat vorwegnimmt, wie es die kritische Utopieforschung zu Recht bemerkt hat.
In der Utopie der Neuzeit dominiert die abstrakte Ordnung über das Einzel-
wesen, die Rationalität des Subjekts über die anderen Perzeptions- und Ausdrucksformen des Menschen. Ernst Bloch spricht in Bezug auf die Utopie sogar vom erträumten „Militärstaat [...], der auch nach innen einer ist" (Bloch:
Das Prinzip Hoffnung, S. 554).

Die Dominanz des Ganzen über den Einzelnen und der partiellen Rationalität über den ganzen Menschen prägt die wichtigsten Utopien des 16. und 17. Jahrhunderts, die sie explizit nun auch mit der modernen Wissenschaft und Technik verbinden. Das gilt für Francis Bacons (1561–1626) „Nova Atlantis" von 1627, das den Atlantis-Mythos wieder aufleben lässt, um ihn wissenschaftlich-technisch neu zu konstruieren, auch hier eingebettet in eine fiktive Erzählung über eine ferne Insel, genannt Bensalem und die Darstellung des dort bereits realisierten idealen Wissenschaftsstaates. Auch die 1623 veröffentlichte „Città del Sole" des revolutionären Dominikanermönchs Tommaso Campanella (1568–1639) wählt die fiktive Form eines authentischen Berichts vonseiten eines (Genueser) Seefahrers über den Idealstaat auf einer fernen Insel. Sie trägt hier den Namen Taprobane (das heutige Ceylon). Das Oberhaupt dieses idealen Sonnenstaates, der im Übrigen der Gründung eines Jesuitenstaates in Paraguay als Vorbild diente, heißt „Sol" oder „Metaphysikus", dem die Minister „Pon" (Macht), „Sin" (Weisheit), „Mor" (Liebe) zur Seite stehen. Eine Vielzahl technischer Neuerungen – künstliches Licht, Klimaregelung, mechanische Schiffs- und Flugmaschinen – zeichnen hier den Sonnenstaat auch als *technische Utopie* aus.

Denn auch die „Città del Sole" ist eine *Wissensgesellschaft*, die ein Kompendium aller Wissenschaften an die Wände der Stadtmauern anbringen lässt. Und auch hier ist alles Gemeingut. Die Zuordnung der Waren und der Güter erfolgt, wie in Morus' „Utopia", in einer prästabilisierten Harmonie gemäß der moderaten Nachfrage. Jeder nimmt nur so viel oder lässt sich geben, wie einer braucht, wiederum produziert das produktive Gemeinwesen allemal so viel, wie jeder verbraucht.

Bei Campanella kann man gut die Herkunft der neuzeitlichen Utopie aus der christlichen Metaphysik beobachten. Seine Konzeption der Gemeinschaft drückt ein Einheitsmodell der christlichen Urgemeinde aus – „denn wir sind durch einen Geist alle zu einem Leib getauft" (Paulus 1 Kor. 12.13) –, das Modell auch der Einheitsgemeinschaft vieler der neuzeitlichen Utopien. Bei Campanella heißt es:

> Die Solarier verkehren miteinander in einer Weise, dass man sie gleichsam für Glieder desselben Leibes halten könnte. (zitiert in: Swoboda: Der Traum vom besten Staat, S. 127)

Ähnliche Formulierungen finden wir auch in der Utopie „Christianopolis" von Johann Valentin Andreä (1586–1654) und sie treibt auch noch die frühsozialistischen Utopien des ausgehenden 18. und des ganzen 19. Jahrhunderts um. Dabei ist es zweifelsohne der Gedanke des sozialen Ausgleichs, der gesellschaftskritische Funktion ausübt und ja auch große politische Anziehung ausgeübt hat.

Die Gattung macht an der Zeitenschwelle zur Moderne um 1800 einen Sprung: von der Raumutopie zur *Zeitutopie*. In dem Maße, wie die Welt erobert und erforscht wird, muss sich die Utopie aus der räumlichen Ferne in die Zukunft flüchten. Somit wird die christliche Eschatologie zu einem Zukunftsmodell utopischer Realität in der Geschichte umkodiert. Es war Louis-Sébastien Mercier (1740–1814), dessen Utopie „Das Jahr 2440" (L'An 2440, erschienen 1770), in einer Art Traumbericht den Idealstaat der *Zukunft* beschreibt, der wie bei Morus und anderen Utopisten als kritischer Maßstab für die schlechte Wirklichkeit fungiert. Und auch hier gilt – im Gegensatz zur Klassenhierarchie der Gesellschaft des ancien régime – das Gleichheits- und Einheitsprinzip:

> Der Bürger ist nicht vom Staat getrennet, er bildet mit ihm einen Körper [...]. (Mercier: Das Jahr 2440, S. 163)

Auch in den Folgeutopien von Claude Saint-Simon (1760–1825) und in der Utopie des Kommunismus von Karl Marx (1818–1883) verwandelt sich die Welt in ein *vernünftiges Paradies* oder *Paradies der Vernunft*, das eine zur Vernunft gekommene Menschheit mithilfe von *wissenschaftlich-technischer Rationalität* sich einrichtet, ein kollektives Staatsgebilde, in dem alle tätig, alle nützlich, alle möglichst freiwillig ins Kollektiv sich einfügen. Das ist nach Marx „ein Ideal", das „den jetzigen Zustand aufhebt" (Marx: Die Frühschriften, S. 361), in dem das Privateigentum aufgehoben und die Produzenten zugleich die kollektiven Eigner der Produktionsmittel werden. In diesem Sinne trägt denn auch Marx' Proletariat die Züge eines auserwählten Volkes, wie es die Heilige Schrift im Judentum vorgeprägt hatte.

Bereits in den Zeitutopien des 19. und vollends des 20. Jahrhunderts aber kippt dann die säkular-eschatologische Zukunftshoffnung, die noch Jules Vernes' technische Utopien inspirieren, in einen *Albtraum* um. Herbert George Wells' (1866–1946) Zeitreise in seiner „Zeitmaschine" („Time-Machine", Erstveröffentlichung 1895) beschleunigt den Zeitreisenden in die Zukunft des Jahres 802701. Hinter der Fassade einer scheinbar harmonischen Zukunftswelt aber lauert hier eine lemurenhafte Unterwelt, die den sozialen Rapport mit der Oberwelt als eine zwischen Fressen und Gefressenwerden realisiert. Die *Anti-Utopien* des 20. Jahrhunderts – Jewgenij Samjatins „Wir", George Orwells „1984" – spiegeln dann schon den stalinistischen Totalitarismus des 20. Jahrhunderts, der, wie der Nationalsozialismus in Deutschland, mit der radikalen Ausmerzung der Individualität Ernst machte und in Wahrheit nicht das soziale Glück, sondern die nationale Machtpolitik ihrer Diktatoren durchsetzen sollte. Diese Form des pervertierten Utopismus in der Realpolitik des 20. Jahrhunderts gehört denn auch in eine Geschichte des europäischen *Nihilismus*, der die säkularisierten Heilsversprechen nur noch als falsche Kodierungen einer Politik des Willens zur Macht missbrauchte.

Die Forschungen zur Utopie haben denn auch den Übergang zur *totalitären Ideologie* mehrfach betont und insbesondere nach dem Ende der totalitären Ideologie des Sozialismus/Kommunismus auch das Ende der Utopien verkündet. Karl Mannheim hatte bereits in seinem großen Buch „Ideologie und Utopie" von 1928/29 auf den inneren Zusammenhang beider Formen des Bewusstseins hingewiesen (Mannheim: Ideologie und Utopie). Der Utopieforscher Richard Saage stellte nach dem Zusammenbruch der sozialistischen Systeme 1991 die

Frage nach dem „Ende der politischen Utopie" (Saage: Das Ende der politischen Utopie) und Johannes Fest besiegelte dies in seinem Buch „Der zerstörte Traum. Vom Ende des utopischen Zeitalters". Bei der Abgrenzung von *Utopie* und *Ideologie* ist es hilfreich, sich die unterschiedlichen Formen der Textkodierung vor Augen zu rufen: Die Utopie kodiert sich bei allen Strategien der Authentifikation doch letztlich als *literarischer Entwurf* einer besseren Welt, mithin als *fiktives Projekt.* Die *Ideologie* dagegen besetzt einen scheinbar *aufklärerischen Wahrheitsanspruch,* der schon von der Form her hinter den Stand der neuzeitlichen Rationalität und ihres kritischen Bewusstseins zurückfällt. Wenn Goebbels sein im März 1933 geschaffenes Ministerium „Ministerium für Volksaufklärung und Propaganda" nennt, zeigt sich bereits in dieser unheiligen Verbindung von Propaganda und Aufklärungsanspruch die implizierte Lüge: dass NS-Propaganda wirkliche Volksaufklärung betriebe (Wippermann: Der konsequente Wahn, S. 135 ff). Aber auch der Sozialismus/Kommunismus behauptete eine Form der ‚objektiven' Wahrheitserkenntnis, die über weite Teile nichts anderes als Propaganda des Systems war. Insofern haben schon frühe Studien zur Ideologiebildung auf den Appell- und Leerformelcharakter von Ideologie hingewiesen, die im Widerspruch steht zu den Wahrheitsansprüchen, die sie transportieren soll (Geiger: Ideologie und Wahrheit).

Literatur:

Biesterfeld, Wolfgang (Hg.): Utopie. Stuttgart 1985.

Bloch, Ernst: Das Prinzip Hoffnung. Stuttgart 1998.

Bowden, Henry Warner: American Indians and Christian Mission: Studies in Conflict. Chicago u.a. 1985.

Braungart, Wolfgang: Die Kunst der Utopie. Vom Späthumanismus zur frühen Aufklärung. Stuttgart 1989.

Fest, Johannes: Der zerstörte Traum. Vom Ende des utopischen Zeitalters. Berlin 1991.

Geiger, Theodor: Ideologie und Wahrheit. Eine soziologische Kritik des Denkens. Stuttgart 1953.

Gründer, Horst: Welteroberung und Christentum, 1992 (mit ausführlicher Bibliographie der einschlägigen amerikanischen Literatur).

Jennings, Francis: The Invasion of America: Indians, Colonialism, and the cant of conquest. New York u.a. 1993.

Mannheim, Karl: Ideologie und Utopie. Dritte vermehrte Auflage. Frankfurt a. M. 1952.

Marx, Karl: Die Frühschriften. Hg. von Siegfried Landshut. Stuttgart 1964.

Mercier, Louis-Sébastien: Das Jahr 2440. Ein Traum aller Träume. Deutsch von Christian Felix Weisse (1772). Hg., mit Erläuterungen und einem Nachwort versehen von Herbert Jaumann. Frankfurt a. M. 1982.

Meyer, Stephan: Die anti-utopische Tradition. Eine ideen- und problemgeschichtliche Darstellung. Frankfurt a. M. 2001.

Morus, Thomas: Utopia. Aus dem Lateinischen von Alfred Hartmann. Mit einem Porträt des Autors von Erasmus von Rotterdam. Basel 1981.

Neusüß, Anselm (Hg.): Utopie. Begriff und Phänomen des Utopischen. Frankfurt u. New York, dritte Auflage 1986.

Rahmsdorf, Sabine: Stadt und Architektur in der literarischen Utopie der frühen Neuzeit. Heidelberg 1999.

Roß, Bettina: Politische Utopien von Frauen: Von Christine de Pizan bis Karin Boye. Dortmund 1998.

Saage, Richard: Das Ende der politischen Utopie. Frankfurt a. M. 1990.

Ders.: Politische Utopien der Neuzeit. Darmstadt 1991.

Spieß, Bernhard (Hg.): Ideologie und Utopie in der deutschen Literatur der Neuzeit. Tübingen 1995.

Swoboda, Helmut (Hg.): Der Traum vom besten Staat. Texte aus Utopien von Platon bis Morris. München 1987.

Villgradther, Rudolf/Krey, Friedrich: Der utopische Roman. Darmstadt 1973.

von Nostitz, Siegfried: Die Vernichtung des Roten Mannes. Düsseldorf/Köln 1970.

Vosskamp, Wilhelm (Hg.): Utopieforschung: Interdisziplinäre Studien zur neuzeitlichen Utopie. 3 Bände. Stuttgart 1985.

Wells, Herbert George: Die Zeitmaschine. Utopischer Roman. Übersetzt von Felix Paul Grewe. Hamburg 1960.

Wippermann, W.: Der konsequente Wahn. Ideologie und Politik Adolf Hitlers. Gütersloh 1989.

Zima, Peter V.: Ideologie und Theorie. Eine Diskurskritik. Tübingen 1989.

Nationalisierung, Totalisierung der Macht und das Europa der Union

Es gehört zu dem fatalen Erbe Europas, dass viele der Aufklärungsideen schon von Napoleon und erst recht von den totalitären Strömungen der Zeit regelrecht weggewischt wurden. Wie wir bereits in der Einleitung andeuteten, hat die Napoleonische Umkodierung der Französischen Revolution als ein Projekt der *Nationalhegemonie* Frankreichs schlimme Folgen für Europa gehabt, weil erst jetzt, Anfang des 19. Jahrhunderts, sich jener aggressive Nationalismus formierte, der in der Tat zu einem Prozess der Selbstzerfleischung der europäischen Großmächte geführt hat, wie dies sehr hellsichtig der italienische Dichter Ugo Foscolo schon zu Beginn des 19. Jahrhunderts vorgesehen hat:

> Die Nationen verschlingen einander, weil die eine nicht ohne die Leichen der anderen bestehen könnte. [...] Die Erde ist ein Wald voll wilder Tiere. (Foscolo: Letzte Briefe des Jacopo Ortis, S. 196 f)

Der Nationalsozialismus wie auch der stalinistisch geprägte Sozialismus des 20. Jahrhunderts haben die Idee der Verfassung und der rechtlichen Ordnung, die Napoleon immerhin mit seinem Code Napoléon hatte verankern wollen, verachtet. Sie haben an deren Stelle eine ersatzreligiöse rassistische bzw. klassenkämpferische Politik der arischen Rasse bzw. der proletarischen Klasse gestellt. Eine im 20. Jahrhundert nicht mehr für möglich gehaltene Form der Willkürherrschaft der totalitären Systeme und ihrer Führer hat die Ideen von Freiheit, Eigentumssicherung, Rechtlichkeit, wie ihn der Diskurs der europäischen Aufklärung entwickelt hatte, zunichte gemacht.

Es war dann die Befreiungstat der Alliierten, die den nationalsozialistischen Totalitarismus beendet hat. Letztlich besiegten die USA auch den totalitären

Kommunismus. Seitdem ist Europa eher in die zweite Reihe einer Weltpolitik gerückt, deren Machtzentrum heute in den USA liegt und deren ökonomische Machtzentren sich ebenfalls von Europa nach Amerika und auch nach Asien hin verlagern. Gleichwohl bleiben die Ideen der europäischen Aufklärung auch für eine globalisierte Weltordnung leitend: Eben jene Ideen, dass der Staat der Wohlfahrt seiner Bürger zu dienen habe, dass er Freiheit, Recht, Eigentum schützen solle, dass die Völkergemeinschaft in einer friedlichen Ordnung ihre Konflikte lösen muss. Das freilich ist Anfang des 21. Jahrhunderts zugleich der Abschied von einer überbordenden Wohlfahrtsmentalität, die dem Staat übermäßige Versorgungsansprüche aufbürdet und umgekehrt diese auch allzu freizügig verteilt. Die Sicherung von Freiheit, Rechtssicherheit und Ordnung ist ein hohes Gut. Man erkennt das besonders deutlich, wenn man Länder bereist, in denen diese Grundwerte nicht garantiert sind. Insofern hat die europäische Aufklärung Maßstäbe für eine Politik der guten politischen Ordnung gesetzt, um deren Verwirklichung freilich in jeder Zeit und immer wieder gerungen werden muss.

4.6 Sziento-Technologie als Telos der europäischen Logos-Kodierung

Ende der Geschichte? Die Sziento-Technologie als Telos der europäischen Logos-Kodierung

Nach dem Zweiten Weltkrieg formierte sich in Europa eine zivile Gesellschaft nachbarschaftlicher Nationen. Das ist die seit Jahrhunderten vielversprechendste Perspektive eines Kontinents, der ungeheure Kräfte im Kampf der Nationen gegeneinander aufgebraucht hatte.

Vielleicht kann man am Ende dieser europäistischen Perspektive auf die Kulturgeschichte einen Blick über Europa hinaus auf jene *Entwicklungstendenzen* werfen, die von Europa ausgehend heute global das Antlitz der Erde verändert haben und in Zukunft wahrscheinlich noch nachhaltiger prägen werden: die Ausbreitung der europäischen Logos-Kodierung in der Form der modernen *Sziento-Technologie*. Vor allem stellt sich nach dem Zusammenbruch der großen Utopien, die in vieler Hinsicht säkularisiert-eschatologische Erlösungshoffnungen transportiert hatten, die Frage, in welche Richtung eine durch die europäische Logos-Kodierung geprägte Weltzivilisation vermutlich sich entwickeln wird? Solche Überlegungen sind spekulativ, aber vielleicht doch am Ende einer solchen Überblicksdarstellung erlaubt.

Zu den frappierenden Ergebnissen dieser europäistischen Überblicksdarstellung gehört der Nachweis der *Langzeitwirkung* der antiken *Logos-Kodierung*. Diese Logos-Kodierung ist die eigentliche Dominante der europäischen und heute weltweiten Kultur geworden. Das vorsokratisch-platonische Modell einer *rationalen* Naturerkenntnis ist, über die vielen Entwicklungsschritte, die diese Erkenntnisform genommen hat, hinweg, zum heute dominanten Modell der Wirklichkeitserkenntnis geworden. Wir haben gesehen, dass die Neuzeit weit über die anschauliche Mathematik und Geometrie der Antike hinausgeht in Dimensionen der Vermessung und Berechnung des Mikro- und Makrokosmos, wobei auch die antike Vorstellung der Unteilbarkeit der Elementarteilchen der Natur aufgegeben werden musste. Das gerade ist der offene Prozess der neuzeitlichen Naturwissenschaften, dass frühere hypothetische Zustände der Theorie permanent überboten werden, wobei sich aber die wissenschaftliche Theorie in einem Entwurfshorizont bewegt, den die antike Logos-Kodierung erstmalig eröffnet hat.

Der Begriff der Sziento-Technologie akzentuiert die *technische* Anwendungsdimension von Wissenschaft. Diese technische Anwendungsdimension gehört bereits zu den frühen Begleitern des Logos. Schon die vorsokratische und pythagoreische Philosophie ging nicht nur daran, die Welt zu vermessen, sondern dieses Messwissen auch technisch anzuwenden. Thales von Milet war Geometer, er konnte die Sonnenfinsternis berechnen, entwickelte geometrische Messtechniken zur Abschätzung der Entfernung von Schiffen auf hoher See. Pytha-

goras und seine Schule errechneten die Kugelgestalt der Erde, und seine Mathematik diente auch dem Bau von Tunneln und Wasserleitungen, wie dem
Bau des Tunnels durch den Berg Kastro auf Samos im Jahre 530 v.Chr. für
eine Wasserleitung (Waerden: Erwachende Wissenschaft, S. 142 ff).

Die antike Logos-Kodierung wurde von der Dominanz der *christlichen Pistis*
abgelöst, hat aber das Dominanzverhältnis ihrerseits in der Neuzeit wieder umgekehrt. Bereits im Mittelalter selbst war es ein Gelehrter wie Roger Bacon, der
die Lehre von dem Nutzen der griechischen Wissenschaft und Mathematik offensiv vertrat und dabei im Übrigen auch die Bedeutung der Geometrie als re-
alistisches Darstellungsmittel für die bildhafte Darstellung des Heiligen anpries
(Edgerton: Die Entdeckung der Perspektive, S. 21 ff).

Wenn die antike Logos-Kodierung in der Neuzeit wieder zur Dominanten
geworden ist, so vollzog und vollzieht sich dieser Prozess mit allen Irrationalitäten, die vor allem von der technischen Nutzung von Wissenschaft als Mittel
der Macht ausging und ausgeht. Denn Logos-Kodierung als Dominante der
Wirklichkeitserkenntnis heißt nicht, dass die wissenschaftlich-technische Vernunft auch vernünftig eingesetzt wird. Warum das so ist, verdeutlicht der politische Diskurs der Aufklärung mit dem Nachweis einer eben nicht nur guten,
sondern aggressiven und kontrollbedürftigen Triebmotivation des Menschen.
Im Menschen sind Rationalität wie Irrationalität verankert, diese brisante und
gefährliche Kombination, die sich in der Neuzeit nicht mehr ohne weiteres auf
die Providenz einer guten Seinsordnung oder eines fürsorglichen Gottes berufen kann, ruft die politische Reflexion als Steuerung des Menschen und seiner
gesellschaftlichen Verhältnisse auf den Plan. In Europa verlief der Prozess der
Modernisierung ab ca. 1800 bis 1945 so, dass der wissenschaftlich-technische
Fortschritt nicht mehr mit der von der Aufklärung angedachten vernünftigen
politischen Selbststeuerung korrelierte und die politische Vernunft der Politik
im 20. Jahrhundert zeitweilig durch die totalitären Systeme gänzlich ausgehe-
belt wurde.

Gerade die Neuzeit und die Moderne zeigen ein hohes Maß an Irrationalität
im Umgang mit jenen Techniken und Instrumenten, welche die neuzeitlichen
Naturwissenschaften dem Menschen an die Hand geben. Die Verbindung von
Wissenschaft und *Macht* bedeutete und bedeutet eine Verlockung. Descartes fasst
sie in das Versprechen, die Menschen als „Herren und Eigentümer der Natur"
zu inthronisieren (Descartes: Von der Methode VI, 2). Auch die Hobbes'sche
Formel von der Wissenschaft als Quelle von Nutzen, Macht und Leistung
(Hobbes: Vom Körper. Elemente der Philosophie I, 1,6–7) akzentuiert die
pragmatische Ausrichtung der neuzeitlichen Rationalität, wobei Hobbes
bereits die Gefahren einer solchen Macht in den Händen von Menschen ahnen
lässt, deren Aggressivität gerade seine skeptische Anthropologie herausstellt,
die er wiederum mit seinem Staatsvertrag, dem großen „Leviathan", bändigen
will.

Die Frage ist heute: Wohin führt diese Entwicklung und wer steuert sie? Ist
der Mensch selbst der „Herr und Eigentümer" jener Wissenschaft und Tech-

nik, von der er Leistungen für sich erwartet? Zur Durchsetzungsstärke des sziento-technologischen Projekts der Geschichte der Neuzeit gehört, dass es sich tatsächlich über viele Widerstände humaner Art hinweg durchgesetzt hat. Und dass sich das sziento-technologische Projekt auch gegenüber den vielen, vielfach diffusen Ängsten, die es begleitet haben und immer erneut begleiten, durchzusetzen scheint. Bereits jener Prozess der Industrialisierung, in der sich die sziento-technologische Gesellschaft vor allem im 19. und 20. Jahrhundert in Europa und in den USA realisierte, war mit extremen Leiderfahrungen von Menschen verbunden. Die beiden großtechnischen Kriege des 20. Jahrhunderts haben diese Leiderfahrung noch einmal ins Unermessliche gesteigert. Das Grauen des Genozids nahm gerade durch seine großtechnisch-rationale Planung und Durchführung ein so furchtbares Ausmaß an.

Was man heute mit großer Wahrscheinlichkeit abwehren kann, ist die Vorstellung eines „Endes der Geschichte", wie sie Francis Fukuyama vorgetragen hat. Fukuyama hat seine These vor allem am „Reich der Freiheit", das die liberalen Demokratien eröffnen, festgemacht (Fukuyama: Das Ende der Geschichte, S. 383 ff). Was Fukuyama damals unterschätzte, ist die *Eigendynamik* der neuzeitlichen Sziento-Technologie als der Haupttriebkraft der Neuzeit und Moderne einschließlich ihrer Folgelasten für die natürlichen Lebensressourcen. Fukuyama hat auch seine Thesen revidiert: „Ich glaube heute, dass es ein Ende der Geschichte erst gibt, wenn es ein Ende der Wissenschaft gibt." (DER SPIEGEL 21/2002) Ein solches Ende der Wissenschaft ist nicht abzusehen, und es ist auch sehr fraglich, ob es wünschenswert wäre.

Bereits in der Einleitung wiesen wir auf die These Huntingtons, dass die westliche Zivilisation in den Ländern der Dritten Welt eigene, „indigene" Qualitäten entwickelt, die sich gerade nicht mehr aus der europäischen Kultur herleiten und steuern lassen. Jene Verbindung zwischen Logos-Kodierung und kritischem Bewusstsein, welche für die abendländische Kulturgeschichte leitend war und ist, muss in den Ländern der Dritten Welt nicht in dieser Form gegeben sein. Die Versuchung ist sogar groß, nur die Anwendungsdimension des technischen Wissens zu importieren, nicht aber die kritische Auseinandersetzung damit. Und so ist der Fortschritt der Menschheit zwar einerseits durch die Programmatik der abendländischen Logos-Kodierung vorgezeichnet, nicht aber der konkrete Entwicklungsgang einer Weltzivilisation, in welcher sich Technik und Wissenschaft auch mit ganz anderen als den abendländischen Werten verbünden.

Literatur:

Fukuyama, Francis: Das Ende der Geschichte. Wo stehen wir? Gütersloh 2002 (engl. Orig. 1989).
Edgerton, Samuel Y.: Die Entdeckung der Perspektive. Aus dem Englischen von Heinz Jatho. München 2002.

Descartes, René: Discours de la méthode. Von der Methode des richtigen Vernunft-gebrauchs und der wissenschaftlichen Forschung. Übersetzt und herausgegeben von Lüder Gäbe. Hamburg 1960.

Hobbes, Thomas: Vom Körper. Elemente der Philosophie I. Ausgewählt und übersetzt von Max Frischeisen-Köhler. Hamburg 1967.

Huntington, Samuel P.: Kampf der Kulturen. Die Neugestaltung der Weltpolitik im 21. Jahrhundert. 3. Aufl. München 2002.

van der Waerden, Bartel Leendert: Erwachende Wissenschaft. Ägyptische, babylonische und griechische Mathematik. Aus dem Holländischen übersetzt von Helga Habicht. 2. Aufl. Basel und Stuttgart 1966.

Zwei-Stufen-Modell der Sziento-Technologie und kulturkritische Reaktionen

Zur *kulturwissenschaftlichen* Verortung der Jetztzeit ist ein Zwei-Stufen-Modell der neuzeitlichen Sziento-Technologie hilfreich. Eine *erste* Stufe umfasst die sziento-technologische Eroberung des *äußeren Raumes* und der *körperlichen Natur* des Menschen: die *Geometrisierung* und *Mathematisierung* des Raumes und der Zeit. Wir nennen sie ChronoTopos (Zeit-Raum)(1).

Die *zweite* Stufe rationalisiert vor allem die *geistig-mentale* Landschaft des *inneren* Menschen. Wir nennen diese Stufe ChronoTopos (2). Natürlich sind beide Stufen nicht streng voneinander zu trennen. Bereits Stufe (1) bedeutet eine mentale Revolution, die aber von der äußeren Berechnung und Beherrschung der Natur und der körperlichen Welt ausgeht. Stufe (2) dringt sehr viel direkter und tiefer in die Innenräume der Subjektivität ein und besetzt sie mit den Möglichkeiten einer *Bewusstseinstechnologie,* über die Stufe (1) noch nicht verfügte. In beiden Phasen konstruiert die Sziento-Technologie ein Netzwerk von Bezügen, das die Lebensformen des Menschen im Raum und in der Zeit radikal verändert hat und ständig verändert.

Bereits die *Frührenaissance* schaffte mit der Expansion des Handels, des Bankenwesens und der Erfindung der Zentralperspektive ein Netzwerk von Bezügen, das Europa und die Welt in einen kapitalistischen Handelsraum und den Wohnraum Erde in ein Netzwerk berechenbarer Koordinaten transformierte. Die Kartographierung und Eroberung der Erde, die vor allem seit der Renaissance machtvoll auch in die außereuropäischen Regionen vordringt, folgt diesem Muster einer rationalen Berechnung und Eroberung des *äußeren* Raumes. Der Cartesianismus des frühen 17. Jahrhunderts hat diese neue, geometrisierende Raumkonzeption in der Messgröße der körperlichen Welt als „ausgedehnte Sache" (res extensa) definitorisch festgeschrieben. Einerseits wird, wie Alexander Koyré erkannt hat, in der Neuzeit der geschlossene Raum des Mittelalters „zum unendlichen Universum" expandiert (Koyré: Von der geschlossenen Welt zum unendlichen Universum). Andererseits dringt die rationelle Berechnung immer weiter vor in diese unerschlossenen Räume und macht sie nach Maßgabe der mathematischen Rationalität berechenbar.

Bereits in der Renaissance und Aufklärung ergreift die Mathematik vom

Raum Besitz und unterwirft ihn dem Schema der Geometrie. Kulturgeschichtliche Forschungen haben diesen Prozess mit wünschenswerter Klarheit und Differenzierung beschrieben. Wir haben gesehen, dass erst das 20. Jahrhundert jene von Descartes angedachte Geometrisierung des Raumes auch in eine konsequente Stadtarchitektur umgesetzt hat: jene *klassische Moderne* der Architektur, wie sie Le Corbusier in Anlehnung an den Cartesianismus als Geometrisierung auch der Stadtansicht gefordert und global auch umgesetzt hat.

> Die Geometrie ist die Grundlage. [...] Sie schenkt uns die erhabene Befriedigung der Mathematik. (Le Corbusier: Städtebau, S. VII)

Man kann ergänzen, dass das Zwanzigste Jahrhundert auch eine durchgehende *Rationalisierung* der Zeit mit sich brachte in der Messung und rationalen Planung von Prozessen der Arbeit, der Freizeit, des Lebens.

Die gesamte Neuzeit ist eine Epoche der Erfindung von Maschinen, die *Körper* transportieren, *Körperarbeit* rationalisieren und maschinell beschleunigt erledigen. Vor allem das 19. und 20. Jahrhundert hat mit solchen Erfindungen das Antlitz der Erde verändert. Dabei geht mit der Industrialisierung eine Rationalisierung der äußeren Arbeit einher, ihrer Zerlegung in Teilschritte und deren zunehmende Automatisierung.

Bereits die Fluchtlinien der Zentralperspektive auf den Bildern der Renaissance verlaufen in die Tiefe des Raumes wie jenes *Schienennetz*, mit dem die Industrielle Revolution die Länder Mitteleuropas dann im 19. Jahrhundert überzog. Was um 1500 imaginativer Entwurf der Malerei schien, wurde in der Industriellen Revolution zum *er-fahrbaren* Raum.

Und die Eisenbahn war nur der Vorreiter einer Fülle von technischen Raumüberwindern: das Auto, das Luftschiff, die U-, S-Bahnsysteme, das Flugzeug, Telegraph, Telefon u. a. Die industrielle Revolution war vor allem auch eine *„Kommunikationsrevolution"*, wie dies Knut Borchardt auf den Begriff gebracht hat (Borchardt: Die industrielle Revolution in Deutschland, S. 98). Dabei gehört zur erwähnten *Tragik* der europäischen Modernisierung, dass die Expansion des sziento-technologischen ChronoTopos (1) mit nationalen Hochrüstungen und einer imperialen Vormachtspolitik Hand in Hand ging, die in den Ersten Weltkrieg und dann auch in den Zweiten Weltkrieg einmündeten.

Dabei steht hier nicht die Schuldfrage zur Diskussion. Sie ist für den Zweiten Weltkrieg ohnehin klar und für den Ersten in der Geschichtswissenschaft eingehend diskutiert worden (Fischer: Griff nach der Weltmacht; Ritter: Der Erste Weltkrieg). Fatal war in jedem Falle die europäische Verquickung von Technisierung und Kriegsrüstung, welche die Technisierung des Raumes vor allem im Ersten Weltkrieg schockartig als ein Katastrophenszenario erfahrbar werden ließ, in welchem technische Eroberung als Massenvernichtung sich vollzog. Der apokalyptische Ton vieler expressionistischer Texte kündigt, wie dies Klaus Vondung für diese literarische Epoche gezeigt hat, die Katastrophe des Ersten Weltkrieges an und reflektiert sie auch (Vondung: Die Apokalypse in Deutschland). Deren Materialschlachten wiederum schildert Ernst Jüngers „In Stahlgewittern" in einer Prosa, auf deren seltsam ästhetisierte Struktur vor allem Karl Heinz Bohrer aufmerksam gemacht hat (Bohrer: Die Ästhetik des Schreckens).

Die Katastrophe des Zweiten Weltkrieges und des Holocaust dagegen schien sich ganz der literarischen Darstellbarkeit zu entziehen. Darauf wollte Theodor W. Adornos berühmter Satz „Nach Auschwitz ein Gedicht zu schreiben, ist barbarisch", hinweisen (dokumentiert in Kiedaisch: Lyrik nach Auschwitz?). Zögerlich versuchten einige Literaten, wie in Kapitel 4.1 erwähnt, mit einer dantesken Höllenmetaphorik das Grauen des Zweiten Weltkrieges und des Holocaust literarisch ins Wort zu bringen.

Die Entfaltung von ChronoTopos (1) wurde in dem Maße, wie seine Besitzergreifung sich als eine Revolution der Raum-Zeit-Koordinaten zu erkennen gab, in Europa von einer dominant *kulturkritischen* Perspektive begleitet. Bereits in der Hoch- und Spätromantik kippt die Aufbruchstimmung der frühen Romantik um in eine *kulturkonservative*, der neuen technischen Welt eher angstvoll begegnende Perspektive, dies vielfach verbunden mit einer sehnsuchtsvollen *Rückerinnerung* an ein verklärtes Bild vorindustrieller Zeiten. Der überwiegende Teil der literarischen Moderne in Europa erlebt die Durchsetzung von ChronoTopos (1) als einen Prozess der *Entfremdung*, der *Zerrissenheit*, der Vernichtung von *Tradition* und *Schönheit*. Es ist zugleich das Ende der Ästhetik des „schönen Scheins" (Jauß: Die nicht mehr schönen Künste). Der große Zeitroman der literarischen Moderne in Europa, Marcel Prousts „Auf der Suche nach der verlorenen Zeit", erschienen in den Jahren 1913–1927, steht ganz im Bann der Beschwörung einer Zeit der Kindheit und Jugend, die auch ein Preisgesang ist auf das vorindustrielle Frankreich in der Provinz.

Die literarische *Modernekritik* in Europa mit ihren Leitmetaphern der *Kälte*, der *Irrnis*, der *Nacht*, der *Verwüstung* steht allerdings im Gegensatz zu Tendenzen in den USA. Dort stimmt in der zweiten Hälfte des 19. Jahrhunderts der amerikanische Autor Walt Whitman in seiner Lyriksammlung „Leaves of Grass" einen Preisgesang auf den technischen Fortschritt des „elektrischen Zeitalters" an, aber auch auf die Demokratie in Amerika. Die politische wie auch literarische Verarbeitung der Moderne erfolgt in den USA anders als in Europa (Vietta: Die Modernekritik der Ästhetischen Moderne, S. 531 ff). Denn die Verbindung von Moderne und Demokratie eben war in Europa bis 1945 nicht gegeben, und somit erschien Moderne in diesem Kontinent dominant als Epoche des Entzugs traditioneller Werte, der Zerstörung von Schönheit, des „Verlustes der Mitte", wie eine kunstwissenschaftliche Studie noch Mitte des 20. Jahrhunderts diese Tendenzen zusammenfasste (Sedlmayr: Verlust der Mitte).

Vor allem seit dem Ende des 19. und das ganze 20. Jahrhundert hindurch häufen sich die *Kulturkritiken*. Ihr scharfer Vordenker war Friedrich Nietzsche, der an den deutschen Zuständen die Nichtbewältigung der Moderne kritisierte, aber darüber hinaus im Begriff des *Nihilismus* als epochaler Werteverlust seiner

Zeit ein suggestives Instrument der Kulturkritik zur Verfügung stellte (Nietzsche: KSA 13, 46 ff). Fast alle kulturkritischen Diskurse des frühen 20. Jahrhunderts nehmen Nietzsches Gedanken auf und variieren sie. Carl Wege unterscheidet ‚langsame' Kulturkritiker wie Thomas Mann, Ludwig Klages, Oskar Spengler von ‚schnellen' Freunden des technischen Fortschrittes (Wege: Gleisdreieck, Tank und Motor, S. 308 ff). Diese aber waren in Deutschland eher rar, hatten dagegen in Italien mit dem Futurismus und seinen „Technischen Manifesten" der Literatur, Bildenden Kunst und Musik ein lautes Fanal. Auch die Techno-Avantgarde des frühen Bolschewismus zeigte sich fortschrittsbegeistert.

Die Kulturkritik aber des 20. Jahrhunderts arbeitet mit typischen Oppositionen wie Gemeinschaft und Gesellschaft, Kultur und Zivilisation, Erinnerung und Vergessen, Wärme und Kälte, Konzentration und Zerstreuung, Originalität und Reproduktion, Verwurzelung und Entfremdung. Die großen Romane der Zeit nach dem Ersten Weltkrieg – Thomas Manns „Der Zauberberg", Robert Musils „Der Mann ohne Eigenschaften", Hermann Brochs „Die Schlafwandler" wie das erwähnte Werk von Proust – reflektieren ihre Epoche als Zeit eines umfassenden *Werteverlustes*. Noch die unmittelbar nach dem Zweiten Weltkrieg veröffentlichte „Dialektik der Aufklärung" von Theodor W. Adorno und Max Horkheimer, die nun auch die katastrophale Erfahrung von Weltkrieg und Holocaust zu verarbeiten suchte, stand im Bann einer umfassenden und letztlich ausblicklosen Kulturkritik. Die überwiegend *negative* Kodierung von ChronoTopos (1) auch noch in der Kulturkritik der Nachkriegszeit stand ihrerseits im Gegensatz zu jenem *Wirtschaftserfolg* und jener Steigerung des Lebensstandards, der vielfach damit in Mitteleuropa einherging.

Die unaufhaltsame Durchsetzung von ChronoTopos (1) zeigte allerdings den Hellsichtigen auch an, dass hier ein *irreversibler* Prozess im Gang war, der sich auch nicht durch die Zerstörungsorgien der Weltkriege hatte aufhalten lassen. Dieser vollzog sich jedoch nicht, wie die Kulturkritik zuweilen annahm, als eine nur statische Selbstreproduktion von Technik durch Technik. Die Sziento-Technologie impliziert ihre eigene *Teleologie*. Diese ist auf *Fortschritt* ausgelegt. Und der führte im ausgehenden 20. Jahrhundert in *ChronoTopos (2)*.

Literatur:

Borchardt, Knut: Die industrielle Revolution in Deutschland. Mit einer Einführung von Carlo M. Cipolla. München 1972.

Böhme, Helmut: Prolegomena zu einer Sozial- und Wirtschaftsgeschichte Deutschlands im 19. und 20. Jahrhundert. Frankfurt a. M. 1972.

Bohrer, Karl Heinz: Die Ästhetik des Schreckens. Die pessimistische Romantik und Ernst Jüngers Frühwerk. Frankfurt a. M. 1983.

Fischer, Fritz: Griff nach der Weltmacht. Die Kriegszielpolitik des kaiserlichen Deutschland. 1914–1918. Düsseldorf 1969.

Hobsbawm, Eric: Europäische Revolutionen (1789–1848). Köln 2004.

Jauß, Hans Robert (Hg.): Die nicht mehr schönen Künste. Grenzphänomene des Ästhetischen. Poetik und Hermeneutik 3. 3. Auflage. München 1991.

Kiedaisch, Petra (Hg.): Lyrik nach Auschwitz? Adorno und die Dichter. Stuttgart 1995.

Kiesewetter, Hubert: Industrielle Revolution in Deutschland 1815–1914. Frankfurt a. M. 1989.

Koyré, Alexandre: Von der geschlossenen Welt zum unendlichen Universum. Frankfurt a. M. 1969.

Le Corbusier: Städtebau. Übersetzt und hg. von H. Hildebrand. Stuttgart 1929 (Urbanisme 1925).

Nietzsche, Friedrich: Kritische Studienausgabe. 15 Bde. Hg. von Giorgio Colli und Mazzino Montinari. Berlin 1980.

Ritter, Gerhard: Der Erste Weltkrieg. Bonn 1964.

Treue, Wilhelm/Karl-Heinz Manegold: Quellen zur Geschichte der Industriellen Revolution. Göttingen u. a. 1979.

Sedlmayr, Hans: Verlust der Mitte. Die bildende Kunst des 19. und 20. Jahrhunderts als Symptom und Symbol der Zeit. Salzburg 1948.

Vietta, Silvio: Die Modernekritik der ästhetischen Moderne. In: Silvio Vietta/Dirk Kemper (Hg.): Ästhetische Moderne in Europa. Grundzüge und Problemzusammenhänge seit der Romantik. München 1998, S. 531 ff.

Vondung, Klaus: Die Apokalypse in Deutschland. München 1988.

Wege, Carl: Gleisdreieck, Tank und Motor. Figuren und Denkfiguren aus der Technosphäre der Neuen Sachlichkeit. In: DVjS Jg. 68, 1994, Bd. 2, S. 307 ff.

Technische Kodierung mentaler Prozesse

Der sziento-technologische ChronoTopos (2) setzt bereits ein mit der Industrialisierung der Bewusstseinsprozesse des Lesens, Sehens, Hörens durch die neuen technologischen Massenmedien im letzten Drittel des 19. Jahrhunderts. Das ausgehende 20. Jahrhundert aber hat diese *Bewusstseinsindustrie* in eine neue Dimension überführt, zunächst durch die Technologie des Fernsehens, dann durch die sprunghafte Entwicklung der Computertechnik und der interkommunikativen Netzwerke und ihrer Kommunikationstechniken. Diese *zweite* Phase des sziento-technologischen ChronoTopos wirkt nicht mehr primär auf den äußeren Körper ein, sondern sehr viel direkter – über die Sinne, vor allem über das Auge – auf die *Innenräume* der Subjektivität. Er ist nicht mehr primär linear, sondern fraktal, nicht zukunftsbezogen, sondern von einer virtuellen *Gleichzeitigkeit*, in der alles, was technisch-digital speicherbar ist, auch für das Bewusstsein abrufbar wird.

Diese *Technisierung* der Mentalitätsräume der Subjektivität, wie sie insbesondere durch die Computertechnologien in Gang gekommen ist, verläuft komplexer, unanschaulicher und auch diffuser als die Eroberung des äußeren Raumes. Sie folgt dabei aber einem Muster der *Transzendierung* von primärer Wahrnehmungswelt in eine technisch erzeugte, virtuelle *Vorstellungswelt*. Dieser Überstieg aus der Wahrnehmungswelt in eine Welt der Vorstellungen folgt der abendländischen Logos- wie Pistis-Kodierung. Insofern vertreten wir hier die

These, dass die *technische Transzendenz* in der abendländischen *Metaphysik* vor-programmiert ist und diese – mit ihren Mitteln – fortsetzt.

Dabei ist die Technik der mechanischen Datenverarbeitung noch relativ jung und in ihren Konsequenzen auch in vieler Hinsicht unerforscht. Sie basiert letztlich auf einer primitiven Übersetzung. Diese beruht nach der ersten Abstraktion der Sprache durch die Phonetik und der zweiten durch die Schrift auf einer *weiteren* Abstraktion: der Übertragung der Buchstabenzeichen in *Zahlenzeichen*, wie sie die Maschinenschrift vornimmt. Dabei ist die Übersetzung von Schrift in Maschinenschrift zumindest vom Prinzip her relativ simpel. Sie ist jeder einschlägigen Einführung in die elektronische Datenverarbeitung und Informatik zu entnehmen, wie sie beispielsweise auch das Institut für Physik, Technik und Wirtschaft der Universität Hildesheim entwickelt hat (Gollombek: Einführung in die elektronische Datenverarbeitung).

Alle Informationen, alle Daten müssen für die technische Prozessierung in einen Kode verwandelt werden, der lediglich zwei Zustände kennt: Strom oder Nichtstrom, also Ein- oder Ausschaltung einer bestimmten Spannung. Jeder Speicherplatz, der eine Null oder eine Eins aufnehmen kann, speichert damit ein „binary digit" oder ein „bit". Die Idee einer solchen Transformation von Information in eine duale Darstellung ist übrigens nicht neu. Bereits Leibniz beschäftigte sich mit der dualen Darstellung unseres dezimalen Zahlensystems. So kann man die Dezimalzahlen 0, 1, 2, 3, 4, 5 durch die Dualzahlen 0, I, I0, II, I00, I0I darstellen. Für die Zahl 10 wird dann im Dezimalsystem eine neue Stelle angelegt (1 mal 10), für eine weitere Zehnerpotenz die Funktionsstelle 10 mal 10 und so fort.

Wenn man Schrift technisch kodieren will, muss man zunächst einmal jeden einzelnen Buchstaben binär kodieren und dazu dann auch die logischen Operationen. Das erfolgt heute international mit einem Hexadezimalsystem von 16 Ziffern; die Buchstaben unseres Alphabets sind so als binäre numerische Ziffernfolgen darstellbar. Die Betriebssysteme vieler großer Rechner bedienen sich dabei des so genannten ASCII (American Standard Code for Information Interchange). Dieser definiert Buchstaben wie auch Satzfunktionen durch eine festgelegte Matrix.

Nehmen wir ein simples Beispiel, das Wort REGEN. Es wäre darstellbar durch die Ziffernfolge: 0I0I-00I0/0I00-0I0I/0I00-0III/0I00-0I0I/0I00-III0.

Die ersten Programmiersprachen bedienten sich ebenfalls dieser binären Ziffernfolgen. Die Entwicklung der Programmiersprachen aber führte dahin, solche Programmiersprachen benutzerfreundlich zu gestalten und der menschlichen Sprache anzunähern. Solche höheren Programmiersprachen ‚interpretieren' die zu Grunde liegenden Zahlenketten und ‚übersetzen' sie, bzw. ‚kompilieren' sie in maschinenlesbare Gesamtmodule, die ihrerseits ganze Ketten von Steuerungsbefehlen implizieren können. Moderne Textverarbeitung, wie sie *Word* erlaubt, enthält die bekannten Grundfunktionen zur Formatierung, Fettdruck, Tabellen, Graphiken usw.

Wenn man vom ‚Lesen', ‚Interpretieren', ‚Übersetzen' von Schrift in solche binäre Kodierung spricht, handelt es sich also streng genommen eigentlich ‚nur' um bestimmte Verschlüsselungen, die nach festgelegten Tabellen den Zeichen der natürlichen Sprache und ihrer schriftlichen Kodierung zugewiesen werden. Für den Benutzer mag dann allerdings bei höher entwickelten Programmiersprachen der Eindruck entstehen, die *Maschine* lese oder verstehe den Text, den man ihr eingibt.

Man kann diesen Schein einer Hermeneutik des Verstehens durch die Maschine den *Olimpia-Effekt* nennen, gemäß jener 1816 veröffentlichten Erzählung „Der Sandmann" von E. T. A. Hoffmann, in welcher ein junger Mann mit Namen Nathanael seine kluge und hübsche Freundin Clara von sich stößt, um sich ganz der Liebe zu der schönen Olimpia hinzugeben, die aber nichts anderes darstellt als eine mit einem „Räderwerk" ausgestattete Puppe, ein Automat mit einem vergleichsweise simplen Sprachwerk. Dabei legt Hoffmann eine interessante psychologische Disposition seines ‚Helden' bloß: Nathanaels narzisstischer Umgang mit der Maschine. Der Jüngling himmelt sie an:

> O du herrliche, himmlische Frau! – du Strahl aus dem verheißenden Jenseits der Liebe – du tiefes Gemüt, in dem sich mein ganzes Sein spiegelt. (Hoffmann: Phantasie- und Nachtstücke, S. 355)

Olimpias Sprachmodul erlaubt nur die wiederholte Äußerung eines Lautes:

> Ach-ach-ach! (ebd.)

Nathanael *glaubt*, Olimpia verstehe, rede, antworte ihm *selbst*. Es ist aber *sein* Selbst, das in der Maschine und durch sie antwortet. Die Maschine ist, wie Hoffmanns hellsichtige Erzählung deutlich macht, der Spiegel einer narzisstischen Einbildungskraft und Emotionalität, die zwischen Schein und Sein nicht mehr unterscheiden kann und die virtuelle Welt für Realität hält.

Einen ähnlichen Effekt im Umgang mit Sprachsimulationen durch Maschinen konnte auch der amerikanische Computerforscher Joseph Weizenbaum feststellen. In seinem Buch „Die Macht der Computer und die Ohnmacht der Vernunft" von 1976 beschreibt er ein Programm mit dem ebenfalls literarischen Namen ELIZA, das Probanden mit der mechanischen Simulation von Fragen zu einem (Pseudo-)Dialog mit der Maschine provozierte. Schien doch die Maschine (Großbuchstaben) durchaus verständnisvolle Fragen zu stellen:

> Die Männer sind alle gleich.
> IN WELCHER WEISE
> Sie machen uns immer wegen irgendwas verrückt.
> KÖNNEN SIE EIN BEISPIEL NENNEN
> Na ja, die Idee zu diesem Gespräch stammt von einem Freund.
> DIE IDEE ZU DIESEM GESPRÄCH STAMMT VON IHREM FREUND
> Er sagt, dass ich oft deprimiert bin.
> ES TUT MIR LEID VON IHNEN ZU HÖREN, DASS SIE DEPRIMIERT SIND
> (Weizenbaum: Macht der Computer und Ohnmacht der Vernunft, S. 17)

Selbst die meisten Psychiater, denen Weizenbaum das Programm vorstellte, waren der Meinung, „das Doctor-Computerprogramm könne zu einer fast völlig automatisierten Form der Psychotherapie ausgebaut werden" (S. 17).

Die aufs Ganze noch wenig erforschte Psychologie der Mensch-Maschine-Relation könnte an Hoffmanns Erzählungen anknüpfen. Sherry Turkles Buch „Die Wunschmaschine. Der Computer als zweites Ich" zeigt auf, dass vielfach der PC eine Art idealisiertes zweites Selbst darstellt:

> An die Stelle des Bedürfnisses nach einem idealisierten Menschen ist der Computer als zweites Selbst getreten. (Turkle: Die Wunschmaschine, S. 380)

Die körperlose Kommunikation der elektronischen Medien schafft auf diese Weise neue, projektive Identitäten und auch Kommunikationsräume, in denen sich aber der alte Leib-Seele-Dualismus fortsetzt, indem sie das fiktive Ich vom realen körperlichen abspalten. An diese mit der technischen Kommunikation gegebene Erfahrungsform schließen neutechnische Erlösungsphantasien an, die ihrerseits Ideen der Pistis-Kodierung transportieren.

Literatur:

Giesecke, Michael: Von den Mythen der Buchkultur zu den Visionen der Informationsgesellschaft. Frankfurt a. M. 2002.

Golombek, Jürgen: Einführung in die elektronische Datenverarbeitung. Hildesheim 2003.

Günther, Marion: Die künstliche Geliebte. Zum erzählerischen Umgang mit einem kulturanthropologischen Phänomen bei E. T. A. Hoffmann und Ridley Scott. Hildesheimer Diplomarbeit 1999.

Hoffmann, E. T. A.: Der Sandmann. In: Phantasie- und Nachtstücke. Hg. von Walter Müller-Seidel. München 1976, S. 331 ff.

Mainzer, Klaus: Computernetze und virtuelle Realität. Leben in der Wissensgesellschaft. Berlin u. a. 1999.

Turkle, Sherry: Die Wunschmaschine. Der Computer als zweites Ich. Deutsch von Nikolaus Hansen. Reinbek bei Hamburg 1986 (amerik. Original 1984).

Weizenbaum, Joseph: Die Macht der Computer und die Ohnmacht der Vernunft. Frankfurt a. M. 1977 (engl. Orig. 1976).

Das Jenseits der Technik

Wenn die moderne Kommunikationstechnologie selbst ein Kind der Technik und damit letztlich der Logos-Kodierung ist, so wird sich ein fundamentaler *Dualismus*, der für jene kennzeichnend und geradezu konstitutiv ist, auch in dieser wiederfinden: der *Leib-Seele-Dualismus*. Dabei ist die Differenz zwischen ChronoTopos (1) und ChronoTopos (2) frappant. Während ChronoTopos (1) vor allem den äußeren Körper bewegt und dabei das Bewusstsein auf die Bewegungsakzeleration hin konditioniert, lässt ChronoTopos (2) den Leib quasi wie eine abgestellte Maschine vor dem Bildschirm als der Schnittstelle zwischen Mensch und Maschine sitzen. In Wahrheit wird natürlich bereits in ChronoTopos (1) der Leib relativ still gestellt, wenn durch technische Transportmedien bewegt, aber eben doch mittels dieser durch den *äußeren* Raum. In ChronoTopos (2) ist dieser äußere Bewegungsspielraum des Körpers weitgehend arretiert zugunsten der Einspeisung von Zeichenwelten über die Sinne in das Bewusstsein. Der *User* von ChronoTopos (2) sitzt vor der Maschine oder umhüllt von ihr, aber sein körperliches Hier und Jetzt ist dabei weitgehend abgeschaltet. Das Bewusstsein aber ist auf den Weg gebracht in eine *andere Welt*.

Ins *Netz*. Und dort sucht er seinerseits vielfach Wunschwelten, die wir in der Welt der technischen Kommunikation vielleicht nicht erwartet hätten, aber aus der christlichen Pistis-Kodierung kennen. Verkürzt kann man sagen: ChronoTopos (2) benutzt die Logos-Kodierung als *hardware* für die der christlichen Pistis entsprungenen Erlösungsphantasien als *software*.

Denn die Öffnung, die sich durch die elektronische Kommunikationstechnologie auftut, scheint in der Tat in eine neue spirituelle Welt zu führen. Im Zusammenhang mit den neuen Kommunikationstechnologien und Möglichkeiten des www. hat sich geradezu eine neue fiktive Welt aufgetan, die an die Diesseits-Jenseits-Kodierung anschließt. Man kann mit Margaret Wertheim die These vertreten: Die virtuelle Welt des Cyberspace ist die neue Metaphysik des technischen Zeitalters (Wertheim: Die Himmelstür zum Cyberspace). Die Verfasserin schlägt daher eine Brücke der „Geschichte des Raumes von Dante zum Internet".

Zu den auch skurrilen Thesen im Umgang mit den neuen Kommunikationstechnologien gehört die Vorstellung, die der Cybernetik-Pionier Marvin Minsky vertritt, dass die kybernetische Welt den Menschen von der „blutigen Schweinerei" der „organischen Materie" befreie (Minsky, zit. Wertheim, S. 6). Die neue Cyber-Welt hat auch eine neue Form der Literatur generiert, wie William Gibsons „Neuromancer-Trilogie", die den Begriff des Cyberspace 1984 eingeführt hat. Der „Neuro-Romancer" – „neuro, von den Nerven, [...] romancer – der Phantast, der Träumer" (Gibson: Die Neuromancer-Trilogie, S. 304) – verbindet diese Vision einer künstlich erzeugten und mit Gehirnimplantaten und Drogen aufgeputschten Cyberwelt mit der Überwindung der Materie und der Annäherung ans Reich Gottes:

„Ich weiß", sagte der Schwarze, „Aber das kommt schon noch."
Das Reich Gottes, das Reich Gottes ist nah. (S. 989)

Ähnlich die These des Roboterforschers Hans Moravec, der die Dimension des Cyberspace mit der christlichen Unendlichkeits- und Unsterblichkeitslehre verbindet und deren Verheißung erneuert. In seinem Buch „Mind Children" entwickelt Moravec die Vorstellung, dass der menschliche Geist sich in der Zukunft in den Computer „überspielen" ließe, damit die Sphäre des Fleisches verlassen, um sich auf ewig in der digitalen Sphäre einloggen zu können (Moravec: Mind Children, zit. Wertheim: Himmelstür zum Cyberspace, S. 9).

Es gibt auch bereits in Europa eine neue Cyberpunk-Literatur. Einer der ersten Romane dieser Art ist Jeff Noons „Gelb" (Vurt) von 1993. Auch hier zeigt sich eine Sehnsucht nach Ausbruch aus der Wirklichkeit, nach Überschreitung der physikalischen Grenzen. Es ist zusammen mit den späteren Werken „Pollen" (1995) und „Nymphomation" (1997) eine Trilogie über das Manchester der Zukunft und die virtuellen Welten des „Vurt", in welcher der Junge Scribble und seine Clique, die „Stash Riders" – gebildet vom Slangwort „Stash" für bewusstseinsverändernde Drogen – auf einer Art Schreib-Drogentrip sind, in der die gelbe „Feder" – englisch „Voodoo" als Symbol für Schreiben unter Drogen – den Schlüssel zum Einstieg in die Welt des „Vurt" bildet. Der Roman beginnt mit den Worten:

> Ein kleiner Junge steckte sich eine Feder in den Mund ... (Noon: Gelb, S. 7).

Und er endet mit den Worten:

> ... ein kleiner Junge nimmt eine Feder aus seinem Mund. (Noon: Gelb, S. 343)

Dazwischen entfaltet sich die Story quasi als ein *Vurt*-Traum mit „Türen", die den Zugang zur Vurt-Welt bilden und vom „Türgott" Sniffing General bewacht werden, aus denen man auch wieder in die „Fleisch-und-Blut-Welt" zurückkehren kann. Gleich eingangs steht so ein „echter" Fleisch-und-Blut-Hund am Pfosten eines Straßenschildes mit dem Pappschild: „hungrig und obdachlos, bitte um Spende" (S. 11). Die animalische Hundewelt steht für die stinkende, animalische Welt von Fleisch und Sex, so später im Kapitel „Shitville":

> Die Hündin heulte wie eine Sexgöttin, wie eine Pornovurt [...] Und in dem Moment schlug uns der Geruch entgegen. Der überwältigende Geruch von Hunden. (Noon: Gelb, S. 282)

Die virtuelle Welt des „Vurt" wird in diesem Roman vor allem durch Drogen erzeugt, der Roman gehört also auch in den Kontext der aus den USA kommenden, ‚bewusstseinserweiternden' Drogenliteratur der siebziger und achtziger Jahre. Das Schreiben unter Drogeneinfluss ist der Schlüssel zur anderen Welt, die als ein metaphysischer Ort gekennzeichnet ist, ausgestattet mit Symbolen des christlichen Jenseits und bevölkert von engels- oder teufelsgleichen immateriellen Wesen. Ihnen gegenüber steht die stinkende, aber geile Fleisch- und Körperwelt, wie sie die „Hunde" symbolisieren. Die Protagonisten sind auf dem *trip* zu höherem „Wissen", werden permanent mit der Frage der Realität konfrontiert: „Nichts ist real." (S. 196) Sie werden in der Stufenleiter des Seins – es gibt fünf, in denen Hund die unterste, Vurt die oberste repräsentiert (S. 269) – am Ende auf einen Ursprung ganz anderer Art verwiesen:

> Ich nenne die fünfte Stufe Alice. Denn so hieß meine Mutter, das ist es, aus dem wir alle entstanden sind und zu dem wir alle wieder zurückwollten.
> Habt ihr ein Problem mit dem Namen, meine Leser?
> Denkt euch doch euren eigenen aus. (Noon: Vurt, S. 270)

Der Roman „Gelb" ist von einer tiefen Ambivalenz durchzogen: Einerseits der Anziehung der Fleisch- und Körperwelt und ihrer Sexualität, andererseits der

Sehnsucht nach spiritueller Transzendenz in eine höhere, entmaterialisierte Existenzform.

Die Cyberspace-Technologie wird vor allem in Amerika, aber auch in Europa mit einer neu-theologischen Auflage der christlichen Jenseits- und Ewigkeitsversprechung verbunden. „Das vollkommene Reich warte auf uns, heißt es, nicht hinter der Himmelstür, sondern jenseits der Netz-Zugänge, hinter elektronischen Türen mit den Aufschriften ‚.com', ‚.net' und ‚.edu'." (Wertheim: Die Himmelstür zum Cyberspace, S. 13) „Der Drang zur himmlischen Stadt bleibt erhalten. Man muss ihn achten, er kann sogar florieren – im Cyberspace." (Benedikt: Introduction, S. 18)

Zugleich verbindet sich dieser Jenseitsdrang mit einer *Negativkodierung* des Körpers, des Fleisches, der Materie in ihrer naturwüchsigen Form. Das gilt für Noon, aber auch für die Texte von Gibson, so die Figur der Lisa in dem Roman „Burning Chrome", wie dies Dani Cavallaro in ihrer Studie resümiert: „[...] for her ultimate aim is total escape from the ‚hated flesh' and a fusion with the ‚hardwired godhead' of a Hollywood dream of ‚stardom and cybernetic immortality'." (Cavallaro: Cyberpunk and Cyberculture, S. 97) Natürlich ist die neu-religiöse Techno-Kommunikation oft deutlich auch als eine *Phantasie-* und *Spielwelt* gekennzeichnet (Rötzer: Schöne neue Welten? Auf dem Wege zu einer neuen Spielkultur). Gleichwohl: Die elektronischen Medien vermitteln eine neue *technisch* vermittelte *Metaphysik*. Diese ist neu in Bezug auf ihre technische Vermittlung und ihre medialen Bildwelten, aber transportiert vielfach Jenseitshoffnungen der alten christlichen Pistis-Kodierung und ihrer Fluchtvisionen des Geistes aus dem Körper.

Literatur: Siehe folgender Abschnitt.

Cyborg-Ontologie

Letztlich scheint die abendländische Logos- wie Pistis-Kodierung mit ihrer Überwindung des körperlichen und organischen Ich auf eine *Grenzüberschreitung* zuzusteuern, die in einer gegenwärtigen eher sciencefictionalen-essayistischen Literatur unter dem Begriff des „Cyborg" verhandelt und auch mit übernatürlichen Hoffnungen besetzt wird. Cyborg bedeutet nach Donna Haraway, die sich in der amerikanischen Frauenforschung einen Namen mit der Besetzung eben dieses Begriffs gemacht hat, „eine weltverändernde Fiktion" der radikalen Neukonstruktion der Gesellschaft (Haraway: Die Neuerfindung der Natur, S. 33). Es ist das Modell einer Grenzüberschreitung aller natürlichen Kodierungen – auch und gerade der Kodierung von Sex und Gender – zugunsten einer *Neukonstruktion* „theoretisierter und fabrizierter Hybride aus Maschine und Organismus [...]". Nach Haraway sind wir bereits an diesem Punkt der Entwicklung: „Im späten 20. Jahrhundert, in unserer Zeit, einer mythischen Zeit, haben wir uns alle in Chimären verwandelt, kurz wir sind Cyborgs. Cyborgs sind unsere Ontologie." (S. 34)

Wir erinnern uns: Grenzüberschreitungen des Natürlichen hatten zur Programmatik der europäischen Kultur bereits in ihren antiken Anfängen gehört. Und so richtet sich vielfach die neue Cyber-Kultur dort ein, wo sie die Logos- wie Pistis-Kodierung abgesetzt hat: in der dualistisch gespaltenen Welt von Körper und Geist, Fleisch und der Sehnsucht nach Entmaterialisierung. Das gilt eben auch für die erotische Welt, die seit Platons „Symposion" mit der Sehnsucht nach Metaphysik sich verbunden hatte: „[...] the equation between erotic and the metaphysical search for the infinite advocated by Plato in *The Symposion*." (Cavallaro: Cyberpunk and Cyberculture, S. 103)

Die weltweite Post-Gender-Welt des ausgehenden 20., beginnenden 21. Jahrhunderts mit ihrer gänzlichen Abkehr von der Natur aber mischt alle Ontologien auf und vermixt sie zu einer radikalen Neukonstruktion aus anthropologischen, machinalen und animalen Elementen. Das markiert einmal mehr das Ende des natürlichen Kosmos, das die abendländische Pistis- wie Logos-Kodierung antizipiert und auch herbeigeführt haben. Cyborg definiert einen neuen technischen Raum – ChronoTopos (2) – und neue *techno-animal-anthropologische* Objekte, die aus der Einebnung der ontologischen Differenzen entspringen wie eine neue Schöpfung zweiter Hand. Die Kosmologie der Cyborgs wäre ein neo-bio-technischer *Objektmix*, keine absolute Schöpfung *ex nihilo*, aber doch eine radikale *Neukonstruktion* aus dem Mix bestehender Elemente. Das alles hat noch viel mit Sciencefiction zu tun, wird zuweilen auch mit Ironie vorgetragen, aber bezeichnet als solche durchaus eine Konsequenz der Sziento-Technologie und der von ihr eröffneten Möglichkeit einer (bio-)technischen Neukonstruktion eines Wesens, das den Namen Mensch nicht mehr brauchen würde, weil es selbst Produkt einer systematischen Grenzüberschreitung von Mensch, Tier und Maschine wäre. Martin Heidegger hat solche Visionen schon früh in einer hellsichtigen Formulierung das „technizistische Tier" genannt (Heidegger: Beiträge zur Philosophie, S. 98). Sein Background war nicht die Postmoderne, sondern die Menschenzüchtungsvisionen des Dritten Reiches (Vietta: Heideggers Kritik am Nationalsozialismus und der Technik, S. 69 ff).

Cyborgs definieren nach Haraway eine neue „technologische Polis". Sie sind der endgültige Abschied von den alten Rollenbildern des Frauen- und Männerseins und verkörpern insofern die „endgültige Abstraktion" als Modelle „einer politischen Form, die in der Lage ist, Hexen, IngenieurInnen, Eltern, Perverse, ChristInnen, Mütter und LeninistInnen lange genug zusammenzuhalten, um den Staat zu entwaffnen." (Haraway: Neuerfindung der Natur, S. 35 und S. 40) Es scheint so, dass gerade der Feminismus das polymorphe Feld der neuen Technologien besetzen möchte, um als technologische Lysistrata die Männerwelt nun endgültig zu besiegen. Die neue Macht käme aus den neuen technologischen Netzwerken: den Simulations, Kommunikations-, Replikationstechnologien in der systematischen Vernetzung von Mensch, Tier und

Maschine. Bloß keine Annäherungen mehr zur Urmutter Gaia, ist die Programmatik dieser Richtung des Feminismus: lieber Cyborg als Gaia.

Vielleicht ist das Ganze aber auch nur ein ironisches Phantasiespiel, das den Menschen an den Menschen erinnern könnte. Zur Dialektik solcher feministischen Phantasien durch neue Technologie würde ja auch gehören, dass sie das weibliche Subjekt selbst einkassiert.

Literatur:

Baudrillard, Jean. Agonie des Realen. Aus dem Französischen übersetzt von Lothar Kurzawa und Volker Schaefer. Berlin 1978.
Ders.: Das System der Dinge. Über unser Verhältnis zu den alltäglichen Gegenständen. 2. Aufl. Frankfurt a. M. 2001.
Benedikt, Michael: Introduction. In: Benedikt (Hg.) Cyberspace. First Steps. Cambridge 1991.
Dery, Mark: Cyber. Die Kultur der Zukunft. Berlin 1997 (engl. Orig. 1996).
Cavallaro, Dani: Cyberpunk and Cyberculture. Science Fiction and the World of William Gibson. London 2000.
Gibson, William: Die Neuromancer-Trilogie. Übersetzt von Reinhard Heinz und Peter Robert. München 2001.
Haraway, Donna: Ein Manifest für Cyborgs. In: Die Neuerfindung der Natur. Primaten, Cyborgs und Frauen. Frankfurt a. M. 1995.
Heidegger, Martin: Beiträge zur Philosophie (Vom Ereignis). Hg. von Friedrich-Wilhelm von Herrmann. Frankfurt a. M. 1989.
McLuhan, Marshall: Fließband der Liebesgöttinnen. In: Die mechanische Braut. Volkskultur des industriellen Menschen. Amsterdam 1996.
Moravec, Hans: Mind Children. Der Wettlauf zwischen menschlicher und künstlicher Intelligenz. Übersetzt von Hainer Kober. Hamburg 1990.
Ders.: Computer übernehmen die Macht. Vom Siegeszug der künstlichen Intelligenz. Hamburg 1999 (engl. Orig. 1998).
Noon, Jeff: Gelb. Aus dem Englischen von Ute Thiemann. München 1997.
Rötzer, Florian: Digitale Welten. Streifzüge durch die Netzkultur. München 1998.
Ders. (Hg.): Schöne neue Welten? Auf dem Wege zu einer neuen Spielkultur. München 1995.
Vietta, Silvio: Heideggers Kritik am Nationalsozialismus und an der Technik. Tübingen 1989.
Wertheim, Magaret: Die Himmelstür zum Cyberspace. Eine Geschichte des Raumes von Dante zum Internet. München 2002.

Zum guten Ende

Einer der hintersinnigsten Romane des 20. Jahrhunderts ist der Roman von Max Frisch „Mein Name sei Gantenbein" von 1964. Der Protagonist, Intellektueller von 41 Jahren (Frisch: Mein Name sei Gantenbein. Taschenbuchausgabe. Frankfurt a. M. 1975, S. 36), will offenbar alles andere sein, nur nicht er selbst. Er spielt Rollen, zieht sich Identitäten an wie Kleider – „Entwürfe zu

einem Ich!" (S. 109) –, darunter die Rolle des Blinden, in welcher der Sehende
seine Umwelt täuscht und zugleich seine eigene Lebensblindheit – vor allem
gegenüber Frauen – auch symbolisch darstellt. Das Leben, eine permanente
Fiktion von Rollenspielen, Entwürfen, Fluchten aus der Realität in die Fiktionalität. Der Erzähler aber, welches die Figur nach ihrem Tode rekonstruiert,
beendet den Roman mit einer der schönsten Textpartien in der europäischen
Literatur, eine italienische Impression, mit der auch ich diese Einführung in
die europäische Kulturgeschichte abschließen möchte, verbunden mit Dank an
den Leser, der ihr ganz oder eine Strecke weit gefolgt ist:

> Alles ist wie nicht geschehen… Es ist ein Tag im September, und wenn man aus den
> finstern und gar nicht kühlen Gräbern wieder ans Licht kommt, blinzeln wir, so grell
> ist der Tag; ich sehe die roten Schollen der Äcker über den Gräbern, fernhin und
> dunkel das Herbstmeer, Mittag, alles ist Gegenwart, Wind in den staubigen Disteln,
> ich höre Flötentöne, aber das sind nicht die etruskischen Flöten in den Gräbern,
> sondern Wind in den Drähten, unter dem rieselnden Schatten einer Olive steht mein
> Wagen grau von Staub und glühend, Schlangenhitze trotz Wind, aber schon wieder
> September: aber Gegenwart, wir sitzen an einem Tisch im Schatten und essen Brot,
> bis der Fisch geröstet ist, ich greife mit der Hand um die Flasche, prüfend, ob der
> Wein (Verdicchio) auch kalt sei, Durst, dann Hunger, Leben gefällt mir –

Bibliographie

Abaelard, Peter: Der Briefwechsel mit Heloisa. Übersetzt und mit einem Anhang herausgegeben von Hans-Wolfgang Krautz. Stuttgart 2001.

Ders.: Dialogus inter Philosophum, Iudaeum et Christianum. Textkritische Edition von Rudolf Thomas. Stuttgart-Bad Cannstatt 1970.

Ders.: Sic et Non. Texte établi, traduit, introduit et commenté par Patrick Morin. Paris 1994.

Ders.: Theologia summi boni. Tractatus de unitate et trinate. Abhandlung über die göttliche Einheit und Dreieinigkeit. Übersetzt, mit Einleitung und Anmerkungen herausgegeben von Ursula Niggli. Lateinisch/Deutsch. Hamburg 1989.

Adams, Marilyn MacCord: William Ockham. Zwei Bände. Notre Dame 1987.

Aeschyli septem quae supersunt tragoediae. Recensuit Gilbertus Murray. Oxford 1957.

Aischylos: Tragödien. Übers. von Johann Gustav Droysen. In neuer Textrevision von Siegfried Müller. Wiesbaden und Berlin o.J.

Akashe-Böhme, Farideh: Von der Auffälligkeit des Leibes. Frankfurt a. M. 1995.

Alten, Heinz-Wilhelm u.a.: 4000 Jahre Algebra. Geschichte, Kulturen, Menschen. Berlin u.a. 2000.

Ders. u.a.: 5000 Jahre Geometrie. Geschichte, Kulturen, Menschen. 2. Auflage. Berlin u.a. 2005.

Anderson, William: Dante the Maker. London 1980.

Anouilh, Jean: Antigone. 10. Auflage. München/Wien 1995.

Ders.: Antigone. Texte et Documents. Présentation et notes par Ernst Kemmner. Stuttgart 1987.

Ders.: Medea. Übersetzt von Jean Salvard. München 1956.

Anselm von Canterbury: Cur Deus Homo/Warum Gott Mensch geworden. Lateinisch-Deutsch. Darmstadt 1956.

Ansprache von Papst Johannes Paul II.: www.sthjosef.at/dokumente/papst_galilei.htm

Anz, Thomas in Zusammenarbeit mit Christine Kanz (Hg.) Psychoanalyse in der modernen Literatur. Hg. von Thomas Anz in Zusammenarbeit mit Christine Kanz. Tübingen 1999.

Ders.: Die Seele als Kriegsschauplatz. Psychoanalytische und literarische Beschreibungen eines Kampfes. In: Psychoanalyse in der modernen Literatur, S. 97ff.

Appelsmeyer, Heide und Elfriede Billmann-Mahecha (Hg.): Kulturwissenschaft. Felder einer prozessorientierten wissenschaftlichen Praxis. Weilerswist 2001.

Ariès, Philippe: Geschichte des Todes. Aus dem Französischen von Hans-Horst Henschen und Una Pfau. Dritte Auflage. München 1987.

Ders.: L'histoire des mentalités. In: La nouvelle histoire. Paris 1978, S. 402ff.

Aristophanes: Komödien. Übersetzt von Johann Gustav Droysen. Wiesbaden, Berlin. o.J.

Aristoteles: De arte poetica liber. Hg. von Rudolf Kassel. Oxford 1975.

Ders.: Philosophische Schriften. 6 Bde. Bd. 5: Metaphysik. Übersetzt von Hermann Bonitz und bearbeitet von Horst Seidl. Hamburg 1995.

Ders.: Philosophische Schriften. 6 Bde. Hamburg 1995. Bd. 5: Metaphysik. Übersetzt von Hermann Bonitz und bearbeitet von Horst Seidl, Bd. 6: Physik. Übersetzt von Hans Günter Zekl und Über die Seele. Übersetzt von Willy Theiler und bearbeitet von Horst Seidl.

Ders.: Poetik. Übersetzt von Olof Gigon. Stuttgart 1961.

Arndt, Ernst Moritz: Ueber das Verhältniß Englands und Frankreichs zu Europa. Leipzig o.J.

Arnold, Heinz Ludwig/Detering, Heinrich: Grundzüge der Literaturwissenschaft. 5. Aufl. München 2002.

Assmann, Aleida/Harth, Dietrich (Hg.): Mnemosyne. Formen und Funktionen der kulturellen Erinnerung. Frankfurt a. M. 1991.

Assmann, Aleida: Erinnerungsräume. Formen und Wandlungen des kulturellen Gedächtnisses. München 1999.

Assmann, Jan: Das kulturelle Gedächtnis. Schrift, Erinnerung und politische Identität in frühen Hochkulturen. München 1992.

Ders.: Stein und Zeit. Mensch und Gesellschaft im alten Ägypten, S. 90 ff. München 1995.

Assunto, Rosario: Die Theorie des Schönen im Mittelalter. Köln 1982.

Athanasius: Vita Antonii. Hg. und mit einer Einl. versehen von Adolf Gottfried. Übersetzt von Heinrich Przybyla. Leipzig 1986.

Atlas zur Bibel. Karten und Übersichten zur biblischen Geschichte, Ausbreitung des Christentums, Konfessionskunde und Weltreligionen. Hg. von H. H. Rowley. 11. Auflage Wuppertal u. a. 1991.

Auf dem Weg zu einer europäischen Wissensgesellschaft. Verso una società europea della conoscenza. Villa Vigoni. Mitteilungen. Como 2004.

Augustinus, Aurelius: Confessiones/Bekenntnisse. Lateinisch und deutsch. Eingeleitet, übersetzt und erläutert von Joseph Bernhart. Zweite Auflage. München 1960.

Ders.: Die christliche Bildung/De doctrina christiana. Übersetzt und mit einem Nachwort versehen von Karla Pollmann. Stuttgart 2002.

Ders.: Über die Unsterblichkeit der Seele/De immortalitate animae. München 1986.

Ders.: Über die wahre Religion/De vera religione. Lateinisch und deutsch. Übersetzung und Anmerkungen von Wilhelm Thimme. Stuttgart 1983.

Ders.: Vom Gottesstaat (De civitate dei). Ausgabe in zwei Bänden. Übersetzt von Wilhelm Thimme. Eingeleitet und kommentiert von Carl Andresen. München 1978.

Baasner, Frank: Literaturgeschichtsschreibung in Italien und Deutschland. Traditionen und aktuelle Probleme. Reihe der Villa Vigoni. Tübingen 1989.

Bachmann-Medick, Doris: Kultur als Text. Die anthropologische Wende in der Literaturwissenschaft. Frankfurt a. M. 1996.

Bachofen, Johann Jakob: Das Mutterrecht: Eine Untersuchung über die Gynaikokratie der alten Welt nach ihrer religiösen und rechtlichen Natur. Eine Auswahl herausgegeben von Hans-Jürgen Heinrichs. Frankfurt 1997.

Bader, Franz: Die Ursprünge der Traszendentalphilosphie bei Descartes. Bd. I. Genese und Systematik der Methodenreflexion. Bonn 1979. Bd. II. 1. Descartes' Erste Philosophie. Die Systematik des methodischen Zweifels. Bonn 1983.

Baierwaltes, Werner: Dionysios Areopagites – Ein christlicher Proklos? In: Platon in der abendländischen Geistesgeschichte. Neue Forschungen zum Platonismus. Hg. von Theo Kobusch und Burkhard Mojsisch. Darmstadt 1997, S. 71 ff.

Ders.: Proklos. Grundzüge seiner Metaphysik. Frankfurt 1979.

Ders.: Marsilio Ficinos Theorie des Schönen im Kontext des Platonismus. Heidelberg 1980.

Baigrie, Brian S.: Kepler's Laws of Planetary Motion, before and after Newton's Principia. An Essay on the Transformation of Scientific Problems. In: Studies in History and Philosophy of Science, Vol. 18 [N"], 1987, S. 177–208.

Baltzer, Otto: Die Sentenzen des Petrus Lombardus. Ihre Quellen und ihre dogmengeschichtliche Bedeutung. Aalen 1972. Neudruck der Ausgabe von 1902.

Barner, Wilfried: Barockrhetorik. Tübingen 1970.

Baßler, Moritz: New Historicism. Literaturgeschichte als Poetik der Kultur. Frankfurt a. M. 1995.

Bastl, Beatrix: Europas Aufbruch in die Neuzeit 1450–1650. Darmstadt 2002.

Baudelaire, Charles: Les Fleurs du Mal/Die Blumen des Bösen. Französisch/Deutsch. Übersetzung von Monika Fahrenbach-Wachendorff. Anmerkungen von Horst Hina. Nachwort und Zeittafel von Kurt Kloocke. Stuttgart 1980.

Baudrillard, Jean.: Agonie des Realen. Aus dem Französischen übersetzt von Lothar Kurzawa und Volker Schaefer. Berlin 1978.

Ders.: Das System der Dinge. Über unser Verhältnis zu den alltäglichen Gegenständen. 2. Aufl. Frankfurt a. M. 2001.

Bauer, L./H. Matis: Geburt der Neuzeit. Vom Feudalsystem zur Marktgesellschaft. München 1989, zweite Auflage.

Baumgarten, Alexander Gottlieb: Theoretische Ästhetik. Die grundlegenden Abschnitte aus der „Aesthetica" (1750/59). Übersetzt und hg. von Hans Rudolf Schweizer. Lateinisch-Deutsch. Zweite Auflage. Hamburg 1988.

Beloff, Max: Europa und die Europäer. Eine internationale Diskussion. Mit einer Einführung von Denis de Rougement. Köln 1959.

Belting, Hans: Bild und Kult. Eine Geschichte des Bildes vor dem Zeitalter der Kunst. Fünfte Auflage. München 2000.

Benedikt, Michael: Introduction. In: Bededikt (Hg.) Cyberspace. First Steps. Cambridge 1991.

Benthien, Claudia/Velten, Hans Rudolf (Hg.): Germanistik als Kulturwissenschaft. Eine Einführung in neue Theoriekonzepte. Reinbek 2002.

Berger, Klaus: Am Anfang war Johannes. Datierung und Theologie des vierten Evangeliums. Zweite Auflage. Gütersloh 2003.

Ders.: Theologiegeschichte des Urchristentums. Thcologie des Neuen Testaments. Tübingen 1995.

Berkeley, George: Prinzipen der menschlichen Erkenntnis (Treatise Concerning the Principles of Human Knowlege). Nach der Übersetzung von Friedrich Überweg mit Einleitung, Anmerkungen und Registern neu hg. von Alfred Klemmt. Hamburg 1957.

Bernhard von Clairvaux: Sämtliche Werke. Lateinisch/Deutsch. Band IV. Hg. von Gerhard B. Winkler. Innsbruck 1993.

Bernhardt, Karl-Heinz: Gott und Bild: Ein Beitrag zur Begründung und Deutung des Bilderverbotes im Alten Testament. Berlin 1956.

Bernheim, Pierre-Antoine und Guy Stavrides: Das Paradies – Verheißung vom glücklichen Jenseits. Köln 2004 (franz. Orig. 1992).

Bernsen, Michael: Die Problematisierung des lyrischen Sprechens im Mittelalter. Eine Untersuchung zum Diskurswandel der Liebesdichtung von den Provenzalen bis zu Petrarca. Tübingen 2001.

Betz, Hans Dieter (Hg.): Paulinische Studien. Gesammelte Aufsätze III. Tübingen 1994.

Ders.: Der Galaterbrief. Ein Kommentar zum Brief des Apostels Paulus an die Gemeinde in Galatien. Aus dem Amerikanischen übersetzt und für die deutsche Ausgabe redaktionell bearbeitet von Sibylle Ann. München 1988.

Bibliothèque augustienne. Œuvres de Saint Augustin. Lat.-franz. Ausgabe. Paris 1947 ff.

Biesterfeld, Wolfgang (Hg.): Utopie. Stuttgart 1985.

Binding, Günther: Was ist Gotik? Eine Analyse der gotischen Kirchen in Frankreich, England und Deutschland 1140–1350. Darmstadt 2000.

Bitterli, Urs: Die Entdeckung Amerikas. Von Kolumbus bis Alexander von Humboldt. München 1991.

Bloch, Ernst: Das Prinzip Hoffnung. Stuttgart 1998.

Bloch, Marc: Die Feudalgesellschaft. Aus dem Französischen von Eberhard Bohm. Stuttgart 1999 (Französisches Original 1939, neue Ausgabe 1994).

Blum, Paul Richard: Giordano Bruno. München 1999.

Blumenberg, Hans: Arbeit am Mythos. 4. Aufl. Frankfurt am Main 1986 (1979).

Blumenberg, Hans: Das Lachen der Thrakerin. Eine Urgeschichte der Theorie. Frankfurt a. M. 1987.

Ders.: Der Prozess der theoretischen Neugierde. Frankfurt a. M. 1973.

Ders.: Die Genesis der kopernikanischen Welt. Frankfurt a. M. 1975.

Ders.: Die kopernikanische Wende. Frankfurt a. M. 1965.

Ders.: Die Legitimität der Neuzeit. Frankfurt a. M. 1966.

Boccaccio, Giovanni: Decameron, a cura di Vittore Branca, I Meridiani Mondadori, Milano 1985.

Ders.: Das Dekameron. Mit 110 Holzschnitten der italienischen Ausgabe von 1492 Deutsch von Albert Wesselski. Frankfurt a. M. 1999.

Ders.: Medea. In: De claris mulieribus/Die Großen Frauen. Lateinisch/Deutsch. Ausgewählt, übersetzt und kommentiert von Irene Erfen und Peter Schmitt. Stuttgart 1995.

Böhlig, Alexander u. a.: Die Gnosis. Der Manichäismus. Düsseldorf/Zürich 1997.

Ders./Markschies, Christopher: Gnosis und Manichäismus. Forschungen und Studien zu Texten von Valentin und Mani sowie zu den Bibliotheken von Nag Hamadi und Medinet Madi. Berlin/New York 1994.

Böhme, Gernot: Platons theoretische Philosophie. Stuttgart und Weimar 2004.

Böhme, Hartmut/Scherpe, Klaus R. (Hg.): Literatur und Kulturwissenschaften. Positionen, Theorien, Modelle. Reinbek 1996.

Ders./Matussek, Peter/Müller, Lothar: Orientierung Kulturwissenschaft. Was sie kann, was sie will. Reinbek 2002.

Ders.: Vom Cultus zur Kultur(wissenschaft). Zur historischen Semantik des Kulturbegriffs. In: Renate Glaser und Matthias Luserke (Hg.): Literaturwissenschaft – Kulturwissenschaft. Positionen, Themen, Perspektiven. Opladen 1996, S. 48ff.

Böhme, Helmut: Prolegomena zu einer Sozial- und Wirtschaftsgeschichte Deutschlands im 19. und 20. Jahrhundert. Frankfurt a. M. 1972.

Bohrer, Karl Heinz: Die Ästhetik des Schreckens. Die pessimistische Romantik und Ernst Jüngers Frühwerk. Frankfurt a. M. 1983.

Bolz, Norbert : Theorie der neuen Medien. München 1990.

Ders.: Das konsumistische Manifest. München 2002.

Borchardt, Knut: Die industrielle Revolution in Deutschland. Mit einer Einführung von Carlo M. Cipolla. München 1972.

Boris, Dieter: Ursprünge der europäischen Welteroberung. Heilbronn 1992.

Borsche, Tilman: Die Notwendigkeit der Ideen: Politeia. In: Platon. Seine Dialoge in der Sicht neuerer Forschungen. Hg. von Theo Kobusch und Burkhard Mojsisch. Darmstadt 1996, S. 96ff.

Ders.: Kein Logos ohne Mythos. Zur Geschichte einer verdrängten Herkunft. In: Bullerjahn, Claudia/Löffler, Wolfgang (Hg.): Musikermythen. Alltagstheorien, Legenden und Medieninszenierungen. Hildesheim 2004, S. 14ff.

Ders.: Was etwas ist. Fragen nach der Wahrheit der Bedeutung bei Platon, Augustin, Nikolaus von Kues und Nietzsche. München 1990.

Borst, Arno: Das Rittertum im Mittelalter. Darmstadt 1976.

Bostock, David: Plato's Phaedo. Oxford 1986.

Bourdieu, Pierre: Die feinen Unterschiede: Kritik der gesellschaftlichen Urteilskraft. Frankfurt a. M. 1982 (französisches Original 1979).

Bowden, Henry Warner: American Indians and Christian Mission: Studies in Conflict. Chicago u.a. 1985.

Braudel, Fernand: Europäische Expansion und Kapitalismus: 1450–1650. In: E. Schulin (Hg.): Universalgeschichte, Köln 1974, S. 255–294.

Ders.: Sozialgeschichte des 15. bis 18. Jahrhunderts. Band 3: Aufbruch zur Weltwirtschaft. München 1986.

Braungart, Wolfgang: Die Kunst der Utopie. Vom Späthumanismus zur frühen Aufklärung. Stuttgart 1989.

Brecht, Bertolt: Antigone. In: Werke. Große kommentierte Berliner und Frankfurter Ausgabe. Herausgegeben von Werner Hecht, Jan Knopf, Werner Mittenzwei, Klaus-Detlef Müller. Band 8. Berlin und Weimar/Frankfurt a. M. 1992.

Ders.: Antigonemodell 1948. In: Werke. Große kommentierte Berliner und Frankfurter Ausgabe. Herausgegeben von Werner Hecht, Jan Knopf, Werner Mittenzwei, Klaus-Detlef Müller. Band 25: Bertolt Brecht. Schriften 5. Theatermodelle, „Katzengraben"-Notate 1953. Berlin und Weimar/Frankfurt a. M. 1992.

Ders.: Werke. Große kommentierte Berliner und Frankfurter Ausgabe. Hg. von Werner Hecht, Jan Knopf, Werner Mittenzwei und Klaus-Detlef Müller. Bd. 5: Stücke 5. Bearbeitet von Bärbel Schrader und Günther Klotz. Frankfurt a. M. 1988.

Breuer, Dieter: Grimmelshausen-Handbuch. München 1999.

Briefe des Bonifatius. Willibalds Leben des Bonifatius. Nebst einigen zeitgenössischen Dokumenten. Unter Benutzung der Übersetzung von M. Tangl und Ph. H. Külb neu bearbeitet von Reinhold Rau. Darmstadt 1968.

Brooke, Christopher: Die große Zeit der Klöster 1000–1300. Basel und Wien 1983.

Ders.: Die große Zeit der Klöster 1000–1300. Die Geschichte der Klöster und Orden und ihre religions-, kunst- und kulturgeschichtliche Bedeutung für das werdende Europa. Freiburg/Basel/Wien 1983.

Brown, Peter: Autorität und Heiligkeit. Aspekte der Christianisierung des Römischen Reiches. Aus dem Englischen von Diether Eibach. Stuttgart 1998.

Brumlik, Micha: Schrift, Wort und Ikone: Wege aus dem Verbot der Bilder. Frankfurt a. M. 1994.

Bruno, Giordano: Gesammelte Werke. Hg. von Ludwig Kuhlenbeck. Leipzig und Jena 1904–09.

Ders.: Über die Monas, die Zahl, die Figur als Elemente einer sehr geheimen Physik, Mathematik und Metaphysik. Mit einer Einleitung hg. von Elisabeth von Samsonow. Kommentar Martin Mulsow. Hamburg 1991.

Ders.: Von den heroischen Leidenschaften. Übersetzt und hg. von Christiane Bacmeister. Mit einer Einleitung von Ferdinand Fellmann. Hamburg 1989.

Ders.: Von der Ursache, dem Prinzip und dem Einen. Vervollständigt, mit Anmerkungen, Biographie und Bibliographie und Register versehen von Paul Richard Blum. 5. erweiterte Auflage. Hamburg 1993.

Buchdahl, Gerd: Metaphysics and the philosophy of science. The classical origins. Descartes to Kant. Oxford und Cambridge (Mass.) 1969.

Buchheim, Thomas: Die Vorsokratiker. Ein philosophisches Porträt. München 1994.

Büchner, Georg: Dantons Tod. In: Sämtliche Werke und Briefe. Herausgegeben von Werner F. Lehmann. Bd. 1. Hamburg 1967.

Bultmann, Rudolf: Das Urchristentum. Im Rahmen der antiken Religionen. Düsseldorf 1998.

Ders.: Die Geschichte der synoptischen Tradition. Achte Auflage. Göttingen 1970.

Bumke, Joachim: Die Höfische Kultur, Literatur und Gesellschaft im hohen Mittelalter. 2 Bde. München 1986.

Burckhardt, Jacob: Die Griechen und ihr Mythus / aus dem Nachlass hrsg. von Leonhard Burckhardt. München 2002.

Ders.: Die Kultur der Renaissance in Italien. Hg. von Horst Günther. Frankfurt a. M. 1982.

Ders.: Griechische Kulturgeschichte. Ausgew. und mit einem Vorw. vers. von Ralph-Rainer Wuthenow. Frankfurt am Main [u. a.] 2003.

Burdorf, Dieter: Poetik der Form. Eine Begriffs- und Problemgeschichte. Stuttgart und Weimar 2001.

Bürger, Peter: Das Verschwinden des Subjekts. Eine Geschichte der Subjektivität von Montaigne bis Barthes. Frankfurt a. M. 1998.

Ders.: Theorie der Avantgarde. Frankfurt 1974.

Burkert, Walter: Weisheit und Wissenschaft. Studien zu Pythagoras, Philolaos und Platon. Nürnberg 1962.

Burkhardt, Johannes: Der Dreißigjährige Krieg. Frankfurt a. M. 1992.

Butler, Judith: Antigones Verlangen: Verwandtschaft zwischen Leben und Tod. Frankfurt 2001 (engl. Original 2001).

Dies.: Das Unbehagen der Geschlechter. Frankfurt a. M. 1991 (englisches Original: Gender Trouble 1990).

Dies.: Körper von Gewicht. Die diskursiven Grenzen des Geschlechts. Berlin 1995 (englisches Original 1993).

Dies.: Psyche der Macht. Das Subjekt der Unterwerfung. Frankfurt a. M. 2001 (englisches Original 1997).

Camelot, Pierre-Thomas: Ephesus und Chalcedon. Mainz 1963 (franz. Orig. 1962).

Capra, Fritjof: Das neue Denken. Aufbruch zum neuen Bewußtsein. Die Entstehung eines ganzheitlichen Weltbildes im Spannungsfeld zwischen Naturwissenschaften und Mystik. Bern u. a. 1987.

Cardini, Franco: Der Krieger und der Ritter. In: Jacques Le Goff (Hg.): Der Mensch des Mittelalters. Frankfurt a. M. 1996, S. 87 ff.

Cassanelli, Roberto (Hg.): Die Baukunst im Mittelalter. Düsseldorf 2005.

Cassirer, Ernst: Das mythische Denken. Philosophie der symbolischen Formen, Bd. 2. Berlin Hamburg 2002 (1925).

Ders.: G. Pico della Mirandola. A study in the History of Renaissance. In: Journal of the History of Ideas, 3, 1942, S. 123–144, 319–346.

Ders.: Individuum und Kosmos in der Philosophie der Renaissance. Darmstadt 1962 (Neudruck).

Ders.: Philosophie der symbolischen Formen, Erster Teil: Die Sprache. Darmstadt 1964 (1923).

Castiglione, Baldassare: Der Hofmann: Lebensart in der Renaissance. Aus dem Italienischen von Albert Wesselski. Berlin 1996. (Il libro del cortegiano; erschienen 1528)

Cattanao, Marco: Heisenberg. Von der Quantentheorie zur Weltformel. Heidelberg 2001.

Cavallaro, Dani: Cyberpunk and Cyberculture. Science Fiction and the World of William Gibson. London 2000.

Cerutti, Furio und Rudolph, Enno (Hg.): A Soul For Europe. 2 Bde. Sterling Virginia 2001.

Chabord, Federico: Der Europagedanke von Alexander dem Großen bis Zar Alexander I. Kohlhammer 1963.

Ders.: Storia dell' Idea d'Europa. 4. Aufl. Rom 2001.

Chadwick, Henry: Augustin. Oxford 1986, deutsch: Göttingen 1987.

Cipolla/K. Borchardt (Hg.): Europäische Wirtschaftsgeschichte. Bd. II. Stuttgart/New York 1982, S. 113–170.

Cittadinanza e Governance in Europa. Staatsbürgerschaft und Governance in Europa. Villa Vigoni 2004.

Clifford, James/Marcus, George E. (Hg.): Writing Culture. The Poetics and Politics of Ethnography. Berkeley u. a. 1986.

Colpe, Carsten u. a. (Hg.): Spätantike und Christentum. Beiträge zur Religions- und Geistesgeschichte der griechisch-römischen Kultur und Zivilisation der Kaiserzeit. Berlin 1992.

Ders., Ludger Honnefelder und Matthias-Lutz Bachmann (Hg.): Spätantike und Christentum. Beiträge zur Religions- und Geistesgeschichte der griechisch-römischen Kultur und Zivilisation der Kaiserzeit. Berlin 1992.

Condillac, Etienne: Abhandlung über die Empfindungen. (Traité des sensationes). Auf der Grundlage der Übersetzung von Eduard Johnson neu [...] hg. von Lothar Kreimendahl. Hamburg 1983.

Ders.: Versuch über den Ursprung der menschlichen Erkenntnisse. Ein Werk, das alles, was den menschlichen Verstand betrifft, auf ein einziges Prinzip zurückführt. (Essay sur l'origine des connaissances humaines). Hg. und übersetzt von Ulrich Ricken. Leipzig 1977.

Conzelmann, Hans: Geschichte des Urchristentums. Göttingen 1976.

Cooper, Anthony Ashley, Third Earl of Shaftesbury: Standard Edition. Sämtliche Werke, ausgewählte Briefe und nachgelassene Schriften. In englischer Sprache mit paralleler deutscher Übersetzung. Herausgegeben, übersetzt und kommentiert von Gerd Hemmerich und Wolfram Benda. Stuttgart-Bad Cannstatt 1981.

Corbin, Alain: „la vertige des foisonnement" Esquisse panoramique d'une histoire sans nom. In: Revue d'histoire moderne et contemporaine. 1992, S. 103 ff.

Ders.: Wunde Sinne. Über die Begierde, den Schrecken und die Ordnung der Zeit im 19. Jahrhundert. Stuttgart 1993.

Corneille: Médée. In: Œuvres complétes. Band 1. Textes établis, présentés et annotés par Georges Couton. Gallimard 1980.

Courcelle, Pierre: Recherches sur les Confessions de Saint Augustin. Paris 1950.

Cramer, Wolfgang: Gottesbeweise und ihre Kritik. Frankfurt a. M. 1967.

Crombie, Alistair: Von Augustinus bis Galilei. Die Emanzipation der Naturwissenschaften. Aus dem Englischen von Hildegard Hoffmann und Hildegard Pleus. München 1977 (1959).

Culler, Jonathan: Literaturtheorie. Eine kurze Einführung. Aus dem Englischen übersetzt von Andreas Mahler. Stuttgart 2002 (englisches Original 1997).

Dahlheim, Werner: Die griechisch-römische Antike. Bd. I. Herrschaft und Freiheit: Die Geschichte der griechischen Stadtstaaten. Paderborn u. a. 1992.

Dann, Otto: Nation und Nationalismus in Deutschland. 1770–1990. München 1996.

Dannenbauer, Heinrich: Die Entstehung Europas. Von der Spätantike zum Mittelalter. Zweiter Band. Die Anfänge der abendländischen Welt. Stuttgart 1962.

Dante Alighieri: Commedia. Inferno, con il commento di Anna Maria Chiavacci Leonardi. Milano 1991.

Ders.: Commedia. Paradiso, con il commento di Anna Maria Chiavacci Leonardi, Milano 1997.

Ders.: Commedia. Purgatorio, con il commento di Anna Maria Chiavacci Leonardi, I Meridiani Mondadori, Milano 1994.

Ders.: Die göttliche Komödie. Aus dem Italienischen mit einer Einleitung und Anmerkungen von Karl Vossler. 3. Auflage München 2002.

Ders.: Die göttliche Komödie. Übersetzt von Hermann Gmelin, Anmerkungen von Rudolf Baehr, Nachwort Manfred Hardt. Stuttgart 2001.

Das Älteste Systemprogramm. Studien zur Frühgeschichte des deutschen Idealismus. Hg. von Rüdiger Bubner. Hegel-Studien Beihefte 9. Bonn 1973.

Das Buch der Inquisition. Das Originalhandbuch des Inquisitors Bernhard Gui. Eingeführt und hg. von Petra Seifert. Übersetzt aus dem Lateinischen von Manfred Pawlik. Augsburg 1999.

Daus, Ronald: Die Erfindung des Kolonialismus. Wuppertal 1983.

Davidsohn, Robert: Geschichte von Florenz. 4 Bde. Berlin 1894–27. Neudruck Oldenburg 1969.

De Cervantes Saavedra, Miguel: Don Quijote. Aus dem Spanischen übertragen von Ludwig Braunfels. Mit 23 Illustrationen von Grandville. Düsseldorf 2003.

Ders.: El ingenioso hidalgo Don Quijote de la Mancha. 3 Teile. Hg. und kritisch kommentiert von Vicente Gaos. Madrid 1987.

De Kerckhove, Derrick: Schriftgeburten. Vom Alphabet zum Computer. Aus dem Französischen von Martina Leeker. München 1995.

De las Casas, Bartholomé: Kurzgefasster Bericht von der Verwüstung der Westindischen Inseln. Hg. von Hans Magnus Enzensberger. Frankfurt a. M. 1981.

Ders.: Werkauswahl. Hrsg. von Mariano Delgado. Bd. 2: Historische und ethnographische Schriften. Übersetzt von Ulrich Kunzmann. Paderborn u.a. 1995.

De Montaigne, Michel: Die Essais. Ausgewählt und übertragen von Arthur Franz. Stuttgart 1984.

De revolutionibus libri sex. Kritischer Text. Besorgt von Heribert Maria Nobis und Bernhard Sticker. Hildesheim 1984.

De Rougemont, Denis: Europa. Vom Mythos zur Wirklichkeit. München 1962.

Dekrete der ökumenischen Konzilien. Bd. 1: Konzilien des ersten Jahrtausends. Hg. von Guiseppe Alberigo u.a. Paderborn u.a. 1998.

della Mirandola, Pico: Über die Würde des Menschen. Lateinisch und deutsch. Übersetzt von Norbert Baumgarten. Hg. und eingel. von August Buck. Hamburg 1990.

Delumeau, Jean: Angst im Abendland. Die Geschichte der kollektiven Ängste im Europa des 14. bis 18. Jahrhunderts. 2 Bde. Reinbek 1985 (franz. Orig. 1978).

Demandt, Alexander (Hg.): Stätten des Geistes. Große Universitäten Europas von der Antike bis zur Gegenwart. Köln u.a. 1999.

Denifle, H.: Die Entstehung der Universitäten des Mittelalters bis 1400. Berlin 1885. Neudruck 1956.

Derrida, Jacques: Grammatologie. Frankfurt a. M. 1974 (franz. Original 1967).

Dery, Mark: Cyber. Die Kultur der Zukunft. Berlin 1997 (engl. Orig. 1996).

Descartes, René: Correspondance. Bd. 1–5. In: Œuvres de Descartes. Hg. von Charles Adam und Paul Tannery. Paris 1969ff.

Ders.: Discours de la Méthode. Von der Methode des richtigen Vernunftgebrauchs und der wissenschaftlichen Forschung. Übersetzt und hg. von Lüder Gäbe. Hamburg 1960.

Ders.: Meditationen über die erste Philosophie (Meditationes de prima philosophia). Auf Grund der Ausgaben von Artur Buchenau neu hg. von Lüder Gäbe. Hamburg 1959.

Ders.: Œuvres. 13 Bde. Hg. von Charles Adam und Paul Tannery. Paris 1897–1913, Neuausgabe Paris 1974ff.

Ders.: Prinzipien der Philosophie. Übersetzt und erläutert von Artur Buchenau. Hamburg 1955.

Ders.: Regeln zur Leitung des Geistes. Die Erforschung der Wahrheit durch das natürliche Licht. Übersetzt und hg. von Artur Buchenau. Hamburg 1962.

Ders.: Regulae ad directionem ingenii. Kritisch revidiert und hg. von Heinrich Springmeyer und Hans Günter Zekl. Hamburg 1973.

Ders.: Über den Menschen sowie Beschreibung des menschlichen Körpers. Nach der ersten französischen Ausgabe von 1664 übersetzt und mit einer historischen Einleitung und Anmerkung versehen von K. E. Rothschuh. Heidelberg 1969.

Ders.: Über die Leidenschaften der Seele. Übersetzt und erläutert von Artur Buchenau. Leipzig 1911.

Deutsche Augustinus-Ausgabe. Hg. und übersetzt von C. J. Perl. Paderborn 1955 ff.

Dichtungen, Briefe und Schriften. Auswahl und Einleitung von Hanns W. Eppelsheimer. Frankfurt 1956.

Diderot, Denis: Œuvres. Hg. und kommentiert von André Billy. Paris 1989.

Ders.: Sämmtliche Werke. 2 Bde. Mikrofiche Ausgabe des Drucks von 1797. München 1990–94.

Giovanni Boccaccio, Decameron, a cura di Vittore Branca, I Meridiani Mondadori, Milano 1985.

Die Benediktusregel. Lateinisch-deutsch. Hg. von P. Basilius Steidle. OSB. Beuron 1963.

Die Bibel. Nach der Übersetzung Martin Luthers. Mit Apokryphen. Hg. vom Evangel. Kichenwerk. Stuttgart 1999.

Die Christianisierung Europas. In: Hauschild, Wolf-Dieter: Lehrbuch der Kirchen- und Dogmengeschichte. Bd. 1: Alte Kirche und Mittelalter. Zweite durchgesehene und erweiterte Auflage. Göttingen 2000.

Die Orestie des Aischylos. Übersetzt von Peter Stein. Herausgegeben von Bernd Seidensticker. München 1997.

Diels, Hermann (Hg. und Übersetzer): Die Fragmente der Vorsokratiker. Griechisch und Deutsch. Berlin 1912. 6. verbesserte Auflage. 3 Bde. 1952.

Ders.: Die Fragmente der Vorsokratiker. Griechisch und deutsch. Hg. von Walther Kranz. Zürich, unveränderter Nachruck der 6. Auflage 1972.

Ders.: Die Fragmente der Vorsokratiker. Griechisch und deutsch. Hg. von Walther Kranz. Zürich, unveränderter Nachruck der 6. Auflage 1972.

Dijksterhuis, Eduard: Die Mechanisierung des Weltbildes. Berlin u.a. 2002 (1956).

Diller, Hans (Hg.): Sophokles. Wege der Forschung Bd. 95. Darmstadt 1986.

Dinzelbacher, Peter: Artikel Sexualität/Liebe. In: Mittelalter. In: Dinzelbacher (Hg.): Europäische Mentalitätsgeschichte. Hauptthemen in Einzeldarstellungen. Stuttgart 1993, S. 70 ff.

Ders.: Bernhard von Clairvaux. Leben und Werk des berühmten Zisterziensers. Darmstadt 1998.

Ders.: Europäische Mentalitätsgeschichte. Stuttgart 1993.

Dischner, Gisela: Giordano Bruno. Denker, Dichter und Magier. Tübingen 2004.

Dohmen, Christoph: Das Bilderverbot: Seine Entstehung und seine Entwicklung im Alten Testament. Frankfurt a. M. 1987.

Doren, Alfred: Studien zur Florentiner Wirtschaftsgeschichte. 2 Bde. Stuttgart 1901–1908.

Dormeyer, Detlev: Das neue Testament im Rahmen der antiken Literaturgeschichte. Eine Einführung. Darmstadt 1993.

Duby, Georges: Die drei Ordnungen. Das Weltbild des Feudalismus. Frankfurt a. M. 1985.

Ders.: Das Europa der Kathedralen. 1140–1280. Stuttgart 1985.

Ders.: Der heilige Bernhard und die Kunst der Zisterzienser. Frankfurt a. M. 1993.

Ders.: Die Ritter. Aus dem Französischen von Tobias Scheffel. München 2001.

Ders.: Die Zeit der Kathedralen. Kunst und Gesellschaft 980–1420. Frankfurt a. M. 1999.

Ders.: Die Zeit der Kathedralen. Kunst und Gesellschaft 980–1420. Frankfurt 1987.

Dülmen, Richard van: Entstehung des frühneuzeitlichen Europa 1550–1648. Fischer Weltgeschichte. Bd. 24, Frankfurt a. M. 1982.

Eco, Umberto: Das offene Kunstwerk. Frankfurt a. M. 2002.

Edgerton, Samuel Y.: Die Entdeckung der Perspektive. München 2002 (englisches Original 1975).

Edwards, John: Die spanische Inquisition. Aus dem Englischen von Harald Ehrhardt. Düsseldorf 2003.

Ehlers, Joachim: Paris. Die Entstehung der europäischen Universität. In Demandt, Alexander (Hg.): Stätten des Geistes, S. 75 ff.

Eicher, Thomas/Wiemann, Volker (Hg.): Arbeitsbuch Literaturwissenschaft. Paderborn u. a. 1996.

Einstein, Albert: Über die spezielle und allgemeine Relativitätstheorie. Braunschweig 1917. Neudruck: Braunschweig 1965 (20. Auflage).

Eliade, Mircea: Geschichte der religiösen Ideen. Band II. Von Gautama Buddha bis zu den Anfängen des Christentums. Freiburg im Breisgau 2002.

Ders.: Vom Wesen des Religiösen. Frankfurt a. M. 1984.

Ellwein, Thomas: Die deutsche Universität. Vom Mittelalter bis zur Gegenwart. Frankfurt am Main 1992.

Endress, Heinz-Peter: Don Quijotes Ideale im Umbruch der Werte vom Mittelalter bis zum Barock. Tübingen 1991.

Engelhard: Die Sicherung der Erkenntnis bei Parmenides. Stuttgart 1996.

Engels, Friedrich: Anti-Dühring d.i.: Herrn Eugen Dührings Umwälzung der Wissenschaft. In: Karl Marx und Friedrich Engels. Historisch-kritische Gesamtausgabe im Auftrag des Marx-Engels-Lenin-Instituts Moskau. Sonderausgabe Glashütten 1970.

Engler, Steffani/Krais, Beate (Hg.): Das kulturelle Kapital und die Macht der Klassenstrukturen: Sozialstrukturelle Verschiebungen und Wandlungsprozesse des Habitus. Weinheim 2004.

Erdmann, Wolfgang: Die Reichenau im Bodensee. Geschichte und Kunst. 10. Aufl. Königstein 1992.

Erll, Astrid: Kollektives Gedächtnis und Erinnerungskulturen. In: Nünning und Nünning (Hg.) 2003, S. 156 ff.

Erzgräber, Willi (Hg.): Hamlet-Interpretationen. Darmstadt 1977.

Euripides: Fabulae Ed. Gilbertus Murray. Bd 1: Cyclops, Alcestis, Medea, Herclidae, Hippolytus, Andromacha, Hecuba. Oxford 1958.

Ders.: Tragödien. Übersetzt von Hans von Arnim. Mit einer Einführung und Erläuterung von Bernhard Zimmermann. München 1990.

Ders.: Tragödien. Übersetzt von Hans von Arnim. Zürich und München 1990.

Faulstich, Werner: Das Medium als Kult. Von den Anfängen bis zur Spätantike. Göttingen 1997.

Febvre, Lucien: Das Gewissen des Historikers. Berlin 1988 (franz. Original 1953).

Ders.: La sensibilité et l'histoire. Comment reconstituer la vie affective d'autrefois. In: Annales d'histoire sociale 3, 1941, S. 5 ff.

Ders.: Das Gewissen des Historikers. Berlin 1988 (franz. Orig. 1953).

Fest, Johannes: Der zerstörte Traum. Vom Ende des utopischen Zeitalters. Berlin 1991.

Festinger, Leon: Theorie der kognitiven Dissonanz. Hg. von Martin Irle u. a. München 1978 (1957).

Fichte, Johann Gottlieb: Die Grundzüge des gegenwärtigen Zeitalters. Vorlesungen gehalten zu Berlin, im Jahr 1804/05. Mit einer Einleitung hg. von Alwin Diemer, Hamburg 1978.

Ders.: Grundlage der gesamten Wissenschaftslehre (1794). Neudruck der zweiten von Fritz Medicus hg. Auflage von 1922 mit einem Sachregister von Alwin Diemer. Hamburg 1961.

Ders.: Reden an die deutsche Nation. Mit einer Einleitung hg. von Reinhard Lauth. Hamburg 1978.

Ders.: Schriften zur Wissenschaftslehre. Hg. von Wilhelm G. Jacobs. Frankfurt a. M. 1997.

Ficino, Marsilio: Traktate zur platonischen Philosophie. Übersetzt und mit Erläuterungen versehen von Elisabeth Blum, Paul Richard Blum und Thomas Leinkauf. Berlin 1983.

Ders.: Über die Liebe oder Platons Gastmahl. Übersetzt von Karl Paul Hasse. Herausgegeben und eingeleitet von Paul Richard Blum. Lateinisch/Deutsch. Hamburg 1984.

Finley, Moses I.: Die Sklaverei in der Antike. Geschichte und Probleme. München 1980.

Fischer, Fritz: Griff nach der Weltmacht. Die Kriegszielpolitik des kaiserlichen Deutschland. 1914–1918. Düsseldorf 1969.

Fischer, Karl Martin: Das Urchristentum. Leipzig 1991.

Fischer, Norbert/Cornelius Meyer (Hg.): Die Confessiones des Augustinus von Hippo. Einführung und Interpretationen zu den dreizehn Büchern. Freiburg u. a. 1998.

Fischer-Lichte, Erika: Geschichte des Dramas. Epochen der Identität auf dem Theater von der Antike bis zur Gegenwart. Band 1: Von der Antike bis zur deutschen Klassik. Tübingen 1990.

Flasch, Kurt: Augustin. Einführung in sein Denken. Stuttgart 1980.

Ders.: Das philosophische Denken im Mittelalter. Von Augustin zu Machiavelli. Stuttgart 1986.

Flashar, Helmut: Sophokles. Dichter im demokratischen Athen. München 2000.

Fleckenstein, Josef, unter Mitwirkung von Thomas Zotz: Rittertum und ritterliche Welt. Berlin 2002.

Flusser, Vilém: Kommunikologie. Mannheim 1996.

Foerster, Rolf Hellmut: Die Idee Europa 1300–1946. Quellen zur Geschichte der politischen Einigung. München 1963.

Ders.: Europa. Geschichte einer politischen Idee. München 1967.

Fohrman, Jürgen: Das Projekt der deutschen Literaturgeschichte. Entstehung und Scheitern einer nationalen Poesiegeschichtsschreibung zwischen Humanismus und Deutschem Kaiserreich. Stuttgart 1989.

Foscolo, Ugo: Letzte Briefe des Jacopo Ortis. Übersetzung von Heinrich Luden. Leipzig 1984. – Italienisches Original: Ultime lettere di Jacopo Ortis. Poesie e carmi. A cura di Mario Puppo. Milano 1987.

Foucault, Michel: Der Wille zum Wissen. Sexualität und Wahrheit. Bd. 1–3. Übersetzt von Ulrich Raulff und Walter Seitter. Frankfurt 1983 (franz. Orig. 1976).

Ders.: Die Ordnung der Dinge. Eine Archäologie der Humanwissenschaften. Frankfurt a. M. 1974 (franz. Original 1966).

Ders.: Überwachen und Strafen. Frankfurt a. M. 1976 (franz. Orig. 1974).

Ders.: Wahnsinn und Gesellschaft. Eine Geschichte des Wahns im Zeitalter der Vernunft. Frankfurt a. M. 1973 (französisches Original 1961).

Fox Keller, Evelyn: Geschlecht und Wissenschaft: Eine Standortbestimmung. In: Orland, Barbara/Scheich, Elvira: Das Geschlecht der Natur. Frankfurt a. M. 1995. S. 64 ff.

Francesco Petrarca: Canzioniere. Introduzione e note di Alberto Chiari. Milano 1985.

Ders.: Canzoniere, a cura di Marco Santagata, Milano 1996.

Francesco Petrarca: Canzoniere. Eine Auswahl. Italienisch/Deutsch. Übersetzt und hg. von Winfried Tilmann. Stuttgart 2000.

Ders.: Die Besteigung des Mont Ventoux. Francesco Petrarca an Francesco Dionigi von Borgo San Sepolcro in Paris. Aus dem Lateinischen übersetzt von Hans Nachod und Paul Stern. Frankfurt a. M. 1996.

Frank, Manfred: Der kommende Gott. Vorlesungen über Neue Mythologie. 1. Teil. Frankfurt 1982.

Franke, Ursula: Kunst als Erkenntnis. Die Rolle der Sinnlichkeit in der Ästhetik des Alexander Gottlieb Baumgarten. Wiesbaden 1972.

Freud, Sigmund: Eine Schwierigkeit der Psychoanalyse. 1917. In: ders.: Gesammelte Werke. Chronologisch geordnet. Bd. XII. Hg. von Anna Freud unter Mitwirkung von Marie Bonaparte, Prinzessin Georg von Griechenland. Frankfurt a. M. 1947.

Frey, Jörg: Die johanneische Eschatologie I. Ihre Probleme im Spiegel der Forschung seit Reimarus. Tübingen 1997.

Fricke, Harald/Zymner, Rüdiger: Einübung in die Literaturwissenschaft. Parodieren geht über Studieren. 4. Aufl. Paderborn 2000.

Frickenschmidt, Dirk: Evangelium als Biographie. Die vier Evangelien im Rahmen antiker Erzählkunst. Tübingen und Basel 1997.

Fritz, Kurt von: Grundprobleme der antiken Wissenschaft. Berlin u.a. 1971.

Fuhrer, Therese (Hg.): Augustinus. Darmstadt 2004.

Fukuyama, Francis: Das Ende der Geschichte. Wo stehen wir? Gütersloh 2002 (engl. Orig. 1989).

Funke, Mandy: Rezeptionstheorie, Rezeptionsästhetik: Betrachtungen eines deutsch-deutschen Diskurses. Bielefeld 2004.

Gadamer, Hans-Georg (Hg.):Um die Begriffswelt der Vorsokratiker. Darmstadt 1968.

Ders.: Das Lehrgedicht des Parmenides. In: Griechische Philosophie II. Tübingen 1985, S. 30ff.

Ders.: Der Unsterblichkeitsbeweis in Platos ,Phaidon'. In: Griechische Philosophie II. Tübingen 1985, S. 187ff.

Ders.: Griechische Philosophie 1–3. Gesammelte Werke 5–7. Tübingen 1985–1991.

Gadamer, Hans-Georg: Griechische Philosophie II. In: Gesammelte Werke. Bd. 6. Tübingen 1985.

Ders.: Griechische Philosophie III. Plato im Dialog. Tübingen 1991.

Ders.: Idee und Wirklichkeit in Platos ,Timaios'. In: Griechische Philosophie II. Tübingen 1985, S. 242.

Ders.: Idee und Zahl: Studien zur platonischen Philosophie. Heidelberg 1968.

Ders.: Wahrheit und Methode. Grundzüge einer philosophischen Hermeneutik. Vierte Auflage. Tübingen 1975.

Ders.: Zur Vorgeschichte der Metaphysik. In: Griechische Philosophie II. Tübingen 1985.

Galilei, Galileo: Dialog über die beiden hauptsächlichsten Weltsysteme. Das ptolemäische und das kopernikanische. Aus dem Italienischen übersetzt und erläutert von Emil Strauss. Mit einem Beitrag von Albert Einstein. Hg. von Roman Sexl und Karl von Meyenn. Stuttgart 1982.

Ders.: Opere. 20 Bde. Hg. von A. Favero. Florenz 1890–1909.

Ganshof, François Louis: Was ist Lehenswesen?. Darmstadt 1961.

Gatti, Hilary (Hg.): Giordano Bruno. Philosopher of the Renaissance. Ashgate 2002.

Gebhardt, Wolfgang (Hg.): Handbuch der deutschen Geschichte. Davon: Band 10: Lanzinner, Maximilian: Konfessionelles Zeitalter 1555–1618. Stuttgart 2001. Darin: Schormann, Gerhard: Dreißigjähriger Krieg 1618–1648.

Geerlings, Wilhelm (Hg.): Theologen der christlichen Antike. Eine Einführung. Darmstadt 2002.

Geertz, Clifford: Dichte Beschreibung. Beiträge zum Verstehen kultureller Systeme. Frankfurt a. M. 1983. (Original: The Interpretation of Cultures. Selected Essays. London 1973)

Ders.: Religion als kulturelles System. Beiträge zum Verstehen kultureller Systeme. Übersetzt von Brigitte Luchesi und Rolf Bindemann. Frankfurt 1983 (engl. Original 1973).

Gehlen, Arnold: Urmensch und Spätkultur. Ergebnisse und Aussagen. 4. Aufl. Frankfurt a. M. 1977.

Geiger, Theodor: Ideologie und Wahrheit. Eine soziologische Kritik des Denkens. Stuttgart 1953.

Gendolla, Peter: Die lebenden Maschinen. Zur Geschichte des Maschinenmenschen bei Jean Paul, E. T. A. Hoffmann und Villiers de l'Isle Adam. Marburg/Lahn 1980.

Gerdzen, Rainer/Wöhler, Klaus: Matriarchat und Patriarchat in Christa Wolfs „Kassandra". Würzburg 1991.

Gervinus, Georg Gottfried: Geschichte der Deutschen Dichtung. Fünf Bände. Leipzig 1853.

Gibson, William: Die Neuromancer-Trilogie. Übersetzt von Reinhard Heinz und Peter Robert. München 2001.

Giesecke, Michael: Von den Mythen der Buchkultur zu den Visionen der Informationsgesellschaft. Frankfurt a. M. 2002.

Gilson, Etienne: Johannes Duns Scotus. Einführung in die Grundgedanken seiner Lehre. Düsseldorf 1959.

Giovanni, Getto: Storia delle storie letterarie. Firenze 1981.

Giovine, Umberto und Venturelli, Aldo: Cittadinanza e Governance in Europa. Staatsbürgerschaft und Governance in Europa. Villa Vigoni. Mitteilungen. Como 2004.

Glaser: Horst Albert: Medea. Frauenehre – Kindsmord – Emanzipation. Frankfurt a. M. 2001.

Glau, Katherina: Christa Wolfs „Kassandra" und Aischylos' „Orestie": zur Rezeption der griechischen Tragödie in der deutschen Literatur der Gegenwart. Heidelberg 1996.

Gleba, Gudrun: Klöster und Orden im Mittelalter. Darmstadt 2002.

Gloy, Karen: Das Verständnis der Natur. 2 Bde. München 1995 f.

Dies.: Studien zur platonischen Naturphilosophie im Timaios. Würzburg 1986.

Goebel-Uotila, Marketta: Medea: Ikone des Fremden und des Anderen in der europäischen Literatur des 20. Jahrhunderts am Beispiel von Hans Henny Jahnn, Jean Anouilh und Christa Wolf. Hildesheim 2005.

Goethe, Johann Wolfgang: Die Leiden des jungen Werthers. In: Johann Wolfgang Goethe: Sämtliche Werke. I. Abt. Bd. 8: Die Leiden des jungen Werthers. Die Wahlverwandtschaften. In Zusammenarbeit mit Christoph Brecht hg. von Waltraud Wiethölter. Frankfurt a. M. 1994.

Ders.: West-östlicher Divan. Zwei Teile. Hg. von Hendrik Birus. Frankfurt a. M. 1994.

Goldmann, Lucien: Soziologie des modernen Romans. Neuwied und Berlin 1970 (französisches Original 1964).

Gollwitzer, Heinz: Europabild und Europagedanke. Beiträge zur deutschen Geistesgeschichte des 18. und 19. Jahrhunderts. München 1964.

Golombek, Jürgen: Einführung in die elektronische Datenverarbeitung. Hildesheim 2003.

444 Bibliographie

Göttner-Abendroth, Heide: Matriarchat: Forschung und Zukunftsvision. In: Becker, Ruth/Kortendiek, Beate (Hg.): Handbuch Frauen- und Geschlechterforschung. Theorie, Methoden, Empirie. Wiesbaden 2004, S. 21 ff.

Gozzi, Gasparo: Difesa di Dante. Giudizio degli antichi poeti sopra la moderna censura di Dante attribuita ingiustamente a Virgilio. Torino 2000.

Graeser, Andreas: Philosophische Erkenntnis und begriffliche Darstellung. Bemerkungen zum erkenntnistheoretischen Exkurs des VII. Briefes. Stuttgart 1989.

Ders.: Platons Auffassung von Wissen und Meinung in Politeia V. In: Philosophisches Jahrbuch 98, 1991, S. 36 ff.

Ders.: Platons Ideenlehre. Sprache, Logik und Metaphysik. Eine Einführung. Bern/ Stuttgart 1975.

Graevenitz: Literaturwissenschaft und Kulturwissenschaften. Eine Erwiderung. In: Deutsche Vierteljahresschrift für Literaturwissenschaft und Geistesgeschichte. Hg. von Gerhart von Graevenitz und David E. Wellbery. Stuttgart und Weimar. 73. Jahrgang 1999, S. 94 ff.

Graf, Fritz: Medea, the Enchantress from Afar: Remarks on a Well-known Myth. In: Medea. Essays on Medea. In: Myths, Literature, Philosophy, and Art. Herausgegeben von James J. Claus und Sarah Iles Johnston. Princeton 1997.

Gray, Richard: A Franz Kafka Encyclopedia. Westport 2005.

Grewe, Stefanie: Die politische Bedeutung der Senecatragödien und Senecas politisches Denken zur Zeit der Abfassung der Medea. Würzburg 2001.

Grillparzer, Franz: Das Goldene Vlies. Darin: Medea. In: Sämtliche Werke. Ausgewählte Briefe, Gespräche, Berichte. Erster Band. Gedichte – Epigramme – Dramen I. Herausgegeben von Peter Frank und Karl Pörnbacher. Zweite Auflage. München 1969.

Grimm, Jacob: Vorlesung über deutsche Litteraturgeschichte (1834), mitgeteilt von Gustav Roethe, in: Nachrichten von der köngl. Gesellschaft der Wissenschaften zu Göttingen. Philologisch-historische Klasse, Göttingen 1899, Reprint 1967.

Grimmelshausen, Hans Jakob Christoffel von: Der Abenteuerliche Simplicissimus Teutsch. Mit Anmerkungen und einer Zeittafel hg. von Alfred Kelletat. München 2003.

Gründer, Horst: Welteroberung und Christentum. Ein Handbuch zur Geschichte der Neuzeit. Gütersloh 1992.

Grundmann, Herbert: Vom Ursprung der Universität im Mittelalter. Berlin 1957.

Guido, Lucchino: Le origini della scuola storica. Storia letteraria e filologia in Italia (1866–1883). Bologna 1990.

Günther, Marion: Die künstliche Geliebte. Zum erzählerischen Umgang mit einem kulturanthropologischen Phänomen bei E. T. A. Hoffmann und Ridley Scott. Hildesheimer Diplomarbeit 1999.

Guthrie, William K. C.: A history of Greek Philosophy. Bd. 1. Cambridge 1999.

Gutzen, Dieter/Oellers, Norbert/Petersen, Jürgen H.: Einführung in die neuere deutsche Literaturwissenschaft. Ein Arbeitsbuch. 6., neugefasste Ausgabe. Berlin 1989.

Habermas, Jürgen: Technik und Wissenschaft als ‚Ideologie‘. Frankfurt a. M. 1968.

Hagemann, Rudolf: Allgemeine Genetik. 3. Auflage Jena 1991.

Halbfass, Wilhelm: Descartes' Frage nach der Existenz der Welt. Untersuchungen über die cartesianische Denkpraxis und Metaphysik. Meisenheim am Glan 1968.

Halbwachs, Maurice: Das kollektive Gedächtnis. Frankfurt a. M. 1991 (franz. Original 1950).

Halecki, Oskar: Europa. Grenzen und Gliederung seiner Geschichte. Darmstadt 1957.

Hamblin, Dora Jane: Die Etrusker. Amsterdam 1976.

Hansen, Joseph: Zauberwahn und Hexenprozess im Mittelalter und die Entstehung der großen Hexenverfolgung. Neudruck Aalen 1964 (München 1900).

Hansen, Mogens Herman: Demography and Democracy. Kopenhagen 1985.

Haraway, Donna: Die Neuerfindung der Natur. Primaten, Cyborgs und Frauen. Frankfurt a. M. 1995.

Dies.: Ein Manifest für Cyborgs. In: Die Neuerfindung der Natur. Primaten, Cyborgs und Frauen. Frankfurt a. M. 1995.

Hardt, Manfred: Die Zahl in der Divina Commedia. Frankfurt 1973.

Harnack, Adolf von: Militia Christi. Die christliche Religion und der Soldatenstand in den ersten drei Jahrhunderten. Tübingen 1905.

Ders.: Mission und Ausbreitung des Christentums in den ersten drei Jahrhunderten. Wiesbaden 1986 (1924).

Harnisch, Wolfgang (Hg.): Die neutestamentarische Gleichnisforschung im Horizont von Hermeneutik und Literaturwissenschaft. Darmstadt 1982.

Hartmann, Frank: Vom Auge zum Ohr. Innis, McLuhan und die technischen Dispositive der Kommunikation. In: Hartmann. Medienphilosophie. Wien 2000, S. 238 ff.

Hasenclever, Walter: Antigone. In: Gedichte, Dramen, Prosa. Herausgegeben von Kurt Pinthus. Reinbek 1963.

Hatzfeld, Helmut (Hg.): Don Quijote. Forschung und Kritik. Darmstadt 1968.

Haug, Walter: Literaturwissenschaft als Kulturwissenschaft? In: Deutsche Vierteljahresschrift für Literaturwissenschaft und Geistesgeschichte. Hg. von Gerhart von Graevenitz und David E. Wellbery. Stuttgart und Weimar. 73. Jahrgang 1999, S. 69 ff.

Hauschild, Wolf-Dieter: Lehrbuch der Kirchen- und Dogmengeschichte. Bd. 1: Alte Kirche und Mittelalter. Zweite durchgesehene und erweiterte Auflage. Göttingen 2000.

Hegel, Georg Friedrich Wilhelm: Phänomenologie des Geistes. Neu hg. von Hans-Friedrich Wessels und Heinrich Clairmont. Mit einer Einleitung von Wolfgang Bonsiepen. Hamburg 1988.

Ders.: Grundlinien der Philosophie des Rechts oder Naturrecht und Staatswissenschaft im Grundriss. Mit Hegels eigenhändigen Randbemerkungen in seinem Handexemplar der Rechtsphilosophie. In der Textedition von Johannes Hoffmeister. 5. Auflage. Hamburg 1995.

Ders.: Phänomenologie des Geistes. Hg. von Johannes Hoffmeister. Hamburg 1952.

Heidegger, Martin: Beiträge zur Philosophie (Vom Ereignis). Hg. von Friedrich-Wilhelm von Herrmann. Frankfurt a. M. 1989.

Ders.: Der Europäische Nihilismus. Gesammelte Werke Bd. 48. Frankfurt a. M. 1986.

Ders.: Einführung in die Metaphysik. Gesammelte Werke Bd. 40. Frankfurt a. M. 1983.

Ders.: Einführung in die Metaphysik. Tübingen 1953.

Ders.: Platons Lehre von der Wahrheit. Mit einem Brief über den ‚Humanismus‘. Bern 1947.

Ders.: Sein und Zeit. Bd. 2 der Gesamtausgabe. Frankfurt a. M. 1977 (1927).

Ders.: Unterwegs zur Sprache. Pfullingen 1959 (Gesamtausgabe Bd. 12. Frankfurt a. M. 1985).

Ders.: Vorträge und Aufsätze. Gesammelte Werke Bd. 7. Frankfurt a. M. 2000.

Heimsoeth, Heinz: Die Methode der Erkenntnis bei Descartes und Leibniz [Diss. Marburg]. Gießen 1912.

Heine, Theodor Carl Heinrich: Corneille's „Médée" in ihrem Verhältnisse zu den Medea-Tragödien des Euripides und des Seneca: betrachtet mit Berücksichtigung der Medea-Dichtungen Glover's, Klinger's, Grillparzer's und Legouvé's. Altenburg 1881.

Heisenberg, Werner: Das Naturbild der heutigen Physik. Reinbek 1955.

Ders.: Die physikalischen Prinzipien der Quantentheorie. Leipzig 1930. Neudruck Mannheim 1960.

Ders.: Physik und Philosophie. 6. Auflage Stuttgart 2000.

Ders.: Wandlungen in den Grundlagen der Naturwissenschaften. Zehn Vorträge. 8. erweiterte Auflage. Stuttgart 1948.

Heißenbüttel, Helmut: Anmerkungen zu einer Literatur der Selbstentblößer. In H. H.: Zur Tradition der Moderne. Aufsätze und Anmerkungen 1964–1971. Neuwied und Berlin 1972, S. 80 ff.

Heitsch, Ernst: Beweishäufung in Platons Phaidon. Nachrichten der Akad. der Wissenschaften zu Göttingen. Jg. 2000, Nr. 9.

Ders.: Xenophanes und die Anfänge kritischen Denkens. Stuttgart 1994.

Held, Klaus: Heraklit, Parmenides und der Anfang von Philosophie und Wissenschaft. Stuttgart u. a. 1980.

Helfrich, Hede: Methodologie kulturvergleichender Forschung. In: Thomas, Alexander (Hg.): Kulturvergleichende Psychologie. Eine Einführung. 2. Auflage Göttingen 2003.

Hemleben, Johannes: Galileo Galilei. Reinbek 1969.

Henrich, Dieter: Der ontologische Gottesbeweis. Sein Problem und seine Geschichte in der Neuzeit. Tübingen 1960.

Herder, Johann Gottfried: Älteste Urkunde des Menschengeschlechts. In: Werke in zehn Bänden. Bd. 5. Schriften zum Alten Testament. Hg. von Rudolf Smend. Frankfurt a. M. 1993.

Ders.: Vom Erkennen und Empfinden der menschlichen Seele. In: Johann Gottfried Herder: Schriften zu Philosophie, Literatur, Kunst und Altertum 1774–1787. Hg. von Jürgen Brummack und Martin Bollacher, Werke Bd. 4. Frankfurt a. M. 1994.

Hermann, Armin: Werner Heisenberg. Rowohlts Monographien. 7. Auflage Reinbek 2001.

Herodot: Historien. Griechisch-deutsch. 2 Bde. Hg. von Josef Feix. München 1963.

Herrmann, Hans-Christian von: Das Theater der Polis. In: Archiv für Mediengeschichte, No. 3: Medien der Antike. Herausgegeben von Lorenz Engell, Bernhard Siegert und Joseph Vogel. Weimar 2003.

Hobbes, Thomas: Leviathan. Authoritative Text, Backgrounds, Interpretations. Hg. von Richard Flathman und David Johnston. New York 1997.

Ders.: Leviathan. Erster und zweiter Teil. Übersetzt und herausgegeben von J. P. Mayer. Nachwort von Malte Diesselhorst. Stuttgart 1974.

Ders.: Vom Körper. Elemente der Philosophie I. Ausgewählt und übersetzt von Max Frischeisen-Köhler. Hamburg 1967.

Hobek, Friedrich: Der Proceß. Inhalt, Hintergrund, Interpretationen. München 2002.

Hobsbawm, Eric: Europäische Revolutionen (1789–1848). Köln 2004.

Hoffmann, E. T. A.: Der Sandmann. In: Phantasie- und Nachtstücke. Hg. von Walter Müller-Seidel. München 1976, S. 331 ff.

Hoffmeister, Gerhart: Petrarca. Sammlung Metzler 301. Stuttgart 1997.

Hölderlin, Friedrich: Stuttgarter Hölderlin-Ausgabe Hg. von Friedrich Beißner. Bd. 6.1: Briefe. Hg. von A. Beck. Stuttgart 1954.

Höllerer, Walter (Hg.): Theorie der modernen Lyrik. Dokumente zur Poetik. Reinbek 1965.

Honnefelder, Ludger: Ens inquantum ens. Der Begriff des Seienden als solchen als Gegenstand der Metaphysik nach der Lehre des Johannes Duns Scotus. Münster 1979.

Hopkins, C. und P. V. C. Baur: Christian Church at Dura-Europos. New Haven 1934.

Hörisch, Jochen: Der Sinn und die Sinne. Eine Geschichte der Medien. Frankfurt am Main 2001.

Horkheimer, Max und Adorno, Theodor W.: Dialektik der Aufklärung. Philosophische Fragmente. Amsterdam 1947.

Horn, Christoph: Augustinus. München 1995.

Hübner, Kurt: Der Unterschied des Abendlandes. Was die Präambel der Europäischen Verfassung verschweigt. In. FAZ 19. Mai 2005.

Hübner, Kurt: Die Wahrheit des Mythos. München 1985.

Hügel, Hans-Otto (Hg.): Handbuch Populäre Kultur. Begriffe, Theorien und Diskussionen. Stuttgart und Weimar 2003.

Humboldt, Wilhelm von: Über die Verschiedenheit des menschlichen Sprachbaues und ihren Einfluss auf die geistige Entwicklung des Menschengeschlechts. Berlin 1836. Neuausgabe 2003.

Hume, David: Die Naturgeschichte der Religion. Über Aberglaube und Schwärmerei. Übersetzt von Lothar Kreimendahl. Hamburg 1984.

Ders.: Eine Untersuchung über den menschlichen Verstand. (Enquiry Concerning Human Understanding). Hg. von Raoul Richter. Hamburg 1973.

Hunger, E.: Von Demokrit bis Heisenberg. Quellen und Betrachtungen zur naturwissenschaftlichen Erkenntnis. Zweite Auflage. Braunschweig 1960.

Hunger, Herbert: Lexikon der griechischen und römischen Mythologie. Mit Hinweisen auf das Fortwirken antiker Stoffe und Motive in der bildenden Kunst, Literatur und Musik des Abendlandes bis zur Gegenwart. Reinbek 1976.

Hunger, Herbert: Lexikon der griechischen und römischen Mythologie. Mit Hinweisen auf das Fortwirken antiker Stoffe und Motive in der bildenden Kunst, Literatur und Musik des Abendlandes bis zur Gegenwart. Reinbek 1976.

Huntington, Samuel P.: Kampf der Kulturen. Die Neugestaltung der Weltpolitik im 21. Jahrhundert. 3. Aufl. München 2002.

Husserl, Edmund: Cartesianische Meditation. Texte aus dem Nachlass Eugen Finks (1932). Mit Anmerkungen und Beilagen aus dem Nachlass Edmund Husslers. Hg. von Hans Ebeling. Husserliana 2. 1. 1988.

Iles Johnston, Sarah: Corinthian Medea and the Cult of Hera Akraia. In: Medea. Essays on Medea. In: Myths, Literature, Philosophy, and Art. Herausgegeben von James J. Claus und Sarah Iles Johnston. Princeton 1997.

Imboden, Max: Montesquieu und die Lehre der Gewaltentrennung. Berlin 1959.

Imbriani, Vittorio: Studi letterari. A cura die B. Croce. Bari 1907. Es handelt sich hier um Vorlesungen, die Imbriani 1866 an der Universität Neapel gehalten hat.

Iser, Wolfgang: Der Akt des Lesens: Theorie ästhetischer Wirkung. München 1994.

Iwersen, Julia: Die Frau im alten Griechenland. Religion, Kultur, Gesellschaft. Düsseldorf und Zürich 2002.

Jacobsen, Werner: Der Klosterplan von St. Gallen und die karolingische Architektur. Entwicklung im Wandel von Form und Bedeutung im fränkischen Kirchenbau zwischen 751 und 840. Berlin 1992.

Jahnn, Hans Henny: Medea. In: Werke und Tagebücher in sieben Bänden. Mit einer Einleitung von Hans Meyer, herausgegeben von Thomas Freeman und Thomas Scheuffelen. Band 4. Dramen I. Hamburg 1974.

Jakobson, Roman: Ausgewählte Aufsätze 1921–1971. Hg. von Elmar Holenstein und Tarcisius Schelbert. 2. Auflage. Frankfurt a. M. 1989.

Janka, Markus/Schäfer, Christian (Hg.): Platon als Mythologe. Neue Interpretationen zu den Mythen in Platons Dialogen. Darmstadt 2002.

Jantzen, Hans: Die Gotik des Abendlandes. Idee und Wandel. Mit einem Nachwort von Willibald Sauerländer. Köln 1997.

Janzin, Marion und Joachim Güntner: Das Buch vom Buch. 5000 Jahre Buchgeschichte. Zweite Auflage. Hannover 1997.

Jaumann, Herbert: Die deutsche Barockliteratur. Bonn 1975.

Jauß, Hans Robert (Hg.): Die nicht mehr schönen Künste. Grenzphänomene des Ästhetischen. Poetik und Hermeneutik 3. 3. Auflage. München 1991.

Ders. (Hg.): Nachahmung und Illusion. Poetik und Hermeneutik Bd. I. München 1964.

Jeismann, Michael: ,Feind' und ,Vaterland' in der frühen deutschen Nationalbewegung 1806–1815. In: Ulrich Herrmann (Hg.): Volk – Nation – Vaterland. Hamburg 1996, S. 279 ff.

Jennings, Francis: The Invasion of America: Indians, Colonialism, and the cant of conquest. New York u.a. 1993.

Jens, Walter: Antigone-Interpretationen. In: Diller: Wege der Forschung, S. 296 ff.

Jensen, Hans: Die Schrift in Vergangenheit und Gegenwart. 3. Aufl. Berlin 1969.

Jonas, Hans: Gnosis und spätantiker Geist. 2. Teil: Von der Mythologie zur mystischen Philosophie. Göttingen 1993.

Kablitz, Andreas: Uhrzeiten. Überlegungen zu einer Semantik der Zeit in Dantes Purgatorio. In: Andreas Kablitz u.a. (Hg.): Zeit und Text. Philosophische, kulturanthropologische, literarhistorische und linguistische Beiträge. München 2003, S. 208 ff.

Kafka, Franz: Nachgelassene Schriften und Fragmente II. Hg. von Jost Schillemeit. Frankfurt a. M. 1992.

Ders.: Schriften, Tagebücher, Briefe. Kritische Ausgabe. Hg. von Jürgen Born u.a. Der Proceß. Hg. von Malcolm Pasley. Frankfurt a. M. 1990. Text und Apparatband.

Ders.: Tagebücher. Hg. von Hans-Gerd Koch, Michael Müller und Malcolm Pasley. Frankfurt a. M. 1990

Kamlah, Wilhelm: Christentum und Geschichtlichkeit. Untersuchungen zur Entstehung des Christentums und zu Augustins „Bürgerschaft Gottes". Zweite Auflage. Stuttgart u.a. 1951.

Kant, Immanuel: Kritik der reinen Vernunft. Hg. von Raymund Schmidt. Neudruck Hamburg 1956.

Käppel, Lutz: Die Konstruktion der Handlung der ,Orestie' des Aischylos. Die Makrostruktur des ,Plot' als Sinnträger in der Darstellung des Geschlechterfluchs. München 1998.

Kasch, Elisabeth: Das liturgische Vokabular der frühen lateinischen Mönchsregeln. Hildesheim 1974.

Kaufmann, Matthias: Begriffe, Sätze, Dinge. Referenz und Wahrheit bei Wilhelm von Ockham. Leiden 1994.

Keim, Katharina: Theatralität in den späten Dramen Heiner Müllers. Tübingen 1998.

Kellenbenz, Hermann: Die Erschließung der Erde im Zeitalter der Entdeckungen – Globale Ausdehnung des weltgeschichtlichen Raumes Europa bis zum 17. Jahrhundert. In: Saeculum Weltgeschichte IV 1971, S. 1–27.

Kemper, Dirk: ineffabile. Goethe und die Individualitätsproblematik der Moderne. München 2004.

Kenkel, Konrad: Medea-Dramen. Entmythisierung und Remythisierung. Euripides, Klinger, Grillparzer, Jahnn, Anouilh. Bonn 1979.

Kepler, Johannes: Das Weltgeheimnis. Mysterium Cosmographicum. Übers. und eingel. von Max Caspar. Oldenburg 1936.

Ders.: Gesammelte Werke. 22 Bände. Hg. im Auftrag der deutschen Forschungsgemeinschaft und der Bayrischen Akademie der Wissenschaften. München 1937 ff.

Ders.: Harmonice Mundi. Hg. von Max Caspar. München 1940.

Ders.: Weltharmonik. Übers. und eingel. von Max Caspar. 6., unveränd. reprograf. Nachdruck der Ausgabe von 1939. München u. a. 1997.

Kerényi, Karl (Hg.): Was ist Mythologie. In: Die Eröffnung des Zugangs zum Mythos. Ein Lesebuch. 5. Aufl. Darmstadt 1996 (1967), S. 212 ff.

Ders.: Das Wesen des Mythos. In: Die Eröffnung des Zugangs zum Mythos, S. 234 ff.

Khosroyev, Aleksandr: Die Bibliothek von Nag Hamadi. Bibliographien 1948–1969 und 1970–1994. Leiden 1971 und 1994.

Kiedaisch, Petra (Hg.): Lyrik nach Auschwitz? Adorno und die Dichter. Stuttgart 1995.

Kiesewetter, Hubert: Industrielle Revolution in Deutschland 1815–1914. Frankfurt a. M. 1989.

Kindermann, Heinz: Das Theaterpublikum der Antike. Salzburg 1979.

King, Margaret L.: Frauen in der Renaissance. München 1998.

King, R. C./Stanfield, W. D.: Encyclopedic Dictionary of Genetics with German Term Equivalents […]. Weinheim 1990.

Kirchhoff, Jochen: Giordano Bruno. 7. Auflage. Reinbek 2003.

Ders.: Nikolaus Kopernikus. 5. Auflage Reinbek 2004.

Kirk, Geoffrey, John E. Raven, Malcolm Schofield: Die vorsokratischen Philosophen. Stuttgart u. a. 1994.

Kittler, Friedrich A.: Aufschreibsysteme 1800/1900. München 1985.

Ders.: Eine Kulturgeschichte der Kulturwissenschaft. München 2000.

Ders.: Zahl und Ziffer. In: Sybille Krämer und Horst Bredekamp (Hg.): Bild, Schrift, Zahl. München 2003, S. 196 ff.

Kittsteiner, Heinz Dieter: Was sind Kulturwissenschaften? Dreizehn Antworten. München 2004.

Klauck, Hans J.: Die antike Briefliteratur und das Neue Testament. Paderborn 1998.

Klein, Wolfgang: Gesprochene Sprache – Geschriebene Sprache. In: Zeitschrift für Literaturwissenschaft und Linguistik 1959, S. 9–35.

Klingenstein, Grete u. a. (Hg.): Europäisierung der Erde? Studien zur Einwirkung Europas auf die außereuropäische Welt. München 1980.

Klinger, Friedrich Maximilian von: Medea in Korinth. In: Sämtliche Werke in zwölf Bänden, Zweiter Band. Hildesheim 1976 (1842), S. 149 ff.

Knobloch, J. u. a. (Hg.): Kultur und Zivilisation. München 1967.

Kobusch, Theo und Burkhard Mojsisch (Hg.): Platon in der abendländischen Geistesgeschichte. Darmstadt 1997.

Dies. (Hg.): Platon. Seine Dialoge in der Sicht neuerer Forschung. Darmstadt 1996.

Koch, Anton Friedrich: Subjekt und Natur. Zur Rolle des ‚ich denke‘ bei Descartes und Kant. Paderborn 2004.

Köhler, Erich: Ideal und Wirklichkeit in der höfischen Epik. Studien zur Form der frühen Artus- und Graldichtung. 3. Auflage Tübingen 2002.

Kolb, Franz: Die Stadt im Altertum. München 1984.

Kolumbus, Christoph: Das Bordbuch. Hg. von Frauke Gewecke. Frankfurt a. M. 1981.

Konersmann, Ralph (Hg.): Kulturphilosophie. Leipzig 1996.

Konetzke, Richard: Der weltgeschichtliche Moment der Entdeckung Amerikas. In: Historische Zeitschrift. Bd. 184. München 1956, S. 573–591.

Ders.: Die Indianerkulturen Altamerikas und die spanisch-portugiesische Kolonialherrschaft. Fischer-Weltgeschichte Bd. 22. Frankfurt a. M. 1995.

König, Hans-Dieter: Tiefenhermeneutik als Methode psychoanalytischer Kulturforschung. In: Heide Appelsmeyer und Elfriede Billmann-Mahecha: Kulturwissenschaft. Weilerswist 2001, S. 168 ff.

Kopernikus, Nicolaus: Das neue Weltbild. Drei Texte. Kommentariolus, Brief gegen Werner, De revolutionibus I. Im Anhang eine Auswahl aus der Narratio prima des G. J. Rheticus. Übersetzt, hg. und mit einer Einleitung und Anmerkungen versehen von Hans Günter Zekl. Lateinisch-deutsch. Hamburg 1990.

Kör, Ulrich: Schriftauslegung IV. In: Theologische Realenzyklopädie. Bd. 30. Berlin u.a. 1999 (mit ausführlicher Bibliographie S. 494f).

Koslowski, Peter und Brague, Rémi: Vaterland Europa. Europäische und nationale Identität im Konflikt. Wien 1997.

Koyré, Alexandre: Von der geschlossenen Welt zum unendlichen Universum. Frankfurt a. M. 1969.

Kozlarek, Oliver: Universalien, Eurozentrismus, Logozentrismus: Kritik am disjunktiven Denken der Moderne. Frankfurt a. M. 2000.

Kraft, Heinrich: Die Entstehung des Christentums. Darmstadt 1990.

Krämer, Sybille/Bredekamp, Horst (Hg.): Bild, Schrift, Zahl. München 2003.

Dies.: ‚Schriftbildlichkeit' oder: Über eine (fast) vergessene Dimension der Schrift. In: Bild, Schrift, Zahl. Hg. von Sybille Krämer und Horst Bredekamp. München 2003, S. 157ff.

Kreuzer, Johann: Augustinus. Frankfurt a. M. 1995.

Ders.: Pulchritudo: Vom Erkennen Gottes bei Augustin. Bemerkungen zu den Büchern IX, X und XI der Confessiones. München 1995.

Krischel, Volker: Erläuterungen zu Christa Wolf, Medea. Hollfeld 2003.

Kristeller, Paul Oskar: Acht Philosophen der italienischen Renaissance. Petrarca, Valla, Ficino, Pico, Pomponazzi, Telesio, Patrizi, Bruno. Weinheim 1986.

Ders.: Die Ideen als Gedanken der menschlichen und göttlichen Vernunft. Heidelberg 1989.

Ders.: Die Philosophie des Marsilio Ficino. Frankfurt a. M. 1972.

Kroeber, A. L. und Gluckhohn, C.: Culture. A critical review of concepts and definitions. New York 1967.

Krusche, Dietrich/Wirlacher, Alois: Hermeneutik der Fremde. München 1990.

Krusenstjern, Benigna von/Medick, Hans: Zwischen Alltag und Katastrophe. Der Dreißigjährige Krieg aus der Nähe. Göttingen 1999.

Kuhn, Thomas: Die Entstehung des Neuen. Frankfurt a. M. 1977.

Ders.: Die Struktur wissenschaftlicher Revolutionen. Braunschweig 1980.

Kultur, Kulturgeschichte. In: Historisches Wörterbuch der Philosophie. Hg. von Joachim Ritter u.a. Bd. IV. Basel und Stuttgart 1976, Spalte 1309ff.

Kurze, Dietrich: Die Anfänge der Inquisition in Deutschland. In: Segl (Hg.): Die Anfänge der Inquisition im Mittelalter, S. 131ff.

Kutschera, Franz von: Platons Philosophie. 3 Bde. Paderborn 2002.

Lämmert, Eberhard (Hg.): Erzählforschung. Stuttgart 1982.

Ders.: Bauformen des Erzählens. 7. Aufl. Stuttgart 1980.

Lang, Bernhard und Colleen McDannell: Der Himmel. Eine Kulturgeschichte des ewigen Lebens. Frankfurt a. M. 1990 (engl. Orig. 1988).

Langer, Otto: Mystische Erfahrung und spirituelle Theologie. Zu Meister Eckeharts Auseinandersetzung mit der Frauenfrömmigkeit seiner Zeit. München 1987.

Lauster, Jörg: Prinzip und Methode. Die Transformation des protestantischen Schriftprinzips durch die historische Kritik von Schleiermacher bis zur Gegenwart. Tübingen 2004.

Le Corbusier: Städtebau. Übersetzt und hg. von H. Hildebrand. Stuttgart 1929 (Urbanisme 1925).

Le Goff, Jacques/Truong, Nicolas: Une histoire du corps au Moyen Âge. Paris 2003.

Ders.: Das alte Europa und die Welt der Moderne. München 1996.

Ders.: Die Geburt des Fegefeuers. Darmstadt 1984 (französisches Original 1981).

Ders.: Die Geburt Europas im Mittelalter. München 2004 (französ. Original: 2003).

Ders.: Die Geschichte Europas. Weinheim und Basel 2000 (franz. Orig. 1996).

Ders.: Die Intellektuellen des Mittelalters. Stuttgart 1986 (französisches Original 1957).

Ders.: Le Dieu de Moyen Age. Paris 2003.

Ders.: Wucherzins und Höllenqualen. Ökonomie und Religion im Mittelalter. Stuttgart 1988 (französisches Original 1986).

Lea, Charlene A.: The Christlich-Deutsche Tischgesellschaft. Napoleonic Hegemony engenders Political Antisemitism. In: Schulte, Hans (Hg.): Crisis and Culture in Post-Enlightenment Germany. Essays in Honour of Peter Heller. Lanham, Md. 1993.

Lea, Henry Charles: Die Geschichte der Inquisition im Mittelalter. 3 Bde. Übersetzt von Heinz Wieck und Max Rachel. Neu hg. von Joseph Hansen. Nördlingen 1987 (München 1900, engl. Orig 1888).

Lehen, Lehenwesen, Lehnrecht. In: Lexikon des Mittelalters. Bd. V. München und Zürich 1991, Sp. 1807 ff.

Lehmann, Hans-Thies: Postdramatisches Theater. Essay. Frankfurt a. M. 1999.

Ders.: Theater und Mythos. Die Konstitution des Subjekts im Diskurs der antiken Tragödie. Stuttgart 1991.

Leibniz, Gottfried Wilhelm: Betrachtungen über die Erkenntnis, die Wahrheit und die Ideen. (Meditationes de cognitione, veritate et ideis, 1684). In: Hauptschriften zur Grundlegung der Philosophie. Übersetzt von Arthur Buchenau. Duchgesehen und mit Einleitungen und Erläuterungen hg. von Ernst Cassirer. Bd. 1. Dritte Auflage. Darmstadt 1966.

Ders.: Neue Abhandlungen über den menschlichen Verstand (Nouveaux Essais sur L'Entendement Humain). Übersetzt, eingeleitet und erläutert von Ernst Cassirer. Hamburg 1973 (1915).

Lembeck, Karl-Heinz: Platon in Marburg. Platon-Rezeption und Philosophiegeschichtsphilosophie bei Cohen und Natorp. Würzburg 1994.

Lemcke, Mechthild: Johannes Kepler. Zweite Auflage. Reinbek 2002.

Lesher, James H.: Xenophanes of Colophon. Toronto u. a. 1992.

Lesky, Albin: Die tragische Dichtung der Hellenen. 3. Aufl. Göttingen 1972.

Libera, Alain de: Denken im Mittelalter. München 2003 (franz. Orig. 1991).

Locke, John: A Letter Concerning Toleration. Ein Brief über die Toleranz. Englisch/ Deutsch. Übersetzt, eingeleitet und mit Anmerkungen versehen von J. Ebbinghaus. Hamburg 1957.

Ders.: Abhandlung über den menschlichen Verstand. (Essay Concerning Human Understanding). 2 Bde. Übersetzung von Carl Winckler. Neuausgabe Hamburg 1962.

Ders.: Two Treatises of Government. Hg., eingeleitet und kommentiert von Peter Laslett. Cambridge 1999.

Ders.: Zwei Abhandlungen über die Regierung. Hg. und eingeleitet von Walter Euchner. Übersetzt von H. J. Hoffmann. Frankfurt a. M. 1977.

Logde, David: Die Kunst des Erzählens. Übersetzt von Daniel Ammann. Zürich 1993. (englisches Original 1992).

Lohfink, Gerhard: Erzählung als Theologie. Zur sprachlichen Grundstruktur der Evangelien. In: Stimmen der Zeit 1974, S. 521 ff.

Lohmann, Johannes: Die Geburt der Tragödie aus dem Geiste der Musik. In: Archiv für Musikwissenschaft 37, 1980, S. 167 ff.

Lohse, Bernhard: Askese und Mönchstum in der Antike und in der alten Kirche. München/Wien 1969, in der Reihe „Religion und Kultur der alten Mittelmeerwelt in Parallelforschungen", hg. von Colpe, Carsten/Dörrie, Heinrich. Band I.

Ludwig, Hans-Werner (Hg.): Arbeitsbuch Romananalyse. 6. Auflage. Tübingen 1998.

Lübbe, Hermann: Säkularisierung. Geschichte eines ideenpolitischen Begriffs. Neuausgabe Freiburg 2003.

Luhmann, Niklas: Beobachtungen der Moderne. Opladen 1952.

Ders.: Das Recht der Gesellschaft. Frankfurt a. M. 1997.

Ders.: Die Kunst der Gesellschaft. Frankfurt a. M. 1995.

Ders.: Die Wirtschaft der Gesellschaft. Frankfurt a. M. 1988.

Ders.: Die Wissenschaft der Gesellschaft. Frankfurt a. M. 1990.

Ders.: Gesellschaftsstruktur und Semantik. Studien zur Wissenssoziologie der modernen Gesellschaft. Drei Bände. Frankfurt a. M. 1989.

Ders.: Soziale Systeme. Grundriss einer allgemeinen Theorie. Frankfurt a. M. 1984.

Lukács, Georg: Die Theorie des Romans. Ein geschichtsphilosophischer Versuch über die großen Formen der Epik. 1920. Neuauflage Neuwied 1963.

Luserke-Jaqui, Matthias: Medea. Studien zur Kulturgeschichte der Literatur. Tübingen 2002.

Luther, Martin: Von dem Bilderstürmen. Luther Deutsch Band 4, Stuttgart 1964, S. 139 ff.

Lütkehaus, Ludger (Hg.): Mythos Medea. Leipzig 2001.

Lutter, Christina/Reisenleitner, Markus: Cultural Studies. Eine Einführung. Wien 2002.

Lutz-Bachmann, Matthias: Hellenisierung des Christentums? In: Colpe u. a. (Hg.): Spätantike und Christentum, S. 77 ff.

Lützeler, Paul Michael: Die Schriftsteller und Europa. Von der Romantik bis zur Gegenwart. Baden-Baden 1998.

Machiavelli, Niccolò: Der Fürst. Aus dem Italienischen von Friedrich von Oppeln-Bronikowski. Mit einem Nachwort von Horst Günther. Frankfurt a. M. 1990.

Ders.: Gesammelte Schriften in fünf Bänden. Unter Zugrundelegung der Übersetzung von Johann Ziegler und Franz Nicolaus Baur. Hg. von Hanns Floerke. 5 Bde. München 1925.

Ders.: Opere. Hg. von Sergio Bertelli. Verona. Bd. 1: Il Principe. Verona 1968.

Mahnke, Detlef: Der Aufbau des philosophischen Wissens nach René Descartes [Diss.]. München und Salzburg 1967.

Maier, Annelise: Die Vorläufer Galileis im 14. Jahrhundert. Studien zur Naturphilosophie der Spätscholastik. Rom 1949.

Dies.: Metaphysische Hintergründe der spätscholastischen Naturphilosophie. Rom 1955.

Mainzer, Klaus: Computernetze und virtuelle Realität. Leben in der Wissensgesellschaft. Berlin u. a. 1999.

Malaparte, Curzio: Die Haut (La Pelle). Übersetzt von Hellmut Ludwig. Karlsruhe 1950.

Malato, Enrico: Dante. Roma 1999.

Mannheim, Karl: Ideologie und Utopie. Dritte vermehrte Auflage. Frankfurt a. M. 1952.

Marcuse, Ludwig: Obszön. Geschichte einer Entrüstung.

Marenbon, John: Platonismus im 12. Jahrhundert: Alte und neue Zugangsweisen. In: Kobusch, Theo und Burkhard Mojsisch (Hg.): Platon in der abendländischen Geistesgeschichte. Darmstadt1997, S. 101 ff.

Markschies, Christoph : Gibt es eine Theologie der gotischen Kathedrale? Nochmals: Suger von St. Denis und Sankt Dionys vom Areopag. Heidelberg 1995.

Ders.: Die Gnosis. München 2001.

Marquard, Odo: Lob des Polytheismus. In: O. M.: Abschied vom Prinzipiellen. Philosophische Studien. Stuttgart 2000.

Martinez, Matias: Einführung in die Erzähltheorie. 3. Auflage. München 2002.

Marx, Karl: Das Kapital. In: MEW. Bd. 25. Berlin 1970.

Ders.: Die Frühschriften. Hg. von Siegfried Landshut. Stuttgart 1964.

Mazzoni, Iacopo: La Difesa di Dante. Urbino 1982.

McLuhan, Marshall: Fließband der Liebesgöttinnen. In: Die mechanische Braut. Volkskultur des industriellen Menschen. Amsterdam 1996.

Medea: Euripides, Seneca, Corneille, Cherubini, Grillparzer, Jahnn, Anouilh, Jeffers, Braun. Hrsg. von Joachim Schondorff. Mit einem Vorwort von Karl Kerényi. Ulm 1963.

Medick, Hans: Naturzustand und Naturgeschichte der bürgerlichen Gesellschaft. Die Ursprünge der bürgerlichen Sozialtheorie als Geschichtsphilosophie und Sozialwissenschaft bei Samuel Pufendorf, John Locke und Adam Smith. Göttingen 1973.

Meid, Volker: Grimmelshausen. Epoche – Werk – Wirkung. München 1984.

Meier, Christian: Athen: Ein Neubeginn der Weltgeschichte. Berlin 1994.

Meister Eckehart: Werke I. Texte und Übersetzungen [von Josef Quint]. Hg. von Niklas Largier. Frankfurt a. M. 1993.

Melanchthon: Loci communes. Lateinisch deutsch. Übersetzt und kommentiert von Horst Georg Pöhlmann. Gütersloh 1997.

Menn, Stephen: Descartes and Augustin. Cambridge 2002.

Mensching, Günther: Das Allgemeine und das Besondere. Der Ursprung des modernen Denkens im Mittelalter. Stuttgart 1992.

Merchant, Carolyn: Der Tod der Natur. Ökologie, Frauen und neuzeitliche Naturwissenschaft. Aus dem Amerikanischen von Holger Fliessbach. München 1987 (englisches Original 1980).

Mercier, Louis-Sébastien: Das Jahr 2440. Ein Traum aller Träume. Deutsch von Christian Felix Weisse (1772). Hg., mit Erläuterungen und einem Nachwort versehen von Herbert Jaumann. Frankfurt a. M. 1982.

Merklein, Helmut: Die Jesusgeschichte – synoptisch gelesen. Stuttgart 1995.

Meyer, Stephan: Die anti-utopische Tradition. Eine ideen- und problemgeschichtliche Darstellung. Frankfurt a. M. 2001.

Miller, Alice: Das Drama des begabten Kindes und die Suche nach dem wahren Selbst. Frankfurt 1979.

Mires, Fernando: Im Namen des Kreuzes. Der Genozid an den Indianern während der spanischen Eroberung. Freiburg 1989.

Mitchell, Robert Lloyd: The Hymn to Eros. A Reading of Plato's Symposium. Lanham 1993.

Mittelstraß, Jürgen: Europa erfinden. Über die europäische Idee, die europäische Kultur und die Geisteswissenschaften. In: Merkur. Deutsche Zeitschrift für europäisches Denken. Heft 1, 59. Jahrgang. Stuttgart Januar 2005, S. 28 ff.

Ders.: Neuzeit und Aufklärung. Studien zur Entstehung der neuzeitlichen Wissenschaft und Philosophie. Berlin u.a. 1979.

Ders.: Wissenschaftsreform als Universitätsreform. In: Vietta/Kemper (Hg.): Germanistik der 70er Jahre. Zwischen Innovation und Ideologie. München 2000, S. 129 ff.

Mittermaier, Karl: Machiavelli. Moral und Politik zu Beginn der Neuzeit. Gernsbach 1990.

Möbius, Thomas: Erläuterungen zu Sophokles, Antigone. Hollfeld 2000.

Mönchtum als wahres Christentum. In: Wolf-Dieter Hauschild: Lehrbuch der Kirchen- und Dogmengeschichte. Bd. 1. Alte Kirche und Mittelalter. Gütersloh 2000.

Montesquieu: De l'esprit des lois. Hg. von Laurent Versini. 1995.

Ders.: Vom Geist der Gesetze. Auswahl, Übersetzung und Einleitung von Kurt Weigand. Stuttgart 1965.

Moore, Henrietta: „Divided we stand". In: Sex, Gender and Sexual Difference. In: Feminist Review 47, S. 78 ff.

Moravec, Hans: Computer übernehmen die Macht. Vom Siegeszug der künstlichen Intelligenz. Hamburg 1999 (engl. Orig. 1998).

Ders.: Mind Children. Der Wettlauf zwischen menschlicher und künstlicher Intelligenz. Übersetzt von Hainer Kober. Hamburg 1990.

Morin, Edgar: Europa denken. Erw. Neuausgabe. Frankfurt 1991 (franz. Original 1987).

Morus, Thomas: Utopia. Aus dem Lateinischen von Alfred Hartmann. Mit einem Porträt des Autors von Erasmus von Rotterdam. Basel 1981.

Most, Glenn W.: Reading Raffael. The School of Athens and its Pre-Text. In: Critical Inquiry. 23. Bd. Heft 1, Chicago 1997.

Muir, Kenneth/Stanley Wells (Hg.): Shakespeare: Hamlet. Cambridge 1979.

Mukařovský, Jan: Kapitel aus der Poetik. Frankfurt a. M. 1967 (1948).

Müller, Daniela: Mythos Medea im 20. Jahrhundert: eine Untersuchung der Fortentwicklung des Stoffes durch Jahnn und Anouilh. Hildesheim 1998.

Müller, Heiner: Verkommenes Ufer Medeamaterial Landschaft mit Argonauten. In: Herzstück. Berlin 1983.

Müller, Karl/Ahrens, Theodor: Einleitung in die Missionsgeschichte. Tradition, Situation und Dynamik des Christentums. Stuttgart 1995.

Müller, Klaus-Detlef: Autobiographie und Roman. Studien zur literarischen Autobiographie der Goethezeit. Tübingen 1976.

Münkler, Herfried: Demaskierung der Macht. Niccolò Machiavellis Staats- und Politikverständnis. Baden-Baden 2004.

Natorp, Paul: Descartes' Erkenntnistheorie. Eine Studie zur Vorgeschichte des Kritizismus. Neuauflage Hildesheim 1978.

Ders.: Platos Ideenlehre. Eine Einführung in den Idealismus. 4. Aufl. Darmstadt 1975.

Nestle, Wilhelm: Vom Mythos zum Logos. Die Selbstentfaltung des griechischen Denkens von Homer bis auf die Sophistik und Sokrates. 2. Aufl. Stuttgart 1975 (1940).

Neuhaus, Stefan: Literatur und nationale Einheit in Deutschland. Tübingen/Basel 2002.

Neumann, Waltraud Maria: Philosophie und Trinität. Hildesheim 2002.

Neuschäfer, Anne: „Fatti non foste a viver come bruti, ma per seguir virtute e conoscenza. Primo Levis (1919–1987) Rückbezug auf Dantes ‚Inferno' in ‚Se questo è un uomo'". In: L'Italia si presenta – Italien stellt sich vor. Landes- und kulturkundliche Aspekte des gegenwärtigen Italiens. Hg. von Anne Neuschäfer u. a. Bonn 2003, S. 297 ff.

Neuschäfer, Hans-Jörg: Der Sinn der Parodie im Don Quijote. Heidelberg 1963.

Neusüß, Anselm (Hg.): Utopie. Begriff und Phänomen des Utopischen. Frankfurt und New York, dritte Auflage 1986.

Neuzeit. In: Historisches Wörterbuch der Philosophie. Hg. von Joachim Ritter u. a. Neu bearbeitet von Rudolf Eisler. Bd. 6. Basel und Stuttgart 1984, Sp. 782 ff.

Newton, Isaac: Mathematische Grundlagen der Naturphilosophie. Ausgewählt, übersetzt und eingeleitet von Ed Dellian. Hamburg 1988.

Nicolaus Kopernicus: Das neue Weltbild. Drei Texte. Kommentariolus, Brief gegen Werner, De revolutionibus I. Im Anhang eine Auswahl aus der Narratio prima des G. J. Rheticus. Übersetzt, hg. und mit einer Einleitung und Anmerkungen versehen von Hans Günter Zekl. Lateinisch-deutsch. Hamburg 1990.

Nietzsche, Friedrich: Die fröhliche Wissenschaft. In: Kritische Studienausgabe. Hg. von Giorgio Colli und Mazzino Montinari. Bd. 3. München 1980.

Ders.: Kritische Studienausgabe. 15 Bde. Hg. von Giorgio Colli und Mazzino Montinari. Berlin 1980.

Niggl, Günter: Die Autobiographie. Zu Form und Geschichte einer literarischen Gattung. Darmstadt 1989.

Nikolaus von Kues: De Beryllo/Über den Beryll. Lateinisch/deutsch. Neu übers., eingel. und mit Anm. versehen von Karl Bormann. Hamburg 1987.

Ders.: Die belehrte Unwissenheit. Lateinisch/deutsch. Übersetzt und mit Vorwort und Anmerkungen versehen von Paul Wilpert. 4., erweiterte Auflage hg. von Hans Gerhard Senger. Hamburg 1999.

Noon, Jeff: Gelb. Aus dem Englischen von Ute Thiemann. München 1997.

Novalis: Sämtliche Werke, Bd. 2 . Das philosophische Werk I. Hg. von Richard Samuel in Zusammenarbeit mit Hans-Joachim Mähl und Gerhard Schulz. Darmstadt 1965.

Ders.: Schriften. Bd. 1. Das dichterische Werk. Hg. von Paul Kluckhohn und Richard Samuel unter Mitarbeit von Hein Ritter und Gerhard Schulz. Darmstadt 1960.

Novum Testamentum Graece. Post Eberhard et Erwin Nestle. Barbara et Kurt Aland e.a. (ed.). 27. Aufl. Stuttgart 1993.

Nünning, Ansgar/Nünning, Vera (Hg.): Konzepte der Kulturwissenschaften. Theoretische Grundlagen – Ansätze – Perspektiven. Stuttgart und Weimar 2003.

Ockham, Wilhelm von: Summe der Logik. Aus Teil 1: Über die Termini. Lateinisch und Deutsch. Ausgewählt und übersetzt und mit Einführung und Anmerkungen herausgegeben von P. Kunze. Hamburg 1984.

Ders.: Texte zur Theorie der Kenntnis und der Wissenschaft. Lateinisch/Deutsch. Herausgegeben, übersetzt und kommentiert von Ruedi Imbach. Stuttgart 1980.

Oechslen, Rainer: Kronzeuge Paulus. Paulinische Theologie im Spiegel katholischer und evangelischer Exegese und die Möglichkeit ökumenischer Verständigung. München 1990.

Oeser, Erhard: Kepler. Die Entstehung der neuzeitlichen Wissenschaft. Göttingen 1971.

Origenes: Gegen Kelsos. Deutsche Übersetzung von Paul Koetschau. Ausgewählt und bearbeitet von Karl Pichler. München 1986.

Origenes: Vier Bücher von den Prinzipien. De principiis libri IV. Hg., übersetzt, mit kritischen und erläuternden Anmerkungen versehen von Hedwig Görgemanns und Heinrich Karpp. 3. Auflage. Darmstadt 1992.

Origo, Iris: ‚Im Namen Gottes und des Geschäfts‘. Lebensbild eines toskanischen Kaufmanns der Frührenaissance. Berlin 1997.

Ortkemper, Hubert: Medea in Athen: die Uraufführung und ihre Zuschauer. Mit einer Neuübersetzung der „Medea" des Euripides. Frankfurt a. M. 2001.

Osols-Wehden, Irmgard: Pilgerfahrt und Narrenreise. Der Einfluss der Dichtungen Dantes und Ariosts auf den frühromantischen Roman in Deutschland. Hildesheim 1998.

Osterhammel, Jürgen: Kolonialismus. Geschichte, Formen, Folgen. München 1995.

Ostermann, Eberhard: Das Fragment. Geschichte einer ästhetischen Idee. München 1991.

Ders.: Die Authentizität des Ästhetischen: Studien zur ästhetischen Transformation der Rhetorik. München 2002.

Otto, Wolfgang: Conquista, Kultur und Ketzerwahn. Spanien im Jahrhundert seiner Weltherrschaft. Göttingen 1992.

Paetzold, Heinz: Ästhetik des deutschen Idealismus. Zur Idee ästhetischer Rationalität bei Baumgarten, Kant, Schelling, Hegel und Schopenhauer. Wiesbaden 1983.

Panofsky, Erwin: Gotische Architektur und Scholastik: zur Analogie von Kunst, Philosophie und Theologie im Mittelalter. Köln 1989.

Ders.: Idea: ein Beitrag zur Begriffsgeschichte der älteren Kunsttheorie. Berlin 1993.

Partsch, Susanna: Frühchristliche und byzantinische Kunst. Stuttgart 2004.

Pascal, Blaise: Pensées. Texte der Edition Brunschvicg. Hg. und mit Kommentaren versehen von Ch.-M. des Granges. Paris 1964.

Ders.: Über die Religion und über einige andere Gegenstände (Pensées). Übertragen und herausgegeben von Ewald Wasmuth. Heidelberg o. J.

Pasero, Ursula/Braun, Friederike (Hg.): Wahrnehmung und Herstellung von Geschlecht. Perceiving and Performing Gender. Resultat des 4. Symposions zur Geschlechterforschung in Kiel 1998. Opladen u. a. 1999.

Dies./Gottburgsen, Anja (Hg.): Wie natürlich ist Geschlecht? Gender und die Konstruktion von Natur und Technik. Resultat des 5. Symposions zur Geschlechterforschung in Kiel 2000. Wiesbaden 2002.

Paulsen, Henning: Zur Literatur und Geschichte des frühen Christentums. Gesammelte Aufsätze. Tübingen 1997.

Pazzaglia, Mario (Hg.): Letteratura e storia della letteratura. Bologna 1978.

Peiffer, Jeanne: Nature – elle – ment. Einige Ansätze feministischer Kritik der Naturwissenschaften in Frankreich. In: Orland, Barbara/Scheich, Elvira: Das Geschlecht der Natur. Frankfurt a. M. 1995, S. 92 ff.

Pernoud, Régine: Heloise und Abaelard. Ein Frauenschicksal im Mittelalter. Aus dem Französischen von Claire Barthélemy-Höfer und Frank Höfer. Vierte Auflage. München 2000.

Pfetsch, Frank R.: Theoretiker der Politik. Von Platon bis Habermas. Paderborn 2003.

Pfiffig, Ambros Josef: Die etruskische Sprache. Schrift, Alphabet, Formenlehre, Syntax, Übungen. Wiesbaden 1998 (1969).

Pfister, Manfred: Das Drama. 9. Auflage. München 1997.

Philo von Alexandria: Die Werke in deutscher Übersetzung. Hg. von Leopold Cohn u. a. Bd. 1–7. 2. Auflage. Berlin 1962 (1909).

Picht, Georg: Platons Dialoge „Nomoi" und „Symposion". Stuttgart 1990.

Pieper, Josef: Thomas von Aquin. Leben und Werk. München 1986 (3. Auflage).

Pietschmann, Horst: Staat und staatliche Entwicklung am Beginn der spanischen Kolonisation Amerikas. Münster 1980.

Pinto, Raffaele: Dante e le origini della cultura letteraria moderna. Paris 1994.

Pitocco, Francesco (Hg.): Storia della mentalità. Roma 2000.

Platon: Sämtliche Werke. In der Übersetzung von Friedrich Schleiermacher mit der Stephanus-Nummerierung, 6 Bde., hg. von Walter F. Otto, Ernesto Grassi, Gert Plamböck. Hamburg 1957.

Platonis Opera. Bd. II. Ed. Ioannes Burnet. Oxford 1950 (1910).

Platons Symposion. Eingeleitet und kommentiert von Hans Reynen. Aschendorfs Sammlung lateinischer und griechischer Klassiker. 6. Aufl. 1994.

Pöggeler, Otto: Hegels Idee einer Phänomenologie des Geistes. Freiburg i. Br. 1973.

Ders.: Schicksal und Geschichte. Antigone im Spiegel der Deutungen und Gestaltungen seit Hegel und Hölderlin. München 2004.

Politzer, Heinz (Hg.): Franz Kafka. 3. Auflage. Darmstadt 1991.

Pölnitz, Götz Freiherr von: Die Fugger. Tübingen 1990.

Pomponazzi, Pietro: Über die Unsterblichkeit der Seele. Lateinisch und deutsch. Hg. und übersetzt von Burkhard Mojsisch. Hamburg 1990.

Poppi, Antonino: Cremonini e Galilei inquisiti a Padova 1604. Padua 1992.

Prien, Hans-Jürgen: Die Geschichte des Christentums in Lateinamerika. Göttingen 1978.

Pseudo-Dionysius Areopagita: Die Namen Gottes. Eingeleitet, übersetzt und mit Anmerkungen versehen von Beate Regina Suchla. Stuttgart 1988.

Raaslaub, R. A.: Die Entdeckung der Freiheit. Zur historischen Semantik und Gesellschaftsgeschichte eines politischen Begriffs der Griechen. München 1985.

Rahmsdorf, Sabine: Stadt und Architektur in der literarischen Utopie der frühen Neuzeit. Heidelberg 1999.

Rahner, Karl und Joseph Ratzinger: Offenbarung und Überlieferung. Freiburg 1964.

Ders.: Über die Schriftinspiration Freiburg 1958.

Rainer, Michael. J.: Bilderverbot. Schriftenreihe: Jahrbuch politische Theologie; 2. Hg. von Michael J. Rainer. Münster 1997.

Raith, Werner: Florenz in der Renaissance. Frankfurt a. M. 1979.

Ranke-Graves, Robert: Griechische Mythologie. 2 Bde. Reinbek 1960.

Rapp, Christof: Vorsokratiker. München 1997.

Ratzinger, Joseph Cardinal (Hg.): Schriftauslegung im Widerstreit. Quaestiones Disputatae 117. Freiburg u. a. 1989.

Ders.: Wesen und Auftrag der Theologie. Versuche zu ihrer Ortsbestimmung im Disput der Gegenwart. Freiburg 1993.

Raulff, Ulrich: Mentalitäten-Geschichte. Zur historischen Rekonstruktion geistiger Prozesse. Berlin 1987.

Reale, Giovanni: Radici culturali e spirituali dell'Europa. Per una rinascita dell' „uomo europeo". Mailand 2003.

Reinbold, Wolfgang: Propaganda und Mission im ältesten Christentum. Eine Untersuchung zu den Modalitäten der Ausbreitung der frühen Kirche. Göttingen 2000.

Reinhardt, Max: Parmenides und die Geschichte der griechischen Philosophie. 4. Auflage. Frankfurt a. M. 1985.

Reiser, Marius: Sprache und literarische Form des Neuen Testaments. Eine Einführung. Paderborn u. a. 2001.

Renaissance und Barock. Hg. von Thomas Cramer und Christian Klemm. Bibliothek der Kunstliteratur Bd. 1. Frankfurt a. M. 1995.

Rheinberger, Hans-Jörg: Experiment, Differenz, Schrift. Marburg 1992.

Rheinfelder, Hans: Dante-Studien. Hg. von Marcella Roddewig. Köln und Wien 1975.

Ricœur, Paul: Biblische Hermeneutik. In: Harnisch (Hg.): Die neutestamentarische Gleichnisforschung, S. 248 ff.

Ders.: Zeit und Erzählung Aus dem Französischen von Andreas Knop. 3 Bde. München 1988–91.

Riecks, Annette: Französische Mentalitätsgeschichte. Ein Forschungsbericht. Altenberge 1989.

Riemann, Albert: Die Ästhetik A. G. Baumgartens unter besonderer Berücksichtigung der Meditationes philosophicae de nonnullis ad poema pertinentibus nebst einer Übersetzung dieser Schrift. Halle 1928.

Riesner, Rainer: Die Frühzeit des Apostels Paulus. Studien zur Chronologie, Missionsstrategie und Theologie. Tübingen 1994.

Riezler, Kurt: Das Lehrgedicht das Parmenides. In: Gesammelte Werke 6. Tübingen 1985.

Ritter, Gerhard: Der Erste Weltkrieg. Bonn 1964.

Ritter, Joachim/Gründer, Karlfried (Hg.): Logos. In: Historisches Wörterbuch der Philosophie. Völlig neu bearbeitete Ausgabe. Bd. 5. Basel u. a. 1980, Sp. 491 ff.

Röd, Wolfgang: Der Weg der Philosophie. Von den Anfängen bis ins 20. Jahrhundert. Bd. I: Altertum, Mittelalter, Renaissance. München 2000.

Ders.: Die Genese des Cartesianischen Rationalismus. Dritte Auflage. München 1995.

Röllig, Wolfgang: Das phönizische Alphabet und die frühen europäischen Schriften. In: Die Phönizier im Zeitalter Homers. Mainz 1990.

Romano, Sergio: Europa. Storia di un'idea. Dall' Impero all'Unione. Mailand 2004.

Rorty, Richard M.: The Linguistic Turn. Essays in Philosophical Method. Chicago 1992 (1967).

Roß, Bettina: Politische Utopien von Frauen: Von Christine de Pizan bis Karin Boye. Dortmund 1998.

Rossi, Paolo: Galilei. In: Die Geburt der modernen Wissenschaft in Europa. Deutsch von Marion Sattler-Charnitzky und Christiane Büchel. München 1997, S. 119 ff.

Rotermundt, Rainer: Das Denken John Lockes. Zur Logik bürgerlichen Bewusstseins. Frankfurt a. M. 1976.

Rötzer, Florian (Hg.): Schöne neue Welten? Auf dem Wege zu einer neuen Spielkultur. München 1995.

Ders.: Digitale Welten. Streifzüge durch die Netzkultur. München 1998.

Rousseau, Jean-Jacques: Der Gesellschaftsvertrag. Hg. von Heinrich Weinstock. Stuttgart 1975.

Ders.: Preisschriften und Erziehungsplan. Hg. von Hermann Röhrs. Bad Heilbrunn 1967.

Ders.: Schriften zur Kulturkritik. Französisch/deutsch. Hg. und übersetzt von Kurt Weigand. Hamburg 1971.

Rudnick, Hans Heinrich (Hg.): William Shakespeare: ‚Hamlet‘. Erläuterungen und Dokumente. Stuttgart 1972.

Rudolph, Enno: Die Entdeckung des Individuums in der Philosophie der Renaissance. In: S. Vietta (Hg.): Romantik und Renaissance. Die Rezeption der italienischen Renaissance in der deutschen Romantik. Stuttgart 1994, S. 15 ff.

Ruh, Kurt: Geschichte der abendländischen Mystik. 4 Bde. München 1990 ff.

Runge, Paul (Hg.): Die Lieder und Melodien der Geißler des Jahres 1349 nach den Aufzeichnungen Hugo von Reutlingen nebst einer Abhandlung über die italienischen Geißlerlieder von Heinrich Schneegans und einem Beitrag zur Geschichte der deutschen und niederländischen Geißler von Hanno Pfannenschmid. Leipzig 1900.

Saage, Richard: Politische Utopien der Neuzeit. Darmstadt 1991.

Ders.: Das Ende der politischen Utopie. Frankfurt a. M. 1990.

Sander, E. P.: Paulus. Eine Einführung. Stuttgart 1995 (engl. Orig. 1991).

Saussure, Ferdinand de: Cours de linguistique générale. Édition Critique par Rudolf Engler. Reproduction de l'édition originale. Bd. 1. Wiesbaden 1989.

Schäfer, Christian: Xenophanes von Kolophon. Ein Vorsokratiker zwischen Mythos und Philosophie. Stuttgart 1996.

Scheffel, Michael: Vom Mythos gezeichnet? Medea zwischen ‚Sexus‘ und ‚Gender‘ bei Euripides, Franz Grillparzer und Christa Wolf. In: Wirkendes Wort 53, 2003, S. 295 ff.

Schenke, Ludger: Die Urgemeinde. Geschichte und theologische Entwicklung. Stuttgart u. a. 1990.

Ders.: Johanneskommentar. Düsseldorf 1998.

Schirrmacher, Frank: Das Methusalem-Komplott. 32. Aufl. München 2004.

Schiwy, Günther: Weg ins Neue Testament. Kommentar und Material. III. Band. Paulusbriefe. Würzburg 1968.

Schlaffer, Heinz: Kurze Geschichte der deutschen Literatur. München 2002.

Schlegel, Friedrich: Charakteristiken und Kritiken I (1796–1801). In: Kritische Friedrich-Schlegel-Ausgabe. Band 2. Hg. und eingeleitet von Hans Eichner. München u. a. 1967.

Ders.: Geschichte der alten und neuen Literatur. Hg. und eingel. von Hans Eichner. München u.a. 1961.

Ders.: Rede über die Mythologie. In: Kritische Friedrich-Schlegel-Ausgabe. Hg. von Ernst Behler. Bd. 2. Charakteristiken und Kritiken I (1796–1801). Hg. von Hans Eichner. München u.a. 1967, S. 284ff.

Schleiermacher, Friedrich: Über die Religion. Reden an die Gebildeten unter ihren Verächtern. In: Schriften aus der Berliner Zeit 1796–1799. KA Bd. 2. Hg. von Günter Meckenstock. Berlin u.a. 1984.

Schmeiser, Leonard: Die Erfindung der Zentralperspektive und die Entstehung der neuzeitlichen Wissenschaft. München 2002.

Schmid, Hans Heinrich: Sola scriptura. Das reformatorische Schriftprinzip in der säkularen Welt. Gütersloh 1991.

Schmitt, Eberhard (Hg.): Dokumente zur Geschichte der europäischen Expansion. 4 Bde. München 1984ff.

Ders.: (Hg.): Dokumente zur Geschichte der europäischen Expansion. Bd. III. Der Aufbau der Kolonialreiche. Hg. von Matthias Meyn. München 1987.

Schmitt, Justus: Johann Kepler. Sein Leben in Bildern und eigenen Berichten. Linz 1970.

Schneider, Wolfgang Christian: Gesellschaft und Ritus. In: Kurt Erlemann und Karl Leo Noethlichs (Hg.): Neues Testament und Antike Kultur. Bd. 1: Prolegomena – Quellen – Geschichte. Neukirchen-Vluyn 2004, S. 48ff.

Ders.: Politik und Religion. In: Neues Testament und Antike Kultur. Bd. 1. Prolegomena – Quellen – Geschichte, S. 22ff.

Schneider, Wolfgang: Kulturpolitik. Eine Definition. In: Metzler Lexikon Kultur der Gegenwart. Hg. von Ralf Schnell. Stuttgart 2000.

Schnell, Ralf: Orientierung Germanistik. Was sie kann, was sie will. Reinbek 2000.

Schölderle, Thomas: Das Prinzip der Macht. Neuzeitliches Politik- und Staatsdenken bei Thomas Hobbes und Niccolò Machiavelli. Glienicke/Berlin [u.a.] 2002.

Schondorff, Joachim (Hg.): Medea: Euripides, Seneca, Corneille, Cherubini, Grillparzer, Jahnn, Anouilh, Jeffers, Braun. Mit einem Vorwort von Karl Kerényi. München/Wien 1963.

Schottner, Alfred: Die „Ordnungen" der mittelalterlichen Dombauhütten. Verschriftlichung und Fortschreibung der mündlich überlieferten Regeln der Steinmetzen. Münster/Hamburg 1994.

Schröter, Susanne (Hg.): Körper und Identität. Ethnologische Ansätze zur Konstruktion von Geschlecht. Hamburg 1998.

Schwank, Nicolas: Der Kampf der Kulturen – das Erklärungsmuster für Konflikte im 21. Jahrhundert? In: Pfetsch, Frank R. (Hg.): Konflikt. Heidelberg 2005, S. 31ff.

Schweizer, Hans Rudolf: Ästhetik als Philosophie der sinnlichen Erkenntnis. Eine Interpretation der „Aesthetica" A. G. Baumgartens mit teilweiser Wiedergabe des lateinischen Textes und deutscher Übersetzung. Stuttgart 1973.

Schwietering, Julius: Die deutsche Dichtung des Mittelalters. Potsdam o.J.

Secada, Jorge: Cartesian Metaphysics. The Late Scholastic Origins of Modern Philosophy. Cambridge 2000.

Sedlmayr, Hans: Verlust der Mitte. Die bildende Kunst des 19. und 20. Jahrhunderts als Symptom und Symbol der Zeit. Salzburg 1948.

Seeck, Gustav Adolf: Die griechische Tragödie. Stuttgart 2000.

Segal, Robert A.: Theories of Myth. New York/London 1996.

Segl, Peter (Hg.): Die Anfänge der Inquisition im Mittelalter. Mit einem Ausblick auf das 20. Jahrhundert und einem Beitrag über religiöse Intoleranz im nichtchristlichen Bereich. Köln u.a. 1993.

Seneca: Medea. In: Sämtliche Tragödien. Lateinisch und Deutsch. Übersetzt und erläutert von Theodor Thomann. Band I. Zürich und München 1978.

Ders.: Medea: Text und Kommentar. Hg. von Erwin Steindl. Münster 1978.

Shaftesbury, Anthony Ashley Cooper, Third Earl of: Characteristicks of Men, Manners, Opinions, Times, etc. Sämtliche Werke [...]. In englischer Sprache mit paralleler deutscher Übersetzung [...] hg. und übersetzt von Gerd Hemmerich und Wolfram Benda. Bd. 1.1. Stuttgart 1981.

Shakespeare, William: Hamlet. Zweisprachige Ausgabe. Neu übersetzt und mit Anmerkungen versehen von Frank Günther. München 2003.

Sheas, William: Nikolaus Kopernikus: der Begründer des modernen Weltbildes. Heidelberg 2003.

Simmler, Franz : Aus Benediktinerregeln des 9. bis 20. Jahrhunderts. Quellen zur Geschichte einer Textsorte. Heidelberg 1985.

Simon, Erika: Medea in der antiken Kunst. In: Medea-Wandlungen. Studien zu einem Mythos in Kunst und Wissenschaft. Hg. von Annette Kremmerer, Margret Schuchart, Agnes Speck. Heidelberg 1998.

Simon, Tina: Rezeptionstheorie: Einführungs- und Arbeitsbuch. Frankfurt a. M. u.a. 2003.

Singer, Wolf: Der Beobachter im Gehirn. Essays zur Hirnforschung. Frankfurt a. M. 2002.

Sklovskij, Viktor: Theorie der Prosa. Frankfurt a. M. 1966 (russische Originalausgabe 1925).

Sloterdijk, Peter: Nicht gerettet. Versuche nach Heidegger. Frankfurt 2001.

Snow, Charles Percy: Die zwei Kulturen. Literarische und naturwissenschaftliche Intelligenz. Stuttgart 1967 (englisches Original 1959).

Sombart, Werner: Der moderne Kapitalismus. Leipzig 1902. Verbessert und erweitert 1916.

Sophoclis Fabulae. Ed. A. C. Pearson. Oxford 1957.

Sophokles: Antigone. Übersetzt und eingeleitet von Karl Reinhardt. Mit griechischem Text. Fünfte Auflage. Göttingen 1971.

Sophokles: Antigone. Hg. von Mark Griffith. Cambridge 1999.

Ders.: Antigone: Herausgegeben von Gisela Greve. Tübingen 2002.

Ders.: Dramen. Griechisch und deutsch. Hg. und übersetzt von Wilhelm Willige, überarbeitet von Karl Bayer. Mit Anmerkungen und einem Nachwort von Bernhard Zimmermann. Zürich 1985.

Ders.: Sämtliche Werke. Im Versmaß übersetzt, mit Einleitung und Anmerkungen versehen von Leo Turkheim. Essen 1989.

Sorell, Tom: Descartes. Aus dem Englischen von Reiner Ansén. Freiburg i. Br. 2004.

Specht, Rainer: Commercium mentis et corporis. Über Kausalvorstellungen im Cartesianismus. Stuttgart-Bad Cannstatt 1966.

Specht, Rainer: Descartes. Reinbek 1966.

Speyer, Wolfgang: Frühes Christentum im antiken Strahlungsfeld. Kleine Schriften II. Tübingen 1999.

Spieß, Bernhard (Hg.): Ideologie und Utopie in der deutschen Literatur der Neuzeit. Tübingen 1995.

Spieß, Karl-Heinz : Das Lehenswesen in Deutschland im hohen und späten Mittelalter. Idstein 2002.

Stammberger, Ralf M. W.: Scriptor und Scriptorium. Das Buch im Spiegel der mittelalterlichen Handschriften. Darmstadt 2003.

Stanzel, Franz K.: Theorie des Erzählens. Göttingen 1979.

Ders.: Typische Formen des Romans. Göttingen 1964.

Stegemann, Ekkehard W./Stegemann, Wolfgang: Urchristliche Sozialgeschichte. Die Anfänge im Judentum und die Christusgemeinden in der mediterranen Welt. Stuttgart u. a. 1997.

Steiner, Uwe C.: „Können die Kulturwissenschaften eine moralische Funktion beanspruchen?" Eine Bestandsaufnahme. In: DVjS 1997, S. 5 ff.

Steinhagen, Harald (Hg.): Zwischen Gegenreformation und Frühaufklärung: Späthumanismus, Barock, Frühaufklärung. 1572–1740. Reinbek 1985.

Stierle, Karlheinz: Francesco Petrarca. Ein Intellektueller im Europa des 14. Jahrhunderts. München 2003.

Straub, Jürgen: Psychologie und Kultur, Psychologie als Kulturwissenschaft. In: Appelsmeyer, Heide/Billmann-Mahecha, Elfriede: Kulturwissenschaft. Weilerswist 2001, S. 125 ff.

Strecker, Georg: Literaturgeschichte des Neuen Testaments. Göttingen 1992.

Striedter, Jurij (Hg.): Russischer Formalismus. Texte zur allgemeinen Literaturtheorie und zur Theorie der Prosa. München 1969.

Strosetzki, Christoph: Miguel de Cervantes. Epoche – Werk – Wirkung. München 1991.

Sutter, Alex : Göttliche Maschinen. Die Automaten für Lebendiges bei Descartes, Leibniz, La Mettrie und Kant. Frankfurt a. M. 1988.

Swaan, Wim: Die großen Kathedralen. Übertragung aus dem Englischen: Herbert Frank. Köln 1969.

Swoboda, Helmut (Hg.): Der Traum vom besten Staat. Texte aus Utopien von Platon bis Morris. München 1987.

System. Historisches Wörterbuch der Philosophie. Hg. von Joachim Ritter. Völlig neubearbeitete Ausgabe von Rudolf Eisler. Bd. 10. Basel 1998, Sp. 824 ff.

Szlezák, Thomas Alexander: Platon und die Schriftlichkeit der Philosophie. Interpretationen zu den frühen und mittleren Dialogen. Berlin und New York 1985.

Tarot, Rolf: Narratio viva. Untersuchungen zur Entwicklungsgeschichte der Erzählkunst vom Ausgang des 17. Jahrhunderts bis zum Beginn des 20. Jahrhunderts. Bern u. a. 1993.

Taterka, Thomas: Dante Deutsch. Studien zur Lagerliteratur. Berlin 1999.

Taylor, Alfred Edward: A Commentary on Plato's Timaeus. Oxford 1928.

Taylor, Charles: Quellen des Selbst. Die Entstehung der neuzeitlichen Identität. Frankfurt a. M. 1994.

Tertullianus, Septimus Florens: Apologeticum. Verteidigung des Christentums Lateinisch-deutsch. Hg. und übersetzt und erläutert von Carl Becker. 4. Auflage. Darmstadt 1992.

Thanassas, Panagiotis: Die erste „zweite Fahrt". Sein des Seienden und Erscheinen bei Parmenides. München 1997.

Theißen, Gerd: Die Religion der ersten Christen. Eine Theorie des Urchristentums. Gütersloh 2000.

Thomas von Aquin: Summa theologica. Übersetzt und kommentiert von Dominikanern und Benediktinern Deutschlands und Österreichs. Deutsch/Lateinisch. Hg. von der Albertus-Magnus-Universität bei Köln. Heidelberg, Graz u. a. 1958.

Ders.: Über Seiendes und Wesenheit. De ente et essentia. Lateinisch/Deutsch. Hg. von Horst Seidl. Hamburg 1988.

Thomas, Alexander (Hg.): Kulturvergleichende Psychologie. Eine Einführung. 2. Auflage. Göttingen 2003.

Thomas, Rudolf (Hg.): Petrus Abaelardus (1079–1142). Person, Werk und Wirkung. Trierer Theologie Studien. Bd. 38. Trier 1980.

Todorov, Tzvetan: Die Eroberung Amerikas. Das Problem des Anderen. Frankfurt a. M. 1985.

Treue, Wilhelm/Karl-Heinz Manegold: Quellen zur Geschichte der Industriellen Revolution. Göttingen u. a. 1979.

Trost, Vera: Skriptorium. Die Buchherstellung im Mittelalter. Stuttgart 1991.

Turkle, Sherry: Die Wunschmaschine. Der Computer als zweites Ich. Deutsch von Nikolaus Hansen. Reinbek bei Hamburg 1986 (amerik. Original 1984).

Tynjanov, Jurij: Das literarische Faktum. In: Striedter, Jurij (Hg.): Texte der Russischen Formalisten. München 1969, S. 399 ff.

van der Waerden, Bartel Leendert: Die Pythagoreer: religiöse Bruderschaft und Schule der Wissenschaft. Zürich und München 1979.

Ders.: Erwachende Wissenschaft. Ägyptische, babylonische und griechische Mathematik. Aus dem Holländischen übersetzt von Helga Habicht. 2. Aufl. Basel und Stuttgart 1966.

Van Steenbergen, Fernand: Die Philosophie im 13. Jahrhundert. München u. a. 1977.

Vasari, Giorgio: Leben der ausgezeichnetsten Maler, Bildhauer und Baumeister von Cimabue bis zum Jahre 1567. Übersetzt von Ludwig Schorn und Ernst Förster. Neu hg. und eingeleitet von Julian Kliemann. 6 Bde. Worms 1983.

Vico, Giambattista: Die neue Wissenschaft [...]. Auswahl, Übersetzung und Einleitung von Ferdinand Fellmann. Frankfurt 1981.

Vielhauer, Philipp: Geschichte der urchristlichen Literatur. Einführung in das Neue Testament, die Apokryphen und die Apostolischen Väter. 4. Aufl. Berlin 1985.

Vietta, Egon: Europa ist in Asien gebettet. Darmstadt 1955.

Vietta, Silvio: Ästhetik der Moderne. Literatur und Bild. München 2001.

Ders./Kemper, Dirk (Hg.): Ästhetische Moderne in Europa. Grundzüge und Problemzusammenhänge seit der Romantik. München 1998.

Ders./Kemper, Dirk/Spedicato, Eugenio (Hg.): Das Europaprojekt der Romantik und die Moderne. Ansätze zu einer deutsch-italienischen Mentalitätsgeschichte. Reihe der Villa Vigoni Bd. 17. Tübingen 2005.

Ders.: Die literarische Moderne. Eine problemgeschichtliche Darstellung der deutschsprachigen Literatur von Hölderlin bis Thomas Bernhard. Stuttgart 1992.

Ders.: Die Modernekritik der ästhetischen Moderne. In: Silvio Vietta/Dirk Kemper (Hg.): Ästhetische Moderne in Europa. Grundzüge und Problemzusammenhänge seit der Romantik. München 1998, S. 531 ff.

Ders./Kemper, Dirk (Hg.): Germanistik der 70er Jahre. Zwischen Innovation und Ideologie. München 2000.

Ders.: Heideggers Kritik am Nationalsozialismus und an der Technik.

Ders.: Literarische Phantasie: Theorie und Geschichte. Barock und Aufklärung. Stuttgart 1986.

Ders.: Nationalisierung und Europäisierung der Literatur und Literaturwissenschaft in Deutschland und Italien. In: Vietta u. a. (Hg.) Das Europaprojekt der Romantik und die Moderne, S. 1 ff.

Ders. (Hg.): Romantik und Renaissance. Die Rezeption der italienischen Renaissance in der deutschen Romantik. Stuttgart 1994.

Villgradther, Rudolf/Krey, Friedrich: Der utopische Roman. Darmstadt 1973.

Vogt, Hermann Josef: Origenes als Exeget. Hg. von Wilhelm Geerlings. Paderborn u. a. 1999.

Vogt, Jochen: Einladung zur Literaturwissenschaft. München 1999.

Von der Lühe, Irmela: „Unsere Verkennung bildet ein geschlossenes System" – Christa Wolfs „Medea" im Lichte der Schillerschen Ästhetik. Marbach 2000.

von Kleist, Heinrich: Sämtliche Werke und Briefe. Hg. von Helmut Sembdner. 2 Bände. München 1977.

von Nostitz, Siegfried: Die Vernichtung des Roten Mannes. Düsseldorf/Köln 1970.

Vondung, Klaus: Die Apokalypse in Deutschland. München 1988.

Vosskamp, Wilhelm: Literaturwissenschaft als Kulturwissenschaft. In: Nünning und Nünning (Hg.) 2003, S. 73 ff.

Ders. (Hg.): Utopieforschung: Interdisziplinäre Studien zur neuzeitlichen Utopie. 3 Bände. Stuttgart 1985.

Vossler, Karl: Dante als religiöser Dichter. Bern 1921.

Vouga, François: Geschichte des frühen Christentums. Tübingen u. a. 1993.

Vovelle, Michel: Die französische Revolution: soziale Bewegung und Umbruch der Mentalität. Frankfurt a. M. 1997.

Ders.: Idéologie et Mentalités. Paris 1992.

Ders.: Piété baroque et déchristianisation: Les attitudes devant la mort en Provence au XVIIIe siècle. Paris 1973.

Wackenroder, Wilhelm Heinrich: Einige Worte über Allgemeinheit, Toleranz und Menschenliebe in der Kunst. In: Sämtliche Werke und Briefe. Historisch-kritische Ausgabe. Hg. von Silvio Vietta. Heidelberg 1993, S. 96 ff.

Wagner, Karl: Moderne Erzähltheorie. Grundlagentexte von Henry James bis zur Gegenwart. Wien 2002.

Wallerstein, I.: Das moderne Weltsystem: Kapitalistische Landwirtschaft und die Entstehung der europäischen Weltwirtschaft im 16. Jahrhundert. Frankfurt a. M. 1986. ursprünglich 1974.

Walther, Wolf und Martina Hayo: Mythos Antigone. Texte von Sophokles bis Hochhuth. Leipzig 2004.

Warning, Rainer: Rezeptionsästhetik: Theorie und Praxis. München 1994.

Weber, Max: Gesammelte Aufsätze zur Religionssoziologie III. Tübingen 1988.

Ders.: Protestantische Ethik und „Geist" des Kapitalismus: Textausgabe auf der Grundlage der ersten Fassung von 1904/05. Hg. und eingeleitet von Klaus Lichtblau. Weinheim 2000.

Weber, Max: Wirtschaftsgeschichte. Berlin 1958.

Wege, Carl: Gleisdreieck, Tank und Motor. Figuren und Denkfiguren aus der Technosphäre der Neuen Sachlichkeit. In: DVjS Jg. 68, 1994, Bd. 2, S. 307 ff.

Wehler, Ulrich: Deutsche Gesellschaftsgeschichte. 4 Bde. München 1987 ff.

Weigel, Sigrid: Literatur als Voraussetzung der Kulturgeschichte. Schauplätze von Shakespeare bis Benjamin. München 2004.

Weischedel, Wilhelm: Die philosophische Hintertreppe. 34 große Philosophen in Alltag und Denken. München 1981.

Weizenbaum, Joseph: Die Macht der Computer und die Ohnmacht der Vernunft. Frankfurt a. M. 1977 (engl. Orig. 1976).

Weizsäcker, Carl Friedrich von: Große Physiker. Von Aristoteles bis Heisenberg. München 2002.

Ders.: Kopernikus, Kepler, Galilei. Zur Entstehung der neuzeitlichen Wissenschaft. In: Einsichten: Gerhard Krüger zum 60. Geburtstag. Frankfurt a. M. 1962.

Welches Europa? Quale Europa? Eine Diskussion mit Johannes Rau und Carlo Azeglio Ciampi. Villa Vigoni. Mitteilungen. Como 2002.

Welleck, René/Warren, Austin: Theorie der Literatur. Aus dem Englischen übertragen von Edgar und Marlene Lohner. Berlin 1963 (englisches Original 1942).

Wells, Herbert George: Die Zeitmaschine. Utopischer Roman. Übersetzt von Felix Paul Grewe. Hamburg 1960.

Welwei, Karl-Wilhelm: Die griechische Polis in archaischer und klassischer Zeit. Stuttgart u.a. 1983.

Ders.: Polis und Arché. Kleine Schriften zu Gesellschafts- und Herrschaftsstrukturen in der griechischen Welt. Hg. von Mischa Meier. Stuttgart 2000.

Wengst, Klaus: Johannesevangelium. 1. Teilband: Kapitel 1–10. Zweite, durchgesehene und ergänzte Ausgabe. Stuttgart 2004. 2. Teilband Kapitel 11–21. Stuttgart 2001.

Wertheim, Magaret: Die Himmelstür zum Cyberspace. Eine Geschichte des Raumes von Dante zum Internet. München 2002.

Wesel, Uwe: Der Mythos vom Matriarchat. Über Bachofens Mutterrecht und Frauen in frühen Gesellschaften vor der Entstehung staatlicher Herrschaft. Frankfurt 1990.

Wieland, Wolfgang: Platon und die Formen des Wissens. 2. Aufl. Göttingen 1999.

Wierlacher, Alois: Kulturwissenschaftliche Xenologie. In: Nünning und Nünning (Hg.) 2003, S. 280ff.

Winkler, John J.: Der gefesselte Eros. Sexualität und Geschlechterverhältnis im antiken Griechenland. Aus dem Amerikanischen von Sebastian Wohlfeil. München 1997.

Winter, Rainer: Kultursoziologie. In: Nünning und Nünning (Hg.): Konzepte der Kulturwissenschaften, S. 205ff.

Wippermann, W.: Der konsequente Wahn. Ideologie und Politik Adolf Hitlers. Gütersloh 1989.

Wolf, Christa: Kassandra. Darmstadt und Neuwied 1983.

Dies.: Medea. Stimmen. München 1996.

Dies.: Voraussetzungen einer Erzählung: Kassandra. Frankfurter Poetik-Vorlesungen. Darmstadt/Neuwied 1983.

Wolf, Hubert (Hg.): Inquisition, Index, Zensur. Wissenskulturen der Neuzeit im Widerstreit. Paderborn 2001.

Wolff, Hans: Die Ausbreitung des Christentums. Bd. 1: Die christliche Kirche bis 870 und dem ersten Islamvorstoß. Hamburg 1955.

Wolff, Stephan: Clifford Geertz. In: Qualitative Forschung. Ein Handbuch. Hg. von Uwe Flick u.a. Reinbek 2000. S. 84ff.

Ders.: Die Anatomie der Dichten Beschreibung. Clifford Geertz als Autor. In: Zwischen den Kulturen? Die Sozialwissenschaften vor dem Problem des Kulturvergleichs. Hg. von Joachim Matthes. Göttingen 1992, S. 339ff.

Zierl, Andreas: Affekte in der Tragödie. Orestie, Oidipus Tyrannos und die Poetik des Aristoteles. Berlin 1994.

Zima, Peter V.: Ideologie und Theorie. Eine Diskurskritik. Tübingen 1989.

Namenregister

Abaelard, Petrus   250, 252 ff., 262, 266
Adam, Charles   353
Adams, Marilyn McCord   266
Adorno, Theodor W.   319, 418 ff.
Agathon   97
Ahrens, Theodor   232
Aischylos   50, 58, 123 f., 126 ff., 131 f., 134 ff., 159
Akashe-Böhme, Farideh   38
Aland, Barbara   163
Aland, Kurt   163
Alberigo, Guiseppe   200, 281
Alberti, Leon Battista   324
Albertus Magnus   260, 272
Alexander VI., Papst   315, 389, 396
Alkulin   232
Altdorfer, Albrecht   292
Alten, Heinz-Wilhelm   88
Ambrosius   204, 208
Ammann, Daniel   53
Anaxagoras   101
Anaximander   82
Anaximenes   82
Anderson, William   283
Andreä, Johann Valentin   408
Andresen, Carl   212
Angela von Foligno   214
Angoulême, Marguerite de   310
Ann, Syblle   172
Anouilh, Jean   138, 146 f., 150, 152, 154, 159 f.
Anselmus von Canterbury   256 ff., 264
Ansén, Reiner   353
Antonius   204, 223 ff., 268
Anz, Thomas   59
Appelsmeyer, Heide   52, 59
Ariès, Philippe   56, 244
Ariost   284
Aristophanes   81, 97, 119 f.
Aristoteles   72, 75 ff., 79 f., 88, 110 f., 114, 124 ff., 128, 135, 186, 204, 259 f., 262, 272, 324, 340, 347, 388
Arius   197
Arndt, Ernst Moritz   15, 17, 20
Arnim, Achim von   16
Arnim, Hans von   122, 146
Arnold, Heinz Ludwig   52
Äsop   81

Assmann, Aleida   34 f.
Assmann, Jan   34 f., 71, 73
Assunto, Rosario   116, 245, 247, 251
Astrolabus   253
Athanasius von Alexandria, 198, 223 ff.
Augustinus, Aurelius   106, 162, 183 f., 190, 196 f., 200 ff., 205 ff., 215, 217, 219, 223, 255, 265, 267 f., 271, 300, 315, 328, 344 f., 349 ff., 353, 387, 407
Augustinus, Monnika   203 f.
Augustinus, Patrizius   203
Augustus   175
Averroes   259, 290
Avicenna   259, 290

Baasner, Frank   19 f.
Bachelard, Gaston   66
Bachmann, Matthias-Lutz   191
Bachmann-Medick, Doris   48, 52
Bachofen, Johann Jakob   131, 133, 135, 146
Bacmeister, Christiane   335
Bacon, Francis   408
Bacon, Roger   260, 414
Bader, Franz   356
Baehr, Rudolf   283
Baierwaltes, Werner   220
Baigrie, Brian S.   337
Baltzer, Otto   260
Barnabas   170
Barner, Wilfried   369, 372
Barthélemy-Höfer, Claire   256
Barthes, Roland   372
Baßler, Moritz   52
Bastl, Beatrix   56
Baudelaire, Charles   50, 52, 217 ff., 385
Baudrillard, Jean   428
Bauer, Felice   302
Bauer, L.   318
Baumgarten, Alexander Gottlieb   373 f.
Baumgarten, Norbert   390
Baur, Franz Nicolaus   397
Baur, P. V. C   167 f.
Bayer, Karl   140
Beatrice Portinari   282, 287 ff., 294, 296, 299
Beck, Carl   198
Beck, Jan-Wilhelm   144, 146
Becker, Ruth   38

Beeckmann, Isaak 348
Behler, Ernst 154, 176
Beierwaltes, Werner 116
Beissner, Friedrich 154, 403
Beloff, Max 62 f.
Belting, Hans 35, 281
Benda, Wolfram 59, 372
Benedikt, Michael 426, 428
Benedikt von Nursia 175, 227 ff., 231
Benjamin, Walter 53
Benn, Gottfried 385
Benoît de Sainte-More 148
Benthien, Claudia 52
Berger, Klaus 176, 179
Berkeley, George 362 ff., 367
Bernard Gui 243 f.
Bernhardt, Karl-Heinz 281
Bernhard von Clairvaux 234, 236 ff., 245, 250, 252, 254 ff., 266 ff., 272, 316
Bernhart, Joseph 202, 353
Bernheim, Pierre-Antoine 244
Bernsen, Michael 302
Bertelli, Sergio 397
Betz, Hans Dieter 169 f., 172
Biesterfeld, Wolfgang 410
Billmann-Mahecha, Elfriede 52, 59
Billy, André 368
Bindemann, Rolf 163
Binding, Günther 251
Birus, Hendrik 302
Bitterli, Urs 394
Bloch, Ernst 401, 407, 410
Bloch, Marc 56
Blum, Elisabeth 116
Blum, Paul Richard 116, 334 f.
Blumenberg, Hans 75, 77, 81, 83, 311 f., 318, 329
Boccaccio, Giovanni 21, 51, 147 ff., 279, 303 f., 306 ff., 310
Bodin, Jean 397
Boethius 322
Böhlig, Alexander 191
Bohm, Eberhard 56
Böhme, Gernot 109
Böhme, Hartmut 29, 33
Böhme, Helmut 419
Bohrer, Karl Heinz 418 f.
Bollacher, Martin 368
Bolz, Norbert 70, 315, 318
Bonifatius 230 ff.
Bonifazius III., Papst 264
Bonifazius VIII., Papst 285, 287
Bonitz, Hermann 77, 111

Bonsiepen, Wolfgang 358
Borchardt, Knut 319, 417, 419
Borgia, Cesare 396
Boris, Dieter 318
Bormann, Karl 322
Born, Jürgen 380
Borsche, Tilman, 77, 105 f., 320, 322
Borst, Arno 235
Bostock, David 103 f.
Bourdieu, Pierre 59
Bowden, Henry Warner 405, 410
Boye, Karin 411
Brague, Rémi 63
Brahe, Tycho 335, 337
Branca, Vittore 310
Braudel, Fernand 53, 315, 318
Braun, Friederike 39
Braunfels, Ludwig 380
Braungart, Wolfgang 410
Brecht, Bertolt 152 ff., 330 f.
Brecht, Christoph 385
Bredekamp, Horst 35 f., 69, 88
Brentano, Clemens 16
Breuer, Dieter 394
Broch, Hermann 387, 419
Brooke, Christopher 228, 239
Brown, Peter 198
Brown, Raymond E. 181
Brumlik, Micha 281
Brummack, Jürgen 368
Bruneleschi 324
Bruno, Giordano 302, 311 f., 331 ff., 340 f., 350, 367
Bubner, Rüdiger 154
Buchdahl, Gerd 356
Büchel, Christiane 343
Buchenau, Arthur 353, 362, 374
Buchheim, Thomas 93
Büchner, Georg 32 f.
Buck, August 390
Bullerjahn, Claudia 77
Bultmann, Rudolf 176, 179 f., 187 ff., 191
Bumke, Joachim 235
Burckhardt, Jacob 120, 311, 318
Burckhardt, Johannes 394
Burckhardt, Leonhard 120
Burdorf, Dieter 52, 385
Bürger, Peter 372, 385
Burguière, André 54
Burke, Peter 54
Burkert, Walter 88
Burnet, Ioannes 101, 104
Bussa, Francesca 213

Butler, Judith 37 f., 153 f.

Cacciaguida 283, 287
Cajetan, Thomas 276
Calderon de la Barca 21, 293
Campanella, Tommaso 408
Capra, Fritjof 361 f.
Cardini, Franco 233, 235
Caspar, Max 116, 319, 337
Cassanelli, Roberto 251
Cassian 226
Cassirer, Ernst 25, 27 f., 75, 77, 365, 374, 390
Castiglione, Baldassare 390 f.
Cattanao, Marco 347
Cavalcanti, Guido 290
Cavallaro, Dani 426 ff.
Cerutti, Furio 63
Cervantes Saavedra, Miguel de 21, 24, 310, 374, 377 f., 380, 386
Chabord, Federico 62 f.
Chadwick, Henry 202
Chartier, Roger 54
Chaucer, Geoffrey 310
Cherubini, Luigi 146, 150, 160
Chiari, Alberto 302
Chiavacci Leonardi, Anna Maria 283
Chlodwig 221
Chrétien de Troyes 234
Christine, Königin von Dänemark 348
Ciampi, Carlo Azeglio 63
Cicero, Marcus Tullius 25, 204, 262, 295, 357
Cipolla, Carlo M. 319, 419
Clairmont, Heinrich 358
Clarke, Samuel 19
Claus, James J. 146
Clavius, Christoph 342
Clemens IV., Papst 287
Clemens von Alexandrien 189, 196
Clifford, James 31, 33
Cohen, Hermann 113, 116
Cohn, Leopold 198
Colli, Giorgio 85, 319, 420
Colón, Diego 391
Colonna, Giacomo 296
Colonna, Vittoria 317
Colpe, Carsten 189, 191, 198, 226, 233, 240
Columban der Jüngere 230
Condillac, Etienne 365, 367 f.
Conzelmann, Hans 176
Corbin, Alain 54, 56
Corneille, Pierre 21, 146 f., 149 f., 156, 160

Cornelius Jansenius 370
Courcelle, Pierre 202
Couton, Georges 150
Cramer, Thomas 325
Cramer, Wolfgang 260
Crombie, Alistair 328, 344 f.
Culler, Jonathan 52

Dahlheim, Werner 120 ff.
Daniel, Bischof 231
Dann, Otto 17, 20
Dannenbauer, Heinrich 62 f.
D'Annunzio, Gabriele 22
Dante Alighieri 19, 21, 24, 266 f., 279, 281 ff., 299, 303, 306 ff., 323, 369, 424, 428
Daus, Ronald 319, 394
Davidsohn, Robert 315, 319
De las Casas, Bartholomé 391 ff.
De las Dolores Lopez, María 216
Delgado, Mariano 394
De l'Isle Adam, Villiers 362
Della Mirandola, Pico 316, 324, 389 f., 394
Dellian, Ed 347
Delumeau, Jean 54, 56 f., 242 ff.
Demandt, Alexander 263
Demokrit 82 f., 114, 345, 347
De Montesinos, Antonio 391
Denifle, H. 262 f.
De Pizan, Christine 411
Derrida, Jacques 68 f.
Dery, Mark 428
De Sanctis, Francesco 19
Descartes, René 19, 44, 57, 149, 208, 314 f., 321, 344, 347 ff., 353 ff., 366 f., 369 f., 372 f,, 414, 416 f.
Detering, Heinrich 52
Diderot, Denis 365, 367 f.
Diels, Hermann 82 ff.., 88 f., 93, 389
Diemer, Alwin 20, 364
Dijksterhuis, Eduard 318
Diller, Hans 140
Dinzelbacher, Peter 54, 56, 213, 215, 239
Dionys Areopagita 96, 220, 246, 251, 271 ff
Dischner, Gisela 335
Disselhorst, Malte 403
Dohmen, Christoph 281
Donne, John 21
Doren, Alfred 315, 319
Dormeyer, Detlev 189
Dörrie, Heinrich 226, 240
Dostojevskij, Fjodor Michajlowitsch 21
Drakon 119

Droysen, Johann Gustav 120, 135
Duby, Georges 54, 56, 235 f., 239 f., 250 f.
Dühring, Eugen 176
Dülmen, Richard van 319
Duns Scotus, Johannes 260, 263 f., 266

Ebbinghaus, Julius 403
Ebeling, Hans 365
Echekrates 101
Eck, Johannes 276
Eco, Umberto 383, 385
Edgerton, Samuel Y. 323, 325, 414 f.
Edwards, John 244
Ehlers, Joachim 263
Eibach, Diether 198
Eicher, Thomas 52
Eichner, Hans 20, 154, 176
Einstein, Albert 334, 343, 346 f., 367
Eisen, Ute E. 198
Eisler, Rudolf 319, 358
Eliade, Mircea 75, 77, 191
Elisabeth I., Königin von England 317
Ellwein, Thomas 262 f.
Empedokles 82 f.
Endress, Heinz-Peter 380
Engelhard, Hans-Peter 91, 93
Engell, Lorenz 126
Engels, Friedrich 176
Engler, Rudolf 73
Engler, Steffani 59
Enzensberger, Hans Magnus 394
Eppelsheimer, Hanns W. 302
Erasmus von Rotterdam 185, 410
Erdmann, Wolfgang 168
Erfen, Irene 150
Erlemann, Kurt 198
Erll, Astrid 34 f.
Euchner, Walter 403
Euklid 290, 314, 323 f.
Euripides 50, 121 ff., 141 f., 144 ff., 150,
157, 159 f.

Fahrenbach-Wachendorff, Monika 52, 219
Faulstich, Werner 70
Faustus, Johannes 204, 312
Favero, A. 343
Febvre, Lucien 54, 56, 58 f.
Feix, Josef 77
Feldmann, Erich 201
Fellmann, Ferdinand 335
Fest, Johannes 410
Festinger, Leon 174, 176
Feuerbach, Ludwig 85

Fichte, Johann Gottlieb 15 f., 18, 20, 41,
363 f., 367, 384
Ficino, Marsilius 112, 116, 302, 312
Fieschi, Catherina 214
Finley, Moses I. 122
Fink, Eugen 365
Fischer, Fritz 417, 419
Fischer, Karl Martin 176
Fischer, Norbert 202
Fischer-Lichte, Erika 126
Flaubert, Gustave 218
Flasch, Kurt 211 f., 260
Flashar, Helmut 136, 146
Flathman, Richard 403
Fleckenstein, Josef 235
Flick, Uwe 33
Fliessbach, Holger 39
Floerke, Hanns 397
Flusser, Vilém 70
Foerster, Rolf Hellmut 62 f.
Fohrmann, Jürgen 18, 20, 40
Förster, Ernst 320, 325
Foscolo, Ugo 16, 20, 411
Foucault, Michel 37, 59, 216, 218 f., 312, 368
Fox Keller, Evelyn 38
Frank, Herbert 251
Frank, Manfred 151, 154
Frank, Peter 159
Franke, Ursula 374
Franz, Arthur 372
Franz I. 391
Franz II. 15
Freeman, Thomas 159
Freud, Anna 319
Freud, Sigmund 58, 319, 398
Frey, Jörg 179
Fricke, Harald 52
Frickenschmidt, Dirk 179
Friedrich Wilhelm I., König von Preußen
15
Friedrich von Württemberg 336
Frisch, Max 428
Frischeisen-Köhler, Max 416
Fritz, Kurt von 83
Fugger, Jakob 315
Fuhrer, Therese 212
Fukuyama, Francis 415
Fulbert 253
Funke, Mandy 385

Gäbe, Lüder 353, 362, 416
Gadamer, Hans-Georg 25, 30, 32 f., 80,
84, 93, 104, 106, 109

Galen 262, 290
Galilei, Galileo 44, 97, 111, 311, 314,
    327 ff., 338 ff., 348, 351, 355, 361, 367
Gallus 230
Ganshof, François Louis 221, 223
Gaos, Vicente 380
Gatti, Hilary 335
Gautama Buddha 191
Gebhardt, Wolfgang 394
Geerlings, Wilhelm 198 f.
Geertz, Clifford 31, 33, 162 f.
Gehlen, Arnold 213 ff.
Geiger, Theodor 410
Gendolla, Peter 362
George, Stefan 385
Gerdzen, Rainer 159
Gertrud von Helfta 271
Gervinus, Georg Gottfried 18 f., 20
Gewecke, Frauke 319
Gianozzo Manetti 316
Gibson, William 424, 426, 428
Giesecke, Michael 423
Gigon, Olof 126
Gilson, Etienne 266
Gioberti, Vincenzo 22
Giotto di Bondone 281, 323
Giovanni, Getto 19 f.
Giovine, Umberto 63
Glaser, Horst Albert 146, 150, 156
Glaser, Renate 33
Glau, Katherina 159
Gleba, Gudrun 229, 240
Gloy, Karen 76 f., 109, 344, 347
Gluckhohn, C. 26
Gmelin, Hermann 283
Gneisenau, August Wilhelm Anton Graf
    Neidhardt von 16
Goebbels, Joseph 410
Goebel-Uotila, Marketta 159
Goethe, Johann Wolfgang von 13, 16, 21,
    24, 151, 201 f., 298, 302, 381 f., 385
Goldmann, Lucien 55 f.
Gollwitzer, Heinz 62 f.
Golombek, Jürgen 421, 423
Gonzaga, Elisabetta 390
Görgemanns, Hedwig 198
Gottfried von Bouillon 234
Göttner-Abendroth, Heide 36, 38
Gottburgsen, Anja 37, 39
Gottfried, Adolf 226
Gottsched, Johann Christoph 308
Gozzi, Gasparo 283
Graeser, Andreas 106, 110

Graevenitz, Gerhart von 49, 53
Graf, Fritz 141, 146
Grandville 380
Granges, Ch.-M. des 372
Grassi, Ernesto 101, 104, 110
Gray, Richard 380
Gregor VII. 222, 231, 233 f.
Greve, Gisela 140
Grewe, Felix Paul 411
Grewe, Stefanie 150
Griffith, Mark 140
Grillparzer, Franz 146 f., 150, 154 ff., 159 f.
Grimm, Jakob 22
Grimmelshausen, Hans Jakob Christoffel
    von 317, 393 ff.
Gründer, Horst 319, 404, 410
Gründer, Karlfried 77
Grundmann, Herbert 262
Gryphius, Andreas 317, 393
Guido, Lucchino 19 f.
Guigo I. 266
Guigo II. 266
Güntner, Joachim 230, 280 f.
Günther, Frank 380
Günther, Horst 318, 397
Günther, Marion 423
Guthrie, William K. C. 84
Gutzen, Dieter 53

Haas, Ursula 157, 159
Habermas, Jürgen 319, 399, 403
Habicht, Helga 88
Hagemann, Rudolf 346 f.
Halbfass, Wilhelm 356
Habicht, Helga 416
Halbwachs, Maurice 34 f.
Halecki, Oskar 63
Hamblin, Dora Jane 34 f.
Handke, Peter 387
Hansen, Joseph 244
Hansen, Mogens Herman 119 f.
Hansen, Nikolaus 423
Haraway, Donna 38, 426 ff.
Hardt, Manfred 283
Harnack, Adolf von 174, 176, 189, 197 f.,
    228 f.
Harnisch, Wolfgang 189
Harth, Dietrich 34 f.
Hartmann, Alfred 410
Hartmann, Frank 35, 70
Hasenclever, Walter 152, 154
Hasse, Karl Paul 116
Hatzefeld, Helmut 380

Haug, Walter   49, 53
Hauschild, Wolf-Dieter   198, 222 f., 226, 233
Hayo, Martina   160
Hecht, Werner   154, 331
Hegel, Georg Wilhelm Friedrich   68, 85, 140, 153 f., 175, 358, 363, 374, 402 f.
Heidegger, Martin   11, 25 ff., 31, 68 f., 93, 139 f., 358, 427 f.
Heimsoeth, Heinz   357
Heine, Heinrich   22
Heine, Theodor Carl Heinrich   150
Heinrich IV.   222
Heinrich der Löwe   229
Heinrich von Virneburg   272
Heinrichs, Hans-Jürgen   135
Heinse, Wilhelm   310
Heinz, Reinhard   428
Heisenberg, Werner   345 ff.
Heißenbüttel, Helmut   202, 215
Heitsch, Ernst   85, 103 f., 106
Held, Klaus, 84
Helfrich, Hede   59
Heller, Peter   20
Heloisa   252 ff., 256
Hemleben, Johannes   343
Hemmerich, Gerd   59, 372
Henrich, Dieter   357
Henschen, Hans-Horst   244
Heraklit   82 ff., 324 f.
Herder, Johann Gottfried   17, 25, 27, 58, 151, 154, 365 ff., 401
Hermann, Armin   347
Hermann, Ulrich   20
Herodot   75, 77
Herrmann, Friedrich-Wilhelm von   428
Herrmann, Hans-Christian von   125 f.
Hertel, Dieter   117, 120
Hesiod   61, 84, 89, 107
Hieronymus, Sophronius Eusebius   184
Hildebrand, H.   360, 420
Hina, Horst   52, 219
Hippias   119
Hippokrates   262, 290
Hitler, Adolf   411
Hobbes, Thomas   397 ff., 403, 414, 416
Hobek, Friedrich   380
Hobsbawm, Eric John   43 f., 419
Hoffmeister, Johannes   85, 403
Hoffmeister, Gerhart   302
Höfer, Frank   256
Hoffmann, Ernst Theodor Amadeus Wilhelm   310, 362, 386, 422 f.

Hoffmann, Hildegard   328
Hoffmann, Hans Jörn   403
Hofmannsthal, Hugo von   293
Holbach, Paul Henri Thiry d'   367
Hölderlin, Friedrich   13, 21, 139 f., 151 f., 154, 175, 384, 401 ff.
Holenstein, Elmar   53
Höllerer, Walter   385
Homer   24, 65, 84, 89, 117 f., 183, 193, 289, 382
Honnefelder, Ludger   191, 266
Hopkins, C.   167 f.
Horaz   21, 289
Hörisch, Jochen   70
Horkheimer, Max   319, 419
Horn, Christoph   212
Hübner, Kurt   60, 63, 77
Hügel, Hans-Otto   29
Humboldt, Alexander von   394
Humboldt, Wilhelm Frhr. von   25, 27 f.
Hume, David   85, 362 f., 365, 367
Hunger, Edgar   347
Hunger, Herbert   93, 146 f.
Huntington, Samuel P.   60, 63, 415
Husserl, Edmund   362, 365, 367 f.
Hutten, Patrick H.   54

Ibsen, Henrik   386
Iles Johnston, Sarah   141, 146
Imbach, Ruedi   266
Imboden, Max   403
Imbriani, Vittorio   20
Innes, Harold   35
Innozenz II.   254
Institoris, Heinrich   216
Irle, Martin   176
Irenäus von Lyon   189
Isabella d'Este   317, 390
Iser, Wolfgang   385
Iwersen, Julia   122

Jahnn, Hans Henny   146 f., 150, 156, 159 f.
Jacobs, Wilhelm G.   364
Jacobsen, Werner   230
Jakobson, Roman   48, 53
Jakobus der Ältere   170
James, Henry   385
Janka, Markus   75, 77
Jantzen, Hans   247, 251
Jan van Eyck   324
Janzin, Marion   230, 280 f.
Jatho, Heinz   415
Jaumann, Herbert   369, 372, 410

Jauß, Hans Robert 385, 418, 420
Jeffers, Robinson 146, 150, 160
Jeismann, Michael 17, 20
Jennings, Francis 405, 410
Jens, Walter 140
Jensen, Hans 230
Jesus Christus von Nazaret 163 ff., 172, 174 f., 177 f., 180, 182 ff., 187, 194, 205, 207, 214, 225, 228, 236 f., 240, 242, 245, 255, 258 f., 269 f., 273, 277, 280 f., 284, 288, 293
Johannes der Evangelist 164, 167, 170, 177 ff., 182, 184 f., 187 f., 190 ff., 207 f., 220, 237, 241, 245, 280, 287, 404, 407
Johannes der Täufer 177
Johannes Scotus Eriugena 246, 266, 268, 272
Johnson, Eduard 368
Johnston, David 403
Jonas, Hans 191
Joyce, James 24, 218, 387
Jünger, Ernst 418 f.

Kablitz, Andreas 283
Kafka, Franz 24, 300 ff., 375, 379 ff.
Kamlah, Wilhelm 198
Kant, Immanuel 41, 85, 103, 259, 353 ff., 362 f., 365, 367, 374, 401 f.
Kanz, Christine 59
Käppel, Lutz 128, 135
Karl Martell 231
Karpp, Heinrich 198
Karl der Große 221 f., 229, 232, 234, 280
Karl V. 393
Kasch, Elisabeth 229
Kassel, Rudolf 126
Katharina von Siena 214, 216
Kaufmann, Matthias 266
Keim, Katharina 159
Keller, Gottfried 310
Kellenbenz, Hermann 319
Kelletat, Alfred 394
Kelsos 195 f., 198
Kemmner, Ernst 153
Kemper, Dirk, 20, 43 f., 60, 201 f., 420
Kenkel, Konrad 159
Kepler, Johannes 44, 88, 97, 106, 108, 113, 116, 314, 319, 327, 331, 335 ff., 351
Kepler, Katharina 335
Kerényi, Karl 75, 77, 136, 146, 150, 160
Kerckhove, Derrick de 70, 126
Khosroyev, Aleksandr 191
Kiedaisch, Petra 418, 420

Kiesewetter, Hubert 420
Kindermann, Heinz 126
King, Margaret 213 ff.
King, R. C. 346 f.
Kipling, Rudyard 22
Kirchoff, Jochen 328, 333, 335
Kirk, Geoffrey 84
Kittler, Friedrich 33, 35 f., 87 f.
Kittsteiner, Heinz Dieter 24, 26
Klages, Ludwig 419
Klauck, Hans J. 169, 172
Klein, Wolfgang 69
Kleist, Heinrich von 15 f., 20 f.
Kleisthenes 119
Klemm, Christian 325
Klemmt, Alfred 364
Kleopatra 285
Kliemann, Julian 320, 325, 391
Klingenstein, Grete 319, 395
Klinger, Friedrich Maximilian von 150, 159
Kloocke, Kurt 219
Klotz, Günther 331
Kluckhohn, Paul 284
Knobloch, J. 26
Knopf, Jan 154, 331
Kober, Hainer 428
Kobusch, Theo 75, 106, 116, 220, 256
Koch, Anton Friedrich 353
Koetschau, Paul 198
Köhler, Erich 325
Kolb, Franz 120
Kolumbus, Christoph 319, 394, 404
Konersmann, Ralph 33
Konetzke, Richard 319, 395
König, Hans-Dieter 59
Konrad III.
Konrad von Marburg 243
Konrad von Würzburg 148
Konstantin I., der Große 197, 221
Konstantin von Afrika 262
Kopernikus, Nikolaus 42 f., 88, 97, 106, 108, 113, 116, 284, 312, 314, 322, 326 ff., 335, 337 ff., 345, 348, 351, 354, 356 f., 367
Kör, Ulrich 181
Körner, Theodor 17 f.
Kortendiek, Beate 38
Koslowski, Peter 63
Koyré, Alexandre 311, 319, 416, 420
Kozlarek, Oliver 319
Kraft, Heinrich 176
Krais, Beate 59

Kranz, Walther   83, 85, 88
Krämer, Sybille   35 f., 66, 69, 88
Krautz, Hans-Wolfgang   253, 256
Kreimendahl, Lothar   85, 368
Kremmerer, Annette   146
Kreuzer, Johann   202, 212
Krey, Friedrich   411
Krischel, Volker   159
Kristeller, Paul Oskar   110, 116, 302
Kroeber, A. L.   26
Krusche, Dietrich   31, 53
Krusenstjern, Benigna von   395
Kuhlenbeck, Ludwig   334
Kuhn, Thomas   319, 344
Kühn, Sophie von   288 f.
Külb, Philipp Hedwig   232
Kunze, P.   266
Kunzmann, Ulrich   394
Kurzawa, Lothar   428
Kurze, Dietrich   243 f.
Kutschera, Franz von   101, 103 f., 110

Lacan, Jacques   153
La Mettrie, Julien Offroy de   362
Lämmert, Eberhard   53, 383, 385
Landshut, Siegfried   410
Lang, Bernhard   240, 244
Langer, Otto   214 f.
Lanzinner, Maximilian   394
Largier, Niklas   275
Laslett, Peter   403
Latini, Brunetto   290
Lauster, Jörg   182
Lauth, Reinhard   20
Lawrence, D. H.   218, 310
Lea, Charlene A.   20
Lea, Henry Charles   244
Le Corbusier   359 f., 417, 420
Leeker, Martina   70, 126
Le Goff, Jacques   54, 56, 63, 235, 240,
   242 ff., 256, 260, 262 f., 271
Legouve, Ernst-Wilfried   150
Lehmann, Hans-Thies   125 f.
Lehmann, Werner F.   33
Leibniz, Gottfried Wilhelm Freiherr von
   19, 333, 346, 357, 361 ff., 365, 367,
   373 f., 421
Leinkauf, Thomas   116
Lembeck, Karl-Heinz   113, 116
Lemcke, Mechthild   335, 337
Lenin, Wladimir Iljitsch   176
Leo III., der Syrer   280
Leonardo da Vinci   325

Lesher, James H.   85
Lesky, Albin   126, 135
Lessing, Gotthold Ephraim   13, 217
Levi, Primo   294 f.
Libera, Alain de   260
Lichtblau, Klaus   320
Lindbeck, George   181
Littlejohns, Richard   116
Locke, John   362 ff., 367, 399, 401, 403
Löffler, Wolfgang   77
Logde, David   53
Lohfink, Gerhard   188 f.
Lohmann, Johannes   126
Lohner, Edgar   53
Lohner, Marlene   53
Lohse, Bernhard   226, 240
Lomonaco, Francesco   22
Lope de Vega, Félix   21
Lübbe, Hermann   315
Luchesi, Brigitte   163
Luden, Heinrich   20
Ludwig I., der Fromme   232
Ludwig VII.   234
Ludwig IX., der Heilige, König von Bayern-
   Landshut   262
Ludwig, Hans-Werner   53
Ludwig, Hellmut   295
Luhmann, Niklas   39 ff.
Lukács, Georg   74, 77
Lukan   289
Lukas der Evangelist   173, 182 ff., 272, 275
Luserke, Lothar   33
Luserke-Jaqui, Matthias   159
Lütkehaus, Ludger   146, 148, 150, 159
Luther, Martin   163, 181, 185, 243, 272,
   275 f., 282, 294
Lutter, Christina   30, 33
Lutz-Bachmann, Matthias   197 f.
Lützeler, Paul Michael   63

Machiavelli, Niccolò   260, 395 ff.
Maguerite von Navarra   317
Mähl, Hans-Joachim   44
Mahler, Andreas   52
Mahnke, Detlef   357
Maier, Annelise   311 f., 319
Mainzer, Klaus   423
Malato, Enrico   284
Malaparte, Curzio   294 f.
Manegold, Karl-Heinz   420
Manet, Eduard   218
Mani   190
Mann, Thomas   387, 419

Mannheim, Karl 409 f.
Marcus, George E. 31, 33
Marcuse, Ludwig 218 f.
Marenbon, John 116, 256
Marías, Xaver 218
Markschies, Christopher 189 ff., 251
Markus der Evangelist 161, 182 ff., 188,
240
Marquard, Odo 77
Marrou, Henri-Irenée 211
Martinez, Matias 385
Marx, Karl 85, 112, 176, 319, 400 f., 409 f.
Masaccio 324
Mästlin, Michael 335
Matis, Herbert 318
Matthäus der Evangelist 164, 173, 182 ff.,
191, 194, 225, 242
Matthes, Joachim 33
Maturana, Humberto 39
Matussek, Peter 33
Maximilian I. 315
Mayer, Jakob Peter 403
Mazzoni, Iacopo 284
McDannell, Colleen 240, 244
McLuhan, Marshall 35, 428
Mechthild von Hackeborn 271
Mechthild von Magdeburg 271, 273
Meckenstock, Günter 163
Medici, Cosimo 390
Medici, Lorenzo 390
Medick, Hans 394 f., 403
Medicus, Fritz 364
Meid, Volker 395
Meier, Christian 118, 120
Meier, Mischa 120
Meister Eckhart 215, 246, 271 ff.
Melanchthon, Philipp 181 f.
Menn, Stephan 353
Mensching, Günther 260
Merchant, Carolyn 36 ff., 361
Mercier, Louis-Sébastien 409 f.
Merklein, Helmut 179
Mersenne, Martin 348 f.
Metternich, Klemens Wenzel 402
Meyenn, Karl von 343
Meyer, Cornelius 202
Meyer, Ferdinand 310
Meyer, Hans 159
Meyer, Stephan 410
Meyn, Matthias 395
Michaelis, J. D. 217
Michelangelo Buonarroti 325
Miller, Alice 59

Miller, Henry 310
Milton, John 21, 293
Minsky, Marvin 424
Mires, Fernando 392, 395
Mitchell, Robert Lloyd 101
Mittelstraß, Jürgen 43 f., 62 f., 355, 357
Mittenzwei, Werner 154, 331
Mittermaier, Karl 397
Möbius, Thomas 140
Mojsisch, Burkhard 106, 116, 220, 256, 391
Molière, Jean-Baptiste Poquelin 21
Mondadori, Meridiani 310
Montaigne, Michel de 57, 372
Montesquieu, Charles de Secondat 186,
400 f., 403
Montinari, Mazzino 85, 319, 420
Moore, Henrietta 37, 39
Moravec, Hans 424, 428
Morin, Edgar 55 f.
Morin, Patrick 256
Moritz, Karl Philipp 57 f.
Most, Glenn W. 325
Mudry, Anna 343
Muir, Kenneth 380
Mukařovský, Jan 48 f., 53
Müller, Daniela 159
Müller, Detlef 154
Müller, Harro 40
Müller, Heiner 147, 157 ff.
Müller, Karl 232
Müller, Klaus-Detlef 202, 331
Müller, Lothar 33
Müller, Siegfried 135
Müller-Seidel, Walter 423
Mulsow, Martin 334
Münkler, Herfried 397
Murray, Gilbertus 135, 146
Musil, Robert 387, 419

Nachod, Hans 295, 302
Napoleon Bonaparte I. 15 ff., 43, 402, 411
Natorp, Paul 113, 116, 357
Nero 194
Nestle, Eberhard 163
Nestle, Erwin 163
Nestle, Wilhelm 75, 77
Neuhaus, Stefan 17, 20
Neumann, Waltraud Maria 212
Neuschäfer, Anne 294 f.
Neuschäfer, Hans-Jörg 380
Neusüß, Anselm 410
Newton, Sir Isaac 19, 44, 334, 337, 345,
347, 367

Nietzsche, Friedrich 58, 85, 106, 317 ff., 322, 331, 366 f., 395 f., 418 ff.
Niggl, Günter 201 f.
Niggli, Ursula 256
Nikolaus III., Papst 285
Nikolaus von Kues 106, 311, 320 ff., 333, 336
Nikolaus von Schönberg 328
Nikolas von Oresme 312
Nobis, Heribert Maria 328
Noethlichs, Karl Leo 198
Noon, Jeff 425 f., 428
Nostradamus 312
Novalis (d. i. Friedrich von Hardenberg) 21, 41, 44, 62, 175, 284, 288 f., 333, 383 f., 402
Nünning, Ansgar 26, 29, 31, 33 ff., 53
Nünning, Vera 26, 29, 31, 33 ff., 53

Odoaker 221
Oechslen, Rainer 170, 172
Oellers, Norbert 53
Oeser, Erhard 337
Olaf I., König von Norwegen 232
Olaf II., König von Norwegen 232
Opitz, Martin 317, 369, 393
Oppeln-Bronikowski, Friedrich von 397
Origenes 195 f., 198, 207, 248, 255 f.
Origo, Iris 315, 319
Orland, Barbara 38 f.
Ortis, Jacopo 20
Ortkemper, Hubert 146
Orwell, George 409
Osiander, Andreas 328 f., 331, 345
Osols-Wehden, Irmgard 284
Ossian 382
Osterhammel, Jürgen 395
Ostermann, Eberhard 385
Otto, Walter F. 101, 104, 109
Otto, Wolfgang 395
Ovid 61, 147 f., 289

Pachomius 226, 229
Paetzold, Heinz 374
Panofsky, Erwin 116, 284
Paracelsus, Philippus Aureolus Theophrastus 312
Parmenides 82, 84, 89 ff., 93 ff., 99, 104, 107, 114, 186
Partsch, Susanna 168
Pascale, Blaise 62, 358, 369 ff., 382
Pasero, Ursula 37, 39
Pasley, Malcolm 380

Patrizi, Francesco 302
Paul III., Papst 328
Paul, Jean 362
Paulsen, Henning 189, 191, 197 f.
Paulus 162 ff., 168 ff., 174, 179 f., 188, 190 ff., 194 ff., 203 ff., 207 ff., 225, 231, 241 f., 267 f., 275, 287, 408
Pausanias 97
Pawlik, Manfred 244
Pazzaglia, Mario 19 f.
Pearson, A. C. 140
Perikles 119, 127
Perl, C. J. 212
Pernoud, Régine 256
Perugino, Pietro 388
Petersen, Jürgen H. 53
Petrarca, Francesco 21, 279, 295 ff., 306, 308, 311
Petrus 170, 173, 290
Petrus Lombardus 260, 262
Pfannenschmid, Hanno 219
Pfau, Una 244
Pfeiffer, Jeanne 39
Pfeiffer, Martin 154
Pfetsch, Frank R. 63, 399, 401, 403
Pfiffig, Ambros Josef 34, 36
Pfister, Manfred 53
Philipp IV, der Schöne, 264
Philo von Alexandria 193, 198, 248
Philolaos 86, 88
Phrynichos 124
Pichler, Karl 198
Picht, Georg 101
Pieper, Josef 260
Piero della Francesca 324
Pierre de Ronsard 369
Pietschmann, Horst 319
Pinthus, Kurt 154
Pinto, Raffaele 284
Pippin III. 221, 395
Pitocco, Francesco 55 f.
Plamböck, Gert 101, 104, 110
Platon 9, 37, 61, 67 f., 72, 75, 78, 80 f., 86 ff., 95 ff., 100 ff., 125, 172, 186, 196, 211 f., 214, 220, 255 ff., 262, 267, 272, 280, 313 f., 321 f., 324 f., 327, 332, 335 f., 340, 345, 351, 357, 361, 399, 403, 405, 407, 411, 427
Pleus, Hildegard 328
Plotin 197, 208, 272
Plumpe, Gerhard 40
Pöggeler, Otto 140, 358
Pöhlmann, Horst Georg 182

Politzer, Heinz 380
Pollmann, Karla 211 f.
Pölnitz, Götz Freiherr von 316, 319
Pomponazzi, Pietro 302, 388, 391
Ponticianus 204, 227
Poppi, Antonino 342 f.
Pörnbacher, Karl 159
Porphyrios 208
Prien, Hans-Jürgen 395
Proklos 196, 220, 272
Protagoras 31, 104, 389
Proust, Marcel 24, 386, 418 f.
Przybyla, Heinrich 224, 226
Ptolemäus 290, 324, 344
Pufendorf, Samuel 25, 403
Pythagoras von Samos 78, 86 ff., 114,
    324, 332, 339 f., 413

Quint, Josef 275

Raaslaub, R. A. 120
Rabelais, François 310
Rachel, Max 244
Racine, Jean 21
Raffael 106, 324 f., 388
Rahmsdorf, Sabine 411
Rahner, Karl 180, 182
Rainer, Michael J. 282
Raith, Werner 315, 319
Ranke-Graves, Robert von 128 f., 135,
    141
Rapp, Christof 84, 93
Ratzinger, Joseph Kardinal 180 ff.
Rau, Johannes 63
Rau, Reinhold 232
Raulff, Ulrich 54, 56, 219
Raven, John E 84
Raymundus Lullus 234
Reale, Giovanni 63
Reimarus, Hermann Samuel 179
Reinbold, Wolfgang 176
Reinhardt, Karl 91, 140
Reinhardt, Max 93
Reiser, Marius 188 f.
Reisenleitner, Markus 30, 33
Reutlingen, Hugo von 219
Reynen, Hans 101
Rheinberger, Hans-Jörg 66, 69
Rheinfelder, Hans 284
Rheticus, G. J. 116, 328
Ricœur, Paul 189, 385
Richardson, Samuael 217
Richter, Raoul 365

Ricken, Ulrich 368
Riecks, Annette 54, 56
Riemann, Albert 374
Riesner, Rainer 172
Riezler, Kurt 93
Rippel, P. 397
Ritter, Gerhard 417, 420
Ritter, Hein 284
Ritter, Joachim 26, 77, 319, 358
Robert, Peter 428
Robert von der Normandie 234
Robert von Molesme 237
Robespierre, Maximilien de 401
Röd, Wolfgang 84, 93, 261, 357
Roddewig, Marcella 284
Roethe, Gustav 22
Röhrs, Hermann 26, 403
Rolland, Romain 152
Röllig, Wolfgang 65, 73
Romano, Sergio 63
Romulus Augustulus 200, 221
Rorty, Richard M. 26
Roscelin 252, 254
Roß, Bettina 411
Rossi, Paolo 341, 343
Rotermundt, Rainer 403
Rothschuh, K. E. 362
Rötzer, Florian 426, 428
Rougemont, Denis de 62 f.
Rousseau, Jean-Jaques 25 f., 400 f., 403
Rowley, H. H. 198
Rudnick, Hans Heinrich 380
Rudolf II. 335
Rudolph, Enno 63, 390 f.
Ruh, Kurt 268, 271, 275
Runge, Paul 215, 219

Saage, Richard 409 ff.
Sade, Donatien-Alphonse-François,
    Marquis de 219
Saint-Simon, Claude 409
Saladin 234
Salvard, Jean 159
Samjatins, Jewgenij 409
Samsonow, Elisabeth von 334
Samuel, Richard 44, 284
Sander, E. P. 172
Santagata, Marco 302
Sattler-Charnitzky, Marion 343
Sauerländer, Willibald 251
Saussure, Ferdinand de 71 ff.
Scaliger, Julius Caesar 369
Schaefer, Volker 428

Schäfer, Christian   75, 77, 85
Scharnhorst, Gerhard Johann David von   16
Scheffel, Michael   150, 159
Scheffel, Tobias   235
Scheich, Elvira   38 f.
Schelbert, Tarcisius   53
Schelling, Friedrich Wilhelm Joseph von   217, 374
Schenke, Ludger   176, 178 f.
Scherpe, Klaus R.   33
Scheuffelen, Thomas   159
Schillemeit, Jost   302
Schiller, Friedrich von   21, 41, 159
Schirrmacher, Frank   60, 63
Schiwy, Günther   172
Schlaffer, Heinz   22
Schlegel, August Wilhelm   217
Schlegel, Friedrich   18, 20 f., 151, 154, 175 f., 217, 289, 296, 381, 383 f., 402
Schlegel-Schelling, Caroline   217
Schleiermacher, Friedrich   101, 104, 109, 162 f., 182
Schmeiser, Leonard   325
Schmid, Hans Heinrich   182
Schmidt, Raymund   357 f.
Schmitt, Eberhard   320, 391, 395
Schmitt, Justus   338
Schmitt, Peter   150
Schneegans, Heinrich   219
Schneider, Wolfgang   28 f.
Schneider, Wolfgang Christian   195, 198
Schnell, Ralf   29, 53
Schnitzler, Arthur   58
Schofield, Malcolm   84
Schölderle, Thomas   397
Schondorff, Joachim   146, 150, 160
Schopenhauer, Arthur   374
Schormann, Gerhard   394
Schorn, Ludwig   320, 325, 391
Schottner, Alfred   251
Schrader, Bärbel   331
Schröter, Susanne   37, 39
Schuchart, Margret   146
Schulin, E.   318
Schulte, Hans   20
Schulz, Gerhard   44, 284
Schwank, Nicolas   63
Schweizer, Hans Rudolf   374
Schwietering, Julius   186, 189
Scott, Ridley   423
Secada, Jorge   261
Sedlmayr, Hans   418, 420
Seeck, Gustav Adolf   126, 146

Segal, Robert A.   77
Segl, Peter   244
Senger, Hans Gerhard   322
Seidensticker, Bernd   135
Seidl, Horst   77, 111
Seifert, Petra   244
Seitter, Walter   219
Sellin, Volker   54, 56
Sembdner, Helmut   20
Seneca   146 ff., 150, 160
Sexl, Roman   343
Sextus Empiricus   76
Shaftesbury, Anthony Ashley-Cooper   57, 59, 358, 370, 372 ff.
Shakespeare, William   21, 24, 53, 294, 374 ff., 380
Sheas, William   328
Siegert, Bernhard   126
Simmler, Franz   229
Simon, Erika   141, 146
Simon, Tina   385
Simplikios aus Kilikien   89
Singer, Wolf   366, 368
Sklovskij, Victor   48, 53
Sloterdijk, Peter   320
Smend, Rudolf   154
Smith, Adam   42, 44, 363, 403
Snow, Charles Percy   41, 44
Sokrates   67, 72, 80 f., 86, 96 ff., 101 ff., 113, 115, 172, 211, 295, 324
Solon   118, 127
Sombart, Werner   320
Sophokles   50, 78, 123 ff., 135 ff., 146, 152 f., 195
Sorell, Tom   353
Specht, Rainer   353, 362
Speck, Agnes   146
Spedicato, Eugenio   20
Spengler, Oskar   419
Speyer, Wolfgang   198
Spieß, Bernhard   411
Spieß, Karl-Heinz   223
Sprandel, Rolf   54
Sprenger, Jakob   216
Springmeyer, Heinrich   353
Stammberger, Ralf M. W.   230
Stansfield, W. D.   347
Stanzel, Franz K.   53, 383, 385
Stavrides, Guy   244
Stegemann, Ekkehard W.   176
Stegemann, Wolfgang   176
Steidle, P. Basilius   227 f.
Stein, Peter   135, 147

Steindl, Erwin 150
Steiner, George 151, 154
Steiner, Uwe C. 33
Steinhagen, Harald 369, 372
Stephan Tempier 260
Stern, Paul 295, 302
Sticker, Bernhard 328
Stierle, Karlheinz 297, 299, 303
Straub, Jürgen 59
Strauss, Emil 343
Strauß, Botho 387
Strecker, Georg 189
Striedter, Jurij 53
Strosetzki, Christoph 380
Suchla, Beata Regina 220, 246, 251
Suger von Saint-Denis 245, 247, 250 f.
Suster, Hadewich 271
Sutter, Alex 362
Swaan, Wim 248, 251
Swoboda, Helmut 408, 411
Szlezák, Thomas Alexander 106

Tangl, M. 232
Tannery, Paul 353
Tarot, Rolf 385
Taterka, Thomas 294 f.
Taylor, Alfred Edward 110
Taylor, Charles 201 f., 207, 372
Tertullianus, Septimus Florens 189, 195,
    198, 228
Thales von Milet 77 ff., 413
Thanassas, Panagiotis 90, 93
Theiler, Willy 111
Theißen, Gerd 162 f., 174
Theodosius der Große 197, 221
Theophrast 195
Thespis 124
Thiemann, Ute 428
Thimme, Wilhelm 212
Thomann, Theodor 150
Thomas, Alexander 59
Thomas Morus 112, 405 ff., 410 f.
Thomas, Rudolf 256
Thomas von Aquin 241 f., 244, 259 f.,
    264 f., 272
Tieck, Ludwig 21
Tilmann, Winfried 297, 302
Todorov, Tzvetan 320
Tolstoj, Leo N., 21
Treue, Wilhelm 420
Trost, Vera 230
Truong, Nicolas 56
Turgenev, Iwan 21, 381

Turkheim, Leo 140
Turkles, Sherry 423
Tynjanov, Jurij 48, 53

Uerlings, Herbert 76 f.
Überweg, Friedrich 364
Urban VIII., Papst 342

Valla, Lorenzo 302
Van der Waerden, Bartel Leendert 78, 80,
    87 f., 414, 416
Van Steenbergen, Fernand 261
Vasari, Giorgio 311, 320, 322 f., 325, 388,
    391
Velten, Hans Rudolf 52
Venturelli, Aldo 63, 76 f.
Vergil 21, 24, 183, 284 f., 287 ff., 293, 369
Vernes, Jules 409
Versini, Laurent 403
Vespucci, Amerigo 405
Vico, Giambattista 25, 30 f., 151, 154
Vielhauer, Philipp 189
Vietta, Egon 62 f.
Vietta, Silvio 16, 18, 20, 41 ff., 53, 59,
    76 f., 116, 331, 356, 369, 372, 385 f., 391,
    418, 420, 427 f.
Villgradther, Rudolf 411
Vogel, Joseph 126
Vogt, Hermann Josef 199
Vogt, Jochen 53
Von der Lühe, Irmela 159
Vondung, Klaus 417, 420
Von Nostitz, Siegfried 405, 411
Voßkamp, Wilhelm 49, 53, 411
Vossler, Karl 283 f., 294
Vouga, François 199
Vovelle, Michel 54, 56

Wackenroder, Wilhelm Heinrich 112, 116
Wagner, Karl 385
Wallerstein, I. 320
Walther, Wolf 160
Warning, Rainer 385
Warren, Austin 48, 53
Wasmuth, Ewald 372
Weber, Max 76, 176, 312, 320
Wege, Carl 419 f.
Wehler, Hans-Ulrich 16, 20
Weigand, Kurt 403
Weigel, Helene 152
Weigel, Sigrid 53
Weinstock, Heinrich 403
Weischedel, Wilhelm 84

Weisse, Christian Felix   410
Weizenbaum, Joseph   422 f.
Weizsäcker, Carl Friedrich von   338, 347
Wellbery, David E.   53
Welleck, René   48, 53
Wells, Herbert, George   409, 411
Wells, Stanley   380
Welwei, Karl-Wilhelm   120
Wendt-Rohrbach, Gunna   159
Wengst, Klaus   178 f.
Werner, Johannes   116, 330
Wertheim, Margaret   424, 426, 428
Wesel, Uwe   135, 146
Wessels, Hans-Friedrich   358
Wesselski, Albert   303, 310, 391
Whitman, Walt   418
Wieck, Heinz   244
Wiemann, Volker   52
Wierlacher, Alois   31, 33, 53
Wieland, Wolfgang   104
Wiethölter, Waltraud   385
Wilde, Oskar   218
Wilhelm von Aquitanien   235
Wilhelm von Champeaux   252
Wilhelm von Ockham   260, 264 ff.
Wilhelm von St. Thiery   254

Willige, Wilhelm   140
Wilpert, Paul   322
Winckler, Carl   365
Winkler, Gerhard B.   239
Winkler, John, J.   122
Winter, Rainer   29
Wippermann, Wolfgang   410 f.
Wöhler, Klaus   159
Wohlfeil, Sebastian   122
Wolfram von Eschenbach   234
Wolf, Christa   147, 150, 155, 157, 159 f.
Wolf, Hubert   244
Wolff, Christian   357
Wolff, Hans   199
Wolff, Stephan   31, 33

Xenophanes   84 ff., 162, 178, 195

Zacharias, Papst   221, 231
Zekl, Hans Günter   111, 116, 328, 353
Ziegler, Johann   397
Zierl, Andreas   128, 135
Zima, Peter   411
Zimmermann, Bernhard   122, 140
Zotz, Thomas   235
Zoroaster   324
Zymner, Rüdiger   52